선진 자본주의 경제에서의 성장과 복지

선진 자본주의 경제에서의 성장과 복지

왜 성장은 복지국가와 함께 가야 하는가

안케 하셀Anke Hassel, 브뤼노 팔리에Bruno Palier 엮음
윤홍식·이태수·이창곤·신진욱·김진석·남기철·홍영준 옮김

사회평론아카데미

선진 자본주의 경제에서의 성장과 복지
왜 성장은 복지국가와 함께 가야 하는가

2025년 10월 15일 초판 1쇄 찍음
2025년 10월 24일 초판 1쇄 펴냄

엮은이 안케 하셀·브뤼노 팔리에
옮긴이 윤홍식·이태수·이창곤·신진욱·김진석·남기철·홍영준

편집 정지현·김천희·엄귀영
디자인 이수경·김진운
본문조판 민들레
마케팅 유명원

펴낸이 윤철호
펴낸곳 ㈜사회평론아카데미
등록번호 2013-000247(2013년 8월 23일)
전화 02-326-1545
팩스 02-326-1626
주소 03993 서울특별시 마포구 월드컵북로6길 56
이메일 academy@sapyoung.com
홈페이지 www.sapyoung.com

ISBN 979-11-6707-203-0 93330

재분배를 넘어 생산과 분배의 전환을 상상하자*

윤홍식 교수 MSW, Ph.D
인하대학교 사회복지학과 교수
복지국가재구조화연구센터장

2010년 보편적 무상급식 논쟁을 계기로 (논쟁의 여지가 있지만) 보편주의 복지(국가)는 한국 사회가 걸어가야 할 암묵적 합의로 자리잡았었다. 박근혜 전 대통령의 사례에서 보듯, 적어도 선거 국면에서는 민주당은 물론이고 보수정당도 이 합의를 부정하지는 못했다. 물론 암묵적 합의는 더 이상 유효하지 않다. '약자 복지'라는 탈을 쓰고 공적 복지의 축소를 시도한 윤석열의 등장과 함께 해체되었기 때문이다.

문제는 보편적 돌봄과 소득 보장이 과연 제조업 중심 대기업 집단이 숙련 노동자의 고용을 최소화하는 대신 자동화를 통해 생산성을 높이고 수요를 해외 시장에 의존하는 한국의 성장방식과 양립할 수 있냐는 점이다. 일부에서는 개혁적인 정부가 집권해 돌봄에 대한 과감한 재정 지출을 결심하고 전담

....

* 이 글은 번역을 준비하는 과정에서 작성한 이 책에 대한 서평(『한국사회복지학』, 75(3): 461-466)과 칼럼(『한겨레』, 2025. 8. 11)을 수정·보완한 것이다.

부처를 만들고 제도를 개혁하면 한국이 돌봄 중심의 보편적 복지국가가 될 수 있는 것처럼 이야기한다. 소득 보장도 마찬가지이다. 마치 모두가 한국의 성장 방식과 무관하게 보편주의 복지국가를 실현할 수 있을 것처럼 이야기한다.

물론 가능할 수도 있다. 대기업, 제조업, 자동화, 수출 중심 성장이 초래하는 사회·경제적 위험을 완화할 수 있을 정도로 사회지출을 늘리면 된다. 문재인 정부는 GDP 대비 사회지출을 매년 거의 1%p씩 늘렸다. 덕분에 시장소득으로 측정한 소득 불평등과 빈곤율은 거의 변화가 없었지만, 처분가능소득으로 측정한 불평등과 빈곤율은 지속적으로 낮아졌다. 문제는 점점 더 심각해지는 사회경제적 위험에 대응해 복지지출을 문재인 정부처럼 계속 늘릴 수 있겠냐는 것이다. 중장기적으로 지속 가능하지 않다는 것은 누구나 알고 있다.

성장을 통해 문제를 해결할 수도 있다. 이재명 정부가 추진하는 전략인 것 같다. 한계에 직면한 대기업 집단, 제조업, 자동화, 수출이라는 지난 30년간의 성장방식을 인공지능의 경쟁력을 높여 제조업 제품의 수출 경쟁력과 성장률을 제고하는 방식이다. 그리고 여기서 나오는 부가가치를 사용해 사회·경제적 위험을 완화하는 것이다. 그러나 이 방법으로 성장률을 높여 사회경제적 위기에 대응하는 방식도 논쟁의 여지가 있다. 한국 제조업만 특별하지 않다면, 설령 인공지능을 활용해 생산성과 품질을 제고한다고 해도 제조업의 경쟁력은 가격 경쟁력에 민감할 수밖에 없다. 제조업 제품은 대부분 대체재가 존재하기 때문이다. 즉, 제조업의 경쟁력을 유지하기 위해서는 적정 수준의 제품 가격을 유지해야 하고, 이는 생산 비용의 통제를 수반해야 한다. 더욱이 한국 제조업은 여전히 핵심 소재, 부품, 장비를 해외에 의존하고 있지 않은가. 그래서 현재와 같은 성장방식으로 확보할 수 있는 부가가치의 총량은 제한적일 수밖에 없다.

더욱이 비용 통제를 위해서는 임금을 조정하고(가격 경쟁력을 위협하지 않는 일정한 수준에서 통제하고), 기업의 (사회보험료 부담을 포함한) 조세부담도 줄여 주어야 한다. 핵심 노동자의 생활 비용도 낮은 수준에서 유지해야 한다. 독일의 사례에서 볼 수 있는 것처럼(제6장, 제12장 참고) 저렴한 가격으로 돌봄과 대인 서비스를 제공할 수 있는 광범위한 저임금 일자리를 만드는 것이 불가피하다는 것이다. 제조업 역량을 강화하는 것만으론 좋은 일자리를 만드는 것도, 보편적 복지의 실현도 쉽지 않다. 실제로 고품질 제조업의 수출에 기반한 독일이 노동시장이 괜찮은 일자리와 나쁜 일자리로 나뉘고 복지 수급자가 사회보험과 공공부조 수급자로 나뉘는 노동시장과 복지의 이중구조를 막지 못했던 이유이다.

제조업과 보편적 복지국가를 포기하자는 것이 아니다. 애플은 제품 부문의 총이익률이 30~40%인 데 비해, 서비스 부문은 60%(2019)가 넘는다. 반면 삼성전자는 전체 이익의 90% 이상을 제품에서 얻는다. 서비스 부문은 매출·이익 모두 미미하고, 경기 변동에 따라 영업 이익이 크게 출렁인다. 2007년 애플보다도 높았던 삼성전자의 시가총액이 2025년 애플의 17분의 1로 쪼그라든 이유 중 하나이다.

양질의 돌봄과 적정한 소득을 보편적으로 보장하는 복지국가를 꿈꾼다면, 이를 뒷받침할 성장방식이 필요하다. 지난 30년간 놀라운 성장에도 한국 사회가 사회·경제적 위험을 완화하지 못했던 이유는 공적으로 제공되는 양질의 사회서비스를 보편적으로 확대하고, 이에 기반해 첨단 제조 역량을 역동적인 고품질의 비즈니스 서비스로 연결해 고부가가치를 만드는 산업 구조로 전환하지 못했기 때문이다. 한국적 방식으로 고품질 제조업과 서비스업, 수출과 내수가 균형 잡힌 성장방식을 찾아야 한다. 아무도 가 보지 않은 길이지만, 길이 없는 것은 아니다. 서구 선진국들이 걸어간 길도 처음엔 아무도 가 보지 않았던 길이었다.

그래서 반가웠다. 복지국가와 관련된 국내 논의가 주로 재분배 영역에 한정된 현실에서 안케 하셀Anke Hassel과 브뤼노 팔리에Bruno Palier가 함께 엮고 유럽의 정치경제학자들이 공동으로 집필한 『선진 자본주의 경제에서의 성장과 복지Growth and Welfare in Advanced Capitalist Economics』(이하 『성장과 복지』)는 가뭄의 단비 같은 저작이다. 일반적 통념과 달리 역사적으로 보면 복지국가의 역할은 실업, 질병, 노령 등과 같은 소득 상실에 대응하는 재분배정책에 국한되지 않았기 때문이다. 제1·2차 세계대전을 거치면서 모습을 드러내기 시작한 '역사적' 복지국가의 가장 중요한 역할은 모든 시민의 고용을 보장하는 완전고용을 실현하는 것이었다.[1] 노동시장에서 발생한 소득 상실에 대응하는 재분배정책은 완전고용과 비교하면 복지국가의 부차적 과제였다. 물론 제2차 세계대전 이후 개별 복지국가가 모두 완전고용을 달성했는지는 논쟁의 여지가 있다. 하지만 대부분의 선진 자본주의 경제가 완전고용을 추구했다는 것은 분명해 보인다.[2] 복지국가의 역할이 재분배정책으로 축소된 것은 국가의 경제기조가 '완전고용과 소득 보장'에서 '인플레이션 통제와 균형재정'으로 전환되기 시작한 1980년대 이후였다. 복지국가의 GDP 대비 사회지출 규모가 (인구사회학적 요인을 고려해도) 복지국가의 위기·재편 시기라고 불리는 1980년대 이후에도 계속 증가한 것은 복지국가의 위기가 사회지출의 규모보다는 고용과 관련되어 있다는 것을 방증하는 것이다. 실제로 OECD 회원국의 평균 국내총생산GDP 대비 사회지출은 1980년 14.4%에서 2009년 20.6%로 지속적으로 상승했다. GDP 대비 사회지출이 20% 내외에서 등락하는 현재 모습은 유럽이 심각한 재정위기를 겪은 2010년 이후의 일이다.[3]

이런 현실에서 복지국가를 단순한 재분배정책의 조합이라는 틀을 넘어 복지체제, 경제체제, 정치체제의 상호보완적 구성물로 접근하려는 연구자들에게 이번에 우리가 번역한 『성장과 복지』는 매우 의미 있는 저작이라고 할 수 있다. 특히 한국 사회의 중요한 정책 담론이 한국 학자에 의해, 한국 사회가 직면한 현실로부터 구성되기보다는 서유럽과 북미의 논의에 더 큰 의미와

....

1 '역사적 복지국가'는 제2차 세계대전의 종전과 함께 시작된 자본주의 황금기에 만들어진 복지국가를 지칭하는 용어로 사용했다. 완전고용을 실현하는 것이 국가의 중요한 과제였던 시기의 복지국가와 그 역할이 (사회서비스를 포함한) 재분배로 제한된 시기의 복지국가를 동일한 '복지국가'라는 용어로 지칭하는 것이 적절하지 않기 때문이다. 역사적 복지국가에 대한 구체적 논의는 윤홍식, 『한국 복지국가의 기원과 궤적 1』, 제4장 "역사적 복지국가와 개발국가" 참조.

2 Amstrong, P., Glyn, A. and Harrison, J.(1993[1991]), 『1945년 이후의 자본주의』, 김수행 옮김(*Capitalism since 1945*), 동아출판사.

3 OECD(2023), Social Expenditure-Aggregated data. https://stats.oecd.org/Index.aspx?DataSetCode=SOCX_AGG# (접속일, 2023.7.31).

신뢰를 부여하는 한국 사회정책·사회복지학계의 현실에서, 『성장과 복지』는 한국 사회에서 복지국가의 과제가 어떤 관점에서 어떻게 확장되어야 하는지를 생각하게 하는 중요한 저작이라고 할 수 있다.

성장, 수요와 공급의 선택을 넘어

구체적으로 『성장과 복지』의 주요 내용을 살펴보자. 주목해야 할 지점은 두 가지다. 하나는 『성장과 복지』가 과거가 아니라 현재를 다루고 있다는 점이다. 비교정치경제학에서 자본주의와 복지체제를 유형화하고 비교하는 것은 가장 기본적 과제이다. 비교 대상의 같은 속성과 다른 속성을 구분하고 정리해야 비로소 국가·체제 간 비교가 가능하기 때문이다. 그래서 비교정치경제학을 조금이라도 들추어 본 사람에게 '유형화'는 전혀 새로운 것이 없다. 하나의 유형화에 또 다른 유형화가 더해지는 식의 논의는 국내외 문헌에 널려있기 때문이다. 하지만 대부분의 기존 논의는 주로 제2차 세계대전이 끝난 이후부터 1970년대까지, 프랑스인들이 '영광의 30년Trente Glorieuses'이라고 부르는 자본주의와 복지국가의 황금기에 맞추어져 있다. 실제로 자본주의와 복지체제 논의에 큰 영향을 미쳤던 피터 홀Peter Hall과 데이비드 소스키스David Soskice가 공동 편집한 『Varieties of Capitalism(자본주의 다양성)』에서 선진 자본주의 경제체제를 조정시장경제CME와 자유시장경제LME로 유형화한 것도 전후 '영광의 30년' 동안 구성된 체제의 특성에 기반하고 있다.[4]

하지만 피터 홀이 이 책의 제2장에서 이야기한 것처럼 자본주의 세계 경제가 근대화 시기(1950~1975)와 자유화 시기(1980~2000)를 거쳐 지식기반경제로 진입한 현재 선진 자본주의 경제를 전후 30년 동안 구성된 체제의 특성

·······

4 Hall, P. and Soskice, D., eds.(2001), *Varieties of capitalism: The institutional foundations of comparative advantage*, Oxford University Press.

을 준거로 설명하는 것은 적절하지 않다. 특히 1990년대부터 본격화된 초-세계화와 디지털화는 더 이상 생산과 분배가 일국적 문제가 아니라는 것을 확인시켜 주고 있기 때문이다. 예를 들어, 최첨단 소비재라고 할 수 있는 스마트폰이 어느 나라에서 만든 것인지에 답하는 것은 쉽지 않다. 애플의 '아이폰'은 미국 실리콘밸리 본사에서 미국 연구원들이 유럽과 아시아 연구센터의 연구원들과 협력해 설계하고, 이들이 설계한 도면을 아일랜드 자회사로 소유권을 이전시킨다. 그러면 아일랜드에 있는 자회사는 이 설계도를 대만이 소유한 중국 업체에 생산을 의뢰하는데, 여기서는 한국, 독일, 일본, 미국에서 제공하는 부품을 조립해 '아이폰'을 생산하고, 이 '아이폰'을 미국 본사에서 전세계로 판매한다.[5] 이 스마트폰은 누가 만든 것일까? 이처럼 정보통신기술ICT로 대변되는 디지털 기술 발전과 세계화(가치사슬의 글로벌화)는 개별 국가의 성장전략에 심대한 영향을 미치고 있다. 과거 일국주의에 기초한 포드주의로는 이 같은 특성을 설명할 수 없다. 『성장과 복지』는 이러한 변화를 충실히 반영해 선진 자본주의 경제의 유형을 구분하고 설명한다.

다른 하나는 공급 측면을 수요 측면과 통합적으로 분석해 자본주의 경제의 특성을 유형화했다는 점이다. '자본주의 다양성' 논의가 주로 기업을 행위주체로 놓고 공급 측면에서 자본주의 경제체제를 유형화했고, 루치오 바카로Lucio Baccaro와 요나스 폰투손Jonas Pontusson의 작업은 주로 수요 측면을 강조했다.[6] 반면 『성장과 복지』는 '성장체제'라는 개념을 사용해 수요와 공급의 통합적 관점으로 접근했다. 이러한 접근방식은 복지국가 논의에 있어 대단히 중요한 함의를 준다. 『성장과 복지』가 출간되기 전인 2019년에 출간된 『한국 복지국가의 기원과 궤적 1~3』(이하 『기원과 궤적』)에서 한국 복지국가를 정치, 경제, 복지체제의 통합적 관점에서 접근했던 이유도 복지국가를 이렇게 통합적으로 접근하게 되면, 정치, 경제, 복지의 관계를 서로 연관된 제도(또는 체

....

5 Marc Levinson(2023[2020]), 『세계화의 종말과 새로운 시작』, 최준영 옮김(Outside the Box), page2.

6 Baccaro, L. and Pontusson, J.(2016), Rethinking comparative political economy: The growth model perspective, *Politics & Society*, 44(2): 175-207.

제) 간의 관계로 설명할 수 있기 때문이다. 『기원과 궤적』과 『성장과 복지』에서 주장하는 것처럼 복지정책(복지체제)은 단순히 실업, 질병, 노령, 돌봄 등 사회적 위험에 '수동적'으로 대응하는 제도가 아니라, 국가가 주도적으로 성장방식과 권력자원(또는 성장연합)을 바꾸고 재구성하는 유력한 기제가 될 수 있다.

『성장과 복지』는 정확하게 이 관점에 기초해 유럽의 선진 자본주의 경제체제를 분석한 것이다. 초-세계화로 인해 이자율과 환율 등 거시경제정책에 대한 국민국가의 자율성이 제한된 상황에서 상대적으로 국민국가가 주도적 역할을 할 수 있는 사회정책의 변화를 통해 성장방식을 바꿀 수 있다는 가능성은 국민국가가 신자유주의화와 세계화로 심화된 불평등과 빈곤에 대응하는 중요한 정책 수단을 가질 수 있다는 것을 의미한다. 『성장과 복지』는 이러한 관점에서 1990년대 이후 유럽 복지국가들이 추진한 '복지개혁'들은 사실상 성장체제를 개혁해 지속 성장을 담보하기 위한 전략적 시도였다는 주장을 논증하고 있다. 복지를 통해 성장체제(경제체제)를 전환할 수 있다니! 경제를 경제학의 전유물로 간주하고 사회정책을 경제정책의 부속품 정도로 간주하는 한국 학계의 풍토에서, 사회복지·사회정책을 연구하는 사람들에게 『성장과 복지』의 주장이 가슴을 설레게 하는 이유이다. 폴라니Polanyi가 『거대한 전환』에서 지적했던 것처럼, 이는 시장에 내주었던 생산과 (재)분배를 다시 사회의 영역으로 가져오는 전략적·이론적 시도라고 할 수 있다.

다양해진 선진 자본주의 경제

성장을 공급과 수요의 측면에서 접근한 『성장과 복지』는 선진 자본주의 경제체제를 다섯 가지 유형으로 구분했다. 세계화와 디지털 기술발전이라는 새롭게 변화된 상황을 반영해, 개별 국가에서 경제를 성장시키고 일자리를 만드는 핵심 성장동력을 유형화의 기준으로 삼았다. 유럽의 성장체제는 이러한 준거에 따라 세 개의 수출주도 성장체제와 두 개의 내수주도 성장체제로 구분되었다. 핵심은 성장동력에서 수출과 내수 중 어떤 것이 상대적으로 더 중요한지를 구분하고, 수출과 내수주도 성장체제 내의 다양성을 분석한 것이다. 첫 번째 수출주도 성장체제는 운송장비와 같은 고품질 제조업 상품의 수출이 핵심적인 성장동력인 국가로 독일이 대표적이다. 두 번째 수출주도 성장체제는 정보통신기술ICT을 활용하는 기획, 디자인, 물류 등 역동적dynamic 서비스가 성장동력인 성장체제로 노르딕 복지국가가 여기에 속하는데 스웨덴이 전형적 사례이다. 마지막 수출주도 성장체제는 외국인 직접투자에 의존하는 수출주도형 성장체제로 발틱Baltic 국가군(에스토니아, 라트비아, 리투아니아)과 비셰그라드Visegrad 국가군(체코, 헝가리, 폴란드, 슬로바키아)이 여기에 해당한다. 내수주도 성장체제는 두 유형으로 구분되는데 먼저 금융화에 기반한 국내수요가 성장동력인 국가로 영국과 미국이 대표적 사례이다. 다른 하나는 임금과 복지지출에 의존하는 내수주도 성장체제로 이탈리아와 프랑스가 전형적 사례이며 스페인, 포르투갈, 그리스도 여기에 해당한다.

성장체제의 이러한 특성이 사회정책의 관점에서 중요한 이유는 각각의 성장체제가 자신의 고유한 성장체제에 조응하는 방식으로 또는 기존의 성장체제를 전환할 목적으로 1990년대 이후 복지개혁을 시도했다는 것이다. 한국 성장체제와 부분적으로 공통분모를 갖고 있는 독일과 스웨덴의 성장체제를 조금 더 구체적으로 살펴보자. 고품질 제조업 수출이 핵심 성장동력인 독일 성장체제는 제조업 수출품의 경쟁력을 유지하기 위해서는 제품의 가격을 적절한 수준으로 유지하는 것이 중요하다. 이에 따라 이런 성장체제에서는 생산비용의 통제가 필수적이다. 그리고 임금은 생산비용을 통제하는 가장 유력한 방식이기 때문에 여기서는 임금통제가 중요한 관심사가 된다. 제조업 수출품은 항상 대체제가 존재하기 때문에 가격 변화에 민감하다. 현대가 만든 고급차 브랜드인 제네시스는 언제든지 독일 고급차의 대체재가 될 수 있기 때문이다. 더불어 고품질의 제조업 수출 상품을 만들기 위해서는 숙련 노동자가 중요하다. 그래서 이 성장체제는 숙련노동력을 보호하기 위해 숙련 노동시장(내부자)은 규제하고, 비숙련 노동시장은 (예를 들어, 사회보험 의무가입을 면제하는 등과 같은) 부분적으로 자유화하는 방식으로 대응하는 것이다. 외부자에 대한 규제 완화는 노동비용을 낮추고 필수적인 서비스 비용을 낮춤으로써 숙련 노동자의 임금을 높이지 않고도, 숙련 노동자가 안정적으로 생활할 수 있는 조건을 마련해 주는 것이다. 1990년대 사민당의 슈뢰더 정부가 추진한 하르츠Hartz 개혁이 대표적이라고 할 수 있다. 문제는 이런 성장체제에서 노동시장은 이중화되고, 이에 따라 사회보장제도가 이중화되면서 불평등이 높아진다는 것이다. 실제로 독일은 유럽연합 회원국 중 노동시장 이중구조가 가장 심각한 국가로 알려져 있다.[7] 또한 독일의 고품질 제조업 중심의 성장체제는 작업장훈련과 직업훈련을 중시하는 대신 첨단 산업에 필요한 일반숙련을 높일 수 있는 고등교육에 관한 관심이 상대적으로 적다는 문제가 있다.

스웨덴은 독일과 같이 수출주도형 성장체제이지만, 독일과 달리 내수와 수출 모두를 성장동력으로 삼고 있다. 스웨덴은 1990년대를 거치면서 성장동력을 고품질 제조업 수출에서 ICT와 역동적 서비스 수출로 전환했다. 스웨덴이 독일처럼 고품질 제조업을 성장동력으로 유지하지 않았던(못했던) 이유는 공공 부문(사회서비스 영역)의 비중이 높은 스웨덴에서는 독일처럼 임금 조정이 쉽지 않았을 뿐만 아니라 대인 서비스를 저임금 일자리로 만들 수 없었기 때문이다. 스웨덴이 독일과 같이 고품질 제조업이 주도하는 수출주도 성장체제를 유지하기 위해서는 임금 조정만이 아니라 전반적인 생활비용을 낮춰야 하고, 이는 필연적으로 노동시장과 복지의 이중구조화를 초래한다. 보편적 복지에 대한 사회적 합의 수준이 높고, 앞서 언급했듯이 크고 강력한 공공 부문이 있는 스웨덴에서 독일의 길은 보편적 복지를 훼손하지 않는 한 불가능

....

7 Emmenegger, P., Häusermannn, S., Palier, B., and Seeleib-Kaiser, M.(2012[2012]), "불평등화의 과정", Emmenegger, P., Häusermannn, S., Palier, B., and Seeleib-Kaiser, M. 엮음, 『이중화의 시대』, 한국노동연구원 옮김(The age of dualization: The changing face of inequality in deindustrializing societies), 한국노동연구원, pp. 3-34.

한 길이었다. 이러한 이유로 스웨덴은 성장동력 자체를 전환하는 길을 선택했다. ICT와 역동적 서비스 산업이 요구하는 인적자본의 수준이 높은 노동력을 양성하기 위해 양질의 교육, 돌봄, 보건의료 서비스를 제도화하고 고등교육에 투자를 확대하면서 제조업 중심에서 역동적 서비스와 ICT 산업이 성장의 핵심 동력이 되는 성장체제로 전환한 것이다.

한국, 복지확대만으로는 위기를 완화할 수 없다

한국의 경제적 성공은 그 누구도 부정할 수 없는 전설이 되었다. 한국은 제2차 세계대전 이후 식민지에서 독립한 국가 중 거의 유일하게 산업화와 민주화라는 이중혁명을 이룬 국가이다. 그러나 현재 한국 사회의 모습은 이 나라가 전례가 없는 속도로 이중혁명을 이룬 성공한 나라가 맞는지 의문이 들 정도이다. 세계 최고의 자살률과 세계 최저의 합계출산율은 한국 사회가 살 만한 사회가 아니라는 것을 이야기한다. 젊은 세대들은 이렇게 이야기한다. "내 자식에게 흙수저를 물려주고 싶지 않다." "금수저를 위한 노예를 공급하지 않겠다." "헬조선은 나만 겪으면 된다."

한국 사회의 위기를 복지지출의 확대만으로 완화할 수 있을까? 문재인 정부의 시도는 공적 복지 확대가 빈곤과 불평등을 완화하는 유력한 기제가 될 수 있다는 것을 보여 주었다. GDP 대비 사회지출은 문재인 정부가 출범한 2017년 10.1%에서 2022년 14.8%로 무려 4.7%p나 증가했다. 매년 0.94%p씩 GDP 대비 사회지출이 증가한 것이다. 이러한 증가에 힘입어 지니계수로 측정한 처분가능소득의 불평등 지수는 시장 소득 지니계수가 거의 변화가 없는데도 문재인 정부 집권 이후 계속 낮아졌다. 처음 있는 일이었다. 공적 복지의 확대가 불평등과 빈곤을 완화하는 역할을 한다는 것을 실증적으로 보여 준 것이다.

그러나 문재인 정부의 정책은 우리에게 난제를 던져 줬다. 한국 사회가 연간 1%p에 달하는 공적복지 확대를 지속할 수 있을까? OECD 회원국의 GDP 대비 평균 사회지출이 21.1%라는 점을 고려하면, 문재인 정부처럼 복지확대를 지속하기는 어려워 보인다. 더욱이 빈곤과 불평등을 완화했지만, 한국은 여전히 노동시장의 중층적 이중구조(고용지위와 기업규모에 따른 차이)가 심각한 상황이다. 최근에는 그동안 한국이 잘해 왔던 성장률마저 OECD 국가들보다 낮아지고 있다. 대기업 집단이 최첨단 설비를 설치하고 핵심 부품, 소재, 장비를 외국에서 수입해 최첨단 제품과 고품질 제조업 제품을 생산하여 수출하는 성장체제가 지속되는 한 한국 노동시장은 점점 더 심각하게 이중구조화될 것이다. 그리고 노동시장의 이중구조가 심각해질수록 공적 복지의 확대를 통해 문제를 완화하는 것은 더 큰 비용, 어쩌면 우리가 감당할 수 없는 비용이 들 것이다. 어떻게 해야 할까? 결국 성장체제를 바꾸지 않는다면 우리는 우리가 직면한 문제를 해결할 수 없다는 것이 점점 더 분명해지는 것 같다. 지난 10여 년 동안 복지국가의 재편을 통해 성장체제를 바꾸자는 주장을 해 왔지만, 울리지 않는 종과 같았다. 『기원과 궤적』도 그런 시도 중 하나였다. 『성장과 복지』의 번역을 통해 한국의 사회정책·사회복지 연구자들이 '재분배를 넘어 생산과 분배로 복지국가의 영역을 확장하는 길'에 함께하는 계기가 되길 기대한다.

『성장과 복지』가 매우 의미 있는 저작이지만, 아쉬운 점 또한 있다. 2008년 금융위기 이후, 특히 2016년과 2024년 트럼프 집권 이후 기존의 자유무역 질서가 해체되고 새로운 세계질서가 수립되고 있다. 이런 조건에서 성장체제의 핵심 유형 중 하나인 수출주도 성장체제가 지속 가능한 성장전략인지는 논란의 여지가 크지만, 『성장과 복지』에서는 제대로 다루어지고 있지 않다. 즉, 『성장과 복지』는 2021년에 출간된 저작임에도 불구하고 글로벌라이제이션이 재편되는 상황을 충분히 담아내지 못하고 있다. 극우 정당이 전통적 노동계급의 지지를 기반으로 '집권정당'으로 성장하고 있고, 글로벌라이제이션에 부정적이라는 점을 고려하면, 이러한 정치적 변화가 국민국가의 성장체제에 어떤 영향을 미칠지도 『성장과 복지』에서는 제대로 다루지 않았다. 또한 편저자들이 지적한 것처럼, 심화하는 기후 위기가 어떻게 새로운 성장체제를 만들고 기존 성장체제를 지속시킬 수 있을지에 대한 논의도 없다. 권력자원이 성장연합과 교차되면서 생산과 분배를 둘러싼 새로운 정치적 동학이 만들어지고 있는 것도 『성장과 복지』는 적절히 다루지 못하고 있다. 그러나 이러한 한계에도 불구하고 『성장과 복지』는 사회정책, 노동정책, 복지정책을 마치 자체적인 완결성을 갖는 체제인 것처럼 가정하고 고민했던 우리에게 중요한 질문을 던지는 역작이라고 할 수 있다. 사회정책, 노동정책, 복지정책을 연구하는 사람들은 '보편주의 복지국가'가 대기업 집단, 제조업, 자동화, 수출 중심이라는 한국의 성장체제와 양립할 수 있을까? 라는 질문에 답해야 한다.

『성장과 복지』는 여러분의 참여로 번역할 수 있었다. 수고스러운 번역에 함께해 준 동료 선생님들께 이 자리를 빌려 깊은 감사의 인사를 드린다. 각 장의 번역자는 다음과 같다. 1장과 12장은 필자 윤홍식(인하대학교), 2장 이태수(인하대학교), 3장과 6장은 김진석(서울여자대학교), 4장과 5장은 홍영준(상명대학교), 7장과 9장은 이창곤(중앙대학교, 소셜코리아), 8장은 신진욱(중앙대학교), 10장과 11장은 남기철(동덕여자대학교)이 번역했다. 토론과 번역을 병행하며 좋은 번역을 하려고 했지만, 다시 읽어 보니 부족한 부분이 많다. 죄송한 마음이다. 더불어 학술서적의 번역을 흔쾌히 수락해 준 윤철호 사회평론 사장님께 깊은 감사를 드리며, 부족한 번역의 완성도를 높이기 위해 애써 준 김천희 대표님 및 출판사 관계자들께도 깊은 감사를 드린다.

모두를 위한 성장과 분배를 꿈꾸며

번역자를 대신하여 윤홍식이 쓰다

2025년 9월

서문

이 책은 지난 8년간 복지국가의 변화와 그것을 분석하는 도구들에 관한 긴 여정의 대화와 토론의 산물이다. 이 여정은 브뤼노 팔리에Bruno Palier, 나탈리 모렐Nathalie Morel, 브뤼노 아마블Bruno Amable이 조직한 "성장과 사회보장croissance et protection sociale"이라는 주제의 프랑스 세미나 시리즈에서 시작되었으며, 이는 경제정책과 사회정책 간의 연결을 강화하기 위해 프랑스 사회부Ministère des Affaires sociales의 후원을 받아 2012년에 출범하였다. 이러한 기반 위에서 우리 두 사람은 2014년 통합 연구 프로젝트를 시작하기로 결정하였다.

우리는 선진 산업국의 복지국가들이 탈산업화, 금융화, 지식경제의 부상이라는 공통된 도전 속에서도 매우 다른 방식의 대응을 전개한다는 점을 관찰한다. 이러한 관찰은 새로운 것이 아니라 비교정치경제 연구가 수십 년간 도달해 온 핵심적인 결론이다. 그러나 복지 및 경제 체제의 다양성을 이해하기 위한 이론적 도구들은 이에 상응해 발전하지 못했다. 오히려 반대의 상황이 전개되었다. 한편으로는 21세기 초에 번성했던 자본주의 다양성Varieties of Capitalism, VoC 접근은 정체 상태에 빠졌고, 다른 한편으로는 금융화와 지식경제에 대한 새로운 접근들은 제도적 다양성을 충분히 포착하지 못하고 있다.

우리가 이 여정을 시작할 당시, 비교정치경제 분야에서는 두 가지 중요한 발전이 아직 나타나지 않은 상태였다. 첫 번째는 베라멘디 외(Beramendi et al., 2015)의 『선진 자본주의의 정치The Politics of Advanced Capitalism』라는 책이다. 이 책은 복지국가 발전을 정당의 강령을 지탱하는 유권자 집단과 잠재적 연합의 관점에서 바라볼 것을 제안하였다. 그들은 '제약된 정당정치constrained partisanship' 이론에서 각기 다른 복지국가가 정책 유산을 만들어 내고, 이 유산이 정당이 새로운 정책을 추진할 수 있는 가능성의 범위를 형성한다고 주장한다. 정책은 소비 중심인지, 투자 중심인지에 따라 구분되며, 이 구분은 우리가 다양한 사회정책 개혁을 분석하는 데에도 핵심적인 분석 틀을 제공한다. 우리 역시 베라멘디 외와 마찬가지로, 왜 어떤 국가의 정부는 투자 기반의 정책을 추진하고, 다른 정부는 소비 중심의 정책에 집중하는지를 설명하고자 한다.

둘째, 바카로와 폰투손(Baccaro and Pontusson, 2016)은 국가별로 상이한 성장의 수요 동인을 탐구하는 새로운 연구 아젠다를 시작하였다. 그들의 출발점은 포스트 케인스주의post-Keynesian 경제학이며, 수출주도형 성장export-led growth은 임금주도형 성장wage-led growth과는 임금 및 분배에 대해 근본적으로 다른 함의를 가진다는 점에 주목하였다.

본서는 복지정책 영역에서 정부가 일정한 방향으로 점진적으로 선택해 온 정책적 결정들이 결국 하나의 성장전략을 형성한다고 보고, 이 과정을 분석의 핵심으로 삼는다. 우리는 복지국가가 각국 정치경제 체제의 성장방식growth regime을 구성하는 핵심적 요소라고 주장한다. 이는 사회정책이 경제의 수요 측면과 공급 측면 모두에 영향을 미치기 때문이다. 예를 들어, 복지급여는 장기 실업자의 노동시장 재진입을 촉진하며 내수를 유지하는 기능을 한다. 교육정책은 사회의 숙련 구성을 형성하며, 공공 부문이 이를 제공하는 경우 대규모 공공 일자리를 창출하고 이를 통해 수요를 창출한다. 이처럼 성장체제란 특정한 경제활동에 특화된 장기적인 제도적 배열을 뜻한다.

베라멘디 외(2015)가 유권자 연합을 통한 정책 수요에 주목하고 바카로와 폰투손(2016)이 성장의 동인을 분석한 반면, 우리는 이 두 관점을 결합하고자 한다. 그러면서도 프랑스 조절이론Regulation school이나 자본주의 다양성 이론Varieties of Capitalism 전통이 강조하는 제도적 시각을 견지한다. 정부는 유권자 정치의 논리와 성장체제의 제도적 제약 사이를 조정하며 정책을 형성해야 한다고 우리는 주장한다. 제조업의 쇠퇴, 다양한 형태의 서비스 산업의 확대, 그리고 서비스 기반 혁신으로의 전환이라는 흐름 속에서 지식경제의 부상은 정부에게 전혀 다른 성격의 정책 선택지를 제공한다. 이러한 선택지는 각기 다른 유형의 성장체제에 내재되어 있다고 우리는 주장한다.

이 책은 에스핑 앤더슨Esping-Andersen의 『복지자본주의의 세 가지 세계Three

Worlds of Welfare Capitalism』(1990)를 시작으로 지난 30여 년간 전개되어 온 비교 정치경제학의 방대한 문헌에 기반을 두고 있다. 본서는 지식경제라는 완전히 새로운 형태의 경제를 기존 이론들과 어떻게 통합할 것인가에 대한 하나의 관점을 제시하고자 한다. 또한 금융화와 디지털화를 경제의 재편 과정으로 보고, 이러한 변화는 정부 정책의 지원을 필요로 한다는 점을 강조한다. 이러한 점에서 본서는 바카로와 폰투손, 그리고 베라멘디 외가 제공한 수요 측면의 관점을 넘어선다. 책의 집필에 오랜 시간이 소요되었지만, 우리는 아직 지식경제라는 새로운 패러다임을 이해하는 여정의 출발점에 서 있다고 생각한다.

이 프로젝트는 2014년 12월 파리에서 열린 첫 번째 학술대회를 시작으로 출범하였다. 이 학술대회는 독일의 티센 재단German Thyssen Foundation과 프랑스 국립연구청Agence Nationale de la Recherche의 후원(LABEX Sciences Po-LIEPP, Laboratory for Interdisciplinary Evaluation of Public Policies, 프로젝트 번호 ANR-11-LABX-0091, ANR-11-IDEX-0005-02)으로 진행되었다. 1년 후, 동일한 기관의 지원으로 다시 파리에서 두 번째 회의를 개최하였다. 이 회의들에 참석하고 토론에 참여한 분들이 본 프로젝트의 지속을 적극 권유해 주었고, 이 자리를 빌려 그 모든 참석자에게 깊은 감사를 전하고자 한다. 특히 다음의 학자들께 감사드린다. 소냐 아블리야시Sonja Avlijaš, 루치오 바카로Lucio Baccaro, 로베르 보와이에Robert Boyer, 정무권Moo-Kwon Chung, 욘 에릭 돌빅Jon Erik Dolvik, 마리아 곤살레스 메넨데즈Maria Gonzalez Menendez, 아나 M. 기얀Ana M. Guillén, 피터 A. 홀Peter A. Hall, 애비 이네스Abby Innes, 예테 스틴 크누센Jette Steen Knudsen, 크리스티안 리네 입센Christian Lyhne Ibsen, 캐시 조 마틴Cathie Jo Martin, 다니엘 뮈게Daniel Mügge, 마렉 나칙Marek Naczyk, 조지 파굴라토스George Pagoulatos, 게오르크 피코Georg Picot, 허먼 마크 슈워츠Herman Mark Schwartz, 데이비드 소스키스David Soskice, 캐슬린 텔렌Kathleen Thelen, 클로에 투제Chloe Touzet, 크리스토스 트리안토풀로스Christos Triantopoulos, 앤 렌Anne Wren.

그 이후 우리는 수 차례 회의를 개최하고 CES, SASE, 에스파넷Espanet, 베를린 사회과학연구센터WZB, 허티 스쿨Hertie School, 너필드 칼리지Nuffield College, EUI 플로렌스European University Institute, Florence 등 다양한 학회와 워크숍에서 발표를 진행하였다. 이 과정에서 유익한 논평을 들려주신 모든 분께 깊이 감사드리며, 일일이 성함을 언급하지 못한 점에 대해 양해 바란다. 여정 도중 우리는 새로운 공동연구자들을 맞이하기도 하였다. 이들은 톰 슈발리에Tom Chevalier, 앨리슨 존스턴Alison Johnston, 에이단 리건Aidan Regan, 알렉산더 라이젠비클러Alexander Reisenbichler, 프리츠 샤프Fritz Scharpf 등이다.

프로젝트 초반에는 여러 국가 사례를 포괄하는 단일 종합 연구서를 기획했으나, 프로젝트의 규모가 확대됨에 따라 집필진은 본 연구서를 두 권으로 나누기로 결정하였다. 국가 사례들을 다룬 두 번째 책은 현재 집필 중에 있다.

이번 여정을 함께한 필자들에게 각별한 헌신과 인내에 깊이 감사드린다. 또한 이 책이 완성되기까지 많은 이들의 도움을 받았고, 그 지원에 깊은 감사를 전한다. 특히 리시아 봅지엔Licia Bobzien, 조슈아 코바Joshua Cova, 루카스 예르크Lukas Jerg, 레지나 리스트Regina List, 클라우디아 뮐러Claudia Müller, 율리아 지펠트Julia Seefeld, 펠릭스 지커Felix Sieker, 아만다 슬레이터Amanda Slater, 이반 투비오 사니에스Ivan Tubio Sanies에게 감사드린다.

끝으로, 이 책은 우리 두 사람에게 직업적으로 매우 도전적인 시기에 집필되었다. 우리는 지난 6년간 격동기를 겪은 연구소들을 이끌었고, 그 과정에서 프로젝트의 방향을 일관되게 유지하는 일이 쉽지 않았다. 이 거친 항해는 우리 가족에게도 많은 것을 요구했으며, 우리는 우리 동반자들에게 단지 감사를 넘어서 깊은 사랑을 전하고자 한다. 휴 윌리엄슨Hugh Williamson과 나탈리 모렐Nathalie Morel에게 사랑을 전한다.

안케 하셀Anke Hassel

브뤼노 팔리에Bruno Palier

베를린 · 파리

2020년 3월

차례

* 재정 지원에 대한 감사: 이 연구는 프랑스 국립연구청ANR이 감독하는 "미래투자계획Investissements d'Avenir" 프로그램의 일환으로 LIEPP(프로젝트 번호 ANR-11-LABX-0091, ANR-11-IDEX-0005-02)의 공적 보조금과, 티센 재단Thyssen Foundation의 보조금 지원을 받아 수행되었습니다.

1부

성장체제와 전략의 진화

제1장

선진 자본주의 경제에서 성장체제의 변화 따라가기

안케 하셀Anke Hassel
브뤼노 팔리에Bruno Palier

1. 서론

1990년대 후반 이래 비교정치경제와 복지국가 문헌은 산업화된 선진국을 표준적 유형에 따라 구분해 왔다.[1] 비교정치경제를 연구하는 한 세대 학자들 전체가 자본주의 유형을 경제를 조정하는 방식에 따라 구분하는 자유시장경제와 조정시장경제라는 원리에 기반해 분석했다(Hall and Sosckice, 2001). 복지국가 연구 분야에서도 고스타 에스핑-안데르센(Gøsta Esping-Andersen, 1990)은 그의 기념비적 저서에서 복지 자본주의를 세 가지 상이한 체제로 명쾌하게 구분한 바 있다. 이러한 연구들은 현대 경제를 이해하는 데 매우 중요한 역할을 하고 있다.

1 연구를 도와 준 소냐 아블리야시Sonja Avlijaš에게 감사를 표한다. 이 장은 다양한 발표와 세미나에서 많은 의견을 받았으며, 유용한 통찰력을 제공해 준 모든 논평자들께 감사드린다. 이 책은 2014년부터 수행된 연구의 결과물이며, 프랑스 국립연구기관ANR의 공공 연구비 지원을 받아 공공정책 학제간 평가 연구소LIEPP의 'Invetissements d'Avenir' 프로그램(AR-11_LABX-0091, ANNR-11-IDEX_0005-02)의 일환으로 수행되었다.

그러나 기존의 연구들이 사용한 핵심 개념은 주로 (프랑스인들이-역자) '영광의 30년'이라고 부르는 시기의 경험에 기반해 만들어진 개념이다. 그 시기는 경제성장률이 높았고(경제협력개발기구Organization for Economic Cooperation and Development, OECD 국가의 연평균 성장률 4%), 실업률은 낮았던 (대부분의 OECD 국가의 실업률은 2% 이하) 시대였다. OECD 국가에서 성장과 일자리 창출은 포드주의의 핵심인 제조업의 대량 생산과 대량 소비를 통한 높은 생산성 향상에 기반을 두고 있었다(Boyer, 1990). 지속적인 성장과 일자리가 만들어진 이 눈부신 시기는 복지국가의 급속한 확장과 밀접하게 연관되어 있었다. 실제로 1945년부터 1970년대까지 GDP 대비 사회 지출은 5배나 증가했다(Flora, 1986). 복지국가의 발전은 늘어나는 부의 재분배를 가능하게 했을 뿐만 아니라 시민의 소비를 지원하고, 교육, 훈련, 보건의료 정책을 통해 노동자의 생산성을 높여 성장에 기여했다.

그러나 1970년대 중반 이후 대부분의 OECD 국가에서 평균 성장률은 영광의 30년 시기보다 낮아졌고 평균 실업률은 높아졌다. 실업률은 1970년대 초반부터 5~10%p 증가했으며, 1980년대 이후 OECD 국가들의 실업률은 5~15% 사이를 오르내리고 있다. 또한 전체 OECD 노동력(시간제 및 기간제 합산)에서 비정형적 고용이 차지하는 비중은 약 10%에서 국가별로 25~35% 수준으로 증가했다(Emmenegger 외, 2012).

이제 1970년대 이후 선진국들이 대대적인 경제적 구조조정을 겪었다는 사실은 점점 더 분명해지고 있다. 생산의 국제화 및 글로벌화와 정보통신기술Information and Communication Technology, ICT의 확산은 선진국들에게 엄청난 도전을 안겨주었다. 탈산업화는 일자리 감소 및 성장률 하락과 관련이 있으며, 복지국가의 지속 가능성에도 강력하고 부정적인 영향을 미치고 있다(Pierson, 1996).

구조조정 과정에서 각국의 사회경제 시스템이 변화했다. 전형적인 조정시장경제이자 전통적으로 보수주의 복지국가로 여겨지던 네덜란드는 오늘날 서구 세계에서 가장 큰 민간 연기금(GDP 대비 비율로 측정)을 보유하고 있다. 관대하고 평등한 복지 제도로 유명한 조정시장경제 국가인 스웨덴은 특히 가계소득의 불평등이 급격히 상승하고 있다. 반면 영국, 호주, 뉴질랜드 등 자유시장경제로 분류되는 국가들은 전통적으로 조정시장경제로 분류되는 독일, 벨기에, 네덜란드보다 최저임금(평균 시간당 임금의 백분율로 측정)이 더 높다(Schulten and Lübker, 2019). 서유럽에서 독일은 2019년을 기준으로 저임금 노동시장이 가장 큰 국가이며, 1990년대 후반 이후 근로빈곤층이 가장 많이 늘어난 국가이다(Spannagel et al., 2017). 선진 산업화 세계를 사회적으로 균형 잡힌 유럽 대륙 경제와 불평등한 앵글로색슨 경제라는 두 진영으로 나누던 기존의 통념은 재검토되어야 한다. 또한 1990년대 이후 개혁의 대상이 되어 온 오늘날의 복지 체계는 40년 전과는 다른 방식으로 작동하고 재분배되고 있다.

이 책의 목적은 세 가지이다. 첫째, 1970년대 이후 정치경제가 어떻게 변화했는지에 대해 설명하는 것이고, 둘째, 각국 정부의 성장전략을 분석해 이러한 변화에 대한 정부의 역할을 살펴보는 것이며, 셋째, 이러한 변화에서 복지제도 개혁의 역할을 조명하고 분석하는 것이다. 요컨대, 이 책은 OECD 선진 자본주의 국가들의 성장체제의 진화 과정을 파악하고 설명하는 것을 목표로 한다.

경제구조, 경제정책, 고용정책, 숙련 형성 체계, 사회 보호 체계의 중요성에 대한 비교정치경제학의 풍부한 연구 전통이 우리 분석의 출발점이다. 우리는 우리 연구가 프랑스의 '조절학파'의 전통(Boyer, 1979; Théret, 1997), 자본주의 다양성Varieties of Capitalism, VoC 접근법(Crouch and Streeck, 1997; Hall and Soskice, 2001; Estevez-Abe 외, 2001: Iversen and Soskice, 2015), 복지 자본주의 문헌(Esping-Andersen, 1990; Ebbinghaus and Manow, 2004) 논의와 연관되어 있다고 생각한다. 아래에서 검토할 문헌은 선진 산업국가의 경제발전과 복지 체계 간의 상호연관성을 이해하는 기초를 제공한다. 그러나 앞서 언급했듯이 이러한 접근법은 포드주의 경제발전 시대에 깊이 뿌리를 두고 있다. 이제 우리는 경제 재구조화의 최근 발전을 분석하기 위해 이러한 개념들을 업데이트하고 확장할 필요가 있다. 국가 정치경제는 금융화와 지식경제의 도전에 직면해 있으며, 이에 대응하는 각국의 방식과 이러한 경향의 세부 사항은 4장에서 다시 논의할 것이다.

이 책은 선진 정치경제의 전환transformation을 이해하는 데 기여하기 위해 각국 정부가 성장을 통해 일자리 창출을 촉진하는 방법(1인당 GDP)을 자세히 살펴보았다. 이를 위해 이 책에서는 이러한 전환에 대한 저명한 비교정치경제학 학자들의 견해와 분석 방법을 살펴보았다. 또한 이 책의 각 장에서는 탈산업화, 금융화, 지식경제라는 공통의 도전에 경제와 복지 체계가 어떻게 적응했는지와 관련해 다양한 분석을 제공했다. 각 장은 현대 경제의 글로벌 상호 연결성에도 불구하고 개별 국민국가의 성장과 정책 결정의 궤적이 여전히 뚜렷하게 구분된다는 것을 보여 준다.

이 장의 4.5에서는 현대 선진 자본주의 경제의 다섯 가지 주요 성장체제를 세 가지 수출주도 성장체제와 두 가지 내수기반 성장체제로 구분했다. 이 책의 마지막 장에서 살펴본 바와 같이, 이 다섯 가지 성장체제는 특정 복지개혁에 기반한 구체적인 성장전략, 즉 고품질 제조업 수출(복지의 이중화와 연관), 역동적 서비스 수출(사회 투자와 연관), 외국인 직접투자Foreign Direct Investment, FDI를 통한 수출주도 성장(재정 및 사회적 유인과 연관), 금융화에 의한 국내 소비(복지의 상품화와 연관), 임금과 복지에 의한 국내 소비(사회 보호주의와 연관)에 의해 뒷받침된다. 유럽연합European Union, EU의 압력하에, 이 마지막 전략은 '빈곤화를 통한 경쟁력 강화'라는 형태로 변질되었다. 다섯 가지 전략은 상호 배타적이지는 않지만, 많은 경우 정책 입안자들이 의사 결정을 할 때 의존하는 주요 전략이 있다(Avlijaš 외, 이 책 12장 참조).

지식경제의 도전에 대한 다양한 해답은 선진 산업국들 사이에서도 서로 다른 성장 및 복지체제가 지속되고 있다는 증거이며, 이는 자본주의 다양성과 복지체제 문헌에서 주장한 바와 유사하다. 그러나 엄청난 전환이 이 체제들에 있었다. 이 책은 각국 정부가 추진한 다양한 성장전략, 특히 복지제도 개혁의 이행 과정을 추적함으로써 성장체제가 어떻게 변화해 왔고 어떤 모습으로 변모했는지 이해할 수 있다는 것을 보여 준다.

여기서는 이 책의 내용에 대한 전반적인 소개를 통해 선진 정치경제의 진화를 이해하기 위한 공통의 토대를 마련한다. 먼저 비교정치경제학 문헌에서 자본주의 발전의 동학에 대한 주요 질문, 접근법, 현재 논쟁을 상기하는 것으로부터 시작했다. 두 번째 단계에서는 집필진이 고려할 수 있는 다양한 접근법의 용어를 다시 살펴보고, 분석의 틀을 제시하며, 성장체제와 성장전략에 대해 이야기하는 이유를 설명했다. 셋째, 자본주의 경제가 직면한 주요 경제적 도전(예를 들어, 금융화 및 지식경제의 부상)을 제시하고 공통의 도전에도 불구하고 각국의 경제는 여전히 분명한 차이를 유지하고 있다는 사실을 강조했다. 아래에서 설명한 대로, 선진 자본주의 경제에서 다양한 성장체제의 존재는 (이 책의 다른 장들의 과제인) 어떻게 다양한 성장체제의 발전을 이해해야 하는지와 관련해 일반적인 질문을 제기한다. 이 장의 마지막 절에서는 각 장의 주요 기여를 정리했다. 이 책의 결론에서 집필진은 소냐 아블리야시Sonja Avlijaš와 함께 각 장의 분석을 바탕으로 성장체제가 어떻게 진화해 왔는지에 대한 견해를 제시했다.

2. 자본주의 발전의 동학

1990년대는 다양한 비교정치경제학 문헌의 이론과 연구가 융합되는 시기였다(Crouch and Streeck, 1997; Hall and Soskice, 2001; Amable, 2003, 다양한 접근법에 대한 요약은 용어 1.1 참조). 국가 정치경제의 제도적 구성이 국가 간 차이를 구분하는 주요 범주로 간주되었으며, 특히 국제시장에서 경쟁하는 기업 내에서 기업금융 방식, 혁신, 인적 자원 활용 간의 상호의존성(혹은 '제도적 상보성')에 큰 중점을 두었다. 비자유주의적 형태의 시장경제는 기업의 집중된 소유권, 노동자와 경영자 간 공장 단위 협력, 핵심 산업에서 더 높은 수준과 더 특수한 숙련skill, 다양한 기술technology 및 산업에 대한 전문화 경로 등 자유주의적 영어권 국가와 극명히 대조되는 여러 가지 특징을 보였다. 이러한 이론들은 또한 숙련 및 사회적 보호의 제공과 같은 복지 체계의 핵심적인 측면이 경제조직과 발전의 주요 특징이 되었다는 점을 강조했다(Estevez-Abe 외, 2001; Amable, 2003). 이러한 문헌은 여러 유형의 자본주의 경제를 가장 관련성 있고 간결하게 묘사하는 데 중점을 두었다.

용어 1.1 비교정치경제학의 상이한 접근법

- 조절학파: 조절학파는 시간의 흐름에 따른 자본 축적이라는 관점에서 생산, 소비, 분배의 패턴을 분석한다. 이 학파는 대량 생산이 노동자들과의 부가가치 공유와 결합된 포디스트 생산 체제에 대한 분석에 기반을 두고 있다. 특히 이는 완전고용과 완전 생산 능력하에서 이루어졌다(Boyer, 2000).
- 자본주의 다양성: VoC 이론(Hall and Soskice, 2001)은 경제를 조직하고 성장을 창출하는 여러 가지 방식이 있다고 주장한다. 이 이론은 국가 정치경제의 주요 기업들이 사업 결정을 내릴 때 전략적 행동에 영향을 미치는 일련의 제도들에 의해 지배된다고 가정한다. 기업은 시장을 위해 생산을 하려면 노동, 자본, 기술을 활용해야 하며, 따라서 노동시장, 자본시장, 기술 이전의 운영 방식이 기업에 매우 중요하다. VoC 이론은 일부 국가들은 이러한 관계를 제도적 조정 방식을 통해 관리하는 반면, 다른 국가들은 시장 메커니즘에 의존한다고 주장한다. 이 이론은 성장 경로에 대한 가정을 하지 않지만, 이러한 제도들이 상호보완적이어야 한다는 점을 강조한다. 본질적으로 이 이론은 기업의 다양한 행동을 설명하는 공급 중심 모델이다.
- 복지자본주의: 에스핑-안데르센의 『복지 자본주의의 세 가지 세계』는 복지체제의 세 가지 주요 유형(자유주의, 사회민주주의, 보수-기업주의)을 분석하고 경제적 번영을 촉진하는 데 있어 복지체제의 역할을 분석한다. 이 책은 복지국가를 통한 노동의 탈상품화 정도와 복지국가를 형성하는 기본적인 정치요소에 초점을 맞추고 있다(Esping-Andersen, 1990).

피터 홀Peter Hall의 장(이 책 2장)을 보면 알 수 있듯이, 선진 자본주의 경제는 제2차 세계대전 이후 세 가지 역사적 과정을 연속적으로 거쳤다. 포드주의, 자유화 시대, 지식 기반 성장의 시대. 그리고 마지막 두 시기는 성장체제에 엄청난 변화를 가져왔다. 여기서는 이 두 시기에 대한 비교정치경제학 문헌에서 제기한 주요 논점을 다시 한 번 살펴보겠다.

1) 신자유주의와 자본주의 정치경제의 자유화

자본주의 발전의 역동성은 항상 안정적인 모델이라는 개념에 도전해 왔다. 봉건 및 전근대 경제와 비교할 때, 자본주의 시장경제는 확장, 성장, 점증하는 시장화에 기반을 두고 있다(Streeck, 2016). 지난 150년간 경제발전은 자본주의 발전의 어떤 것도 정적이거나 고정되어 있지 않다고 이야기한다. 따라서 중요한 과제는, VoC 문헌에서 정의된 바와 같이 안정성과 균형의 메커니즘으로 간주되는 국가 경제의 제도적 구성이 다양한 외부적 및 내부적 변화의 역동성과 어떤 관계를 맺고 있는지에 대한 이해를 발전시키는 것이다.

노동시장 규제, 단체 교섭, 엄격한 자본시장 규제, 사회정책과 같은 전후 국민국가의 제도는 시장경제가 발전할 수 있게 한 사회 질서의 일부였다. 이는 시장 거래가 이루어질 수 있는 사회적 토대이기도 하다. 그러나 그것들은 정치적으로 강제된 시대라는 규정성으로부터 벗어날 수 없다. 이러한 제도들을 탄생시킨 정치적 힘이 더 이상 강력하고 두드러지지 않는다면 그 제도들이 살아남거나 유효하게 유지될 것이라고 가정할 이유가 없다. 다시 말해, 사회적, 정치적 행위자들이 규제와 제도를 지키고 집행하지 않는다면 자본주의 시장을 지배하는 규칙은 지속될 수 없는 것이다. 기업과 금융 시장 행위자들이 이러한 규칙들을 버리고 (조세 피난처로 이윤을 이동시켜) 규칙을 위반하기 시작하면서 결국 규칙들이 무너지기 시작했다. 이러한 규칙의 변화, 약화, 그리고 어쩌면 파괴에 대한 논의는 신자유주의적 사상과 이익에 의해 강요된 자유화 개념을 중심으로 한 문헌에서 다루어진다.

무한한 시장 확장 과정으로서의 자본주의를 가장 급진적으로 지지하는 사람은 볼프강 스트리크Wolfgang Streeck이다. 그는 슘페터(Schumpeter, 1975[1942])의 생각을 바탕으로 자본주의는 변화를 내재하고 있다고 주장한다. 슘페터가 소비자 취향, 제품, 산업 조직의 변화를 언급하며 특정한 변화의 방향을 제시하지 않았던 것에 반해, 스트리크는 시장 행위자들이 시장과 시장 점유율을 확대하기 위해 규칙을 재정의하기 때문에 현대 자본주의의 변화는 자유화를 지향한다고 주장한다. 이는 사회질서에서 민영화를 유도하고, 궁극적으로 사회규칙을 파괴하려는 기업가와 사회질서를 유지하려는 정치 행위자 간의 경쟁으로 이어진다(Streeck, 2009: 246). 경제 주체, 투자자, 기업이 자유화를 추구할 때 이들에게 사회적 의무를 부과하기 위해서는 폴라니Polanyi가 이야기한 사회적 대항 운동이 필요하다. 사회적 대항 운동이 보이지 않는다면 자본주의는 궁극적으로 자신의 기반이 되는 사회구조를 파괴해 소멸할 것이다(Streeck, 2016).

자본주의 생존에 대한 반론으로 이베르센Iversen과 소스키스Soskice(2019)는 시장 행위자들에게 제약을 가하여 전체적인 번영과 성장을 도모하기 위해서는 정치적 세력이 필수적이라고 주장한다. 정치 행위자의 힘이 약하다고 주장하는 스트리크와 달리, 이베르센과 소스키스는 중산층이 자신들의 생활 수준이 잘 작동하는 경제에 의존하고 있기 때문에, 정당들이 경쟁을 강화하고 독점적 지대를 제한하는 등의 적절한 경제 도구를 사용하여 경제발전을 도모할 것을 기대한다고 이야기한다. 이들은 성장을 강하게 지지하는 다수 유권자의 이익을 대변하는 정부를 선출하는 민주적 절차가, 지식경제로의 전환이나 포퓰리즘 운동의 위협과 같은 도전에 직면했을 때 시장 경제가 스스로 파괴되는 것을 막아준다고 주장한다. 이들의 주장은 베라멘디Beramendi 외(2015)에서와 같이 비교정치경제 연구에서 점점 더 중요한 강조점이 되고 있는 선거 정치의 중요성을 반영하고 있다.

비교정치경제 문헌에는 이 두 극단적 주장 사이에 위치한 많은 설명들이 제시되어 있으며, 이는 자본주의 발전의 동학과 국민국가 제도의 역할에 관한 미묘한 주장들을 포함하고 있다. 이 책의 저자들은 스트리크가 강조한 급진적 자유화의 잠재적인 파괴력과 이베르센과 소스키스가 주장하는 안정과 변화의 미묘한 과정 사이의 연속선상에서 다양한 입장을 취하고 있다.

일부 문헌은 1980년대 이후 경제발전의 주요 특징으로서 자유화 추세를 받아들이고 있으며, 때로는 신자유주의가 특정한 정치경제로의 수렴을 강제할 수 있는 힘을 갖고 있다고 이야기한다. 예를 들어, 바카로와 하웰(Baccaro and Howell, 2011: 551)은 "자유화라는 공통의 명령이 비슷한 궤적을 따라 유럽 노사관계의 지형을 변화시키고 있다"고 주장했다. 집단적 행위자들이 노동시장에 규칙을 부과하는 힘이 약해진 것은 탈산업화와 경제 구조조정 때문이라는 것이다(Baccaro and Howell, 2011). 1970년대 중반부터 많은 정부가 금융 자유화를 수용하여 자본시장과 기업 지배구조와 관련된 규제를 개혁했다(Cioffi and Höpner, 2006; Culpepper, 2011). 1990년대 중반 이후 선진 정치경제, 특히 유럽 대륙의 비자유주의 시장경제에서 혁신적 변화가 다소 강하게 나타나기 시작했다. 노동시장 규제가 완화되고 실업수당이 삭감되었으며, 경제 활성화 정책을 통해 시장 메커니즘이 강화되고 보호는 축소되었다. 신자유주의는 자주 비판받아 왔으며, 자유화로의 변화를 촉진하는 주요 요인으로 지목되어 왔다.

그러나 텔렌(Thelen, 2014)은 자유화의 과정이 일률적이라기보다는 국가별로 다양한 유형의 궤적이 존재하며, 특히 사회 결속과 연대에 미치는 영향에 따라 차이가 있다는 것을 확인했다. 텔렌은 자유화가 내부자와 외부자 사이의 깊은 분열로 이어진 독일이나 프랑스에 비해 북유럽 국가들이 훨씬 더 연대적인 자유화 경향을 보였다고 지적한다(Martin and Thelen, 2007; Palier and Thelen, 2010; Hassel, 2014; Thelen, 2014). 사실상 자유화에 관한 문헌은 시장경제가 변화하고 있지만, 많은 국가의 자유화 개혁에도 불구하고 국가들이 하나의 정치경제 형태로 수렴되기보다는 서로 다른 모습으로 남아있다는 것을 보여 주었다(Hall and Thelen, 2008). 기업은 규제 변화에 적응하지만, 여전히 자신이 속한 경제의 다른 제도에 속박되어 있다. 자유화를 향한 명확하고 통일된 길은 없다. 그러나 이 문헌들이 놓친 것은 이러한 변화를 주도하는 금융 자본주의의 역할에 대한 분석이다. 이에 대해서는 이 장의 4절에서 더욱 자세히 다룰 것이다.

2) 지식기반경제로의 진입

대부분의 비교정치경제학 문헌이 자유화와 신자유주의에 초점을 맞추고 서비스 및 지식기반 자본주의로의 전환이 미치는 영향을 무시했던 것과 달리, 비교복지국가 문헌은 탈산업화와 지식기반경제의 발전에 대한 많은 분석을 했다. 지식경제는 물리적 투입물이나 천연자원보다 지적 능력에 더 많이 의존하며, 기술 및 과학 발전 속도가 더 빠르다는 특징이 있다(Powell and Snellman, 2004). 여기서도 탈산업화가 모든 산업화된 경제에 영향을 미치고 있지만, 그 영향은 (비록 그 속도는 상이하지만) 국가에 따라 상이하다는 것이 다시 한 번 분명해졌다.

탈산업화가 복지국가의 중요성을 강화하고 사회적 보호를 오히려 더 중요하게 만들었다는 주장이 강력하게 제기되고 있다(Iversen and Cusack, 2000). 마찬가지로 지식경제로의 전환이 실제로 어떻게 이루어질지는 적어도 부분적으로는 경제와 복지국가 제도의 조정 유형에 달려 있다. 렌(Wren, 2013)은 자유주의, 사민주의, 기독교민주주의 복지국가는 특히 기본 교육 체계와 관련해 서비스 경제를 향해 서로 다른 길을 걸어왔다는 것을 보여 주었다. 생산성이 높은 서비스 부문은 특정한 숙련skill이 필요하기 때문에 복지국가의 제도들이 이러한 전환을 촉진하는 데 중요해진다는 것이다. 자이스만(Zysman et al., 2010)은 ICT와 지식경제의 부상이 국민국가 경제에 특별한 영향을 미쳤다고 주장한다. 이들은 사회정책, 교육, 노동시장 규제가 사회통합과 양립할 수 있는 성공적인 전환을 위한 결정적인 제도적, 규제적 전제 조건을 제공했다는 사실을 발견했다.

산업화된 선진국에서 탈산업화와 서비스 경제의 도전은 선거 및 정책 변화 분석의 출발점이기도 하다. 베라멘디 외(Beramendi et al., 2015)는 이러한 국가들의 유권자 집단의 직업 구성 변화를 분석해 복지국가에 대한 정책 선호도를 파악했다. 고숙련 서비스업 일자리의 급격한 증가와 저숙련 제조업 일자리의 감소는 정책 입안자들이 직면한 선거 환경을 변화시켰다. 특히 '소비적' 정책과 '투자적' 정책 간에 중요한 정책적 트레이드오프가 나타나고 있다. 구식 저숙련 제조업 노동자는 투자보다 소비를 선호하는 반면, 고학력 신중간계급(서비스업 노동자 및 전문직)은 그 반대의 선호를 보였다. 또한 유권자 집단에 따라 개입자로서 국가의 역할에 대한 시각도 상이했다(Beramendi et al., 2015). 이러한 관점에 따르면 국가는 노동시장을 구성하는 집단들의 강도와 구성에 따라서 유형화할 수 있다. 이 분류는 에스핑-안데르센의 분류와 유사하며, 남유럽은 별도의 유형으로 분류된다. 베라멘디 외(2015)는 정책 대응, 특히 복지국가 정책과 관련한 대응이 이러한 구성과 이들이 형성하는 연합에 따라 다소 달라질 가능성이 있다고 가정한다. 그들은 탈산업화 속에서 새로운 정책 공간을 설명하며, 가장 가능성 있는 정책 결과를 예측한다.

3) 국가별 성장체제의 궤적 추적하기

이 책의 각 장은 기존의 다양한 성장체제와 복지제도가 자유화와 탈산업화라는 역사적 흐름이 가져온 변화에 영향을 받고 적응하면서 걸어온 다양한 궤적을 추적하고 분석했다. 이를 통해 실제로 많은 정부가 자유화와 신자유주의 정책을 추진했고 기존 국민국가 체제를 변화시켰다는 것을 보여 준다. 그러나 이 장들은 경제 권력을 통제하기 위한 정치적 투쟁이 실패했다거나 자본주의가 죽어가고 있다는 관점에 동의하지 않는다. 금융화와 금융시장 주체들의 정치적 힘이 커지면서 기업, 특히 금융시장에 대한 민주적 정부의 통제는 새로운 경제 환경에서 더 절실해졌다. 2008년 금융위기가 발생한 지 10년이 지난 지금도 각국 정부는 은행과 조세피난처를 규제하고 더 늘어난 공공 부채를 처리하는 등 그 여파에 대처해야 한다. 또한 이 장에서는 탈산업화라는 일반적인 추세에도 불구하고 일부 국가는 계속해서 제조업에 의존해 성장한 반면, 다른 국가는 역동적 서비스업으로 전환했다는 것을 보여 준다.

경제 구조조정 과정에서 정부는 때때로 서로 모순되는 정책을 추구하기도 하고, 서로 다른 이해관계자를 위한 정책을 추진하기도 한다. 정책 대응에 대한 논쟁이 이러한 경제발전을 주도하고 형성하며, 새로운 경로가 발견될 때까지 지속된다. 그러나 이러한 변화의 과정에서 정책 결정은 압도적으로 국민국가 단위로 이루어진다. 정책 결정은 대체로 국가 차원에서 이루어지며, EU 국가들의 경우 유럽 차원에서의 정책은 부분적으로만 영향을 미친다.

많은 장들에서 국민국가가 경제를 조직하는 다양한 방식에 초점을 맞춘 관점(예를 들어, 자본주의 다양성 또는 조절학파)이 글로벌 환경에서도 정치경제의 진화를 이해하는 데 적절한 통찰력을 계속 제공한다는 것을 보여 준다. 우리는 '자본주의 다양성'과 '조절' 프레임워크를 일관되고 정적인 경제체제가 아니라 경쟁이 치열한 정치 공간처럼 적용해야 하며, 제도가 상호보완적일 때 가장 잘 작동한다고 주장한다. 변화의 역학을 이해하기 위해, 우리의 저서는 이러한 전통적인 관점을(대체하려는 것이 아니라) 보완하고자 한다. 이는 성장의 수요 요인뿐만 아니라 기존 제도에 대한 논쟁과 재구성에서 선거 수요의 역할도 고려하고 있다.

조정의 패턴은 다양하지만 정부의 자유도는 제한되어 있다. 금융화, 탈산업화, 지식경제는 모든 경제에 도전 과제를 안겨주고 있다. 일부 정부가 이러한 도전 과제를 기회로 전환할 수 있었던 것은 우연이 아니라, 기존 성장체제와 복지 체계로 구성된 제도적 도구에서 비롯된 것이다. 이에 대해서는 다음 절에서 논의한다.

3. 성장, 체제, 그리고 전략

이 절에서는 경제가 조직되는 방식을 분석하기 위해 비교정치경제학에서 사용되는 다양한 개념을 검토하고, 이 책에서 저자들이 사용할 '성장체제'와 '성장전략'에 대해 소개했다(요약은 용어 1.2 참조). 또한 성장체제가 작동하는 데 있어 복지제도의 역할을 강조했다.

용어 1.2

- 성장모델: 포스트 포드주의 성장모델에 대한 논의(Bacccaro and Pontusson, 2016)는 포스트 케인스주의와 칼레키안 거시경제학에 기반을 두고 있다. 바카로와 폰투손이 이 장에서 설명했듯이, 이 접근법은 총수요, 균형 실업률, 국제수지를 결합한 케인스 경제학의 칼린과 소스키스Carlin and Soskice의 세 가지 방정식 모델에 부분적으로 의존하고 있다. 포드주의 시대에는 모든 경제성장이 임금주도로 이루어졌다고 주장한다. 포드주의 성장모델이 종언을 고하자 각국은 내수주도 성장(신용 또는 공공 지출을 통한), 수출주도 성장, 균형성장(내수와 수출) 중 하나의 성격을 강화했다. 성장모델의 사용은 거시경제발전에서 총수요의 역할에 대한 검토를 다시 불러일으켰고, 포드주의 이후 정치경제의 변화에 대한 새로운 통찰력을 제공했다.
- 성장체제: 성장체제는 가장 넓은 의미에서 경제의 거버넌스 방식이라고 정의할 수 있다. 성장체제에는 세 가지 핵심 요소가 있다. 성장동력, 다시 말해, 부의 창출, 일자리 창출, 생산적 이익에 기여하는 부문(제조업, 금융, 첨단 기술, 농업 등) 등, 경제를 지배하는 다섯 가지 제도(Amable, 2003 및 이 장의 3.2절 참조), 그리고 총수요의 주요 구성 요소(민간 소비, 민간 투자, 공공 지출, 순 수출)이다. 집필진의 성장체제 접근법은 자본주의 다양성 이론의 통찰과 성장모델의 주장을 결합한 것이다. 시장 상품 규제와 경제 자금 조달 방식의 중요성 외에도, 성장체제는 경제활동을 형성하는 데 있어 복지제도(교육 시스템, 노동시장 규칙, 사회보험/사회정책)의 중요성을 강조한다.
- 성장전략: 정부는 선거를 위해 일자리 창출과 경제성장에 관심을 갖는다. 이를 위해 정부는 성장전략을 추구하는데, 이는 특정 국가에서 성장을 촉진하고 일자리 창출을 자극하기 위해 정부나 생산자집단(경제 및 사회적 행위

자들)이 내리는 비교적 일관된 일련의 결정과 개혁을 의미한다. (이러한 결정의 근거에 대해서는 이 책 2장의 홀Hall을 참고하라.) 중기적인 기간 동안 성장전략은 관찰 가능하고 일관되며 체계적인 패턴을 따른다. 여기에는 구조개혁과 복지개혁을 포함해, 경제의 수요와 공급에 영향을 미치는 다양한 정책 분야의 정책 변화와 적응이 포함된다. 성장전략은 종종 성장체제의 주요 제도 중 일부를 개혁하는 것을 의미하기 때문에 성장전략을 실행하는 것은 시간이 지남에 따라 성장체제의 주요 제도를 변화시키는 데 기여할 수 있다.

비교정치경제학은 경제를 조직하는 다양한 방법을 이해하는 데 도움이 된다. 그러나 문헌은 이 분류를 위해 고려해야 할 다양한 차원을 제시하고 있다. 자본주의 다양성은 공급 측면에 초점을 맞춘 반면, 프랑스 조절학파는 특히 '포드주의' 성장체제를 분석할 때 수요와 공급 간의 상호작용이 핵심이라고 주장했다(Boyer, 1979). 또한, 성장모델에 관한 최근의 문헌에서 주장하듯이 성장모델은 수요 측면과 그 구성도 중요하며, 정부는 번영을 위해 경제의 양 측면을 균형 있게 발전시켜야 한다고 주장한다(Baccaro and Pontusson, 2016 및 이 책 3장). 따라서 집필진은 다양한 정치경제학 간의 주요 차이점을 포착하기 위해서는 경제의 공급 측면이 기존 및 변화하는 제도에 어떻게 적응하는지에 대한 이해와 총수요가 경제성장을 주도하는 방식에 대한 분석을 결합(대체가 아닌)해야 한다고 주장한다. 아래에서는 공급과 수요 측면의 관계를 강조하는 포괄적인 접근 방식을 선호한다고 주장할 것이다. 이는 성장체제와 그 안에서 복지제도가 수행하는 역할에 초점을 맞출 때 특히 중요하다. 복지 체계의 제도와 정책은 경제의 양 측면의 균형을 맞추는 데 중요한 역할을 한다. 복지국가는 정부가 성장전략을 수립하고 추진하기 위해 사용하는 주요 수단을 제공한다. 그러나 각기 다른 정책은 각기 다른 성장전략에 대응하며, 이는 결국 전반적인 경제 및 사회적 성과에 영향을 미친다.

1970년대 후반부터 선진국에서 저성장 시대가 시작된 이후 각국 정부는 금융화, 지식경제 등 자본주의의 구조적 변화와 상호작용하는 다양한 방식으로 성장을 촉진하기 위해 노력해 왔다. 이러한 정책은 비교정치경제학 문헌에서 확인할 수 있는 것과 같이 기존의 제도적 장치에 의해 형성되었다. 그러나 이러한 정책은 빈번하게 기존의 경제 및 사회 제도를 개혁하는 것을 의미했다. 따라서 성장을 촉진하기 위한 정책은 성장을 대가로 기존 제도를 변화시키는 데 기여했다. 따라서 1980년대 이후 성장체제는 진화해 왔으며, 오늘날 제도적 체제 간의 차이는 1980년대에 확인된 자유시장경제와 조정시장경제 간의 기본적인 구분보다 훨씬 더 다양하게 나타난다(Hall and Soskice, 2001). 오늘날 선진 경제를 두 그룹으로만 분류하는 것은 그 어느 때보다 더 복잡한 문제를 안고 있다.

1) 수요와 공급, 성장의 양면성

현재 정치경제학자들 사이에서는 경제가 조직되는 다양한 방식을 검증하고 분석하는 최선의 방법에 대해 활발한 논쟁이 벌어지고 있다.[2] 자본주의 다양성 문헌은 경제의 생산 측면(공급 측면)과 그 제도적 구성에 초점을 맞추는 반면(Hall and Soskice, 2001), 다른 학자들은 소비 측면(수요 측면)과 그 구성이 가장 중요하다고 주장한다(Baccaro and Pontusson, 2016 및 이 책 3장). 집필진은 특정 성장체제를 구축하기 위해 공급과 수요가 어떻게 상호작용하는지를 이해하는 것이 가장 중요하다고 주장한다(Boyer, 1990).

공급 측면과 기업의 행동에 초점을 맞춘 자본주의 다양성 문헌은 적어도 암묵적으로 서로 다른 두 가지 성장체제에 해당하는 두 가지 유형의 경제로 정형화되어 있지만 매우 설득력 있게 둘을 구분하고 있다.

공급 측면과 기업의 행위에 초점을 맞춘 자본주의 다양성 문헌은 매우 간

....

2 예를 들어, *Politics and Society* 44권 2호에 실린 바카로와 폰투손(Baccaro and Pontusson, 2016)에 대한 논평을 둘러싼 논쟁을 참조하라.

결하지만, 꽤 설득력 있게, 적어도 암묵적으로 두 개의 상이한 성장체제에 조응하는 두 가지 유형으로 경제를 구분한다. 기업들은 특정 경쟁 우위를 개발하기 위해 자신들의 제도적 환경에 맞춰 조정한다. 홀과 소스키스(Hall and Soskice, 2001)는 기업 전략을 좌우하는 주요 제도적 구조로 금융 시스템과 기업 지배구조, 기업 내부 구조, 노사 관계, 교육 및 훈련 시스템, 기업 간 관계를 조직하는 기관을 언급했다. 그들은 다음과 같이 주장한다.

> 어느 정치경제 내에 위치한 기업들은 자신들이 완전히 통제할 수 없는 성격을 가진 일련의 조정 기관들을 직면한다. 이러한 제도는 기업에게 특정한 기회를 제공하며, 기업은 이러한 기회를 활용하는 전략에 매력을 느낄 것으로 예상할 수 있다. 요컨대, 전략은 구조를 따르는 중요한 특성이 있다. 이러한 이유로 우리의 접근 방식은 국가 간 기업전략의 체계적 차이를 예측하고, 정치경제의 중요한 제도적 구조에 따른 차이를 예측하는 것이다(Hall and Soskice, 2001: 15).

집필진은 이 접근법에서 제도와 제도의 상호의존성이 기업의 전략과 비교 우위를 형성하는 데 중요하다고 생각한다. 집필진은 이러한 제도적 장치가 정부에도 제약과 기회를 구조화하고 정부의 전략, 결정, 정책을 형성한다는 가정을 따른다.

홀과 소스키스(Hall and Soskice, 2001)는 자본주의의 두 가지 유형을 형성하는 두 가지 주요 제도적 장치를 구분한다. 조정시장경제Coordinated Market Economies, CME는 다양한 조정 및 심의 기관이 존재하는 것이 특징이다. CME는 조직적 상호 작용과 산업 및 고용의 장기적 관계와 같은 비시장적 메커니즘을 기반으로 한다. 노동자와 기업은 실업보험이나 연금과 같은 복지국가 정책으로 보장되는 특수숙련에 투자한다(Estevez-Abe 외, 2001). CME는 세계 시장을 대상으로 생산하는 제조업에 특화되어 있으며 무역 흑자를 내는 경향이 있다. 이들은 신중한 통화 및 재정 정책의 혜택을 누리고 있으며, 경쟁 우위를 위협하는 임금 통제에 중점을 두고 있다(Iversen and Soskice, 2012). 북유럽과 유럽 대륙 국가는 모두 CME로 분류된다.

반면 자유시장경제Liberal Market Economies, LME에서는 경제 관계가 시장 기제에 의해 지배된다. 자유시장경제는 규제 완화된 시장, 일반 숙련, 보편적이지만 최소한의 복지국가를 기반으로 한다. 이들은 무역 적자를 기록하고 급진적 혁신과 금융 서비스에 특화된 경향이 있다. 그들의 통화 및 재정 정책에 대한 접근은 더 수용적이다. 신중한 정책은 임금 통제에 도움이 되지 않기 때문이다. LME에서는 기업 자금 조달이 주식시장에 의해 주도되고, 임금 수준은 개인의 생산성에 의해 결정되며, 노동자는 경기 사이클과 기술 혁명의 영향을 받는 산업에서 유연성을 갖기 위해 일반 숙련을 습득하는 데 관심이 있다.

하지만 더 자세한 분석을 통해 이 두 유형을 구분할 필요가 있다. 북유럽과 대륙 유럽의 CME를 세밀하게 구분하는 것(Thelen, 2014) 외에도 남유럽과 프랑스의 혼합시장경제Mixed Market Economies, MME와 동유럽의 비셰그라드 국가(Nölke and Vliegenhardt, 2009; Bohle and Greskovists, 2012)에 대한 세밀한 이해가 필요하다.

브뤼노 아마블Bruno Amable은 조절학파의 통찰과 비교복지국가 문헌을 자본주의 다양성 논의와 통합해 자본주의를 다섯 가지 유형으로 구분했다(Amable, 2003).[3] 다른 비교정치경제학자들과 마찬가지로 그는 제도가 경제 관계를 형성한다고 생각하지만, (다섯 가지) 자본주의 유형 간의 차이를 더 잘 이해하기 위해 이러한 제도에 대한 새로운 정의를 제안했다. 그는 다양한 유형의 자본주의 사이에서 제도는 상품 시장 경쟁, 노동시장 및 노사 관계, 사회 보호, 교육체계 및 금융체계 영역에서 차이가 있다는 것을 보여 준다(Amable, 2003).

다른 한편, '성장모델' 문헌, 특히 바카로와 폰투손(Baccaro and Pontusson, 2016)은 경제성장에서 수요의 역할을 다시 강조할 것을 제안한다. 이들은 "전통적인 포드주의 모델인 임금주도 성장에 대한 세 가지 대안, 즉 신용에 의

....

3 신자유주의 또는 시장기반 자본주의, 대륙유럽 자본주의, 사회민주 자본주의, 지중해 자본주의, 그리고 아시아 자본주의.

한 소비주도 성장, 투자주도 성장, 수출주도 성장을 구분할 것"을 제안한다(2016: 186). 이들은 소비주도형 성장모델과 수출주도형 성장모델이라는 두 가지 주요 모델에 초점을 맞추고 네 가지 가능한 사례를 제시했다. 수출에만 의존하는 독일, 내수가 주도하는 영국(신용으로 자금 조달), 소비와 수출이 결합된 스웨덴, 수출과 소비가 모두 작동하지 않는 이탈리아가 그것이다. 바카로와 폰투손의 논문에 대한 논의에서 호프와 소스키스(Hope and Soskice, 2016)는 수출주도형과 수요주도형 성장모델을 구분해야 한다는 데 동의하지만, 이는 LME가 일반적으로 내수주도형인 반면 CME는 수출에 더 많이 의존한다는 의미에서 VoC를 확인할 뿐이라고 주장했다. 실제로 CME가 수출주도 성장을 더 지향한다는 것을 알 수 있다(이 장의 뒷부분에서 설명했다). LME에서는 민간 소비가 상대적으로 큰 반면, 독일과 같은 CME에서는 상대적으로 낮다(Hassel, 2017).

수출주도 성장은 경제 주체(고용주와 노조)가 경제 관계를 협상하고 통제하며, 특히 임금 결정 및 훈련과 관련하여 상호 작용을 조정하는 체제와 관련이 있다. 많은 CME에서 임금 수준을 결정하는 것이 협상의 핵심 목적이다. 높은 수준의 중앙집권화와 임금 결정의 조율은 임금 압력을 억제하여 실질 환율을 통제하는 데 도움이 된다. 또한 저숙련자에게는 훈련에 대한 인센티브를 제공하고 고숙련자에게는 더 높은 임금을 포기하도록 요청하는 압축적 임금 구조에 기여한다. 임금 적정화는 더 많은 투자를 가능하게 한다. 이러한 모든 요소는 수출 경쟁력에 도움이 된다. 경제에서 노출된 부문이 차지하는 비중이 높기 때문에 통화 및 재정정책은 다소 제한적이다(Hall and Soskice, 2001; Scharpf, 이 책 5장). 반면, LME는 성장이 내수에 더 의존하는 경향이 있으며, 역동적 서비스, 특히 금융 부문이 더 큰 역할을 하는 체제와 연관될 수 있다(신용을 통한 소비 접근성 허용, Crouch, 2009; 2013 참조).

총수요에 초점을 맞춘 '성장모델' 문헌은 경제의 공급 측면에 초점을 맞춘 기존 문헌을 보완하는 데 필수적이며, 경제에 대한 기본 문헌의 유형화와 모순되는 것이 아니라 오히려 경제의 유형화를 더 풍부하게 하는 것으로 보인다. 그러나 다시 한번 강조하지만, 단순한 이분법적 구분(여기서는 수출과 내수의 성장 촉진 역할)은 그 단순성에서는 훌륭하지만, 한편으로는 미국과 프랑스(둘 다 내수주도형 성장모델로 인식됨)와 스웨덴과 독일(둘 다 수출주도형 모델에 속함) 경제 간의 극명한 차이를 간과하고 있다. 이들 국가는 금융화 수준, ICT 사용, 민간 부채, 통화 평가절하 능력, 불평등 수준, 궁극적으로 경제성장률과 고용률 등 여러 가지 측면에서 큰 차이가 있다. 바카로와 폰투손(Baccaro and Pontusson, 2016)이 인정한 바와 같이, 우리는 다양한 내수주도 및 수출주도 성장모델의 기원과 함의에 대해 더 구체적인 분석을 할 필요가 있다.

이러한 분석을 위해서는 수출과 내수의 본질에 대한 더 자세한 이해가 필요하다. 수출주도형 성장모델은 제조업 수출과 역동적 서비스 수출, 그리고 이러한 수출이 가격에 민감한지, 품질과 혁신에 기초한 것인지에 따라 다양한 유형으로 발전해 왔다. 또한 내수 측면에서는 그 성장모델이 임금 인상에 의한 것인지, 민간 부채로 조달되는 금융에 의한 것인지, 사회적 급여에 대한 공적 지출에 의한 것인지에 따라 다양한 유형의 내수주도 성장모델을 구분하는 것이 중요하다.

집필진은 바카로와 폰투손의 수요 중심 성장모델 관점과 홀과 소스키스의 공급 측면의 자본주의 다양성 관점을 병렬적으로 비교하는 대신에 '성장체제'라는 측면에서 우리만의 접근 방식을 통해 더 바람직한 통합 유형을 제안한다. 성장체제의 관점을 채택함으로써 우리는 두 관점의 통찰력을 모아 기존 체제에 대한 보다 상세하고 차별화된 설명을 제공하는 동시에 성장체제의 진화를 검토할 수 있다.

2) 성장체제

성장체제는 가장 넓은 의미에서 경제를 운영하는 방식이다. 성장체제는 기업의 전문화와 인구의 소비 및 저축 패턴, 기술 사용 및 업무 조직을 형성하는 제도적, 정책적, 조직적 틀을 포괄한다. 성장체제는 특정 유형의 혁신, 특정 고부가가치 산업의 발전, 통화 및 재정정책의 사용, 고용률과 인적 자본에 영향을 미치는 정책 수단을 기반으로 할 수 있다. (복지)국가는 경제관리를 위한 성장체제의 중요한 구성 요소이다.

따라서 성장체제는 신고전파 성장모델의 모든 구성 요소, 특히 노동, 자본, 기술, 그리고 총생산함수의 명세를 포함할 뿐만 아니라, 이러한 요소들에게 특정한 틀을 제공한다. 신고전파 성장이론은 소비자 행동과 같은 생산함수의 특정 측면을 구체화하는 데 있어서는 더 정교해졌지만, 일반적으로 제도, 예를 들어 재산권 제도에 대한 매우 일반적 견해를 넘어서 국가와 시대를 가로지르는 제도적 및 정책적 구성에 대해서는 관심이 없었다(Acemoglu and Johnson, 2005). 우리는 다양한 제도, 부문, 정책(사회보호정책 포함)을 포함함으로써 다양한 유형의 성장체제를 구분할 수 있다. 각 제도적 구성의 다양한 요소 간의 상호작용과 상호보완성을 강조하기 위해 '성장모델' 대신 체제와 '성장체제'라는 개념을 사용했다. 집필진은 경제의 수요 측면에 초점을 맞춘 문헌을 언급할 때 '성장모델'이라는 용어를 사용했다.

- 성장동력: 부의 창출, 일자리 창출, 생산성 향상에 기여하는 부문으로서의 성장동력. 농업, 제조업, 서비스(고부가가치/저부가가치 서비스), 금융, 주택, 지식 기반 활동, ICT.
- 경제를 조직하는 제도: 1. 경제 자금 조달 방식과 기업 지배구조, 2. 제품 시장 규제(산업정책, 보조금, 국가 소유권 포함), 3. 노사 관계, 임금 결정 방식 및 규칙, 노동시장 규칙 및 조직, 4. 숙련 형성 시스템(교육 및 직업훈련), 5. 사회보호정책(사회보험, 사회 투자 및 사회 지원).[4]
- 총수요의 주요 구성요소: 민간소비(가계 및 기업), 민간투자, 공공 지출(소비 및 투자), 순수출(Baccaro and Pontusson, 2016).

....

4 집필진은 여기서 아마블(Amable, 2003)이 이미 규명한 다섯 가지 기관에 대해 자세히 설명한다.

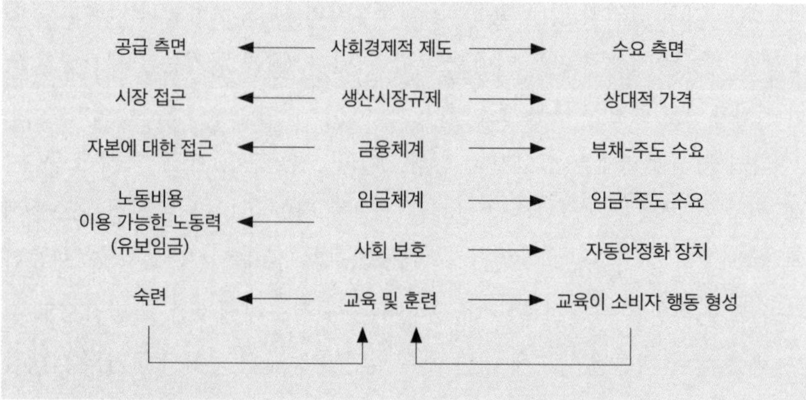

그림 1.1 성장체제의 제도적 기반

주: 이 그래프를 개선하는 데 도움이 되는 제안을 해 준 게오르그 피코Georg Picot에게 감사의 말씀을 드린다.

성장체제에 대한 우리의 이해는 포괄적이며 경제의 수요 측면과 공급 측면을 모두 포괄한다(그림 1.1). 이 책은 비교정치경제학 문헌에서 확립된 사회경제적 제도가 성장의 핵심 역학을 형성한다고 가정한다. 이 책의 여러 장에서 설명하듯이 이러한 제도는 공급과 수요 측면 모두에 영향을 미친다. 예를 들어, 중앙집권적 임금 교섭이 숙련 노동에 대한 임금 한도를 규정하기 때문에 임금 교섭 제도는 한편으로는 숙련 형성 체계를 지원한다. 다양한 종류의 훈련 기관과 함께 복지제도와 임금 교섭 기관은 특정한 숙련 형성을 지지하고, 이를 통해 숙련체제를 형성한다(슈발리에Chevalier, 이 책 11장). 동시에 임금 교섭 기관은 경제의 임금 구조를 결정하고, 이는 다시 수요 측면에 영향을 미친다(바카로와 폰투손, 이 책 3장; 존스턴Johnston, 이 책 9장). 임금 인상률이 높고 임금 불평등 수준이 낮을수록 내수가 활성화될 것이다. 마찬가지로 주식 기반 기업금융과 유동적인 자본시장은 금융화를 촉진하고, 이는 신용을 창출하여 수요 측면에 영향을 미친다(라이젠비클러Reisenbichler, 이 책 10장). 반면에 기업금융의 유동성과 가용성은 공급 측면의 급진적 혁신 기회와 상호 작용한다(렌Wren, 이 책 8장).

특정 성장체제에서 경제의 공급과 수요 측면 간의 상호작용은 동일한 경제제도의 영향을 받는다. 또한 이러한 제도는 경제 주체들로 하여금 특정 종류의 경제활동을 전문화하도록 유도하고, 정치 주체들은 경제정책을 통해 이러한 전문화를 지원하고 강화하려고 시도한다. 이 장의 4.5절에서 현대 선진 자본주의 국가의 다섯 가지 주요 성장체제를 살펴볼 것이다.

3) 성장과 복지체제

복지국가 연구에서 복지체제를 다양한 자본주의 및 성장체제와 연결시키려는 시도는 거의 없었다.[5] 이러한 경향은 부분적으로는 사회정책이 자본주의의 가장 부정적인 영향을 완화하려는 시도로 인식되는 경우가 많기 때문이다. 이로 인해 복지체제의 경제와의 연관성 및 경제와의 긍정적 상호작용을 분석하는 경우가 드물었다(Iversen and Soskice, 2015). 이베르센과 소스키스(2015: 82)는 우리에게 이를 상기시킨다.

> 사회적 보호(고용보호, 실업수당, 소득보호, 적극적 노동시장 프로그램 및 산업보조금과 같은 다양한 관련 정책 포함)는 노동자들에게 고용주에게 특화된 숙련을 익히도록 장려해 국제시장에서 기업의 경쟁력을 높인다. 이처럼 복지국가의 핵심 기능은 경제와 연결되어 상호보완적인 효과를 창출한다.

보다 더 일반적으로 복지국가는 자본주의 다양성 문헌에서 중요한 위치를 차지하고 있다. 조정시장경제와 자유시장경제는 그 자체로 정의되지 않으며, 복지국가의 중요한 기능에 의해 유지되고 강화된다. 앞서 언급한 바와 같이, 조정된 시장경제CMEs는 사용자와 노동자 간의 장기적 관계와 같은 비시

5 마르틴 슈뢰더(Martin Schröder, 2009, 2013)는 예외다. 그는 문헌과 데이터에서 그가 연결한 하나의 상수가 있다는 것을 보여 주었다. 모든 LME는 자유주의 복지체제다. 또한 그는 CME가 보수적인 기업주의적 복지국가이거나 사회민주주의적 복지국가라는 점도 지적했다. 슈뢰더는 복지와 성장체제를 연결하는 '문화적 친화성'에 대해 말했지만, 경제적 관계는 간과했다. (복지의) '세계'와 (자본주의의) '다양성' 사이의 양립 불가능성에 대한 매우 흥미로운 논의는 셸클(Schelkle, 2012)을 참조하라.

장적 메커니즘을 기반으로 한다. 노동자와 기업이 투자하는 숙련은 실업보험과 같은 복지국가 정책에 의해 보장된다. 반면에, 자유시장경제LMEs에서는 경제 관계가 시장 메커니즘에 의해 지배되며, 임금 수준은 개인의 생산성에 따라 결정된다. 자유시장경제는 보편적이지만 최소한의 복지국가를 특징으로 하는 경향이 있다. 노동자들은 주로 고용 계약을 통해 건강보험과 같은 사회적 보호에 접근할 수 있다.

브뤼노 아마블은 성장체제의 기능에 있어 복지정책의 역할을 가장 명확하게 강조한 학자다. 앞서 언급했듯이 그는 경제를 구성하는 제도에 대한 정의에서 상품시장 경쟁, 금융체계, 노동시장 및 노사관계, 교육체계, 사회 보호 영역을 구분했다(Amable, 2003). 또한 그는 각 정치경제 유형에 따라 숙련 형성 체계의 기능과 차이점, 노동시장과 복지제도가 조직되는 방식이 중요하다고 했다.

교육제도, 노동시장 규제, 사회 보호 제도를 종합적으로 고려하면, 이 세 가지 제도적 요소는 비교복지국가 연구에서 흔히 '복지체제welfare regimes'라고 부르는 것의 핵심 구성요소들이다. 비교연구에 따르면 이 세 가지 요소는 종종(항상은 아니지만) 체계적으로 상호보완적인 관계를 이루며, 그 결과 하나의 '체제regime'로 작동하게 된다[에스핑-안데르센(Esping-Andersen, 1990)은 복지자본주의의 세 가지 유형을 설명하며 이를 '복지체제'라고 불렀다]. 예를 들어, 중앙집중적 임금결정 제도는 보다 포괄적인 사회 보호 제도와 결합되는 경향이 있고 중간 수준의(특정한) 숙련을 중시하는 반면, 분권화된 임금결정과 규제가 느슨한 노동시장은 국가와 고용주의 개입이 거의 없는 일반 숙련을 제공하는 교육제도 및 잔여적 사회정책과 결합되는 경향이 있다.

따라서 교육, 노동시장 규제, 사회보험, 기타 사회정책은 경제의 공급과 수요 측면 모두와 관련이 있다(그림 1.1). 이런 의미에서 복지체제는 성장체제의 필수적인 부분이다. 수요 측면에서 이러한 요소는 특정 복지급여(공공부조, 실업급여, 노령연금 등)를 제공하고, 자동안정화 장치의 역할을 하며, 최소한의 유보 임금을 제공할 수도 있다. 공급 측면에서는 특정 고용정책이나 교육

정책을 통해 생산성을 높이고 고용을 늘리는 데도 기여할 수 있다. 복지 시스템은 다양한 생산체제에서 사용되는 다양한 유형의 숙련과 관련된다(Streeck, 1991; Estevez-Abe 외, 2001). 실업보험 및 특정 고용상태와 관련된 기타 사회보험은 숙련을 보호한다. 이 책의 마지막 장에서 아블리야시Avlijaš 외는 현재 유럽에서 성장체제와 복지체제 사이에 존재하는 다양한 구성에 관해 자세히 설명한다.

국가 경제의 공급과 수요 측면 간의 상호작용은 경제성장을 촉진하려는 정부의 정치적 도구 상자에서 여전히 핵심적인 수단이다. 이 책의 각 장에서는 새로운 도전에 직면한 다양한 성장체제의 맥락에서 정책 결정의 역학 관계에 대한 분석을 제공한다. 정부는 수요를 늘리기 위해 지출을 하거나 숙련이나 시장을 강화하여 공급 측면을 개선할 수 있다. 정부가 두 가지 측면을 모두 조정하기 위해 정책 도구를 사용할 때 상충관계에 직면하면 공급과 수요 정책의 조합을 선택하게 된다. 정치적, 선거적 요인 외에도 경제의 제도적 환경, 특히 한 국가의 지배적인 경제 부문에 따라 어떤 수단을 선택할지가 결정된다.

4) 성장전략

세계가 변화함에 따라 우리는 경제를 조직하는 다양한 방식이 어떻게 변화했는지를 이해하는 데 도움이 되는 비교정치경제학 이론을 발전시켜야 한다. 이 책은 성장체제가 시간이 지남에 따라 실제로 변화했으며, 이러한 변화는 주로 정부와 고용주 대표 및 노동조합(정치경제학에서는 '생산자집단'이라고 함)과 같은 집단적 경제 및 사회적 행위자들이 시행한 개혁에 의해 이루어졌음을 보여 준다.

정부는 일련의 결정을 무작위로 내리는 것이 아니다. 정부의 결정은 성장과 일자리 창출을 촉진하는 구체적인 방법을 규정한다. 이러한 결정은 특정한 제도적, 경제적 맥락에 따라 이루어지며 특정한 정치적 타협을 반영한 것이다. 이러한 정책들을 종합하면 다소 일관성 있는 (경제 및 사회) 목표와 (경제 및 사회) 정책의 집합을 형성하며, 이를 '성장전략'이라고 부른다. 성장전략이란 특정 국민국가의 성장을 촉진하고 일자리 창출을 촉진하기 위해 정부나 생산자 단체(경제 및 사회 주체)가 선택하는 일련의 (비교적 일관된) 결정과 개혁, 그리고 이러한 결정의 근거를 의미한다. 정부는 명시적 또는 암묵적인 성장전략을 개발한다. 정부가 성장전략에 대해 이야기한다는 것은 정부가 자신의 행동이 어떤 결과를 가져올지 알고 있다는 것을 의미하는 것이 아니라, 고용과 성장을 촉진하려는 일반적인 목표를 따르며, 일련의 경제 및 사회정책 결정에 (어느 정도) 일관성이 있다는 것을 의미한다.

'성장전략'이 무엇을 의미하는지에 대한 가장 명시적인 예시는 국제기구에서 공식화한 전략일 것이다. 1993년 세계은행이 발간한 '고령화 위기에 대한 대응Averting the Old Age Crisis'(1994)이라는 유명한 보고서는 성장전략으로서 새로운 연금모델과 이를 위한 개혁 방향을 제시했다.[6] 1990년대에 OECD(1994)가 개발한 '일자리 전략Job Strategy'도 참고할 수 있다. 이 전략의 목표는 일자리 창출을 촉진하기 위해 노동시장 개혁을 추진(자유화)하는 것이었다.

2000년, EU 차원에서 리스본 전략은 명시적 '성장전략'으로 제시되었다. 이 전략은 유럽연합을 '세계에서 가장 경쟁력 있고 역동적인 지식기반경제, 더 많은 일자리와 더 큰 사회적 결속력으로 지속 가능한 경제성장을 이룰 수 있는 경제'로 만드는 것을 목표로 했다(EU European Council, 2000). 이 전략의 세부 사항에는 연구개발에 대한 투자부터 사회 보호 시스템의 현대화에 이르기까지 다양한 것들이 포함된다. 2010년에 채택된 '유럽 2020 전략European 2020 Strategy'은 구체적인 사회정책과 개혁을 포함한 '스마트하고 지속 가능하며 포용적인 성장'에 초점을 맞췄었다. 이 성장전략에서는 경제(지식기반경제로의 전환 등)와 사회(고령화 또는 여성의 노동시장 진입 등)의 구조적 변화를

6 보고서의 전체 제목은《고령화 위기에 대한 대응: 노년층을 보호하고 성장을 촉진하는 정책》(World Bank, 1994)이다. 부과방식 연금체계에서 완전 기금방식으로 전환하면 인구학적 불균형의 부정적인 영향으로부터 미래의 연금 수급자를 보호하고 경제에 대한 투자를 증가시킬 수 있는 기금을 조성할 수 있다는 주장이었다.

진단하고, 경제의 방향을 바꾸고 성장과 일자리 창출을 위해 정부가 해야 할 처방을 제시했다(이 모든 아이디어는 이 책에서 피터 홀이 특정 '경제적 게슈탈트 gestalt'라고 부르는 것에 해당한다).[7] 이러한 전략에 따라 정부는 성장체제를 구성하는 일부 제도를 개혁해야 하며, 이를 통해 기존 체제를 변화시킬 수 있는 잠재력을 갖게 된다. 위에서 언급된 모든 전략들은 노동시장, 교육, 훈련 및 사회정책에 중요한 개혁을 함축하고 있다.

국제기구는 '성장전략'이라는 용어를 명시적으로 사용하는 반면, 각국 정부는 덜 명시적으로 용어를 사용한다. 사회과학자들은 국가적 행동의 논리를 제시하고 분석하며, 다양한 경제적 요소들이 성장과 고용을 촉진하기 위한 구체적인 방법을 찾기 위해 합의가 어떻게 이루어지는지, 그리고 시행된 정책 및 개혁의 일관성을 제시하고 분석했다. 우리는 한 국가에서 시행된 경제 및 사회개혁을 살펴볼 때 전략, 즉 헨리 민츠버그Henry Mintzberg의 전략에 관한 접근법을 참조해 '의사 결정 흐름의 패턴'을 감지할 수 있다고 가정한다(Mintzberg, 1979: 582). 프리츠 샤프Fritz Scharpf가 우리에게 제안한 것처럼, 일부 국가는 차별화된 전략적 역량을 가지고 있을 수 있다. 스웨덴과 프랑스는 (적어도 전후 시대에) 선제적으로 성장전략을 설계할 수 있었고, 다른 국가들은 상호적응을 통한 조율이라는 진화적 과정을 통해 성장전략을 발전시켜 왔다. 집필진은 성장전략을 사전에 전략을 계획한다는 개념보다는 민츠버그가 '떠오르는 전략'이라고 부르는 것, 즉, 전략을 (사후에) 점진적으로 발견하는 개념으로 정의했다.[8]

....

7 피터 홀이 '경제적 게슈탈트'라고 언급한 것은 경제체계가 정책과 제도의 조합이 아니라, 그 사회의 정치, 경제, 사회의 역사적 요인들이 복합적으로 상호작용하면서 만들어진 경제 전체의 구조적 패턴이라는 의미로 보인다-역자주.

8 민츠버그는 고대 그리스인들이 전략이라는 개념을 장군의 군사전략을 설명하는 데 사용했으며, 전략은 종종 전략 계획과 연관되어 있다고 말한다. 그러나 민츠버그는 기업의 전략 수립에 대한 경험적 관찰을 통해 전략에 대한 접근 방식, 즉 행동 계획이 아니라 일련의 의사 결정에서 나타나는 행동 패턴이라고 이야기했다. 민츠버그는 다음과 같이 말했다. "거의 모든 사람에게 전략이 무엇인지 물어보면, 전략은 일종의 계획, 즉 미래의 행동에 대한 명시적인 지침이라고 정의할 것이다. 그런 다음 경쟁사나 정부, 심지어는 자신이 실제로 어떤 전략을 추구했는지 물어보라. 그들은 과거 행동의 일관성, 즉 시간이 지남에 따라 나타나는 행

이 책의 논문들이 보여 주듯이, 정책 분야와 개혁은 국가마다 (내용과 시기에 있어) 상이하다. 이러한 차이는 개별 국가 내에서 전략으로 해석될 수 있는 일정 수준의 내적 일관성과 일치성consistency and coherence을 드러낸다. 내적 일관성의 일부는 문제를 해결하기 위한 진단에서, 그리고 또 다른 일부는 해결책을 제안하면서 나온다. 그러나 진단된 문제를 해결하기 위해 채택된 정책의 일치성 대부분은 특정 국가의 성장 및 복지체제에서 비롯된다. 이는 성장 및 복지체제가 특정한 국민국가에서 채택된 결정과 전략을 구조화한 것이기 때문이다. 성장을 되살리고 일자리 창출을 촉진하기 위한 이러한 해결책은 기존의 성장 및 복지체제에 의해 형성된다. 그러나 새로운 상황에 적응할 때 이러한 개혁은 기존 성장체제를 점진적으로 재구성하고 변화시키는 데 기여할 수 있다.

'전략'이 명시적이지 않은 상황에서도 각국 정부는 자국의 경제적 특성과 체제에 맞는 경제 위협에 대한 표준화된 대응책을 개발해 왔다. 금융위기 이후 경기침체에 대한 각국 정부의 대응은 이러한 특성을 잘 보여 준다. 예를 들어, 독일 정부는 금융위기에 대응해 즉각적으로 교대근무제와 '현금지급' 프로그램을 시행했는데, 이는 제조업 기반 경제를 보호하려는 조치였다. 영국에서는 금융 서비스 산업을 규제하려는 시도들(특히 EU 차원에서의)이 시티런던의 (금융적) 경쟁 우위를 위협할 수 있는지 여부와 위협의 정도를 면밀히 검토했다. 금융위기에 대한 이러한 정부의 대응은 근본적인 경제 성장전략을 드러낸 것이다.

국민국가 정치경제의 경제적 기반을 보호하기 위한 이러한 (다소) 단기적인 정부 전략의 사례는 한 국가의 생산 및 복지체제를 정의하는 광범위한 제도적 환경에 내재되어 있다. 이 책에서 살펴보는 바와 같이, 기존 성장체제를 보호·강화·갱신하는 동일한 패턴을 따르는 정부 결정이 많이 있었다. 이러한 결정과 정책개혁은 제조업이냐 금융업이냐, 수출중심이냐 내수중심이냐

....

동 패턴을 설명할 가능성이 높다. '계획'이나 '의사 표현'이 아니라 '행동 패턴'."(Mintzberg, 1987: 67-8).

등 지배적인 생산체제와 그 성격에 따라 영향을 받으며, 이는 복지국가의 개혁에도 영향을 미친다. 즉, 금융업이 지배적인 국가는 제조업이 지배적인 국가와 복지개혁에 대한 접근 방식이 상이하다는 것이다.

물론 생산체제가 유일한 요인은 아니다. 선거규칙, 정치제도, 정당, 외부 사건도 중요하다(Beramendi et al., 2015; Hall, 이 책 2장). 정책 입안자들은 정당의 이념이나 가치관 등의 이유로 또는 새로운 성장체제를 개발하기 위해, 기존의 성장체제와 반드시 일치하지 않는 성장전략을 채택할 수 있다. 또한 역-인과관계도 존재하는데, 이베르센과 소스키스(Iversen and Soskice, 2009)가 주장한 것처럼 정치제도가 생산체제를 형성하기도 한다. 반면 우리는 성장과 복지체제가 이러한 전략에서 중요한 역할을 한다고 가정한다. 이는 부분적으로 지배적인 부문의 선호도가 경제 및 사회정책의 우선순위가 무엇인지에 대해 정책 입안자에게 정보를 제공하기 때문이다(Iversen and Soskice, 2018; Baccaro and Pontusson, 이 책 3장).

지배적인 부문의 비즈니스 그룹은 경제 상황에 대해 정부와 언론 보도에 우선적으로 접근할 수 있는 특권을 갖고 있다. 재계의 이해관계가 정부의 우선순위와 상충할 수 있으며, 항상 비즈니스가 우위를 점할 것이라고 생각하지는 않는다. 그러나 집필진은 정부의 정책 결정이 지배적인 재계의 요구와 경제와 복지국가 재구조화에 대응하는 그들의 전략을 고려할 것으로 기대한다. 또한 지배적 재계의 유형에 따라 복지국가 개혁에 대한 재계의 다양한 선호가 있을 것으로 추정한다. 캐시 조 마틴Cathie Jo Martin은 이 책 7장에서 이러한 선호를 자세히 분석했다. 많은 경우 이러한 선호는 주요 산업에 종사하는 노동자들이 지지할 수 있는 것이다. 노동자와 그 대표자들은 해당 산업의 관련성을 잘 알고 있고 일반적으로 경제적 특화 과정의 수혜자이므로, 정부 정책에 대한 재계의 정치적 요구를 지지할 수 있다. 따라서 계급 간 연합은 부문별 또는 국가별로 이루어지며, 대체로 경제의 지배적 부문에 초점을 맞추거나 이 부문에서 나온다(성장전략 수립에 있어 생산자 연합의 중요성에 대해서는 이 책 6장의 텔렌을 참조하라).

성장전략은 대부분 중요한 복지개혁을 수반한다. 국제기구는 경제 및 고용 목표를 달성하기 위해 복지국가의 개혁을 정기적으로 제안한다. EU, OECD, 세계은행은 성장을 촉진하고 더 많은 일자리를 창출하기 위해 교육 및 숙련 형성 체계를 개혁할 필요성을 강조하고 노동시장, 임금교섭, 사회 보호 체계와 관련해 구조적 개혁이 필요하다고 주장한다. 대침체 이후 개발된 EU의 경쟁력 전략은 경제정책 방향(긴축, 원가 경쟁력을 통한 성장, 수출 역량 강화)을 복지개혁(복지지출 삭감, 노동시장, 연금, 의료체계의 '구조 개혁')과 연계시키고 있다(Heins and De la Porte, 2015).

국민국가 차원에서 복지국가 개혁은 일자리 창출과 성장이라는 명목으로 진행되어 왔고 지금도 진행되고 있다. 1990년대 이후 특히 유럽에서 각국 정부가 시행한 정책개혁의 대부분은 임금정책, 노동시장 규제, 고용정책, 교육 및 훈련정책, 사회정책의 변화 등 넓은 의미에서 복지제도와 관련된 것들이었다. 영국의 대처와 메이저의 신자유주의 정부는 민영화 정책(부분적으로 연금제도를 포함)으로 유명하지만, 노동시장을 자유화하고 실업자에 대한 압력과 (실업급여의 수급)조건을 강화한 것으로도 유명하다. 북유럽 국가들은 1990년대 초에 노동시장 및 연금개혁을 시행했다. 게르하르트 슈뢰더Gerhard Schröder는 2000년대 초 독일에서 노동시장과 실업보험을 개혁해 명성을 얻었다. 에마뉘엘 마크롱Emmanuel Macron은 프랑스의 복지정책 영역에서(노동시장 규제 완화, 교육훈련, 실업급여, 연금) 개혁을 계속하고 있다. 이 책의 마지막 장에서 살펴볼 바와 같이, 이러한 개혁은 성장전략에 따라 상당히 다른 양상을 보인다.

성장을 촉진하고 일자리를 창출하려는 각국 정부의 의제에서 노동시장, 숙련 형성, 사회정책 영역이 두드러지는 이유 중 하나는 이 분야가 여전히 각국 정부의 통제하에 있기 때문이다. 반면, 상품시장 규제, 금융규칙, 통화정책 등 구체적인 성장체제를 구성하는 다른 경제정책 영역의 통제권은 자유화, 세계화, 중앙은행의 독립성 등으로 인해 초국가적 기관에 점점 더 많이 넘어가고 있다. 이러한 상황은 특히 유럽연합과 유로존 지역에서 두드러지게 나타나고 있다(이 책 5장의 샤프Scharpf와 9장의 존스턴Johnston 모두 참조).

4. 성장체제에 대한 도전

앞에서 언급했듯이, 1970년대 중반 이후 대부분의 OECD 국가들의 평균 GDP 성장률은 낮아졌고 평균 실업률도 높아졌다(Emmenegger et al., 2012). 동시에 선진 산업국들은 생산의 글로벌화, 금융화, ICT의 확산이라는 도전에 직면해 있다. 국가의 부와 고임금 고용의 기반이 되는 제조업의 미래가 위태롭지는 않더라도 그 지위가 지속될지는 의문이다(Zysman and Breeznitz, 2013; Wren, 2013). 서비스 경제로의 전환이 성장체제가 변화해야 한다는 압력이라는 것은 쉽게 상상할 수 있다. 여기서는 앞서 제시한 자유화와 탈산업화에 관한 현황을 언급하는 것을 넘어 1980년대 이후 성장체제와 그 변화와 관련된 주요 도전과 기회를 분석해 탈산업화에 대한 주요 도전과 기회를 분석했다.

집필진은 자유화(규제 완화와 민영화)와 탈산업화(일자리 축소와 산업제도 및 산업관계의 소멸)의 부정적 결과에만 초점을 맞추는 대신, 금융화와 ICT 혁명이 새로운 성장동력을 제공해 문제와 해결책을 동시에 제시했다는 사실을 발견했고 이러한 맥락에서 성장체제가 어떻게 진화했는지 이해하려고 노력했다. 따라서 집필진은 성장체제가 이러한 도전에 직면했을 때 선택한 주요 (정책)방향의 차이점을 파악했다. 이를 통해 이 책에서 분석한 사례 중에서 오늘날 존재하는 다섯 가지 유형의 성장체제를 식별할 수 있었다. 이 책의 다른 장에서는 다섯 가지 유형에 속하는 각국이 어떻게 그 성장체제에 도달했는지를 다루었다.

1) 서비스 경제의 부상

비교정치경제학 문헌은 일반적으로 1970년대 후반을 포드주의Fordism의 종언으로 규정하는 데 동의한다. 탈산업화는 제조업이 경제성장과 일자리 창출의 핵심 원천으로서 그 중요성을 상실했다는 것을 의미한다. OECD의 선진국에서 부상하는 서비스 경제는 경제발전과 번영을 이끌고 있지만, 아직 그 특성이 잘 알려져 있지 않다.

초창기 연구들(Iversen and Wren, 1998; Scharpf, 2000)은 바우몰의 질병 Baumol disease으로 알려진 생산성을 향상시키는데 약점이 있는 서비스 경제가 현대 복지국가에 상충되는 결과를 가져올 것이라고 가정했다. 서비스 부문의 생산성 향상은 상대적으로 작기 때문에 서비스 경제의 일자리는 상대적으로 더 비싸질 것이고 결국 시장에서 제공되지 않을 것이다. 정책 입안자들은 낮은 임금과 임금 불평등의 증가를 받아들이거나, 공공 부문에 더 많은 예산을 지출하거나, 서비스 부문의 높은 실업률과 낮은 고용을 받아들여야 하는 트릴레마에 직면하게 될 것이다(Iversen and Wren, 1998).

다른 학자들은 서비스 경제에서 생산성 향상이 낮다는 전통적인 입장에 이의를 제기해 왔다. 자이스만과 브레즈니츠(Zysman and Breznitz, 2013)는 서비스 부문에서 일어나는 디지털 혁명을 강조하고 이것이 가치 사슬의 파편화에 어떻게 기여하는지를 보여 주었다. 보건, 소매, 교육 부문에서와 같이 ICT 기반 서비스는 생산성 격차를 극복하고 더 적은 비용으로 더 많은 더 나은 서비스를 제공할 수 있다는 것이다(Wren, 2013). 디지털 기술의 발전은 일과 복지 체계의 본질 자체를 변화시킬 수 있다(Colin and Palier, 2015).

두 가지 관점 모두 부분적으로 사실이라고 믿을 만한 근거가 있다. 개인 서비스업의 임금 수준은 상대적으로 낮고 정체되어 있다. 많은 국가의 정부는 서비스 경제의 고용을 촉진하기 위해 임금 불평등이 높아지는 것을 용인해 왔으며, 많은 국가가 저숙련 노동의 비용을 낮추기 위한 정책을 시행해 왔다. 이베르센과 렌의 예상과는 달리 유럽 대륙 국가들도 마찬가지다(Palier, 2010). 정책 입안자들은 고용을 촉진하기 위해 저임금 부문을 창출하는 것을 진지하게 받아들였고 이러한 정책을 이끌어 왔다. 이와 동시에 글로벌 가치 사슬에 ICT 기반 서비스가 통합된 사례도 많다. 소매업은 온라인 서비스를 통해 혁신을 이루었고, 보건 분야는 저비용 국가에 아웃소싱을 통해 진단 서비스를 제공함으로써 생산성을 크게 향상시켰다. 렌(Wren, 2013)이 제안한 바와 같이 ICT 기반 지식경제는 서비스 경제가 낮은 생산성 함정에서 벗어날 수 있는 한 가지 방법이라는 것을 보여 주었으며, 이 책에서도 이를 확인할 수 있다.

1990년대 이후 서비스 경제로의 전환은 복지국가에 대한 강력한 도전이었다(Esping-Andersen, 1999). 저성장이라는 상황은 점점 더 불평등해진 사회에서 (불평등을 완화할) 자원이 줄어든다는 것을 의미한다. 복지국가가 '영구적 긴축'(Pierson, 2001)이라는 덫에 빠져 있는 것처럼 보이는 상황에서, 복지국가는 고령화, 실업, 불안정성과 함께 한부모, 일과 가족 생활 조화의 필요성, 경력 단절, 더 불안정해진 계약 형태, 저숙련 또는 낡은 숙련을 보유한 노동자 등과 같은 일련의 새로운 사회적 위험들을 직면해야 하는 상황이다(Bonoli, 2005).

기존 문헌을 통해 이러한 탈산업적 맥락에 적응하기 위한 다양한 방식이 있었다는 것이 명확히 밝혀지지 않았다면(않았기 때문에), 우리는 새로운 맥락에서 각국의 다양한 성장 및 복지제도가 어떻게 진화했는지 체계적으로 파악할 필요가 있다. 각국은 다양한 방식으로 주요 성장동력인 제조업을 대체할 기회를 잡기 위해 노력해 왔다. 크게 금융과 지식/ICT 기반 경제활동이라는 두 가지 새로운 영역이 성장을 다시 이끌 가능성이 있다. 다음 항에서는 이러한 새로운 성장동력이 무엇인지, 그리고 다양한 성장체제에서 어떤 역할을 하는지 살펴볼 것이다.

2) 새로운 성장동력으로서의 금융-각국의 금융화는 어디까지 진행되었나?

포드주의 성장체제는 주로 임금주도 성장체제였다(Baccaro and Pontusson, 2016). 그러면 이 임금주도 성장체제는 포스트 포드주의 시대에 어느 정도 '금융주도' 또는 자산기반 성장체제로 대체되었을까(Boyer, 2000)? 비교정치경제학 문헌에서 세계 경제의 금융화는 그 중요성이 커지고 있고 글로벌 금융위기가 실물경제에 미친 심각한 영향에도 불구하고 상대적으로 소홀히 다뤄져 왔다.[9] 비교정치경제학보다는 사회학과 지리학에서 더 광범위하게 다루어졌으며, 수익 전략을 실물경제에서 금융 부문으로 전환한 기업의 금융화 효과에 대해서도 다루고 있다. 그러나 경제학자들이 자주 지적하듯이 실물경제 없이는 금융경제도 존재할 수 없다. 여기서는 금융화에 대한 광범위한 논의는 다루지 않았다(van Treeck, 2009; van der Zwan, 2014 참조). 여기서는 금융화 문헌에서 얻은 주요 통찰을 활용해 성장체제의 전환에 대한 집필진의 생각을 발전시켰다.

1970년대 초부터 경제성장이 둔화되면서 각국 정부가 분배에 따른 사회적 갈등을 피하기 위해 금융 부문을 활용하기 시작했다는 것이 금융화 이론의 한 흐름이다. 실증적으로도 OECD의 성장률이 둔화되는 동안 금융화는 꾸준히 증가했다고 볼 수 있다. 그레타 크립너(Greta Krippner, 2005; 2011)는 미국의 정책 입안자들이 성장이 둔화되자 사회적 우선순위를 둘러싼 어려운 선택을 피하기 위해 금융시장에 의존했다고 주장한다. 이 과정에서 정책 입안자들은 소비자들이 생활 수준을 유지하기 위해 제한 없이 신용에 접근할 수 있도록 했다. 소비자 부채는 경기침체기에 승자와 패자를 모호하게 만들기 때문에 신용에 대한 접근성은 1970년대 인플레이션과 유사한 기능을 수행했다. 이와 유사하게 볼프강 스트리크(Wolfgang Streeck, 2014)는 낮은 성장률에 대한 보상 기제로 신용 및 부채 비율이 증가했다고 추정한다.

다른 문헌에서는 금융화가 성장체제 그 자체로 인식될 수 있다고 주장한다(Boyer, 2000). 금융화는 가계의 부에 기여하고 이를 표현하며, 따라서 내구재와 주택 소비에 중요한 영향을 미칠 수 있다는 것이다. 따라서 금융화는 잠재적으로 경제가 전반적으로 확장되는 효과를 유발할 수 있다(Boyer, 2000). 하지만 보이어Boyer는 다른 금융화와 관련된 문헌에서처럼 신용 제공이 사회정책을 대체해 금융 서비스 산업과 빈곤층을 모두 먹여 살린다고 주장하지는

....

9 예외적 연구로는 보이어(Boyer, 2000), 크립너(Krippner, 2011), 스트리크(Streeck, 2014)와 버메오와 폰투손(Bermeo and Pontusson, 2012), 울(Woll, 2015) 등 금융위기에 대한 다양한 연구들이 있다.

않았다. 오히려 그는 금융화가 중상류층의 신용 사용과 저축 감소와 연결되어 있다고 주장한다. 주된 효과는 저축률 감소와 민간 부채 증가에서 비롯된다. 이러한 관점에서 금융화는 소비자의 행동에 의해 주도되며, 이는 소비자 부채와 사적인 금융 이익을 위한 금융상품 모두를 포괄한다. 금융화는 자산관리 서비스뿐만 아니라 주택담보대출과 기타 은행 상품의 증가를 촉진하며, 동시에 국내수요를 자극한다.

금융 서비스 부문의 확대는 정치경제에 두드러진 세 가지 기능이 있다.[10] 첫째, 금융화는 수요를 자극하는데, 이는 주택담보대출이 용이하게 제공될 경우(미국의 경우처럼) 소비자들이 주택을 담보로 대출을 받을 수 있기 때문이거나, 주택 대출의 자유화가 수요, 주택 가격, 그리고 자산을 증가시키기 때문이다(Reisenbichler, 이 책 10장 참조). 둘째, 금융 중심지는 보수가 좋은 일자리를 제공하고 투자자를 유치한다. 두 가지 모두 추가적인 경제활동을 창출해 내수를 활성화시킨다. 그리고 마지막으로, 금융화는 디지털화된 금융 서비스 등을 통해 직접적으로, 혹은 새로운 금융 상품의 지원 없이는 이용할 수 없는 비표준화된 금융 지원 및 보험을 제공함으로써 간접적으로 지식경제에 대한 투자를 촉진하여 공급 측면을 활성화한다. 이 세 가지 기능을 모두 합하면 금융 서비스가 강한 경제는 내수에 의해 더 많이 주도되고 생산성이 높은 서비스 경제와 더 밀접한 관련이 있다고 할 수 있다(아래 데이터에서 확인할 수 있는 것처럼).

부의 상징으로서 금융화의 대표적인 사례이자 보다 일반적으로 금융화의 원동력은 주택 부문이다. 주택 부문은 금융 세계와 실물경제를 연결하는 가장 중요한 영역이기도 하다. 현대 경제의 금융화의 상당 부분은 여러 가지 측면에서 주택시장에 뿌리를 두고 있다. 첫째, 은행 대출의 대부분은 모기지를 기반으로 하며, 은행은 물론 자산관리 회사도 모기지 수준 상승의 혜택을 받는다(Jordá et al., 2016). 둘째, 주택시장은 통화정책의 중요한 전달 경로이다.

....

10 데이비드 소스키스의 이런 혜안에 감사한다.

금리 변화는 주택시장에 가장 먼저 영향을 미치며, 이를 통해 간접적으로 주택 가격 변동에 영향을 미친다. 주택 가격이 금리에 반응하는 정도에 따라 통화정책의 효과가 결정된다.[11] 셋째, 주택 가격 상승은 금융화의 부의 효과를 증가시키는데, 주택 가격 상승은 주택 소유자의 부를 직접적으로 증가시키거나 주택을 담보로 활용할 수 있게 해 주기 때문이다(Reisenbichler, 이 책 10장 참조). 넷째, 연금 축소와 연금 민영화로 인해 중간계급에게 은퇴 소득원으로서 주택 소유의 중요성이 커졌다. 이는 다시 사회정책 이슈에 대한 주택 소유자의 정치적 선호도에 영향을 미친다. 기금형 연금은 연금 기금의 자산을 통해 직접적으로 금융화를 촉진할 뿐만 아니라 주택시장에 대한 압력을 증가시켜 간접적으로도 금융화를 촉진한다(Hassel 외, 2019).

마지막으로, 금융화와 무역수지 사이에는 신흥경제와 개발도상경제뿐만 아니라 특히 선진국 간에도 연관성이 있다. 신흥국, 특히 아시아 신흥국이 외환보유고를 축적하여 무역수지 적자국의 금융시장을 활성화시키고 경상수지 흑자를 기록하는 선진국도 적자국의 금융화를 촉진했다(van Treeck, 2009).

선진 자본주의 경제의 금융화 정도를 분석하기 위해 표 1.1과 같이 가계의 저축률, 주택 가격, 민간 연기금의 비중과 주택 소유 비율, 경상수지에 대한 자료를 수집했다. 이를 통해 금융화의 정도와 차원에 따라 국가를 분류할 수 있었다.

가장 금융화된 국가는 낮은 저축률(5% 미만), 높은 주택 가격 상승률(1980년 이후 100% 이상), 높은 연기금 비중(GDP의 50% 이상), 경상수지 적자를 기록하고 있는 국가이다. 금융위기 이전의 자료를 기반으로 이러한 지표를 사용하면 다소 뚜렷하게 네 집단을 구분할 수 있다.

11 "금융 가속기 가설이 사실이라면, 주택 소유자의 순자산 변화도 외부 금융 프리미엄과 신용 비용에 영향을 미치기 때문에 주택 가치의 변화는 기존의 부의 효과에서 제시하는 것보다 가계 대출과 지출에 더 큰 영향을 미칠 수 있다"(Bernanke, 2007).

표 1.1 금융화의 지표

	가구저축비율 평균	실질 주택 가격 2010년 기준 지수		경상수지 평균	연기금(자율적) 자산(GDP 대비 비율, %)	주택소유 자가 소유비율
	1995-2007	1980	2000	2000.7.	2000.7.	2017 (다른 연도 *표기)
호주	2.39	34.5	54.17	-4.77	78.69	*67.00
오스트리아	10.76		92.65	0.66	4.27	55.00
벨기에	10.87	55.1	62.08	3.58	4.47	72.70
캐나다		48.3	57.79	1.00	54.34	*67.60
체코	6.19			-3.82	3.46	78.5
덴마크	-2.52	61.8	73.74	2.01	30.19	62.4
핀란드		46.9	75.12	5.52	60.86	71.4
프랑스	10.41	51.7	55.68	1.06	0.03	64.4
독일	9.99	124.6	113.67	1.98	3.91	51.4
그리스	-3.44		74.65	-6.79	0.00	73.3
헝가리	7.07			-7.12	7.14	85.3
아일랜드	0.12	42.8	81.64	-1.02	43.09	69.50
이탈리아	10.36	62.7	72.64	-0.44	2.63	72.40
일본	5.40	103.5	130.84	3.14	10.76	61.70
한국			77.04	2.95	1.98	57.70
네덜란드	7.85	54.3	82.34	4.95	111.09	69.40
뉴질랜드	-2.78	32.8	59.02	-4.30	12.57	**64.80
노르웨이		38.2	62.20		6.34	81.50
폴란드	6.54			-3.83	7.16	84.20
포르투갈	3.18		119.60	-8.59	11.77	74.70
슬로바키아				-6.87	0.94	91.10
슬로베니아				-1.55	1.22	75.60
스페인	4.12	31.1	55.97	-4.47	6.74	77.10
스웨덴	5.56	62.6	54.46	5.55	8.10	65.20
스위스	14.78	85.6	79.45	10.34	105.24	38.00
영국	2.85	33.5	60.68	-1.84	69.89	65.00
미국	4.82	77.1	90.36	-4.08	72.57	***64.40

주: 데이터는 장기적인 추세를 설명하기 위해 주로 금융위기 이전 기간을 대상으로 했다. 주택 소유율은 상당히 안정적이다.
*2016, **2013, ***2018

출처: 가구저축비율: OECD National Accounts; 실질주택가격: OECD Analytical House Price database; 경상수지: OECD National Accounts; 연금 기금: OECD Funded Pensions Indicators; 자가소유: European Mortgage Federation Hypoostat 2019, US census. https://www.census.gov/housing/hvs/files/qtr319/hown319.png, Canada census, New Zealand census hittps://tradingecomics.com for South Korea and Japan, https://www.aihw.gov.au/reports/australias-wlefare/home-ownership-and-housing-tenure, Swiss Federal Statistic Office, https://bfs.admin.ch/bfs/en/home/statistics/construction-housing/dwellings/housing-conditions/tenants-owners.html

(1) 모든 영어권 국가(바카로와 폰투손은 국내수요주도형 성장모델로, 자본주의 다양성 문헌에서는 LME로 분류)는 금융화가 가장 많이 진행된 국가 그룹에 속한다(캐나다는 경상수지가 흑자이고 아일랜드와 뉴질랜드는 연기금 비중이 50% 미만이다).
(2) 반대편에는, 금융화가 가장 적게 진행된 국가들 중 저축률이 9% 이상으로 높고, 주택 가격 상승률과 연기금 비중이 낮으며 경상수지가 흑자인 국가들로 오스트리아와 독일, 그리고 한국과 일본(저축률은 낮지만)이 있다. 스위스는 연기금이 GDP에서 차지하는 비율이 높다는 점을 제외하면 이들 국가와 유사하며, 프랑스와 벨기에 또한 주택 가격 상승률이 상대적으로 높다는 점을 제외하면 유사한 상황이다.
(3) 경상수지가 흑자인 수출국 중에서는 북유럽 국가와 네덜란드가 가장 금융화된 국가이다. 이들 국가는 20년 동안 거의 100%에 가까운 주택 가격 상승률을 기록했고, 네덜란드와 핀란드는 연기금 비중이 높으며, 노르웨이는 연기금의 역할을 대체하는 국부펀드Sovereign Wealth Fund가 있고, 덴마크는 저축률이 마이너스인 반면 나머지 국가는 (데이터가 있는) 보통 수준이다.
(4) 나머지 국가 그룹은 남유럽과 동유럽 국가들로 구성되어 있는데, 이들은 처음부터 부의 효과가 적고 혼합된 경향을 보였다. 이들 국가는 모두 연기금의 비중이 낮다. 스페인과 그리스는 저축률이 가장 낮고 주택 가격 상승률이 가장 높기 때문에 금융화된 성장체제에 가장 근접한 국가이다. 이탈리아는 주택 가격 상승의 조짐이 보이지만 저축률이 높은 편이다.

금융화는 성장체제에 여러 가지 직접적인 영향과 정책적 함의를 준다. 우선, 금융화 수준이 높은 국가일수록 금융 서비스뿐만 아니라 비즈니스 서비스 등 역동적 서비스 부문의 고용 규모가 크다. 이러한 서비스는 ICT 전문가에 크게 의존한다. 이로 인해 대졸자를 두고 금융 부문이 제조업 부문과 경쟁하게 되며, 금융 서비스가 대졸자 시장을 장악하기 시작했을 수도 있다(그림 1.2).

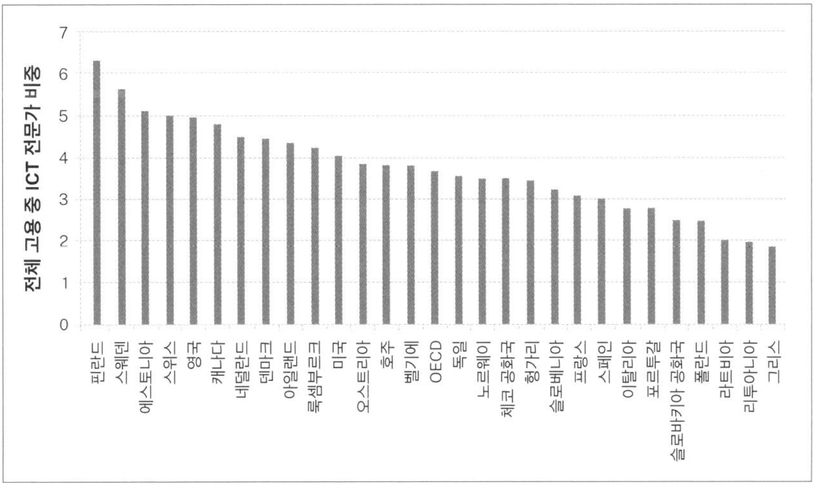

그림 1.2 국가별 ICT 전문가 고용 비중, 2016년, 전체 고용에서 차지하는 비중.

출처: OECD (2017), Digital Economy Outlook, p. 182. Based on Figure 4.22, Employment of ICT specialists across the economy, 216.

더욱이, 고도로 금융화된 국가들에서는 임금 구조 또한 금융 서비스 산업에 유리하게 재편되며, 이는 소득 불평등 확대 추세를 더욱 강화하는 결과를 낳는다. 실제로 이들 국가에서는 이미 임금구조의 상위권에서 임금 분산이 증가하고 있었다. 독일과 스웨덴을 비교하면 독일에 비해 스웨덴에서 금융 서비스업의 임금이 상대적으로 더 많이 상승했다는 것을 알 수 있다(Thelen, 이 책 6장 및 Baccaro and Pontusson, 이 책 3장 참조).

(복지)정책 전략과 관련하여, 더 금융화된 성장체제를 가진 국가들은 사회 및 인프라 서비스의 민간 자금 조달과 민간 조직화에 더 의존하는 경향이 있다. 이는 금융 서비스 산업이 이를 위한 모델과 전문성을 제공하기 때문이다(스웨덴과 네덜란드 사례는 이 책 6장에서 텔렌을, 더 일반적인 논의는 이 책 12장에서 아블리아시 외를 참고). 금융 성장전략을 추구하는 국가에서는 인프라에 대한 민간 자금 조달뿐만 아니라 민간이 전액 출자하는 연금제도와 사교육 서비스로 이동하는 경향도 볼 수 있다(Chevalier, 이 책 11장).

마지막으로, 금융화된 성장체제는 ICT 분야에서 보다 더 급진적인 혁신 경로를 추구한다. 우선, 금융 서비스 산업 자체는 기술적으로 고도로 발전되어 있다. 렌(Wren, 2013; 이 책 8장)에 따르면 금융 중개 부문은 ICT 집약도가 가장 높은 부문이다. 또한 금융화 수준이 높기 때문에 연금 및 뮤추얼 펀드를 통해 하이테크 기업에 대한 벤처 캐피탈을 제공하는 것이 가능하다. 따라서 4.3절에서 설명하는 것과 같이 금융화와 ICT 부문 사이에는 밀접한 연관성이 있다.

3) 혁신, 디지털화, 그리고 지식기반경제

1990년대 이후 ICT가 경제에 미친 깊은 영향과 그로 인한 사람들의 삶의 변화에도 불구하고, 디지털화와 지식기반경제가 선진국의 정치경제에 미치는 영향은 금융화의 역할에 비해 비교정치경제 문헌에서 연구되고 논의된 바가 훨씬 적다. 성장체제나 복지국가에 대한 ICT의 역할과 의미에 대한 정치경제학자들의 연구는 거의 없다.[12]

ICT는 부유한 국가의 가치 창출을 근본적으로 변화시켰다. 저부가가치 제조업의 많은 부문이 개발도상국으로 이전되었고, 선진국 기업들은 새로 개발된 ICT를 통해 제조 및 서비스 분야에서 새로운 고부가가치 제품을 창출하기 시작했다. ICT는 업무와 조직의 성격은 물론 이익을 내는 방식에도 변화를 가져왔다. 1980년대부터 생산 공정에 컴퓨터 지원 제조 및 설계CAD와 로봇이 도입된 것을 시작으로 2010년대에는 새로운 종류의 정보 기술 기반 혁신이 빠르게 확산되고 있다.

이러한 혁신은 다양한 형태로 나타나고 있다.

- 제조업에서 ICT는 복잡하고 다국적인 글로벌 가치 사슬을 가능하게 했으며, 이는 지역별로 분산(지역적 특화)되고 재통합(개발 및 생산의 재통합)되

12 몇 가지 예외는 자이스만과 브레즈니츠(Zysman and Breznitz, 2012), 콜랭과 팔리에(Colin and Palier, 2015)를 참조하라. 렌(Wren, 2013과 이 책 8장)은 역동적 서비스를 위한 ICT의 역할에 대해 논의한다. 디지털 플랫폼의 구체적인 역할에 대해서는 라만과 텔렌(Rahman and Thelen, 2019)을 참조하라.

는 과정에 기반을 두고 있다. 생산은 아웃소싱되었지만, 특정 생산 부분이 전략적으로 중요한지 여부에 따라 다시 통합되기도 한다.

- 통신, 금융 및 비즈니스 서비스와 같은 ICT 기반 역동적 서비스는 선진 산업국가에서 빠르게 성장하는 고용 부문이다(Wren, 2013; 이 책 8장). OECD 회원국 중 가장 부유한 국가에서는 역동적 서비스 분야의 고용 규모가 전통적인 제조업 분야보다 더 크다.
- 소매업, 운송업, 호텔업과 같은 전통적 서비스 분야에서도 ICT의 역할이 점점 더 두드러지고 있다. 클라우드 컴퓨팅은 새로운 업무 공간과 새로운 시장을 창출할 수 있게 해 준다. 클라우드 컴퓨팅은 오데스트oDest, 아마존 메커니컬 터크Amazon Mechanical Turk, 우버Uber, 에어비앤비Airbnb, 태스크래빗TaskRabbit부터 유튜브YouTube, 우데미Udemy, 아마존 셀프 퍼블리싱Amazon self-publishing에 이르기까지 사이버 플랫폼을 통해 유급 노동이 조직되는 방식을 변화시키고 있다(Zysman and Kenney, 2014).
- 제조업과 서비스업에서 발전된 생산 과정에 플랫폼을 웹 서비스와 클라우드 컴퓨팅을 통해 통합하는 것은 가치 창출 방식을 변화시킨다(Rahman and Thelen, 2019).

이전의 혁신 과정과 달리 기술 및 조직 혁신의 확산 범위는 짧고 전 세계에 걸쳐 있다(Rahman and Thelen, 2019). 규제 및 제도적 환경과 무관하게, 디지털화의 역동적이면서도 불안정성을 초래하는 효과와 지식경제의 중요성은 엄청나다. 일부 경제학자들은 자동화의 증가로 인해 반숙련, 일상 업무 기반 직업의 상당 부분이 사라질 것으로 예상했다(Brynjolfsson and McAfee, 2014; Frey and Osbone, 2013, 이러한 예측을 재평가한 문헌은 Arntz et al., 2016 참조). 이러한 발전은 노동력의 양극화를 가정하는 직무 편향적 기술 변화 이론에 기반한다. 이들은 ICT 기술이 중간 정도의 기술을 가진 노동자를 대체하는 것이 아니라 고등교육을 받은 노동자의 기술을 보완할 가능성이 높다고 주장한다(Autor 외, 2003; Goos 외, 2009). 고용 구조의 변화를 평가하는 사회학의 일부 연구는 이러한 견해를 뒷받침한다(Oesch and Rodriguez Menés, 2011). 하지만, 노동시장 양극화에 대한 더 세밀한 분석은 다른 양상을 드러내기 때문에, 기술적인 변화 자체만으로는 모든 전환을 설명할 수 없다(Fernandez-Macias and Hurley, 2016; Peugny, 2019). 이 책의 마지막 장에서는 이러한 변화를 반드시 다양한 성장전략과 연결해야 한다고 주장한다.

이러한 새로운 가치 창출과 혁신의 패턴은 여러 가지 방식으로 성장체제의 변화와 현대 사회의 복지 및 노동시장 규제의 변화에 영향을 미치고 있다. 특히 수출 기반과(또는) 금융화 성장체제라는 기존 조합에 더해 제조업 수출(독일 등), 하이테크 서비스 수출(스웨덴 등), 금융 및 ICT 서비스(영국과 미국 등)에 특화된 방향으로 성장체제를 변모시키고 있다.

앞서 언급했듯이 금융자본의 발전이 투자와 ICT 기반 일자리를 늘리는 데 기여했기 때문에 금융화는 ICT 혁명에 영향을 미쳤다. 금융화의 대리 지표인 연기금 자산과 ICT 고용 데이터를 연결시켜 보면, 금융화가 진전된 국가일수록 ICT 고용 비중도 높다는 것을 알 수 있다. 그림 1.3에서 볼 수 있듯이, 연기금 자산이 GDP의 20% 이상인 모든 국가는 연기금 자산이 낮거나 없는 국가보다 ICT 고용 수준이 높다. 스웨덴은 연기금 자산이 다소 낮지만 ICT 고용 비중이 높은 거의 유일한 국가이다. 이러한 발전의 또 다른 원동력은 높은 금융화 수준 외에도 이들 국가에서 일반 숙련을 갖춘 대학 졸업생의 비율이 높다는 점이다(Wren, 이 책 8장 및 Chevalier, 이 책 11장 참조).

전반적으로 보면, 국가마다 금융화와 디지털화에 대해 상이한 방식으로 대응해 왔다. 일부 국가는 금융화와 함께 ICT 혁신을 중심으로 성장체제를 전환했다. 다른 국가들은 수출에 집중하고 금융화에 참여하지 않았다. 4.4절에서는 새로운 성장동력과 결합된 내수 대 수출을 종합하는 성장체제의 새로운 역동성을 설명하기 위해 이를 성장모델 문헌에 포함시켰다. 우리는 이를 통해 21세기(금융위기 이후) 선진 자본주의 경제의 변화된 성장체제에 대한 기본적인 양상을 이해할 수 있을 것이다.

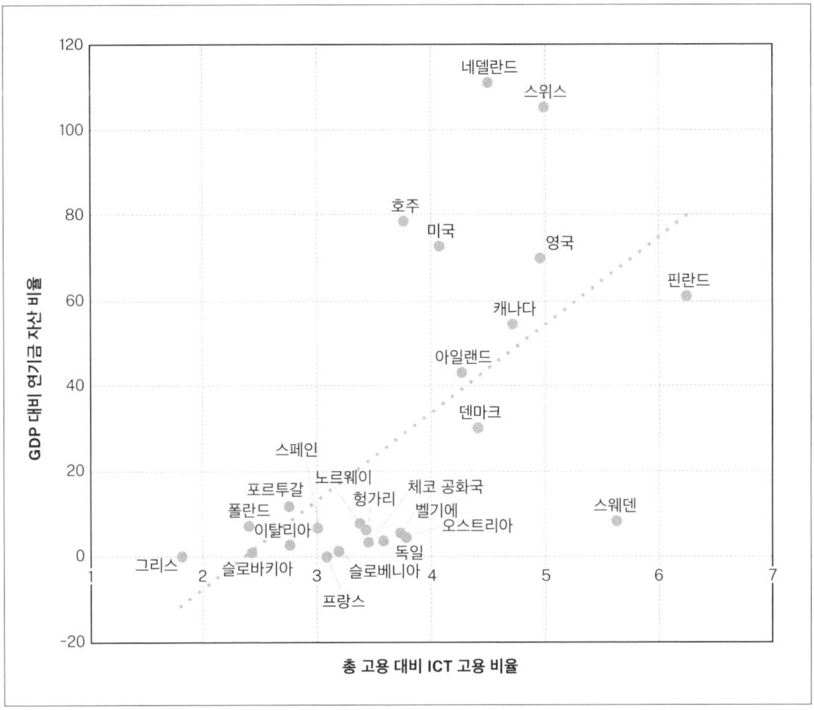

그림 1.3 총 고용 대비 ICT 고용 비율: 2016년 및 연기금(자율) 자산(GDP 대비 %, 2000-7년)
출처: See Figure 1.1 on ICT employment and Table 1.1 on pension fund assets.

4) 21세기 수출과 수요주도 성장

금융위기와 이로 인해 발생한 유로존 위기에 대한 정책적 대응은 대서양 양안의 경제학자들 사이에서 경기침체와 저성장에 대처하기 위한 정책 수단을 둘러싼 치열한 논쟁을 촉발시켰다. 미국 거시경제학자들은 수요 부족을 문제의 주요 원인으로 지목하고 강력한 경기 부양책을 해결책으로 제시했다. 반면 유럽의 정책 입안자들은 주로 공급 측면의 경제 구조조정에 입각해 긴축정책을 선택했다. 그러나 이러한 논쟁의 기저에는 국민국가의 경제성장과 일자리 창출의 원동력이 무엇인지를 둘러싼 질문이 놓여 있다.

최근의 비교정치경제학 논쟁과 이 책의 저자인 바카로와 폰투손, 피코, 샤

표 1.2 OECD 국가의 GDP 대비 수출비중 (2016)

수요국	GDP 대비 수출비중	수출국	GDP 대비 수출비중
호주	21.2	오스트리아	52.5
캐나다	31.5	벨기에	79.4
핀란드	34.8	체코	79.6
프랑스	30.2	덴마크	53.4
그리스	30.1	에스토니아	77.5
이탈리아	29.6	독일	46.0
일본	16.3	헝가리	87.2
뉴질랜드	26.4	아일랜드	120.8
스페인	33.1	한국	40.1
영국	28.4	룩셈부르크	213.0
미국	11.9	네덜란드	79.5
		폴란드	52.2
		포르투갈	40.2
		슬로바키아	93.7
		슬로베니아	78.0
		스웨덴	43.3
		스위스	65.7

주: 수출국은 개방경제로 GDP 대비 수출비중이 40% 이상. 수요국은 보다 닫혀있는 경제임. 이용 가능한 최신 자료는 다음과 같음. http://data.oecd.org/trade/trade-in-goods-and-service.htm#indicator-chart (accessed January 29, 2020)

프 등이 논의한 바와 같이, 경제성장의 동력에는 크게 두 가지 유형, 즉 해외수요(수출) 또는 국내수요(가계 및 정부 소비)가 있다. 표 1.2에서는 2016년 국가를 수출국과 소비국으로 나누었다.

포드주의 시대에 경제는 생산성 향상과 공급 측면의 기술 업그레이드로 임금 인상이 가능했지만, 이미 당시에도 국가마다 내수 확대와 수출 확대 중 어느 쪽을 선호하느냐에 따라 차이가 있었다.[13] 1970년대 초부터 대부분의

....

13 독일은 이미 1950년대에 임금 조정과 수출 산업 지원에 주력했고(Höpner, 2019), 북유럽 국가들은 다른 많은 소국과 마찬가지로 수출에 의존하여 경제(성장)와 임금을 부양했다(Katzenstein, 1985).

국가는 공공 지출을 늘려 낮은 성장률을 보완했다(Streeck, 2014; Picot, 이 책 4장 참조). 오늘날 내수의 원천은 훨씬 더 다양해졌다. 국내 경제에 대한 수요 부양은 임금, 사회적 급여, 공공 적자, 신용에 대한 접근 능력 등을 통해 가계 소득을 높이는 것을 통해 이루어진다(Picot, 이 책 4장). 금융 서비스가 소비의 핵심 요소인 만큼 새로운 금융 상품은 내수를 자극한다.

그러나 국가들은 (또는 대안으로) 세계 시장을 위한 생산을 통해 고부가가치 일자리를 유지하기 위해 상품 수출을 우선시할 수 있다. 따라서 수출은 제조업이 탈산업화되는 것을 일시적으로 보호할 수 있다(Dauth et al., 2017). 그러나 이 책에서 렌이 설명하는 것처럼 국가는 고부가가치, 고숙련 서비스에 특화하여 수출을 촉진할 수도 있다. 수출주도 성장체제는 특히 다양한 유형의 숙련과 사회적 보호가 필요한 수출 상품에 특화되어 있다. 이 모든 경우에, 노출된 부문에서의 부가가치는 해당 국가가 국내 시장에 집중했을 때보다 더 높다. 따라서 제조업 및 기타 노출된 부문이 보호된 다른 부문보다 우선시된다.

이 책에서 바카로와 폰투손이 논의한 것처럼, 두 전략이 어느 정도까지 공존할 수 있는지는 명확하지 않다. 이론적으로는 노동비용 상승이 경쟁력을 위협하지 않는 한 내수주도 성장체제가 수출주도 성장을 저해하지는 않는다.[14] 하지만 경험적으로 보면 수출주도형 성장과 내수주도형 성장 사이에는 상충관계가 있는 것으로 보인다(그림 1.4와 이 책 4장의 Picot 참조). 그림 1.4는 경상수지가 흑자를 기록할수록 내수가 덜 증가한다는 것을 보여 준다. 적어도 금융위기 이전은 그랬다는 것이다.[15] 더 나아가 이 책에서 샤프가 분석한 바와 같이, 수출주도형 성장모델이 유로존의 모든 국가에 적용되고 있으며, 이는 과거에 국내수요주도형 성장체제를 가지고 있던 국가들까지도 포함

....

14 바카로와 폰투손(Baccaro and Pontusson, 2016)은 포드주의 성장체제는 원칙적으로 내수주도형(그들의 용어로는 임금주도형)이라고 주장한다. 가격에 민감한 제조업 수출에 의존하는 수출주도 성장의 극단적인 버전만이 노동비용과 실질 환율을 통제하기 위해 수요에 부정적일 수 있다.

15 2008년 금융위기가 시작된 이후 내수주도형 국가는 긴축을 경험하고 수출주도형 경제는 일시적으로 내수를 자극하면서 내수 변화와 경상수지의 상관관계는 2016년까지 양(+)으로 전환된다(Baccaro and Pontusson, 이 책 3장 참조).

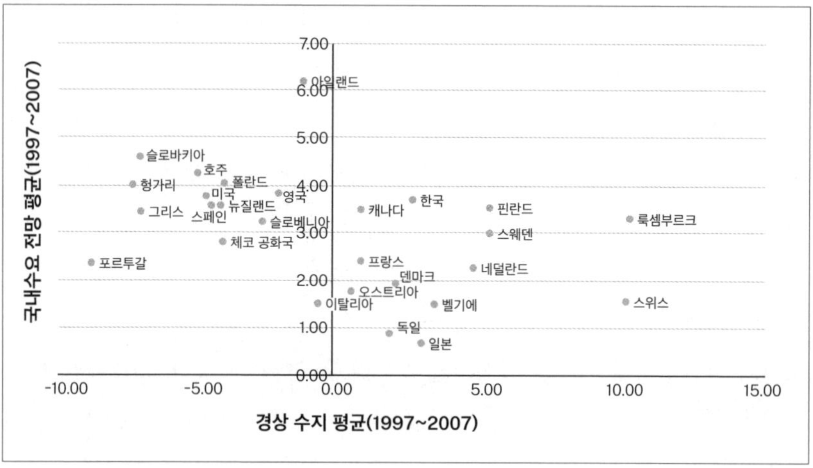

그림 1.4 경상수지와 국내수요의 변화, 1997~2007(%)

출처: OECD Statistics, Key Short-term Economic Indicators; Domestic demand forecast.

한다(Hall, 2018; Iversen and Soskice, 2018 참조).

5) 현대 선진 자본주의 경제의 다섯 가지 성장체제

수출을 성장동력으로 삼는 경제와 그렇지 않은 경제를 구분해 보면(표 1.2 참조), 두 경제 각각의 분명한 특성을 발견할 수 있다. 아일랜드를 제외한 모든 영어권 자유시장경제와 프랑스를 포함한 남유럽 경제는 대부분 내수주도형 경제인 반면, 북유럽과 대륙유럽, 동유럽 경제는 거의 모두 수출주도형 경제이다. 이에 따라 바카로와 폰투손의 성장모델을 연구 대상인 4개국을 넘어 더 확장할 수 있다.

그러나 3.2절에서 정의한 성장체제의 다양한 구성요소(즉 성장의 다양한 동력, 경제를 조직하는 제도, 총수요의 주요 구성요소)를 자세히 살펴보면, 표 1.1과 표 1.2, 그림 1.4에서 종합한 정보를 바탕으로 표 1.3에 요약한 것처럼 수출주도형 성장체제를 세 가지 유형으로, 내수주도형 성장체제는 두 가지 유형으로 구분해, 성장체제를 다섯 가지로 구분할 수 있다.

표 1.3 다섯 가지 성장체제의 성격

	역동적 서비스 수출주도 성장체제	고품질 제조업 수출주도 성장체제	외국인 직접투자 수출주도 성장체제	금융화 기반 내수주도 성장체제	공적재정 내수주도 성장체제
수요주도 성장	수출	수출	수출	내수	내수
경상수지	흑자	흑자	혼합	적자	적자
금융화	높음	낮음	낮음	높음	낮음
지식기반(ICT)	높음	중간	낮음	높음	낮음
교육체계	높은 수준 포함	중간 수준 포함	중간 수준 포함	엘리트 중심	엘리트 중심
사회적 보호	사회 투자적	사회보험	사회보험	민간보험과 투자	사회보험
임금결정	조정	조정	탈규제	탈규제	규제

출처: 1~3열은 표 1.1, 4열은 그림 1.2, 5열은 Chevalier(이 책 11장), 6열은 Parlier and Hay(2017), 7열은 Visser(2019) ICTWSS database on wage-setting.

수출중심 성장체제는 세 가지 하위 그룹으로 구분할 수 있다:

- 북유럽 국가 중 한 나라를 제외한 모든 국가(덴마크는 수요 측면에서 예외), 룩셈부르크, 네덜란드(바카로와 폰투손이 '균형성장모델'이라고 부르는) 등은 수출중심과 강력한 내수를 결합한 국가들이다. 이들 국가는 제조업에서 역동적 서비스로 성장의 핵심 동력을 점진적으로 전환하고 있으며, 금융화를 활용해 ICT 기반 서비스 부문의 성장을 촉진하고 있다. 또한 저임금 민간 서비스도 확대되고 있다.
- 제조업 수출이 성장의 주요 동력이면서 금융위기 이전에는 내수 성장률이 2% 미만으로 낮은 국가로는 독일과 오스트리아, 벨기에, 스위스 등이 있다. 이 국가들은 (세계 시장에서) 경쟁력 우위에 크게 의존하고 있다. 이 국가들은 기계류와 고급 소비재에 대한 신흥 경제의 수요를 충족시키면서, 신흥 경제의 높은 성장률로부터 큰 혜택을 누린다.
- 수출 비중은 증가하지만 경상수지가 적자이고 내수 비중이 상대적으로 높은 국가로는 중앙 및 동유럽 국가들이 있다. 독일과 오스트리아를 포함하는

하위 그룹과 마찬가지로 이들 국가는 제조업 중심의 수출 지향적 전략을 따른다(Bohle and Greskovits, 2012; Picot, 이 책 4장). 이들은 독일에 기반을 둔 생산 네트워크에 고도로 통합되어 있으며 (독일에 비해) 저임금과 저복지에 더 많이 의존한다. 또한 아일랜드를 포함해 이들 국가들은 외국인 직접투자에 대한 의존도가 높다(Bohle and Regan, 출간 예정).

국내 소비와 수요주도 성장에 가장 크게 의존하는 국가 또한 두 개의 하위 그룹으로 나눌 수 있다.

- 국내 소비 수준이 높고, 금융화 수준이 높으며, ICT가 발달한 국가들(영어권 LME 중 아일랜드 한 곳을 제외한 모든 국가). 이들 경제는 구조조정이 더 빠르고, 변동이 더 심하기 때문에 북유럽의 조정된 시장경제보다 탈산업화를 더 일찍, 더 깊게 경험했다. 예를 들어, 영국 제조업의 쇠퇴는 이미 1960년대에 시작되었는데, 당시 영국 기업들은 심각한 노사 갈등, 교육 및 품질에 대한 투자 감소, 임금 조정의 어려움으로 인해 더 이상 고품질의 제품을 합리적인 가격에 생산할 수 없었다. 콜린 크라우치(Colin Crouch, 2009)는 1980년대 이후 영국과 미국의 소비 기반 성장에서 신용에 대한 용이한 접근과 주택시장의 활성화가 얼마나 중요한 역할을 했는지를 설득력 있게 보여 주었다.
- 국내 소비 수준은 높지만 금융화 및 ICT 발전 수준이 상대적으로 낮은 국가(주로 프랑스와 남유럽 국가). 이는 저렴한 신용에 대한 접근이 상대적으로 용이하고(특히 유로화 도입 이후), '소비 지향적'인 사회보험이 관대하기 때문이다(Beramendi et al., 2015). 남유럽에서는 노동시장 제도가 중앙집권화되어 있고, 기업금융은 CME의 전형적인 모델과 유사하다. 그러나 규제와 제도가 일반적인 CME에 제공하는 것과 같은 역할을 하지는 않는다(Molina and Rhodes, 2007; Hassel, 2014). 이들의 조정은 (복지)국가의 개입에 의존하기 때문에 정부는 보다 적극적인 소비주도 성장정책을 추구하고 임금과

사회 지출이 증가하도록 방치한다(Höpner and Lutter, 2014 참조). 따라서 이러한 유형의 국가는 일반적으로 수출 지향성이 낮다.

위에서 이야기한 것과 같이 내수체제는 부의 효과로 인한 소비 증가를 통해 경제를 확장시키는 효과를 가져오는 금융화와 잘 연결될 수 있다(Boyer, 2000). 부의 효과는 주로 주택 가격 인플레이션에 의해 발생한다. 그러나 표 1.1과 그림 1.3에서 살펴본 것과 같이 금융화 자체는 스타트업과 새로운 경제활동에 자금을 조달하는 방식으로 ICT에 기반한 새로운 고부가가치 부문의 발전을 촉진할 수 있고 이는 국내 소비는 물론 (역동적 서비스의-역자) 수출 확대로 이어질 수 있다(우버나 아마존은 국내 서비스 소비에 의존하지만 글로벌 기업이다)(Wren, 이 책 8장). 따라서 내수는 주택시장, 연금 민영화, 낮은 저축률에 의해 주도되는 금융화에 의해 촉진될 수 있다. 경상수지 적자는 해외 금융 자산을 끌어들이고, 이는 다시 무역 적자 국가의 금융 서비스를 확대하기 때문에 금융화를 촉진하기도 한다.

반면, 그림 1.4에서 부분적으로 확인할 수 있듯이 높은 수출 비중과 경상수지 흑자는 상대적으로 낮은 내수 증가율과 상관관계가 있는 경우가 많다. 이로 인해, 일반적으로 국가의 무역 적자와 흑자 사이에는 상호보완적인 관계가 있다는 것을 확인할 수 있다(Iversen and Soskice, 2013). 수출에 기반한 성장체제를 가진 일부 국가에서도 금융화가 여전히 진행되고 있다. 특히 북유럽 국가들과 네덜란드는 금융화를 통해 내수와 수출을 병행하고 있다(Baccaro and Pontusson, Thelen, 이 책 3장 및 6장). 그러나 내수 진작을 위한 또 다른 문제는 남유럽에서 흔히 볼 수 있는 것처럼 임금 인상이나 소비 지향적 사회적 급여를 지원하는 민간과 공공 부채에 의존하는 방법이다.

ICT와 관련해 모든 선진국은 ICT 혁명의 영향을 받고 있으며 ICT에 투자하고 있다. 그럼에도 불구하고 ICT에 대한 투자는 금융화 수준이 높은 국가에서 더 높게 나타난다. 이는 (네덜란드를 포함한) 북유럽 국가들이 대륙 유럽 국가들과 다른 점이다. 북유럽 국가들은 독일어를 사용하는 조정시장경제에 비해 국내수요, 금융화 및 ICT 투자율이 높다(그림 1.2 및 1.3 참조; Wren, 이 책 6장).

남유럽 국가들은 주택 소유율이 높고 집값이 폭등하면서 일정 정도 금융화가 진행되었다. 그러나 이는 ICT 혁신과는 관련이 거의 없고 주로 내수중심의 소비중심 체제이다. 동유럽의 금융화 및 ICT를 재평가한 자료는 매우 제한적이다. 금융화 수준은 낮지만 주택 소유율이 높아 향후 금융화 속도가 빨라질 수 있다.

표 1.3에는 이 절에서 강조한 성장의 수요 동인, 경상수지, 금융화, 지식경제의 발전 등 성장체제의 다섯 가지 주요 특징과 노동시장, 교육, 복지 체계와 관련된 특징을 요약했다. 이 표는 경험적 관찰에 근거한 것이기보다는 이해를 돕기 위해 관찰 결과를 전형적인 유형으로 구분하고 설명한 것이다. 이 책의 나머지 부분에서도 알 수 있듯이, 다양한 성장체제는 여러 국가가 개발한 특정 성장전략을 이해하는 데 특별히 관련성이 높다는 것을 확인할 수 있다. 이 책의 마지막 장에서는 다시 다섯 가지 성장체제로 돌아가 각 체제와 연관될 수 있는 성장전략, 특히 각 체제가 추구한 뚜렷한 노동시장, 교육, 복지국가 개혁을 보다 구체적으로 분석했다(Avlijaš 외, 이 책 12장).

5. 이 책의 구성

이 책은 세 부분으로 구성되어 있다. 제1부는 1~5장으로 성장전략과 성장체제의 일반적인 진화에 대해 검토했다. 제2부는 6~8장으로 구성되어 있으며, 특정 국가에서 다양한 성장전략의 정치와 시간에 따른 변화를 분석했다. 마지막 제3부는 9~12장으로 구성되어 있는데, 성장전략과 복지 개혁의 연관성에 초점이 맞추어져 있다.

제1부에서는 제2차 세계대전 이후부터 지금까지 성장전략과 체제가 어떻게 발전해 왔는지(Hall)와 2008년 금융위기 이후 변화를(Baccaro and Pontusson, Picot) 두 장에 걸쳐 살펴보았다. 이 부에서는 또한 수출주도 체제가

어떻게 모든 유로존 국가에 적용되었는지를 유럽연합 차원에서 살펴보았다(Scharpf). 이를 통해 우리는 포드주의 이후 성장체제가 크게 변화했다는 것을 확인할 수 있다. 홀이 작성한 제2장이 60년 동안 정부 성장전략의 일반적인 진화를 추적한 것인 반면, 다른 세 장은 2008년 금융위기 이후 성장체제의 발전을 정확하게 이해할 수 있게 해 준다.

제2장에서 피터 홀Peter Hall은 제2차 세계대전 이후 수십 년 동안 선진 민주주의 국가의 정부가 추구한 성장전략을 분석했다. 홀은 전후 기간을 현대화 시기, 자유화 시기, 지식기반 성장 시기라는 세 시기로 구분했다. 첫 번째는 1950년부터 1975년경까지, 두 번째는 1980년부터 1990년대 후반까지, 세 번째는 2000년부터 현재까지이다. 정치경제의 발전과 선거 정치 영역의 변화 사이의 관계를 도표로 보여 준다. 이 장에서는 영국, 프랑스, 스웨덴, 독일의 사례를 통해 세 시대에 걸친 성장전략을 분석했다. 이러한 성장전략의 변화는 국제 경제의 발전에 대응하여 성장을 유지할 수 있는 조건에 변화를 가져왔는데, 각 시대의 '경제적 게슈탈트'가 변화하면서 경제 문제를 인식하는 방식에 영향을 미치고, 선거판의 분열 구조가 변화하면서 특정 정책에 대한 지지 연합을 구성하는 조건에 영향을 미쳤다. 이 장에서는 이러한 문제들을 깊이 다루지는 않지만, 생산자집단 정치의 영역에서 일어난 일련의 변화가 특정 집단의 영향력, 그들이 추구하는 정책 유형, 그리고 정부가 성장전략을 실행하는 데 있어 기대할 수 있는 협력 수준을 변화시키는 중요성을 인정하고 있다.

제3장은 루치오 바카로와 요나스 폰투손이 작성했는데, 그들의 성장모델을 이용해 스웨덴, 독일, 영국, 이탈리아 정부가 대침체에 어떻게 대응했는지 분석했다. 대침체 이후 경제성장의 패턴을 보면 이전 시기에 채택된 성장모델이 지금까지 놀라울 정도로 탄력적으로 유지되고 있다는 것을 확인할 수 있다. 스웨덴은 경제성장 동력의 중요한 변화가 눈에 띄는 거의 유일한 사례로, 2001~2007년보다 2010~2014년에 가계 소비가 더 중요한 역할을 했고, 반대로 순수출은 덜 중요한 역할을 했다. 독일에서는 내수 억제, 제도화된 임

금 조정, 단일 통화가 결합되어 1994~2007년 동안 순수출이 수요의 주요 동인이 되었다. 반면 영국에서는 경상수지의 체계적 악화를 수용하면서 신용대출 조건을 완화해 수요를 부양했다. 대침체 이전 스웨덴 성장모델은 독일과 영국의 성장모델의 중간 정도에 위치해 있었는데, 독일보다 높은 임금 상승률과 신용 접근성 완화를 통해 내수와 수출이 모두 GDP 성장에 기여했다. 스웨덴에서는 이러한 균형적인 성장 경향으로 수출 품목이 다변화되면서 제조업의 역할이 과거에 비해 덜 중요해졌다. 마지막으로, 대침체 전후 이탈리아의 경기침체는 극도로 어려운 외부 환경(특히 국제 경쟁 심화로 인한 이탈리아 수출 상품의 매력 감소)과 부적절한 정책 선택, 특히 단일 통화(유로존)에 가입하면서 고평가된 환율을 수용하기로 한 결정이 결합된 결과라고 할 수 있다.

게오르그 피코Georg Picot가 작성한 4장에서는 1995년 이후 선진국의 다양한 성장모델을 검토했다. 이 장에서는 공공 적자, 민간 적자, 대외 흑자라는 세 가지 광범위한 잠재적 추가 수요의 원천에 초점을 맞추었다. 퍼지셋fuzzy-set 이념형 분석을 활용한 실증 분석에서는 1995년부터 2016년까지를 세 개의 시기로 나누고, 세 시기 동안 선진국들이 각각의 시기에 활용한 세 가지 '수요 부양책'을 검토했다. 그 결과 저성장 시대를 극복하기 위해 대부분 이 세 가지 방법 중 하나 이상을 사용해 추가 수요를 창출한 것으로 나타났다. 이 장에서는 조사 대상 기간 동안 동아시아뿐만 아니라 유럽 대륙과 북유럽에서도 (해외 수요로부터 이익을 얻는) 경상수지 흑자가 경제성장을 촉진하는 주요 수단임을 보여 주었다. 반면 영어권 국가들은 국내 적자를 통해, 남유럽과 동유럽에서는 민간 적자를 통해 경제 수요를 부양하는 경향이 더 강했던 것으로 나타났다. 글로벌 금융 및 경제 위기 이후 일부 국가는 성장전략을 전환했지만, 대체로 위에서 언급한 패턴이 위기 전후로 유지되고 있었다. 따라서 대부분의 국가는 대체로 위기 이전과 동일한 수요 부양책을 바탕으로 경제 회복을 도모하고 있는 것으로 나타났다. 각 성장모델의 성과를 살펴보면, 이 장에서는 금융주도 성장모델이 경제성장 측면에서 가장 좋은 성과를 거두었고 교육에 대한 민간 지출이 가장 높았다는 것을 알 수 있다. 수출주도 모델은 일자리 창출과 북유럽 국가의 경우 교육에 대한 공공투자 측면에서 가장 우수한 성과를 보였다. 국가주도 모델은 가장 낮은 성장률과 가장 낮은 고용 수준과 관련이 있었다.

마지막으로 프리츠 샤프Fritz Scharpf가 작성한 제5장은 유로존 내 성장체제의 상호작용과 진화에 초점을 맞추었다. 그는 유로존 내 국가들 간의 심각한 격차는 북부와 남부 경제 사이의 구조적 차이에서 비롯된 것이며, 이러한 이질적인 정치경제 구조들에 대해 구조적 수렴을 강제하려는 비대칭적인 유로체제로 인해 발생한 결과임을 보여 준다. 이 장은 북부와 남부 정치경제의 구조적 차이를 두 가지 차원, 즉 노조의 자발적 임금 억제 능력에 대한 제도적 차이와 노출 부문과 보호 부문의 상대적 규모의 차이(즉, 경제가 수출주도형인지 내수주도형인지의 차이)가 포함된다는 점을 강조한다. 북부경제(독일, 오스트리아, 네덜란드, 벨기에, 핀란드, 아일랜드)는 구조적으로 대규모 수출 부문과 임금억제에 대한 제도적 역량이 결합되어 있다. 반면 남부경제(그리스, 스페인, 포르투갈, 이탈리아, 프랑스)는 대규모 내수 부문과 임금 인플레이션을 유발하는 경향이 있는 노사관계가 결합되어 있다. 이 장에서는 긴축과 공급 측면의 개혁을 통해 유로존 경제의 구조적 통합을 강제하고, 이에 따라 모든 국가에 하나의 성장전략(수출주도형 전략)을 강요하는 현 유로 체제의 영향을 분석했다. 이 장은 (한 성장체제로) 강제적인 수렴의 경제적 성공 여부는 여전히 의심스러운 반면, 지속적인 민주적 정당성의 결여로 정치적 지속 가능성이 훼손되었다고 지적한다.

제2부는 유럽의 성장전략의 정치경제학을 다룬 세 개의 장으로 구성되어 있다. 이 장들에서는 금융위기 이후를 포함해 1990년대 이후 특정 유럽 국가의 경제 및 사회정책의 변화 과정을 추적한다. 이 장들은 성장전략의 정치학과 다양한 부문의 성장전략 간의 상호보완성에 초점을 맞추었다. 이를 통해 이 장들은 성장전략의 틀을 짜고 변화시키는 데 있어 행위자와 기관의 역할을 설명할 수 있었다. 이들은 성장전략의 형성과 진화에 있어 복지체제와 제도의 중요성을 강조한다. 캐슬린 텔렌Kathleen Thelen은 특정 성장전략으로 이어지는 의사결정 과정에서 생산자집단의 역할이 시간이 지남에 따라 그 방향

이 바뀌는 과정을 강조했다. 한편, 캐시 조 마틴Cathie Jo Martin은 다양한 성장체제에서 성장전략에 대한 고용주의 다양한 선호를 분석했다. 앤 렌Anne Wren은 저숙련과 고숙련 서비스 성장전략 간의 상호보완성에 초점을 맞추었다. 각 장은 다양한 성장전략의 실행이 어떻게 한 국가의 성장체제를 점진적으로 변화시킬 수 있는지 보여 주었다.

제6장은 캐슬린 텔렌이 작성했다. 텔렌은 다양한 성장전략의 실행을 통해 성장체제가 어떻게 변화할 수 있는지를 보여 준다. 이 장에서는 자본주의 다양성 논의가 조정시장경제로 규정한 3개국을 비교하며 국가 성장체제를 방어하거나 (재)정의하는 데 있어 생산자집단(노조, 고용주, 노동조합)의 역할을 살펴본다. 독일, 네덜란드, 스웨덴 세 나라의 조직화된 이해관계 구조의 차이가 노사관계, 교육 및 훈련, 노동시장 정책에서 서로 다른 변화의 궤적을 만들어 냈다는 것이다. 그 결과 세 국가의 성장체제는 서로 다른 방향으로 진화했다. 독일에서는 산업 내 계급 간 협력이 강화되면서 노동시장과 사회보장의 이중구조화를 수반하는 성장전략이 지속되었다. 이를 통해 독일 경제의 전통적 강점인 고품질 제조업을 강화할 수 있었다. 이와 대조적으로 네덜란드는 1950년대와 1960년대에 채택했던 제조업 중심의 성장체제를 1980년대에 명백히 포기하고 전통적 강점인 무역과 비즈니스 서비스 분야로 (다시) 이동했다. 이 과정에서 완전히 새로운 집단이 점진적으로 등장했고, 이 집단은 노사관계, 노동시장, 교육정책 등 세 가지 영역에 걸쳐 점점 더 많은 이해관계를 반영하게 되었다. 스웨덴에서는 (상대적으로 강력한) 저임금 서비스업 노조의 힘이 독일식 이중구조화를 막고 기업의 고부가가치 산업으로 전환을 압박했는데, 이는 (노조 측에서는) 사무직 노동자의 힘을 강화하는 데 기여했고, (사용자 측에서는) 목소리를 내는 새로운 행위자(특히 스웨덴 서비스업의 고용주 및 노동조합)가 형성되는데도 기여했다. 이러한 발전은 스웨덴의 성장체제가 지식집약적인 고급 제조업과 서비스 부문으로 이동하는 데 기여했다.

캐시 조 마틴은 제7장에서 고용주들이 어떻게 사회적 정치에 대한 선호도를 형성하고, 개혁 연합에 참여하고, 정부에 영향을 미칠 수 있는 집단적 역량을 확보했는지 분석했다. 복지국가에 대한 다양한 생산자 연합의 선호를 살펴보고, 고품질 제조업부터 저임금 서비스업, 고숙련 서비스업에 이르기까지 6가지 부문에서 기업의 관심사를 파악해 이들이 성장을 위해 서로 다른 길을 추구하는 방식을 보여 주었다. 제조업 수출을 통한 성장, 역동적 서비스 수출을 통한 성장, 공적 케인스주의 재정정책에 의존하는 수요주도 성장, 용이한 신용 접근과 가계 부채를 조장하는 사적 케인스주의 정책에 의존하는 수요주도 성장 등 앞 장에서 설명한 대안적 성장전략이 여기에 포함된다. 그런 다음, 정책이 이러한 예측에서 벗어난 것으로 보이는 사례를 검토했다. 마지막으로 이 장에서는 노사관계 조직이 기업의 선호도, 연합, 경제 조정 능력에 어떻게 기여하는지를 살펴보았다. 거시 기업주의에 입각한 최고 경영자 협회가 고용주들을 경제성장에 대한 사회적 기여에 대한 논쟁에 노출시키고, 집단행동의 한계를 극복하며, 협상된 규정을 준수하도록 강요해 정책 결과에 대한 상당한 영향력을 기업에 양도한다는 것을 보여 준다. 게다가 높은 수준의 조정은 기존 성장전략을 지속하기 어려운 시기에 경제적 조정 능력을 향상시킨다.

제8장은 앤 렌이 작성했다. 8장에서는 독일, 스웨덴, 영국의 사례를 통해 탈산업화 맥락에서 국가의 성장전략을 형성하는 데 숙련 형성, 임금결정, 공공 서비스 제공의 역할의 구체적 사례를 검토했다. 이러한 시도는 경제의 공급과 수요 측면 간의 상호작용을 이해하는 데 도움이 된다. 특히 '소비주도형' 체제에서도 숙련정책이 성장의 중요한 동력인 고생산성과 무역 부문의 전문화 경향을 만들어가는 데 있어 중요하다는 것을 강조한다. 이 장은 스웨덴이 가격에 덜 민감한 고급 서비스(및 제조업) 시장에서 경쟁할 수 있었던 것은 높은 수준의 숙련을 갖춘 노동력을 이용할 수 있는지 여부에 달려 있었다는 것을 보여 준다. 반면, 독일은 전통적인 제조업 부문에 대한 의존도가 높은데, 이는 잘 구축된 기업 기반 직업훈련 체계와 제한된 고등교육 부문 때문이다. 영국의 경우, 내수의 확대는 부분적으로는 부채에 의해 주도되었지만 스웨덴의 경우와 마찬가지로 실질임금 상승도 중요한 역할을 했다. 영국에서 내수는 스웨덴보다 상대적으로 성장에 더 많이 기여했지만, 영국의 실질임금 상

승의 핵심 동인은 생산성 성장과 고급 ICT 집약적 서비스 무역이 확대한 것 때문이었다. 이 장에서는 복지국가의 정책(상대적 임금 보호, 공공 서비스 제공, 무엇보다도 숙련 형성 전략 포함)이 탈산업화와 기술 변화의 맥락에서 나타나는 결과에 중요한 역할을 하고 있다는 것을 보여 준다. 탈산업화와 ICT의 혁명적 변화라는 맥락에서 성장과 고용 창출을 위한 지속 가능한 전략을 개발할 수 있는지 여부는 성장동력을 ICT 집약적인 고부가가치 부문, 특히 역동적 서비스 부문으로 확장할 수 있는 역량을 창출하는 데 달려 있다고 결론 내린다.

제3부는 9~12장으로 구성되어 있다. 이 4개의 장은 복지제도의 진화와 성장체제 변화에 대한 복지제도의 기여를 분석한다. 제3부의 장들은 성장체제 내에서의 복지개혁(즉, 노동시장 정책의 변화와 교육 시스템 및 사회정책의 개혁)에 초점을 맞추고 있다. 처음 세 장은 복지개혁의 구체적인 측면과 복지개혁이 임금 형성, 주택정책, 교육 및 청년정책과 같은 특정 성장전략과 어떻게 연결되는지에 초점을 맞추었다. 마지막 장에서는 유럽에서 시행된 다섯 가지 주요 성장전략을 확인하고 이 전략과 다섯 가지 주요 유형의 복지국가 개혁 간의 연관성을 분석했다. 이 장들은 성장전략과 복지개혁을 연결해 성장과 복지체제의 전환 과정을 분석했다.

제9장은 앨리슨 존스턴Alison Johnston이 집필했는데 성장체제와 노동시장 정책, 특히 임금정책 사이의 명확한 연관성을 보여 준다. 임금 억제가 다양한 성장모델에 미치는 영향을 분석했다. 이 장에서 존슨은 공급 측면의 비교자본주의 연구(특히 자본주의 다양성)의 가정, 즉, 고도로 조정된 임금결정 제도가 항상 유익한 성장결과로 이어진다는 가정에 의문을 제기한다. 이러한 가정은 단위 노동비용 증가가 억제되면 기업이 고용과 생산량을 늘린다는 논리에 근거한다. 그러나 성장모델 문헌은 수요 측면의 관점에서 보면 임금억제가 국내소비를 억제해 성장에 부정적인 영향을 줄 수 있다는 근거를 들어 임금절제의 미덕에 의문을 제기한다. 그래서 이 장에서는 어떤 조건에서 임금조정이 성장에 유익한 결과를 가져오는지를 실증적으로 분석했다. 1970~2015년 기간 동안 18개 OECD 국가를 대상으로 일차차분a first-difference, 분배시차패

널distributive lag panel 방법을 사용해 수출 비중이 크고 임금결정 제도가 잘 조정된 국가가 수출 비중이 작고 임금결정 제도가 조정되지 않은 국가보다 높은 성장률과 낮은 실업률을 기록한 것을 보여 주었다. 반면 임금 인플레이션은 임금결정 제도가 잘 정비된 국가에 비해 임금결정 제도가 정비되지 않은 국가에서 더 높은 성장으로 나타났다. 이러한 결과는 임금억제가 모든 성장체제에서 좋은 전략이 아니라는 것을 시사한다. 오히려 임금조정은 수출 중심의 성장전략을 추진하는 국가에서만 더 나은 성장(및 고용)으로 이어졌다.

10장에서 알렉산더 라이젠비클러Alexander Reisenbichler는 주택금융, 복지국가, 성장체제 간의 상호 연결성을 탐구하며, 이러한 연결성이 정책 입안자들이 주택금융정책을 성장전략으로 활용하는 방식을 어떻게 만들어가는지를 설명한다. 이 장에서는 미국과 영국과 같은 수요주도형 경제가 신용과 소비에 의존하며, 주택금융 분야에서 금융화된 성장전략을 사용한다는 점을 보여 준다. 이러한 전략에는 수요, 신용, 경제 전반의 성장을 자극하는 정책이 포함된다.

반면, 독일과 같은 수출 및 제조업 기반 국가는 비용 경쟁력을 확보하기 위해 주택 부문에서 보완적인 성장전략을 가지고 있다. 여기에는 수요와 역동적인 주택시장을 억제하고, 생활비, 임금, 가격 상승을 억제하는 보수적인 주택금융정책이 포함된다. 노르딕 국가들과 같은 하이테크 기술 제조업과 역동적 서비스업에 특화된 수출지향형 경제는 중간 사례로 볼 수 있으며, 주택금융 시장이 그들의 성장체제를 강화하지도 억제하지도 않는다는 특징을 가지고 있다. 이들 국가는 금융시장을 자유화하고 사적 부를 증대시키기 위한 금융화된 주택정책을 채택할 수 있다.

이 장은 1970년대 후반부터 미국과 독일의 주택금융정책을 성장전략으로 논의하면서, 미국에서는 수요와 신용, 소비를 자극하기 위해 금융화된 주택정책을 사용한 반면, 독일에서는 구조 개혁을 통해 주택금융에 대한 공공 지원을 축소하고, 예산 균형, 경쟁력 회복, 그리고 투자가 생산 외 다른 곳으로 향하는 왜곡을 줄이려는 목표를 세웠다고 설명한다.

결론적으로, 주택금융에 초점을 맞추면 선진 경제에서 국가가 주요 부문에서 성장의 적극적인 주체로 역할을 하는 방식을 확인할 수 있다는 것을 보여 준다.

제11장은 톰 슈발리에Tom Chevalier가 집필했다. 이 장은 프랑스, 독일, 스웨덴, 영국의 청년을 위한 교육, 노동시장 정책, 복지 정책에 초점을 맞추었다. 특정 성장전략과 사회경제적 제도가 성인기 진입을 구조화하는 방식 간의 일관성을 강조하며, 이를 통해 구체적인 '청년 복지 시민권 체제'를 도출했다. 네 가지 유형의 '청년 복지 시민권 체제'(배제형denied, 모니터링형monitored, 이등시민형second-class, 역량강화형enabling)는 이 책에서 제시하는 네 가지 성장전략에 각각 대응한다(FDI 주도 전략은 이 장에서 분석하지 않음). 영국에서 금융과 같은 고소득 서비스업의 성장을 위해서는 고등교육의 확대가 필요하며, 이는 사회적 시민권의 개인화가 이루어질 때만 가능하다. 젊은이들은 학업을 위해 대출에 의존해야 하는데, 이는 금융화 전략과 일치한다. 영국은 청년실업 해소를 위해 노동시장 유연화, 청년 인건비 인하, 인센티브 강화 등을 추진하고 있다. 반면 독일의 '제조업 기반 수출주도형' 전략은 '모니터링형' 시민권으로 해석할 수 있다. 이는 포괄적인 경제 시민권과 도제식 직업교육을 중시하는 (특수) 숙련 노동력에 기반한 것이다. 그러나 이는 제조업에 초점을 맞추고 있기 때문에 모두를 위한 고등교육에 대한 관심은 상대적으로 낮다. 이에 따라 이 성장전략에서는 사회적 시민권을 개별화할 필요가 없다. 이 전략에 따르면 직업교육과 훈련은 청년실업률을 낮추기 위해 시행되는 주요 정책이다. 셋째, '역량강화형' 시민권 전략은 스웨덴의 '역동적 서비스 수출' 전략을 반영한 것이다. 또한 (일반) 숙련 노동력 형성을 목표로 하기 때문에 경제 시민권도 포괄적이지만, 역동적 서비스의 중요성 때문에 직업훈련보다는 고등교육을 장려한다. 이에 따라 청년실업에 대한 대책으로 저숙련자를 위한 청년보장 프로그램을 개발하게 되었다. 넷째, 공공이 지원하는 국내수요전략은 '배제형' 시민권과 관련이 있다. 프랑스는 이러한 '배제형' 시민권 유형의 대표적 사례이다. 선별적 경제 시민권은 전반적인 숙련 노동력이 부족해 경제 전반이 국제시장에서 충분한 경쟁력을 갖추지 못했기 때문에 나타나는 수요

주도 전략을 반영한 것이다. 한편으로 정책 입안자들은 청년 노동의 비용을 낮추려고 노력한다. 또 다른 한편에서 과거의 국가대표 기업이 선두 기업들인 상황에서 양질의 도제식 교육 체계가 없는 엘리트주의 교육 시스템은 양극화된 경제를 반영하고 있다. 그러나 최근에는 서비스 분야의 확장으로 주택 급여를 늘리는 것이 필요해졌다. 또한 이 유형은 청년실업을 완화하기 위해, 비전형적인 일자리 창출과 청년 보장 프로그램 중 어떤 것을 도입해야 할지 주저하고 있다.

마지막으로 소냐 아블리야시Sonja Avlijaš와 이 장의 집필진이 함께 작성한 12장은 1990년대 이후의 복지국가 개혁과 성장전략이 어떻게 연결되어 있는지 분석했다. 구체적으로 12장은 5가지 주요 성장전략이 5가지 다른 유형의 복지국가 개혁과 어떻게 연결되는지, 그리고 각 국가 사례에서 본 국가의 복지개혁이 특정한 성장동력 및 복지개혁의 종류에 따라 경제전략에서 어떻게 중요한 역할을 하는지를 보여 주었다. 5가지 성장전략은 역동적 서비스 수출, 고품질 제조 제품 수출, FDI에 기반한 수출, 금융화에 따른 국내 소비, 그리고 임금과 복지지출에 의한 국내 소비(EU의 압력으로 인한 '빈곤화를 통한 경쟁력 강화'로 변질)이다. 그런 다음 이 5가지 전략이 복지의 이중구조화, 사회 투자, 재정 및 사회적 유인, 복지의 상품화, 사회 보호주의라는 5가지 유형의 복지국가 개혁과 연관될 수 있다는 것을 보여 주었다. 영국, 독일, 스웨덴, 덴마크, 발트해 및 비세그라드 동유럽 국가의 사례를 자세히 설명했고 이탈리아, 프랑스 등 남유럽 국가에서 성장전략과 복지개혁 간의 실제 연관성을 분석했다. 사례분석을 통해 이러한 전략은 상호배타적이지 않으며 한 국가에서도 두 가지 이상의 전략을 추구할 수 있다는 것을 확인했다. 이 장은 성장전략의 실행이 성장체제에 미치는 변형적 피드백 효과the transformative feedback effect를 활용해 어떻게 성장체제를 전환했는지 설명했다. 이 마지막 장은 성장전략과 복지국가 개혁의 정치, 그리고 생산자 연합과 선거 정치, 각각의 역할을 이야기하는 것으로 끝을 맺었다.

참고문헌

Acemoglu, D., and Johnson, S. 2005. "Unbundling Institutions." *Journal of Political Economy* 113(5): 949-95.

Amable, B. 2003. *The Diversity of Modern Capitalism*(1st edition). Oxford; New York: Oxford University Press.

Arntz, M., Gregory, T., and Zierahn, U. 2016. The risk of automation for jobs in OECD countries: A comparative analysis. *OECD Social, Employment, and Migration Working Papers*, 189, 0_1.

Autor, D. H., Levy, F., and Murnane, R. J. 2003. "The Skill Content of Recent Technological Change: An Empirical Exploration." *The Quarterly Journal of Economics* 118(4): 1279-33. https://doi.org/10.1162/003355303322552801

Baccaro, L., and Howell, C. 2011. "A Common Neoliberal Trajectory: The Transformation of Industrial Relations in Advanced Capitalism." *Politics and Society* 39(4): 521-63. https://doi.org/10.1177/0032329211420082

Baccaro, L., and Pontusson, J. 2016. "Rethinking Comparative Political Economy: The Growth Model Perspective." *Politics and Society* 44(2): 175-207.

Beramendi, P., Häusermann, S. Kitschelt, H., and Kriesi. H. 2015. "Introduction: The Politics of Advanced Capitalism." In *The Politics of Advanced Capitalism*, edited by P. Beramendi, S. Häusermann, H. Kitschelt, and H. Kriesi. Cambridge, UK; New York: Cambridge University Press, 1-64.

Bermeo, N., and Pontusson, J. (eds.). 2012. *Coping with Crisis: Government Reactions to the Great Recession*. New York: Russell Sage Foundation.

Bernanke, Ben S. 2007. Speech at The Credit Channel of Monetary Policy in the Twenty-first Century conference, Federal Reserve Bank of Atlanta, Atlanta, Georgia, June 15, 2007.

Bohle, D., and Greskovits, B. 2012. *Capitalist Diversity on Europe's Periphery*. Ithaca, New York: Cornell University Press.

Bohle, D., and Regan, A. forthcoming. "Business Power, Quiet Politics and State Elites. Explaining the Continuity of Foreign Direct Investment (FDI) Growth Models." Forthcoming in *Politics and Society*.

Bonoli, G. 2005. "The Politics of the New Social Policies: Providing Coverage Against New Social Risks in Mature Welfare States." *Policy & Politics* 33(3): 431-49.

Boyer, R. 1979. "Crise Actuelle (la): une mise en perspective historique. Quelques réflexions à partir d'une analyse du capitalisme Français en longue période." *Critiques de l'Économie Politique*, nouvelle série (7-8): 3-113.

Boyer, R. 1990. *The Regulation School. A Critical Introduction*. New York: Columbia University Press.

Boyer, R. 2000. "Is a Finance-Led Growth Regime a Viable Alternative to Fordism? a Preliminary Analysis." *Economy and Society* 29(1): 111-45. https://doi.org/10.1080/030851400360587

Brynjolfsson, E., and McAfee, A. 2014. *The Second Machine Age: Work, Progress, and Prosperity in a Time of Brilliant Technologies*(1st edition). New York: W.W.Norton and Company.

Cioffi, J. W., and Höpner, M. 2006. "The Political Paradox of Finance Capitalism: Interests, Preferences, and Center-Left Party Politics in Corporate Governance Reform." *Politics & Society* 34(4): 463-502. https://doi.org/10.1177/0032329206293642

Colin, N. and Palier, B. 2015. "The Next Safety Net: Social Policy for a Digital Age." *Foreign Affairs*(July/August): 29-33.

Crouch, C. 2009. "Privatised Keynesianism: An Unacknowledged Policy Regime." *The British Journal of Politics and International Relations* 11(3): 382-99. https://doi.org/10.1111/j.1467-856X.2009.00377.x

Crouch, C. 2013. *Making Capitalism Fit For Society*. Cambridge: Polity Press.

Crouch, C., and Streeck, W. (eds.). 1997. *Political Economy of Modern Capitalism. Mapping Convergence and Diversity*. London: Sage.

Culpepper, P. 2011. *Quiet Politics and Business Power: Corporate Control in Europe and Japan*. Cambridge: Cambridge University Press.

Dauth, W., Findeisen, S., and Suedekum, J. 2017. "Trade and Manufacturing Jobs in Germany." *American Economic Review* 107(5): 337-42.

Ebbinghaus, B., and Manow, P. (eds.). 2004. *Comparing Welfare Capitalism: Social Policy and Political Economy in Europe, Japan and the USA*. London, New York: Routledge.

Emmenegger, P., Häusermann, S., Palier, B., and Seeleib-Kaiser, M. 2012. "How We Grow Unequal." In *The Age of Dualization: The Changing Face of Inequality in Deindustrializing Societies*, edited by P. Emmenegger, S. Häusermann, B. Palier, and M. Seeleib-Kaiser. Oxford; New York: Oxford University Press, 3-26.

Esping-Andersen, G. 1990. *The Three Worlds of Welfare Capitalism*. Princeton, N.J: Princeton University Press.

Esping-Andersen, G. 1999. *Social Foundations of Postindustrial Economies*. Oxford: Oxford University Press.

Estevez-Abe, M., Iversen, T., and Soskice, D. 2001. "Social Protection and the Formation of Skills: A Reinterpretation of the Welfare State." In *Varieties of Capitalism: The Institutional Foundations of Comparative Advantage*, edited by P. Hall and D. Soskice. Oxford: Oxford University Press, 145-83.

EU European Council. 2000. Presidency Conclusions. Lisbon European Council 23 and 24 March 2000, https://www.consilium.europa.eu/ueDocs/cms_Data/docs/ pressData/en/ec/00100-r1.en0.htm.

Fernández-Macías, E., and Hurley, J. 2016. "Routine-Biased Technical Change and Job Polarization in Europe." *Socio-Economic Review* 15(3): 563-85.

Flora, P. 1986. *Growth to Limits: The Western European Welfare States Since World War II.* Berlin; New York: de Gruyter.

Frey, C. B., and Osborne, M. A. 2013. *The Future of Employment: How Susceptible Are Jobs to Computerisation.* Oxford: University of Oxford.

Goos, M., Manning, A., and Salomons, A. 2009. "Job Polarization in Europe." *American Economic Review* 99(2): 58-63.

Hall, P. A. 2018. "Varieties of Capitalism in light of the Euro Crisis." *Journal of European Public Policy* 25(1):7-30.

Hall, P. A., and Soskice, D. 2001. "An Introduction to Varieties of Capitalism." In *Varieties of Capitalism: The Institutional Foundations of Comparative Advantage*, edited by P. A. Hall and D. Soskice. Oxford; New York: Oxford University Press, 1-62.

Hall, P. A., and Thelen, K. 2008. "Institutional Change in Varieties of Capitalism." *Socio-Economic Review* 7: 7-34.

Hassel, A. 2014. "The Paradox of Liberalization-Understanding Dualism and the Recovery of the German Political Economy." *British Journal of Industrial Relations* 52(1):57-81. https://doi.org/10.1111/j.1467-8543.2012.00913.x

Hassel, A. 2017. "No Way to Escape Imbalances in the Eurozone? Three Sources for Germany's Export Dependency: Industrial Relations, Social Insurance and Fiscal Federalism." *German Politics* 26(3): 360-79.

Hassel, A., Wiss, T., and Naczyk, M. 2019. "The Political Economy of Pension Financialisation: Public Policy Responses to the Crisis." *Journal of European Public Policy* 26(4): 483-500.

Heins, E., and de la Porte, C. 2015. "The Sovereign Debt Crisis, the EU and Welfare State Reform." *Comparative European Politics* 13(1): 1-7.

Hope, D., and Soskice, D. 2016. "Growth Models, Varieties of Capitalism, and Macroeconomics." *Politics and Society* 44(2): 209-26. https://doi.org/10.1177/0032329216638054

Höpner, M. 2019. The German Undervaluation Regime Under Bretton Woods: How Germany

Became the Nightmare of the World Economy. MPIfG Discussion Paper, No. 19/1, Max Planck Institute for the Study of Societies, Cologne.

Höpner, M., and Lutter, M. 2014. One Currency and Many Modes of Wage Formation. Why the Eurozone Is Too Heterogeneous for the Euro. MPIFG Discussion Paper 14/14.

Iversen, T., and Cusack, T. R. 2000. "The Causes of Welfare State Expansion: Deindustrialization or Globalization?" *World Politics* 52(3): 313-49.

Iversen, T., and Soskice, D. 2009. "Distribution and Redistribution: The Shadow of the Nineteenth Century." *World Politics* 61(3): 438-86. https://doi.org/10.1017/S004388710900015X

Iversen, T., and Soskice, D. 2012. "Modern Capitalism and the Advanced Nation State: Understanding the Causes of the Crisis." In *Coping with Crisis: Government Reactions to the Great Recession*, edited by N. Bermeo and J. Pontussen. New York: Russell Sage Foundation, 35-64.

Iversen, T., and Soskice, D. 2013. "A Political-Institutional Model of Real Exchange Rates, Competitiveness, and the Division of Labor." In *The Political Economy of the Service Transition*, edited by A. Wren. Oxford: Oxford University Press, 73-106.

Iversen, T., and Soskice, D. 2015. "Politics for Markets." *Journal of European Social Policy* 25(1): 76-93.

Iversen, T., and Soskice, D. 2018. "A Structural-Institutional Explanation of the Eurozone crisis." In *Welfare Democracies and Party Politics: Explaining Electoral Dynamics in Times of Changing Welfare Capitalism*, edited by P. Manow, B. Palier, and H. Schwander. Oxford: Oxford University Press, 257-80.

Iversen, T., and Soskice, D. 2019. *Democracy and Prosperity Reinventing Capitalism through a Turbulent Century*. Princeton: Princeton University Press.

Iversen, T., and Wren, A. 1998. "Equality, Employment, and Budgetary Restraint: The Trilemma of the Service Economy." *World Politics* 50(4): 507-46. https://doi.org/10.1017/S0043887100007358

Jordà, O., Schularick, M., and Taylor, A. M. 2016. "The Great Mortgaging: Housing Finance, Crises and Business Cycles." *Economic Policy* 31(85): 107-52. https://doi. org/10.1093/epolic/eiv017

Katzenstein, P. J. 1985. *Small States in World Markets: Industrial Policy in Europe*. Ithaca, New York: Cornell University Press.

Krippner, G. R. 2005. "The Financialization of the American Economy." *Socio-Economic Review* 3: 173-208.

Krippner, G. R. 2011. *Capitalizing on Crisis*. Cambridge, MA: Harvard University Press.

Martin, C. J., and Thelen, K. 2007. "The State and Coordinated Capitalism: Contributions of

the Public Sector to Social Solidarity in Postindustrial Societies." *World Politics* 60(1): 1-36.
Mintzberg, H. 1979. "Editorial." *Administrative Science Quarterly* 24(4): 582-9.
Mintzberg, H. 1987. "Crafting Strategy." *Harvard Business Review* 65(July-August 1987): 66-75.
Molina, O., and Rhodes, M. 2007. "The Political Economy of Adjustment in Mixed Market Economies: A Study of Spain and Italy." In *Beyond Varieties of Capitalism: Conflict, Contradictions, and Complementarities in the European Economy*, edited by B. Hancké, M. Rhodes, and M. Thatcher. Oxford: Oxford University Press.
Nölke, A., and Vliegenthart, A. 2009. "Enlarging the Varieties of Capitalism: The Emergence of Dependent Market Economies in East Central Europe." *World Politics* 61(4): 670. https://doi.org/10.1017/S0043887109990098
OECD Statistics, Key Short-term Economic Indicators; Domestic demand forecast. https://stats.oecd.org/Index.aspx?DataSetCode=KEI
OECD. 1994. *The OECD Jobs Strategy: Pushing Ahead with the Strategy*. Paris: OECD Publishing, Paris. Retrieved from https://www.oecd.org/els/emp/boostingjobsandincomestheoecdjobsstrategy.htm (accessed January 24, 2020).
OECD. 2017. *OECD Digital Economy Outlook 2017*. Paris: OECD Publishing. Retrieved from https://doi.org/10.1787/9789264276284-en (accessed July 24, 2020).
Oesch, D., and Rodríguez Menés, J. 2011. "Upgrading or Polarization? Occupational Change in Britain, Germany, Spain and Switzerland, 1990-2008." *Socio-Economic Review* 9(3): 503-31. https://doi.org/10.1093/ser/mwq029
Palier, B. and Hay, C. 2017. "The Reconfiguration of the Welfare State in Europe: Paying its way in an Age of Austerity." In *Reconfiguring European States in Crisis*, edited by D. King and P. Le Galès. Oxford: Oxford University Press, 331-50.
Palier, B., and Thelen, K. 2010. "Institutionalizing Dualism: Complementarities and Change in France and Germany." *Politics & Society* 38(1): 119-48.
Palier, B. 2010. "The Dualizations of the French Welfare System." In *A Long Goodbye to Bismarck*, edited by B. Palier. Amsterdam: Amsterdam University Press, 73-99.
Peugny, C. 2019. "The Decline in Middle-Skilled Employment in 12 European Countries: New Evidence for Job Polarisation." *Research and Politics*(January- March): 1-7. https://doi.org/10.1177/2053168018823131
Pierson, P. 1996. "The New Politics of the Welfare State." *World Politics* 48(2): 143-79. https://doi:10.1353/wp.1996.0004
Pierson, P. 2001. *New Politics of the Welfare State*. Oxford: Oxford University Press.
Powell, W. W., and Snellman, K. 2004. "The Knowledge Economy." *Annual Review of Sociology* 30(1): 199-20
Rahman, K. S., and K. Thelen. 2019. "The Rise of the Platform Business Model and the

Transformation of Twenty-First-Century Capitalism." *Politics & Society* 47(2): 177-204.

Scharpf, F. W. 2000. "The Viability of Advanced Welfare States in the International Economy: Vulnerabilities and Options." *Journal of European Public Policy* 7(2): 190-28. https://doi.org/10.1080/135017600343160

Schelkle, W. 2012. "Collapsing Worlds and Varieties of Welfare Capitalism: In Search of a New Political Economy of Welfare." *LEQS Paper* (54).

Schröder, M. 2009. "Integrating Welfare and Production Typologies: How Refinements of the Varieties of Capitalism Approach call for a Combination of Welfare Typologies." *Journal of Social Policy* 38(1): 19-43. https://doi.org/10.1017/ S0047279408002535

Schröder, M. 2013. *Integrating Varieties of Capitalism and Welfare State Research. A Unified Typology of Capitalisms*. Basingstoke: Palgrave Macmillan.

Schulten, T., and Lübker, M. 2019. "WSI-Mindestlohnbericht 2019: Zeit für kräftige Lohnzuwächse und eine europäische Mindestlohnpolitik." *WSI Mitteilungen* 79(2): 133-41.

Schumpeter, J. A. (1975) [1942]. *Capitalism, Socialism and Democracy* (2nd edition). Floyd, Virginia: Impact Books.

Spannagel, Dorothee, Seikel, D., Schulze-Buschoff, K., and Baumann, H. 2017. Aktivierungspolitik und Erwerbsarmut. *WSI Report*, 36.

Streeck, W. 1991. "On the Institutional Conditions of Diversified Quality Production." In *Beyond Keynesianism: The Socio-Economics of Production and Employment*, edited by E. Matzner and W. Streeck. London: Edward Elgar, 21-61.

Streeck, W. 2009. *Re-Forming Capitalism: Institutional Change in the German Political Economy*. Oxford: Oxford University Press.

Streeck, W. 2014. *Buying Time: The Delayed Crisis of Democratic Capitalism*. Brooklyn, NY: Verso.

Streeck, W. 2016. *How Will Capitalism End? Essays on a Failing System*. London: Verso.

Thelen, K. 2014. *Varieties of Liberalization and the New Politics of Social Solidarity*. Cambridge; New York, N.Y.: Cambridge University Press.

Théret, B. 1997. "Méthodologie des comparaisons internationales, approches de l'effet sociétal et de la régulation: fondements pour une lecture structuraliste des systèmes nationaux de protection sociale." *L'Année de la régulation* 1: 163-228.

Van der Zwan, N. 2014. "Making Sense of Financialization." *Socio-Economic Review* 12(1):99-129. https://doi.org/10.1093/ser/mwt020

Van Treeck, T. 2009. "The Political Economy Debate on "Financialization"—A Macroeconomic Perspective-." *Review of International Political Economy* 16(5): 907-44. https://doi.org/10.1080/09692290802492158

Visser, J. 2019. *ICTWSS Database*. Version 6.1. Amsterdam: Amsterdam Institute for Advanced

Labour Studies (AIAS), University of Amsterdam. November 2019.

Woll, C. 2015. Politics in the Interest of Capital: A Not-So-Organized Combat. *MaxPo Discussion Paper* 15(2).

World Bank. 1994. *Averting the Old Age Crisis: Policies to Protect the Old and Promote Growth*(A World Bank Policy Research Report). Oxford: Oxford University Press.

Wren, A. 2013. "Introduction: The Political Economy of Post-Industrial Societies." In *The Political Economy of the Service Transition*, edited by A. Wren. Oxford: Oxford University Press, 1-99.

Zysman, J., and Breznitz, D. 2012. "Double Bind: Governing the Economy in an ICT Era." *Governance* 25: 129-50. https://doi.org/10.1111/j.1468-0491.2011.01556.x

Zysman, J., and Breznitz, D. 2013. "Introduction: Facing the Double Bind: Maintaining a Healthy and Wealthy Economy in the 21st Century." In *The Third Globalization: Can Wealthy Nations Stay Rich in the Twenty-First Century?*, edited by D. Breznitz and J. Zysman (1st edition). New York: Oxford University Press.

Zysman, J., Feldman, S., Murray, J., Nielsen, N.C., and Kushida, K. 2010. Services with Everything: The Digital Transformation of Services. Economic Sinkhole to Productivity Driver. *BRIE Working Paper 187a*.

Zysman, J., and Kenney, M. 2014. Sustainable Growth and Work in the Era of Cloud and Big Data: Will Escaping the Commodity Trap Be our Undoing? or Where Will Work Come from in the Era of the Cloud and Big Data? Presented at the Berkeley Roundtable on the International Economy. *BRIE Working Paper* 2014-6.

제2장

성장전략은 선진 민주주의 국가에서 어떻게 진화하는가?

피터 A. 홀Peter A. Hall

모든 국가는 하나의 성장체제a growth regime를 갖는다. 이는 경제성장을 만들어내는 데에 사용되는, 기술적이며 또한 제도적인 다양한 수단들과 조화를 이루는 것으로 이해된다. 이 성장체제는 정치경제의 조직들이 기업과 노동자 그리고 소비자의 행동을 어떻게 제약하는지를 밝혀준다. 그러나 정부가 경제성장을 촉진하기 위해 고안해 낸 경제적 그리고 사회적 정책들은 이들 성장체제에 똑같이 고유하게 조응한다. 그리고 이러한 경제성장에는 필자가 앞으로 계속 사용할 한 국가의 '성장전략growth strategy'이란 것이 존재하게 된다(Hassel and Palier, 이 책 1장 참조).[1] 이들 성장전략은 지난 60년간 매우 극적으로 변화되어 왔다. 이러한 성장전략 상의 변화는 어떻게 특징짓고 설명해야만 할 것인가? 이 장은 제2차 세계 대전 이후 수십 년에 걸쳐 선진 민주주의 국가the developed democracies에서 정부가 추구한 성장전략들을 소개하고 이들

....

1 이 용어는 이들 정책체제policy regimes에서 매우 폭넓은 응집력이 있음을 반영하고 있지만, 그들 정책체제가 실행되는 과정은 전적으로 전략적이라는 것을 뜻하지는 않는다.

이 어떻게 변화했는지를 더 잘 이해하는 데에 목적이 있다. 또한 이러한 전략들이 국가마다 중요한 차이를 보이는 것은 주목할 만한 가치가 있지만(이 책의 다른 장, 특히 Avliajš 외의 12장 참조), 여기에서 필자는 시간에 걸친 변화 그리고 국가들을 관통하여 포괄적으로 존재하는 공통점에 주목하고자 한다.

여기에서의 분석은 각각 실질적인 가치를 지니지만 심각한 한계가 있는 두 개의 대안적 관점으로 구성되어 있다. 첫 번째 관점은 주류경제학에 중심을 둔 것인데, 경제정책에서의 변화란 기술 변화나 생산의 국제화와 같이 경제 발달에 직접적인 반응이라고 보는 것이다. 이런 과정은 나의 분석에서 중요한 역할을 담당하지만, 이런 시각들은 종종 경제발전에 대한 정책 반응이 어떻게 정치에 의해 중재되는지를 포착하지 못한다는 한계를 보인다. 두 번째 관점은 최근의 정책 변화를 자본주의의 위기가 집적되는 것에 대한 반응으로 보고 이를 분석하는 것으로 이들 변화는 국가가 축적과 정당화라는 기능적 요구를 충족하기 위해 행하는 노력에 의해 동력이 생기는 것이라고 본다(Streeck, 2014; Crouch, 2011; O'conner, 1979 및 Sewell, 2008 참조). 자본주의에 대한 이러한 객관적 견해는 자본주의 운동에 관한 다양한 모습들을 밝혀주게 되지만, 이러한 추상적인 기능주의는 종종 발달된 정치경제가 변화할 때 그 과정에 있어 정치에 의해 수행되는 역할을 가끔 과소 취급하게 된다.

이와는 대조적으로 필자는 경제에서의 발전과 정치에서의 발전 사이에 어떤 관계가 있는지를 이해하는 데에 특별히 관심이 있다. 특히 이들 관계는 비교정치경제에서는 다소 무시되어 온 오래된 수수께끼라 할 수 있다.[2] 이 장을 통해 우선 문제에 대한 필자의 접근법the approach을 개괄한 후, 경제적·정치적 도전 과제가 변화해 온 과정에 따라 선진 민주주의 국가들의 성장전략이 세 시기를 거쳐 어떻게 진화해 왔는지 추적을 이어가겠다. 영국, 프랑스, 스웨덴, 독일의 네 가지 사례를 간략히 논의하여 이를 설명하고, 마지막으로

....

2 비록 생산자집단 정치에 대해 다수의 연구가 있지만, 선거구 정치의 발전과 정치경제학 사이의 관계를 다룬 연구는 상대적으로 거의 없다. 약간의 예외에 대해서는 키첼트 외(Kitchelt et al., 1999), 이베르센과 소스키스(Iversen and Soskice, 2009, 2015), 베라멘디 외(Beramendi et al., 2015) 참조.

이 분석의 범위와 한계에 대해 몇 가지 의견을 덧붙이겠다.

1. 접근법

선진 민주주의 국가들의 전후 성장전략을 구체화하기 위해 다음과 같이 세 시기로 구분하고자 한다. 첫째, 현대화의 시기an era of modernization로서 1950년부터 1974년까지, 둘째, 자유화 시기an era of liberalization로서 1980년부터 대략 2000년까지, 셋째, 지식 기반 성장을 향해 움직이는 시기an era of movement toward knowledge-based growth로서 1990년대 후반부터 현재까지이다. 각각은 경제적 그리고 정치적 도전 과제들을 뛰어넘는 특징에 의해 구분된다. 그러나 국가들마다 발전의 속도가 다양하기 때문에 이 시기들 간의 경계는 모호하거나 몇몇 차원에서는 중첩되기도 한다.

이들 세 개의 시기에 걸쳐 성장전략이 어떻게 그리고 왜 변화하였는지를 이해하기 위해 우리는 네 개의 요인을 이해할 필요가 있다. 첫째 요인으로는 국내외 경제에 있어 현실적인 발전을 꼽을 수 있는데 이 요소는 매우 중요하다. 그렇지만 정책이란 그런 발전에 즉각적으로 반응하지 않는다. 왜냐면 경제적인 경향성이 우선 인지되어야 하고 다음으로 그것의 중요성이 해석되어야만 하는, 즉 경제원칙doctrines이 적용되고 수정되는 일련의 과정이 필요하기 때문이다. 두 번째 요인은 변화를 수반하는 것으로 필자가 각 시기의 '경제적 게슈탈트economic gestalt'라고 명명하는 것인데, 이것은 정치경제의 문제들이 경제전문가나 일반 대중에 의해 어떻게 받아들여지느냐를 말하는 것이다.

문제에 대한 합의가 이루어지더라도 이를 해결하는 방식에 대한 선택이 필요하며, 그러한 선택에 대한 정치적 지지를 이끌어 내야 한다. 경제정책을 수립하는 것은 늘 연합체를 만드는 것이다(Thelen, 2004; Hall and Thelen, 2009). 따라서 성장전략의 변화를 조건지우는 세 번째 요인은 선거영역electoral arena의 발전인데, 여기서는 특정한 정책의 지지를 둘러싸고 벌어지는 정책 연합이 어떻게 조화를 이루는지를 결정하는 다양한 조건들의 변화를 볼 수 있다. 그리고 마지막 네 번째 요인으로 생산자집단producer group 정치라고 하는 영역에서 일어나는 동반적 변화를 꼽을 수 있는데, 여기에 참여한 집단들의 영향력과 그 집단이 추구하는 정책, 그리고 성장전략의 작동에 협력하는 그들 집단의 능력 등이 주요 관심사이다.

비록 주어진 시기의 경제적 게슈탈트는 지배적인 경제적 조건들 속에 닻을 내리지만, 그것의 구성에는 몇 가지 요소가 있다. 특히 여기에서는 바로 직전에 일어난 사건들에 주목한다. 통치governance란 '최종적인eventual' 과정인데, 정치인과 관료는 국가가 경험한 것이 무엇이었는지, 그리고 그것에 대해 설득력 있는 해석이 무엇인지에 반응하게 되어 있다(Sewell, 2005; Hall, 2005, 2013). 명백한 정책실패는 대안을 찾게 되어 있고, 반면에 두드러진 성공은 정책의 미래 경로에 대한 원형을 제공하게 된다(Hall, 1993; Culpepper, 2009; Dobin, 1997). 이 과정에서 경제원칙이 출현하게 되는데, 바로 이 원칙은 관료들이 경제를 해석하는 렌즈가 되며, 이 원칙들을 쉽게 표현한 대중판popular version은 생산자집단과 유권자들의 상상력을 지배하게 된다(McNamara, 1998; Fourcade, 2009). 그러나 이러한 대중판에는 정치적인 요소들이 있기 마련이다. 왜냐하면 이 대중판은 정책에 대한 지지자집단을 동원하기 위해 사용되기 때문이다. 그리고 정부가 유권자들에게 조성하려는 것에는 언제나 기술적인 기반뿐만 아니라 도덕적인 기반도 갖게 마련이다. 이런 점에서 성장전략의 변화란 단순히 기술적인 조정technical adjustments이 아니라 규범적인 질서 안에서 더 넓게 움직이는 구성요소가 된다.

민주적인 정부는 연속적으로 집권하는 데에 성공하기를 원한다. 그리고 이러한 선거의 제약점은 대중적인 경제원칙에 영향을 주게 되는데, 왜냐하면 정부는 이들 경제원칙에 의거하여 정책을 구현함으로써 '유능하다'는 것을 보여 주려 하기 때문이다(Lindblom, 1977; Iversen and Soskice, 2015). 또한 정부는 선거 연합을 통해 지지받기를 원하는 집단에게 유리한 분배 효과가 일어나도록 정부의 경제·사회정책을 결정하게 마련이다. 그렇지만, 그러한 연합이 형성되기 위한 조건들은 유권자의 구성과 선호의 변화와 함께 시간에 따라 변하게 된다. 이런 관점에서 보면, 선거정치의 가장 중요한 속성은 정치적 균열political cleavages의 구조일 것인데, 이 정치적 균열이란 용어는 선거정치에 가장 두드러진 이슈들과 이에 따라 사회집단들이 분포된 양상을 가장 잘 특성화시키기 위해 필자가 사용하는 용어이다. 이 균열의 구조는 특정한 사회집단의 규모와 사회경제적 지위에 대한 변화에 반응하여 진화하게 되지만, 이들 사회집단은 경제발전에 의해 연쇄적으로 영향을 받으며 또한 정당에 대한 지지도의 변화에 어떻게 반응할지에 의해서도 영향을 받는 존재이다(Iversen, 1999; Evans and Tilley, 2012 참조).

생산자집단의 정치는 두 가지 측면에서 성장전략의 형성과 실현의 조건이 된다. 첫째로 선거경쟁electoral competition이라는 아주 넓은 의미의 제약 조건 내에서 정부는 생산자집단들의 구체적인 요구에 반응한다(Culpepper, 2011). 사회민주주의 정부는 노조에 의해 지지받는 정책에 좀 더 치중하는 반면, 보수정당은 기업들의 이익에 좀 더 귀 기울일 것이다. 많은 경우 경제정책은 생산자집단들의 계급 간 교차 연합의 산물이다(Swenson, 2002). 둘째로 어떤 종류의 성장전략을 구사할 것인지에 대한 정부의 역량은 노조와 고용주 연합으로부터 얼마나 협력을 받느냐에 달려있다. 생산자집단들이 추구하는 정책의 유형은 시간이 지나감에 따라 변하게 된다. 특히 기업들은 경제에 있어서 실질적 변화가 일어나면 이에 반응하기 위해 전략을 수정하게 되어 있다. 또한 생산자집단들의 조정역량도 새로운 경제환경으로 인해 그 소속단체들 사이에 분열이 생기면 변하기 마련이다(Thelen and Van Winjbergen, 2003; Mantin and Swank, 2012).

다음 절에서 필자는 생산자집단의 정치에 대해 간략히 참조하면서 경제적인 도전과제들과 경제적 게슈탈트, 그리고 선거정치 등에서의 변화가 선진민주주의 국가들에서 성장전략의 움직임을 어떻게 조건 지우는지를 살펴본다. 다만 여기서 간단히 참조하는 생산자집단 정치는 이 장에서 허용하고 있는 것보다는 훨씬 더 깊이 있게 다룰 가치가 있음을 밝히는 바이다(Thelen, 이 책 6장 및 Martin, 이 책 7장 참조).

2. 현대화 시기, 1950~1975년

제2차 세계대전이 끝나고 서구 민주국가들은 뚜렷한 경제적 도전에 직면하였다. 많은 국가들을 가장 괴롭혔던 문제는 전쟁에 의해 심각히 파괴된 산업 기반을 어떻게 재구축하느냐는 것이었다. 또한 국제 무역이 관세 및 무역에 관한 일반 협정General Agreement on Tariffs and Trade, GATT과 1958년 로마협약이라는 보호망 아래 재건됨에 따라, 국제무역시장에서 경쟁력 있는 지위를 어떻게 확보하느냐 하는 것이 국가의 목표가 되었다(Servan-Schreiber, 1969). 이 두 개의 도전적 과제들은 이들 경제권에서 제조업이 담당하고 있던 핵심 역할에 의해 규정되었는데, 이 제조업이 미국이나 프랑스, 영국처럼 포드식 라인을 따라 가동되었든, 아니면 독일, 이탈리아처럼 '다품종 고품질 생산diversified quality production'의 방식에 의해 가동되었든, 제조업이 경제성장의 엔진으로 여겨졌다는 점은 동일하였다(Boyer, 1990; Piore and Sabel, 1984; Streeck, 1991; Herrigel, 2000). 결국 핵심은 제조업을 어떻게 성장시키며 그리고 이를 어떻게 좀 더 효율화하느냐 하는 것이었다.

1) 경제적 게슈탈트

제2차 세계대전이 끝난 지 10년 안에 이런 도전적 과제들은, 경제의 '현대화'가 중요하다는 것을 경제적 게슈탈트로 해석하였으며, 이를 실현하는 데에 있어 정부에게 상당한 책임을 부여해야 한다는 인식을 자리잡게 했다. 프랑스는 매우 작은 기업들 사이에서 '맬서스주의적인' 경쟁Malthusian competition에 의해 야기되는 경제의 비효율성에 초점을 맞추고 있었던 반면, 영국은 경제의 쇠퇴를 걱정하기 시작하였다(Landes, 1949; Elbaum and Lasonick, 1985;

Shonfield, 1959). 스푸트닉(Sputnik, 소련이 1957년 10월 4일 지구 저궤도로 발사한 인류 최초의 인공위성-역자)이 발사되었던 1950년대의 끝 무렵에는 미국인들조차도 그들이 소련과의 기술 경쟁에서 지고 있다고 우려하였다. 현대화를 향해 취한 접근법은 나라에 따라 다양했지만, 프랑스, 영국, 일본처럼 경제계획의 형태를 띠었든, 미국에서처럼 교육과 연구, 사회기반시설에 공적 투자를 증가시켰든, 아니면 스웨덴과 독일처럼 공공과 민간의 협력체계를 구축하였든 국가가 적극적 역할을 수행하였다는 점은 공통적이다(Cohen, 1977; Leruez, 1975; Block, 2011; Johnson, 1982; Ziegler, 1997).

이러한 접근 방식에 대한 지지는 그 시절 경제원칙에서 뚜렷하게 나타난다. 그 중심에는 바로 케인스J. M. Keynes의 주장, 즉 정부는 총수요 관리를 통해 경제성장을 촉진시킬 수 있다는 주장이 있었고, 이는 41개 국어로 번역되어 무려 4백만 부 이상 팔린 경제학 교과서의 저자 사무엘슨P. Samuelson과 같은 학자들에 의해 전쟁 이후 대중화의 길로 들어섰다(Johnson, 1971; Hall, 1989). 케인스주의의 견해는 정책 분석의 주요 방법론이 된 계량경제학 모형에서 더 체계적으로 정리되었는데, 프랑스의 산업 계획이나 스웨덴의 렌-마이드너 모델the Rehn-Meidner model과 같은 차별성 있는 국가전략들을 지원하기 위해 활용되기도 하였다. 좀 더 보편화된 정치 담론의 장 내에서는, 국가와 민간 부문 모두 중요하게 역할을 행하는 성장전략을 묘사하기 위해 사용된 용어인 '혼합경제the mixed economy'가 일반적으로 수용되는 현상도 등장하였다(Stilwell, 2006).

2) 경제전략

이 시기에 존재하는 경제의 기본적 구조가 성장전략에 영향을 미쳤다. 제조업은 여전히 경제의 가장 큰 부문이었기에, 포드주의적인 생산방식은 준숙련 노동자들semi-skilled workers을 농업 부문으로부터 좀 더 생산적이라고 여기는 제조업 부문으로 이동시킴으로써 생산성이 증가할 수 있었다(Crafts and

Toniolo, 1996). 산업 자체에서 생산성을 개선하고자 하는 가장 지배적인 방식은, 규모의 경제economies of scale를 추구하기 위해 기업의 규모와 생산량을 증대시키는 것이었는데 이는 미국으로부터 수입한 기술에 기반을 두고 무역의 확대에 의해 촉진되었다.

산업에 있어 규모의 경제를 달성하기 위해서 많은 정부는 정부 소유의 기업, 산업에 대한 계획 시스템, 그리고 공공 은행 등을 통해 산업에 대한 투자를 해결해 나갔다. 이러한 전략들은 국가를 현대화하기 위해 적절한 것으로 간주되었다. 기업들은 그들 생산물에 지속적인 수요가 있다고 확신할 때에만 대규모의 투자를 행할 것이기 때문에 대부분의 정부는 경기순환에 대응되는 수요 관리 방식을 채택하기도 하였다(Boyer, 1990). 케인스의 재정정책에 기반한 처방을 많은 국가들이 열정적으로 받아들였고, 따라서 정부는 적극적으로 경제를 관리해야 할 책무가 있다는 그의 주장은 폭넓게 받아들여지기 시작하였다(Hall, 1989).

더 이상 수백만의 군인들을 징병소집하지 않게 되었기에, 전후 정부들은 비록 남성부양자모델a male breadwinner model이라고 해석되었음에도 완전고용을 보장하는 것에 깊은 관심을 갖고 있었다(Beveridge, 1942). 고용을 창출하는 것은 국민경제의 생산량에 대한 국내수요를 지탱하는 문제로 보였지만, 각 국가들이 이를 어떻게 달성했느냐에는 차이가 존재했다. 미국이나 영국의 정부는 자동안정화 재정정책을 통해 국내수요를 확보하고자 했던 반면, 프랑스는 높은 최저임금에 의존하였으며, 독일이나 스웨덴 같은 국가들은 환율을 유지하고 조정된 임금협상을 통해 단위당 노동비용의 증가를 억제함으로써 대외 수출 수요를 유지하는 데에 더 많은 관심이 있었다.

일반적으로 이 시기의 성장전략은 상대적으로 높은 국가개입주의라는 특징을 갖고 있었는데, 정부가 사회기반시설을 재건설하고 산업에 대한 투자를 연결하거나 산업의 조정에 대한 신조합주의적 체제를 구축하는 것들이 대표적이다. 그러나 경제적 도전의 복합성과 경제적 게슈탈트가 국가마다 다르기 때문에 이를 반영하여 국가마다 많은 차이가 있었던 것도 사실이다.

영국은 엄청난 국가개입을 바탕으로 현대화 시기에 돌입하였다. 전간戰間 시기의 정책과 단절하라는 흐름에 힘입어 집권한 노동당 정부는 영국은행the Bank of England을 포함하여 핵심 산업에 있던 선도기업들을 국유화하고 국민건강서비스National Health Service를 구축하였으며 임금과 가격에 통제를 가하였다(Beer, 1969). 이어서 집권한 보수당 정부는 이러한 혼합경제의 대부분을 받아들였고 1962년 국가경제발전주식회사a National Economic Development Coperation를 건립하여 온건한 경제계획 형식을 시도하기도 하였다(Leruez, 1975). "과학혁명의 불꽃 속에서 영국을 재건"할 것을 약속하며 1964년 다시 집권한 노동당은 경제문제·산업재건부a Ministry for Economic Affairs and Industrial Reconstruction의 지휘하에 제조업 기반을 재조직하겠다는 야심찬 계획에 착수하였다(Hall, 1986). 그러나 이러한 시도들 대부분은 비개입 국가의 제한된 제도적 역량과 분열된 노동조합 및 기업 이해관계자들의 협력을 확보하는 데 어려움을 겪으면서 좌절되었다.

따라서 완전고용을 보장하고자 했던 영국의 접근 방식은 궁극적으로 경기순환에 대응하는 거시경제 정책을 통해 국내수요를 유지하고자 하는 노력이라고 규정할 수 있다. 그러나 시티 런던the City of London을 영국 금융의 중심으로 만들겠다는 의도로 스털링화를 보호하기 위해 환율 유지를 고집했던 것이 결국 이른 시기부터 대외 결제수지의 위기를 초래했고 경제성장에 별로 기여하지 못하는 결과를 낳고 말았다(Brittan, 1971; Hansen, 1968). 연간 2.6%라는 영국의 성장률 수치는 당시 이웃 국가들보다 낮은 수치였다.

이 시기 프랑스의 성장전략은 훨씬 더 적극적인 개입 전략을 갖고 있었다. 그 전략은 매우 직접적인 경제계획제도를 중심으로 이루어졌는데, 관료들이 기업과 (때때로) 노동계 대표들의 자문 속에 투자에 대한 우선순위를 만들어 냈고 또한 경제성장에 가장 핵심이라고 여겨지는 부문으로 자금이 흐르도록 대규모 국영 은행에 대해 정부의 영향력을 행사하였다(Cohen, 1977; cf. McArthur and Scott, 1966; Zysman, 1977, 1983). 생산성의 증대는 오직 가장 효율적인 기업에 금융을 몰아줌으로써 달성되었고, 수출은 세계시장에서 '국가챔피언national champion'이라고 생각되는 기업들에 대한 지원을 통해 촉진된 반면, 국내수요는 적극적인 거시경제 정책과 궁극적으로 프랑스 임금 수준의 40%에 연동되어 있는 법정 최저임금에 의해 유지되었다. 이 제도는 인플레이션을 유발하였으나 – 프랑스 대통령 발레리 지스카르데스탱Valéry Giscard d'Estaing 대통령이 "계획은 곧 인플레이션이다la planification, c'est l'inflation"라고 말한 적이 있었다 – 프랑스 정부는 수출에 의한 인플레이션의 영향력을 상쇄하기 위해 주기적으로 환율을 평가절하했다(Lord, 1973: 182).

스웨덴과 독일에 의해 추진된 성장전략은 영국의 간헐적인 개입전략이나 프랑스의 지속적인 개입전략과는 대조적이었다. 이 시기에 두 정부 모두 적극적으로 활동했으나, 그들의 목표는 국가개입이 아닌 생산자집단 간의 신조합주의적인 조정을 기반으로 한 성장전략을 개발하는 것이었다. 또한, 각 정부는 내수 확장보다는 수출주도 성장을 우선시하는 생산자집단 간의 조정 능력을 배양하는 데 집중했다.

1938년 샬츠바덴Saltsjöbaden 협약문으로 스웨덴은 이미 호황기에 조정되는 임금협상제도를 개발해 놓았었고, 전후의 성장정책들은 이러한 전략적 역량으로부터 잇점을 취하게 되었다(Martin, 1979; Pontusson, 1992). 두 경제학자가 설계에 관여하여 종종 '렌-마이드너 모델'이라 명명되는 스웨덴의 전략은 세 가지 기둥에 의존하고 있다. 첫 번째 기둥은 사회연대적 임금협상이다. 경제의 대부분 분야에서 발생한 임금인상은 노동자와 고용주 각각의 연합기구 사이 최고 단위의 협상에 의해 결정되었다. 그러나 이는 저임금 노동자들의 임금은 고임금 노동자들의 임금보다 비율 측면에서 더 빠르게 상승할 수도 있음을 뜻하였다. 이러한 사회연대 접근 방식은 숙련노동자와 준숙련노동자 사이의 연대를 강화함으로써 집권 사민당의 목표에 기여하게 되었으며, 또한 저임금 노동자에 의존적인 기업들이 좀 더 효율적이 되든지 아니면 퇴출되도록 압박함으로써 생산성을 증대하는 역할을 하였다. 이러한 전략은 해고 사태를 동반하게 되므로, 두 번째 기둥으로 적극적 노동시장 정책이 필요하였다. 이것의 핵심은 구직과 재훈련에 대한 관대한 공적 지원이었다. 세 번째 기둥은 기업이 좀 더 효율적이 되도록 노력하게끔 압박을 지속하기 위해 상대적으로 긴축 거시정책을 고수하는 것이었다. 시장에서의 경쟁은 경제를 합리화하도록 활용되지만, 적극적 노동시장 정책과 적절한 거시경제 정책, 그리고 임금 제약으로 만들어지는 이익이 투자로 연결된다는 것을 암묵적으로 보장하는 주요한 역할을 국가가 수행하게 되었다.(Przeworski and Wallerstein, 1982; Eihengreen, 1996).

서독 역시 제2차 세계대전에서도 살아남은 지역별·분야별 협력 역량을 활용하면서 민간경제 내에서의 조정—노동자와 고용주 간, 기업들 사이, 기업과 은행 간—에 초점을 맞추는 성장전략을 세웠다. 대기업에 막강한 영향력을 행사하는 노동위원회를 설치하도록 노동자 경영참여를 법제화하여 노조와 고용주 간 힘의 균형을 확보함으로써 산업 영역에서 임금, 노동조건, 직업훈련 등에 대한 조정이 가능하게 하였다(Thelen, 1991; Streeck, 1994). 이런 질서는, 고용주와 노조에 의해 관리되면서 산업에 특화된 기술의 높은 수준을 확보하는 도제제도를 중심으로 고용주와 노조에 의해 운영되는 직업교육체계와 함께, 독일 제조업에 있어 수출을 촉진하는 지속적인 혁신 역량을 굳건하게 만들어 주었다(Hall and Soskice, 2001). 산업 투자의 흐름은, 기업의 주식을 보유하고 있는 소수의 전국적인 은행들에 의해, 그리고 지방정부가 지원하고 있는 저축은행들 간의 네트워크에 의해 조율되었다(Shonfield, 1969; Deeg, 1999).

이처럼 높은 수준의 민간분야의 조정력은 특정 생산자집단에게 의사결정을 위임하는 것을 기본정책으로 하는 고전적 신조합주의에 해당하는 입법에 의해 가능했다(Schmitter and Lehmbrunch, 1979; Katzenstein, 1987). 제3제국 the third Reich에 대한 반작용을 특징으로 하는 경제적 게슈탈트 위에 세워진 독일 정부는 주변국가들에 비해 덜 간섭적인 입장을 갖고 있었으며, 이는 전후 20년 동안 집권하게 된 기독교민주당이 대중화한 질서자유주의 원리 ordo-liberalism doctrines에 의해 활성화되었다. 이 원리란, 경제 동력의 핵심은 민간 영역 안에 자리잡아야 하며 국가의 역할은 경제행위가 질서있게 이루어지고 사회적 집단이 시장 경쟁의 부작용으로부터 보호받도록 하는 것을 말하였다(Sally, 2007). 그러나 그 결과로 빚어진 '사회적 시장경제'는 자유방임 자본주의와는 거리가 멀었다. 지역 차원에서는, 다양한 규제에 의존하면서 높은 수준의 공유재collective goods를 제공하도록 유도하는 체계를 통해 다품종이면서 양질의 생산품을 만들어 내는 시스템을 육성해 나갔다(Streeck, 1991; Herrigel, 2000).

이러한 제도적 조치를 보완하는 거시경제적 정책은 신중한 재정정책이었으며, 이는 정치적 영향에서 독립하여 인플레이션 억제에 중점을 둔 강력한 독일연방은행Bundesbank에 의해 보장되었다. 연방은행은 임금협상이 그 규범적 수준을 넘어선다거나 재정정책이 너무 확장적이 되었을 때 통화정책 상의 각종 수단을 동원하여 보복할 수 있다는 위협을 가했다(Hall, 1994; Hall and Franzese, 1998; Carlin and Soskice, 2009). 그 결과 독일은 수출주도 성장을 지향하는 전략을 택하게 되었다. 임금협상은 수출분야에 집중된 가장 강력한 철강노동자 노조인 IG 메탈IG Metall에 의해 주도되었으며, 연방은행은 인플레이션을 유발할지도 모른다는 위기감을 비로소 갖게 되는 1970년대까지 환율을 평가절하된 상태로 유지하였다(Kreile, 1978). 그 결과, 독일은 세계에서 가장 성공적인 제조업 수출국가의 하나로 자리잡았다.

3) 선거정치

1950년대와 60년대 경제적 도전에 대한 동시대적인 해석이 만들어 낸 '혼합경제'라는 경제적 게슈탈트가 이 시기 성장전략의 원형을 제공했다고는 하지만, 이것들을 적용하는데 있어 가장 큰 원동력은 선거정치로부터 나오는 것이었고, 이는 이 시기를 다른 시기와 아주 뚜렷하게 구분하는 특징이라 할 수 있다. 이 시기 선진 민주주의 국가들에서 가장 뚜렷한 선거의 균열지점은 계급 갈등이었는데, 이는 육체노동자와 하급 사무노동자들이 감독직, 전문직, 관리직 등 중산층 사무노동자 직군과 분리되어 대립되는 양상으로 나타났다

(Manza 외, 1995). 이러한 분열은 경제적인 이해와 함께 명확한 정체성 정치에 기반을 두었다. 이 시기 많은 이들은 정치를 계급이라는 용어로 보았는데, 이는 (정치를-역자) '노동자계급'을 대표하는 정당들이 '중산층계급'을 대표하는 정당들에 대항하여 마련된 장으로 보는 것을 의미하였다. 그리고 정당들은 정확히 이러한 용어를 사용해 선전하고 있었다. 이러한 갈등은 서유럽에서 가장 뚜렷하였다. 이런 양상의 한 축에는 노동자계급을 대변한다고 주장하면서 완전고용을 달성코자 기업의 대규모 국유화와 중앙정부 단위의 계획경제를 포함하여 국가 권력의 모든 수단을 동원하려는 사민당과 공산당이 있었고, 다른 한 축에는 중산층계급을 대표하면서 자유로운 기업활동을 통해 번영을 보장하려는 보수당, 자유당, 그리고 기독교민주당 등이 있었다.

이렇듯 명확하게 형성된 갈등구조는 두 가지 방식으로 경제정책의 결정과정에 영향을 미쳤다. 사민당과 보수당 사이의 정책 논쟁은 국가개입이라는 것에 초점이 맞추어졌는데 이러한 논쟁이 선거 국면에서 지렛대의 받침점fulcrum이 되곤 하였다. 집권에 관심이 있는 정당들은 자신들의 핵심 지지층을 유지하면서 그들 반대 진영으로부터 표를 끌어오기 위하여 이런 주제들에 대하여 중간지대를 찾아야 한다는 압박감을 느꼈다. 이런 갈등 속에서 혼합경제라는 성장전략은 정치적 타협의 산물로 등장했다. 이는 중도좌파로부터 지지를 끌어내기에 충분히 개입주의적이었던 동시에, 중도우파 투표자들로부터도 지지를 얻어낼 수 있기에도 충분할 만큼 시장 경쟁 체제에 뿌리를 두는 것이기도 하였다. 영국에서는 케인스주의의 원리에 기반하여 전개되는 유효수요 관리 정책이 대규모의 국유화 없이도 완전고용을 담보하는 공식을 제공한다는 점에서, 이러한 정치적 타협을 함에 있어 매우 이상적인 매개 수단이 되었다(cf. Offe, 1983). 프랑스에서는 명시적인 경제계획이 비슷한 역할을 했던 반면, 독일에서는 노조에게 임금이나 노동조건, 사회보험 그리고 직업훈련 등에 대한 의미 있는 영향력을 제공하기에 충분히 '사회적인' 시장경제에 대한 동의가 출현하였다.

유럽의 사민당은 바트고데스베르크Bad Godesberg(독일 북서부 노르트라인베

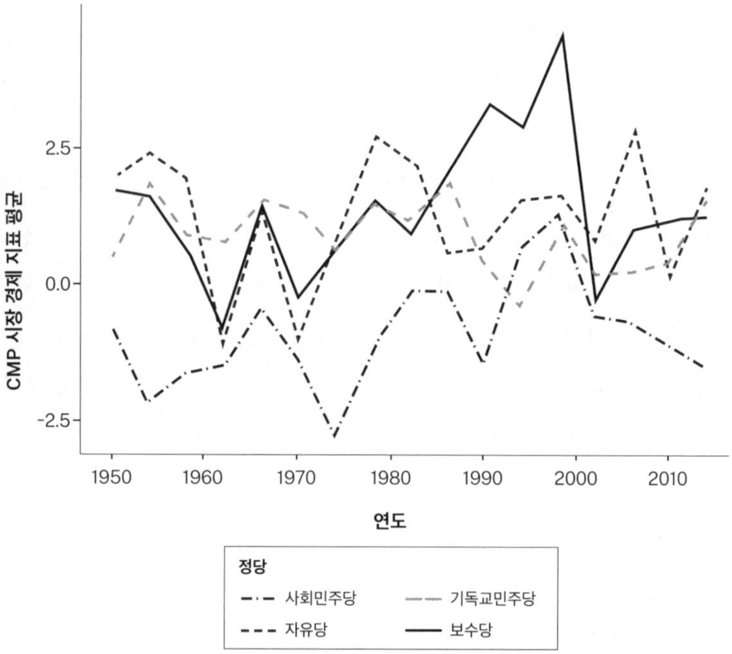

그림 2.1 유럽 정당 플랫폼에서의 '자유시장'에 대한 지지도(1957~2015)

주: '자유시장경제' 지수에 대한 정당의 입장. 이 지수는 로 외(Lowe et al., 2011)가 개발한 것으로 좀 더 직접적인 경제에 대한 정부 통제, 국유화 또는 다른 맑스주의적인 목표들에 반대하여 자유시장경제와 시장유인책에 대한 지지가 정당 플랫폼에서 얼마나 압도적인지를 나타냄. 오스트리아, 벨기에, 덴마크, 핀란드, 프랑스, 독일, 그리스, 아일랜드, 이탈리아, 네덜란드, 노르웨이, 포르투갈, 스페인, 스웨덴, 영국이 포함되어 있음.

출처: Comparative Manifesto Project(CMP) database.

스트팔렌 주에 있는 본의 남부 행정구-역자)부터 블랙풀Blackpool(영국 잉글랜드 랭커셔 주에 있는 행정구-역자)까지에 걸쳐 전당대회를 열었는데, 이때 선거의 유인이라는 측면에서 점차적으로 국유화에 대한 주장을 누그러뜨리는 대신 혼합경제전략을 끌어안았다. 반면 보수당과 기독교민주당은 자유시장경제를 유지하기 위한 유력한 전략으로서 적극적인 경제관리와 산업에 대한 개입 조치들을 수용하였다(Crosland, 1956; Przeworski and Sprague, 1986). 경제를 현대화한다는 것은 모든 정당이 동의하는 공통된 가치valence issue가 되었으며, 그림 2.1에서 볼 수 있듯이 1950년대와 1960년대 초반 시기 동안 정당들의 공약은 혼합경제로 점차 수렴해 나갔다. 이러한 경제정책으로 야기된 사회적 결과는 연금, 실업보험 그리고 건강보험 등의 강화였으며, 이는 현대 복지국가의 기반을 마련하게 되었다.

물론 각 국가의 정책은 정치적 좌파와 우파 간 상대적 힘이 어떻게 이루어지고 있느냐에 의해 영향을 받았는데, 이 힘은 선거의 규칙 및 보조적인 갈등구조에 뿌리를 두고 있었다(Manow, 2009). 스웨덴에서는 연대 임금협상이 중심이 된 성장전략이 사민당의 집권으로 촉발된 반면, 기독교민주당의 영향력이 지대했던 독일에서는 사회적 시장경제가 구축되었다. 그러나 어떻게 이렇게 많은 국가들이 혼합경제라는 성장전략으로 수렴하게 되었느냐는 것은 놀라운 일이다. 정부의 개입은, 스웨덴이나 덴마크처럼 중도좌파에 의해 집권이 이루어졌던 곳만이 아니라 이탈리아나 프랑스처럼 중도우파가 주도하였던 정치권에서도 매우 폭넓게 받아들여졌던 것이다.[3]

3. 자유화 시기 1980~2000년

현대화 시기는 1970년대 중반 경제적 최정점economic apogee 그리고 정치적 근지점political perigee에 달하였지만, 동시에 이 시기는 빠른 경제성장세를 보인 지난 30년이 실업과 인플레이션의 동시 증가라는 현상으로 막을 내리는 시점이기도 하였다. 선진 민주주의 국가들에서 이후의 경제성장률은 이전 시기의 거의 절반 정도에 머물렀으며, 그간 경제성장의 동력을 만들어 내는 역할을 했던 세 가지의 발전이 이제 1980년 이후가 되어서부터는 오히려 경제적 도전과제를 근본적으로 바꾸어 버렸다. 이 세 가지의 발전이란 첫째, 고용의 중심이 제조업에서 서비스로 이동한 것, 둘째, 좀 더 개방된 국제무역에

3 미국에서는 더 일찍이 정부의 개입이 계급갈등이 최고조였던 1930년대에 커졌다. 그러나 지역과 인종의 분열이 이를 가로질러 잘라내면서 1950년대와 1960년대 유럽보다 더 약화되었고 정부의 개입은 이에 부응하여 더 제한적이 되었으나, 그렇다고 무시할 만한 수준은 아니었다(cf. Block, 2011).

의해 개발도상국들로부터의 경쟁이 심화될 수 있었던 것, 셋째, 국제금융의 발전 등이다.

서비스 분야의 고용은 이미 1950년대부터 OECD 국가 내에서 증가하고 있었다. 그렇지만 1980년대 초 각국의 정부는 그들이 고용 창출을 원한다면 이는 서비스 분야에 기반해야 함을 깨닫기 시작하였다(Wren, 2013; Iversen and Cusack, 2000). 이러한 이동은 실물 경제의 발달에 뿌리를 두고 있었는데, 소득이 증가하고 제조업 제품의 가격이 떨어지면서 소비자들은 좀 더 많은 소득을 서비스에 지출하기 시작하였다. 새로운 국제무역협정이 맺어지고 컨테이너 수송과 정보기술이 발전함에 따라 개발도상국에 공장을 세우는 것이 가능해졌기에 제조업 영역의 일자리는 선진 민주주의 국가에서 개발도상국으로 빠져나가게 되었다(Wood, 1994; Keohane and Milner, 1996; Rodrik, 1997; Palley, 2018). 그리고 공급연결망이 좀 더 지구화되고 국제적인 경쟁 구도가 더욱 심화되자 임금협상은 새로운 압박에 놓이게 되었다. 동시에 유럽 달러시장과 함께 시작된 국제 금융시장의 빠른 성장은 기업들의 자금 조달 규모를 끌어올릴 수 있는 조건을 변화시켰다. 1980년대 중반에 이르면 자본 투자의 대부분이 국내보다는 오히려 해외 재원으로 구성되었다(Berger and Dore, 1996).

이러한 발전이 어느 정도 진행되고 있음을 자각하게 된 각국 정부는 이에 대응하기 위해 점차적으로 성장전략을 전환해 나가기 시작하였다. 그러나 정책 변화의 직접적인 원동력은 1970년대에 인플레이션과 실업이 동시에 증가하는 상황에 기존 정책들이 효과적으로 대응하지 못했기 때문이다. 이러한 스태그플레이션의 촉발 요인은 석유와 기타 원자재 가격의 급등이었지만, 그 근본 원인은 1971년 브레튼우즈 통화 체제 붕괴 이후 세계 통화 공급의 증가와 그 자체의 탁월한 성공 때문에 약화된 기존 성장전략 내부에서 발생한 내재적 변화에 있었다(Keohane, 1978; Ferguson et al., 2010). 전후의 각국 정부는 평화적으로 임금협상을 맺게 되고 성장의 결실이 폭넓게 분배되는 것을 담보하기 위해 집단적인 협상 체제를 강화했었다. 그러나 지난 10년간의 완전고용 시대는 노조를 강력하게 만들었고 노조는 기업들이 오로지 가격을 올림으로써만 수용할 수 있는 임금협상력을 갖기 시작했다. 이는 인플레이션을 유발하는 임금-가격 간의 나선형 상승으로 이어졌다. 결과적으로 이 시기 분배갈등을 조절하기 위해 만들어졌던 사회적 기구는 1970년대 인플레이션에 기름을 붓는 원인이 되었다(Crouch and Pizzorno, 1978; Goldthorpe, 1978; Glyn and Sutcliffe, 1972).

이러한 스태그플레이션 국면에 직면하자 기존의 성장전략은 대체로 무력한 것으로 증명되었다. 실업을 해소하기 위해 고안된 케인스주의적인 정책들은 인플레이션의 치료제는 아니었다. 또한 중병에 걸린 산업들을 구제하기 위해 더 많은 보조금을 지급하는 것은 어떤 의미 있는 결과도 낳지 못했다(Berger, 1981; Hall, 1993). 그러나 새로운 성장전략은 시간이 걸리기 마련이다. 왜냐하면 각국 정부로서는 새로운 전략을 실험하기 전에 기존 전략을 조정하는 특별한 노력을 기울이면서 새로운 도전에 점진적으로 반응하기 때문이다. 경기변환에 대응하여 경제를 구조적으로 변환시키는 데에 실패하면서 많은 정부는 초기에는 좀 더 관대한 사회부조로 대응했었다. 여기에는 그것이 경제성장률을 높이는 결과를 낳음으로써 그러한 사회부조 비용을 감당할 수 있을 것이라는 전제가 깔려 있었다. 그러나 기대했던 경제성장률의 증가가 따라오지 않게 되자 GDP 대비 사회지출비의 비중은 급등하기 시작했고 각국 정부들은 만성적인 재정 적자에 시달리기 시작하였다.

그 결과 혼합경제는 정치적인 대위기에 직면하였다. 유권자들은 1970년대 후반 당시 집권하고 있던 모든 정부를 갈아치웠다. 정치적 위기는 영국이나 미국과 같은 자유시장 경제권에서 가장 뚜렷하게 나타났는데, 이곳에서는 법정 현금급여 정책을 전개하기 위해 비틀대는 모습에서 많은 국민들은 국가개입의 정당성에 의문을 품게 되었던 것이다(Crozier et al., 1974). 따라서 이 국가들이 경제에 대한 정부의 역할을 줄이려고 하는 움직임의 최전선에 있었던 것은 그다지 놀랍지 않다. 스웨덴이나 독일에서처럼 임금조정에 대한 효과적인 시스템이 존재하여 실업에 대해 더 낮은 비용을 들여 대처하면서도 인플레이션을 비교적 잘 억제하고 있었던 곳에서는 국가 개입에 반대하는 반응은 좀 더 드러나지는 않고 있었다(Lindberg and Maier, 1985; Goldthrope, 1984). 그러나 실업률이 계속해서 상승함에 따라 모든 국가의 정치인들은 이를 감소시키기 위한 새로운 길을 모색하였다. 영국인이나 미국인들은 국가의 쇠락을 걱정하였던 반면 유럽인들은 유럽경화증Eurosclerosis에 노심초사하였다(Giersch, 1985; Krieger, 1986).

1) 경제적 게슈탈트

따라서 1980년대에 등장한 새로운 경제적 게슈탈트는 1970년대 개입주의적인 정책들이 명백히 실패한 데에 대한 반응이었다. 그 실패의 흐름 속에서 정책 기획자들policy-makers은 정부보다 시장이 훨씬 더 효과적으로 자원을 배분한다는 견해를 갖게 되었다. 자유화라는 새로운 시기에 대표적인 표어는 '시장 경쟁'이었다. 경제성장이 이전에는 수요 관리로 작동된다고 보았다면, 이제는 그것이 경제의 공급 측면에 대한 개혁에서 비롯된다고 보았다. 그것을 위한 주요 수단으로서 국유화는 민영화로 대체되었으며 기업을 좀 더 경쟁적으로 만들기 위해 고안된 산업보조금은 노동시장을 좀 더 효율적으로 만들기 위해 고안된 인력정책으로 대체되었다.

이 새로운 경제적 게슈탈트에 대해 학문적으로 정당성을 부여하였던 학파는 새고전학파new classical economics였는데 점점 대중들에게도 익숙한 이론이 되어 가고 있었다. 이 학파는 경제를 관리하려는 정부의 능력을 평가절하하면서 경제성장을 위한 최선의 길은 탈규제적인 개혁이라고 주장하였다. 이미 1960년대 이후 유사한 생각들이 진전을 보고 있었지만, 이러한 새로운 경제학을 떠받치는 합리적 기대rational expectation의 관점은 1980년대에 와서 더 인기를 얻어 나갔다. 그들의 주장은, 오직 노동시장의 개혁에 의해서만 달성할 수 있는 '자연' 실업률 수준'natural' level of unemployment이 존재하며, 수요를 관리하고자 하는 노력들은 늘 실패로 끝나기 마련이고, 통화정책은 실물경제에 의미 있는 효과가 거의 없어 중앙은행을 정치권력으로부터 독립시키는 것이 바람직하다는 것이었다(Stein, 1981; Stockman, 1986; Dornbusch, 1990; MaNamara, 1998). 이러한 주장은 일정하게 정치적 지지를 받을만큼의 영향력을 갖고 있었는데, 지난 20년간 완전고용에 대한 공적을 인정받는 데에 행복해했던 정치인들에게는 이제 실업률이 상승한 국면에 이르렀음에도 이 실업이 정부의 경제관리 탓이 아니라 노동시장의 운영에 기인한다고 설명하는 주장이야말로 환영받을 수밖에 없었기 때문이다.

1980년대가 지나면서 시장지향적인 생각은 사회 구석구석 좀 더 많은 영역으로 파고들어 갔다. 시장 경쟁은 인간의 노력을 조직화하는 데에 '자연스런' 방식으로 간주되었다. 정부는 그들이 '시민들'에게 '공공 서비스'를 제공할 책임이 있다는 관점으로부터 벗어나, 마치 시장행위자처럼 이제 '소비자'로 보이는 시민들에게 좀 더 효율적으로 상품을 공급해야 한다는 관점으로 이동하여 경쟁을 정부 자체의 운영에도 적용하였다(Hall, 2015). 한때 주주만큼이나 이해관계자에게도 책무감을 느꼈던 기업들도 특별히 자유시장경제에서 그들 주식의 가치를 늘리는 데에 과도하리만큼 중요성을 부여하기 시작하였으며, 사회적인 기관들에게도 효율적인 시장 경쟁과 관련된 수단들로 감독하는 관행이 야금야금 파고들어 갔다(Lazonick and O'Sullivan, 2000; Gomory and Sylla, 2013; Espeland and Sauder, 2007). 이렇게 경제적 자유주의와 쌍을 이루는 새로운 개인적 자유주의, 즉 사람의 가치를 판단하는 기준은 성공적인 시장 경쟁에 필요한 자산을 소유하는 것에 있다고 주장하는 사조가 득세하였다(Boltanski and Chiapello, 2007; Hall and Lamont, 2009; Centeno and Cohen, 2012). 간단히 말해서 자유화 시기의 경제적 게슈탈트는 사회생활의 많은 영역에 침투하여 깊게 뿌리박은 이념적인 기반에 의존하고 있었다.

2) 성장전략

이 시기 성장전략의 초점은 각 국가나 부문별로 속도에 차이는 있을지라도 시장의 자유화에 맞춰져 있었다. 1986년 상품과 서비스에 대한 단일 시장을 만들어 낸 단일유럽법the Single European Act은 유럽공동체EU를 시장 자유화를 위한 매우 강력한 행위자로 만들었다(Jabko, 2006; Moravcsik, 1998 참조). 일국 차원에서는 국영기업을 민간에게 매각하고 공공 서비스를 민간에 위탁하며 항공부터 통신에 이르기까지 시장에서의 경쟁을 더욱 촉진하기 위해 규제를 제거하는 등 일련의 시도들이 행해졌다(Riddell, 1991; Thatcher, 1999). 그 선두에 1980년대가 열리기 직전 집권하게 된 마거릿 대처와 로널드 레이건이 있었으며, 다른 정부는 1990년대에 와서야 그 뒤를 따르게 되었다(Krieger, 1986).

생산성 증대라는 명목으로 레이건과 대처는 노조의 영향력을 공격하였는데, 가장 유명한 예가 1981년 미국 항공 통제관들의 파업과 1984~85년 영국 광부들의 파업을 분쇄한 것이다. 많은 유럽 정부들은 강력한 노조 없이는 조정시장경제coordinated market economy를 유지할 수 없었다. 그러나 좀 더 치열해진 국제적인 경쟁 무대를 타개하기 위해 유연성을 확보하고자 했던 기업으로부터 압력이 가해지는 상황에서 각국 정부는 임금과 노동조건에 대한 결정력을 최고 단위 또는 산별 차원으로부터 기업이나 공장 차원으로 이동시키고자 공동 협상에 변화를 꾀하였다(Pontusson and Swenson, 1996; Lallement, 2006).

고용을 확대하려는 정부의 노력은 수요 측면의 개혁에서 공급 측면의 개혁으로 이동하였는데, 여기에는 임시 계약과 계약직 고용의 촉진을 통한 노동시장의 탈규제가 포함되어 있었다. 이런 움직임의 대부분은 서비스 부문의 고용 창출이란 목표가 동력이 되었으며, 이를 위해서 두 개의 길만이 있는 것처럼 보였다(Iversen and Wren, 1998; Scharpf, 2000). 첫 번째 길은 교육과 건강, 그리고 사회서비스 분야에서의 공공일자리를 확대하는 것으로서, 이는 1970년대 초반부터 몇몇 북유럽 국가에서 시도된 길이었고(Esping-Andersen, 1990), 다른 두 번째 길은 식당, 관광, 유통, 그리고 국내 서비스 등 민간 서비스 분야에서 낮은 임금을 통해 고용을 창출하는 것이었는데 이는 이들 분야에서는 생산성 증가의 여지가 별로 없다는 것을 전제로 한 것이었다. 이 후자의 길은 계약직 노동을 장려하고 유보임금reservation wage을 낮추어 사회적 급여social benefits를 제약하는 것을 포함하는 것으로서 앵글로-아메리카 민주국가들에서 매우 공격적으로 추진되었던 전략이었다.

물론 어떤 국가들은 어느 쪽 길을 선택할지 주저하기도 하였다. 대표적으로 프랑스, 독일 그리고 네덜란드 정부는 초기에 조기 은퇴 프로그램이나 관대한 장애급여 그리고 여성이 유급 고용을 찾기 어렵게 하는 사회정책 등을 통해 일자리를 찾는 사람들의 수를 감소시키는 수단들을 통해 계속 늘어나고 있는 실업 문제에 대응하고자 했다. 그러나 노동력이 줄어들자 경제성장률이 하락함에 따라 이들 정부는 계약직 고용을 촉진하는 쪽으로 방향을 틀었다. 프랑스와 독일에서는 불안정 저임금 고용이 주를 이루는 이차 노동시장이 상대적으로 안정된 일자리를 보장하는 일차 노동시장과 함께 형성되기 시작했고, 네덜란드에서는 비록 계약직 노동자에게 더 많은 고용안정성과 사회적 급여를 제공하는 수단들과 병행했다고 하지만 계약직 고용이 광범위하게 확대되는 결과를 벗어나지는 못했다(Palier and Thelen, 2010; Thelen, 2014).

또한 정책 기획자들은 자본 투자를 확보하기 위한 새로운 접근도 취하게 된다. 자금을 직접적으로 산업에 연결하려 했던 그간의 노력은 끝났고, 국영기업들은 부분적으로 이들이 국제자본시장에 참여하는 것이 좀 더 용이하도록 민영화되었다. 1979년 이후 OECD 국가의 정부들은 점차 외환에 대한 통제권을 거두어들였으며, 많은 정부들이 소수 주식 보유자의 보호장치들을 강화하고 해외 직접투자의 유입을 촉진하기 위해 외국인의 소유권에 대한 규정들을 완화해 나갔다(Culpepper, 2005). 어떤 국가들은 가벼운light-touch 규제와 낮은 법인세율에 기초하여 해외 직접투자를 위주로 한 종합적인 성장전략을 세워 나갔다. 아일랜드는 이런 접근을 해 나간 최초의 나라였고 이어 1990년대 초기 몇몇 동구권 국가들이 뒤를 따랐다(Regan, 2014; Nölke and Vliegenthart, 2009). 비록 미국이나 영국과 같은 몇몇 국가들은 투자를 촉진하기 위해 국내수요에 의존하긴 했지만 모든 국가들에 있어서 자본의 해외 원천을 향한 유인의 손짓은 점점 거세지고 있었다(Rajan, 2010).

물론 이러한 성장전략의 속성과 그들이 실현되는 속도에 있어 나라마다 편차가 있었던 것은 사실이다. 분명한 것은 이러한 새로운 전략은 영국에서 가장 먼저 그리고 가장 강력하게 시도되었다는 점인데, 이때 영국은 야당의 분열과 포클랜드 전쟁의 대중적 인기 덕분에 선거에서 보수당의 연속 집권이 보장되고 있었다(Gamble, 1994; Sandbrook, 2010). 보수당 정부는 국고를 채우고자 국영기업들을 민영화했고 공공으로 운영되던 운송, 수도, 전기, 그리고 보건과 에너지까지도 그 안에서 경쟁을 강화하는 시도를 해 나갔다(Riddell, 1991). 이런 시도에는, 더 강렬한 경쟁 체제가 생산성을 향상시킬 것이며 공공주택 매각과 민영화된 기업의 주식에 대한 자산 소유권을 확보한 신흥집단들이 보수당에 투표할 것이라는 전제가 깔려 있었다. 일련의 산업관계법들이 제정되면서 대처 수상은 노조의 영향력을 감소시키는 데에 성공했는데, 이들 노조들은 이미 북해 원유와 가스로 촉발된 고환율에 의해 제조업 쇠퇴가 가속화함에 따라 힘이 쇠퇴하고 있기도 했다. 1979년 이후 10~20년 만에 노조 가입자는 영국 노동자의 절반 수준에서 4분의 1 수준이 되고 말았다.

비록 제조업의 일자리는 줄어들었다지만 영국은 대규모 금융 부문에서 고임금을 받는 일자리뿐만 아니라, 유통, 관광, 개인 서비스 분야에서 저임금의 일자리도 동시에 창출하는 좋은 위치에 있었다. 자유주의 복지국가인 영국은 낮은 복지급여 수준으로 유보임금 역시 억제하고 있었다(Esping-Andersen, 1990). 영국에서는 국제 자금의 흐름이 증가하면서 금융선도도시로서의 입지를 공고히 하여 기업들이 새로운 금융 수단들을 활용할 수 있도록 고안된 개혁이 마치 '빅뱅big bang'처럼 시티 런던을 크게 흔들어대었다(Busch, 2008). 영국과 미국 모두 기업이나 소비자 신용에 대한 규제의 변화가 생기자 기업들과 가계들은 그들의 부채 수준을 높이기 시작했고, 이로 인해 중위 소득은 정체되었지만 국내수요는 유지되는 결과를 보였다(Rajan, 2010; Krippner, 2011). 아직까지 국내수요에 의존하는 성장전략을 가진 국가들에게는 신용에 용이하게 접근하도록 하는 정책이 어느 정도는 경기 조절 정책의 대체재가 되기도 했으며 금융 분야가 확장되고 발달되는 여파로 높은 수익이 보장되기도 하였다(Baccaro and Pontusson, 2016).

프랑스의 성장전략 역시 약간 뒤늦은 감은 있지만, 이 시기에 걸쳐 변화하였다. 1970년대의 실패에 대한 정치적 반발로 인해 1981년 제5공화국에서 처음으로 사회당-공산당 연합이 집권하게 되자, 프랑수아 미테랑 대통령은 공적 투자를 통해 감소하는 민간 투자를 대체하려는 산업 부문 정책politique de filières을 통해 개입을 강화하는 전략을 처음으로 채택했다(Hall, 1986). 그러나 평가절하로 인해 프랑스가 유럽통화체제에서 이탈할 것이라는 전망이 대두되자 미테랑은 1983년 기존의 성장전략을 포기하고 대신 4개의 축에 기반한 새로운 전략을 채택하였다. 첫 번째 축은 민영화된 기업의 정부 지분을 없애고 합병과 인수를 촉진함으로써 외국인 투자의 유입이 촉진되도록 프랑스 자본시장을 탈규제화하는 것이었다(Culpepper, 2005). 두 번째 축으로 정부는 기업들이 부문별이 아니라 공장 단위별로 임금을 책정하는 것이 더 용이하도록 외관상 노동자의 대표권을 개선하기 위한 목적을 가진 일련의 법들을 통과시켰다(Lallement, 2006). 이것들은 보완적인 수단이 되었는데, 즉 기업들이 확보한 임금의 유연성은 적대적 합병의 위협이 증가하는 데에 대처하는 역량을 증대시켜 주었다(Goyer, 2012). 세 번째 축은 좀 더 강도 높은 경쟁이 프랑스 기업들을 좀 더 효율적으로 만들 것이라는 가정에 따라 프랑스가 단일 유럽시장 건설을 강력하게 지지하는 것이었다. 마지막으로 프랑스 정부는 좀 더 긴축을 지향하는 재정정책에 의해 고환율이 유지되도록 주기적인 평가절하를 하는 기존의 정책을 포기하였다. 프랑스 기업들이 고환율하에서 더 개방된 유럽시장 안에서 경쟁하도록 강제함으로써, 이러한 '경쟁적인 물가하락competitive deflation'이라는 전략은 그들을 좀 더 합리화하고, 부가가치가 높은 생산 분야로 이동하도록 유인하게 되었다.

프랑스 정부는 이러한 정책들을 취하기 위해 수면 아래에서 선거 연합을 꾀하지는 않았다. 전혀 다른 플랫폼을 기반으로 집권한 사회당 정부에 의해 시작된 이 정책들은 신자유주의를 공개적으로 지지하는 데에 적극적이지 않았던 중도우파 정부에 의해 계승되었다. 프랑스 경제를 자유화하겠다는 이런 책무감은 대부분 유럽연합에 위임되기도 했다. 유럽연합을 활용함으로써 프랑스 정치지도자들은 브뤼셀의 닫힌 문 뒤에서는 자유화를 승인해 주면서 공개적으로는 자유화에 대해 욕을 퍼붓는 접근을 할 수 있었다(Hall, 2006). 이러한 전략의 효과는 뒤섞여 있다. 즉 이 전략은 약간의 기업들을 고부가가치 생산 부문 쪽으로 이동하게 했지만 프랑스의 실업률을 1990년대 내내 두 자릿수에 머물게 했다(Hancké, 2022; Fitoussi et al., 1993).

스웨덴에서는 1970년대에 렌-마이드너 모델이 수립되었는데, 이 시기는 증가하는 실업률 때문에 정부가 더 확장적인 거시경제 정책을 펼치는 한편 어려움에 처한 산업에 보조금을 지원하던 때였다. 스웨덴 사회민주주의당은 1976년 제2차 세계대전 이후 처음으로 집권에 실패하였다. 그렇지만 1960년대 말 취해진 이 결정이 서비스로 고용이 이동하는 자유화 시기의 중요한 경제적 도전에 대응하는 것을 도왔다. 독일과 프랑스 같은 나라들이 1960년대 노동력 부족을 겪으면서 해외 노동자의 유입으로 대처한 것과 달리, 스웨덴 정부는 건강, 교육, 사회 서비스 등의 분야가 팽창되면서 여성 노동력을 그 분야로 유입함으로써 문제를 해결해 나갔다. 이런 접근법은 노동시장을 성별로 분화시키기는 했지만, 저임금 서비스 분야의 창출 없이 오히려 이 분야에서 보수가 좋은 직업을 창출해 내는 한편 사회민주당의 정치적 연합을 공고히 하게 되었다(Esing-Andersen, 1990; Iversen and Wren, 1998).

그러나 1980년대 내내 공공 부문 노조의 힘이 커지면서 수출 부문에서 임금조정을 선도하는 역량을 위협하였다. 철강 분야의 고용주나 노조가 국제경쟁에 대응하기 위해 임금결정에 있어 좀 더 유연성을 발휘해 나감으로써 중앙 단위의 교섭력은 붕괴되었다(Pontusson and Swenson, 1996; Iversen, 1999). 1990년대 임금조정은 산업 부문 차원에서 다시 실행되었지만 개별 기업들에게 임금결정 시에 좀 더 많은 유연성을 갖는 조건이 따라붙었다. 따라서 스웨덴도 임금협상에 있어 탈중앙화decentralization가 일정 정도 진행되었는데, 그렇다고 스웨덴 생산자집단들의 전략적 능력을 완전히 제거한 것은 아니었다.

그러나 다른 측면에서 스웨덴 정부는 효과적인 성장전략을 찾기 위해 고

심하였다. 투자와 정치적 연합을 강화하기 위해 사민당 정부는 기업 이익의 일정 비율을 피고용자용 투자를 위한 임금소득자 기금wage-earner funds으로 만들었다(Pontusson, 1992). 그러나 이러한 행보가 투자를 소생시키지 못한 채 고용주들을 적대시하게 됨에 따라 스웨덴 정부는 임금협상을 위협하는 팽창적인 거시경제 정책을 꺼내 들었다. 또한 스웨덴 정부는 외국인 투자를 끌어들일 수 있도록 금융시장을 자유화해 버렸다. 그 결과는 자산 거품을 만들었고 1990년대 초 이것이 붕괴됨에 따라 스웨덴은 깊은 경제 불황에 빠지고 말았다.

대조적으로 독일의 성장전략은 1970년대 경제적 소용돌이에서도 거의 손상받지 않고 생존할 정도로 강건하였다. 임금 억제 협상 이후 예상치 못하게 이익이 증가하면서 몇 차례 산업 갈등이 발생했으나, 효과적인 임금협상 조정 시스템 덕분에 실업률에 큰 부담 없이 인플레이션을 줄일 수 있었다. 그 결과 1980년대 초반 서독은 경제적 성공 사례로 여겨졌다(Kreile, 1978; Cameron, 1984). 부분적으로는 바로 이런 이유로 비록 이 시기에 콜Helmut Kohl 수상이 벤데(Wende, 영어의 turn-around에 해당하는 의미로서 소련 붕괴 이후인 1989-1990년 사이 동독에서 진행된 평화적인 회의체를 뜻함-역자)를 주재한다는 약속에도 불구하고 독일 정부에 의해 취해진 자유화로의 이동은 다른 국가들에 비해 좀 더 제한적이었다.

자유화는 기업금융과 산업 관계에서 가장 두드러졌다. 국제적인 금융의 중요성이 증가함에 따라 독일의 대기업들이 몇몇 주요 은행과의 밀착된 관계를 통해 자본을 조달했던 관행적인 체계가 해체되었다. 큰 규모의 은행들은 국제금융시장의 팽창이라는 환경 속에서 효과적인 운영을 하기 위해서는 그들이 이전 독일 몫으로 보유하고 있던 자금을 풀어야만 한다는 것을 깨닫게 되었다. 따라서 은행들은 1990년과 2002년 사이에 그것을 허용하는 일련의 입법을 추진하였고 독일 기업들도 자금 조달을 위해 국제시장으로 선회하는 추세가 강화되었다(Deeg, 2010). 이런 행보가 기업들에게 이해관계자보다는 주주를 우선시하게 만들 것이라는 우려가 있었지만, 많은 독일 기업은 장기적인 수익을 기대하는 기관투자자로부터 국제적인 인내 자본을 찾아낼 수 있었다(Goyer, 2012). 그리고 독일 의회 정치가들은 EU가 적대적 인수를 어렵게 하여 기업들이 주가에 더욱 민감하게 만드는 입법을 추진하는 것에 대응하여 이 효과를 희석하는 법률을 제정하였다(Callaghan and Höpner, 2005). 그럼에도 미텔슈탄트(Mittelstand, 독일에서 5천억 유로 이하면서 최대 500명의 피고용인이 있는 매우 안정적인 중소기업을 뜻함-역자)의 경우 지역은행과 기업 사이의 긴밀한 관계는 거의 침해받지 않고 지속되었으며 독일의 기업 부문에서 이해관계자 중심성과 상당한 조정 역량이 여전히 남아 있는 상태였다.

이 자유화 시기는 독일 산업 관계에 있어서 좀 더 파괴적이었다고 증명되었다. 국가 간 경쟁이 심화될수록 많은 기업들은 변화하는 시장 조건에 임금과 노동시간을 맞추도록 좀 더 유연성을 갖기를 원했다. 더 높은 임금 증가나 파업을 용인할 수 있을 만큼의 자금력을 지닌 대기업과 그러한 운신의 폭이 부족한, 특히 1990년 통일독일에 합류한 구 동독the Eastern Lander에 있는 기업과 같은 좀 더 소규모 기업 사이에 균열이 일어났다(Thelen and Winjbergen, 2003). 결과적으로 많은 기업들이 고용주연합에서 떨어져 나갔고, 노조는 임금과 노동조건에 대한 더 많은 통제권을 회사 차원의 협상에 양도하는 협약을 받아들이기 시작했으며 이로써 노동평의회works council가 더 많은 역할을 하게 되었다. 어떤 이들은 이러한 발전을 성장체제의 주요한 이동으로 보고 있으나 독일 생산자집단들은 상당한 전략적 역량을 지속적으로 유지하게 되었으며 자유시장경제에서의 임금결정과는 매우 대조가 되었다(Streeck, 2009 참조).

독일은 제조업에서는 성공적인 면이 있었다지만, 이와 대조적으로 서비스 분야에서는 일자리를 창출하는 공식을 발견하지 못했다. 기독교민주당 정부는 공공 부문의 고용이 증가하는 것을 반대하였으나 반면 저임금 서비스 부문을 확대하겠다는 제안은 노조의 분노를 야기하였다. 이는 기독교민주당Christlich Demokratische Union Deutschlands, CDU과 사회민주당Sozialdemokratische Partei Deutschlands, SPD 간 계급을 교차한 연합을 지탱하던 평등주의적 임금구조를 위협하는 것이기도 했다. 그러므로 고용 침체에도 불구하고 이후 집권한 정부들은 일자리를 창출하는 신호탄이 될 수 있을 것이라는 전제하에 조기은퇴를 촉진하는 것, 학교 정규 수업일자의 축소short school day처럼 여성을 노동력에서 퇴장시키는 규제적 체제를 유지하는 것 등으로 타협책을 찾아 나갔다. 독일 정부가 저임금 노동시장을 기반으로 서비스 부문의 고용을 만들어 내기 위한 중요한 발걸음을 뗀 것은 이 이후의 일이다.

3) 선거정치

다시 한번 정치 쪽 이야기로 돌아가 보자. 어떤 경우 자유화의 주도권은 국제적인 경쟁에 대응하기 위해 좀 더 많은 유연성을 필요로 하는 기업측이 자신들의 이해를 위해 정부를 압박하는 형태로 나타난다(Prasad, 2006; Hacker and Pierson, 2010). 또 다른 경우에는 1970년대 실패를 바탕으로 성장에 대한 다른 대안은 없다고 확신하는 정책 결정자와 그들의 경제자문들에 의해 주도되기도 한다(Gamble, 1994; Woll, 2008; Mudge, 2018). 그러나 초창기에 대처가 과거와 단절하고 1986년의 단일유럽법 통과에 열성을 보인 것에 대해 유권자들이 지지했던 것과는 달리 자유화에 대한 주도권은 그들에겐 거의 인기가 없었다. 이것은 많은 역효과도 수반하고 있었다. 즉 직업 안정성과 복지급여가 줄어드는 것과 소득분배가 악화하는 것이 대표적인 예이다. 그렇다면 다음과 같은 수수께끼가 등장하게 된다.

"유권자에 의존하고 있는 정부는 왜 그런 수단들을 채택하게 되었는가? 어떤 정치적 조건들이 그러한 정책의 반전이 가능하게 하였는가?"

대체로 그 답은 유권자의 균열 지점에 변동이 생긴 것에 있다. 계급 균열class cleavage이 줄어들고 이를 가로질러 잘라내는 가치 균열value cleavage이 점차 돌출됨에 따라 유권자가 이념적으로 좀 더 분화되면서 선진 민주주의 국가들에 있어 선거 공간이 재조직되었다(Dalton 외, 1984; Clark and Lipset, 2001). 이러한 분화는 신자유주의 정책을 찬성하는 견고한 유권자 연합이 거의 생기지는 않지만 이에 효과적으로 반대하는 잠재력 또한 미리 빼앗아 버릴 수 있는 자유방임적 선거 동학을 등장시킴으로써 결과적으로 정부가 새로운 성장전략을 추구하는 것을 가능하게 만들었다.[4]

1980년대 초까지 10년 이상의 기간 동안 계급 균열은 지속적으로 쇠퇴해 왔다. 선진 민주주의 국가들에 있어 계급에 따라 투표하는 이들은 거의 없어졌고 정치적인 논쟁도 계급적 용어로 거의 표출되지 않게 되었다(Manza 외, 1995; Evans and Tilly, 2017). 이러한 쇠락은 이전 성장체제에 부분적으로 내재된 세 개의 발전 양태에 뿌리를 두고 있다. 과거 성장체제하에 이루어진 번영의 30년은 한때 계급 중심적인 정치적 논쟁에 생기가 돌게 한 보통 사람들의 불만감을 중화시킬 만큼 그들의 생활 수준을 향상시켜 주었다(Lipset, 1964). 고용의 중심이 제조업으로부터 서비스업으로 이동함으로써 응집력 강한 노동자계급의 공동체를 말살시켜 나갔고, 한때 사무노동자와 육체노동자를 분리했던 사회적 균열을 흐릿하게 만들었다. 이전 체제에서 구축된 복지국가 프로그램들은 노동자계급을 동원하는 데에 필요한 경제적 불안정성을 오히려 감소시켰으며 아울러 복지국가가 더욱 정립됨에 따라 사회민주주의당이 한때 노동자계급 유권자들을 움직이게 할 수 있었던 명확한 정치적 사명감을 상실하게 만들었다.

또한 1980년대에는 때때로 우파 권위주의/좌파 자유주의 분열a right-authoritarian/left-libertarian divide이라 명명되기도 했던, 주로 문화적 가치에 기반한 새로운 분열이 부상했다(Kitschelt, 1997). 여기에는 한편에 환경, 젠더, 평등, 인권 등에 초점을 맞춘 새로운 사회운동과 결부하여 1980년대 초기부터 두각을 나타내기 시작한 탈물질주의 가치를 끌어안은 유권자들이 있었고, 다른 한편에는 물질적 안정감, 이민, 민족문화 보존 등 좀 더 전통적인 가치에 집착하는 유권자들이 있었다. 이러한 분열을 각기 대변하는 신녹색New Green과 급진

....

4 일부 중산계층 유권자 사이에서 신자유주의 주도권을 지지하고 그리하여 어떤 맥락에서는 그것이 구현되는 선거 국면의 유인을 제공하게 된 대안적 논쟁에 대해서는 엘리스(Ellis, 1980) 참조.

적 우파 정당이 1980년대와 1990년대 내내 유럽에서 좀 더 뚜렷한 정치 행위자가 되었다. 이러한 균열은 어느 정도 이전 성장체제에 내재된 것이었다. 번영의 30년은 그들 부모 세대들이 겪었던 물질적 근심에서 멀어지고 풍요로운 상태에서 자라난 세대를 키워 냈고, 이 세대는 1960년대 해방의 정치와 1980년대 새로운 사회운동을 통해 표출된 개인적인 실현감을 찾아 나섰다(Beer, 1982; Inglehart, 1990).

이러한 가치 균열의 부상은 여러 가지 방식으로 정부의 성장전략에 영향력을 갖는 동학을 만들어 냈다. 사회민주주의당은 중산층 유권자의 지지를 획득하기 위해 그들이 이미 경도되어 버린 좌파-자유주의left-libertarian의 가치를 끌어안았다. 1990년경 유럽의 사민당들은 주로 가치 문제에 있어서 노동자계급보다도 중산층으로부터 더 많은 표를 확보하고 있었다(Gingrich and Häusermann, 2015: 58). 그러나 시장에서 이미 강력한 지위를 가지고 있던 중산층의 유권자들은 자유화 개혁으로부터 이익을 향유하고 있었으며, 이로 인해 중도좌파 정당들이 시장 자유화의 일부 요소들을 수용하도록 적극 유인하는 역할을 하고 있었다. 그림 2.1에서 보는 것처럼 실제로 1980년대와 1990년대 중도좌파 정당들은 그렇게 행동하였다. 이 자유화 시기에 시장중심적인 정책으로 수렴하는 현상은 주로 중도좌파 정당의 움직임에 기반을 두고 있었고 토니 블레어Tony Blair의 '제3의 길'은 대처의 신자유주의 정책만큼이나 일관성이 있었다.

중산층 유권자에 대한 의존성이 커지면서 사민당들은 계급에 기반한 정치적 호소를 강조하는 것에서 벗어나기 시작했고, 따라서 노동자계급 유권자들은 경제적 플랫폼이 우파로 수렴되어 버린 정당들을 지지할 이유를 찾기 힘들게 되었다. 이는 결국 계급 균열의 부각이 점점 약화하는 것으로 귀결되었다(Iversen, 2006; Mudge, 2011; Evans and Tilley, 2012). 더군다나 중도좌파와 중도우파는 그들의 경제적 입장이 점점 더 유사해짐에 따라 선거 국면에서 차별성을 갖는 가치문제에 더욱 의존하기 시작했다(그림 2.2 참조). 그리고 비슷한 이유로 유권자들이 어떤 정당을 지지할지를 결정함에 있어 가치문제

그림 2.2 서구 민주주의 국가 정당 강령에서 보인 경제 이슈와 문화 이슈의 상대적인 두드러짐의 경향성

주 : 각각의 정당 강령에서 나타난 언급비율은 1980년을 기준으로 각 나라에서 가장 최근에 나타난 정당투표율에 의해 가중치가 적용되었음.

CMP분류에 기반하여 다음과 같은 항목이 문화적 이슈 또는 가치이슈들로 분류되었다: 환경보호(501); 문화(502); 사회정의(503); 민족의 생활양식(601); 민족의 부정적 생활양식(602); 전통적인 도덕성(603); 전통적인 도덕성(604); 다문화주의(607); 부정적인 다문화주의(608).

또한 다음과 같은 항목들이 경제적인 이슈로 분류되었다: 자유시장경제(401); 유인책(402); 시장규제(403); 보호주의(406); 부정적인 보호주의(407); 경제적 목표(408); 수요 관리(409); 경제성장(410); 통제되는 경제(412); 경제적인 정통성(414); 맑스주의적인 분석(415).

분석 국가들은 다음이 포함되었다: 호주, 오스트리아, 벨기에, 캐나다, 덴마크, 핀란드, 프랑스, 독일, 그리스, 아이슬란드, 아일랜드, 이탈리아, 룩셈부르크, 네덜란드, 노르웨이, 포르투갈, 스페인, 스웨덴, 스위스, 미국, 영국.

출처 : Comparative Party Manifesto database.

가 갖는 중요성은 더욱 커졌다.[5] 그러나 노동자계급 유권자들은 우파 권위주의 견해를 중산층 유권자들보다 더 지지할 가능성이 있었다. 따라서 가치에 관한 이슈들이 부각되면서 사민당은 그렇지 않았더라면 신자유주의 개혁에 반대하는 데에 동원될 수 있었던 노동자계급 선거구민constituents을 소외시켰

5 공간적인 선거 분석에서는, 정당들이 좀 더 구별되는 이슈들이 그런 이슈에 대해 관심을 갖는 시민들의 투표 결정에 있어 점점 더 중요성을 지니는 것으로 예상하고 있다. 로비노위츠와 맥도널드(Robinowitz and Macdonald, 1989) 참조.

고 이로써 선거 연합에 틈이 벌어졌다. 1990년대 말에는 유럽 노동자계급의 상당수가 극우파를 지지하고 있었고 그 결과 자유화 개혁에 대한 대중의 지지가 잠시 정체되었다 해도 이 개혁에 대해 반대하는 목소리는 정당 간 경쟁의 장에서 사라지는 현상, 이른바 자유방임적 선거 동학이 현실로 나타났다.

4. 지식기반 성장 시기, 2000년 이후

1990년대 말 선진 민주주의 국가들이 직면한 경제적인 도전은 계속 변해가고 있었는데, 이는 현재까지도 지속되고 있는 지식기반 성장Knowledge-based growth의 전조 현상이었다. 물론 대개의 경우 그렇듯이 국가마다 그 변화의 시기나 속도에 차이는 있었다. 그럼에도 불구하고 이 시기의 출발 지점은 글로벌 경제를 변화시키기에 충분한 두 가지의 발전이 이루어진 1990년대 후반으로 거슬러 올라간다. 첫 번째는 정보통신기술ICT 혁명인데, ICT의 확산은 생산성이 더욱 이에 의존하게 됨으로써 이 혁명은 부문을 넘어 기업 행태를 바꾸는 결과를 낳았다. 1990년대 동안 특허율이 지수함수의 형태로 성장하기 시작했는데, 미국의 생산성 증가율이 드디어 수십 년 만에 처음으로 유럽을 앞서게 되었고 이는 미국 기업들이 새로운 기술을 적용하는 데에 첫 주자가 되었기 때문이다(Powell and Snellman, 2004; van Ark 외, 2008; Brynjolfsson and McAfee, 2014). 두 번째는 제조업이 개발도상국으로 대규모로 이동하는 것인데, 이는 기업들이 생산요소의 더 많은 부분을 해외로 보내기 시작하면서 글로벌 가치 사슬이 상승하는 현상을 동반하게 되었다(Antràs 외, 2006; Milberg and Winkler, 2013; Dicken, 2015). 개발도상국들을 향한 해외 직접투자 규모의 상승과 2000년 중국의 세계무역기구World Trade Organization 가입 등이 이런 변화를 상징적으로 보여 주는 것이었다.

이런 발전의 물결 속에 정부가 직면한 고용상의 도전도 변화하기 시작했다. 많은 선진국가들에서 기술과 해외 이전이 제조업과 서비스 분야의 일상적인 일자리routine jobs를 대체하기 시작한 반면, 높은 숙련기술이 요구되는 직업군과 자동화로 대체되지 않는 일부 낮은 숙련의 직업군이 소득분배의 양극단에서 계속 증가하는 형태가 되었다(Autor and Dorn, 2013; Oesch and Menes, 2010). 새로운 기술로 인해 기업들이 서비스를 외주 주기가 더 용이해졌기 때문에 기업서비스 분야의 고용은 좀 더 빠르게 팽창하였다. 그리고 이제 경제성장은 한 국가가 얼마나 많은 제품을 선적했느냐보다는 그것이 공급한 부가가치의 비중이 얼마인가에 달려 있게 되었다(Berger, 2005; Wren, 2013; Tassey, 2014). 그리하여 2000년대 선진국 내에서 고용 부문의 도전적 과제는 단순히 서비스 분야에서 어떻게 고용을 더 창출할 것이냐가 아니라, 지식경제에서 고숙련기술 일자리를 늘리기 위해 필요한 기술을 어떻게 육성하느냐와 글로벌공급망에서 높은 부가가치의 연결망을 향해 어떻게 생산을 이동시키느냐가 되었다.

또한 금융시장의 변화는 정부에게 또 다른 도전거리를 제공하였다. 그 핵심에는 ICT로 인해 현실화된 금융 수단의 혁신이 있었고, 이 혁신은 정부가 이것들을 규제하려는 속도를 훨씬 앞질러 나갔다. 가장 중요한 발전이라고 할 수 있는 것은 1990년대 중반 신용부도 스와프credit default swap 탄생에 이어 등장한 금융파생상품들, 즉 다른 증권의 가치에 연동된 증권의 확산이었다. 이론적으로 파생상품들은 한쪽 당사자들counterparties에게로 위험을 분산시킬 수 있어 이로 인해 기업들이 높은 레버리지 비율leverage ratio(차입금을 활용하여 자기 자본의 이익률을 높이는 비율-역자)로 운영하는 것을 가능하게 한다. 그러나 실제적인 효과는 금융기관의 상호 의존성을 증대시키면서 금융 부문, 기업 부문, 가계 부문 별로 보유한 부채 수준이 늘어나는 것이었고 그로 인해 국가의 금융 시스템에 존재하는 체계적 위험을 10배나 올리는 것이었다(Glick and Lansing, 2010). 금융 부문, 특히 미국과 영국의 국제금융센터로 돌아가는 이익의 몫은 커지기만 했다. 그러나 스페인, 아일랜드, 아이슬란드, 네덜란드와 같은 소규모의 국가들에 있어서도 정부는 느슨해진 금융으로 인해 더욱 커지게 된 자산붐asset boom에 대응해야 하는 문제에 직면하였다. 1999년 유럽 단일통화의 도입과 함께 회원국들 사이에 금융 부문의 상호 의존성은 커졌으나 이들 정부는 이런 목적을 위해 그간 사용해 왔던 국내 통화정책 수단들을 발동하지 못한 채 국가의 경제적인 충격에 대처해 가야만 했다.

1) 경제적인 게슈탈트

기술낙관론자와 기술비관론자들간의 논쟁이 여전히 지속되고는 있지만, 선진국들이 '지식경제'가 되고 있다는 생각은 1990년대 동안 정책 형성자들과 대중 사이에 상당히 영향력을 끼치게 되었다(cf. Brynjolffson and MacAfee, 2014; Gordon, 2016). OECD는 새로운 합의consensus가 만들어졌음을 확인해 주었는데, 1996년 발간한 보고서에서 "지식은 이제 생산성과 경제성장의 견인자로 인식되고 있으며, 이는 정보, 기술, 학습이 경제적 성과를 내는 역할로 새롭게 주목받는 것으로 이어진다"라고 선언한 바 있다. 2000년에는 EU의 회원국가들이 EU를 "세계에서 가장 경쟁적이고 역동적인 지식기반경제"로 만드는 것에 목적을 둔 리스본 전략Lisbon strategy에 서명하였다(OECD, 1996: 3; European Union, 2000). 새로운 세기가 찾아왔을 때 '지식경제'는 상식적인 용어가 되었다.

몇 가지 경제사상사의 흐름이 이런 시각에 영향을 미쳤다. 1990년대 동안 경제학자들은 기술 변화라는 함수가 공공 정책에 의해 제약을 받는다는 내생적 경제성장 이론에 더 많은 관심을 가졌다. 그리고 그들은 숙련에 많이 의존하는 기술 변화skill-biased technological change가 노동시장에 미치는 효과에 대해서 깊이 숙고하기 시작했다(Katz and Murphy, 1992; Krueger, 1993; Autor and Dorn, 2013; Oesch, 2013; Lucas, 1998; Romer, 1990; Grossman and Helpman, 1993; Aghion and Howitt, 2008). 인적 자본에 대한 베커G.S.Becker의 선구적인 연구에 기초하여 많은 경제학자들은 경제성장과 교육의 관계를 탐구하는 한편, 혁신을 연구하는 학자들은 EU 내에서 영향력을 획득해 나갔다(Becker, 1964; Goldin and Katz, 2008; Heckman and Masterov, 2007; Freeman and Soele,

1997; Dosi et al., 1990; Lundvall, 1992). 지식경제에 있어서 인적 자본이 갖는 중요성이 강조됨에 따라, 정책 기획자들은 사회정책을 그 수혜자들이 좀 더 생산적이 되도록 하는 노력의 하나로 재개념화하는 데에 적극적이었다. 그래서 이러한 견해는 노동시장에 효과적으로 편입되게 하는 데에는 근로 경험이 필요하다는 전제가 인정되었고 이는 '일을 통한 복지workfare'라는 신자유주의적 관점으로 곧바로 연결되어 버렸다.

결과적으로 이는 많은 정책 기획자들이 사회정책을 어떻게 보게 되느냐에 있어 심대한 변화를 일으켰다(Jenson and Saint-Martin, 2003; Morel et al., 2012; Hemerijck, 2013). 많은 정책 기획자의 눈에 '사회 투자'라는 용어가 복지국가의 목표로서의 '사회 보호'를 대체해 버렸다. 그들은 이제 더 이상 사회보장급여를 평생 노동의 대가나 시장 부작용에 대한 보험, 또는 사회적 불이익을 해결하는 수단으로 보지 않게 되었다. 대신 개인과 사회에 대한 미래 경제적 수익을 가져오는 것에 정책의 초점이 맞추어졌다. 이는 노인보다는 젊은이들에게 더 많은 자원을 집중적으로 투여하고 '활성화activation', 즉 노동시장 주변부에 있는 이들을 소득을 버는 노동으로 밀어 넣도록 고안된 수단을 촉진하는 데에 목적을 두었다. 어떤 경우에 이것은 그들의 기술을 향상시키는 것으로, 또 다른 경우에는 근로 의무를 사회보장급여에 연결시키는 것으로 실행되었다.

1994년에는 "1960년대부터 이어져 온 '사회보장' 패러다임이 '사회 투자' 모델로 대체되고 있다"고 평가되었으며, 1997년에는 OECD도 사회 지출에서 사회 투자 모델로의 전환을 지지하고 나섰다. 1998년 발간되어 매우 큰 영향력을 갖게 된 『제3의 길The Third Way』이라는 책자에서 기든스Anthony Giddens는 시장 경쟁의 부작용으로부터 사람들을 보호하는 '복지국가들welfare states'은 시장 경쟁을 위해 사람들을 준비시키는 것에 목적이 있는 '사회 투자 국가들social investment states'로 대체되어야만 한다고 주장하였다(Myles and Street, 1994:7; OECD, 1997; Giddens, 1998). 간단히 말해서 이제 사회정책은 경제성장이 초래한 분배 실패의 노예가 되기보다는 경제성장 자체를 위한 수단으로 재개념화되었던 것이다.

2) 성장전략

극적으로 전개된 경제 실패 때문에 각 국가들이 새로운 정책을 지향하도록 떠밀리던 1970년대와는 대조적으로, 정보시대의 도전은 각국의 정부를 뒤덮고 있었으나 대부분의 국가들은 이런 도전에 대한 반응에 무뎠다. 그 결과로 신자유주의 성장전략의 다양한 모습들이 여전히 그 자리에 남아 있고, 지식경제를 위한 새로운 전략을 향한 움직임은 산발적으로 일어나고 있었다. 또한 그 변화의 속도에는 나라마다 상당한 차이가 있었다. 그렇지만 1990년대 말경 이제 번영은 혁신을 촉발하고 ICT를 확산시키며 노동력에 체화된 인적 자본을 증가시키는 길을 발견하는 데에 달려 있다는 폭넓은 합의가 출현하게 되었다. 가장 널리 퍼진 결과 중 하나가 정부가 교육에 자원을 더 많이 투여했다는 것이며, 이는 OECD 전체에 걸쳐 고등교육 이수율이 상승하는 것으로 반영되었다.

사회 투자라는 관점과 함께 정부가 고용을 증대하려는 노력은 사람들을 더욱 더 노동력에 밀어넣는 것의 중요함을 강조해 나갔다. 많은 정부들은 실업급여의 수혜 기간을 줄이고 적극적인 구직과 재교육을 수급의 조건으로 하였다. 클린턴 행정부가 '복지fare'를 '일을 통한 복지workfare'로 돌리고 영국의 블레어 정부가 이에 동조하는 움직임을 보인 것은 새로운 정책 체제가 이런 특성을 지니고 있다는 전형적인 예라 할 수 있다. 대륙 유럽에서는 그러한 수단들이 숙련도를 개선하고 사람들을 노동력에 편입시키는 데에 더 많은 자원을 할애하는 적극적 노동시장 정책active labor market policies, ALMP에 의해 보완되었다. 이런 정책들은 몇 가지 형태를 취할 수 있다(Bonoli, 2005). 그중 하나는 독일, 덴마크, 스웨덴에서처럼 직업을 탐색하는 데에 더 많은 자원을 제공하는 것이고, 또 다른 것으로는 실업자를 훈련시키는 데에 초점을 맞추는 것이며 세 번째는 프랑스에서 추진된 것으로 직업 경험이 계약이나 기술 등 안정된 고용을 위해서 필요한 것들을 확보해 줄 수 있다는 전제하에 젊은이나 장기실업자를 고용하는 기업에 보조금을 주는 것이다. 많은 유럽국가들은 그런 프로그램에 GDP의 1% 가까이를 지출하게 되었다(Morel et al., 2012). 이런 맥락에서 가족정책 역시 새로운 중요성을 갖게 되었다. 좀 더 많은 여성들을 노동력으로 편입시키기 위해서 정부들은 남성 육아휴직이나 영유아 보육에 대해 좀 더 관대한 지원을 하였으며 사회 투자의 일환으로 조기 아동 발달에 점점 관심을 보였는데 여기에는 직업적 성과가 초기 아동의 질과 밀접한 관련이 있다는 근거가 기반이 되었다(Heckman and Materov, 2007).

금융시장 영역에서 각국 정부는 가계 부채가 현저히 증가하고 새로운 금융 수단들과 더 높은 레버리지 비율이 발생하는 것에 매우 관용적이었다. 미국정부는 1999년 글래스-스티갈법Glass-Steagall Act을 폐지하여 은행들이 더 위험한 금융상품 운용에 뛰어드는 것을 허락하였고 아일랜드, 스페인, 네덜란드, 영국, 미국 그리고 동유럽의 여러 나라들이 건설 부문의 부양을 통한 자산붐을 수용해 나갔다. 물론 누적된 위험은 2008~09년 글로벌 금융위기로 최고조에 이르렀으며 그 이후 금융정책에는 금융회사들의 의무자본 수준을 올림으로써 체계적인 위험을 줄이기 위한 여러 가지 노력들이 가해졌다. 동시에 많은 정부에선 스타트업 벤처 자본을 보증하는 조치를 밟아나갔다(Breznitz, 2017; Ornston, 2012). 프랑스 당국은 여러 개의 벤처캐피탈 기업의 씨를 뿌리고 기업가들이 소규모 기업을 더 쉽게 시작하도록 했으며, 반면 스웨덴 정부는 지역의 개발 자금을 벤처캐피탈의 새로운 자금풀로 이관해 나갔다(Trumbull, 2004; Schnyder, 2012; Stevens, 2012).

다시 한번 각국의 전략은 공통점과 차이점을 드러낸다. 1997년 블레어 정부하에서 영국은 국가의 인적 자본을 개선하는 데에 중점을 두는 '제3의 길'을 추진하였다. 집권한 지 수개월 내에 블레어는 대학생 나이대 인구의 50%를 대학으로 보내는 목표를 세우고 교육에 대한 지출비를 극적으로 증가시켰다. 노동시장의 다른 지점에서 그는 '페어딜Fair Deal' 프로그램을 실행하였는데, 이는 구직자를 위해 더 많은 지원을 하되 사회보장급여를 받는 이들은 적극적인 구직활동이나 직업훈련에 참여해야 하는 것을 요구하는 프로그램이었다. 한부모 여성을 위한 사회보장급여는 초기아동의 발달을 향상하기 위해 늘어났다. 영국은 ICT를 확산시키기 위해 자유시장경제의 경쟁적 상품시장에 의존할 수 있게 되었으며 이는 지식기반 성장의 초기에 잘 작동하였다. 이 ICT는 다른 유럽국가들보다 영국에서 더 많은 부가가치 창출에 기여하였으며 영국의 기업서비스 분야 수출이 21세기 첫 번째 십 년 동안 빠르게 성장하는 것으로 나타났다(Timmer 외, 2011).

프랑스 정부 역시 더 높은 성장률을 확보하는 길로 교육을 강조하였는데, 초기에는 모든 젊은이를 위해 중등교육 학위 이수baccalauréat 이후 2년의 훈련 기간을 의무적으로 적용하였고 이후에는 고등교육을 위한 재원을 증가시키는 정책을 펴 나갔다(Culpepper, 2003). 프랑스에서 최저임금은 노동시장의 확고한 본질적 특성이며, 또한 구매력을 유지하는 데에 국가적으로 기여하는 하나의 숭배물이다. 그러므로 집권한 모든 정부들은 실업자에게 노동시장에서의 발판을 제공하기 위해 최저임금을 낮추는 정책을 펴기보다는 새로운 고용에 대해 고용주나 피고용자가 지불하는 사회기여금을 보조하는 정책을 택하였고, 이때 재원은 특별 소득세를 통해 조달하였다. 2000년대 초 이들 보조금은 거의 한해 60억 유로에 달했고 1990년과 2005년 사이 GDP 대비 사회지출비의 비중은 24%에서 28%로 상승하였다(Carbonnier et al., 2014). 그러나 낮은 임금의 직업을 보조함으로써 이들 프로그램은 프랑스 기업들을 더 높은 부가가치의 생산 형태로 나아가는 것을 방해하였고, R&D에 대한 프랑스의 투자는 2000년대 초기까지 OCED 평균 수준을 맴돌게 되었다(Palier, 2012). 프랑스 경제는 에너지, 군수, 항공 분야의 몇 개 국가 챔피언 기업들에 비정상적으로 의존하게 되었는데, 이들의 판매 실적은 경제적 성과만큼이나 외교적인 것이 되고 있다(Cohen, 1977).

스웨덴의 성장전략은 다른 대부분 국가보다도 더 많이 변화하였다. 1992년 경제붕괴의 상황에서 지식기반경제로 진입한 스웨덴은, 번영을 위해서는 새로운 성장전략이 요구된다는 것을 확신하였다. 그 결과 잘 조직된 생산자집단들의 조율된 행동에 의해 촉진된 새로운 정책 집합을 만들어 내었다(Ornston, 2013). 1990년과 2000년 사이 교육에 대한 공공투자는 GDP의 5%에서 7%로 증가하였고, 지속적인 교육이라는 두 개의 프로그램이 ICT에 요구되는 기술에 초점이 맞추어져 진행되었고, 1997년과 2000년 사이 성인 인구의 거의 10%가 이 프로그램에 등록하였다. 정부도 R&D를 촉진하는 가운데, 기업들은 이에 대한 투자를 배로 늘렸고 생산자집단의 합의하에 정부는 세제 혜택의 대상을 대기업에서 스타트업으로 선회하였으며, 또한 지역개발 자금을 벤처캐피탈 쪽으로 전환시켜 나갔다. 2003년경 스웨덴의 민간주식기금의 가치는 GDP의 26%에 달해 미국 수준에 근접하였다. 1980년과 2007년 사이 스웨덴 제조업에서 고숙련 제품의 비중 역시 10%에서 17%로 상승하였고, 반면 저숙련의 비중은 34%에서 23%로 하락하였다. 고숙련 생산의 주요 클러스터들이 몇 개 스웨덴 도시들을 중심으로 성장하였으며 ICT가 스웨덴 부가가치 창출에 기여하는 정도는 OECD 국가들 가운데 최고 수준이었다(Schnyder, 2012; van Ark 외, 2008).

그러나 노동시장을 관리하려는 스웨덴의 노력은 그렇게 성공적이지 못했다. 많은 사회서비스 전달 체계가 민영화되었다지만 사회 투자의 수준은 높은 상태로 유지되었고 공공 서비스 역시 고용의 주요한 원천이었다. 그렇지만 사무노동자와 육체노동자 노조 간의 분리는 직업훈련 프로그램을 개혁하려는 노력을 허사로 만들고 있고 최근 정부는 대규모의 이민자들을 노동시장에 통합하기 위해 고군분투하고 있다(Thelen, 2014; Dolvik et al., 2015). 스웨덴은 비록 최근 OECD 국가에서 가장 높은 성장률을 부분적으로 기록하고 있다지만 곧 2차노동시장의 확대를 감내해야만 할 것이다.

독일은 ICT 혁명에 대처하기 위한 노력을 제조업에 집중하고 있고, 또한 생산자집단의 역량에 의해 전략적 조정이 촉진되고 있다. 독일 정부는 3차 교육의 등록을 늘려나가는 데에 매우 더뎠었다. 물론 이는 부분적으로 독일 산업이 직업훈련에 상당히 의존하고 있었기 때문이다. 그렇지만 생산에서 ICT의 역할이 점차 늘어나는 것을 수용하면서 직업훈련이 점점 개선되고 있고 오늘날은 대학등록률도 올라가고 있다(Busemeyer, 2015). 독일의 기업들은 기업 운영의 더 많은 부분을 하청 기업에게 내줌으로써 독일 제조업이 보유한 우수성의 매우 중요한 부산물인 기업서비스 분야에서 상당한 발전을 만들어 나갔다. 그리고 독일 기업들이 동유럽에서 공급망을 확장하고 있었던 1990년 마침 공산권이 붕괴하였기에 그 이후 독일의 산업들은 글로벌 공급망의 이익을 자연스럽게 취하게 되었다.

그러나 사회 투자에 있어 독일은 지체되었다. 통일 후 만성적인 실업 문제에 직면한 독일 정부는 임시 고용 계약, 파견 근로, 시간제 근로를 더욱 활성화하기 위한 일련의 조치를 도입했다. 이런 방향으로 가는 가장 뚜렷한 발걸음은 2002~03년에 있었는데, 이 시기에 SPD와 녹색당의 연정하에 게르하르트 슈뢰더Gerhard Schröder는 하르츠 위원회의 권고를 수용하였다. 이 권고에서 제시한 조치란 사람들을 노동시장으로 편입시키기 위해 실업급여 기간을 줄이고 계약직 '미니 일자리mini-jobs'를 확대하는 것이었는데, 이들 일자리에 종사하면 소득에 부과되는 세금과 사회적 부담금을 적게 내면서 월 400유로까지 벌 수 있었다. 물론 이 경우 사회보장급여도 자연히 적게 받게 된다. 2010년경 약 7백만 명이 이러한 한계 일자리를 차지하고 있었고 그들 중 대부분은 여성이었다(Hassel, 2014).

이런 정책으로 독일의 여성 및 전체 고용 수준이 유럽의 평균에 이르게 되었다. 그러나 제조업 분야에서 좀 더 안정적인 지위를 가진 일자리와 동시에 불안정 고용이 주를 이루는 2차노동시장이 큰 규모로 창출되는 것을 그 비용으로 지불해야 했다(Thelen, 2014; hassel, 2006). 이 조치는 고용활성화에 초점을 맞추면서 사회 투자에 대해서는 오로지 구직에 대한 지원을 주로 확대하는 정도에 그쳤으며 노동력의 숙련도를 향상시키는 데에는 별로 해당되는 것이 없었다. 그럼에도 여성 노동자들의 투표권을 겨냥한 경쟁을 의식하여, 보육 시설의 확대와 부모육아휴직의 연장을 추진한 2006년 라이엔von der Leyen 개혁과 같이 몇몇 다른 형태의 사회 투자 정책을 추진하기도 하였다.

이런 맥락에도 불구하고 2000년 이후 독일 경제가 주목할 만하게 성공한 비결은, 조정된 임금협상을 통해 통일이 초래한 경쟁력 상실을 보전할 수 있을 정도로 단위 노동비용을 낮게 책정하여 효율성을 확보한 것이다(Carlin and Soskice, 2009; Dustmann et al., 2014). 그 결과 내수와 수출에 대한 의존도가 상대적으로 균형을 이루고 있었던 기존의 성장전략을 수출에 상당히 의존하는 것으로 변화할 수 있게 되었다. 2000년 이후 10년 동안 실질임금은 거의 오르지 않았고, 강력한 긴축재정 정책은 내수를 위축시켰다. 예산이 줄어들어 공공투자는 제자리걸음이었고, 새로운 유럽 중앙은행European central bank, ECB이 경직된 통화정책을 펼쳐 실질 이자율이 높게 형성됨으로써 민간투자 수준도 난항을 겪게 되었다. 임금이 거의 오르지 않음에 따라 독일 기업들은 노동절약적인 투자에 뛰어들 유인이 거의 없었고, 생산성의 향상 정도도 낮은 수준에 머물게 된다. 임금이 2015년 이후 상승하였다고 하지만, 과연 더 많은 공공투자가 필요한지에 대한 논쟁이 지속되는 결과만을 낳았다.

3) 선거정치

새로운 성장전략을 향한 움직임은 또다시 유권자의 성향과 선거영역에서의 정당 간 배열에 의해 영향을 받게 된다. 특히 이들은 이전 시기 동안 일어났던 경제발전에 의해 제약을 받는다. 자유화 시기 성장전략에 의해 촉진된 여성의 경제활동 참가율의 증가가 특별히 중요했다.[6] 여성이 노동력으로 편입됨에 따라 그들의 정치적 선호도도 변화하였다. 전후 상당 기간 동안 여성은 종교에 있어 남성보다 좀 더 신실하였기에 기독교민주당의 집토끼였으며 대체적으로 정치적으로는 보수적이었다. 그러나 1990년대에 들어 일하는 여성들은 이미 교육 기회를 확대하는 조치들만이 아니라 보육에 대한 보조, 육아휴직, 초기아동 발달 프로그램 등에 대한 강력한 지지자가 되어 있었다. 시간제로 일하고 있는 이들은 그런 지위를 확대하는 적극적 노동시장 정책을 선호

6 한 예로 2000년경 영국의 노조 가입자 수는 남성보다 여성이 더 많았다.

하는 쪽으로 기울어졌다(Morgan, 2013; Marx and Picot, 2013). 그러므로 여성들은 사회 투자 정책을 추동하는 강력한 힘이 되며, 여성들의 표를 위한 경쟁은 그러한 정책의 확대를 추동하는 강력한 요소가 되었다. 처음에는 여성 중 상당수가 사민당에 충성심을 보였기에 사민당이 이러한 발전의 수혜자였었다. 그렇지만 2000년대가 되었을 때는 기독교민주당 역시 라이엔 개혁Leyen reforms과 같은 정책들로 여성의 표를 구하고 있었다(Seeleib-Kaiser et al., 2008).

교육이나 건강, 기업 서비스 등 사회문화 부문에 종사하는 전문가들의 수가 증가함으로써 직업의 구조 자체가 변한 것도 사회 투자에 대하여 선거 시기에 압박을 가하는 요인이 되었다. 현재 가장 발전된 선진 민주주의 국가들에서는 이들 직업군에 있는 사람들이 전체 유권자의 15~20%에 달한다. 아마도 그들의 일이 사람 간 상호소통을 높은 수준으로 요구하기 때문에, 교육이나 보육에 대한 투자의 지지도가 산업노동자 계급에 비해 더 높다(Kitshelt and Rehm, 2014; Ginglich and Häusermann, 2015; Marx and Picot, 2013; Beramendi et al., 2015). 그러므로 중도우파와 좌파 주류 정당들은 사회 투자 정책을 옹호함으로써 일하는 여성과 사회문화 분야의 전문가들과 선거 연합을 구축하고 싶어 했다.

그러나 지난 20년간의 선거 지형은 지식경제를 지향하는 성장전략에 전적으로 우호적이지만은 않았다. 많은 나라에서 중도우파와 중도좌파 사이의 경제적 플랫폼의 구분점이 사라지기 시작하였기에, 오랫동안 지속되어 왔던 유권자의 충성도가 약해졌고 문화적 이슈들의 분화가 주류 정당들의 선거 연합에 틈이 벌어지게 하였다.[7] 이로써 그들 정당이 끌어들였던 유권자의 비중은 점차 줄어들게 되고, 정당 체제는 좀 더 분열되기 시작했으며, 정당 간 경쟁은 플랫폼 뒤에서 예외적인 연합을 만들어 내는 것에 점점 더 그 기반을 두게 된다(Mair, 2013).

....

7 정당의 정체성이 유권자의 양극화 속에서 불쑥불쑥 나타나는 미국은 이런 경향에서 뚜렷한 예외에 해당한다.

이런 맥락에서 유권자 중 제법 큰 규모가 지식기반 성장의 경제적 게슈탈트를 받아들인다면 정부는 그러한 전략을 추진하는 것이 가능할 수도 있다. 어떤 분석가들은 정당들이 한편으론 사회문화 분야의 전문가들, 그리고 다른 한편으론 사회 투자 정책으로 인해 당장은 혜택을 보지 않지만 자녀에 대해 높은 기대감을 가진 투표권자와 함께 지식기반 성장으로부터 수혜를 입는 이들 사이에 연합을 구축할 수 있을 것이라는 근거하에 그러한 가능성에 대해 매우 낙관적이다(Iversen and Soskice, 2019). 그런 연합은, 남부 유럽의 대부분 국가들처럼 영세기업과 저숙련 노동자가 유권자의 대부분을 형성하는 나라들보다, 북유럽의 국가들처럼 상대적으로 선진적 경제권인 나라들에서 좀 더 현실화될 것이다(Beramendi et al., 2015).

그러나 최근의 경제발전은 국제적으로 상호의존적인 지식경제에서 혜택을 기대하는 사람들과 그로 인해 손해를 본다고 느끼는 사람들 사이에 새로운 유권자 분열electoral cleavage을 낳았다(Kriesi et al., 2008; Hooghe and Marks, 2008). 글로벌 차원의 아웃소싱과 숙련에 경도된 기술상의 변화는, 보수는 좋으나 루틴한 직업들을 없애고 있으며 또한 이 정책들로 인해 다른 많은 직업들도 불안정하게 만들고 있다. 서유럽 유권자의 거의 5분의 1 가까이가 스스로를 이 새로운 경제에서의 패배자라고 보고 있을 정도이다. 그 결과는 '통합 균열integration cleavage'인데 이는 물질적 이해의 차이에 뿌리를 두고 있다. 그것의 한쪽 편에 있는 이들은 포스트 물질주의post-materialist의 가치를 수용하는 경향이 있는 이들이며, 다른 편에 있는 이들은 좀 더 전통적인 견해를 견지하고 있는 이들이라는 점에서 상당히 강력하게 표출되는 균열이라 할 수 있다. 양쪽 진영을 가르는 핵심은 3차 교육의 경험이다. 왜냐면 3차 교육의 수혜자들은 새로운 경제에서 일자리를 얻을 것이란 전망을 갖고 있으며 좀 더 사해동포주의적인 가치를 갖기 때문이다. 지식에 기반한 성장은 도시 클러스터에 풍요를 집중시키는 경향이 있어 소도시나 농촌지역으로부터 양질의 직업들을 빼내므로 이러한 균열에는 지역적 차원도 존재한다. 이런 지역적 네트워크 효과가 선거에 있어서 결정적 지점을 더욱 명확하게 해 준다(Morreti, 2012).

이런 균열의 한쪽에는 종종 노동자계급 중에서 중도우파나 중도좌파를 현상유지자로 인식하고 그로부터 떨어져 나와 정치적인 스펙트럼상 극우나 극좌에 있는 새로운 정당으로 옮겨 가는 많은 투표권자가 있다. 비록 이러한 급진적인 정당이 출현하여도 이것이 정부로 하여금 지식기반 성장전략을 지지하는 세력을 규합하지 못하게 할 정도는 아닐 것이다. 그러나 비례대표에 기반한 선거제를 가지고 있는 국가에서는 집권을 위한 연립정부 구성이 더 어렵게 되고, 다수대표제를 채택하고 있는 국가에서는 공존하고 있는 불만 집단들에 의해 다수당 내 당파 투쟁이 강화될 것이다. 결과적으로 정부가 지식기반경제를 발전시켜 나가는 주도권, 그러나 어떤 이들은 불이익에 처하게 될 지도 모르는 그 주도권을 채택하는 것이 점점 더 어려워진다. 가장 최선은, 이런 정치적인 발전으로 인해 극우파 정당들이 사회적 보호를 주장하면서도 보호무역을 옹호하며 지식기반경제 시기의 경제적 도전에 강력하게 대응하는 것을 지연시키는 정도가 될 것이다. 하지만 최악은, 지식기반 경제성장의 시기에 열등한 자격을 지닌 사람들에게 좋은 일자리를 제공하는 새로운 방법들을 찾지 못함으로써 전 지구적 경제 통합에 적대적이면서 사회적 투자보다 사회적 소비에 더 열중하는 대중영합적인 정치 후보자들이 집권하게 되는 것이다. 새로운 기술 혁명에 의해 발생하는 직업 세계의 혼란 속에서, 거의 반영구적인 소수자 집단들이 풍요로부터는 멀어질 수 있다는 전망은 정치적 혼란을 초래할 위협이 될 수 있다(Gidron and Hall, 2019).

5. 결론

경제성장에 대한 요구는 전후 모든 시기에 거의 상수였지만, 선진 민주주의 국가들이 취한 성장전략은 시간이 지나면서 극적으로 변화되었다. 현대화 시기에는, 프랑스나 영국처럼 적극적인 국가 개입을 활용하거나, 아니면 스웨덴이나 독일처럼 생산자집단에 의해 협력을 관리해 나가는 규칙들을 잘 연결시키거나, 결국 어떤 식으로든 각국 정부들은 나름대로 시장의 작동을 제약해 나갔다. 이 시기 정부는, 시장이란 더 넓은 사회적 질서 내에 자리잡아야 한다고 확신하였기에 사회정책을 통해 복지국가의 기반을 만들어 갔다. 이어지는 자유화 시기에는, 성장전략은 이러한 수단들에서 후퇴하여 노동, 자본, 그리고 상품 등의 시장에서 경쟁을 발달시켜 나갔다. 정부는 민영화, 공공 서비스의 위탁, 좀 더 강도 높은 시장 경쟁, 그리고 탈중앙화된 임금협상 등을 옹호하였다. 이제 지금의 지식 기반 성장 시기의 성장전략은 새로운 기술과 벤처캐피탈, 노동력의 기술에 대한 사회적 투자 등을 촉진하는 쪽으로 다시 이동하고 있다.

이들 각각의 성장전략은 실제 경제가 어떻게 발전하느냐에 대한 반응이었다. 그러나 이러한 반응은 경제적 사건들을 해석하는 경제적 게슈탈트의 변화나 성장전략을 위한 연합이 만들어지는 선거정치 영역에서의 변화에 의하여 매개되었다. 경제정책을 만든다는 것은 생산자집단과 유권자들 두 집단 내에서 연합을 만들어 내는 것을 포함하고 있다. 나는 이 장을 통해 선거의 영역에서 구축되는 연합에 초점을 맞추었다. 조합 가능한 연합의 형태는 시간이 지나면서 변화하는 정치적 균열에 의해 조건지어지는데, 종종 이것은 이전 성장체제하에 발전된 것의 결과물이다. 그러므로 현대화 시기의 경제정책은 계급 균열class cleavage에 의해 지배되는 선거 경쟁에 의해 진전되었던 반면, 자유화 시기에는 그러한 균열이 쇠퇴하고 이들을 가로질러 잘라내는 가치 균열values cleavage이 부상함으로써 성장전략에 있어 자유방임적인 선거판이 제공되었다. 지식기반경제라는 현재의 시기에서는 새로운 전략의 성공은 다시 한번 정부가 새로운 연합을 어떻게 조성하느냐 하는 그들의 역량에 좌우될 것이다. 그러나 지식경제의 공정성에 의문을 제기하는 초기 단계의 통합 균열integration cleavage이 부상함에 따라 정치 공간은 더욱 분열적이 되고 그 흔적은 선명하게 남을 것이다. 정부는 바로 그러한 정치 공간 속에서 연합을 만들어 내야 한다.

이런 종류의 조사에서는 반드시 약간의 풀리지 않은 의문이 남게 된다. 필자는 이러한 성장에 대한 요구로 빚어지는 지속 가능성이라는 중요한 이슈를 다루지 않았고 또한 선거전략의 진화 속에서 생산자집단이 담당하게 되는 중요한 역할에 대해서도 거의 말하지 않았다.[8] 필자는 국가별로 차이가 확산되는 지점보다는 시간이 지나면서도 공통적으로 나타나는 변화에 초점을 두었다. 그렇기에 향후 더 면밀한 관찰을 하면 자본주의의 다양성이라고 정의되는 제도적 특징들 속에 뿌리를 두고 있는 국가별 조정 경로를 발견할 수 있을 것이다. 그러나 필자는 여기에서의 분석으로 제2차 세계대전 이후 선진 민주주의 국가들의 성장전략이 어느 정도 변했느냐만이 아니라, 경제와 정치가 그러한 변화를 이끌어 내기 위해 어떻게 결합하는지를 밝히는 데에도 기여하기를 바란다.

감사의 글

필자의 연구를 효과적으로 지원해 준 노암 기드론Noam Gidron과 조지 에반스Georgie Evans, 그리고 이 장의 초기 원고에 논평을 해 준 피터 고우레비치Peter Gourevitch, 데보라 매버트Deborah Mabbett, 다니 로드릭Dani Rodrik, 발트라우트 셸클Waltraud Schelkle과 로즈메리 테일러Rosemary Taylor에게 감사를 표한다. 또한 연구가 진행되는 동안 재정적인 지원을 해 준 프린스턴 대학Princeton University과 러셀 세이지 재단Russell Sage Foundation에게도 감사를 표한다.

8 지속 가능성에 대해서는 히르슈(Hirsch, 1978)와 OECD(2001) 참조. 또한 생산자집단 정치를 직관력 높게 다룬 것으로는 해커와 피어슨(Hacker and Pierson, 2010), 컬페퍼(Culpepper, 2011), 텔렌(Thelen, 2014), 텔렌Thelen이 집필한 이 책 6장과 마틴Martin이 집필한 이 책 7장 참조.

참고문헌

Aghion, P. and Howett, P. 2008. *The Economics of Growth*. Cambridge, MA: MIT Press.

Antràs, P., Garicano, L., and Rossi-Hansberg, E. 2006. "Offshoring in a Knowledge Economy." *Quarterly Journal of Economics* 121(1): 31-77.

Autor, D. H. and Dorn, D. 2013. "A Theory of Low-Skill Jobs and the Polarization of the U.S. Labor Market." *American Economic Review* 103(5): 1553-97.

Baccaro, L. and Pontusson J. 2016. Rethinking Comparative Political Economy: The Growth Model Perspective. *Politics & Society* 44(2): 175-207.

Becker, G. S. 1964. *Human Capital*. New York: Columbia University Press.

Beer, S. H. 1969. *Modern British Politics*. New York: Norton.

Beer, S. H. 1982. *Britain Against Itself. The Political Contradictions of Collectivism*. New York: Norton.

Beramendi, P., Häusermann, S., Kitschelt H., and Kriesi, H. P. eds. 2015. *The Politics of Advanced Capitalism*. New York: Cambridge University Press.

Berger, S. 1981. "Lame Ducks and National Champions: Industrial Policy in the Fifth Republic." In *The Fifth Republic at Twenty*, edited by E. Andrews and S. Hoffmann. Albany: SUNY Press, 292-10.

Berger, S. 2005. *How We Compete*. New York: Broadway Business.

Berger, S. and Dore, R. 1996. *National Diversity and Global Capitalism*. Ithaca: Cornell University Press.

Beveridge, W. 1942. *Social Insurance and Allied Services*. London: HMSO.

Block, F. 2011. *State of Innovation: The US Government's Role in Technology Development*. New York: Paradigm.

Boltanski, L. and Chiapello, E. 2007. *The New Spirit of Capitalism*. London: Verso.

Bonoli, G. 2005. The Political Economy of Active Labor Market Policy. *Politics Society* 37 (4): 435-57.

Boyer, R. 1990. *The Regulation School: A Critical Introduction*. New York: Columbia University Press.

Breznitz, D. 2007. *Innovation and the State: Political Strategies for Growth in Israel, Taiwan and Ireland*. New Haven: Yale University Press.

Brittan, S. 1971. *Steering the Economy*. Harmondsworth: Penguin.

Brynjolfsson, E. and McAfee, A. 2014. *The Second Machine Age*. New York: Norton. Busch, A. 2008. *Banking Regulation and Globalization*. Oxford: Oxford University Press.

Busemeyer, M. 2015. *Skills and Inequality: Partisan Politics and the Political Economy of Education Reforms in Western Welfare States*. New York: Cambridge University Press.

Callaghan, H. and Höpner, M. 2005. "European Integration and the Clash of Capitalisms: Political Cleavages over Takeover Liberalization." *Comparative European Politics* 3(3): 307-32.

Cameron, D. 1984. "Social Democracy, Corporatism, Labor Quiescence and the Representation of Economic Interest in Advanced Capitalist Society." In *Order and Conflict in Contemporary Capitalism*, edited by J. Goldthorpe. Oxford: Oxford University Press.

Carbonnier, C., Palier, B. and Zemour, M. 2014. Tax Cuts or Social Investment: Evaluating the Opportunity Costs of the French Employment Strategy. LIEFF Working Paper, Sciences Po, Paris.

Carlin, W. and Soskice, D. 2009. "German Economic Performance: Disentangling the Role of Supply-side Reforms, Macroeconomic Policy and Coordinated Economy Institutions." *Socio-Economic Review* 7(1): 69-99.

Centeno, M. A. and Cohen, J. N. 2012. "The Arc of Neoliberalism." *Annual Review of Sociology* 38: 317-40.

Clark, T. N. and Lipset, S. M., eds. 2001. *The Breakdown of Class Politics: A Debate on Post-Industrial Stratification*. Baltimore: Johns Hopkins University Press.

Cohen, S. S. 1977. *Modern Capitalist Planning: the French Model*. Berkeley: University of California Press.

Crafts, N. and Toniolo, G. eds. 1996. *Economic Growth in Europe since 1945*. Cambridge: Cambridge University Press.

Crosland, C. A. R. 1956. *The Future of Socialism*. London: Jonathan Cape.

Crouch, C. 2011. *The Strange Non-Death of Neoliberalism*. Cambridge: Polity Press.

Crouch, C. and Pizzorno, A. eds. 1978. *The Resurgence of Class Conflict in Western Europe*. London: Macmillan.

Crozier, M., Huntington, S.P. and Watanuki, J. 1974. *The Crisis of Democracies*. New York: New York University Press.

Culpepper, P. D. 2003. *Creating Cooperation: How States Develop Human Capital in Europe*. Ithaca: Cornell University Press.

Culpepper, P. D. 2005. "Institutional Change in Contemporary Capitalism: Coordinated Financial Systems since 1990." *World Politics* 57(2): 173-99.

Culpepper, P. D. 2009. "The Politics of Common Knowledge: Ideas and Institutional Change in Wage Bargaining." *International Organization* 62(1): 1-33.

Culpepper, P. D. 2011. *Quiet Politics and Business Power: Corporate Power in Europe and*

Japan. New York: Cambridge University Press.

Dalton, R. J., Flanagan, S. C. and Beck, P. A. eds. 1984. *Electoral Change in Advanced Industrial Democracies: Realignment or Dealignment?* Princeton: Princeton University Press.

Deeg, R. 1999. *Finance Capitalism Unveiled: Banks and the German Political Economy*. Ann Arbor: University of Michigan Press.

Deeg, R. 2010. "Industry and Finance in Germany since Reunification." *German Politics and Society* 28(2): 116-29.

Dicken, P. 2015. *Global Shift: Mapping the Changing Contours of the World Economy*. Seventh Ed. London: Guilford.

Dobbin, F. 1997. *Forging Industrial Policy: The United States, Britain and France in the Railway Age*. New York: Cambridge University Press.

Dolvik, J. E., Goul Andersen, J. and Variainen, J. 2015. "The Nordic Social Models in Turbulent Times: Consolidation and Flexible Adaptation." In *European Social Models from Crisis to Crisis*, edited by J. E. Dolvik and A. Martin. Oxford: Oxford University Press, 246-86.

Dornbusch, R. 1990. "The New Classical Economics and Stabilization Policy." *American Economic Review* 80(2): 143-7.

Dosi, G., Pavitt, K. and Soele, L. 1990. *The Economics of Technical Innovation and International Trade*. Turin: LEM Books.

Dustmann, C., Fitzenberger, B., Schönberg, U. and Spitz-Oener, A. 2014. "From Sick Man of Europe to Economic Superstar: Germany's Resurgent Economy." *Journal of Economic Perspectives* 28(1): 167-88.

Eichengreen, B. 1996. "Institutions and Economic Growth: Europe after World War II." In *Economic Growth in Europe since 1945*, edited by N. Crafts and G. Toniolo. Cambridge: Cambridge University Press, 38-72.

Elbaum, B. and Lazonick, W. eds. 1985. *The Decline of the British Economy*. New York: Oxford University Press.

Ellis, J. 1998. *Voting for Markets or Marketing for Votes? The Politics of Neoliberal Economic Reform*. Doctoral Dissertation, Department of Government, Harvard University.

Espeland, W. N. and Sauder, M. 2007. "Rankings and Reactivity: How Public Measures Recreate Social Worlds." *American Journal of Sociology* 113(1): 1-40.

Esping-Andersen, G. 1990. *Three Worlds of Welfare Capitalism*. Princeton: Princeton University Press.

European Union. 2000. Presidency Conclusions, Lisbon European Council 23-4 March http://www.consilium.europa.eu/en/uedocs/cms_data/docs/pressdata/en/ec/00100-r1.en0.htm

Evans, G. and Tilley, J. 2012. "How Parties Shape Class Politics: Explaining the Decline of the Class Basis of Party Support." *British Journal of Political Science* 41(1): 137-61.

Evans, G. and Tilley, J. 2017. *The New Politics of Class*. Oxford: Oxford University Press.

Ferguson, N., Maier, C.S., Manela, E. and Sargent, D. J. (eds.). 2010. *The Shock of the Global: The 1970s in Perspective*. Cambridge, MA: Harvard University Press.

Fitoussi, J. P. et al. 1993. *Competitive Disinflation: The Mark and Budgetary Politics in Europe*. Oxford: Oxford University Press.

Fourcade, M. 2009. *Economists and Societies. Discipline and Profession in the United States, Britain and France, 1890s-1990s*. Princeton: Princeton University Press.

Freeman, C. and Soele, L. 1997. *The Economics of Industrial Innovation*. London: Pinter.

Gamble, A. 1994. *The Free Economy and the Strong State: The Politics of Thatcherism*. 2nd ed. Houndsmills: Palgrave Macmillan.

Giddens, A. 1998. *The Third Way: The Renewal of Social Democracy*. Cambridge: Polity.

Gidron, N. and Hall, P. A. 2019. Populism as a Problem of Social Integration. *Comparative Political Studies*. https://doi-org.ezp-prod1.hul.harvard.edu/10.1177/00104140(19879947)

Giersch, H. 1985. Eurosclerosis. Diskussionbeiträge 112. Kiel Institute for the World Economy.

Gingrich, J. and Häusermann, S. 2015. "The Decline of the Working-Class Vote, the Reconfiguration of the Welfare Support Coalition and Consequences for the Welfare State." *Journal of European Social Policy* 25(1): 50-75.

Glick, R. and Lansing, K. J. 2010. Global Household Leverage, House Prices and Consumption, Federal Reserve Bank of San Francisco Economic Letter. (January 11).

Glyn, A. and Sutcliffe, B. 1972. *British Capitalism, Workers and the Profits Squeeze*. Harmondsworth: Penguin.

Goldin, C. and Katz, L. F. 2008. *The Race between Education and Technology*. Cambridge, Ma.: Belknap Press.

Goldthorpe, J. H. 1978. "The Current Inflation: Towards a Sociological Account." In *The Political Economy of Inflation*, edited by F. Hirsch and J. H. Goldthorpe. London: Martin Robertson, 187-14.

Goldthorpe, J. H. ed. 1984. *Order and Conflict in Contemporary Capitalism*. New York: Oxford University Press.

Gomory, R. and Sylla. R. 2013. "The American Corporation." *Daedalus* 142(2): 102-18.

Gordon, R. J. 2016. *The Rise and Fall of American Growth*. Princeton: Princeton University Press.

Goyer, M. 2012. Contingent Capital: Short-Term Investors and the Evolution of Corporate Governance in France and Germany. Oxford: Oxford University Press.

Grossman, G. and Helpman, E. 1993. *Innovation and Growth in the Global Economy*. Cambridge Ma: MIT Press.

Hacker, J. and Pierson, P. 2010. *Winner Take All Politics*. New York: Simon and Schuster.

Hall, P. A. 1986. *Governing the Economy.* Oxford: Polity Press.

Hall, P. A. ed. 1989. *The Political Power of Economic Ideas.* Princeton: Princeton University Press.

Hall, P. A. 1993. "Policy Paradigms, Social Learning and the State: The Case of Economic Policy-Making in Britain." *Comparative Politics* 25(3): 275-96.

Hall, P. A. 1994. "Central Bank Independence and Coordinated Wage Bargaining: Their Interaction in Germany and Europe." *German Politics and Society* (Winter): 1-23.

Hall, P. A. 2005. "Preference Formation as a Political Process: The Case of Monetary Union in Europe." In *Preferences and Situations: Perspectives from Rational Choice and Historical Institutionalism*, edited by I. Katznelson and B. Weingast. New York: Russell Sage Foundation, 129-60.

Hall, P. A. 2006. "The Politics of Social Change in France." In *Changing France: The Politics that Markets Make*, edited by P. Culpepper, P. A. Hall and B. Palier. London: Palgrave Macmillan, 1-26.

Hall, P. A. 2013. "The Political Origins of our Economic Discontents." In *Politics in the New Hard Times*, edited by M. Kahler and D. Lake. Ithaca: Cornell University Press, 129-49.

Hall, P. A. 2015. "The Changing Role of the State in Liberal Market Economies." In *The Oxford Handbook of Transformations of the State*, edited by S. Leibfried et al. Oxford: Oxford University Press, 426-44.

Hall, P. A. and Franzese, Jr, R. 1998. "Mixed Signals: Central Bank Independence, Coordinated Wage Bargaining, and European Monetary Union." *International Organization* 52(3): 505-35

Hall P. A. and Lamont, M. eds. 2009. *Social Resilience in the Neoliberal Era.* New York: Cambridge University Press.

Hall, P. A. and Soskice, D. eds. 2001. *Varieties of Capitalism: The Institutional Foundations of Comparative Advantage.* Oxford: Oxford University Press.

Hall, P. A. and Thelen, K. 2009. "Institutional Change in Varieties of Capitalism." *Socio-Economic Review* 7(1): 7-34

Hancké, B. 2002. *Large Firms and Institutional Change: Industrial Renewal and Economic Restructuring in France.* Oxford: Oxford University Press.

Hansen, B. 1968. *Fiscal Policy in Seven Countries 1955-(1965).* Paris: OECD.

Hassel, A. 2006. *Wage Setting, Social Pacts and the Euro.* Amsterdam: Amsterdam University Press.

Hassel, A. 2014. "The Paradox of Liberalization: Understanding Dualism and the Recovery of he German Economy." *British Journal of Industrial Relations* 52(1): 57-81.

Heckman, J. J. and Masterov, D. V. 2007. "The Productivity Argument for Investing in Young

Children." *Applied Economic Perspectives and Policy* 29(3): 446-93.

Hemerijck, A. 2013. *Changing Welfare States*. Oxford: Oxford University Press.

Herrigel, G. 2000. *Industrial Constructions: The Sources of German Industrial Power*. New York: Cambridge University Press.

Hirsch, F. 1978. *Social Limits to Growth*. 2nd ed. London: Routledge.

Hooghe, L. and Marks, G. 2018. "Cleavage Theory Meets Europe's Crises: Lipset, Rokkan, and the Transnational Cleavage." *Journal of European Public Policy* 25(1): 109-35.

Inglehart, R. 1990. *Culture Shift*. Princeton: Princeton University Press.

Iversen, T. 1999. *Contested Economic Institutions*. New York: Cambridge University Press.

Iversen, T. 2006. "Class Politics is Dead! Long Live Class Politics! A Political Economy Perspective on the New Partisan Politics." *APSA-CP Newsletter* 17(2): 1-6.

Iversen, T. and Cusack, T. 2000. "The Causes of Welfare State Expansion: Deindustrialization or Globalization." *World Politics* 52(3): 313-49.

Iversen, T. and Soskice, D. 2009. "Distribution and Redistribution: The Shadow of the Nineteenth Century." *World Politics* 61(3): 438-86.

Iversen, T. and Soskice, D. 2015. "Democratic Limits to Redistribution: Inclusionary versus Exclusionary Coalitions in the Knowledge Economy." *World Politics* 67(2): 185-25.

Iversen, T. and Soskice, D. 2019. *Democracy and Prosperity: Reinventing Capitalism through a Turbulent Century*. New York: Oxford University Press.

Iversen, T. and Wren, A. 1998. "Equality, Employment and Budgetary Restraint." *World Politics* 50(2): 507-46.

Jabko, N. 2006. *Playing the Market: A Political Strategy for Uniting Europe, 1985-2005*. Ithaca: Cornell University Press.

Jenson, J. and Saint-Martin. D. 2003. "New Routes to Social Cohesion? Citizenship and the Social Investment State." *The Canadian Journal of Sociology* 28(1): 77-99.

Johnson, C. 1982. *MITI and the Japanese Miracle*. Stanford: Stanford University Press.

Johnson, H. 1971. "The Keynesian Revolution and the Monetarist Counter-Revolution." *American Economic Review* 61(2): 1-14.

Katz, L. F. and Murphy, K. M. 1992. "Changes in Relative Wages, 1963-87: Supply and Demand Factors." *Quarterly Journal of Economics* 107(1): 35-78.

Katzenstein, P. 1987. *Policy and Politics in Germany: The Growth of a Semi-Sovereign State*. Philadelphia: Temple University Press.

Keohane, R. O. 1978. "Economics, Inflation and the Role of the State: Political Implications of the McCracken Report." *World Politics* 31(1): 108-28.

Keohane, R. and Milner, H. eds. 1996. *Internationalization and Domestic Politics*. New York: Cambridge University Press.

Kitschelt, H. 1997. *The Radical Right in Western Europe*. Ann Arbor: University of Michigan Press.

Kitschelt, H., Lange, P. Marks. G. and Stephens, J. eds. 1999. *Continuity and Change in Contemporary Capitalism*. New York: Cambridge University Press.

Kitschelt, H. and Rehm, P. 2014. "Occupations as Sites of Preference Formation." *Comparative Political Studies* 47(12): 1670-06.

Kreile, Michael. 1978. "West Germany: Dynamics of Change." In *Between Power and Plenty*, edited by Peter Katzenstein. Madison: University of Wisconsin Press: 191-24.

Krieger, J. 1986. *Reagan, Thatcher and the Politics of Decline*. New York: Oxford University Press.

Kriesi, H. P., Grande, E., Lachat, R., Dolezal, M., Bornschier, S. and Frey, T. eds. 2008. *West European Politics in the Age of Globalization*. Cambridge: Cambridge University Press.

Krippner, G. 2011. *Capitalizing on Crisis*. Cambridge, MA: Harvard University Press.

Krueger, A. B. 1993. "How Computers Have Changed the Wage Structure: Evidence from Microdata, 1984-89." *Quarterly Journal of Economics* 108(1): 33-60.

Lallement, M. 2006. "New Patterns of Industrial Relations and Political Action since the 1980s." In *Changing France*, edited by P. Culpepper, P. A. Hall and B. Palier. Houndmills: Palgrave Macmillan, 50-79.

Landes, D. 1949. "French Entrepreneurship and Industrial Growth in the 19th Century." *Journal of Economic History* 9(1): 45-61.

Lazonick, W. and O'Sullivan, M. 2000. "Maximizing Shareholder Value: A New Ideology for Corporate Governance." *Economy and Society* 29(1): 13-35.

Leruez, J. 1975. *Economic Planning and Politics in Britain*. London: Martin Robertson.

Lindberg, L. M. and Maier, C. S. eds. 1985. *The Politics of Inflation and Economic Stagnation*. Washington: Brookings Institution.

Lindblom, C. 1977. *Politics and Markets: The World's Political Economic Systems*. New York: Basic.

Lipset, S. M. 1964. "The Changing Class Structure and Contemporary European Politics." *Daedalus* 93(1): 271-03.

Lord, G. 1973. *The French Budgetary Process*. Berkeley CA: University of California Press.

Lowe, W., Benoit, K., Mikhaylov, S. and Laver, M. 2011. "Scaling Policy Preferences from Coded Political Texts," *Legislative Studies Quarterly* 36(1): 123-55.

Lucas, R. E. 1988. "On the Mechanics of Economic Development." *Journal of Monetary Economics* 22(1): 3-42.

Lundvall, B. A. ed. 1992. *National Systems of Innovation*. London: Pinter.

Mair, P. 2013. *Ruling the Void: The Hollowing of Western Democracy*. London: Verso.

Manow, P. 2009. "Electoral Rules, class coalitions and welfare state regimes-or how to explain Esping-Andersen with Stein Rokkan," *Socio-Economic Review* 7(1): 101-21.

Manza, J., Hout, M. and Brooks, C. 1995. "Class Voting in Capitalist Democracies since World War II: Dealignment, Realignment or Trendless Fluctuation?" *Annual Review of Sociology* 21: 137-62.

Martin, A. 1979. "The Dynamics of Change in a Keynesian Political Economy: The Swedish Case and its Implications." In *State and Economy in Contemporary Capitalism*, edited by C. Crouch. London: Croom Helm.

Martin, C. J. and Swank, D. 2012. *The Political Construction of Business Interests*. New York: Cambridge University Press.

Marx, P. and Picot, G. 2013. "The Party Preferences of Atypical Workers in Germany." *European Journal of Social Policy* 23(2): 164-78.

McArthur, J. and Scott, B. 1969. *Industrial Planning in France*. Boston: Harvard Business School.

McNamara, K. 1998. *The Currency of Ideas*. Ithaca: Cornell University Press.

Milberg, W. and Winkler, D. 2013. *Outsourcing Economics: Global Value Chains in Capitalist Development*. New York: Cambridge University Press.

Moravcsik, A. 1998. *The Choice for Europe*. Ithaca: Cornell University Press.

Morel, N., Palier, B. and Palme, J. eds. 2012. *Towards a Social Investment Welfare State: Ideas, Policies and Challenges*. London: Policy Press.

Moretti, E. 2012. *The New Geography of Jobs*. New York: Houghton Mifflin Harcourt.

Morgan, K. J. 2013. "Path Shifting of the Welfare State: Electoral Competition and the Expansion of Work-Family Policies in Western Europe." *World Politics* 65(1): 73-115.

Mudge, S. 2011. "What's Left of Leftism: Neoliberal Politics in Western Party Systems 1945-2008." *Social Science History* 35(3): 337-80.

Mudge, S. 2018. *Leftism Reinvented: Western Parties from Socialism to Neoliberalism*. Cambridge MA: Harvard University Press.

Myles, John and Debra Street. 1994. "Should the Economic Life Course be Redesigned?" Working Paper Series, Pepper Institute on Aging and Public Policy, Florida State University.

Nölke, A. and Vliegenthart, A. 2009. "Enlarging the Varieties of Capitalism: The Emergence of Dependent Market Economies in East Central Europe." *World Politics* 61(4): 670-702.

O'Connor, J. 1979. *The Fiscal Crisis of the State*. New Brunswick NJ: Transaction.

Oesch, D. 2013. *Occupational Change in Europe: How Technology & Education Transform the Job Structure* Oxford: Oxford University Press.

Oesch, D. and Rodriguez Menés, J. 2010. "Upgrading or Polarization: Occupational Change in Britain, Germany, Spain and Switzerland. 1990-2008." *Socio-Economic Review* 9(3): 503-31.

Offe, C. 1983. "Competitive Party Democracy and the Keynesian Welfare State: Factors of Stability and Disorganization." *Policy Sciences* 15: 225-46.

Organisation for Economic Cooperation and Development. 1996. *The Knowledge-Based Economy* Paris: OECD.

Organisation for Economic Cooperation and Development. 1997. *Societal Cohesion and the Globalising Economy*. Paris: OECD.

Organisation for Economic Cooperation and Development. 2001. *Sustainable Development: Critical Issues*. Paris: OECD.

Ornston, D. 2012. *When Small States Make Big Leaps: Institutional Innovation and High Tech Competition in Western Europe*. Ithaca: Cornell University Press.

Ornston, D. 2013. "Creative Corporatism: The Politics of High-Technology Competition in Nordic Europe." *Comparative Political Studies* 46(6): 702-29.

Palier, B. 2012. Construire un Avenir de Qualité pour Tous et Toutes. Terra Nova Note 1/3, Paris.

Palier, B. and Thelen, K. 2010. "Institutionalizing Dualism: Complementarities and Change in France and Germany." *Politics & Society* 38(1): 119-48.

Palley, T. 2018. "Three Globalizations, Not Two: Rethinking the History and Economics of Trade and Globalization." *European Journal of Economics and Economic Policy* 2: 174-92.

Piore, M. and Sabel. C. 1984. *The Second Industrial Divide*. New York: Basic Books.

Pontusson, J. 1992. *The Limits of Social Democracy: Investment Politics in Sweden*. Ithaca: Cornell University Press.

Pontusson, J. and Swenson, P. 1996. "Labor Markets, Production Strategies, and Wage Bargaining Institutions: The Swedish Employer Offensive in Comparative Perspective." *Comparative Political Studies* 29(3): 223-50.

Powell, W. W. and Snellman, K. 2004. "The Knowledge Economy." *Annual Review of Sociology* 30: 199-20.

Prasad, M. 2006. *The Politics of Free Markets*. Chicago: University of Chicago Press.

Przeworski, A. and Sprague, J. 1986. *Paper Stones: A History of Electoral Socialism*. Chicago: University of Chicago Press.

Przeworski, A. and Wallerstein, M. 1982. "The Structure of Class Conflict in Democratic Capitalist Societies." *American Political Science Review* 76(2): 215-38.

Rabinowitz, G. and Macdonald, S. E. 1989. "A Directional Theory of Issue Voting." *American Political Science Review* 83(1): 93-121.

Rajan, R. 2010. *Fault Lines: How Hidden Fractures Still Threaten the World Economy*. Princeton: Princeton University Press.

Regan, A. 2014. *The Rise and Fall of Irish Social Partnership*. Doctoral Thesis. University College Dublin.

Riddell, P. 1991. *The Thatcher Era and its Legacy*. Oxford: Basil Blackwell.

Rodrik, D. 1997. *Has Globalization Gone Too Far?* Washington: Institute for International Economics.

Romer, P. M. 1990. "Endogenous Technological Change." *Journal of Political Economy* 98(5): S71-102.

Sally, R. 2007. "The Social Market and Liberal Order: Theory and Policy Implications." *Government and Opposition* 29(4): 461-76.

Sandbrook, D. 2010. *State of Emergency: The Way We Were. Britain. 1970-1974* London: Allen Lane.

Scharpf, F. 2000. "Economic Changes, Vulnerabilities and Institutional Capabilities." In *Welfare and Work in the Open Economy: From Vulnerability to Competitiveness*, edited by F. Scharpf and V. Schmidt. Oxford: Oxford University Press, 21-124.

Schmitter, P. and Lehmbruch, G. eds. 1979. *Trends toward Corporatist Intermediation*. Beverly Hills: Sage.

Schnyder, G. 2012. "Like a Phoenix from the Ashes? Reassessing the Transformation of the Swedish Political Economy since the 1970s." *Journal of European Public Policy* 19(8): 1126-45.

Seeleib-Kaiser, M., van Dyuk, S. and Roggenkamp, M. 2008. *Party Politics and Social Welfare: Comparing Christian and Social Democracy in Austria, Germany and the Netherlands*. Cheltenham: Edward Elgar.

Servan-Schreiber, J. J. 1969. *The American Challenge*. New York: Avon.

Sewell, W. H. 2005. *Logics of History: Social Theory and Social Transformation*. Chicago: University of Chicago Press.

Sewell, W. H. 2008. "The Temporalities of Capitalism." *Socio-Economic Review* 6(3): 517-37.

Shonfield, A. 1958. *British Economic Policy since the War*. London: Penguin.

Shonfield, A. 1969. *Modern Capitalism*. Oxford: Oxford University Press.

Stein, J. L. 1981. "Monetarist, Keynesian and New Classical Economics." *American Economic Review* 71(2): 139-44.

Stevens, H. 2012. "La Régime de l'Auto-Entrepreneur: Une Alternative Désirable au Salariat?" *Savoir/agir* 21 (September): 21-8.

Stilwell, F. 2006. *Political Economy: The Contest of Ideas*. 2nd ed. Oxford: Oxford University Press.

Stockman, D. 1986. *The Triumph of Politics: Why the Reagan Revolution Failed*. New York: Harper and Row.

Streeck, W. 1991. "On the Institutional Conditions for Diversified Quality Production." In *Beyond Keynesianism*, edited by E. Matzner and W. Streeck. Aldershot: Elgar, 21-61.

Streeck, W. 1994. "Pay Restraint without Incomes Policy: Institutionalized Monetarism and Industrial Unionism in Germany." In *The Return of Incomes Policy*, edited by R. Dore, R. Boyer and Z. Mars. London: Pinter, 118-30.

Streeck, W. 2009. *Re-Forming Capitalism: Institutional Change in the German Political Economy*. Oxford: Oxford University Press.

Streeck, W. 2014. *Buying Time: The Delayed Crisis of Democratic Capitalism*. London: Verso.

Swenson, P. 2002. *Capitalists against Markets*. NY: Oxford University Press.

Tassey, G. 2014. "Competing in Advanced Manufacturing: The Need for Improved Growth Models and Policies." *Journal of Economic Perspectives* 28(1): 27-48.

Thatcher, M. 1999. *The Politics of Telecommunications*. Oxford: Oxford University Press.

Thelen, K. 1991. *Union of Parts: Labor Politics in Postwar Germany*. Ithaca: Cornell University Press.

Thelen, K. 2004. *How Institutions Evolve*. New York: Cambridge University Press.

Thelen, K. 2014. *Varieties of Liberalization and the New Politics of Social Solidarity*. New York: Cambridge University Press.

Thelen, K. and van Wijnbergen, C. 2003. "The Paradox of Gobalization: Labor Relations in Germany and Beyond." *Comparative Political Studies* 36(8): 859-80.

Timmer, M. P., Inklaar, R., O'Mahony, M. and van Ark, B. 2011. "Productivity and Economic Growth in Europe: A Comparative Industry Perspective." *International Productivity Monitor* 21: 3-23.

Trumbull, G. 2004. *Silicon and the State: French Innovation Policy in the Internet Age*. Washington: Brookings Institution.

Van Ark, B., O'Mahony, M. and Timmer, M. P. 2008. "The Productivity Gap between Europe and the United States: Trends and Causes." *Journal of Economic Perspectives* 22(1): 25-44.

Wood, A. 1994. *North-South Trade, Employment and Inequality: Changing Fortunes in a Skill-Driven World*. Oxford: Oxford University Press.

Woll, C. 2008. *Firm Interests: How Governments Shape Business Lobbying on Global Trade*. Ithaca: Cornell University Press.

Wren, A. ed. 2013. *The Political Economy of the Services Transition*. Oxford: Oxford University Press.

Ziegler, N. J. 1997. *Governing Ideas: Strategies for Innovation in France and Germany*. Ithaca: Cornell University Press.

Zysman, J. 1977. *Political Strategies for Industrial Order: State, Market and Industry in France*. Berkeley: University of California Press.

Zysman, J. 1983. *Governments, Markets and Growth: Financial Systems and the Politics of Industrial Change*. Ithaca: Cornell University Press.

제3장

대침체 이전과 이후 유럽의 성장모델들

루치오 바카로Lucio Baccaro
요나스 폰투손Jonas Pontusson

이 장은 '성장모델'의 개념을 중심으로 비교정치경제학에 대한 새로운 접근법을 개발하려는 지속적인 노력의 일부이다. 바카로와 폰투손Baccaro and Pontusson(2016)은 자본주의 다양성과 같이 선진 자본주의 정치경제의 국가 간 다양성에 대한 주요한 요소로서 공급 측면의 제도를 검토하는 접근을 넘어 비교정치경제학이 총수요 측면의 정치학에 더 집중해야 하는 이유를 명시한 바 있다. 포스트 케인스주의 거시경제학을 활용한 집필진의 이전 작업들은 총수요 측면의 구성과 수준이 (공급 측면 제도에 불리하게) 주요한 역할을 하는 새로운 분석틀의 구성 요소를 개략적으로 설명한 바 있으며, 이러한 새로운 분석틀이 독일, 이탈리아, 스웨덴, 영국의 1994~2007년 경제성장의 다양한 양상을 조망하는 데 어떻게 활용되는지를 기술하였다.

이번 장은 성장모델과 거시경제 정책과의 관계를 규명하기 시작함과 더불어 이 분석을 2010~14년에 이르는 대침체the Great Recession 직후 시기까지 확장함으로써 성장모델 틀의 발전에 기여하였다. 독일과 이탈리아, 스웨덴과 영국(Baccaro and Pontusson, 2016)의 사례를 통해 집필진은 네 개의 이상적인 전형적 '성장체제'(Hassel and Palier가 1장에서 제시한 정의에 따름)를 규명하였다. 독일의 경우 이 시기 동안 순수출이 수요의 주요한 동력이 되었는데 이는 내수 억제, 제도화된 임금 억제, 그리고 저평가된 실질 환율을 가능하게 해 준 유럽 단일통화 제도 등에 기인한 것이다.[1] 영국에서 수요의 팽창은 경상수지의 구조적 악화를 수용하면서도 신용에 대한 접근성을 완화하는 조치를 통해 가능했다. 스웨덴의 사례는 독일과 영국의 중간 정도에 위치하는데 독일과는 달리 임금을 억제하지 않았으며, 동시에 높은 수준의 임금 인상과 신용에 대한 접근성 완화를 통해 지속적으로 내수가 활성화되었다.

스웨덴에 존재한 두 개의 동인은 생산과 수출 구조를 더욱 다양화함으로써 가능했으며, 이는 다시 제조업 중심성을 완화하고, 첨단 서비스를 강화하는 변화와 연결되었다. 마지막으로 이탈리아의 사례는 경기침체에 해당하는데, 이는 극도로 어려운 배경 조건과 유럽 단일통화 가입을 통해 고평가된 환율을 수용하는 선택이 결합된 결과로 보인다.

집필진의 실증분석은 기술descriptive분석 수준에 머무르며 바카로와 폰투손(2016)에 포함된 4개 국가 사례에 한정되지만 분석 기간을 대침체 직후부터 시작하도록 확장하였다. 집필진은 먼저 임금주도 성장의 위기에 대한 정형화된 설명을 제공하는 것으로 시작해서 네 국가의 사례를 예시로 한 포스트 포드주의 대안이 표준적인 거시경제학 틀에서 어떻게 개념화될 수 있는지 설명하였다. 집필진은 실증 자료를 활용하여 위기 이전의 성장 궤적의 근거를 제시한 후, 대침체가 이들 궤적에 어떤 영향을 미쳤는지 살펴보았다. 이와 같은 배경으로 위기에 대한 거시경제 정책적 대응에 있어서 국가 간 차이를 고려하였으며, 최종적으로 1994~2014년 기간 동안 고용과 부가가치의 분야별 구성이 어떻게 변화해 왔는지 분석하였다.

1 이 책 12장의 아블리아시 외와 달리, 이 장의 집필진은 독일이 항상 수출주도적인 성장모델이었다고 생각하지 않는다. 통일 전에는, 조정된 임금협상 체계가 실질임금을 제조업과 서비스업 모두에 걸쳐 노동생산성에 맞추어 상승하는 것을 보증했으며, 따라서 내수를 진작하는데 기여했다. 그런 상황에서도, 수출은 여전히 독일 경제에서 혁신과 생산성 향상의 중요한 동기였다(Baccaro and Pontusson, 2016; Baccaro and Benassi, 2017 참조).

1. 임금주도 성장의 위기

바카로와 폰투손(2016)은 이탈리아의 불황이 사용 가능한 포스트 포드주의 성장동력을 찾지 못한 결과인 데 비해, 독일의 최근 경향을 통해 상세히 살펴본 수출주도 성장, 영국을 통해 살펴본 소비주도 성장, 스웨덴의 사례에서 보여 준 바와 같이 가계 소비의 성장과 균형을 맞춘 수출주도 성장이 임금주도 포드주의 성장의 위기에 대한 세 개의 각기 다른 대표적인 대응이라고 주장하였다.

임금주도 모델과 이들의 포스트 포드주의 계승자의 기본적인 성질을 묘사하기 위해 우리는 조절학파와 포스트 케인스주의 경제학, 특히 신칼레키 경제학에 의존하였다(Boyer, 1990; Boyer, 2015; Lavoie and Stockhammer, 2013; Storm and Naastepad, 2012). 임금주도 성장모델에서 성장은 실질임금 상승, 특히 생산성보다 빠른 실질임금 증가 경향에 의해 발생하는데, 이는 GDP에서 임금의 기여가 증가하는 것을 의미한다. 노동생산성을 통제한 상태에서, 노동 수입이 증가하는 경우 수입의 일부만 저축에 쓰이고 훨씬 많은 부분이 소비되는 것이 일반적인 경향이기 때문에 실질임금의 상승은 가계 소비를 촉진함으로써 임금주도 성장모델에서 GDP를 확장시키는 효과가 있다.

더 나아가, 투자가 수요의 증가 전망에 긍정적으로 반응할 뿐만 아니라 수익률에 과도하게 민감하지 않은 경우, 투자 역시 촉진될 수 있다. 동시에, 임금 분배율의 상승(실질 단위 노동비용의 증가)은 순수출의 감소와 경쟁력의 손실로 이어질 수 있다. 하지만, 경제가 충분히 활성화되어 있거나, 혹은 순수출이 가격 경쟁력에 매우 민감하지 않다면,[2] 순외부수요의 감소와 연동되어 있는 불황 요소는 (소비와 투자를 포함한) 여타 요소들의 집합적 확장 효과에 의해 충분히 상쇄되고도 남는다.

....

2 구체적으로, 마샬-레너 조건Marshall-Lerner condition이 충족하지 않는 경우이다(Carlin and Soskice, 2015: 385-386 참조).

계량경제 분석에 따르면 이 장에서 검토한 네 개 국가-독일, 이탈리아, 스웨덴, 영국-는 모두 전후 대부분의 시기 동안 임금주도 모델에 해당한다(Onaran and Obst, 2015 및 인용 문헌, Onaran and Galanis, 2014 참조). 명확한 반환점을 특정하기는 어렵지만 임금주도 성장을 촉진하는 조건들은 경제가 세계화되면서 풀리기 시작했다. 임금조정이 임금주도 경제에서 디플레이션을 유도하는 효과가 있지만, 국제 통상의 증가와 함께 그와 같은 효과는 달라질 수 있다. 통상 개방성이 증가하면 임금조정은 순수출을 촉진하고 결과적으로 확장 효과를 갖게 되며, 이는 다시 내수 위축 효과를 상쇄할 수 있다. 수출 부문이 충분히 커지게 되면 어느 순간 성장모델은 임금주도에서 수출주도로 전환할 수 있다(Bhaduri and Marglin, 1990).

뿐만 아니라 자본 이동에 대한 제한을 해제함으로써 자본 투자가 이윤율에 더욱 민감해졌다. 금융억압financial repression 시도들, 즉 국제시장에서 통용되는 것보다 낮은 이율로 자본을 보상하는 것이 자본 유출을 유도함으로 인해 사실상 가용하지 않게 되었다. 1990년대 초기에 이르러 자본 이동의 제한은 모든 곳에서 철폐되었으며 자본시장은 완전히 자율화됨으로써(Chwieroth, 2010; Frieden, 2006) 임금주도 성장의 또 다른 촉진 조건이 제거되었다.

마지막으로, 인플레이션 지향적인 중앙은행으로의 일반적인 이행은 실질임금 상승에 기반한 성장모델의 가능성을 한층 약화시켰다(Storm and Naastepad, 2012). 포스트 케인스주의 거시경제학은 경제에 유휴 역량이 있음을 가정하고 있을뿐만 아니라 수요의 확장을 직면한 기업이 가격을 올리기보다 공급을 늘리는 방식으로 대응한다고(Lavoie, 2014) 가정하므로, 수요 확장에 따른 인플레이션 경향성을 과소평가하는 경향이 있다. 사실상, 임금주도 성장은 고질적인 인플레이션 문제로 인해 훼손되었으며, 이는 다시 그 기저에 있는 분배의 갈등 문제를 드러내 보여 주는 것이었다. 노동조합은 명목임금 인상을 요구했지만 과점시장의 기업들은 상품 가격을 올림으로써 수익을 보호하였다. 통화정책 완화는 임금-물가 상승의 나선형 구조를 만들어 내는 데 일조했다(Armstrong, Glyn and Harrison, 1991).

중앙은행이 독립하면서, 인플레이션을 통제하는 것이 거시경제 정책의 궁극적인 목적이 되었다. 독립적인 중앙은행은 임금협상에 따라 중앙은행이 평가하기에 평형 상태, 즉 '비가속 인플레이션 실업률non-accelerating inflation unemployment rate, NAIRU' 예측과 부합하지 않는 임금조정이 이루어질 때마다 수요를 줄이기 위해 이자율을 활용해 왔다. NAIRU에 기반한 거시경제학은 평형 상태와 고용은 고용시장의 공급측 동력에 의해 결정된다고 가정한다. 특히 제도 경직성은 NAIRU와 이에 부합하는 생산량의 평형상태 수준을 (노동자의 유보 임금을 인상함으로써) 증가시키는(Carlin and Soskice, 2015; Storm and Naastepad, 2012) 반면, 중앙집중적 혹은 조직된 단체교섭을 통해 제도화된 임금조정이나 경직성의 완화는 반대의 효과를 낳는다. 노동자와 노동조합이 고용주가 제시한 기대 수준에 부합하지 않는 실질임금 요구안을 고집한다면, (필립스 곡선이 장기적으로는 수직이 될 것이므로) 곧바로 인플레이션이 뒤따른다. 인플레이션의 가속화에 선제적으로 대응하기 위해 중앙은행은 이자율을 높임으로써 총수요를 억제하는 방식으로 개입한다. 이와 같은 움직임은 실업률을 끌어올리고 노동조합의 명목임금 관련 요구를 완화할 수 있다.

표준적인 신케인스주의 체계에서 총수요는 생산성에 영향을 미치지 않는다. 대신 포스트 케인스주의 체계에서는 수요를 촉진하는 임금성장과 경제의 생산 잠재력 사이에 피드백 효과가 있는 것으로 알려져 있다. 예를 들어 스톰과 나스테파트(Storm and Naastepad, 2012)는 수요 팽창은 규모의 경제에 유리하며 투자를 촉진한다고 했다. 투자는 다시 최신 기술의 변화를 동반한다. 더 나아가, 그들은 임금 인상이나 노동시장 보호가 자본심화capital deepening(즉, 상대적으로 비싼 노동력을 상대적으로 값싼 자본으로 대체하는 것)에 의해서, 그리고 노동자의 협력이나 충성도를 이끌어 내는 방식으로 노동생산성에 긍정적인 영향을 미친다고 주장한다.[3] 다시 말해서, 포스트 케인스주의 거시경제 모형에 따르면 총수요가 총공급을 (최소한 일부라도) 만들어 낸다. 노동조합이 자

3 이 과정은 효율성 임금 관련 문헌에서도 강조된 바 있다. 애컬로프(Akerlof, 1982), 샤피로와 스티글리츠(Shapiro and Stiglitz, 1984)

신에게 유리한 방식으로 소득분포를 바꾸려고 할 때, 노동조합은 임금분배율의 분모, 즉 GDP를 증가시킬 수 있는 일련의 장치들(투자 촉진, 생산성 향상)을 동원해야 한다. 인플레이션의 수준은 결과적으로 높을 수 있지만 포스트 케인스주의 거시경제에 NAIRU-모형이 예측한 바와 같은 무한 가속 인플레이션은 존재하지 않는다.

집필진은 NAIRU 기반 거시경제가 '수행적performative' 효과, 즉 분석하고자 하는 현실을 구현하는데 기여하는 효과를 가지고 있다고 주장한다.[4] 대침체 전 전세계의 중앙은행은 NAIRU 체계를 전적으로 받아들였다(Carlin and Soskice, 2015).

이는 인플레이션을 유발하는 임금 교섭의 징후가 있을 때마다, 특히 물가안정을 강조할 때(독일 연방은행이나, 이후 ECB의 사례와 같이), 중앙은행이 이자율과 실업을 올리려 한다는 것을 의미한다. 이는 모든 종류의 임금 투쟁이 자멸하도록 만들었고, 노동조합(누구보다 먼저 독일 노동조합)은 결국 임금조정이 가장 효과적인 전략이었음을 알게 만들었다(Scharpf, 1991; Streeck, 1994). 임금주도 성장모델의 경우 이와 같은 변화는 잠정적으로 불충분 수요의 문제를 야기하였고, 대안적인 ('포스트 포드주의') 성장동력을 찾는 데 노력을 집중하였다. 대침체 이전 일반적으로 동의된 바에 따르면 자산 가격이 임금이나 다른 물가보다 덜 부진하며, 따라서 시장에 의해 더 잘 통제되기 때문에 중앙은행은 (주택 가격 거품과 같은) 자산 거품을 수축시키려 해서는 안 되는 것으로 알려졌다(Goodfriend, 2007; Woodford, 2003).

4 수행성performativity과 관련해서는 맥켄지 외(MacKenzie et al., 2017)를, 중앙은행의 수행성에 대해서는 홈즈(Holmes, 2019) 참조.

2. 포스트 포드주의 성장모델: 체계

이 절에서는 집필진이 다루는 네 개 국가의 포스트 포드주의 궤적을 정형화하여 재구성하였다. 집필진의 논의는 일단 노동시장에서 경제의 생산 잠재력으로서의 정正의 피드백 효과를 중앙은행이 형성하고 나면, 거시경제는 세 개의 관계에 의해 기술될 수 있다는 데에서 출발한다(Carlin and Soskice, 2015; Temin and Vines, 2014: Ch.8).[5] 첫째 관계는 총수요Aggregate Demand, AD곡선으로 알려져 있는데 실질 환율 평가절하와 생산량 사이의 정적 관계이다. 내수물가(외환으로 표시)가 무역 경쟁자들의 물가보다 더 느리게 증가하면, 수출 경쟁력은 강화되고(즉 실질 환율이 하락하고), 이는 다시 수출을 늘리고 수입을 줄인다.[6] 완전한 자본 이동성이 존재하는 세계에서는 국내 실질금리가 글로벌 시장에서 결정된 실질금리와 달라질 수 없으며, 조금이라도 벗어나는 경우 명목 환율 조정을 통해 즉시 상쇄된다고 가정된다(즉, 국내 금리가 세계 금리를 초과하는 경우 환율은 절상되고, 반대의 경우 절하된다). 간단히 말해 AD 곡선은 금리가 국제 금리와 같을 때 얻어지는 산출량과 실질 환율의 조합을 나타낸다.

둘째 관계는 실업률 평형Equilibrium Rate of Unemployment, ERU 곡선이라고 알려져 있는데, 생산량과 실질 환율의 조합을 나타내며, 이는 인플레이션을 일정하게 유지한다. 이는 노동시장의 평형상태를 다루고 있으며, AD 곡선과 반대 부호를 가진다. 즉, 실질 환율이 하락하면 생산량은 줄어들고, 반대로 실질 환율이 상승하면 생산량도 늘어난다.

직관적으로 이 관계는 실질 환율이 상승하면 수입 가격은 하락하고, 결과적으로 회사의 이윤율을 보전할 뿐만 아니라 인플레이션을 안정적으로 유지하면서도 노동자들에게 더 높은 실질 소비 임금(수입품의 가격을 포함하는 소비

5 이 절에서 집필진은 포스트 케인스주의 체계와는 다른 새로운 케인스주의 체계(Carlin and Soskice, 2015)의 삼방정식을 활용한다. 집필진의 목적은 성장모형들에 대한 아이디어가 다른 이론적 관점과 어떻게 양립하는지를 보여 주는 것이다.

6 이것은 마샬-레너 조건이 유효한 것을 가정한다.

자물가지수로 보정한 명목임금)을 지불할 수 있게 된다.

셋째 관계는 무역균형Balance of Trade curve, BT 곡선으로 알려져 있는데 AD 곡선과 마찬가지로 실질 환율 평가절하와 생산량 사이의 정적 관계를 표현한다. 하지만 AD 곡선과 달리 BT 곡선 각각의 점은 균형 무역, 즉 수입과 수출이 같은 점과 관련되어 있다. BT 곡선의 특징적인 성질 가운데 하나는 이 곡선의 기울기가 AD 곡선보다 더 크다는 점이다.[7] 본질적으로, 실질 환율 절하로 인해 경제가 확장되더라도 이러한 확장은 무역 수지 균형을 맞추기 위해 필요한 수준의 수입을 발생시키지 못한다. 이는 결국 주어진 실질 환율 평가절하 값에 대해 다른 모든 조건이 동일하다면 무역수지 균형을 이루는 생산량의 수준은 이에 대응하는 총수요 곡선의 생산량 수준보다 더 크다는 것을 의미한다. 즉, 무역 수지의 균형을 유지하면서도 예를 들어 정부 지출을 증가하는 방식으로 경제는 더 빨리 성장할 수 있다. 이와 같은 접근을 취하느냐 마느냐는 이 책에서 주장하는 바와 같이 성장전략의 문제이다.

그림 3.1은 AD-ERU-BT 관계를 그림으로 나타낸 것이다. 세 곡선의 교차점은 경제가 국내와 국외 동시에 평형 상태에 있을 뿐만 아니라 인플레이션도 고정되어 있는 경우이다. ERU 곡선의 오른쪽 값을 갖는 경우 총수요는 가격 안정을 유지하기에는 너무 높은 것이며, 노동자들은 임금-물가 상승작용에 대한 우려를 빌미로 임금 인상 요구를 강화할 것이고, 중앙은행이 개입하여 가격 안정성에 부합할 수준까지 이자율을 높이고, 총수요와 고용을 줄이도록 요구할 것이다.

세 곡선은 임금주도 성장에 대한 적절한 대안을 찾는 것과 연관된 문제들을 이해하는데 유용한 체계를 제공한다. 인플레이션을 목표로 하는 독립중앙은행의 세계에서는 소득의 기능적 분포를 수정하려는 시도는 의미 없다. 즉 임금-물가 상승작용이 시작되는 것에 대한 두려움으로 말미암아, 중앙은행은 수요를 줄이고 실업을 늘림으로써 ERU 곡선이 제자리로 돌아오도록 강제

....

7 더 자세한 설명은 칼린과 소스키스(Carlin and Soskice, 2015: 371-3)을 보라.

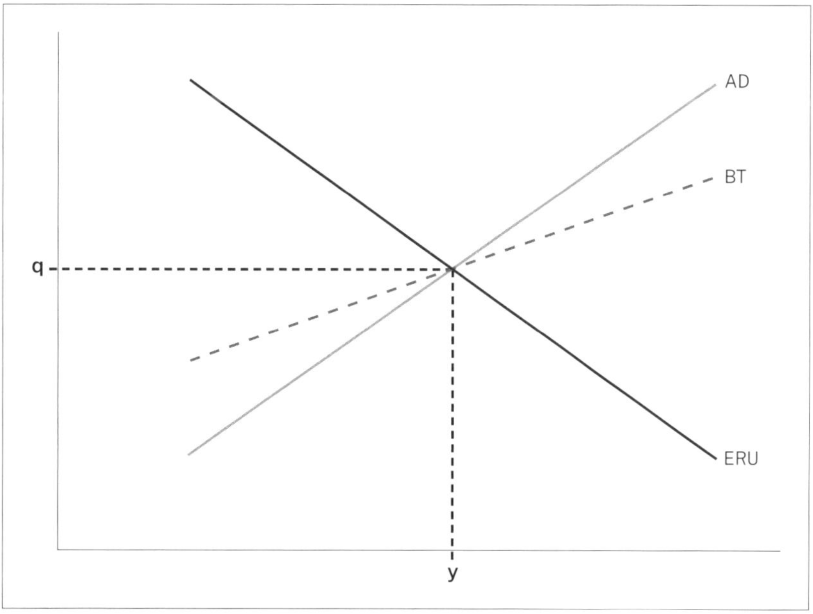

그림 3.1 AD-BT-ERU 도표

주: 더 큰 q 값은 실질 환율의 절하를 의미하며, 더 큰 y 값은 더 많은 생산량을 의미함

하는 결정을 내렸다.

이와 같은 조건에서 가용한 성장전략은 중앙은행의 징벌적 조치를 피해야 하며, 그러기 위해서 성장전략은 중앙은행에 의해 인플레이션을 유발하지 않는 것으로 인식되어야 한다. 독립적인 중앙은행은 인플레이션을 목표로 하면서도 경쟁력 동향과 외부 계정을 점검하지 않기 때문에 (최소한 대침체나 유로 위기 때까지는) 생산량의 새로운 평형 상태는 교역량 과다(이 경우 새로운 평형점은 BT 곡선 위쪽에 있는 AD 곡선의 일부에 놓여있다)나 교역량 부족(이 경우 평형점은 BT 곡선 아래쪽에 있다)과 연관되어 있다(Carlin and Soskice, 2015; Iversen and Soskice, 2012).

독일의 수출주도 성장모델은 임금 조정을 통해 NAIRU/ERU 곡선을 밀어냄으로써 성장을 촉진하려는 시도로 볼 수 있다(그림 3.2 참조). 임금 조정은 실질 환율 평가절하로 이어지고, 이는 다시 외부 수요를 촉진한다. 환율 평가

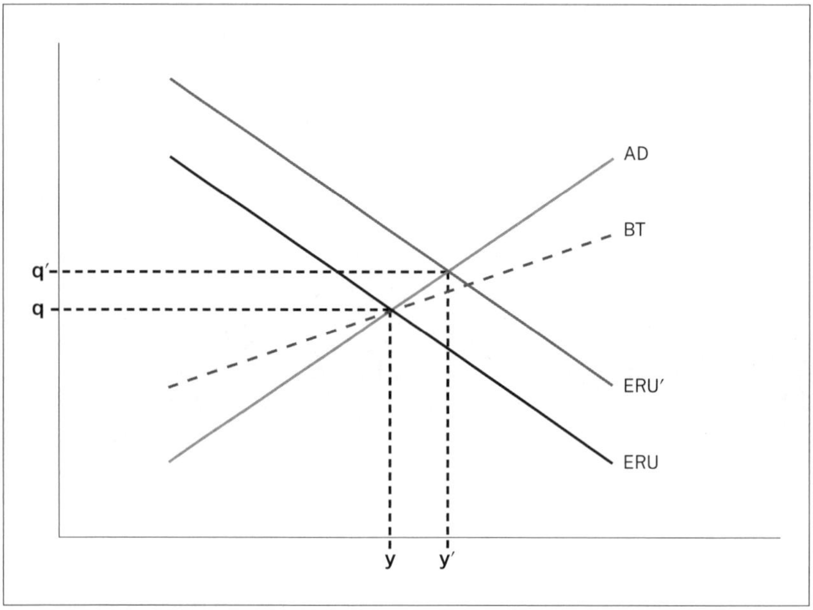

그림 3.2 독일 성장모델의 AD-BT-ERU 도표
주: 더 큰 q 값은 실질 환율의 절하를 의미하며, 더 큰 y 값은 더 많은 생산량을 의미함

절하는 유로존 내 독일의 지위에 의해 더욱 영향력이 확대되었으며, 이는 독일에 적용되는 명목 환율이 (유로 환율은 남부유럽 국가를 포함한 통화 지역 전체의 일반적인 조건에 달려 있기 때문에) 독일만의 명목 환율에 비해 더 낮아지는 결과로 이어진다. 경제는 AD 곡선을 더 높은 생산량 평형 상태로 밀어 올리게 된다. 그림 3.2에 보인 바와 같이 경제는 BT 곡선 위쪽, 무역 흑자를 기록하게 된다. 이론적으로 이는 인플레이션에 대한 기대 심리를 억제하고 인플레이션을 목표치로 유지하면서도 생산과 고용을 확대할 수 있지만, 다른 한편으로는 실질 환율에 대한 평가절상으로 이어지며, 제조업과 같이 실질 환율에 민감한 영역에서 부정적인 반대급부를 만들어 낼 것이다.

독일과 같은 국가가 재균형을 거부하는 이유를 이해하려면 수출주도 성장모델의 정치학을 고려해야 한다. 임금 조정의 부담은 부문별로 불균등하게 분포한다. 독일 제조업의 임금이 최소 2005년까지는 노동생산성에 맞추어 성장한 반면, 서비스 부문의 임금은 일정하게 유지되었다(Baccaro and Benassi, 2016). 독일 제조업 성공의 주요 결정요인이라 할만한 관리자와 핵심 노동자들 사이의 협력적 관계를 무너뜨리지 않기 위해서 제조업 노동자들의 임금을 생산성보다 너무 낮게 책정할 수는 없었을 것이라고 이해할 수 있다.

독일의 순수출이 시간에 따른 가격 차이에 더 민감해졌다는 증거도 있다(Baccaro and Benassi, 2016). 예를 들어 더 확장적인 재정정책을 통한 더 빠른 성장은 서비스 부문 노동자의 노동 조건을 강화하는 반면 임금 조정을 약화할 것이며, 이는 잘 '드러나지 않는' 부문의 임금 억제에 의존하게 된다(Johnston et al., 2014). 더 나아가 수출이 가격에 민감하게 반응한다면, 국내수요의 증가에 따른 실질 환율 상승의 결과로 수출이 위축되기 쉽다. 결과적으로 무역 수지의 균형을 맞추기 위해 경제를 확장하는 것은 제조업 부문을 약화하고 내수 부문을 강화하게 된다. 정책 입안자들이 제조업 부문을 국가 생산력과 혁신의 주력으로 여긴다면 그들이 재균형을 맞추는 것을 꺼리는 것은 이해할 만하다.

스웨덴의 성장 궤적은 독일과는 다르다. 스웨덴의 서비스 부문은 독일보다 훨씬 잘 조직되어 있으며(Pontusson, 2013), 임금이 적체되지 않고, 대규모 공공 부문의 존재가 서비스 노동자의 일자리 전망을 향상시킨다(Martin and Thelen, 2007). 바카로와 폰투손(2016)의 설명에 따르면, 스웨덴 경제는 제조업에서 벗어나 ICT와 고부가가치 서비스로 전환함으로써 수출의 비가격 경쟁력을 강화하고자 하였다. 그림 3.3의 AD-BT-ERU 도표에서 이는 해외 수요의 자율적인 요소를 통해 AD와 BT 곡선이 모두 오른쪽으로 이동하는 것을 의미하는데, 이는 상대 가격에 의존하지 않는다. 다시 말해, 스웨덴의 수출이 더욱 매력적이게 되면서, 내수와 외수의 균형이 강한 실질 환율과 상보적이게 되었다(q에서 q′으로의 이동을 의미). 그림 3.3은 경제가 y에서 y′으로 성장하면서 무역 수지를 남기고, ERU와 BT′ 곡선의 교차점에 다다름으로써 더 빨리 성장할 수 있음을 보여 준다. 이뿐만 아니라, 수요의 증가가 생산성 향상으로 이어진다는 포스트 케인지언의 주장을 수용한다면, ERU 곡선은 바깥쪽으로

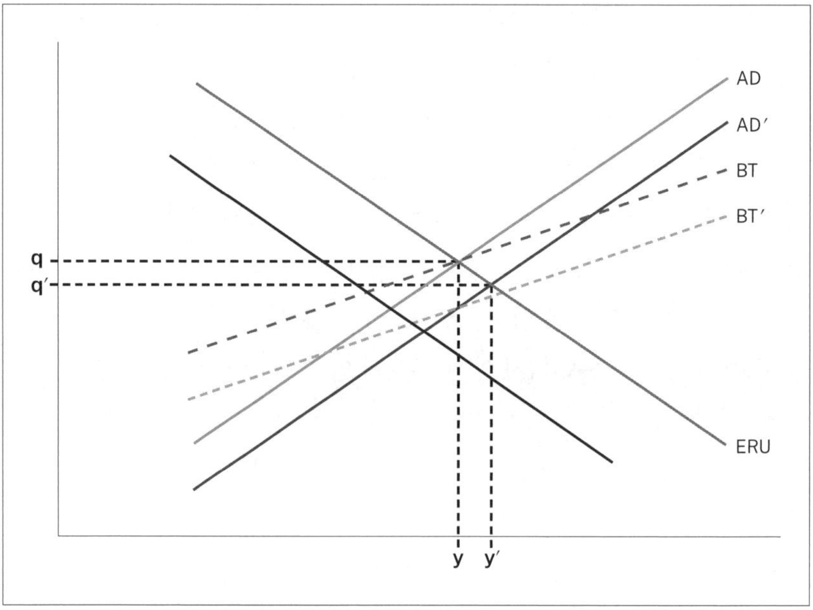

그림 3.3 스웨덴 성장모델의 AD-BT-ERU 도표
주: 더 큰 q 값은 실질 환율의 절하를 의미하며, 더 큰 y 값은 더 많은 생산량을 의미함

이동함으로써 균형 결과치를 증가하는데 더 많이 기여할 수 있다.

현실에서 스웨덴의 궤적은 이와 같이 양식화된 설명이 의미하는 것보다 훨씬 복잡하다. 이 글 나중에 언급한 바와 같이 수요의 총량은 대침체 전후 모두에 걸쳐 가계 부채를 활성화함으로써 더 활성화된 바 있다.

대침체 이전 영국의 성장모델을 그림 3.4에 분석하였다. AD-BT-ERU 체계에 따르면 영국 소비주도 모델의 핵심은 신용에 대한 접근을 용이하게 함에 따라 발생한 자율적인 국내 구성요소의 증가이다. 이는 AD 곡선을 바깥쪽으로 이동시키고, 이는 다시 더 높은 생산 균형점과 더 높은 실질 환율로 이끈다. BT 곡선은 그대로 있기 때문에(수요의 내수 부분만 영향을 받기 때문에), 무역 적자가 발생한다. 바카로와 폰투손(2016)이 주장한 바와 같이 시티 런던처럼 규모가 크고 유동성 높은 금융 중심지의 존재는 현재의 재정 적자를 메울 필요를 느끼는 외국자본을 끌어들이고, 당분간은 이와 같은 적자를 버틸 수

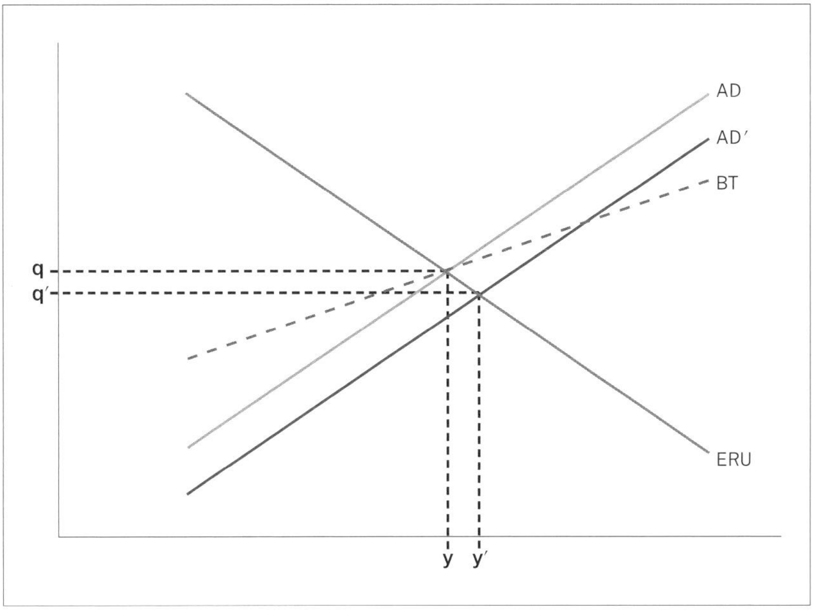

그림 3.4 영국 성장모델의 AD-BT-ERU 도표
주: 더 큰 q 값은 실질 환율의 절하를 의미하며, 더 큰 y 값은 더 많은 생산량을 의미함

있게 해 준다. 혹자는 이와 같은 수요 충격이 왜 인플레이션을 낳지 않는지 궁금해 할 수 있다. 칼린과 소스키스(2015: 202)가 답을 제공한다. "중앙은행의 인플레이션 지표는 보통 주택 가격을 직접 포함하지 않는다⋯⋯ 주거비에 포함된 요소들은 인플레이션 목표치에 들어가는 전체 물가지수에 별 영향을 미치지 않는다." 다시 말해서 중앙은행은 전체적인 인플레이션, 특히 임금 인플레이션이 억제되는 한 주택 가격에 크게 주목하지 않는다. 취약한 노동조합과 단체교섭은 임금 교섭을 교착 상태에 머무르게 한다. 그럼에도 불구하고 내수 소비의 촉진은 저숙련과 중숙련 서비스 노동자들에게 우호적인 조건을 형성한다. 사실상 2007년까지 영국 서비스 부문의 임금은 독일(과 이탈리아)보다 더 빨리 증가했다(Baccaro and Pontusson, 2016).

이탈리아의 사례는 균형 결과치가 감소한 사례로 볼 수 있으며, 스웨덴의 반대 사례로 볼 수 있다(그림 3.5). 이론의 여지가 있으나, 국제시장에서 이탈

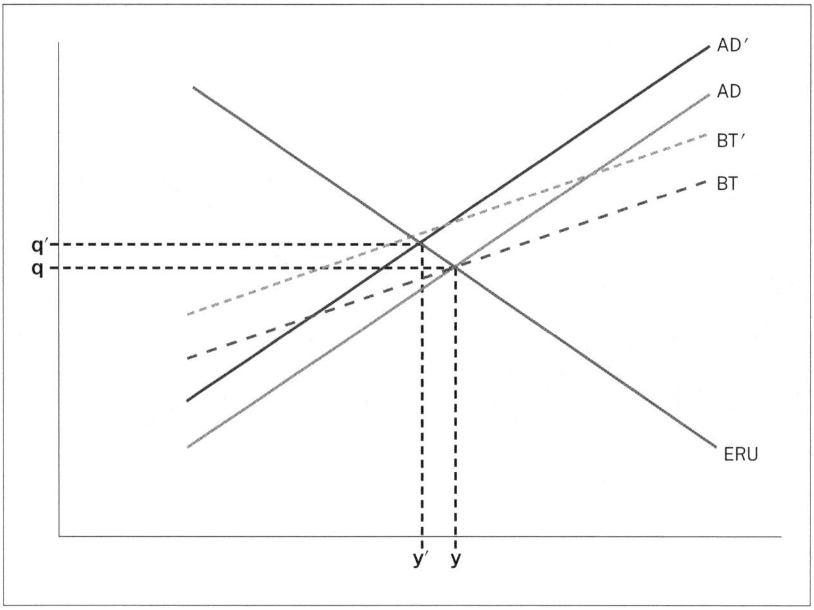

그림 3.5 이탈리아 성장모델의 AD-BT-ERU 도표
주: 더 큰 q 값은 실질 환율의 절하를 의미하며, 더 큰 y 값은 더 많은 생산량을 의미함

리아 수출품의 매력은 감소해 왔는데 이는 이탈리아 기업과 같은 시장에서 중국과 같이 저가 생산자와 경쟁이 이루어진 결과이다(Faini and Sapir, 2005). 이와 같은 상황은 AD-BT-ERU 도표에서 AD와 BT 곡선을 위쪽으로 이동시키는 결과를 낳는다. 같은 수준의 생산량을 유지하려면 실질 환율이 낮아질 수밖에 없다. 그림 3.5는 새로운 BT′ 곡선 아래에 있는 새로운 균형점을 보여주는데 이는 무역 적자를 의미한다. 수요 진작(예를 들어 신용 완화나 확장 재정 정책)은 생산량을 늘리겠지만 대외적인 지위가 악화되는 대가를 감수해야 한다. 어떤 경우든 재정 확장은 유로존의 재정 규칙에 의해 배제된다. 또한, 국제 채권 시장은 이탈리아 정부의 지불 능력에 의문을 품고 있으며, 이로 인해 (유럽 국가 부채 위기가 시작된 이후부터) 이탈리아 채권에 대해 높은 수준의 리스크 프리미엄을 요구하고 있어, 실질금리 상승을 통해 총수요를 억제하는데 기여한다.

이와 같은 조건에서 이탈리아 경제 부처에게는 고려할 만한 대응책이 두 개 있다. 첫째, 명목 환율 하락을 조장할 수 있다. 경제가 침체된 조건에서 이와 같은 조치는 실질 환율 하락으로 이어지기 쉽고 또한 해외 수요를 촉진할 수 있다(Dornbusch, 1996). 하지만 이와 같은 대응은 유로존 가입국에게는 배제된다. 다른 대응책은 노동시장 자유화와 제도화된 임금 상승 억제, 즉 실질 임금 삭감을 통해 ERU 곡선을 바깥쪽으로 밀어내는 방법이다. 이탈리아나 다른 지역에서 별로 성공하지는 못했지만, 유럽 당국이 국가 채무 위기 직후에 긴축정책을 통해 달성하려고 노력해 온 것이 바로 이와 같은 방식이다. 높은 수준의 실업률이 있는 경우 임금과 물가는 하향 경직성을 가지고 있기 때문에 명목임금과 물가의 하락은 성취하기 어렵다. 이뿐만 아니라 포스트 케인지언 이론에 따르면 전체 수요의 억제는 (위에 언급한 방식에 따라) 노동생산성에 부정적인 영향을 미치며, ERU 곡선을 안쪽으로 움직여 균형 생산량을 더욱 감소시킨다. 다시 말해서 이탈리아 경제는 유로존을 떠나거나, 유로존에 머무르면서 가혹한 자유화 조치를 강화해야 한다는 두 개의 원하지 않는 선택지 중 하나를 선택해야 하는 상황에 직면해 있는지도 모른다. 두 개의 선택지 모두 다 명확한 약점을 가지고 있으며 둘 중 어느 것도 침체 국면의 경제를 부흥하는 데 성공할 것이라는 보장이 없다.

3. 포스트 포디스트 성장모델: 예시적 증거

이 절에서 우리는 대침체 이전 네 개 국가의 거시적 증거들을 제시한다. 앞서 제시한 체계의 개연성을 예를 들어 설명하거나, 혹은 맞지 않는 부분을 찾아내는 것이 이 절의 목표이다.

1994년에서 2007년 사이의 기간은 영광의 30년이 끝난 후 선진 자본주의 경제가 경험한 가장 오래 지속된 성장기로 특징지을 수 있다. 실제로 이 14년 동안 OECD 전체의 GDP는 연평균 2.8% 성장했다. 독일과 이탈리아 경제가

표 3.1 수출과 가계 소비의 연간성장률, 1994~2007

	GDP	(A) 수출	(B) 가계 소비	A/B
독일	1.7	7.7	0.9	8.6
이탈리아	1.6	4.2	1.6	2.7
스웨덴	3.3	7.3	2.7	2.7
영국	3.3	5.2	3.6	1.4
OECD	2.8		2.9	

주: 로그화된 변수의 연간 분기별 변화 (규모)
출처: OECD 분기별 국가계정

각각 1.8%와 1.7%의 성장률로 OECD 평균에 미치지 못한 모습을 보인 반면, 영국과 스웨덴 경제는 3.3% 성장으로 OECD 평균보다 높은 성과를 보였다. 영국과 스웨덴을 한쪽으로 하고 독일과 이탈리아를 다른 한쪽으로 하는 이 둘 사이의 대비는 유로존 가입과 명백한 연관성이 있다. 많은 학자들이 언급하는 바와 같이 유로의 개시는 제한적인 거시경제 정책의 수용을 동반한 것이었으며, 유로존에 가입하기로 한 독일과 이탈리아를 포함한 여러 나라들의 성장률을 억누르는 효과를 낳았다. 하지만 유로존을 외생적인 변수라고 보기는 어렵다. 유로존 가입에 대한 선택은 다양한 포스트 포디스트 성장모델들 중에서 선택하는 부분으로 보아야 한다.

이곳에서 다루는 네 개의 사례들에 대해 1994~2007년 기간의 연간 수출과 가계 소비 성장률을 표 3.1에 정리했다. 네 국가 모두에서 수출이 가계 소비보다 빠르게 증가했지만, 소비 증가 대비 수출 증가의 비율은 편차가 크다. 독일과 스웨덴이 비슷한데 수출 증가율이 연 7%를 넘는다.

독일은 수출이 가장 빠르게 성장하고 가계 소비가 가장 느리게 증가한다는 측면에서 특징적인데 이는 독일의 이 기간 동안 '수출 기적'이 가계 소비를 제한함으로써 가능했다는 것을 시사한다. 한편, 스웨덴은 강력한 수출 성장을 동반하면서도 견고한 가계 소비의 성장을 경험했다. 결정적인 질문이 하나 제기되는데, 독일 역시 좀 더 균형적인 성장을 이룰 수 있었을까? 만약 그렇다면 독일은 그 기회를 왜 놓쳤을까?

GDP에서 수출이 차지하는 몫을 고려하면, 표 3.1에서 영국은 소비주도 성장의 대표적인 사례로 구분된다. 영국의 수출이 가계 소비보다 더 빠르게 증가하지만, 소비 성장률이 GDP 성장률을 앞지른다. 스웨덴과 마찬가지로 이탈리아도 균형적인 성장 사례로 구분될 수 있지만, 이탈리아의 경우 경기침체가 명백한 특징으로 보인다. 상대적으로 느린 소비 증가에도 불구하고 이탈리아의 수출은 스웨덴이나 영국의 수출보다 더 느리게 증가했다.

스웨덴과 영국에서 가계 소비의 견고한 성장은 가계 부채의 증가를 동반한 것이었다. 스웨덴에서 평균 가계 부채는 1995년 순가처분소득의 대략 90% 수준에서 2007년 160% 수준으로 증가했다. 영국 가계 부채의 경우 대략 110% 수준에서 시작하여 대침체가 시작될 즈음에는 거의 180% 수준에 도달했다. 반면, 독일의 평균 가계 부채는 100% 수준을 유지했는데 1990년대 중반 이후 살짝 올라갔다가 2000년 이후 다시 내려갔으며 이탈리아의 가계 부채는 1994~2007년 사이에 순가처분소득의 40% 수준에서 80% 수준까지 올라갔다.

스웨덴과 영국에서 신용 금융 소비의 증가를 설명하려면 재정 탈규제화와 상대적으로 확장적인 거시경제 정책, 특히 낮은 이자율이 강조되어야 한다. 하지만 1990년대 중반 이후 스웨덴과 영국에서는 독일과 이탈리아에 비해 임금 분배율(과 평균 임금 상승률)이 훨씬 더 잘 유지되었다는 점도 주목할 만하나(그림 3.6 참소). 가장 높은 수준인 영국 임금 분배율의 증가와 그보다 낮은 수준이긴 하나 스웨덴의 사례는 이와 같은 맥락에서 고려되어야 하지만 독일의 소득 불평등은 같은 기간 동안 증가하였다. 실제로 50:10 소득비와 저임금 고용의 사례와 같은 저소득층 불평등의 지표들은 스웨덴과 영국에서 대체적으로 잘 관리된 반면 독일에서는 급격히 증가했다(Baccaro and Pontusson, 2016 참조). 거칠게 정리하자면 소비주도 성장은 저숙련과 저임금 노동자들에게 유리한 노동시장 조건을 만들어 낸다.

독일 사례에 대한 집필진의 해석은 다음과 같다. 내수 소비를 억제하는 거

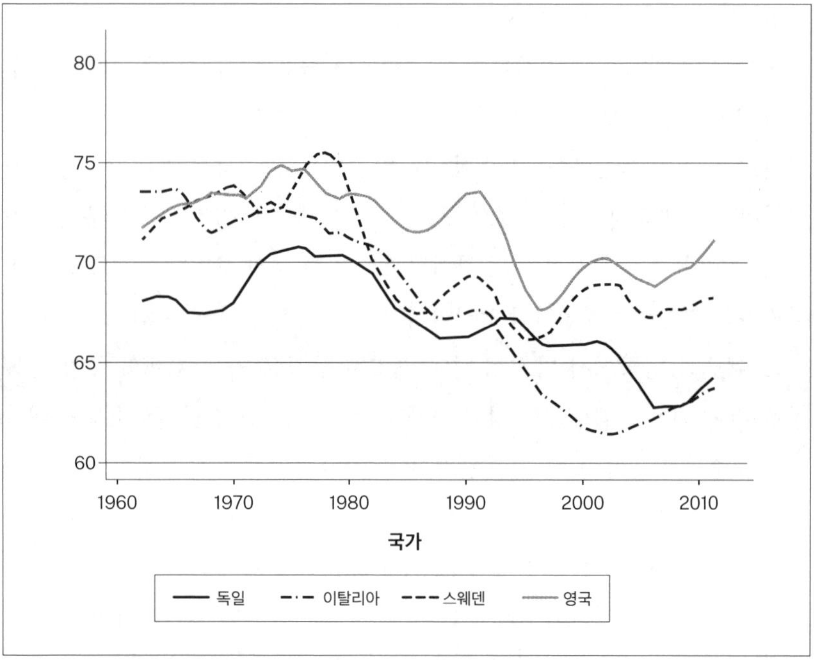

그림 3.6 GDP 대비 노동의 보상율("임금분배율"), 5년 단위 이동평균, 1960~2012
출처: AMECO 데이터베이스

시경제 정책과 노동시장 이중화 개혁의 조합은 수출주도 부문과 저임금 사적 서비스 부문의 임금을 탈동조화하는데 기여했으며, 저임금 사적 서비스 부문의 상대 임금 감소는 독일 수출의 경쟁력을 증진하였다. 그렇다면 스웨덴의 내수 소비 증가와 저임금 사적 서비스 노동자들에게 유리한 상대 소득은 왜 스웨덴의 수출 증가를 가로막지 않았을까? 집필진의 생각에 이 질문에 대한 답은 정보 기술과 교역가능한 서비스가 1990년대 초반의 위기 때부터 스웨덴의 수출주도 회복에 있어 중요한 역할을 해 왔다는 점에 있는 것으로 보인다. 전체적으로 봤을 때 독일의 주요 수출 영역에서는 엔지니어링과 화학의 주도성이 유지되었다. 특히 금융과 같은 고도화 서비스는 영국 수출의 핵심적인 요소였던 반면, 이탈리아의 주력 수출 영역은 독일에 비해 훨씬 덜 정교했지만 독일의 그것과 비슷했다. 바카로와 폰투손(2016)이 제시한 경제 지표 근거와 이 장의 뒤에서 언급한 바에 따르면 독일과 이탈리아의 수출은 1994~2007년과 그 이후에 영국이나 스웨덴에 비해 (소비자물가나 단위 노동비용에 의해 측정된) 실질 환율 변동에 훨씬 더 민감하게 반응하였다.

독일 정책 입안자들이 내수 비용이 독일 수출에 문제가 되고 있다는 점을 인식했기 때문에 유로존에 가입하고, 내수 소비를 억제했으며, 노동시장(및 복지국가) 이중화를 도입하는 결정을 내렸을까? 아니면 이와 같은 정책 변화와 제도 개혁들이 무언가 다른 이유로 도입되고, 독일의 수출 산업이 비용 기반 전략을 추구하도록 유도한 것일까? 집필진은 후자의 해석에 기울고 있지만, 이 복잡한 문제에 대한 답을 여기서 시도하지는 않는다. 대신 집필진은 앞서 개략적으로 기술한 성장모델에 위기가 미친 영향을 탐색해 보려 한다.

4. 위기의 영향

그림 3.7은 2000~2014년 기간에 걸쳐 실질 GDP의 변화를 추적한다. 독일을 제외하고 이탈리아, 스웨덴, 영국은 2008년에 성장 감소를 경험했다.

2009년에 GDP는 네 개 국가 모두에서 5% 가량 감소했다. GDP가 2010년 말경에 2008년 수준으로 돌아옴으로써 스웨덴은 극적인 충격으로부터 가장 먼저 회복했다. 2011년에 독일의 GDP는 2008년 수준을 뛰어넘었고, 2013년에는 영국 경제도 같은 기준으로 회복되었다. 이탈리아의 사례는 완전히 다르다. 2010~2011년 사이 약간의 회복세를 경험한 후에 2012~2014년에 더욱 심하게 침체되었다. 그림 3.7에서 또다른 주목할 만한 점은 영국과 스웨덴의 2010년 이후 성장이 위기 상황 이전의 시기보다 훨씬 부진한 반면, 2010년 이후 독일 경제의 성장률은 2000~2007년 사이의 성장률(연 1% 수준)과 비슷한 양상을 보인다는 점이다.

그림 3.6에서 보았던 바와 같이, 1970년대와 1990년대 초의 위기들은 네 개 국가들 모두에서 임금 분배율의 급격한 하락을 촉발하였다. 대침체는 이

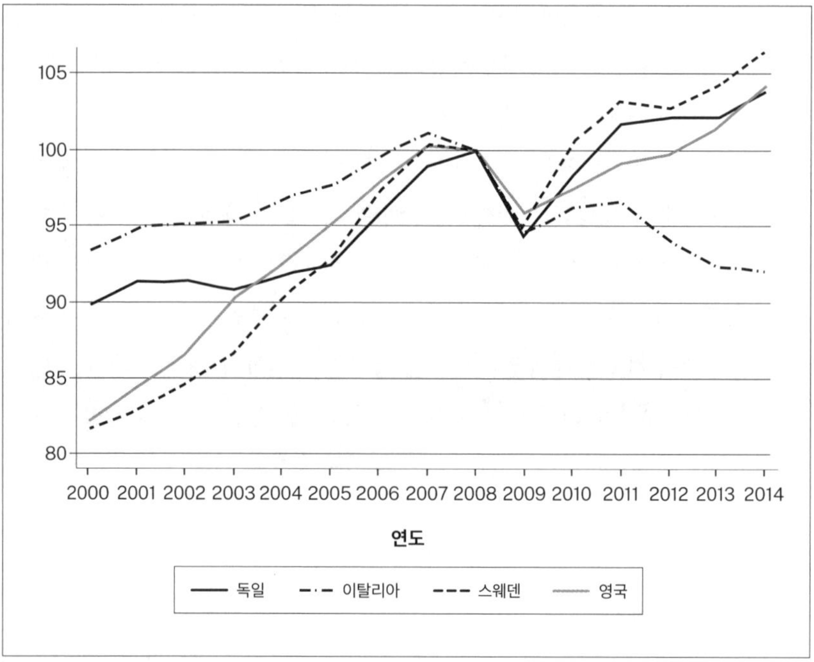

그림 3.7 실질 GDP(2008=100), 2000~2014
출처: Eurostat.

런 점에서 다른 위기들과 확연히 구별된다. GDP 대비 비율에 있어서 임금 분배율은 2008~2014년 사이 네 개 국가 모두에서 사실상 증가하였다. 이와 같은 점은 2008년과 2009년 사이에 네 국가 모두에서 노동생산성이 실질 생산 임금보다 더 급격하게 하락했다는 사실을 반영한다. 이와 연관되어, 대침체는 1970년대나 1990년대 초기의 불황보다 덜 '실업-집중적'이었던 것으로 보인다. 역사적 기준으로 볼 때, 우리는 매우 급격한 GDP 억제책을 통해 2008~2012년에 걸쳐 관측한 것보다 더 높은 수준의 실업률 증가를 촉발할 것으로 기대했을 것이다. 노동생산성의 감소는 불황의 고용 관련 효과를 조절하는데 기여했을 것이다. 이와 관련하여 표 3.2에 보인 바와 같이 대침체기보다 1990년대 초의 위기에서 독일과 이탈리아·스웨덴에서 경제활동 연령 가구의 세전 소득 불평등이 증가한 정도가 (세금과 이전소득이 불평등 증가를 보

표 3.2 생산 연령 가구의 지니 계수 변화

	1990~1995		2007~3012	
	세전	세후	세전	세후
독일	0.035	0.017	0.003	-0.001
이탈리아	0.063	0.05	0.022	0.025
스웨덴	0.05	0.011	0.003	0.034
영국	0.021	-0.013	0.025	-0.011

주: 1990년대 초기는 UK의 경우 1990~1994를, 이탈리아와 스웨덴은 1991~1995를 의미함. 대침체기는 세전 UK의 경우 2007~2010을, 세전 스웨덴의 경우 2008~2012를 의미함.
출처: 폰투손과 바이스태너(Pontusson and Weisstanner, 2018)에 보고된 LIS(the Luxembourg Income Study)와 EU-SLIC(Statistics on Income and Living Conditions) 자료를 기반으로 계산하였음.

정하는 데 기여한 바가 적은 데 반해) 더 큰 것을 주목할 필요가 있다.[8] 현재의 논의에서 중요한 점은 대침체기 동안과 직후에 노동시장의 역동성은 가계소득 증가에 상대적으로 우호적이었다는 점이다.

바카로와 폰투손(2016)과 같은 방법론을 활용하여 연간 GDP 증가율이 서로 다른 총수요 요소에 따라 결정되는 정도를 계량화하기 위한 목적으로 요소 분해분석한 결과를 표 3.3에 보여 주고 있다. 개별 요소의 연간 성장(요소[t]/요소[t-1]-1)은 GDP에서 해당 요소의 기여율(요소[t-1]/GDP[t-1])을 곱하였다. 집필진은 위기의 중기간 효과에 관심을 갖고 2008~2009년에 일어난 일은 관심을 두지 않고 2001~2007년과 2010~2014년만 보고하였다.[9]

8 표 3.2가 보여 주는 바와 같이, 스웨덴에서 가처분소득의 불평등이 급격히 증가했는데, 이는 거의 전적으로 세금과 이전소득의 영향이다.

9 수입의 부가가치를 수출로부터만 차감하고 다른 수요 요소로부터는 차감하지 않는 것은 결과적으로 내수의 기여를 과장하고 수출의 기여를 축소하게 된다. 총수요에 있어 다른 요소들의 성장 기여도를 더 잘 평가하기 위해서는 단순히 수출로부터 수입을 차감하는 것이 아니라, 수입(품)의 최종 사적 소비, 정부 소비, 투자, 수출에 이르기까지 직간접적 효용을 모두 고려해야 한다. 부시에르 외(Bussiére et al., 2013)와 오보잉과 보리노(Auboin and Borino, 2017)의 방법을 따라서 바카로와 폰투손(2020)은 투입-산출 자료Input-Output data를 활용하여 수입-조정된 분해 분석import-adjusted decomposition을 실시했다. 분석 결과는 여기에 보고된 것들과 대체로 일치한다. (1) 이탈리아는 위기 전과 후 모두 명확한 경기침체의 사례이다. (2) 독일은 위기 이전 시기에 수출주도 성장 사례로 남아 있다. 위기 이후 시기에 (상대적인 의미에서) 약간 균형을 맞추는 듯하지만, 위기 이후 시기에도 소비의 기여보다 수출의 기여가 훨씬 크다. (3) 새로운 조작적 정

표 3.3 독일, 이탈리아, 스웨덴, 영국의 연간 GDP 성장에서 수요 기여분(연간 평균 퍼센티지)

국가	기간	GDP	소비	투자	정부	수출	수입	순 무역
독일	2001~7	1.41	0.30	0.04	0.12	2.50	-1.55	0.96
독일	2010~14	1.95	0.62	0.55	0.19	2.53	-1.92	0.61
이탈리아	2001~7	1.17	0.54	0.46	0.23	0.78	-0.89	-0.11
이탈리아	2010~14	-0.52	-0.62	-0.79	-0.15	1.10	-0.17	0.93
스웨덴	2001~7	3.04	1.14	0.97	0.20	2.25	-1.59	0.66
스웨덴	2010~14	2.39	1.02	0.83	0.29	2.00	-2.11	-0.11
영국	2001~7	2.90	2.11	0.44	0.62	1.14	-1.47	-0.33
영국	2010~14	1.74	0.73	0.65	0.16	0.83	-0.99	-0.16

출처: AMECO.

2001~2007년의 기간에 걸쳐 순 무역은 다른 어떤 수요 요소보다도 독일 성장에 더 크게 기여했다. 다른 모든 요소들, 특히 가계 소비의 역할은 거의 무시할 만하다. 2008~2009년 동안의 위기 시에 국제 교역은 급격히 위축되었고 독일 성장에 대한 교역의 기여는 음negative의 값이었다. 2010~2014년 동안 독일의 성장은 대침체 이전에 비해 수출에 덜 의존하고, 가계 소비와 자본 축적에 더 의존하게 되었다. 이런 의미에서 위기는 독일 모형을 재균형화했다고 할 수 있다. 그럼에도 불구하고 독일의 현 수지 흑자는 매우 높은 상태를 유지하고 있으며, 이는 독일이 내수 수요를 확장함으로써 더 빨리 성장할 수 있었음을 의미한다. 무역 흑자는 위기 시기에도 GDP의 4% 이하로 내려가지 않았으며 2012년이 되면 2007년 수준을 능가하게 된다.

2001~2007년 영국의 성장은 대체적으로 가계 소비에 의해, 그리고 좀 더 제한적인 의미에서 정부 소비에 의해 이루어졌다. 순 수출의 기여는 음의 값

....

의에 따르면, 스웨덴은 위기 전에는 수출주도 성장과 더 유사하지만, (수입-조정한) 소비의 기여가 독일보다는 크며 소비와 내수주도 성장으로 뚜렷하게 선회하는 경향을 보인다. (4) 영국은 위기 전후 모두에서 소비주도 경제의 양상을 보인다. 새로운 자료를 이용하면, 영국 수출의 위기 전 성장에 대한 기여는 이전 분석보다는 약간 큰 것으로 보인다.

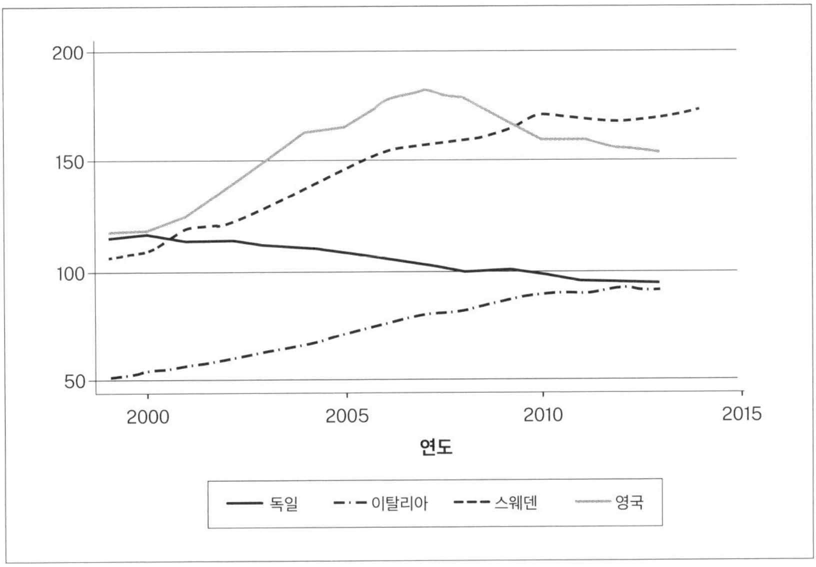

그림 3.8 순가처분소득에서 가계와 가계 관련 비영리기관(NPISHs)의 부채 비율 (%), 1998~2014
주: OECD

을 가졌다. 2008~2009년에 가계 소비는 급격히 감소하였고 순 무역은 양의 값을 가졌다. 2010년 이래 영국은 전체 자본 형성(주택 가격 조정에도 불구하고) 역할의 증가와 더 감소된 무역 적자에도 불구하고 서서히 소비주도 성장모델로 되돌아간다. 하지만 소비 증가는 대침체기 이전 시기에 비해 훨씬 부진했다. 위기 이후 영국의 임금 정체는 이와 같은 무기력한 소비 증가의 원인으로 작용했다. 그림 3.8이 보인 바와 같이 영국의 경우 위기는 신용 금융에 기반한 소비의 감소를 불러왔다.

2001~2007년 동안 스웨덴의 건강한 성장세는 내수 수요의 상승(가계 소비와 투자, 특히 투자에서 주택 기여분의 증가)뿐만 아니라 무역 흑자에도 기대고 있다(표 3.3). 위기 이후 기간에 스웨덴의 성장은 다른 나라들에 비해 약간 빠른 경향을 보이는데 이는 전적으로 내수 요소, 즉 가계 소비와 정부 소비, 그리고 좀 더 제한적인 의미에서 총 자본 형성에 의해 견인되었다. 2010~2014년에 이르는 5년 동안 GDP에 대한 순 교역의 기여분은 음의 값으로 돌아선

다. 대체적인 기대와 달리 위기는 스웨덴 모형을 수출주도 성장보다도 소비주도 성장으로 더 몰고 간 셈이다. 영국의 경우와 분명히 구분되는데, 스웨덴 가계 부채는 지속적으로 증가함으로써(그림 3.8) 이와 같은 전환의 장기적 지속 가능성에 의문을 제기하게 만들었다.

마지막으로 이탈리아의 경우 2001~2007년 사이의 빈약한 성장은 가계 소비와 자본 축적에 기인한다(표 3.3). 순 무역의 기여는 음의 값을 갖는다. 위기 이후 상황이 바뀌는데 국채 위기의 영향으로 이탈리아 경제는 수출주도 성장을 촉진하기 위해 내수 수요를 억제하는 방식으로 대응한다. 그러나 수출 부문이 차지하는 비중이 작은 탓에(2008년 기준으로 GDP의 26%로 독일의 40%에 비해 낮음) 수출주도 성장은 국내수요의 감소를 보완하기에 충분하지 못했다.

수출의 가격 민감도 관련 문제로 돌아와서, 표 3.4는 2000~2013년 자료를 이용한 집필진의 지난 회귀분석 결과를 재현한 결과이다. 이 기간 동안 독일, 이탈리아, 특히 스웨덴의 수출이 세계의 수요 성장에 민감하게 반응하는 것을 확인하였다. 다른 결정 요인의 영향을 통제한 후에 2009년 수출의 감소는 독일과 이탈리아의 경우 10~11% 수출 감소(통계적으로 유의미함)를, 스웨덴과 영국의 6% 감소(통계적으로 유의미하지 않음)를 불러왔다. 2000~13년 자료를 이용한 분석 결과, 스웨덴과 영국의 수출은 실질 유효 환율 변화에 유의미하게 민감하지 않은 반면 독일과 이탈리아는 유의미하게 민감하다는 사실이 가장 중요하다. 실제로 독일과 이탈리아의 수출 규모에 대한 REER의 영향력은 1994~2007년 자료보다 2000~2013년 자료에서 더 큰 것으로 나타났다.[10]

표 3.5는 위기가 수출의존도, 그리고 재화와 서비스로 측정된 수출의 구성에 미치는 영향력을 검토한다. 2010~2013년의 평균을 2004~2007년 평균과 비교해 보면, 독일, 이탈리아, 영국 경제는 더욱 수출 의존적으로 변화한 반면 스웨덴 경제는 수출의존도가 줄어든다. 총 수출의 비율로 보면, 독일에서는

....

10 표 3.4에 제시된 결과는 노동비용 단위당 실질 환율로 환산된 것이다. 이 결과는 REERs를 측정하는 데 있어 소비자 물가지수를 활용한 것과 매우 비슷한 것이다.

표 3.4 수출 성장에 대한 REER 변화의 영향 (2000~2013): ULC 기반

	(1) 독일	(2) 이탈리아	(3) 스웨덴	(4) 영국
REER	-0.788*** (0.193)	-0.779*** (0.178)	-0.005 (0.207)	0.0873 (0.238)
세계 성장	1.946*** (0.549)	2.554*** (0.546)	3.217*** (0.658)	1.472 (1.085)
2009년	-9.232*** (2.911)	-11.63*** (3.095)	-6.529 (3.718)	-6.095 (5.623)
절편	-1.995 (2.316)	-6.241*** (2.435)	-8.499** (2.807)	-2.179 (4.717)
관측지수	14	14	14	14
R-squared	0.941	0.947	0.903	0.596
더빈 검정	n.s.	n.s.	n.s.	n.s.

주: *** p < 0.01, **p<0.05, *p<0.1. 괄호 안은 표준오차
출처: Eurostat과 IMF의 세계경제전망 자료를 이용하여 직접 작성

표 3.5 수출의존도와 수출의 비중

	GDP 비율				전체 수출에서 서비스 수출 비율	
	물품 2004~7	물품 2010~13	서비스 2004~7	서비스 2010~13	2004~7	2010~13
독일	35.4	38.8	6.1	7.8	14.7	16.7
이탈리아	21	23.4	5.1	5.1	19.5	17.9
스웨덴	33.9	31	12	13.4	26.1	30.2
영국	15.9	18.4	9.4	11.9	37.2	39.3

출처: Eurostat.

스웨덴이나 영국과 마찬가지로 서비스가 늘어난 반면 이탈리아에서는 서비스가 늘어나지 않았다. 서비스 수출의 측면에서 독일이 스웨덴을 따라잡았다는 증거는 없다. 추후 연구에서 탐구하겠지만, 스웨덴 수출 서비스는 영국보다 더 해외 경제성장에 민감하게 반응하는 것으로 보인다(표 3.4).

5. 위기에 대한 정책 대응

이 절에서는 대침체와 그 이후 기간 동안 정책 대응과 성장모델의 조정 측면에서 이들의 연관성을 검토한다. 집필진은 통화와 재정정책, 그리고 환율 정책을 검토하였는데 이 정책들이 경제의 위축에 대응하기 위해 정부가 주요하게 활용하는 정책 도구이기 때문이다. 금융기관에 대한 구제금융을 제외하면, 산업정책적 개입은 최소한 1970년대와 1980년 초에 비해 드물었다(Pontusson and Raess, 2012). 다음 절에서는 임금의 경향과 이들 경제 부문 구성 변동에 대해 논의한다.

복지 제도 및 노동시장 규제와 관련하여 독일과 스웨덴, 영국 정부는 주요한 신규 조치를 취하지 않았다. 폰투손과 레이스Pontusson and Raess(2012)가 주장한 바와 같이, 정부가 증가하는 실업에 대해 새로운 고용 보호 정책을 입안하고 실업 수당의 적용 범위와 급여 수준을 확대하는 방식으로 대응했던 1970년대와 비교하여 이것은 그 자체로 중요한 차이점이다. 대침체에 있어서는 최소한 독일과 스웨덴의 경우 정부가 위기 개시 10여 년 전에 도입한 자율화나 이중화 개혁으로부터 철수하라는 압력에 저항하는 방식이었다.

그림 3.9에 보인 바와 같이 네 개 국가 모두 2008~2009년의 총수요 붕괴에 대해 단기 이자율을 급격히 인하하는 방식으로 대응했다. 대침체 2년 동안 단기 이자율은 독일과 이탈리아의 경우 3.4%를 인하했고 스웨덴은 3.8%, 영국은 4.3%를 인하했다. 급격한 환율의 하락과 인플레이션의 신호에 대응하여 스웨덴 중앙은행은 2011년 단기 이자율을 인상했다. 2011년 유로존의 단기 이자율도 인상되었지만, 회복 수준이 기대했던 바에 미치지 못함이 명확해지면서 이와 같은 정책 수정은 길게 지속되지 못하는 것으로 드러났다. 2014년까지 네 개 국가의 단기 이자율은 영zero 하한에 가까워졌는데 이는 전통적인 통화정책을 통해서는 총수요를 촉진하는 것이 불가능한 수준이다. 미국 연방준비은행을 따라, 영국 중앙은행은 일련의 '양적 완화' 프로그램을 2009년 3월부터 시작했고, 2015년에 ECB와 스웨덴 중앙은행 모두가 각자의 양적 완

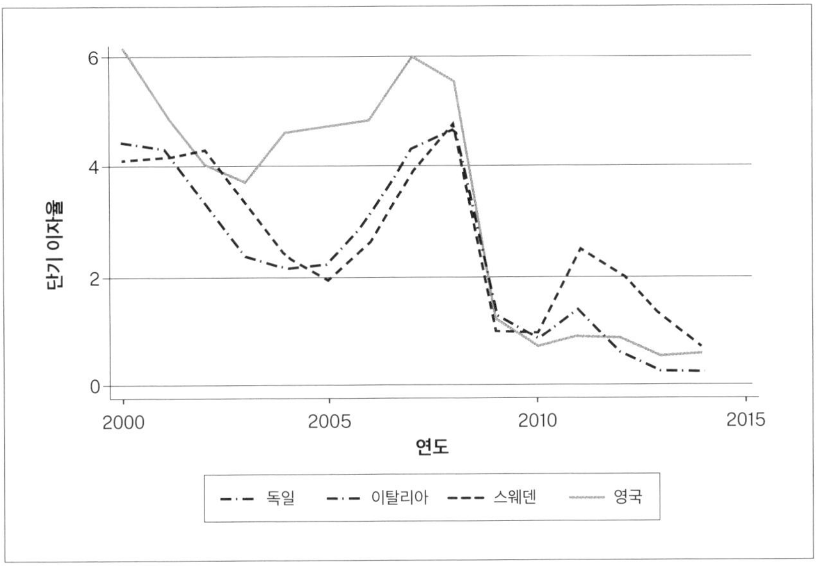

그림 3.9 단기 이자율, 2000~2014

주: 단기 이자율은 3개월 은행 이자율이며, 이는 ECB에서 유로존의 모든 국가를 대상으로 한 것이라 독일이나 이탈리아에도 동일하게 적용됨

출처: OECD.

화 정책을 시행했다.

2008년에서 2012년 사이에 독일과 스웨덴, 영국의 정부 발행 채권의 장기 이자율 또한 감소한 반면 이탈리아에서는 같은 기간 동안 증가한 것을 그림 3.10이 보여 주고 있다. 공동 통화의 지속성에 대한 확신이 부족한 상황에서 국제금융시장은 이탈리아와 같은 주변부 유로존 국가의 국채에 높은 위험 프리미엄을 부과했고, 이는 다시 그들 국가의 경제 전망을 더욱 악화시켰다(Armingeon and Baccaro, 2012). 2012년 7월 마리오 드라기Mario Draghi가 「무슨 일이 있어도whatever it takes」라는 연설에서 궁지에 몰린 주변 채무 국가들에 최후의 대부자 역할을 하겠다고 공언함으로써 공황 상태는 멈추었다. 2012년부터 이탈리아 정부 채권에 대한 장기 이자율이 하락하였다(하지만 여전히 명목 성장률보다는 높았고, 이탈리아의 공공 부채는 여전히 증가하는 관성을 유지하고 있다).

이탈리아를 예외로 하면, 통화정책과 이자율의 변화는 위기의 시작 이후

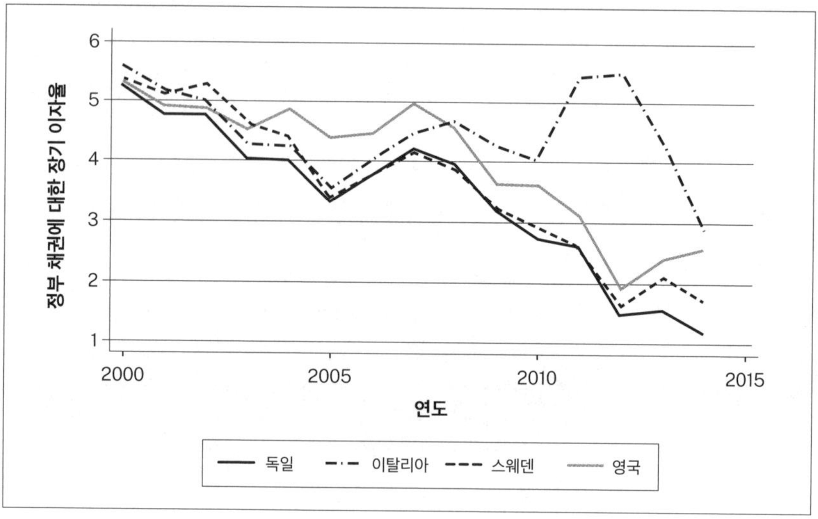

그림 3.10 정부 채권에 대한 장기 이자율, 2000~2014
출처: OECD.

국가들 사이에 비슷한 경향을 유지했다. 이와 대조적으로 위기에 대한 재정 정책 대응의 측면에서는 국가들 사이에 유의미한 차이를 확인했다(Raess and Pontusson, 2015 참조). 표 3.6은 잠재 GDP 대비 비율로 측정된, 경기 변동을 조정한 정부 기초 재정 수지의 전년 대비 변화를 보여 준다. 양의 값은 수요에 대한 재량적 재정 부양을 의미한다. 즉, 재량적 지출이 재량적 수입보다 더 빠르게 증가(혹은 더 느리게 감소)하는 것을 의미한다. 이는 고든 브라운Gordon Brown 영국 노동당 정부가 대륙 유럽 정부들보다 대침체에 더 신속하게 대응했으며 2007~2009년 사이에 거대한 규모의 재정 부양책(잠정 GDP의 4.78%에 해당)을 도입했음을 보여 준다. 네 개 국가 모두가 2008년에는 재정 부양책을 실시했다.

스웨덴 정부는 2009년에 재정 부양책을 철회했지만 독일 정부가 했던 것처럼 2010년에는 재정을 활용하여 내수 부양책을 시행하였다. 이탈리아와 영국은 2010년에 다년간의 예산 통합을 시작했으며, 독일도 2011년에 같은 길을 따랐다. 대침체가 종료된 후 스웨덴은 확장 재정정책 기조를 유지한 유

표 3.6 재정 부양

	2007	2008	2009	2010	2011	2012	2013	2014
독일	-0.86	**0.05**	**0.71**	**0.96**	-1	-0.66	-0.04	-0.06
이탈리아	-0.98	**0.73**	1	-1.11	-0.19	-2.84	-0.26	-0.43
스웨덴	-0.49	**0.45**	-0.23	**1.11**	**0.37**	**0.53**	**0.11**	**0.33**
영국	**0.5**	**1.14**	**3.14**	-1.32	-1.64	**0.54**	-0.9	-0.01

주: 이 표는 수환적으로 조정된 정부 재정이 잠재 GDP에서 차지하는 비율로 전년 대비 역전된 변화를 보여줌. 볼드체(양수) 값들은 정부 재정 적자로의 이동을 의미
출처: OECD 경제전망 통계

일한 국가로 돋보인다. 위기가 시작된(영국의 경우 2007년, 다른 국가들의 경우 2008년) 이후 기간을 통틀어서 스웨덴의 누적 재정 부양책은 2014년 말까지 GDP의 2.4%에 달하는데, 영국의 1.45%, 독일의 -0.04%, 그리고 이탈리아의 놀라운 -3.4%와 비교된다.

표 3.7은 2006~2010년과 2010~2014년 기간에 걸친 정부 세입과 조세(GDP의 백분율)의 변화를 보여 준다. 독일과 이탈리아에서는 위기 제1기에 시작한 재정 부양책이 모두 지출 증가에 있었다. 반면, 영국과 스웨덴은 이 시기 수요를 부양하기 위해 지출 증가와 함께 세금 감면을 동시에 활용했다. 이탈리아 정부가 2010년 이래 전반적인 재정 상태를 통합하기 위해 조세 증가에 전적으로 의존한 반면, 독일과 영국 정부는 조세 증가와 지출 감소의 조합을 활용하였다. 지출 감소의 경우 영국보다는 독일에서 더 중요한 수단이었다. 스웨덴의 경우 2008~2014년 전 기간에 걸쳐 내수 수요를 진작하기 위해 세금 감면에 매우 의존적이었는데 이는 스웨덴의 수수께끼를 푸는데 단서를 제공한다. 스웨덴은 재정 부양책에 더 깊이 개입하였지만, 동시에 이 연구에 포함된 다른 세 개 국가에 비해 가처분소득 불평등이 더 많이 증가하는 경험을 했다(표 3.2).

2008~2009년 사이 실질 환율이 그리 많이 떨어지지 않은 독일이나 이탈리아와 달리, 영국 파운드와 스웨덴 크로나는 대침체 기간 동안 명목상뿐만 아니라 실질 환율에 있어서도 급격하게 절하되었다(그림 3.11). 하지만 스웨덴

표 3.7 정부 수입과 지출의 변화 (GDP 대비 퍼센트 포인트)

	수입		지출	
	2006~10	**2010~14**	**2006~9**	**2010~14**
독일	0.18	1.29	2.71	-3.43
이탈리아	1.67	2.42	2.34	1.21
스웨덴	-1.43	-1.11	0.79	0.74
영국	-2.6	3.02	5.56	-4.3

출처: OECD 경제전망 통계

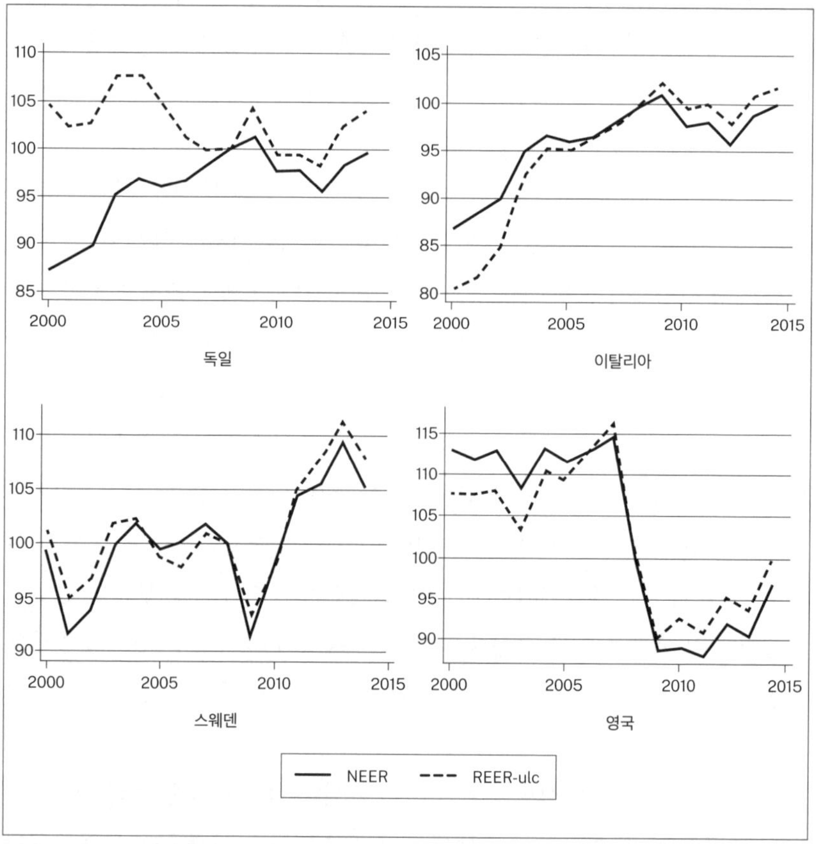

그림 3.11 명목 및 실질(UCL 기준) 유효 환율 (2008=100), 2000~2014

출처: Eurostat.

크로나는 원가 경쟁력의 개선에 기반한 수출주도 회복을 선점하면서 이루어진 2010년 경제 회복과 함께 빠르게 절상되었다.

6. 임금과 부문별 동향

실질 환율이 생활 수준에 미치는 영향을 평가하기 위해서는, 소비자 물가를 바탕으로 하고 수입품 물가를 포함하는 물가지수CPI를 국내에서 생산한 재화와 서비스만을 포함하고 수입은 제외하는 GDP 보정계수와 비교해 보는 게 필요하다. 만약 CPI가 GDP 보정계수보다 더 천천히 성장하면, 실질 생산임금(GDP 보정계수에 의해 보정된 명목 임금)이 증가하지 않더라도 실질 환율의 증가, 즉 더 값싼 수입품으로 인해 노동자의 실질 소비 임금은 증가한다. AD-ERU-BT 체계에 따르면, 결과적인 실질임금 상승은 인플레이션을 유도하지 않으며, (인플레이션을 추적하는 중앙은행의 입장에서 경제 디플레이트를 위해 개입할 필요가 없다는 점에서) 그래서 생산량과 고용의 더 높은 균형점과 상통한다.

그림 3.12는 1994년에서 2016년까지 네 개 국가의 CPI와 GDP 보정계수를 보여 준다. 이탈리아와 영국의 경우 두 개의 시리즈가 어느 정도 일치하여 움직이는 반면(특히 2000년대 두 국가 모두에서 생산자 물가는 소비자 물가보다 빠르게 증가하는 경향이 있지만 위기 이후 경향이 뒤바뀌었다), 독일과 스웨덴은 서로 반대 방향으로 이동한다. 독일의 생산자 물가는 전 기간에 걸쳐 소비자 물가보다 느리게 증가했는데 이는 실질 환율 하락의 징후이다. 그 반대의 경우가 스웨덴인데, 특히 위기 이후 생산자 물가(지속해서 증가)와 소비자 물가(일정하게 유지) 사이에 격차가 발생했다.

OECD STAN 자료를 기반으로 한 그림 3.13은 1994~2015년 기간 동안 5개 산업, 즉 전체 경제, 제조업, 건설, 음식 및 숙박, 그리고 금융과 보험에서 소비 및 생산 임금(명목임금을 CPI와 GDP 보정계수로 각각 보정한 값)을 비교한 것이

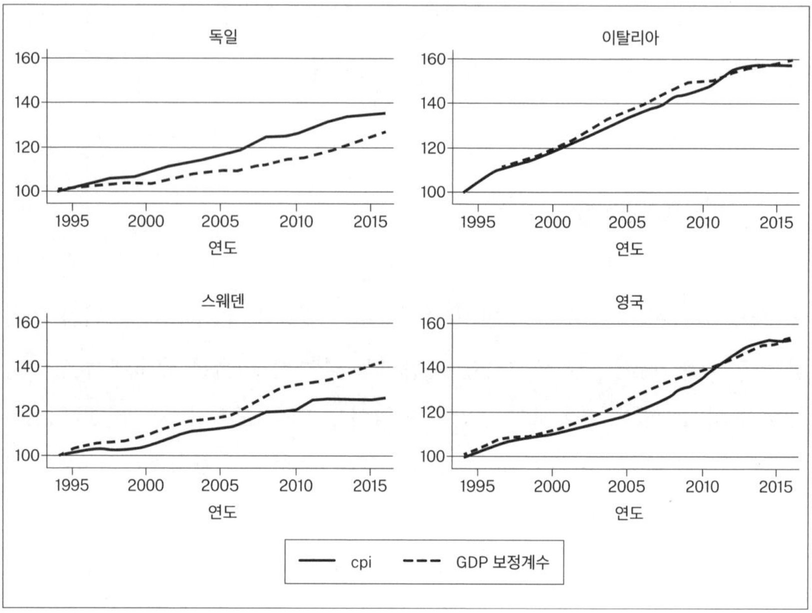

그림 3.12 소비자물가지수와 GDP 보정계수, 1994~2016

출처: OECD.

다. 비교를 위해 도표는 전체 경제의 노동생산성(노동시간당 고정 가격으로 산출된 부가가치) 경향을 동시에 보고하고 있다. 도표의 부문들은 평균적인 노동숙련도의 다양성을 보장할 수 있도록 고숙련(금융 및 보험), 중고숙련(제조), 중저숙련(건설), 저숙련(음식 및 숙박)으로 선택하였다.

독일의 소비 임금은 실질 환율 절하의 영향으로 생산 임금보다 느리게 증가하였다. 국내에서 생산된 재화와 서비스로 수입품을 대체할 수 없는 영역에서 독일 노동자들은 결과적으로 더 빈곤해졌다. 전체적으로 독일의 생산 임금은 생산성에 비해 더 느리게 성장했으며, 이는 임금 분배율의 감소로 해석될 수 있다. 하지만, 실질임금과 생산성 사이의 차이는 위기 이후 줄어들고 있는데 이 또한 독일 성장모델이 재균형화하고 있다는 신호이다. 다양한 산업 영역 중에서 제조업과 금융업 노동자의 생산 임금만이 노동생산성과 거의 같은 수준을 유지했다. 이와 대조적으로 음식 및 숙박업 노동자들의 소비 임

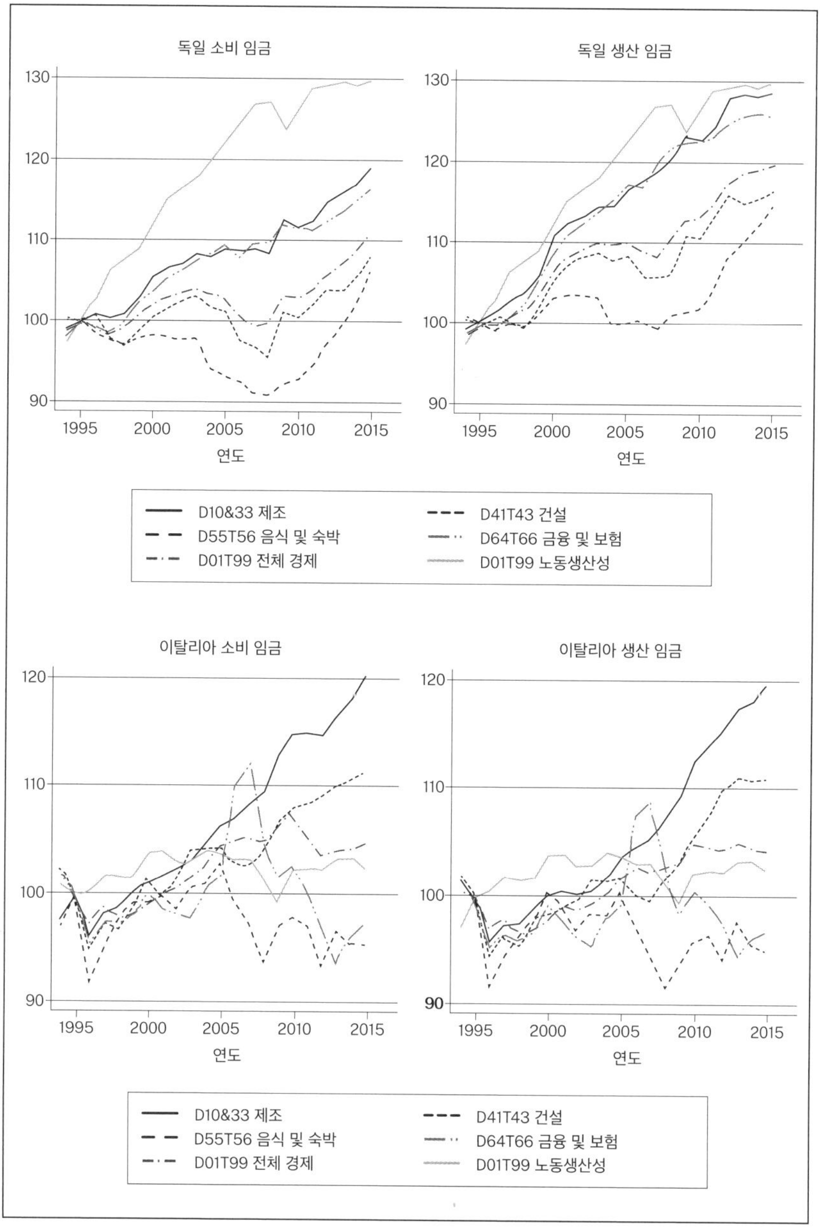

그림 3.13 실질임금과 노동생산성, 1994~2015

출처: OECD STAN Database.

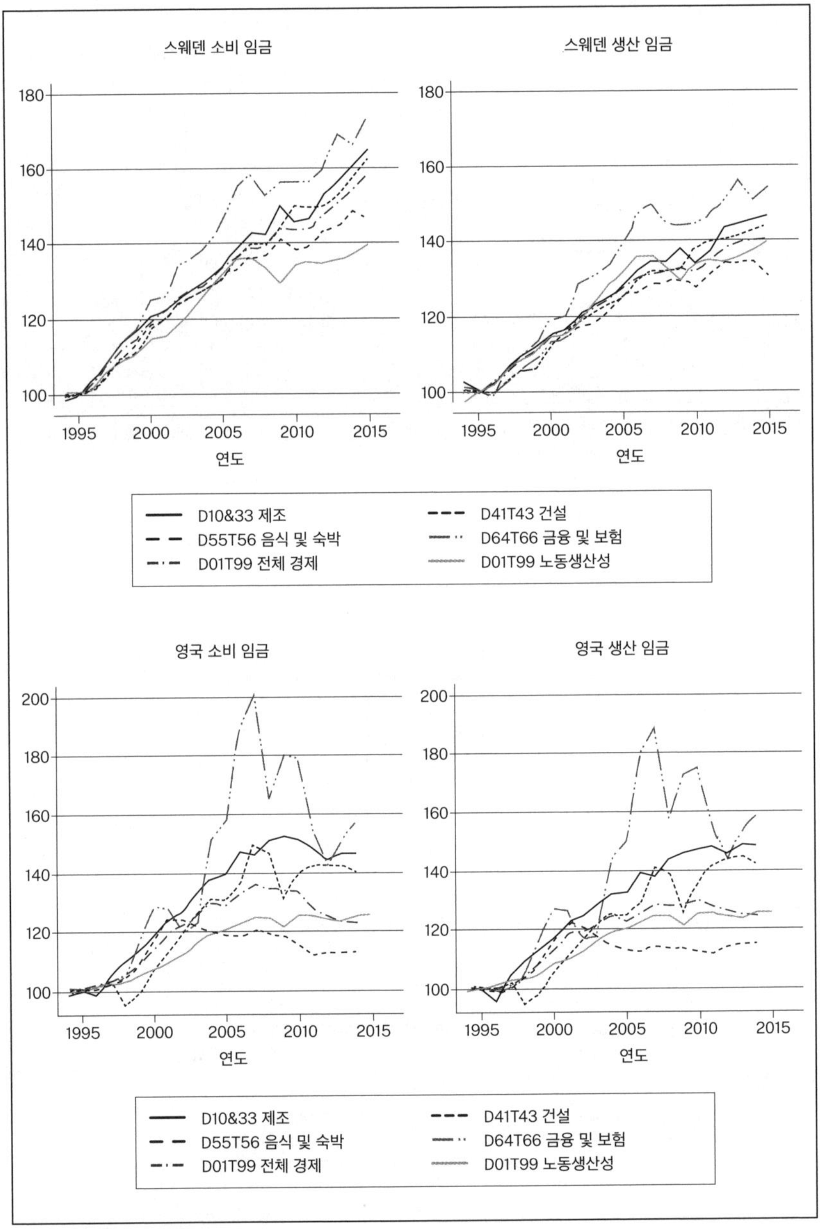

그림 3.13 실질임금과 노동생산성, 1994~2015

출처: OECD STAN Database.

금은 2014년까지 감소했으며, 건설업 노동자의 경우 2008년까지 감소했다. 임금의 경향을 전체적으로 봤을 때 독일 성장모델이 임금 정체, 특히 위기 이후 약간 개선되기는 했으나 저숙련 노동자들의 임금 정체에 의존해 왔다는 것을 확인해 준다.

스웨덴의 임금 경향은 매우 다르다. 이 나라의 소비 임금은 실질 환율 절상의 영향으로 생산 임금보다 더 높았다. 위기 이전에 전반적으로 생산 임금이 생산성보다 더 느리게 증가했지만, 그 이후 생산 임금 증가가 생산성을 앞질렀고, 결과적으로 경쟁력을 상실했다. 임금의 영역 간 분포도 독일과는 많이 달랐는데 저숙련 음식 및 숙박업 분양 노동자의 임금은 제조업 임금과 거의 비슷한 수준으로 인상되었다. 이와 같은 경향은 스웨덴의 성장모델이 독일보다 훨씬 높은 실질임금 성장으로 특징지어질 수 있음을 의미하며, 스웨덴의 임금 성장은 독일의 경우에 비해 덜 불평등적임을 알 수 있다. 하지만 위기 이후 임금 상승은 스웨덴 수출의 가격 경쟁력을 잠식하기 시작했고, 이로 인해 성장모델을 소비 중심으로 전환하게 했을 수 있다.

영국은 2014년까지 실질임금(소비 기반과 생산 기반 모두에서)이 생산성보다 빠르게 성장했다. (독일의 경우와 달리) 이 분야 노동자들에게도 1990년대 중반까지 실질임금의 상승이 지속되었지만, 영국 숙박업과 음식 분야 노동자의 임금은 다른 분야 노동자들에 비해 정체되었다. 2007년까지 금융 및 보험업 분야 노동자들의 실질임금은 평균보다 훨씬 더 빨리 성장했다가, 그 이후 감소했다. 아마도 영국의 사례에서 가장 특징적인 점은 2007년을 기점으로 그 이후에 실질임금과 생산성이 모두 침체되었다는 점일 것이다. 평균 소비 임금은 과거 독일과 이탈리아보다 더 빨리 성장하다가 긴축의 시기에 실질적으로 감소했다.

노동생산성의 침체 현상은 지난 20년 동안 실질적으로 노동생산성이 일정하게 유지되었던 이탈리아의 사례에서 오히려 더 현저하게 드러난다. 이탈리아의 제조업 부문 생산성 향상은 독일이나 영국, 특히 스웨덴과 비교했을 때 훨씬 더 실망스럽다. 비즈니스 서비스 영역의 생산성 성과는 특히 더 실망스럽다. 생산성 향상이 매우 제한적인 상황에서 이탈리아의 실질임금상승(소비와 생산 기반 양쪽에서 모두)은 완만하게 유지되었다. 이탈리아 제조업의 임금은 국가 전체 생산성에 비해 더 빨리 성장했지만 제조업 부문의 생산성을 따라갔다(보이지 않음). 독일과 마찬가지로 부문간 격차는 더 커졌는데 비즈니스 서비스 부문의 노동자들은 임금 감소를 경험했다(보이지 않음). 하지만, 비즈니스 서비스 부문의 생산성 감소는 실질임금의 감소보다도 더 심각했다. 생산성 침체의 원인은 확실하지 않다. 몇몇 저자들은 수요의 침체와 노동시장 자율화의 조합이 문제의 원인이라고 낙인찍는다(Daveri and Parisi, 2015; Jona Lasinio and Vallanti, 2013; Tridico and Pariboni, 2018; Tronti, 2009).

서로 다른 성장모델은 서로 다른 주력 부문에 기반하고 있다(Baccaro and Pontusson, 2016). 위기 전후 GDP에서 부문별 구성이 어떻게 달라졌는지를 살펴보는 것은 이런 의미에서 도움이 된다. OECD STAN 자료에 기반한 그림 3.14는 1994년부터 2015년까지 제조업, 건설업, 소매 및 숙박, 정보 및 통신, 금융 및 보험, 전문적 서비스, 비즈니스 서비스, 기술 서비스 분야별로 부가가치(고정 가격)와 고용(노동시간)의 분배율을 살펴본 것이다.

독일에서는 제조업의 비중이 다른 나라들에서보다 더 크다. 사실, 제조업은 소매업과 숙박업보다 부가가치의 측면에서 더 많은 비중을 차지하고 있다. 이 비중은 전체 기간 동안 일정했는데, 다른 세 나라에서는 그 비중이 줄어들었다(스웨덴의 경우 2010년대 초반부터 줄어들기 시작했다). 다만, 독일 제조업의 고용 비율은 약간 줄어들었지만 여전히 20% 수준이었고, 소매업이나 숙박업 부문의 고용 비중보다 약간 낮은 수준이다. 전체적으로 독일 경제는 확고하게 제조업을 중심으로 자리잡고 있다. 독일의 건설업 부문은 1990년대 중반부터 2000년대 중반 사이에 축소한 점은 흥미롭다.

스웨덴의 궤적은 고유한 성질을 가지고 있으며 위기 이후 시기에 스웨덴에서 구조적 변환이 일어났다는 점을 확인시켜 준다. 스웨덴의 제조업 부문은 그 중요성 측면에서 쇠퇴하고 있으며, 고용 비중의 측면에서 확실하게 감소하고 있고 (위기 이전 시기에 증가한 후에) 2010년 초반부터는 부가가치의 측

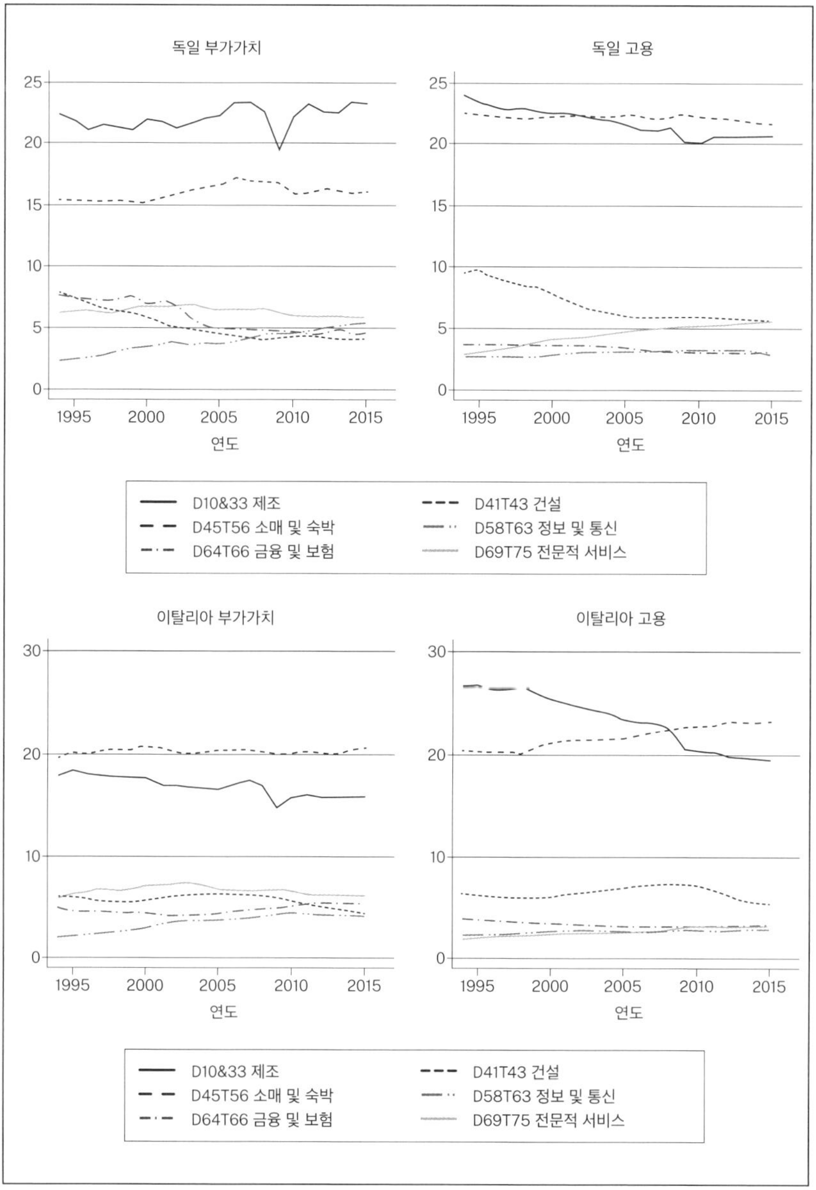

그림 3.14 부문별 부가가치와 고용 점유율, 1994~2015

출처: OECD STAN Database.

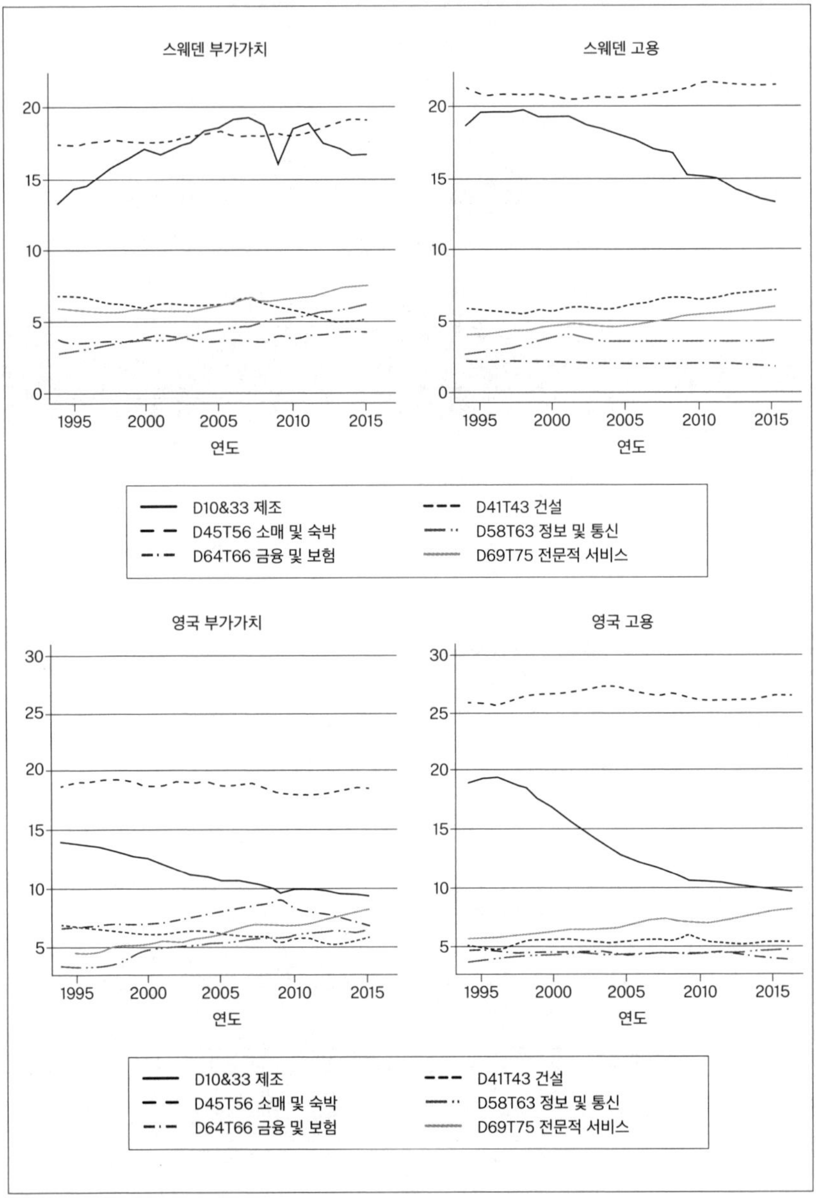

그림 3.14 부문별 부가가치와 고용 점유율, 1994~2015

출처: OECD STAN Database.

면에서도 쇠퇴하고 있다. 2015년 스웨덴 제조업 부문은 노동시간의 비중 측면에서 전체의 14% 정도를 차지하고 있는데 소매업과 숙박업 부문의 경우 20%를 넘는 비중을 차지한다. 정보 통신 부문과 전문 서비스 부문은 부가가치의 측면에서 그 비중을 확장해 왔으며, 좀 더 제한적인 수준이긴 하나 고용 비중의 측면에서도 확장해 왔다. 전체적으로 스웨덴 경제는 독일보다는 제조업에 덜 중심을 두고 있으며 고부가가치 서비스에 더 중심을 두고 있는 것으로 보인다.

이 기간 전체에 걸쳐 이탈리아의 제조업 고용은 감소하고 있었으며 위기는 그 감소를 더 가속화시킨 것으로 보인다. 하지만 제조업 부문은 고용 비중의 측면에서 20%를 약간 밑도는 수준으로 여전히 중요한 고용 영역으로 남아 있다. 제조업 분야에서의 감소가 정보 통신, 전문 서비스, 그리고 금융 및 보험과 같은 고부가가치 서비스 부문들에 의해서 상쇄되지 않았다.

영국에서는 이와 같은 대체가 발생했다. 2015년에 제조업 부문은 부가가치뿐만 아니라 고용에서도 10% 미만까지 극적으로 감소했다. 같은 기간 동안 고부가가치 서비스는 성장했으며 영국 경제에서 제조업보다 더 많은 비중을 차지하고 있다.

7. 몇 가지 결론적 제언

우리는 이 글에서 바카로와 폰투손(2016)의 포스트 포디스트 성장모델에 대한 분석을 위기 이후 시기까지 확장하고자 하였다. 독일은 특히 저숙련 서비스 부문에 대한 제도화된 임금 조정과 경직된 명목 환율을 활용한 수출주도 경제로 부상했다. 독일에서 수출은 성장에서 가장 중요한 동인이며 다른 나라들보다 더 물가에 민감하고, 과거보다 더 물가에 민감한 것으로 보인다(Baccaro and Benassi, 2017). 또한 임금 억제와 실질 환율 평가절하는 가장 중요한 요소이다. 정치적으로 제조업 부문은 주된 영역이고 시간이 지남에 따라 정책에 미치는 영향력이 증가했을 것이다.

위기 전 15년 동안 스웨덴 성장모델에 대한 우리의 해석은 독일과 다르게 스웨덴 수출품의 비가격 경쟁력을 증가하는데 기반을 둔다는 점이었다. 이는 수출을 촉진하기 위해 임금과 수요를 억제해야 하는 압력을 행사할 필요가 없는 성장모델을 가능하게 했다. 사실상 독일모델과 비교해서 스웨덴 성장모델이 더 많은 가계 소비와 더 빠르고 평등한 임금 성장, 그리고 실질 환율 평가절상의 경향 등으로 특징지어진다는 근거들이 있다.

영국의 성장모델은 독일 모델의 거울 이미지처럼 보인다. 다만, 성장이 부문별로 불균등하게 분포되어 있기는 하다. 가계 소비가 성장의 유일한 동인인데, 이는 가계 부채뿐만 아니라 실질임금(이는 최소한 2007년까지는 건강한 추세로 증가했다)의 지원을 받는다. 또한, 경쟁력이 악화되는 경향이 있으며 재정 상태는 지속적으로 적자 상태에 있다. 후자의 경우 재조정을 촉진하지는 않는데 이는, 최소한 위기 시기까지는, 세계의 나머지가 영국의 자산을 구입함으로써 영국의 경상수지에 기여할 의향이 있었기 때문이다.

이탈리아 사례는 포스트 포디스트 시대에 적절한 성장동력을 찾는 데 실패했다는 측면에서 특징적이다. 소비 성장은 이 시기 내내 이어진 열악한 임금 성장과 제약적인 재정정책으로 인해 제한적이었다. 수출 부문은 성장동력의 역할을 하기에는 그 규모가 너무 작았으며 또한 너무 가격에 민감했다. 이탈리아의 침체에는 두 개의 주요한 요소가 등장한다. 첫째는 환율 절하를 통한 해외수요의 촉진에 실패했다는 점인데, 이는 유로존 국가로서 애초에 불가능했다. 둘째는 노동생산성의 미약한 역할인데 그 이유는 확실치 않지만 아마도 충분하지 않은 수요와 노동시장 자유화의 결합과 연관된 것으로 보인다.

위기에 대한 대응으로 성장모델이 얼마만큼이나 변화했을까? 독일과 영국, 스웨덴에서 재정 수단에 의해 촉진된 내수 소비는 2008~2009년 세계 무역 위축의 여파를 완충하는 데 중요한 역할을 했다. 영국 노동당 정부가 시행한 엄청난 규모의 부양책은 소비주도 경제를 운영하는 정부로부터 기대할 수 있는 바와 정확히 일치한다. 하지만 금융 서비스의 수출은 2007년 이전 시기 영국 성장모델의 중요한 요소였다는 점이 강조되어야 한다. 국제금융은 부동산 거품이 터지고 가계들이 부채를 줄여야 했을 때 더욱 중요해졌지만, 확장적 정부 정책에 따른 화폐가치 절하는 이 영역에서 영국의 비교 우위에 주요한 위협 요소가 되었다. 첫 번째 캐머런 정부에 의한 재정정책의 재정비는 영국의 성장모델을 가계 소비와 고급 서비스 수출에 더 의존하는 방식으로 회귀함으로써 균형을 맞추려는 시도로 볼 수 있다. 이와 같은 노력은 역효과를 낸 것으로 보인다. 임금과 소비 침체는 위기 이후 시기 영국 경제의 성장을 사실상 제한하였다.

가계 소비는 대침체에 이르는 10여 년 동안 그랬던 것보다 최근에 더 독일의 경제성장에 영향을 미치는 것으로 보이지만, 독일의 경제정책이 독일 성장모델에서 제조업 수출의 주도성을 복원하는 방향으로 움직이고 있음은 의심의 여지가 없어 보인다. 위기는 독일 내 주도적인 사회적 결속을 수출지향 제조업을 중심으로 더 강화한 것으로 보인다. 하지만, 집필진의 분석 결과는 독일의 수출주도 성장의 지속 가능성은 정책 입안 엘리트들이 직접적으로 관리할 수 없는 요소들, 즉 세계 자유무역 체제의 지속이나 현 형태의 유로가 계속 유지될 것인지 등과 같은 요소들에 달려 있음을 보여 준다.

스웨덴은 아마도 위기에 의해 자신의 성장모델이 가장 크게 영향을 받은 국가로 볼 수 있다. 사람들은 아마도 소비주도와 수출주도 성장 사이의 균형이 위기에 의해 무너지면서 수출주도 성장의 손을 들어주었을 것으로 예상하지만 반대의 결과가 발생한 것으로 보인다. 독일의 REER이 2010~2014년의 회복기에 걸쳐 하락한 반면 스웨덴의 REER은 급격히 절상되었다(그림 3.11). 스웨덴의 무역 흑자는 마이너스로 돌아섰고 독일의 무역 흑자는 회복되었다. 위에 언급한 바와 같이, 스웨덴이 총수요에서 내수 요소에 더 의존하게 된 사실은 확장적, 혹은 최소한 상대적으로 느슨한 통화와 재정정책, 그리고 재분배로부터 다소 급격하게 퇴각하는 정책('부르주아 케인스주의')의 혼합에 의해 장려되었다. 가계 부채의 지속적인 증가, 또다른 부동산 버블의 조짐, 그리고 무역수지 균형의 악화 등은 이와 같은 정책 방향의 경제적 근거에 대해 의문을 품게 하고 있다.

국내 정치는 2010~2014년 스웨덴 정부의 정책 선택에 대해 최소한 조금이나마 주목하고 있다. 2006년 집권한 프레드리크 레인펠트가 주도하는 부르주아 연정은 다양한 우선순위를 갖는 네 개의 정당을 포함하고 있는데 2010년 선거에서 의회 다수당 지위를 잃었다. 사회민주당이 동맹Alliance 정당들보다 더 많은 표를 잃었지만, 우익 포퓰리스트들은 2010년 처음으로 의회 내 의석을 확보했다. 결과적으로 2010~2014년의 의회에서 정부 여당은 전체 349석에서 173석만 확보하였다. 반면 데이비드 캐머런과 앙겔라 메르켈은 모두 단일한 연합 파트너만으로도 여유 있게 다수당 지위를 확보했으며, 최소 독일의 경우 반대파도 긴축으로의 전환에 상당히 우호적이었다. 다시 말해서, 스웨덴 정부는 수출주도 성장을 추구하기 위해 요구되는 '어려운 결정들'을 외면해야 하는 강력한 정치-선거적 이유가 있었다. 집필진의 분석 결과에 의하면 스웨덴 경제는 제조업으로부터 벗어나서 서비스에 더 중요성을 두는 방향으로의 구조적 전환을 경험하고 있는 것으로 보인다.

이탈리아는 '허약한 정부'가 필연적으로 확장적인 거시경제 정책으로 나아가는 것은 아니라는 것을 확인시켜 주는 사례로 보인다. 이탈리아의 경우는 공공 부채와 유로존 멤버십에 의해 정부 정책이 심각하게 제약되어 있는 경우로, 결과적으로 재앙적인 경제성장 결과를 마주한 사례로 보는 것이 가장 중요하다. 내수 소비의 축소는 수입의 감소뿐만 아니라 수출 경쟁력의 개선에도 기여했지만, 이탈리아 수출 부문은 경제의 성장동력으로 작용하기에는 그저 너무 규모가 작았다. 이들의 욕구에 비해 너무 강한 환율의 부담으로, 가격 민감도가 매우 높은 이탈리아 수출은 경쟁국과 비교했을 때 위기 이후 시기에 도달한 것보다 더 드라마틱한 수준의 국내 임금과 물가의 감소를 필요로 했다. 하지만 이탈리아 국민들이 또다시 긴축의 시대를 견디어 내는 것은 상상하기 어렵다.

다음과 같은 역설로 이 장을 마무리한다. 이 장에서 논의한 네 개의 국가들 가운데 독일은 성장과 고용의 측면에서 대침체기 시작 이후 명확하게 가장 좋은 성과를 보였다. 이들의 성장모델과 지배적인 사회적 결속이 여전히 유효하다는 것은 놀랍지 않다. 하지만 전체적으로 봤을 때, 위기는 '외부적' 이유로 인해 독일이 1990년대 후반에 채택한 수출주도 모델이 끝나는 과정의 시작이라고 볼 수도 있다. 이 모델의 장기적인 지속 가능성은 결정적으로 유로존에서 주변부 경제를 유지하는 데에 달려 있다. 우리가 매일 같이 기억하는 바와 같이 유로존 주변부의 위기는 아직 끝나지 않았다.

참고문헌

Akerlof, George A. 1982. "Labor Contracts as Partial Gift Exchange." *The Quarterly Journal of Economics* 97(4): 543-69.

Armingeon, Klaus and Lucio Baccaro. 2012. "Political Economy of the Sovereign Debt Crisis: The Limits of Internal Devaluation." *Industrial Law Journal* 41(3): 254-75.

Auboin, Marc and Floriana Borino. 2017. "The Falling Elasticity of Global Trade to Economic Activity: Testing the Demand Channel." *WTO Staff Working Papers* ERSD-2017-09.

Baccaro, Lucio and Chiara Benassi. 2017. "Throwing out the Ballast: Growth Models and the Liberalization of German Industrial Relatioins." *Socio-Economic Review* 15(1): 85-115.

Baccaro, Lucio and Jonas Pontusson. 2016. "Rethinking Comparative Political Economy: The Growth Model Perspective." *Politics & Society* 44(2): 175-207.

Baccaro, Lucio and Jonas Pontusson. 2020. "Operationalizing Growth Models." Unpublished draft.

Bhaduri, Amit and Stephen A. Marglin. 1990. "Unemployment and the Real Wage: The Economic Basis for Contesting Political Ideologies." *Cambridge Journal of Economics* 14: 375-93.

Boyer, Robert. 1990. *The Regulation School: A Critical Introduction*. Translated by C. Charney. New York: Columbia University Press.

Boyer, Robert. 2015. *Economie Politique Des Capitalismes*. Paris: La Découverte.

Bussière, Matthieu, Giovanni Callegari, Fabio Ghironi, Giulia Sestieri and Norihiko Yamano. 2013. "Estimating Trade Elasticities: Demand Composition and the Trade Collapse of 2008-2009." *American Economic Journal: Macroeconomics* 5(3): 118-51.

Carlin, Wendy and David Soskice. 2015. *Macroeconomics*. Oxford: Oxford University Press.

Chwieroth, Jeffrey M. 2010. *Capital Ideas: The IMF and the Rise of Financial Liberalization*. Princeton, NJ: Princeton University Press.

Daveri, Francesco and Maria Laura Parisi. 2015. "Experience, Innovation, and Productivity: Empirical Evidence from Italy's Slowdown." *Industrial & Labor Relations Review* 68(4): 889-915.

Dornbusch, Rudi. 1996. "The Effectiveness of Exchange-Rate Changes." *Oxford Review of Economic Policy* 12(3): 26-38.

Faini, Riccardo and Andre' Sapir. 2005. "Un Modello Obsoleto? Crescita E Specializzazione

Dell'economia Italiana." In *Oltre Il Declino*, edited by T. Boeri, R. Faini, A. Ichino, G. Pisauro and C. Scarpa. Bologna: Il Mulino, 19-65.

Frieden, Jeffry A. 2006. *Global Capitalism: Its Fall and Rise in the Twentieth Century*. New York: Norton.

Goodfriend, Marvin. 2007. "How the World Achieved Consensus on Monetary Policy." *Journal of Economic Perspectives* 21(4): 47-68.

Holmes, Douglas R. 2019. "A Tractable Future: Central Bankers and Their Publics." In *Uncertain Futures: Imaginaries, Narratives, and Calculation in the Economy*, edited by J. Beckert and R. Bronk. New York: Cambridge University Press.

Iversen, Torben and David Soskice. 2012. "Modern Capitalism and the Advanced Nation State: Understanding the Causes of the Crisis." In *Coping with Crisis: Government Responses to the Great Recession*, edited by N. Bermeo and J. Pontusson. New York: Russell Sage.

Johnston, Alison, Bob Hancké, and Suman Pant. 2014. "Comparative Institutional Advantage in the European Sovereign Debt Crisis." *Comparative Political Studies* 47(13): 1771-800.

Jona Lasinio, Cecilia and Giovanna Vallanti. 2013. "Reforms, Labour Market Functioning and Productivity Dynamics: A Sectoral Analysis for Italy." *MEF Working Paper Series, Italian Ministry of Economy and Finance: Italian Ministry of Economy and Finance*

Lavoie, Marc and Engelbert Stockhammer. 2013. *Wage-Led Growth*. London: Palgrave.

Lavoie, Marc. 2014. *Post-Keynesian Economics: New Foundations*. Cheltenham, UK: Edward Elgar.

MacKenzie, Donald Angus, Fabian Muniesa and Lucia Siu. 2007. *Do Economists Make Markets? On the Performativity of Economics*. Princeton, NJ: Princeton University Press.

Martin, Cathie Jo and Kathleen Thelen. 2007. "The State and Coordinated Capitalism: Contributions of the Public Sector to Social Solidarity in Postindustrial Societies." *World Politics* 60: 1-36.

Onaran, Ozlem and Thomas Obst. 2015. "Wage-Led Growth in the Eu15 Member States: The Effects of Income Distribution on Growth, Investment, Trade Balance, and Inflation." *Greenwich Papers in Political Economy, University of Greenwich, #GPERC28*.

Onaran, Özlem and Giorgos Galanis. 2014. "Income Distribution and Growth: A Global Model." *Environment and Planning* A 46(10): 2489-13.

Pontusson, Jonas. 2013. "Unionization, Inequality and Redistribution." *British Journal of Industrial Relations* 51(4): 797-825.

Pontusson, Jonas and Lucio Baccaro. 2020. "Comparative Political Economy and Varieties of Macroeconomics." *Oxford Research Encyclopedia of Politics*. Oxford University Press. https://10.1093/acrefore/9780190228637.013.161

Pontusson, Jonas and Damian Raess. 2012. "How (and Why) Is This Time Different? The

Politics of Economic Crisis in Western Europe and the United States." *Annual Review of Political Science* 15(1): 13-33.

Pontusson, Jonas and David Weisstanner. 2018. "Macroeconomic Conditions, Inequality Shocks and the Politics of Redistribution, 1990-2013." *Journal of European Public Policy* 25(1): 31-58.

Raess, Damian and Jonas Pontusson. 2015. "The Politics of Fiscal Policy during Economic Downturns, 1981-2010." *European Journal of Political Research* 54(1): 1-22.

Scharpf, Fritz W. 1991. *Crisis and Choice in European Social Democracy*. Ithaca, N.Y.: Cornell University Press.

Shapiro, Carl and Joseph E. Stiglitz. 1984. "Equilibrium Unemployment as a Worker Discipline Device." *The American Economic Review* 74(3): 433-44.

Storm, Servaas and C.W.M. Naastepad. 2012. *Macroeconomics Beyond the Nairu*. Cambridge, MA: Harvard University Press.

Streeck, Wolfgang. 1994. "Pay Restraint without Incomes Policy: Institutionalized Monetarism and Industrial Unionism in Germany." In *The Return of Incomes Policy*, edited by R. Dore, R. Boyer and Z. Mars. London: Pinter, 118-40.

Temin, Peter and David Vines. 2014. *Keynes*. Cambridge, MA: MIT University Press.

Tridico, Pasquale and Riccardo Pariboni. 2018. "Inequality, Financialization, and Economic Decline." *Journal of Post Keynesian Economics* 41(2): 236-59.

Tronti, Leonello. 2009. "La Crisi Di Produttività Dell'economia Italiana: Scambio Politico Ed Estensione Del Mercato." *Economia e Lavoro* XLIII(2): 139-57.

Woodford, Michael D. 2003. *Interest & Prices*. Princeton, NJ: Princeton University Press.

제4장

성장모델의 국가 간 차이: 추가 수요의 세 가지 원천

게오르그 피코Georg Picot

1. 서론

2008~2009년의 세계 금융위기는 그 위기를 초래하는 데 기여한 경제성장체제economic growth regimes에 관심을 불러일으켰다. 특히 미국의 서브프라임 대출 관행(or 서브프라임 모기지론)과 미국 경제의 광범위한 금융화가 주목을 받았다. 또한 그리스와 스페인 같은 다른 국가들의 궤적도 폭넓게 논의되어 왔다. 그러나 대중과 학계에서 또한 위기 전후의 다양한 성장체제에 대해 충분한 평가가 이루어지지 않았다. 최근에서야 비교정치경제학 분야에서 다양한 모델을 설명하려는 연구가 시작되었다(예: Baccaro and Pontusson, 2016). 그러나 이러한 연구에서는 주로 몇 개의 대표적인 국가, 즉 사례 연구의 대상으로 빈번히 선정되는 국가만을 실증적으로 분석하는 경향이 있었다.

이 장의 목표는 크게 두 가지이다. 첫째, 혁신적이며 간결한 성장모델 분류 방식을 제안하고자 한다. 둘째, 선진국 전반의 다양한 성장모델을 지도화하려고 한다. 이 책 서문에서 하셀과 팔리에는 기존에 익숙한 몇몇 국가가 아닌 많은 국가들을 분석하였다. 하셀과 팔리에가 성장체제growth regimes, 즉 제도, 정책, 조직적 틀에 초점을 맞췄다면, 필자는 성장모델growth models, 즉 성장체제에서 발생하는 수요의 원천에 초점을 맞출 것이다.

이 연구가 제시하는 개념적 틀은 지출기반의 GDP 분해 방식을 활용하며 공공 적자, 민간 적자, 대외 흑자라는 추가적인 경제 수요의 세 가지 원천에 초점을 맞추고 있다. 이것들은 필자가 '수요부양책'이라고 부를 차입(국내 적자)[1] 혹은 대출(대외 흑자)을 통해 추가 수요를 창출하는 방법이다. 이 실증 분석은 퍼지셋 이념형 분석Fuzzy-set ideal type analysis을 통해 1995년부터 2016년 사이를 3개의 하위 기간으로 구분하고 OECD 28개국의 수요부양책의 조합을 식별해 낼 것이다.

다음 절에서는 기존 문헌을 바탕으로 이론적 틀을 발전시킬 것이다. 세 번째 절에서는 연구방법과 데이터를 설명하고 이어서 성장모델 분석과 그 모델 간의 경제 성과 차이에 대한 예비분석이 진행될 것이다. 마지막으로 결론과 몇 가지 시사점을 제시할 것이다.

2. 경제성장모델의 새로운 분류법

1) 동기 부여

제2차 세계대전 이후 상대적으로 높은 성장을 이루었던 포드주의Fordist 시대 이후, 우리는 성장을 촉진하는 방식이 더욱 불균형해지는 것을 보게 되었다. 크리프너(Krippner, 2011)는 미국에서 정책 입안자들이 저성장에 대해 임시적으로 대응한 것이 경제의 금융화, 즉 높은 수준의 민간 부채를 초래하였고, 결국 2008년 금융위기로 이어졌음을 설득력 있게 보여 주었다. 마찬가지

1 이 장에서 국내 적자란 공공 적자와 민간 적자를 말한다.

로 스트리크(Streeck, 2011)는 1970년대 이후 선진 민주 자본주의 국가에서 인플레이션, 공공 적자, 민간 적자에 이르기까지 일련의 경제적 불균형을 관찰했고, 이는 성장률이 하락함에 따라 발생하는 민주주의와 자본주의 사이의 갈등을 완화하기 위한 것이라고 설명했다(Streeck, 2014 참조).

우선 공통적인 경향을 살펴보는 것도 유용하지만, 국가 간 다양성을 간과하지 않는 것이 중요하다. 이 장에서 필자는 크리프너(2011), 스트리크(2011) 등이 주장한 저성장이 적자주도 성장전략으로 이어진다는 전제를 인정한다. 그러나 비교정치경제학comparative political economy, CPE의 축적된 연구(Hassel and Palier, 이 책 1장 참조)는 선진 자본주의 경제가 상당히 다른 방식으로 조직될 수 있음을 보여 주었다.

이 같은 연구에 따라 이 장에서는 성장모델에서 국가 간 명확한 차이가 있음을 발견할 수 있었다. 복지국가 제도와 노사 관계가 국가마다 크게 다르다는 것은 잘 알려져 있다(예: Hall and Soskice, 2001; Esping-Andersen, 1990; Arts and Gelissen, 2010; Crouch, 1993). 더욱이 사회 및 경제 제도는 종종 서로 연결되어 있고 상호보완적으로 작용하여 독특한 '모델', '다양성' 또는 '체제'를 형성한다. 복지국가는 성장체제의 핵심적인 부분인데, 경제 수요를 뒷받침하고, 노동력 기술에 대한 투자를 제공하고 형성하며, 노동비용에 영향을 미치기 때문이다(Hassel and Palier, 이 책 1장).

정치경제 간의 국제적 상호 의존성은 비교정치경제학 분야에서 잘 연구되지 않았었다. 2008년 금융위기로 이어진 과정에서 각국 경제의 특정한 불균형은 국제 무역과 자본 흐름을 통해 서로를 강화시켜 왔다. 만약 그렇다면 2008년 금융 버블을 부풀리는 데에는 이들 간의 차이가 결정적인 역할을 했을 것이다(Iversen and Soskice, 2012; Hall, 2014).

동시에 성장모델에 관한 대부분의 연구는 몇 가지 대표적인 국가 사례만을 분석할 뿐 국가 간 변이성에 대한 포괄적 설명을 제공하지 않았었다.

여기에는 두 가지 문제가 수반된다. ① 대표적으로 논의되어 온 독일과 미국 같은 국가들의 경우 추가적 실증 증거 없이 조정시장경제와 자유시장경제

국가들의 대표로 간주된다는 점, ② 이론적으로 밝혀진 두세 가지 모델 이외의 성장체제의 다양성이 과소평가되고 있다는 점이다. 실제로 더 많은 국가를 고려할 때 하셀과 팔리에는 이 책에서 다섯 가지 다른 성장체제를 제시했다. 앞서 언급한 두 가지 문제를 보완하기 위해 이 장에서는 1995년 이후 28개 선진 경제국의 성장모델에 대해 체계적이며 실증적인 설명을 제공할 것이다.

2) 개념적 틀

장기적으로 폐쇄된 경제에서-또는 글로벌 규모에서- 인구 증가 혹은 더 높은 생산성(1인당 생산량; Piketty, 2014: 2장)[2]이 경제 생산량을 증가시킬 수 있다. 규범적 관점에서 볼 때, 인구 증가로 인한 생산량 증가는 1인당 물질적 자원을 증가시키지 않기 때문에 특별히 흥미롭지는 않다. 따라서 장기적으로 성장하려면 생산성을 높이는 것이 핵심이다.

다양한 자본 투자('인적 자본'에 대한 투자 포함)와 생산 프로세스 재구성을 통해 생산성은 향상될 수 있다. 생산성을 높이기 위한 투자는 특정 또는 일반 기술, 점진적 또는 급진적 혁신에 초점을 맞출 수 있고, 공공 또는 민간 자금으로 지원될 수 있다. 비교정치경제 분야 문헌에 따르면 민간 기업들은 급진적 혁신을 위해 연구개발에 자금을 투자하고 또한 교육에도 민간 자금이 투자되기 때문에, 자유시장경제LMEs에서는 민간 자금이 중요한 역할을 한다(Hall and Soskice, 2001). 조정시장경제CMEs에서는 기업들은 점진적 혁신을 추구하는 경우가 더 많으며, 이는 종종 직업훈련에 대한 투자와 연결된다. 조정시장경제에서는 자유시장경제보다 혁신과 교육에 대한 국가의 지원이 더 많을 것으로 예상할 수 있다. 북유럽 국가들은 일반적으로 적극적 노동시장 정

....

2 더 정확히 말하면, 인구 규모보다는 고용된 사람들의 수가 결정적이다. 이는 노동시장 활성화라는 일반적인 공급 측면 전략의 목표이다(cf. Eichhorst et al., 2008; Clasen and Clegg, 2011; Bonoli, 2013).

책과 보육을 포함한 양질의 공교육 향상을 통해 노동력을 기술 발전에 적응할 수 있게 하는 사회 투자 정책을 잘 펼쳐왔다(Morel et al., 2012). 남부 유럽에서는 분열된 노사관계와 낮은 국가 역량이 생산성 투자에 대한 공공의 지원을 제약하고 있다. 이 책에서 하셀과 팔리에, 그리고 슈발리에가 성장체제에서 교육과 훈련의 역할에 대해 더 자세히 논의하고 있다. 이 장에서도 확인된 성장모델이 다양한 수준의 교육 투자와 어떻게 연관되어 있는지 알아보기 위해 이 장 마지막 부분에서 생산성 투자에 대해 다시 간략히 논의할 예정이다.

그러나 필자의 주요 분석은 보다 단기적이며 수요 측면 관점을 기반으로 이루어질 것이다. 개방 경제에선 장기적인 관점보다 단기적으로 성장을 촉진할 수 있는 더 많은 선택지가 있다. 필자는 다음 세 가지의 이유로 수요 측면 관점과 성장모델에 초점을 맞출 것이다. ① 지출을 조사하는 것이 문헌에서 밝혀진 경제 불균형을 연구하는 데 적합하고(예: Krippner, 2011; Streeck, 2014), ② 수요 측면 분석은 국가 간 경제적 상호 의존성을 고려하는데 도움이 되며, ③ 명목상 공급 측면 전략이라 할지라도 종종 수요에 중요한 영향을 미치는데, 예를 들어 금융 규제가 완화되어 소비자의 대출과 그에 따른 지출이 촉진되는 경우가 있다(Crouch, 2009).

필자는 국내총생산GDP의 지출을 분해하여 경제성장 촉진을 위한 다양한 단기적 방법을 개념화해 제안하고자 한다.

$$Y = C + I + G + (X - M)$$

경제 생산량(Y)은 민간 소비 지출(C), 민간 투자(I), 정부 지출(G), 수출(X)과 수입(M) 간의 무역수지로 나눌 수 있다. 이러한 각 요소는 추가 수요의 원천이 될 수 있다. 가계, 기업 또는 정부의 지출이 수입을 초과하면 소비, 투자 및 정부 지출이 각각 평소보다 높아져 국내수요가 증가한다. 수출이 수입을 초과하면 경제는 수출이 수입과 같을 때보다 더 많은 해외수요로 인해 혜택을 얻게 된다.

민간 소비와 민간 투자를 구분하지 않고[3] 체계를 단순화시키면 민간 적자, 공공 적자, 대외 흑자를 수요 증가의 세 가지 방법으로 파악할 수 있다. 앞의 두 가지는 국내수요를 늘리고, 세 번째는 해외수요를 활용하는 것이다. 세 번째 수요 부양책만이 국제 거래에 의존하는 것은 아니다. 민간 및 정부 적자 자체는 국내 및 해외 대출을 통해 자금 조달이 가능하다. 예를 들어 2005~2007년 미국의 경우처럼 민간과 공공 부문 모두 적자를 기록할 경우, 실제로는 해외에서 자금을 조달해야 하는데,[4] 이는 결국 경상수지 흑자를 내는 국가로부터 자금을 조달해야 한다는 것을 의미한다. 이와 마찬가지로 한 경제에서 동시에 세 가지 수요 부양책을 사용할 수는 없다. 경상수지 흑자는 더 많은 가치가 국내보다 해외로 유출된다는 것을 의미하기 때문에 국내 재정 적자(민간 및 공공 부문 모두)는 경상수지 흑자와 함께 생겨날 수 없다.

더 나아가 경제가 반드시 적자나 흑자를 낼 필요는 없다. 원칙적으로 민간 및 공공 부문에서 수지를 맞출 수 있으며, 이 경우 경상수지도 균형을 이루게 될 것이다.

물론 언급된 재정수지 적자와 흑자는 시간이 지남에 따라 변동할 수 있다. 외부로부터 오는 경제 변화에 영향을 받을 수도 있고, 단기적인 정부 정책(예: 경기 순환에 대응하기 위한 공공적자 사용)으로 인해 변동될 수도 있다. 반면, 이 장에서는 시간이 지남에 따라 이러한 적자 또는 흑자가 지속적으로 언제 어디서 발생하는가에 대해 알아볼 것이다. 이러한 경우, 우리는 이를 성장체제의 결과로 이해할 수 있다. 이러한 현상은 일정한 연속성을 가지고 발생하며, 특히 금융 시스템, 기업 지배 구조, 상품 시장 규제, 임금 책정 제도, 노동시장 규제, 교육 및 훈련 시스템, 사회보호정책과 같은 제도와 장기적인 정책에 의

....

3 공급 측면이나 생산성 관점에서는 이러한 구분이 중요할 수 있지만, 현재 분석에서 채택한 수요 측면 관점에서는 관련이 없다.

4 이론적으로는 국내 적자(즉, 자금 흐름)를 국내 저축 자산으로 충당할 수 있다. 그러나 이러한 저축 자산은 결국 빠르게 소진될 수밖에 없다.

해 촉진된다(Hassel and Palier, 이 책 1장 참조). 필자의 분석틀에서 볼 때, 세 가지 수요 부양책의 특정 조합을 수년에 걸쳐 지속적으로 사용한다면(예: 경기 순환 동안) 그것은 특정 유형의 성장모델을 의미하는 것이다. 성장모델은 성장체제와 전략의 중간 결과로서, 실질 경제성장 결과와 성장체제 사이의 연결고리 역할을 하는 지속적인 지출 패턴이다.

따라서 정부가 직접 성장모델을 선택할 수는 없다는 점에 주목해야 한다. 정부의 성장전략은 특정 성장모델을 목표로 할 수는 있다. 그러나 이를 위해 노력하려면 성장체제를 조정해야 하는데, 이때 제도적 경로 의존성에 직면하게 된다. 게다가 성장체제의 효과는 외생 경제 변화에 따라 달라진다. 정부와 가장 밀접한 관련이 있는 수요 부양책인 공공 적자조차도 정밀한 지출 전략의 직접적인 결과라기보다 경제 충격, 인구 동향, 과거 재정 투입의 영향을 받는다. 하지만 필자는 수년에 걸친 국가 간 비교를 통해서, 수요 부양책 규모는 성장체제를 반영하고, 이는 성장전략에 따라 변화할 수 있다는 점을 알게 되었다.

또한, 필자는 실제 성장을 만들어 내는지와 상관 없이 '성장모델'이라는 용어를 사용하고자 한다. 수요 부양책은 그 자체로 경제 생산을 늘리는 데 적합하지만 실제 성장은 더 다양한 요인에 의해 좌우된다. 마찬가지로, 수요 부양책의 기초가 되는 지출 패턴은 성장에 영향을 미칠 뿐만 아니라 그 자체로도 성장에 영향을 받는다. 예를 들어, 경기침체(외생 충격으로 인해 일어날수 있는)는 거의 자동적으로 정부의 과도한 지출을 초래한다. 하지만 경기침체로 발생한 과도한 지출은 지출을 줄이거나 증세를 하기보다는, 주어진 상황에서 수요를 유지하는 것으로 볼 수 있다.

필자의 접근 방식은 바카로와 폰투손(2016; 이 책 3장 참조)의 접근 방식과 몇 가지 유사점이 있다. 그들과 유사하게 필자는 포스트 포디즘, 저성장시대의 성장모델을 수요 측면의 관점에서 다양한 잠재적 수요 동인에 관심을 두고 연구하고 있다. 두 접근법 모두 국가 간 다양성에 민감하여, 기존 문헌에서 제시된 정치-경제 모델과는 다를 수 있다. 또한, 금융위기를 그 전과 후로 나누어 별도로 분석한다는 점에서 시기 구분 또한 유사하다.

가장 큰 차이점은 필자는 GDP 분해를 통해 경제의 지출 측면을 포괄하는 세 가지 수요 부양책을 분석한다는 점이다. 따라서 필자가 사용하는 성장모델의 세 가지 구성 요소는 더 포괄적이지만 수요의 구성 요소를 산업 부문별 그리고 소득분배 측면에서 세밀하게 분석하지는 못할 수 있다.

바카로와 폰투손(2016)은 수출의 가격 민감성을 통해 수출지향 모델을 구분할 수 있음을 강력하게 주장하지만(비슷한 구분은 이 책 1장의 Hassel and Palier 참조), 이러한 분석은 필자의 연구 범위를 벗어난다. 그러나 다소 의아한 점은 그들의 분석에서 정부 지출이 빠져 있다는 점이다. 마지막으로, 공급 측면의 제도들은 세 가지 수요 부양책이라는 측면에서 필자가 제시한 성장모델 분류에 직접적으로 포함되어 있지는 않지만, 그 중요성에 대해 인정하며, 이 책 1장에서 하셀과 팔리에가 제시한 성장체제에 대한 접근 방식과 일치한다.

3) 성장모델의 범위

이 장에서는 여러 저자들이 다양한 정치-경제 모델이 국내 적자 또는 대외 흑자와 어떻게 연관되어 있는지를 보여 주었다(이 책 1장의 Hassel and Palier도 참조). 자본주의의 다양성 관점에서 보면, 조정시장경제CMEs에서는 직업훈련, 임금 적정화, 재정 및 통화 억제 정책이 수출 부문에 유리한 반면, 자유시장경제LMEs에서는 약한 단체 교섭, 금융 규제 완화, 성장 지향적인 재정 및 통화 정책이 내수를 지속시킨다(Iversen and Soskice, 2012). 이베르센과 소스키스(2012)는 금융위기 이전에는 CMEs에서의 대외 흑자가 LMEs의 대출credit 수요를 충족시키는 데 기여했기 때문에 조정시장경제와 자유시장경제 간의 불균형이 서로를 강화시켰다고 지적했다. 자유시장경제에서는 금융 규제 완화를 통해 저소득층에게 신용대출을 가능하게 하면서 민간 적자 기반 경제 수요를 촉진해 온 방법은 널리 알려져 있다(예: 2009년 크라우치의 개념, '사유화된 케인스주의' 참조). 그러나 민간 혹은 공공의 국내수요를 기반으로 하는 성장모델은 남유럽에서도 찾아볼 수 있다. 남유럽에서는 충분치 않았던 임금 조정과 확장적 재정정책이 내수에 기여한 반면, 유럽통화동맹EMU은 북유럽과 남유럽 간의 가격 역학 차이를 심화시키고 북유럽에서 남유럽으로 저금리 대출cheap credits이 유입되는 것을 촉진했다(Hall, 2014). 또한 규제학파의 학자들은 대침체the Great Recession 이전의 성장모델 간의 차이점을 강조해 왔다. 이들은 이러한 관점을 중앙 및 동유럽CEE으로 확장하여 종속적 산업화(예: 폴란드, 슬로바키아, 체코)와 종속적 금융화(예: 발트 3국; Becker and Jäger, 2010; Bieling, 2012; Avlijaš 외, 이 책 12장)로 구분하였다.

세 가지 수요 부양책인 민간 적자, 공공 적자, 대외 흑자는 총 7가지 방식의 성장모델로 조합될 수 있다(수학적으로는 8가지 조합이 가능하지만, 한 가지 방식은 경제적으로 불가능하기 때문이다). 이 장에서는 이러한 성장모델 분류법을 사용하여 이 책의 목표 중 하나인 수출주도형과 내수주도형이라는 광범위한 구분을 넘어 다양한 성장모델을 구별해 내고자 한다(Hassel and Palier, 이 책 1장 참조). 아래에서는 가능한 조합을 살펴보고 문헌을 기반으로 어떤 국가들이 각 성장모델에 해당하는지 제시하고자 한다(표 4.1 참조). 첫 번째 성장모델은 지속적인 무역 흑자만을 기반으로 하는 '수출주도 성장모델'이다. 앞서 언급했듯이 이러한 경제는 민간 또는 공공 적자가 전혀 없다는 것은 아니지만 적자의 규모가 적거나 빈도가 적음을 의미한다. 이 모델은 조정시장경제, 특히 대륙 유럽과 북유럽에서 나타날 수 있다. 대륙 유럽 경제의 주요 강점은 고품질 제조업 수출인 반면, 북유럽 경제는 고급 정보통신기술ICT 중심의 집약적인 서비스 수출이다(Hassel and Palier, Thelen, 이 책 1장 및 6장 참조). 또한 동아시아에서도 수출에 유리한 조정시장경제와 유사한 제도들로 인해 수출주도 성장모델이 등장할 가능성이 높다. 이베르센과 소스키스(2012)가 강조한 것처럼 일반적인 국제무역 이론에 따라서, 조정시장경제는 무역 흑자를 민간 또는 공공 적자와 결합하지 않는다고 예상할 수 있다. 이는 인플레이션과 실질 환율을 억제하려는 통화 및 재정 정책의 제약적 성격 때문이다. 그러나 널리 알려진 바와 같이 일본은 매우 높은 공공 부채가 존재했었고 1990년

표 4.1 새로운 성장모델 분류법

성장모델	민간 적자	공공 적자	재정 흑자	예상되는 사례
수출주도	0	0	1	유럽대륙, 북유럽(동아시아, 특히 한국)
금융주도	1	0	0	발트해(영어권 국가)
국가주도	0	1	0	비셰그라드
국내주도	1	1	0	유럽연합 이후 남유럽(영어권, 특히 미국)
수출-국가 혼합	0	1	1	유럽연합 이전 남유럽(동아시아, 특히 일본)
수출-민간 혼합	1	0	1	
균형	0	0	0	
불가능	1	1	1	

주: '1'은 적자·흑자가 있는 경우, '0'은 적자·흑자가 없는 경우(지속적이고 상당한 규모의 적자·흑자로 이해됨)를 나타내며, 예상 사례가 있는 열에서 모호한 사례는 괄호 안에 넣었다.

대 초 이후로 높은 공공 적자를 기록했다. 따라서 이론적으로 일관된 설명은 부족하지만 일본은 무역 흑자와 공공 적자가 결합된 사례로 경험적으로 이러한 기존 주장에 부합하지 않음을 알 수 있다.[5]

민간 또는 공공 적자를 활용하여 내수 촉진이 가능한 성장모델을 만들 수 있다. 대규모의 민간 적자가 지속되는 경우는 금융화 수준이 높은 경제, 예를 들어 영어권 국가 및 발트해 국가들에서 발현되는 것을 예상할 수 있다.[6] 자유시장경제에서는 민간 적자와 느슨한 재정정책의 결합으로 이루어지며, 후자는 주로 높은 지출이 아닌 낮은 수준의 세금일 가능성이 더 높다(Iversen and Soskice, 2012). 따라서 이들 국가의 내수는 방만한 민간 부채와 더불어 정부 적자에 의해 뒷받침될 수 있으며, 이는 널리 알려진 바와 같이 미국의 경우 오랜 시간 동안 공공 적자가 높았다는 사실과도 일치한다. 호주와 캐나다의

....

5 일본 공공 적자의 중요한 원인은 물론 인구 고령화이며, 이는 다른 선진국보다 더 두드러지게 나타나고 있다. 에스테베즈-아베(2008: 98-100)가 정부가 재정 역학을 조정하지 못하는 이유에 대해 설명하였다. 그녀는 1990년대 초 선거제도의 변화로 인해 정부가 대다수 유권자에게 새로운 재정 부담을 부과하는 것이 선거적으로 더 위험해졌기 때문이라고 주장한다.

6 발트해 연안 국가와 불가리아, 루마니아의 금융화에 대해서는 베커와 예거(Becker and Jager, 2010: 13-16)를 참조.

경우, 풍부한 천연자원이 자유주의의 제도적 장려책에도 불구하고 대외 수지를 균형 있게 또는 심지어 긍정적으로 유지하는데 도움이 되고 있다. 민간 적자가 주도하는 성장모델은 '금융주도형'이라 불린다.

공공 적자는 최근 수십 년 동안 많은 선진국에서 광범위하게 발생했다. 그러나 다른 두 가지 수요 부양책과 비교하여 일부 국가에서만 공공 적자가 주요한 역할을 하는 것으로 예상한다. 이를 '국가주도 성장모델'이라고 한다. 중앙 및 동유럽 국가들은 수출 비중이 높은 경향이 있지만, 특히 소위 비셰그라드 그룹(폴란드, 헝가리, 체코, 슬로바키아)은 많은 수출 기업이 외국인 소유이고 수출 또한 외국 기업과의 생산망과 연동되어 있기 때문에 '종속적 산업화'(Bieling, 2012), '종속적 시장 경제'(Nölke and Vliegenthart, 2009) 또는 '외국인 직접투자FDI주도 성장모델'(Bohle and Regan, 2019)로 불린다. 수출 비중이 높기 때문에 이들 경제는 수출 지향적으로 보이지만(Bohle and Regan, 2019; Palier and Hassel, 이 책 1장), 수출은 수입과 높은 수준의 균형을 이루고 있다(예: 부품을 수입해서 조립된 제품을 수출하는 경우; Bohle and Regan, 2019: 9). 따라서 비셰그라드 국가들은 수출을 통해 많은 추가 수요를 얻지 못한다. 반면, 이들 국가에서는 다양한 이유로 공공 적자가 높을 가능성이 있다. ① 90년대 후반까지 경제 전환에 따른 지속적인 비용과 재정 불균형, ② 외국인 직접투자를 유치하기 위한 투자 인센티브와 세금감면규정(Bohle and Regan, 2019), ③ 폴란드와 헝가리 같은 일부 국가에서 글로벌 금융위기 이후 국가주도 개발주의로의 전환(Toplisek, 2020; Naczyk, 2019) 같은 이유이다. 따라서 공공 적자는 비셰그라드 국가에서 가장 일관된 수요 부양책이 될 것으로 예상된다.

EMU 이전 남유럽에서는 높은 공공 적자가 주도적인 역할을 했을 가능성이 높다. 이 시기에는 전략적 통화 평가절하를 통해 무역 흑자를 보충하는 경우가 많았고, 이는 '수출-국가 혼합 모델'을 형성했다(Ferrera, 2010). EMU 체제에서는 국가별 통화 평가절하가 더 이상 불가능해졌고 공공 적자의 범위는 제한되었다. 대신 이들 국가들은 해외 (대출) 자금에 쉽게 접근할 수 있었다. 이로 인해 중요한 수요부양책으로서 민간 적자를 초래했을 수 있었고, EMU

체제의 통제에도 불구하고 느슨한 공공 지출과 공공 적자를 유발했을 가능성도 있다. 이 성장모델은 민간 적자와 공공 적자가 결합된다는 점에서 '국내주도형' 모델이라고 할 수 있다. 그러나 스페인이 공공 적자보다 민간 적자에 더 크게 의존했다는 사실은 널리 알려져 있다. 페레즈와 로즈(2015: 193-4)는 스페인이 1990년대 초 유럽 환율 조정제도the European Exchange Rate Mechanism의 위기에 대응했던 스페인의 독특한 재정정책을 연구했다. 앞서 언급했듯이 일부 영어권 국가에서도 민간 적자와 공공 적자가 동시에 존재하는 모델을 볼 수 있다.

이 분류법에서 논리적으로 가능한 조합은 두 가지인데, 경상수지 흑자와 공공 적자, 그리고 경상수지 흑자와 민간 적자가 혼합한 모델이다. 앞서 언급한 대로, 대외 흑자를 추구하며 동시에 내수를 부양하는 것은 경제적으로 모순된다(Baccaro and Pontusson, 2016의 주장처럼 수출이 가격에 민감하지 않은 경우가 아니라면). 따라서 이는 성장모델이 아닐 가능성이 높다. 그럼에도 불구하고 대외 흑자와 공공 적자의 조합은 EMU 이전의 남유럽에서 찾아볼 수 있는데, 전략적 환율 평가절하를 통해 이 두 가지 요소가 조정되었다. 위에서 언급한 바와 같이 일본에서도 이러한 조합이 나타날 수 있다는 것을 경험에 의해 알고 있다. 반대로 한 국가가 민간 적자, 공공 적자, 그리고 대외 흑자를 동시에 발생시키는 것은 불가능하다. 마지막으로, 한 경제가 세 가지 수요 부양책 중 어느 하나도 강력하게 사용하지 않을 수도 있다. 이러한 '균형 성장모델'(표 4.1 참조)은 (주로) 생산성 증가에 의존하며 단기 내수 적자 또는 대외 흑자가 일시적으로 나타나는 경우를 포함한다.[7]

7 필자가 생각하는 '균형 성장모델'은 바카로와 폰투손(Baccaro and Pontusson, 이 책 3장)의 개념과 다르다. 그들은 가계 소비와 수출의 수요를 결합한 용어를 사용하고 있다.

3. 데이터 및 방법

이 장의 주요 실증적 과제는 위에서 개발한 분류법을 적용하여 선진국들 간의 다양한 성장모델을 파악하는 것이다. 분석 대상은 유럽, 북미, 동아시아 및 남반구 등 전역에 걸친 선진 자본주의 민주주의 국가를 최대한 많이 포함하고 있으나 OECD 회원국 중 터키, 이스라엘, 칠레, 멕시코는 제외됐고 OECD 회원국이 아닌 국가는 데이터 제한으로 인해 다루지 못했다. 또한 룩셈부르크와 아이슬란드의 경우 핵심적인 데이터를 사용할 수 없어 제외되었다. 결과적으로 데이터 세트는 28개의 선진 자본주의 민주주의 국가(목록은 아래 표 4.2 참조)로 구성되었다. 이 연구는 이와 관련한 기존 대부분의 연구보다 훨씬 더 포괄적인 데이터를 사용했다.

이 장의 주된 관심은 횡단적 변이이지만, 시간 경과에 따른 성장모델의 종단적 변화도 추적할 것이다. 이를 통해 글로벌 금융 및 경제 위기를 초래했던 조건과 그 결과를 모두 이해할 수 있을 것이다. 95년도 이전에는 충분한 데이터가 없기에, 사용된 데이터는 95년도부터 시작한다. 1990년대 중반에 당시 많은 국가에서 실질적인 복지제도 개혁을 시작했기에 분석의 좋은 시작점이 될 수 있었다(Palier, 2010; Hall, 이 책 2장도 참조). 더욱이 이 무렵 동유럽에서 포스트 사회주의 전환의 가장 격동적인 시기가 끝났었고, 다른 한편으로, 분석 기간의 끝은 온전한 데이터가 존재하는 마지막 해인 2016년까지이다.

전체 분석 기간(1995~2016년)을 경제적으로 뚜렷하게 구분되는 세 단계로 나누어 살펴보았다. 첫 번째 기간(1995~2000년)은 '닷컴 버블'이 정점을 찍고 비교적 지속적인 성장을 이룬 시기(그림 4.1 참조)를 다루며, 많은 유럽 국가들이 유럽통화동맹 출범을 앞두고 통합 기준 충족을 위해 노력하던 중요한 시기도 포함된다.[8] 두 번째 기간(2001~2007년)은 정확히 하나의 경기 사이클에

8 EMU 통합 기준은 1992년 마스트리히트 조약에서 채택되었고, 1998년 5월에 유로존 초기 회원국이 결정되었으며, 1999년 1월에 유로화가 발효되었다.

그림 4.1 1995~2016년 경제성장률, OECD 28개국 평균
출처: OECD.

걸쳐 있으며 닷컴 버블이 터진 후부터 글로벌 금융 및 경제 위기가 발생하기 직전 해까지를 포함한다. 따라서 이 기간에는 위기로 이어진 글로벌 경제 구조의 일부였던 성장모델을 포착할 수 있다. 다음으로, 2008~2009년 (금융)위기의 저점 시기를 의도적으로 제외하였는데, 의미가 있는 성장모델이라기보다 상황이 예외적이며 비상조치로 보였기 때문이다. 따라서 세 번째 시기는, 조금은 느리지만 다양한 경제 회복으로 이해할 수 있는 2010~2016년이다. 실제로 2012년에는 몇몇 유럽 국가들이 다시 경기침체에 빠졌다.

이 장에서 성장모델은 GDP 분해를 통해 분류했기 때문에, 의도적으로 세 가지 수요 부양책을 포괄적으로 측정했다. 수출의존도가 높다는 것은 GDP 대비 경상수지 흑자 규모를 통해 알 수 있다. 경상수지는 무역수지와 국제 본원 소득(투자 또는 송금), 순현금 이전(기부금 또는 국제 원조 등)으로 구성된다. 이 장의 주된 관심사는 물론 무역수지에 있다. 그럼에도 불구하고 분류 체계의 포괄성을 유지하기 위해 경상수지를 사용했다. 무역수지는 경상수지의 주요 구성 요소이며 이 둘의 높은 상호 연관성을 감안했기 때문이다.

공공 재정 적자는 GDP 대비 일반 정부 순차입금으로 측정했다. 이는 공공 예산 수지를 비교하는데 사용되는 기준이다. 이는 마스트리히트 조약에 대한 유럽연합 집행위원회의 공공 적자에 대한 평가 기준이기도 하다.

이것은 사회보장기금뿐 아니라 모든 수준의 정부를 포함한다. 한 가지 단점은 과거 부채로 인해 생겨난 이자 지급을 포함한다는 점인데, 이것은 수요에 직접적인 영향을 주지 않기 때문이다. 그럼에도 불구하고 이 지표가 이 장의 목적에 가장 적합한 이유는 세 가지가 있다. 첫째, 이자 지급 자체가 경제적 수요를 창출하지는 않지만, 다른 주체들에게는 소비나 투자에 사용할 수 있는 소득이 되기 때문이다. 정부 채권의 이자가 해외 투자자에게 지급될 경우 그 소득이 국가 GDP에는 '손실'로 간주되지만, 이것은 경상수지에 반영된다. 둘째, 이자 지급으로 인해 높은 적자를 겪고 있는 국가의 경우, 대안은 지출을 줄이거나 세금을 인상하는 것이다. 둘 다 경제 수요에 부정적 영향을 미친다. 따라서 높은 이자 지급으로 인한 대규모 공공 적자가 수요에 완전히 도움이 되지는 않지만, 이는 높은 공공 부채에도 불구하고 여전히 수요를 유지하려는 신호이다. 셋째, 이론적 틀의 GDP 분해 접근 방식과 부합하려면 이자 지급을 제외한 측정 방식이 아닌 포괄적인 지표가 필요하다. 공공 적자 수치에서 이자 지급을 제외하려면 민간 적자 및 경상수지 수치에서도 제외해야 한다. 이렇게 하면 포괄적 개념의 틀이 무너지고 회계 작업이 거의 불가능할 것이다. 민간 적자 측정은 공공 적자의 측정, 즉 GDP 대비 민간 부문의 순차입 비율로 정의된다. 여기에는 가계와 기업의 순차입이 모두 포함된다. '사유화된 케인스주의'의 개념(Crouch, 2009)은 대부분 금융화된 자본주의하에서 가계 적자에 초점을 맞추고 있다. 그러나 경제 수요에 도움이 되는 기업의 지출도 포함하는 것이 중요하다.

광범위한 측정 지표의 사용이 어떤 경우에는 해석을 어렵게 하기도 한다. 그러나 이 측정 방식은 이 장의 이론적 틀과 일치하며, 필요한 경우 구체적인 추가 통계를 통해 해석을 보완할 수 있다. 또한, 포괄적 지표를 사용하면 회계항등식을 활용할 수 있다. 민간 및 공공 적자가 경상수지 적자에 합산될 수 있고, 또한 한 국가가 세 가지 수요 부양책을 동시에 사용하는 것은 불가능하다.

세 가지 수요 부양책의 어떤 조합이 선진국에서 사용되는지 알아보기 위해 퍼지셋 이념형 분석(Kvist, 2007)을 사용했다. 이 방법은 실증적 조건의 조합을 유연하게 분석하기 위해 고안되었다. 특정 조건(여기서는 수요 부양책의 완전한 사용)의 완전한 존재는 1, 완전한 부재는 0의 값을 사용했다. 동시에 이 방법은 0과 1 사이의 점진적 값이 있고, 0.5 이상의 값은 조건이 더 존재함을 의미하고, 0.5 이하의 경우는 더 부재함을 의미한다. 보정 중에 위의 지표들은 각 국가에 특정 조건에 얼마나 속하는지에 대한 점수를 할당하는 데 사용된다. 부울대수를 사용하여 세 가지 수요 부양책의 값을 모두 합치면 논리적으로 가능한 각 조합, 즉 위에서 가정한 성장모델 별로 점수가 나오지만, 7가지 모델 중 하나만 0.5 이상의 점수를 갖게 된다. 퍼지셋 이념형 분석은 대량의 데이터를 체계적이고 투명하게 요약하는 효율적 방법이며 사례 수가 많은 경우에도 사례 중심의 분석이 가능한 분석이다.

4. 성장모델 유형화Mapping

표 4.2는 세 가지 주요 지표인 민간 적자, 공공 적자, 경상수지 흑자에 대한 데이터를 보여 준다. 흑자/적자 데이터의 일반적 관례대로 잔액을 표시하므로, 적자는 마이너스, 흑자는 플러스로 표시한다. 이 표는 2008~2009년을 제외한 분석 기간(1995~2016년)의 평균을 보여 준다.

민간 및 공공 적자를 경상수지 적자에 합치는 회계항등식은 표에서 잘 확인할 수 있다. 이 수치가 정확히 일치하는 경우가 거의 없다는 점은, 집계된 데이터가 정확하지 않은 경우가 많고 데이터 세트 내 일치되지 않는 부분(표의 주석에 설명된 대로 데이터 출처 및 사용 가능한 연도와 관련됨)의 문제일 수 있다. 표에서 주목해야 할 점은 세 가지 수요 부양책(세 가지 지표)의 전반적인

표 4.2 1995~2016년 수요 부양책의 평균(2008~2009년 제외), GDP 대비 비율

	민간 흑자(+)/적자(-)	공공 흑자(+)/적자(-)	경상수지 흑자(+)/적자(-)
호주	-3.51	-0.86	-4.38
오스트리아	3.30	-2.62	0.78
벨기에	5.12	-1.99	2.52
캐나다	-0.08	-0.57	-0.60
체코 공화국	0.92	-3.53	-2.86
덴마크	3.90	0.14	3.86
에스토니아	-5.69	0.58	-5.90
핀란드	2.73	0.45	3.03
프랑스	3.27	-3.53	0.46
독일	5.56	-2.11	3.43
그리스	1.66	-6.96	-6.04
헝가리	2.55	-5.19	-3.32
아일랜드	2.00	-2.49	0.24
이탈리아	3.73	-3.41	0.38
일본	8.58	-5.67	2.65
한국	0.56	1.89	2.73
네덜란드	8.24	-1.82	6.44
뉴질랜드	-4.53	1.06	-3.81
노르웨이	0.07	9.96	10.28
폴란드	2.00	-4.07	-3.40
포르투갈	0.33	-4.96	-5.91
슬로바키아 공화국	0.72	-4.91	-4.90
슬로베니아	3.28	-3.77	0.18
스페인	0.53	-3.50	-2.86
스웨덴	5.18	-0.16	5.06
스위스	10.13	-0.48	10.41
영국	1.24	-3.43	-2.68
미국	1.54	-4.36	-3.25
중앙값	*2.00*	*-2.55*	*0.21*
표준편차	*3.50*	*3.18*	*4.47*

주: 경상수지에 대한 OECD 데이터가 누락된 경우(기간 초 일부 국가), UNCTAD 데이터로 보완하였다. 헝가리(2016년만 누락), 뉴질랜드(1995~1997년 및 2016년 누락), 스페인(1995~1998년 누락) 등 일부 국가의 민간 적자 평균은 데이터 가용성으로 인해 더 적은 연도를 기준으로 해야 했다. 일본의 경우 1995~2004년 공공 적자 데이터가 누락되어, 공공 순대여금 = 경상수지 - 민간 순대여금이라는 회계항등식을 사용하여 추정하였다.
출처: OECD.

분포이다. 국가 간 경상수지의 변동폭은 대략 0을 중심점으로 비교적 고르게 분포하는 반면, 나머지 두 지표는 그렇지 않다.

잘 알려진 대로 최근 수십 년간 각국 정부는 압도적으로 많은 적자를 냈기 때문에 중앙값median이 -2.55로 나타났다. 이는 저성장 시대에 과잉지출로 대응하려는 정치경제학의 일반적 경향과 일치한다. 이와 대조적으로 선진 자본주의 경제의 민간 부문 주체들은 저축성향을 갖는 것으로 나타났다(중앙값 2.00). 이는 금융화가 '사유화된 케인스주의'로 이어진다는 서사를 쉽게 일반화할 수 없음을 시사한다. 표 하단의 표준 편차를 보면 중심점 주변의 편차가 상당히 크다는 것을 알 수 있고, 이는 이 장에서 국가 간 성장모델의 다양성을 탐구하려는 이유를 보여 주고 있다.

퍼지셋 분석에서 보정은 매우 중요하다. 이 분석의 보정 임계값은 각 하위 기간이 아닌 전체 기간에 대한 표 4.2의 평균 데이터를 기반으로 결정되었다. 이는 크비스트(Kvist, 2007)의 방식과 일치하며, 세 하위 기간 사이의 성장모델 변화를 일관되게 추적할 수 있게 해 준다. 경상수지의 보정은 비교적 간단하다. 목표 조건을 충족하는 집합은 지속적으로 많은 경상수지 흑자가 나는 경제이다. 교차 임계값은 경상수지가 0일 때, 즉 수출과 수입이 같을 때, 0으로 설정되어 해당 집합에 속할지 여부를 구분한다. 집합의 완전한 소속 국가full member는 GDP 대비 흑자 비율이 4% 이상인 국가이다. 이 집합에서 완전히 제외된 국가는 최소 -4% 이상 적자인 국가이다(표 4.3 참조).[9]

민간 및 공공 적자의 보정은 어려움이 있는데, 앞서 설명한 대로 이들 분포가 어느 쪽도 0을 중심으로 하지 않기 때문이다. 대부분의 국가에서는 민간은 흑자를 내고 정부는 적자를 내고 있다. 퍼지셋 분석에서는 소속 점수를 보정할 때 이론적 근거와 실제 상황을 반영하도록 권장하고 있다(Schneider and Wagemann, 2012). 공공 예산과 관련하여 소규모 적자는 정상적이며 문제가

....

9 정의된 임계값을 사용하여 원데이터는 fsQCA 소프트웨어(www.fsqca.com)를 사용하여 로지스틱 함수에 의해 퍼지 설정 점수로 변환되었다.

표 4.3 설정된 멤버십 점수 보정

원본 데이터	퍼지 집합 분석용 설정	하한 (멤버십 점수가 0점인 경우)	크로스오버 포인트 (0.5 이상과 이하를 구분)	상한선(멤버십 점수가 1 점인 경우)
경상수지 흑자(+)/ 적자(-), %GDP	지속적 대규모 경상수지 흑자	-4	0	4
공공 흑자(+)/ 적자(-), %GDP	지속적 대규모 공공 적자	1	-3	-5
민간 흑자(+)/ 적자(-), %GDP	지속적 대규모 민간 적자	4	0	-4

되지 않는 것으로 간주된다. 유럽에서는 일반적으로 유로화 통합 기준에 따라 -3%를 통용되는 임계값으로 설정하고 있다.

이 수요 부양책의 보정은 이 값(-3%)을 교차점으로 받아들인다. 따라서 퍼지셋 분석 결과는 공공 적자를 통해 경제 수요를 부양하는 국가 그룹 중 대규모 적자를 가진 국가만을 포함한다. 이는 소규모 (정부)재정 적자가 많은 국가에 퍼져 있다는 점을 반영한 보수적인 측정 방식이다. 국가는 재정 적자가 -5% 이상인 경우에만 이 그룹에 완전히 포함된 국가로 간주된다. 지속적으로 1% 이상 흑자를 기록하는 국가는 이 집합에서 완전히 제외된 것으로 간주된다.

민간 순차입에 대해서는, 적자 규모에 대해 널리 합의된 기준이나 공식적 임계값 기준이 존재하지 않는다. 표 4.2에 따르면 미국과 영국은 민간 부채에 의해 주도되는 성장모델의 전형적인 사례로 알려져 있음에도 이 기간 동안 평균적으로 약간의 민간 흑자를 기록했다는 점은 눈여겨볼 만하다. 그러나 최근 학계에서는 이러한 특징에 대해 의문을 제기하고 있다(Baccaro and Pontusson, 2016; Barnes, 2016). 따라서 이러한 사례에 근거해 보정 기준을 정하는 것은 적절치 않다. 분포의 무게 중심(중앙값 2.00)과 미국 및 영국과 같은 특정 사례를 고려한 보정은 흑자를 교차점으로 삼아야 할 것이다. 그러나 이는 위의 공공 적자 관련 선택과 달리 보수적이라기보다는 다소 느슨한 보정

표 4.4 기간별 성장모델 빈도, OECD 28개국 대상

성장모델	1995-2000	2001-7	2010-13
수출주도	8	11	9
금융주도	4	6	3
국가주도	8	3	9
국내주도	2	5	0
수출-국가 혼합	2	1	5
수출-민간 혼합	2	1	0
균형	2	1	2

으로, 약간의 흑자가 있는 경우에도 민간 적자가 있는 국가로 분류될 위험이 있다. 따라서 이 보정을 위한 가장 간단한 교차점으로 0을 사용한다. 지속적으로 큰 규모의 재정 적자가 발생하는 집합에 포함되는 국가는 평균 재정 적자가 -4% 혹은 그 이상일 때이며, 4% 이상의 흑자를 기록하는 국가는 이 집합에서 완전히 제외된다.

표 4.4는 퍼지셋 이념형 분석에서 확인된 다양한 성장모델의 빈도를 보여주고 있다. 여기서 주목할 점은 네 가지이다. 첫째, 선진 자본주의 국가들은 일반적으로 내부 적자 또는 대외 흑자 중 한 방식을 통해 추가 수요를 확보하여 저성장 시대에 대응했음을 확인할 수 있다. 28개국에 대해 3개의 하위 기간으로 구분한 총 84개 기간 중 5개 기간만이 세 가지 수요 부양책 중 어느 하나도 사용하지 않은 것(i.e. 균형 성장모델)으로 나타났다.

둘째, 표 4.4는 국가별 수요 부양책 사용에도 상당한 방식의 차이가 있다는 것을 보여 주고 있다. 기존 연구에 나타나는 공통적인 경향(Streeck, 2011)과 다르게 선진국 경제에서는 저성장 시대를 대응하는 방식이 매우 다르다.[10]

셋째, 이 표는 국제무역경제학 및 자본주의의 다양성 이론에서와 같이 성

....

10 표 4.2에서 확인할 수 있듯이, 정부의 적당한 과잉 지출은 실제로 선진 경제에서 흔히 나타나는 특징이다. 하지만 퍼지 집합 분석을 위한 공공 부문 적자 보정에서는 이 부분을 명시적으로 제외했고, 그럼에도 불구하고, 성장모델은 이러한 일반적인 특성을 넘어 각기 뚜렷한 차이를 보이고 있다.

장모델이 내부적으로 일정한 일관성을 갖는다는 개념을 뒷받침한다(Iversen and Soskice, 2012). 지속적인 경상수지 흑자와 국내 민간 또는 공공 부문에서 대규모 적자를 동시에 기록한 국가는 거의 없다. 1995~2000년에 4개, 2001~2007년에 2개, 2010~2016년에 5개이다. 2010~2016년의 경우 5개국 모두 수출 흑자와 공공 적자가 동시에 일어났는데, 이는 금융위기 이후 공공 부문 적자가 전반적으로 높아진 상황과 관련이 있었다.

넷째, 이 세 기간 동안 선진국들이 똑같은 성장모델로 수렴되려는 뚜렷한 경향은 없었지만, 몇 가지 미묘한 변화를 관찰할 수 있었다. 위기 이전(2001~2007년)에는 성장모델의 '순수성'(성장모델이 혼합되지 않고 한 가지 유형에 집중되어 있는-역자)이 다소 높은 것을 알 수 있다. 다른 두 기간에 비해 수출주도, 금융주도, 내수주도 성장을 추구한 국가가 더 많았고, 대외 흑자와 대내 적자가 혼합한 성장모델을 채택한 국가는 더 적었다. 또한 국가주도 성장모델은 다른 두 기간에 비해 더 적었다.

따라서 외부 수요와 민간 적자가 내부적으로 성장을 더 강하게 이끌었다. 이러한 성장모델의 '순수성'은 국제금융 흐름을 통해 강화되었다(Iversen and Soskice, 2012; Hall, 2014). 위기 이후(여기서는 2010~2016년) 국가주도 모델이 다시 부상하고 수출-국가 혼합 모델이 등장했는데, 이는 앞서 언급했듯이 위기의 직접적인 결과로 볼 수 있다. 이는 정부가 은행 구제금융, 실업수당 지급, 경기 부양 등을 위해 투입한 재정과 저성장으로 인한 세수 감소가 반영한 결과이다. 그러나 연도별 자료에 따르면 많은 국가에서 이 기간 동안 공공 적자가 감소하고 경제는 위기 이전의 성장모델로 돌아간 것으로 나타났다. 마찬가지로, 연도별 자료에 따르면 금융위기 직후 민간 부문 주체들은 더 이상 대출이 쉽지 않았고, 불확실한 경제 환경과 낮은 인플레이션으로 인해 소비를 미뤘었기 때문에 민간 부문의 적자가 사라졌다. 하지만, 여러 국가에서 2010~2016년 동안 민간 재정 적자가 다시 증가하는 모습을 보였다.

표 4.5는 기존 문헌의 구분법에 따른 국가별 그룹의 심층 결과를 보여 준다. 또한 이 표는 각 국가가 해당 모델에 어느 정도 부합하는지 보여 주고 있

표 4.5 1995~2016 성장모델

국가	1995~2000	2001~2007	2010~2016
대륙 유럽			
오스트리아	국가주도(0.67)	수출주도(0.65)	수출주도(0.62)
벨기에	수출주도(0.68)	수출주도(0.86)	국가주도(0.52)
프랑스	수출주도(0.51)	수출주도(0.51)	국가주도(0.66)
독일	국가주도(0.58)	수출주도(0.53)	수출주도(0.53)
네덜란드	수출주도(0.73)	수출주도(0.73)	수출주도(0.55)
스위스	수출주도(0.76)	수출주도(0.88)	수출주도(0.92)
북유럽			
덴마크	수출주도(0.66)	수출주도(0.61)	수출주도(0.76)
핀란드	수출주도(0.9)	수출주도(0.81)	균형(0.63)
노르웨이	수출-민간 혼합(0.66)	수출주도(0.67)	수출주도(0.51)
스웨덴	수출주도(0.8)	수출주도(0.95)	수출주도(0.88)
동아시아			
일본	수출-국가 혼합(0.85)	수출-국가 혼합(0.93)	수출-국가 혼합(0.84)
한국	수출-민간 혼합(0.66)	수출-민간 혼합(0.66)	수출주도(0.96)
남유럽			
그리스	국가주도(0.88)	국내주도(0.87)	국가주도(0.96)
이탈리아	수출-국가 혼합(0.82)	국가주도(0.57)	수출-국가 혼합(0.51)
포르투갈	국내주도(0.65)	국내주도(0.92)	국가주도(0.84)
스페인	국내주도(0.72)	금융주도(0.94)	국가주도(0.54)
중앙 및 동유럽			
체코 공화국	국가주도(0.72)	국가주도(0.52)	균형(0.65)
헝가리	국가주도(0.56)	국내주도(0.56)	수출-국가 혼합(0.51)
폴란드	국가주도(0.68)	국가주도(0.65)	국가주도(0.84)
슬로바키아	국가주도(0.79)	국내주도(0.82)	국가주도(0.72)
슬로베니아	국가주도(0.65)	금융주도(0.57)	수출-국가 혼합(0.92)
에스토니아	금융주도(0.89)	금융주도(0.97)	수출주도(0.65)
영어권			
미국	금융주도(0.66)	국내주도(0.55)	국가주도(0.86)
호주	금융주도(0.88)	금융주도(0.95)	금융주도(0.51)
뉴질랜드	금융주도(0.95)	금융주도(0.97)	금융주도(0.58)
캐나다	균형(0.52)	수출주도(0.64)	금융주도(0.69)
영국	균형(0.58)	균형(0.6)	국가주도(0.87)
아일랜드	수출주도(0.55)	금융주도(0.84)	수출-국가 혼합(0.78)

주: 성장모델의 명칭은 위의 표 4.1에 정의되어 있다. 괄호 안의 숫자는 퍼지셋 점수이며, 본문에서 설명한 대로, 2008년과 2009년은 의도적으로 제외되었다.

다. 퍼지셋 점수가 1에 가까울수록 거의 완벽하게 모델에 가깝다는 것을 의미하며, 0.5에 가까울수록 적합도가 매우 낮다는 것을 의미한다. 우선, 이 표는 대륙 유럽에서 수출주도 성장모델이 얼마나 우세하였었는지 잘 보여 주며, 2001~2007년 기간 동안 이 모델(수출주도 성장모델)은 이 연구 표본에 포함된 대륙 유럽 국가 들에서 볼 수 있는 유일한 성장모델이었다.

위기 전후 단계에서 6개국 중 4개국은 수출주도 모델, 나머지 2개국은 국가주도 모델이었다. 예상대로 북유럽 국가에서도 수출주도 모델이 지배적이었다. 스웨덴과 덴마크는 모든 기간에서 수출주도 경제를 유지했었다. 노르웨이는 1995~2000년에 민간 적자를 통해 수출주도 성장을 보완했었다. 핀란드는 위기 이후 평균적으로 적당한 수준의 공공 적자(GDP의 -2.3%), 소폭의 민간 흑자(1.3), 약간의 경상수지 적자(-1)를 기록해 균형 성장모델로 간주할 수 있었다. 동아시아에서도 가설대로 경상수지 흑자가 중요한 역할을 한 것으로 보인다. 일본의 경우 모든 기간에 높은 공공 적자와 결합되었고, 한국의 경우 위기 이전 두 번의 하위 기간에 민간 적자와의 결합이 나타났다.

남유럽의 상황은 조금은 이질적이지만 문헌에 나타난 예측과 대체로 일치한다. 국내 재정 적자, 특히 공공 적자가 수요를 촉진(부양)하는 요인으로 작용했다. 이탈리아는 EMU 출범을 앞두고 공공 적자와 대외 흑자를 혼합하여 2013년에 대외 흑자로 돌아섬과 동시에, 공공 적자도 감소했다(2010~2016년 기간에는 퍼지셋 점수가 0.51로 간신히 수출-국가 혼합 모델에 해당됨). EMU 이후이며 금융위기 이전인 2001년부터 2007년 사이는 남유럽 4개국 모두에서 국내 적자 주도 성장을 경험했다. 민간과 공공 부문이 모두 수요 부양에 기여한 그리스와 포르투갈은 2010년 이후 유럽 및 국제기관의 구제금융을 받기도 했다. 이탈리아에서는 정부 적자가, 스페인에서는 민간 적자가 만연했는데, 이는 당시 스페인의 주택시장에 형성된 거품(버블)이 반영된 것이었다. 따라서 이 분류법은 이 시기 남유럽 정치경제의 공통점과 다양성을 모두 보여주고 있다(Perez and Rhodes, 2015 참조).

1995~2000년 에스토니아를 제외한 중앙 및 동유럽의 모든 성장모델은

예상대로 국가주도형이었다. 2001~2007년 헝가리와 슬로바키아는 공공 적자를 민간 적자로 보충한 반면, 슬로베니아는 금융주도 모델로 전환했었다. 위기 이후 헝가리와 슬로베니아는 공공 적자에 더해 대외 흑자를 달성하는 등 상황은 훨씬 더 다양해졌다. 연구 표본에서 유일한 발트해 연안 국가인 에스토니아는 예상대로 위기 이전 두 기간 동안 금융주도 성장모델이 뚜렷했고 이후 수출주도형 모델로 전환했는데, 이는 2011년 유로존 가입 전에 심각한 내부 (화폐)평가절하를 시행했기 때문인 것으로 보인다.

마지막으로 영어권 국가에서는 특히 호주와 뉴질랜드에서 민간 적자가 경제 수요 부양에 크게 기여하는 것이 확인되었지만, 다른 국가들에서는 경우가 좀 다르다. 미국의 경우 1995~2000년에는 민간 수요 부양에 중점을 두었으나 2001~2007년에는 조지 부시 대통령의 감세정책으로 인해 대규모 공공 적자가 수반되었고, 2010~2016년에는 국가주도 모델로 전환되었다. 캐나다는 1995~2000년에는 균형 모델을, 2001~2007년에는 광물 및 에너지 수출을 기반으로 한 경상수지 흑자를 주요 수요 부양책으로 사용했다. 분석에 따르면 놀랍게도 영국은 위기 이전 두 기간 모두에서 균형 성장모델로 확인되었다.

이는 자유주의적이고 부채 중심 경제로 알려진 영국 경제의 특징과 상반된다(예: Crouch, 2009). 금융위기 이전 7년 동안 영국의 민간 부문은 평균적으로 소폭 흑자(GDP의 0.57%)를 보였고, 정부 적자는 -2.3%, 경상수지는 -2.5%의 보통 수준의 적자를 기록했었다. 이러한 결과를 해석하려면 영국 정치경제에 대한 보다 자세한 이해가 필요하다(Baccaro and Pontusson, 2016; Barnes, 2016). 경상수지 적자가 낮은 이유 중 하나는 시티 런던이 많은 금융 서비스를 수출하기 때문일 것이다. 아일랜드는 또한 1995~2000년과 2010~2016년에 높은 대외 흑자와 공공 적자를 동시에 보여 영어권 국가의 전형적 패턴과는 다른 모습을 보였고, 다국적 기업에 대한 세제 혜택을 통해 나타난 결과로 해석된다. 비셰그라드 국가들과는 달리 이러한 다국적 기업들은 서비스 부문(금융 서비스, IT 서비스-역자)에 더 많이 참여하고 있기 때문에 수출을 상쇄할 수입이 적게 발생했다.

국가별 구체적인 내용을 조금 폭넓게 살펴보면, 동아시아뿐만 아니라 대륙 유럽과 북유럽에서도 경상수지 흑자를 통해 해외수요로부터 이익을 얻어 경제를 성장시키는 방식을 택하고 있다고 요약할 수 있다. 반면 남유럽과 동유럽, 영어권 국가들은 국내 적자를 통해 경제 수요를 부양하는데, 남유럽과 동유럽의 경우 공공 적자를 통해, 영어권 국가에서는 민간 적자를 통해 경제 수요를 증가시키는 경향이 강하다. 군집 수준에서의 이러한 패턴에도 불구하고, 분석 결과 각 군집 내에서 주목할 만한 다양성도 발견되었는데, 이는 현재의 비교정치경제학 이론이 충분히 설명하지 못하는 부분이기도 하다. 글로벌 금융 및 경제 위기 이후 일부 국가는 성장모델을 변경했지만, 앞서 언급한 패턴은 위기 전후에 걸쳐 모두 대체로 유지되고 있다. 따라서 세계적으로 경제 회복은 각국에 경제 위기를 초래했던 것과 유사한 성장모델의 구성 위에 구축되고 있다. 이는 각국 정부의 성장전략이 기존 성장체제에 의해 좌우된다는 하셀과 팔리에(이 책 1장)가 제시한 경로 의존성과 일치하는 지점이다.

5. 성장모델의 성과

이 절에서는 구분된 성장모델이 실제로 성장을 이루는 데 있어 고용과 교육 투자 측면에서 어떤 성과를 거뒀는지 알아보려 한다. 이는 단순한 기술 통계를 사용하여 다양한 성장모델과 앞서 언급된 경제적 결과의 연관성을 살펴보는 첫 단계일 뿐이다. 해석을 위해서는 성장모델 중 일부가 제도적으로 다양한 경제 체제로 구성되어 있고, 여기서 다루는 결과들은 이 장에서 다룬 세 가지 수요 부양책 외에도 광범위한 요인에 의해 영향을 받는다는 점을 염두에 두어야 할 것이다.

경제 생산의 성장률은 이 장에서 관심을 둔 사항이 가장 명백하게 드러나는 지표이다. 이와 더불어 고용률은 일반적으로 거시경제적으로 가장 중요한 노동시장 결과로 간주된다.[11] 앞서 이론 부분에서 생산성을 중장기 성장의 중요한 요소로 언급하였다. 따라서 이 절에서는 다양한 성장모델이 생산성 투자와 어느 정도 연관이 있는지 살펴보고자 한다. (분석을) 간단히 하기 위해, 지식경제에서 가장 중요한 생산성 투자로 볼 수 있는 교육에 대한 투자(GDP 대비 교육에 대한 공공 및 민간 지출)에 초점을 맞췄다. 각 하위 기간에 대해 각 국가별 결과 지표의 평균을 구하고, 이것을 다시 각 성장모델에 속하는 국가들의 평균으로 집계하였다. 표 4.6에 모든 결과를 제시해 놓았지만, 신뢰성을 높이기 위해 표본이 많은 성장모델을 중심으로 해석하였다.

금융주도 모델이 세 하위 기간 모두에서 가장 높은 경제성장률을 보였다. 여기에는 노르웨이(1995~2000년)와 한국(1995~2000년 및 2001~2007년) 같은 수출-민간 혼합 모델은 제외되었다. 가장 낮은 성장률은 1995~2000년과 2010~2016년에 국가주도 모델에서 나타났다. 그러나 저성장이 더 높은 공공적자 증가로 이어진다는 점에서 인과관계의 일부가 반대로 작용했을 가능성도 높다. 실제로 2010~2016년에도 많은 국가가 여전히 글로벌 금융 및 경제위기의 영향을 받고 있었으며, 그리스와 포르투갈(해당 기간의 국가주도 경제국가 중 일부)은 평균 성장률이 마이너스를 기록했다. 위기 이전인 2001~2007년에는 수출주도 국가들이 평균적으로 가장 낮은 성장률을 기록했다. 그 이유는 해당 기간 동안 다른 국가들에서 과도하게 국내 차입에 의존해 성장을 주도했기 때문일 수도 있다. 수출주도 모델은 다른 국가에서 발생한 수요의 혜택을 받지만, 간접적인 성장 효과는 더 약할 수 있다. 경제성장률의 표준편차는 금융주도형과 수출주도형 모델(후자의 경우 1995~2000년 제외)에서 매우 낮았는데, 이는 두 모델에 속하는 국가들이 어느 정도 유사성이 있다는 것을 의미한다.

1995~2000년에는 금융주도형 모델이 가장 높은 고용률을 보인 반면, 다

11 15세에서 64세 사이의 생산가능 인구 중 민간 부문에 고용된 비율로 측정되는 고용률은 실업률보다 더 선호되고 있다. 실업률은 노동력에 대한 비율로 측정되기 때문에 노동시장 참여율에 큰 영향을 받기 때문이다.

표 4.6 성장모델의 성과

1995-2000		경제성장률		고용률	
	N	평균	표준편차	평균	표준편차
수출주도	8	4.09	2.33	66.97	7.56
금융주도	4	4.27	1.15	68.84	3.94
국가주도	8	3.40	1.15	61.27	5.43
국내주도	2	3.99	0.17	58.58	9.05
수출-국가 혼합	2	1.77	0.54	60.76	12.12
수출-민간 혼합	2	5.01	1.83	69.27	10.47
균형	2	3.63	0.24	69.79	1.43
전체	28	3.78	1.57	64.93	7.06

2001-7		경제성장률		고용률	
	N	평균	표준편차	평균	표준편차
수출주도	11	2.24	0.53	70.61	5.68
금융주도	6	4.72	1.62	67.59	4.15
국가주도	3	3.28	1.85	58.46	6.10
국내주도	5	3.55	1.93	62.70	6.75
수출-국가 혼합	1	1.28		69.14	
수출-민간 혼합	1	4.91		63.47	
균형	1	2.75		72.61	
전체	28	3.20	1.60	67.01	6.58

2010-16		경제성장률		고용률		정부 교육 지출		민간 교육 지출	
	N	평균	표준편차	평균	표준편차	평균	표준편차	평균	표준편차
수출주도	9	2.11	0.94	72.58	4.10	5.85	1.30	0.67	0.64
금융주도	3	2.54	0.35	71.11	2.99	4.94	0.64	1.96	0.13
국가주도	9	1.04	2.04	62.35	5.54	5.07	0.78	0.98	0.67
국내주도	0								
수출-국가 혼합	5	2.13	2.54	62.99	5.84	4.40	0.67	0.76	0.51
수출-민간 혼합	0								
균형	2	1.33	0.80	68.51	0.69	5.47	1.83	0.39	0.24
전체	28	1.76	1.68	67.29	6.58	5.23	1.12	0.87	0.65

주: '경제성장률$_{\text{ec. growth}}$'은 기간 동안 국가별 연평균 경제성장률을 의미한다. 'SD'는 표준편차로, 각 국가별 기간 평균의 변동성을 측정한다. '고용률$_{\text{employment}}$'은 15~64세 인구 중 고용된 비율을 나타내며, '정부 교육 지출$_{\text{govt educ. exp.}}$'은 모든 국제표준교육분류 수준을 포함한 공·사립 교육기관에 대한 정부의 총지출을 GDP 대비 백분율로 나타낸 것이다. '민간 교육 지출$_{\text{priv. educ. exp.}}$'은 교육기관이 아닌 민간 부문(가구 및 기타 교육기관이 아닌 민간 조직)의 교육 지출을 의미한다. 교육 지출 데이터는 일부 연도에 한정되어 있으며, 여기 보고된 데이터는 2013년과 2014년, 일부 국가의 경우 2010~2012년 데이터를 기반으로 하고 있다. 캐나다와 그리스의 경우 교육 지출 데이터가 없고, 덴마크는 2012년 공공 지출만, 스위스는 공공 지출만, 미국은 2010년과 2011년 자료만 제공된다. 각 성장모델에 속하는 국가들은 표 4.5에서 확인할 수 있다.

른 두 시기에는 수출주도형 모델이 고용률을 주도했었다. 금융주도 경제의 경우, 아마도 서비스 부문 고용 규제 완화로 인해 이런 현상이 생긴 것으로 추정할 수 있다. 수출주도 성장을 한 국가 중에서는 북유럽 국가들이 이런 높은 고용률을 주도하였다. 잘 알려진 바와 같이 북유럽 국가들의 높은 고용률은 상당 부분 공공 부문 고용과 여성 고용을 촉진하는 돌봄 서비스의 결과일 것이다(Mandel and Semyonov, 2006). 공공 서비스 등이 (교육, 일-가정 양립, 임금 압력 완화 등을 통해) 고품질의 수출 부문에 도움을 주고 있으며, 고품질 수출 부문이 이 공공 서비스에 대한 세수 기반을 마련하는 데 기여하고 있다.

1995~2000년에 북유럽 국가들, 그리고 결과적으로 수출주도형 국가들이 고용 수준에서 선두를 달리지 못했다는 것은 1990년대 후반에 이들 국가들이 자국 내 위기에서 여전히 회복 중이었다는 사실과 관련이 있다. 국가주도 성장모델을 채택한 국가의 고용이 세 하위 기간 모두에서 가장 낮았다. 물론 이는 낮은 고용률이 재정 예산에 부담을 주기 때문에 인과관계가 반대 방향으로 작용했을 가능성도 있다. 금융주도 성장 국가들의 고용률 표준편차는 모든 기간에서 가장 낮으며(2010~2016년 기간 중 두 개 국가만 속해 있는 균형 모델은 제외하고), 이는 해당 모델 내에서의 정합성을 다시 한 번 보여 주고 있다.

교육에 대한 투자를 살펴보면 수출주도형 경제에서 교육에 대한 공공 지출이 가장 높다. 이러한 결과는 북유럽 국가들이 주도하고 있으며, 표준편차가 높다는 것은 이 그룹에 속한 다른 국가들의 대부분인 대륙 유럽 국가들의 지출이 상당히 적다는 것을 의미한다. 교육에 대한 민간 지출은 예상대로 금융주도 성장모델의 국가에서 가장 높게 나타났다. 이러한 지출 대부분은 대출(즉, 민간 적자)을 통해 자금이 조달된다. 교육 지출의 표준편차는 다시 금융주도 모델에서 가장 낮게 나타났다.

종합적으로 금융주도 성장모델은 경제성장 측면에서 가장 우수하고 교육에 대한 민간 지출이 가장 높다고 할 수 있다. 수출주도 모델은 고용과 교육에 대해 가장 많은 공공 투자가 이루어지며, 두 가지 모두 북유럽 국가들이 주도하고 있다. 반면, 국가주도 모델은 가장 낮은 성장률과 가장 낮은 고용률을 보이는 경향이 있다. 그러나 이러한 국가들은 특히 경제가 어려운 국가들로서, 높은 공공 적자가 그 원인이라기보다 경제적 어려움의 결과일 수 있다는 점을 염두에 두어야 한다.

6. 결론

민주적 자본주의의 저성장 시대에 관한 문헌(예: Streeck, 2011)에 따라, 조사 대상 28개 OECD 회원국 대부분이 소위 적자주도 성장모델에 의존하고 있음을 알 수 있었다. 그러나 기존 문헌에서는 이러한 성장모델의 국가 간 다양성을 다루지 않았었다. 반면 제도주의 학자들은 다양한 적자주도 성장모델의 근간이 되는 성장체제를 포함한 경제 모델의 국가 간 차이를 보여 주었다(예: Iversen and Soskice, 2012; Hall, 2014). 그러나 제도주의 문헌은 종종 적은 수의 제한된 사례에 의존하는 경향이 있었다. 반면, 이 연구는 성장모델의 국가 간 차이를 체계적이며 포괄적으로 설명한 최초의 연구라고 할 수 있다. 민간 적자, 공공 적자, 대외 흑자라는 세 가지 수요 부양 방법과 그 조합을 통해 새롭고 간결한 분류 체계를 개발하였다.

이번 연구 결과는 국가 간 성장모델, 즉 성장체제의 차이가 크다는 것을 확인시켜 주었다. 이는 또한 다양한 정치경제 환경에서 제도적 구성이 다르다는 기존의 우리 지식과도 대체로 일치한다.

수출주도 모델은 대륙 유럽, 북유럽 국가, 그리고 어느 정도 동아시아에서 퍼져 있었다. 남유럽의 성장은 국내 적자, 특히 공공 적자에 의해 뒷받침되고 있었지만 종종 민간 적자와 혼합되어 있었다. 동유럽의 패턴은 좀 더 혼합적이지만 대부분의 경우 국가지출이 핵심적인 역할을 했다. 영국을 제외한 영어권 국가에서는 대규모 민간 적자를 동반한 금융주도의 성장이 주를 이루었다. 각 집단cluster은 예상하던 대로 주요 수요 부양책을 사용하고 있는 것으로 나타났지만, 분석 결과 집단 내 무시할 수 없는 변동도 발견되어 이에 관해서

비교정치경제학 연구에서 더 주목할 필요가 있는 것으로 보인다.

여기서 확인된 국가 간 성장모델의 차이는 북유럽과 동아시아의 수출주도 경제에서의 경상수지 흑자가 남유럽, 동유럽, 영어권 국가들의 국내 적자를 뒷받침한다는 개념을 확인시켜 주었다. 이러한 상호 의존성은 기본적으로 국내 사례에 초점을 맞추는 비교정치경제학의 중요한 과제이며, 비교정치경제학과 국제정치경제학international political economy, IPE 간 활발한 대화가 필요하다고 할 수 있다. 이 장에서 사용된 수요 측면 GDP 분해 접근법은 국가 성장모델 분석에 국제 경제적 차원을 통합하는 데 도움이 될 수 있다.

집단 내 변화와 국제정치경제학과 연계가 중요한 것 이외에도, 앞으로의 연구는 이 책의 일부 장에서 이미 시도했던 것처럼 세 가지 방식의 분석을 기반으로 해야 할 것이다. 첫째, 학자들은 확인된 성장모델의 근간이 되는 성장체제를 보다 면밀히 조사해야 한다. 예를 들어 수출주도 모델과 같이 서로 다른 제도적 환경이나 구조가 동일한 성장모델을 만들어 낼 수 있기 때문이다. 둘째, 성장체제의 재생산을 위한 성장전략과 정치에 관해 더 많은 연구가 필요하다. 앞서 제도적 경로 의존성을 지적했지만, 정치권력과 경제 이념에 대한 분석도 이에 못지않게 중요하다(Hall, 이 책 2장). 셋째, 수요와 수출의 구성을 보다 면밀히 분석해야 한다. 예를 들어, 바카로와 폰투손(2016; 이 책 3장)과 하셀과 팔리에(이 책 1장)는 각 수출 부문의 서로 다른 구성이 북유럽과 대륙유럽의 성장모델 간 차이를 설명할 수 있음을 보여 주었다. 이 장 분석에서는 전체 경상수지만을 살펴보았기에 반영되지 않았다.

규범적 관점에서 볼 때 이 장에선 세 가지 교훈을 도출할 수 있었다. 첫째, 성장모델의 다양성을 고려할 때 모든 국가에 적용할 수 있는 획일적 정책 권장은 있을 수 없다는 점이다. 특히 외부 수요에 의존하는 경제와 내수에 의존하는 경제는 경제 메커니즘과 기본 성장체제가 근본적으로 다르다 할 수 있다. 이 장에서는 이러한 광범위한 차이를 넘어 이론적, 실증적으로 7가지 성장모델을 확인하여 더 다양한 차이를 이해할 수 있었다. 둘째, 수출주도형 성장모델 국가의 지도자들이 국내 적자가 큰 국가를 비난하는 것은 합리적이지 않다. 수출주도 경제는 국내 적자에 의해 발생하는 수요의 혜택을 보고 그 자금으로 그 수요를 지속시키고 있기 때문이다. 다른 나라의 경상수지 적자 없이는 자신들의 경상수지 흑자는 사실상 불가능하다. 게다가 외국에 계속 대출해 주는 것은 기본적으로 국내 인구가 생산보다 소비를 적게 하기 때문에 그 자체로 단점이 있다. 셋째, 글로벌 금융 및 경제 위기 이후 대부분의 국가는 위기를 초래했던 동일한 성장모델로 되돌아갔다. 이러한 패턴은 장기적으로 지속 가능하지 않고 또다른 중대한 위기로 이어질 수 있다. 성장체제는 수십 년에 걸쳐 형성되고, 변화하기 어렵다. 그리고 국가 성장모델은 이러한 성장체제에 기반하기에, 이와 같은 추세를 억제하는 것은 쉽지 않다. 그럼에도 불구하고 복지국가 개혁은 수출주도형 국가에서는 국내 지출 증가, 금융주도형 및 국가주도형 성장모델에서는 재정 적자 감소에 도움이 되며, 사회복지와 교육에 대한 투자를 통해 보다 지속 가능한 장기 성장에 기여할 수 있다.

참고문헌

Arts, W. A., and J. Gelissen. 2010. "Models of the Welfare State." In *The Oxford Handbook of the Welfare State*, edited by Francis G. Castles, Stephan Leibfried, Jane Lewis, Herbert Obinger and Christopher Pierson. Oxford: Oxford University Press, 569-83.

Baccaro, L., and J. Pontusson. 2016. "Rethinking Comparative Political Economy: The Growth Model Perspective." *Politics & Society* 44: 175-207.

Barnes, L. 2016. "Private Debt and the Anglo-Liberal Growth Model." *Government and Opposition* 51: 529-52.

Becker, J., and J. Jäger. 2010. "Development Trajectories in the Crisis in Europe." *Debatte: Journal of Contemporary Central and Eastern Europe* 18: 5-27.

Bieling, H.-J. 2012. "EU Facing the Crisis: Social and Employment Policies in Times of Tight Budgets." *Transfer: European Review of Labour and Research* 18: 255-271.

Bohle, D., and A. Regan. 2019. "Business Power, Growth Models, and Politics of Comparative Capitalism: Explaining the Continuity of FDI-Led Growth in Ireland and Hungary." Unpublished manuscript.

Bonoli, G. 2013. *The Origins of Active Social Policy: Labour Market and Childcare Policies in a Comparative Perspective*. Oxford: Oxford University Press.

Clasen, J., and D. Clegg. 2011. *Regulating the Risk of Unemployment: National Adaptations to Post-Industrial Labour Markets in Europe*. Oxford: Oxford University Press.

Crouch, C. 1993. *Industrial Relations and European State Traditions*. Oxford: Clarendon Press.

Crouch, C. 2009. "Privatised Keynesianism: An Unacknowledged Policy Regime." *The British Journal of Politics & International Relations* 11: 382-99.

Eichhorst, W., O. Kaufmann, and R. Konle-Seidl(eds.). 2008. *Bringing the Jobless into Work? Experiences with Activation Schemes in Europe and the US*. Berlin & Heidelberg: Springer.

Esping-Andersen, G. 1990. *The Three Worlds of Welfare Capitalism*. Cambridge: Polity Press.

Estévez-Abe, M. 2008. *Welfare and Capitalism in Postwar Japan*. Cambridge: Cambridge University Press.

Ferrera, M. 2010. "The South European Countries." In *The Oxford Handbook of the Welfare State*, edited by Francis G. Castles, Stephan Leibfried, Jane Lewis, Herbert Obinger and Christopher Pierson, Oxford Handbooks in Politics & International Relations. Oxford:

Oxford University Press, 616-29.

Hall, P. A. 2014. "Varieties of Capitalism and the Euro Crisis." *West European Politics* 37: 1223-43.

Hall, P. A., and D. Soskice (eds.). 2001. *Varieties of Capitalism: The Institutional Foundations of Comparative Advantage*. Oxford: Oxford University Press.

Iversen, T., and D. Soskice. 2012. "Modern Capitalism and the Advanced Nation State: Understanding the Causes of the Crisis." In *Coping with Crisis: Government Reactions to the Great Recession*, edited by Nancy Bermeo and Jonas Pontusson. New York: Russell Sage Foundation, 35-64.

Krippner, G. R. 2011. *Capitalizing on Crisis: The Political Origins of the Rise of Finance*. Cambridge MA: Harvard University Press.

Kvist, J. 2007. "Fuzzy Set Ideal Type Analysis." *Journal of Business Research* 60: 474-81.

Mandel, H., and M. Semyonov. 2006. "A Welfare State Paradox: State Interventions and Women's Employment Opportunities in 22 Countries." *American Journal of Sociology* 111: 1910-49.

Morel, N., B. Palier, and J. Palme (eds.). 2012. *Towards a Social Investment Welfare State? Ideas, Policies and Challenges*. Bristol: Policy Press.

Naczyk, M. 2019. "Taking Back Control: Indigenous Managerial Elites' Push for State-Led Developmentalism in Poland's Dependent Market Economy." Paper presented at the 31st Annual EAEPE Conference, Warsaw, 12-15 September 2019.

Nölke, A., and A. Vliegenthart. 2009. "Enlarging the Varieties of Capitalism: The Emergence of Dependent Market Economies in East Central Europe." *World Politics* 61: 670-702.

Palier, B., ed. 2010. *A Long Goodbye to Bismarck? The Politics of Welfare Reforms in Continental Europe*. Amsterdam: Amsterdam University Press.

Perez, Sofia A., and Martin Rhodes. 2015. "The evolution and crises of the social models in Italy and Spain." In *European Social Models from Crisis to Crisis: Employment and Inequality in the Era of Monetary Integration*, edited by Jon Erik Dølvik and Andrew Martin. Oxford: Oxford University Press, 177-213.

Piketty, T. 2014. *Capital in the Twenty-First Century*. Cambridge, MA: Harvard University Press.

Schneider, C.Q., and C. Wagemann. 2012. *Set-Theoretic Methods for the Social Sciences: A Guide to Qualitative Comparative Analysis*. Cambridge: Cambridge University Press.

Streeck, W. 2014. *Buying Time: The Delayed Crisis of Democratic Capitalism*. London: Verso.

Streeck, W. 2011. "The Crises of Democratic Capitalism." *New Left Review* 71: 5-29.

Toplišek, A. 2020. "The Political Economy of Populist Rule in Post-Crisis Europe: Hungary and Poland." *New Political Economy* 25: 388-403.

제5장

유로존의 강제 구조적 통합

프리츠 W. 샤프Fritz W. Scharpf

1. 서론: 비교 정책 연구에서의 다층적인 유럽 정부

이 책은 글로벌 자본주의 영향 안에서 다양한 유형의 수요주도형 '성장모델'과 복지국가 개혁의 상호 효과를 체계적으로 평가하고 있다. 비교적 관점에서 볼 때, 이 책의 초점은 경제 및 사회적 우려를 모두 수용해야 하는 국가적 대응에 맞춰져 있으며, 암묵적으로 전후 '착근된 자유주의embedded liberalism'(Ruggie, 1982) 시대가 끝난 후에도 국가는 다양하지만, 전반적으로 실행 가능한 해결책을 만들 수 있는 충분한 통치 능력이 있다는 가정을 하고 있다. 필자도 이에 동의하는 바이다(Scharpf, 1991; Scharpf and Schmidt, 2000).

그러나 필자는 최근 작업 중 유럽의 법적·제도적 통합에서 사회경제적 전통, 제도, 정치적 우선순위와 관행이 회원국들에게 서로 다르게, 비대칭적으로 영향을 미치고 있다는 사실에 점점 더 집중하게 되었다. 한 가지 예로, 상품과 서비스, 시설, 자본, 사람 등의 자유로운 이동 보장을 위해 '네거티브 통합negative integration'(시장 통합을 방해하는 국가 간 장벽이나 규제를 제거하는 과정-

역자)과 '특전the liberties'을 사법적으로 확대해석함에 따라 이것이 자유화와 탈규제라는 영향력을 가지는 것을 들 수 있다. 이는 '자유시장경제'의 현상 유지에는 거의 영향을 미치지 않지만 '조정시장경제'의 중요한 제도, 정책 유산 및 관행을 파괴할 수 있다(Scharpf, 2010). 이 장에서는 유럽통화동맹European Monetary Union, EMU과 2010년 유로 위기에 대응하기 위해 만들어진 체제의 비대칭적 영향에 초점을 맞추고자 한다.

하셀과 팔리에Hassel and Palier는 1장 서론의 분석틀에서 2010년 유로 위기 이후 남유럽이 '내수 전략'에서 '경쟁적 궁핍' 전략으로 전환한 것을 언급하며 그 효과를 인정하고 있다. 이 장이 (서론의) 분석틀에 추가할 수 있는 것은 유로존euro area, EA 다층적 정부에서 특정한 두 측면의 인과적 중요성에 대해 좀 더 명확히 초점을 맞추는 작업이다.

첫 번째 측면은 민주주의 이론에서 민주적 자치정부의 활동 공간에 대한 외부 제약external constraints과 '비지배' 전제 조건을 위반하는 외부 개입external interventions을 구분하는 것과 관련이 있다(Pettit, 1997; Eriksen, 2018).

민주주의는 물론 무소불위의 권력을 전제하지 않으며, 외부에서 가해지는 잔혹한 도전들[됭케르크 이후의 영국을 생각해 보라(제2차 세계대전 중 됭케르크 철수 이후 영국은 경제적 고립, 독일의 군사적 위협 등 외부로부터 매우 어려운 도전에 직면했으나, 자치와 민주적 정부를 유지하며 외부의 극한 도전에 맞서 싸워 갔다는 점을 의미함-역자)]이나 극도로 제한된 활동에 직면한다고 해서 자치 정부가 부정되는 것은 아니다. 그러나 자치 정부는 외부 지배Fremdherrschaft와 양립할 수 없다. 즉, 자치 공동체의 민주적 절차에 의해 승인되지 않은 '외부' 통치 권력을 따르는 것은 자치 정부와 상충된다. 2010년 이후 유로 체제가 부과한 규칙이 남유럽 정치체제에서는 자치 정부를 무력화시키고 있지만, 북유럽 정치체제에서는 그렇지 않았으며, 이러한 비대칭적 영향이 유럽 차원에서 민주적으로 정당화될 수 없다는 것을 보여 주려 한다.

실증적 정책연구의 틀에서 정당성 문제가 반드시 중요하진 않지만, 다층적 유로 정부의 정책 결과가 비대칭적으로 영향을 미친다는 점에 관심을 가져야 한다. 하셀과 팔리에는 서론의 분석틀에서 성장전략과 복지국가 개혁은 상호 의존적이며, 정부와 국가 정치가 반드시 경제와 사회 정책 문제를 모두 수용하는 해결책을 찾아야 한다는 것을 암묵적으로 가정하고 있다. 그러나 이러한 배경이 되는 그럴듯한 전제는 유로 회원국에는 적용되지 않는다. 유로 체제의 다층적 (정부)구성은 '정부들의 정부'이다. 모든 관련 통치 권한과 자원은 국가 차원에 남아 있으며, 민주적으로 책임을 지는 정부에 의해 행사되어야 한다. 그러나 이러한 권한은 유로의 규정에 따라 제약을 받고, 통화동맹을 안정시키려는 유로존 당국의 개입 때문에 우선으로 차단될 수 있다. 이 유로존 당국들은 오로지 통화 및 경제적 목적에만 관심을 가진다. 이러한 개입은 심각한 제재나 즉각적인 국가 채무불이행의 위협에 의해 강제될 수 있으므로, 그 영향은 경제정책과 복지국가 개혁 사이의 균형에 비대칭적으로 영향을 미치며, 이는 국가 차원에서 작동하는 경제적 요인이나 정치적 세력으로는 설명할 수 없는 방식으로 나타난다.

30년 전, 체키니의 유명한 『비유럽 비용 보고서Costs of Non-Europe』(1988)는 유럽이 1992년까지 단일 시장 프로그램single market program을 완성하지 못할 때 잃게 될 이익을 평가하려 했다. 이 보고서를 발표한 들로르 위원회는 단일 시장이 "영구적으로 유럽인들의 번영을 촉진"할 것이란 점에 열광했었다(SEC(88) 524 최종). 불과 2년 후 자체 보고서인 『하나의 시장-하나의 화폐One Market-One Money』에서도 들로르 위원회(1990)는 단일 통화가 창출할 추가적인 경제적 이득에 대해 똑같이 확신했다. 그 사이 1992년 EU 회원국들은 누적 경제성장률에서 OECD에 뒤처졌고 1999년 이후 유로존의 성장은 다른 EU 지역보다 약했다고 알려져 있다.[1] 따라서 경제적 관점에서 볼 때 유럽 통합의 두 가지 위대한 승리는 특별히 성공적이지 않은 것으로 보인다.[2] 그러나

....

1 1992~2015년 누적 경제성장률: EU 12.40%, OECD 49%; 1999-2015년: EA 11.22%, EU 26%(세계은행 자료). 더욱이, 존 위크스(John Weeks, 2018)의 최근 분석처럼, 19개 유로존 경제권 모두에서 2001년부터 2017년까지 EU 역외 수출이 EU 역내 수출보다 더 빠르게 증가했다. 다시 말해, 통화 통합은 실제로 세계 시장과 비교 시 EU 역내 무역을 위축 시킨 것으로 보인다.

2 과거 성과에 굴하지 않고, 2014년에 유럽 의회 의뢰로 작성된 체키니 재검토 보고서(1998년 체키니 보고서

그것이 이 장에서의 관심사는 아니다.

체키니가 통합하지 않을 때 발생할 잠재적 경제적 비용을 살펴봤다면, 필자는 구조적으로 이질적인 '북유럽'과 '남유럽' 정치경제들에서 과도한 통합으로 인해 발생하는 실제 정치-경제적 및 민주주의적 비용을 살펴볼 것이다. 보다 유연했던 이전 체제인 1979년 유럽통화체제European Monetary Systern, EMS와 달리, EMU는 국가별 문제 해결 능력을 명시적으로 제거하거나 엄격하게 제한했지만, 다양한 국가별 경제 상황에 대응할 수 있는 유럽 차원의 역량을 창출하지는 못하였다. 그 결과 첫째, 경제 거버넌스의 극적인 실패로 유로 위기가 발생했다. 이후에는 각국의 정책 선택에서 중앙집중식 통제를 통해 단일 통화를 구현하고 EMU 회원국들이 '북유럽 모델'로 구조적 수렴을 이루도록 강제하는 새로운 유로 체제가 탄생하였다. 이 장에서는 현재의 비대칭 체제를 설명하는 경제 논리를 재구성하고, 그 체제가 매우 불평등한 영향을 미친다는 점을 강조하며, 이 체제가 국가 및 유럽 수준에서 민주적 정당성과 양립할 수 없는 이유를 설명하고자 한다.

2. 통화 동맹: 비대칭적 체제의 실패

자본주의 경제는 본질적으로 불안정하다. 하지만 대공황과 제2차 세계대전의 참사 이후 자본주의 국가들은 수요 중심의 거시경제 안정화 도구를 개발하였다. 1970년대 환율 안정화 정책인 브레튼우즈 체제의 붕괴 이후 유가 및 스태그플레이션 위기로 인해 그 효과성에 대한 의문이 있지만(Scharpf, 1991), 유럽 국가들은 1999년 EMU에 가입하기 전까지 여전히 통화, 재정 및 환율 정책 수단을 사용하고 있었다. 국가 경제의 상승과 하락을 관리하기 위

....

의 후속 검토 보고서-역자)는 EU 내 시장 통합을 저해하는 장애물들이 제거된다면 추가적인 경제성장률이 5~8.63%에 이를 것이라고 주장했다(Pataki, 2014).

해 정부는 긴축적인 통화정책과 재정 억제를 통해 인플레이션이 동반된 경제 호황을 억제할 수 있었다.

또한, 재정 확대와 완화된 통화정책을 통해 경제 회복을 지원할 수 있었고, 통화와 재정을 조정하고 환율 변화와 결합하여 대외 불균형을 바로잡을 수 있었다. 이러한 개입들이 완벽하게 작동하지는 않았지만, 민주적으로 책임을 지는 정부가 자국의 경제적 운명에 상당한 영향력을 행사할 수 있었다.

1979년부터 1999년까지 EMS는 대외 불균형과 경성 통화-연성 통화 경제 간의 환율 변동에 대처하기 위해 설계되었다. 국제 자본시장의 투기적 공격으로부터 회원국 통화를 보호하기 위한 것이었지만, 동시에 지속적인 대외 불균형을 바로잡기 위해 합의된 환율 재조정을 허용하기 위함이었다. 대체로 1992~1993년 독일 통일에 따른 통화 충격(Higgins, 1993; Padoa-Schioppa, 1994; Marsh, 2009)으로 혼란을 겪기 전까지는 EMS는 합리적으로 잘 작동했었다(Artis and Taylor, 1993; Helleiner, 1994; Höpner and Spielau, 2017). 그러나 환율 재조정은 정치적으로 논란의 여지가 있었고, 독일 연방은행Bundesbank이 독일의 물가안정에만 집중하고 있었기 때문에 다른 국가들은 통화 조정에 대한 독일 연방은행의 지배력에 반발하였다. 이는 독일 통일로 인해 제기된 정치적 우려와 함께 '통합주의자' 들로르 위원회와 신자유주의 또는 통화주의 경제학자들이 '하나의 시장-하나의 화폐' 프로그램을 지지하는 세력을 모을 기회를 얻게 되었다(McNamara, 1998; Dyson and Featherstone, 1999).

1) 현재의 통치 역량을 파괴하는 EMU

통화동맹은 통화(환율) 재조정 옵션뿐만 아니라 국가 통화정책을 통해 국가 경제의 흐름에 영향을 미칠 수 있는 능력도 제거하였다. 또한, 국가 재정 확장 능력도 EU 재정 안정성 협약Stability Pact에 의해 사실상 사라졌다. 하지만 동시에 회원국들은 국제 통화시장의 규율과 국제수지 위기의 위협에서 벗어나게 되었다. 환율과 통화정책은 유럽 중앙은행European Central Bank, ECB의 독점적 권한이 되었고, 유럽 중앙은행은 유로존의 가격 안정을 유지해야 한다는 절대적인 미션에 따라 제도적으로 독립성을 가지게 되었다(Dyson, 2000). 이렇게 국가적 문제 해결 능력이 상실된 것은 동등한 기능을 갖춘 유럽 통치 권한에 의해 보완되지 않았다.

EMU는 자체 예산이 없었기 때문에 경기순환에 대응하는 재정 개입 능력이 없었다. ECB의 중앙집중식 통화정책은 유로존의 평균 물가상승률을 안정시킬 수 있었지만, '하나의 정책으로 모두에게 맞추는' 정책은 구조적 차이와 비동기적인 경기 변동, 그리고 과거의 경성 통화 및 연성 통화국의 '비대칭적 충격'에 대응할 수 없었다.

따라서 성장률과 물가상승률이 높은 경제에는 금리가 일률적으로 너무 낮게 적용되었고, 물가상승률이 낮고 침체된 경제에는 일률적으로 너무 높게 적용되어 실질금리는 더욱 차이가 나게 되었다. ECB의 정책은 유로존 경제를 안정시키는 대신 2002년 저물가의 독일에서 경기침체를 심화시켰고 그리스, 아일랜드, 스페인의 신용을 기반으로 한 소비 지출을 급증시키고 부동산 거품을 부추겼다.

그 결과 유로존의 대외 수지는 역동적인 차이를 보였는데, 경제호황을 겪는 국가의 경상수지 적자 증가와 자본 수입 증가는 독일처럼 침체된 경제의 흑자 수출 증가 및 자본유출과 대응되는 것이었다. 2008~2009년 국제 금융위기로 은행 간 대출이 '갑자기' 중단되자 신용 의존도가 높은 남유럽 경제는 어려움을 겪었고, 은행은 무너졌고, 각국 정부가 과도하게 확장된 은행을 구제하면서 국가 재정 적자가 확대되었다. 2010년 초, 마침내 자본시장이 그리스의 지급 능력을 문제 삼고 다른 국가들도 같은 현상을 보이자 국가 신용 위기는 궁극적으로 유로연합 자체를 위태롭게 할 수 있는 유로 위기로 해석되었다.

이 모든 것은 이제 잘 알려진 사실이 되었다(Jones et al., 2016). 또한, 위기를 채무국 정부의 재정적 무책임성으로 돌리는 것은 그리스의 경우 기껏해야 반쪽짜리 진실이고, 1999년부터 2008년까지 재정 성과가 모범적이었고 독일보다도 훨씬 좋았던 아일랜드와 스페인의 경우 완전히 잘못된 판단이었다는 것도 이해되고 있다. 그럼에도 불구하고 2010년 5월 당시에는 재정 책임을 탓하는 프레임이 지배적이었다. 그리스의 채무불이행이 자국 은행과 경제에 미칠 영향을 두려워한 독일과 다른 흑자 정부가 마스트리히트 조약의 구제금융 금지 규정을 무시하기로 결정하기에 이르렀다. 그들은 마지못해 그리스에 정부 간 구제 대출을 제공한 후 아일랜드와 포르투갈, 그리고 나중에는 다른 국가에도 대출을 제공했다. 이 모든 사례에서 대출은 공공 지출을 대폭 줄여야 한다는 조건이 붙어 있었고 표면상으로는 이를 통해 국가 적자와 부채를 줄이고 향후 재정위기와 잠재적인 유로 위기를 낮추기 위한 대처였다. 이것은 국가별 경제적 이익, 행위자 인식, 당시 지배적이었던 협상력의 조합으로 잘 설명된다(Iversen et al., 2016; Schimmelfennig, 2015).

유럽연합 집행위원회(2010) 그리고 ECOFIN 이사회는 재정 긴축에 대한 고집 외에도 채무국의 대외수지와 경상수지 적자가 위기에 미친 영향에 주목하기 시작했었다. 이러한 '불균형'은 크게 과대평가된 실질 실효환율에 반영되어 있었기 때문에, 가장 가까운 원인으로는 평균 이상 상승한 단위 노동비용으로 인해 국제 '경쟁력'을 상실한 것으로 추정되었다.[3] 결과적으로 채무국에 부과된 '구조 개혁'에는 즉각적 재정 효과가 없는 요구 사항도 포함되어 있었는데, 그 목적은 공급 측면의 조치를 통해서 단위 노동비용을 절감('내부 평가절하'에 해당)하는 것이었고, 서비스 부문의 자유화, 고용 보호 규정의 규제 완화, 최저임금 및 대체 임금 인하, 노조 및 단체 교섭의 제도적 약화와 같은 요구들이 포함되었다(Tsoukalis, 2016).

2) 새로운 유로 체제: 긴축과 공급 측면 개혁을 통한 통합

재정 지원과 동시에 재정 긴축 및 공급 측면 개혁을 조건으로 국가의 급

....

3 이러한 공급 측면의 설명은 일반적으로 사실에 부합하지 않는 것으로 나타났다(Wyplosz, 2013; Sanchez and Varoudakis, 2013; Jones, 2016; Storm and Naastepad, 2016).

성 신용위기를 막고자 했던 초기 유로 구제 정책의 기본 논리는 2011년 이후 모든 유로존 국가에 설치된 영구적인 유로 체제에서 유지되고 일반화되었다. 여기에는 조건부 긴급 대출의 영구적인 공급원으로서 정부 간 유럽안정화메커니즘European Stability Mechanism, ESM, 유럽예산회기제European Semester, '6개 법안' 및 '2개 법안', 재정 협약Fiscal Compact, 그리고 미래 은행 연합Bank Union의 요소 등이 포함되었다. 그러나 후자를 제외하고는 EMU에서 없어져 버린 국가 거시경제 역량을 대체할 수 있는 유럽 차원의 역량과 통치 자원이 명확히 창출되지는 않았다.

대신, 현재의 유로 체제는 회원국들이 남아 있는 국가 권한을 사용하여 유로 위기를 피할 수 있었으며 피할 수 있었다고 가정해야 한다. 즉, ECB의 획일적인 통화정책이 초래한 불안정한 충격을 바로잡거나 환율 조정을 할 수 없는 상황에서도 말이다. 과거를 돌아보면, 만약 2008년 이전에 재정 긴축과 공급 측면 개혁을 실천했더라면 남유럽 정부들이 신용 기반의 경제호황과 대외 불균형의 심화를 피할 수 있었을 것이며, 그 결과 국가 신용위기를 피할 수 있었음을 의미한다. 또한, 앞으로도 재정 긴축과 내부 평가절하가 '대침체'로부터의 회복을 보장할 것이라는 믿음 역시 최근 독일의 성과를 모델로 삼은 것에서 영향을 받은 것으로 보인다. 극심한 경기침체에서 처음으로 EU 재정 안정 준칙의 적자 규정을 위반한 독일은 재정 축소, 실업 지원 삭감, 유연한 고용 규칙을 도입했고, 이는 노조의 임금 억제와 결합하여 빠르게 수출주도 회복을 가져온 것으로 알려져 있다(Scharpf, 2018a). 즉, 새로운 유로 체제는 논란의 여지가 있는 공급 측면 경제이론에 의존했을 뿐만 아니라 현실적으로도 어느 정도 타당성이 있는 것으로 보였었다.

어떤 경우든, 이번 위기는 적어도 일부 유로존 정부가 독자적으로 행동할 경우, 그들이 사용가능한 권한을 통화동맹의 전반적인 안정성과 양립하는 방식으로 사용할 수 없다는 것을 보여 준 듯하다. 물론 마스트리히트 조약의 구제금융 금지 조항이 적용되었다면 그리스의 채무불이행은 향후 유로존 국가들이 모범적 행동을 하도록 유도하는 강력한 동기가 되었을 수 있다(Sandbu,

2015). 그러나 이 조항이 무시되고 영구적 ESM이 시행되면서 채권국 정부와 유로존 당국은 도덕적 해이 문제에 대해 걱정해야 할 이유가 생기게 되었다.

강제성을 띠는 '조건부' 및 트로이카Troika(EU 집행위원회, ECB, 국제통화기금을 뜻함-역자) 통제는 특정 정부가 실제로 구제금융을 신청한 경우에만 부과할 수 있었기 때문에, 새로운 체제는 '예방적 조건부 조치' 시스템을 만들기 위해 설계되었다.

'초과 재정 적자 시정절차excessive deficit procedure, EDP'와 '거시경제 불균형 시정절차macroeconomic imbalance procedure, MIP'에 따라 집행위원회는 매년 회원국의 경제 및 재정 성과를 평가하고 있다. 그리고 국가별 재정정책을 규정할 뿐 아니라 특정 경제에서 대내외 불균형 심화를 방지할 수 있다고 판단되는 모든 범위의 국가 권한에 대해 국가별 필요 조치를 명시할 수 있는 연례 국가별 권고안을 발표하고 있다. 이러한 권고안은 유럽예산회기제(EU 회원국 간 경제/재정 정책을 조정/감독하기 위해 도입된 연간 사이클-역자)의 맥락에서 설득과 공개적인 명단 발표로 망신을 주기도 하며, 궁극적으로 의회가 '역자격 다수결reverse qualified majority'[4] 투표를 통해서만 피할 수 있는 엄격한 재정 제재를 통해 구속력 있는 요구 사항으로 강제할 수 있다(Degryse, 2012; Bauer and Becker, 2014; Seikel, 2016).

이 체제가 1999년과 2008년 사이에 존재했고 엄격하게 시행되었다면 그리스, 아일랜드, 스페인의 경제 과열과 대외 적자 증가를 막았을 수도 있었을 것이다. 그러나 2010년 이후에는 심각한 위기, 엄청난 생산량 격차, 과도한 실업률로 어려움을 겪고 있는 경제에 재정 긴축과 임금 인하 개혁이 요구되었다. 이러한 체제가 왜 정치적으로 받아들여져야 했는지는 의문이다. 독일은 이러한 규칙 안에서 잘 지내고 있었으므로 이 체제를 옹호할 것으로 예상할 수 있고(Iversen et al., 2016), 독일과 다른 채권국들이 ECOFIN 이사회 내 유로 그룹의 비공식 결정 과정에서 더 큰 협상력을 가지고 있었기 때문에(Varoufakis,

....

4 회원국들이 다수결로 반대하지 않는 한 EDP 개시(안) 및 제재 부과(안)을 확정-역자주.

2015; 2017) 권력 불균형으로 설명이 가능할 수도 있다(Marsh, 2013; Kundnani, 2014; Story, 2014; Tsoukalis, 2016; Steinberg and Vermeiren, 2016). 현 체제의 잘못된 거시경제 이론과 통화동맹의 잘못 설계된 제도에 더 많은 책임을 돌리는 연구자들조차도 이를 독일 오르도-자유주의Ordo-liberalism의 영향과 독일 연방은행의 오랜 영향력(De Grauwe, 2012; De Grauwe and Ji, 2013; Blyth, 2013; Young, 2014; Stiglitz, 2016; Brunnermeier et al., 2016)에서 유래한다고 본다.

어느 정도는 그럴 수도 있다.[5] 그러나 흥미로운 점은 EMU가 독일의 요구에 의해 만들어진 것이 아니라 토마소 파도아 스키오파(1994/2003)와 같은 최고의 비독일계 유럽 통화 경제학자들과 더불어 델로스 위원회 및 이후 단일통화에 가입한 모든 국가의 정부에 의해 만들어졌다는 것이다.

또한, 현재 체제는 독일과 그 북유럽 동맹국뿐만 아니라 EU 집행위원회가 제안, 설계, 정교화하여 옹호하고 정당화하였다. ECB는 이를 전폭적으로 지지하고 있으며, 이 제도로 인해 가장 큰 피해를 보고 있는 국가 정부에서도 아직 거부하지 않고 있다. 따라서 이를 지지하는 논거는 독일 경제학자들, 법률가들, 중앙은행 관계자들, 장관들에게만 어필하는 것이 아니라고 추측할 수 있다. 그리고 이러한 주장의 캐치프레이즈는 '통합convergence'인 것으로 보인다.

EU의 '다섯 의장Five Presidents'에게 처음부터 "통합이라는 개념은 경제 동맹의 핵심"이었다(Five Presidents' Report, 2015: 7). (주로 미국) 경제학자들이 처음에 경제 구조가 다른 유럽이 '최적 통화 지역optimal currency area'이 아니라

....

5 실제로 브루너마이어 외(Brunnermeier et al., 2016)에 의한 프랑스-독일 주류 경제학의 구분은 매우 흥미로운 지식사회학 연구의 가능성을 의미한다. 경화 경제이자 수출주도형 '성장모델'과 연화 경제이자 내수주도 성장에 의존하는 성장모델 간에 구조적 차이가 존재한다고 가정해 보자(Baccaro and Pontusson, 2016; 이 책 3장). 또한 신사유주의 통화주의 경제학에서는 물가 안정과 공급 측면의 구조 개혁을 우선시하는 반면, (포스트 및 신)케인스주의 경제학에서는 완전고용을 지향하며 수요 부양적 통화·재정·임금 정책을 지지한다고 가정해 보자. 그렇다면 독일과 그 경화 동맹국인 북유럽 및 동유럽 국가들의 주류 경제학자들이 유럽통화동맹EMU을 위한 긴축과 공급 측면의 규칙을 지지하고, 유로 체제를 비판하는 학자들이 주로 앵글로색슨 및 남유럽의 연성 통화 국가들에서 활동한다는 사실이 과연 놀랄 일일까? 여기에 유로가 정부 간 금융 지원intergovernmental credits을 통해 구제되어야 했고, 채권국이 채무국보다 우위에 있는 비대칭적인 협상력을 행사한 사실까지 더하면, 유로존 정부 내 신자유주의 사상이 지배적인 것에 그리 놀랄 필요는 없을 것이다(Schmidt and Thatcher, 2014a; 2014b).

고 경고했을 때(예: Eichengreen, 1990, 1992; Feldstein, 1997), 그들의 실증적 평가는 논쟁의 여지가 없었다. EMS하에서 각국 정부는 경성 통화 경제와 연성 통화 경제 간의 격차와 환율 재조정에 따른 정치적 비용을 뼈저리게 알고 있었으며(Höpner and Spielau, 2017), 연성 통화 경제의 중앙은행가들은 인플레이션 압력을 완화해야 하는 것에 대한 불만이 있었다. 그러나 EU 집행위원회(1990)는 더 큰 자본 이동성과 더 치열한 시장 경쟁을 통해 통화동맹 자체가 구조적 통합을 만들어 낼 것이라 약속했었고, 이는 공통 통화가 제대로 작동하기 위해 필수적인 것으로 간주되었다.

EMU 출범 첫 10년 동안 이러한 기대가 보기 좋게 틀렸다는 것이 증명된 후,[6] EU 집행위원회(2010), 유럽이사회, ECB는 통합이 시장의 힘으로 이루어지지 않았기 때문에 국가적 개입을 통해 이루어져야 한다는 결론을 내렸다. 그리고 회원국들이 필요한 조치를 취할 것이라 믿기 어려웠기 때문에 필요한 조치는 유럽 체제가 정의하고 강제해야 했다. 유럽위원회, 유럽이사회, 유럽의회, 유럽 중앙은행, 유로 그룹의 의장들은 다섯 의장 보고서를 통해 유로존 경제 간에 구조적이며 주기적으로 격차가 지속되는 한 EMU가 목표를 달성할 수 없다고 주장했었다(Five Presidents' Report, 2015). 동시에 이들은 경제 주기의 차이와 비대칭적 충격으로 인해 국가 차원에서 재정 긴축을 어느 정도 완화하고 '유로존 전체를 위한 재정 안정화 메커니즘'이 필요하다는 점을 암묵적으로 인정했다. 그럼에도 불구하고 이러한 목표를 달성하기 위한 거시경제적 개입은 "유럽에서 최고의 기준으로 경제구조가 수렴해 가는 중기적 시점에서만" 고려되어야 한다고 언급했다.(Five Presidents' report 2015: 4).

따라서 의장들의 견해에 따르면 현재의 유로 체제는 경제 위기의 빠른 회복을 위해 고안된 것이 아니었는데, 이러한 경기회복을 위해 재정 긴축을 경기순환에 맞추어 시행하는 것은 오히려 역효과라는 것이 암묵적으로 인정되

....

6 '일물일가' 원칙은 수출 산업에서는 어느 정도 성립했지만, 간과된 사실은 남유럽 경제 국내 부문에서 외부경쟁으로 인해 임금과 가격의 차이를 바로잡지 못할 것이라는 점이었다.

었다. 오히려 구조적 통합이 우선되어야 한다고 했다. 따라서 현재의 재정 긴축과 임금 삭감 개혁 체제는 유지되어야 할 뿐만 아니라, 각국에 '경쟁력 강화 기관Competitiveness Authorities'을 도입하고 법적 구속력을 가진 'EU 법률 내 상위 표준high-level standards'을 포함하는 더욱 강력한 '거시경제 불균형 시정 절차'를 통해 강화되고 확대되어야 한다.

3) 북유럽과 남유럽 정치경제의 구조적 차이

강제적으로 구조적 통합을 할 때 그 의미를 평가하기 위해서는 먼저 유로존 경제의 거시경제적 성과에 영향을 미칠 수 있는 구조적 차이의 유형을 명확히 이해해야 한다. 통화동맹에 가입하기 전, EMS 회원국들은 서로 다른 인플레이션 역학으로 인해 주기적으로 자국 통화를 평가절상 혹은 평가절하하는 경성 통화 또는 연성 통화 경제로 이해되어 왔다. 이러한 차이는 독일 통일 이후 격변기에 EMS가 흔들리기 전 10년간 독일 마르크화DM에 대한 누적 환율 조정으로 나타난다(표 5.1). 당시 경성 통화 경제 그룹에는 오스트리아, 독일, 네덜란드, 핀란드가 포함된 반면, 그리스, 포르투갈, 스페인, 이탈리아는 '클럽 메드club med'라 불리는 연성 통화 경제의 핵심 멤버였고 프랑스, 아일랜드, 벨기에도 이 그룹에 어느 정도 포함되었다고 할 수 있다.

마스트리히트 조약을 통해 EMU를 창설하기로 한 후, 가입 조건의 영향으로 이러한 차이는 줄어들었다. 여기에는 공공 부문 적자와 부채에 대한 상한선이 명시되어 있었기 때문에 각국 정부는 창의적인 예산 책정을 통해 그 기준을 충족해야 했다. 그 외에도 EMS 체제하 통화 조정의 주원인이었던 각국 인플레이션의 차이를 저인플레이션으로 수렴하는 작업이 필요했다.

결국 예상과 달리 모든 연성 통화 경제국들은 1990년대 중반 이후부터 극도로 엄격한 통화정책과 단위 노동비용 상승을 억제하기 위한 정부와 노조의 영웅적 노력을 통해 인플레이션 기준을 충족할 수 있었다(Ferrera and Gualmini, 2000, 2004; Hasselm, 2003). 그러나 일단 가입이 이루어지자 각국 중앙은행

표 5.1 국가별 환율 VS 독일 마르크화: 1979~1989년 변화율(%)

오스트리아	3.62
독일	0.00
네덜란드	-2.98
핀란드	-7.06
벨기에	-23.68
아일랜드	-29.12
프랑스	-31.58
이탈리아	-37.89
스페인	-41.87
포르투갈	-68.24
그리스	-69.30

출처: 독일 연방은행Bundesbank, Fxtop, 자체 계산

은 통제력을 잃었다. 정부와 노조가 사회적 협약을 통해 인플레이션을 억제하려는 특별한 노력도 유지되지 않았다. 따라서 경성 통화 경제와 연성 통화 경제의 원래 차이가 다시 나타나게 되었다.

EMS와 다르게 EMU에는 이러한 차이에 대처할 수 있는 수단이 없었다. 안정화 조약은 공공 부문 적자에 대한 (약한) 통제만 있었고, 서로 다른 인플레이션율에 관한 통제는 없었다. 유럽 중앙은행은 유로존의 평균 인플레이션을 통제할 수 있었지만, 획일적인 정책으론 개별 국가 경제를 상대할 수 없었고, 대신 불안정성과 편차를 확대하는 경기순응적pro-cyclical 효과가 생겨나는 경향이 있었다(Enderlein, 2005; Enderlien et al., 2012; Geiger and Sapahn, 2007; 그러나 Issing, 2005 참조). 모든 경우에서, 국가별 인플레이션율의 차이는 EMU 출범 초기 10년 동안 지속되었고 심지어 증가했다(표 5.2).

동시에 단일 통화로 인해 EMU 회원국들은 국제수지 균형을 방어해야 하는 규율에서 벗어날 수 있었다. 따라서 1999년 이전에는 일반적으로 수입이 수출을 훨씬 초과하지 못하게 하고, 과도한 수출 증가가 환율 상승으로 억제되었던 국가별 수입과 수출의 연계성도 끊어졌다. 또한 통화동맹에서는 국가

표 5.2 1999~2008년 소비자 물가지수 변화(%)

독일	16.71
핀란드	18.30
프랑스	18.56
오스트리아	21.08
네덜란드	21.89
벨기에	23.31
이탈리아	24.17
포르투갈	30.25
스페인	24.21
그리스	34.80
아일랜드	42.38

출처: 세계은행(World Bank), 자체 계산

별 수입과 수출의 지속적인 차이를 막는 자동으로 막는 메커니즘이 없었다. 따라서 이전 경성 통화 경제 국가에서는 수출이 수입보다 더 많이 증가한 반면, 이전 연성 통화 경제 국가에서는 일반적으로 수입 증가가 수출 증가를 초과했다(표 5.3).

결과적으로 과거 연성 통화 경제에서 경상수지 적자가 증가하였고, 이는 2010년 유로 위기로 절정에 달한 국가 재정 위기의 근본 원인으로 간주되고 있다.

EMS하에서 경성 통화와 연성 통화 경제 간의 차이에 대한 논의는 주로 정부의 재정정책과 이에 대한 수용 여부에 따라 달라지는 국가 통화정책에 초점이 맞춰져 있었다. 그러나 EMU에서는 통화 선택권이 사라졌기에, 안정화 협정은 '느슨한' 재정정책만을 방지하는 데 초점이 맞춰져 있었다. 그럼에도 불구하고 유로 위기가 발생했을 때, 그것은 거의 자동으로 채무국의 '재정적 무책임' 때문으로 여겨졌는데, 사실 아일랜드와 스페인에게는 명백히 말도 안 되는 것이었고 현재 유로 체제를 정당화하는데 있어서 여전히 악영향을 미치고 있다. 그러나 거의 동시에 EU 집행위원회(2010)는 유로 위기의 직접

표 5.3 GDP 대비 수출입 비율(1999년 및 2008년)

	수입			수출		
	1999	**2008**	**변화(%)**	**1999**	**2008**	**변화(%)**
독일	26.41	37.73	42.86	26.96	43.80	62.46
프랑스	23.68	29.28	23.62	26.08	28.12	7.83
이탈리아	21.42	27.63	28.99	23.20	26.86	15.78
아일랜드	73.54	75.51	2.68	86.61	84.11	-2.88
벨기에	60.61	80.21	32.34	64.56	80.88	25.27
네덜란드	54.50	61.27	12.42	59.91	69.79	16.51
오스트리아	38.90	48.82	25.50	39.36	53.25	35.30
핀란드	28.64	41.28	44.17	37.60	44.90	19.40
포르투갈	36.83	40.81	10.81	26.48	31.26	18.05
스페인	28.28	30.36	7.33	26.35	25.62	-2.76
그리스	28.12	35.97	27.90	19.26	23.36	21.32

출처: OECD 국민 계정 통계, 자체 계산

적인 원인으로 대외 불균형과 적자 경제가 과도하게 자본 유입에 대해 의존하게 된 것에 초점을 맞추기 시작했다. 대외 적자는 단위 노동비용의 과도한 상승으로 인한 국제 경쟁력 상실의 징후라고 보았다. 실제로 1999년과 2008년 사이에 경상수지와 단위 노동비용은 서로 상반된 모습을 보였으며, 두 수치는 밀접한 상관관계가 있는 것으로 나타났다(그림 5.1).

명목 환율의 재조정이 더는 불가능해졌기 때문에 이제 대외 불균형은 내부 조정을 통해 바로잡아야 했다. 과도한 임금 인상이 국내 인플레이션과 수출 가격에 영향을 미치고 그다음 경상수지에 영향을 미친다는 인과관계를 가정하여, EU 집행위원회는 신자유주의적 공급 측면의 해석[7]을 빠르게 적용하였다. 균형 잡힌 대외수지가 이루어지지 않는 이유는 노동 및 상품 시장의 제도적 '경직성' 때문이라는 것이다. 따라서 가격과 임금의 유연성을 높일 수

7 유로 위기에 대한 수요 측면을 설명하는 최근 문헌도 있지만(Wyplosz, 2013; Jones, 2016) 유로존 정책에 영향을 미치지는 못했다.

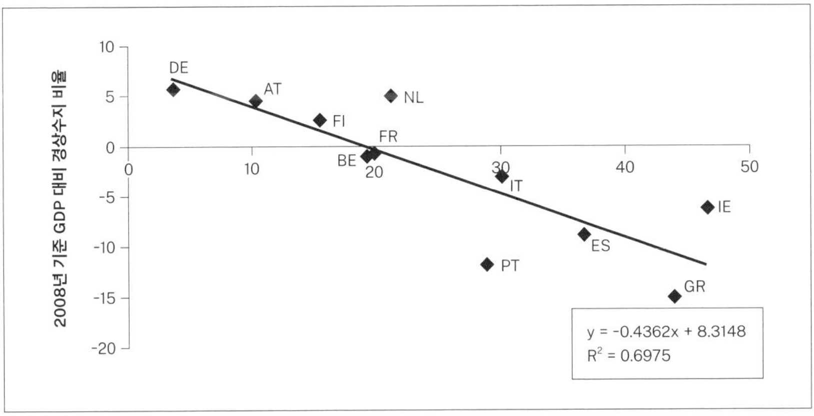

그림 5.1 단위노동비용의 누적 증가율(1999~2008)과 2008년 경상수지 비교
출처: 세계은행World Bank, 자체 계산

있는 '구조 개혁'이 필요하다. 게다가 (흑자보다는) 경상수지 적자가 위기의 직접적 원인으로 여겨졌기 때문에(Commission, 2012a), 이 같은 구조 개혁은 평균 이하의 증가율을 가진 독일과 같은 흑자국은 대상이 아니었고 적자 국가에서 단위 노동비용을 평균 이상으로 증가시키는 요인에 초점을 맞추어야 했다. 즉, 구조 개혁의 목적은 내부적 평가절하와 적자 경제의 임금 압박을 줄이는 구조 개혁이어야 했다.

EU 집행위원회가 공급 측면을 강조하는 것은 임금 결정 제도가 거시경제 성과에 미치는 영향을 다루는, 조금은 덜 교조적인 이론과 실증적 문헌들과 결을 같이 한다. 칼름포스와 드리필(Calmfors and Driffil, 1988; Calmfors, 1993)은 실질임금 상승과 임금협상의 중앙집중화 사이의 단순한 역U자형hump-shaped 모양의 관계를 주장한 바 있다. 노조가 시장지배력을 행사할 수 없는 분권화된 (기업 단위) 교섭에서는 임금인상률이 상대적으로 낮을 것으로 예상된다.[8] 또

....

8 이것은 일반적으로 타당하지 않다. 분권화된 교섭에서 임금 결정은 경기 상승기에는 급격히 상승하고 경기 하강기에는 급격히 하락하는 등 변동성이 클 가능성이 높고, 수요가 많은 지역, 부문, 기술 그룹에서는 가파르게 상승하는 등 매우 불평등하게 이루어질 수 있다. 이는 분명히 위기 경제의 노동시장에서 유럽 집행위원회와 트로이카가 추구하는 '구조 개혁'의 이상ideal이다.

한, 경제 전체적으로 중앙집중화된 교섭 시스템에서도 임금 상승은 비교적 낮을 것으로 예상된다. 즉, 경제적으로 합리적인 노조 지도자들이 임금 인상이 인플레이션에 미치는 영향을 내재화하고(통화 및 재정 긴축의 효과를 예상하여) 실업에 미치는 영향을 고려한다고 가정하기 때문이다.

이와는 대조적으로, 중간 수준의 중앙집권화에서는 노조 지도자들이 소규모 단위에서 교섭권을 행사하고 임금 합의가 경제 전체에 미치는 외부 효과를 무시한다고 가정할 때 임금 상승으로 인한 인플레이션을 예상할 수 있다.

이 모델은 거시경제적 차이를 설명하기 유용하다. 그 이유는 집단 행위자들(이 경우 노조 지도자들)이 각기 다른 국가적 제도의 영향 아래서 합리적이고 자기 이익 추구를 위해 전략적으로 결정한다고 믿기 때문이다.[9] 즉, 자발적 임금 억제[10] 능력[11]의 존재 여부를 설명하려는 시도이기도 하다. 그러나 이 모델은 두 가지 측면에서 불완전하다. 첫째, 조합원의 소득을 높이는 동시에 기존 일자리를 보호해야 하는 노조 지도자에 대하여 잠재적으로 이 두 가지의 역할이 상충되는 것에 대해 명시적으로 모델화하지 않았고, 둘째로 이 모델은 암묵적으로 일자리가 직접 위협받지 않는 경제 확장에 초점을 맞추고 있다는 점이다. 이 경우 인플레이션 상승은 실제로 '집단적 악재'로 취급될 수 있으며, 이를 피하기 위해선 다수의 교섭 단위가 집단행동 문제를 극복할 수 있을 정도로 중앙집중화된 역량이 전제되어야 한다. 그러나 실업률이 증가하는 경기침체 상황에서는 일자리 상실의 위협이 노동자에게 '개인적 악재'로 여겨지기에, 이는 중앙집권화의 역량과 상관없이 노조가 임금 양보를 받아들

....

9 단체 교섭의 모든 합리적 선택 모델은 거대한 세테리스 파리부스ceteris paribus 조항과 연관되어 있다는 것은 말할 필요도 없다. 이러한 모델은 일반적인 경향에 대한 기대치를 공식화하고 비판하는 데 도움이 될 수 있지만, 역사적으로 우발적인 조건에서 특정 상호작용의 결과를 예측하거나 '테스트'할 수는 없다(Scharpf, 1997).

10 기존 권한이 실제로 행사되는지 여부는 정치적 맥락에 따라 달라진다. 정부가 완전고용을 우선시하고 보호해야 한다고 생각하는 한, 1970년대 고도로 중앙집권화된 스웨덴 체제에서도 실질임금 인상에 대한 관심은 노조 전략을 형성했다(Scharpf, 1991: 6장).

11 강제적 임금 통제는 1960년대와 1970년대에 시도되었으나 실패했다(Scharpf, 1991: 5장).

이도록 유도하게 될 것이다(Scharpf, 1991).[12] 이러한 후자는 모델이 노출된(교역) 또는 보호된(비교역) 경제에 따라 노조 대응의 결정적인 차이가 있다는 점을 간과한 이유에 대해 설명이 가능하다.

상품과 서비스가 현지에서 생산되고 현지에서 소비되는 보호(비교역) 부문에선, 임금은 생산 비용뿐만 아니라 가계소득과 잠재적 내수 수요에 영향을 미친다. 따라서 어느 정도는 단위 노동비용 상승이 이윤과 고용을 위협하지 않고 소비자에게 전가될 수 있는 가격 인상으로 이어질 수 있다. 그러나, 노출(교역) 부문(그리고 고정환율 체제에서)에서는 국제 경쟁으로 인해 가격 인상이 제한된다. 따라서 국제 수준을 초과하는 단위 노동비용 상승은 수출 감소 또는 가격이 유지되는 경우 수익성 하락으로 인해 일자리가 줄어들 가능성이 크다. 그러므로 교섭 단위의 규모와 관계없이 노출(교역) 부문의 합리적인 노조는 항상 국제 경쟁과 잠재적 일자리 감소를 고려하며 교섭을 진행한다. 따라서 기존 일자리를 잃을 우려가 적은 보호 업종 노조보다 일반적으로 임금 인상 요구에 있어 더 신중할 것으로 예상된다.

모든 경제에는 노출 부문(교역)과 보호 부문(비교역)이 있기에, 그 둘 간의 상대적 규모 차이가 임금 상승으로 인한 인플레이션 유발에 영향을 미칠 수 있다. 게다가 완전 중앙집권화된 시스템에서 합리적인 노조는 단순히 국내 경제의 인플레이션 상승을 억제하는데 그치지 않고, 일반적인 임금 인상의 이점과 노출(교역) 부문의 일자리 손실 가능성 사이의 균형을 맞추려 할 것이다. 반면, 작은 교섭 단위의 분산형 임금 결정 체계에서는 일반적으로 보호(비교역) 산업 부문의 노조가 수출 분야 노조보다 더 높은 임금 인상을 요구할 것으로 예상된다. 그러나 부문 간 파급 효과가 수출 가격에 영향을 미칠 수 있으므로 수출 부문 노조는 부문 간 공식 또는 비공식적인 임금 조정에도 관심을 가질 필요가 있다(Driffil, 2006; Hanck, 2013).

....

12 케인스주의자에 따르면 중앙집권적 노조는 임금 소득과 내수를 안정시켜 거시경제 하락을 완화할 수 있지만, 분권적 교섭 단위는 임금 하향 경쟁을 통해 경기침체를 심화시킬 수 있다.

국가별 임금 결정 구조를 참조하여 단위 노동비용의 평균 이상 및 평균 이하 증가가 지속하는 현상을 설명하려는 모델은 다음의 두 가지 차원을 포함하여야 한다. 즉, 자발적 임금 억제를 할 수 있는 노조 능력에 대한 제도적 차이와 노출 부문과 보호 부문의 상대적 규모 차이가 고려되어야 한다.

첫 번째 차원과 관련하여, 네오코포라티즘과 자본주의의 다양성 틀에서 수십 년간 진행된 비교 연구는 유로존 경제의 노사관계 시스템에서 중앙집권화되거나 전략적으로 임금을 조정하는 역량을 평가할 수 있는 풍부한 이론과 증거를 제공해 왔다(Scharpf, 1991; Hall and Soskice, 2001; Hancké, 2013; Höpner and Lutter, 2018; Nölke, 2016). 중앙집권적 임금 결정의 잠재력은 스칸디나비아 정치경제권과 오스트리아에서 가장 높았고, 벨기에, 네덜란드, 독일은 일반적으로 부문 간 임금 조정을 위한 잠재적 역량을 갖춘 시스템으로 간주되었다.[13] 모든 곳에서 노조 조직률이 낮아졌지만 수출 부문 노조는 상대적으로 여전히 강세를 보이고 있었다. 반면 앵글로색슨 경제에서는 소규모 노조 간의 경쟁으로 인해 조정이 방해받고 있고, 남유럽의 정치경제에서는 노조가 정치적 성향에 따라 분열되는 경향이 있고 노조 조직률과 정치화는 공공 부문에서 가장 높았다. 따라서 노조 간의 정치적 갈등은 자발적인 임금 조정에 방해가 되지만, 프랑스에서 수출 부문 노조가 극도로 약했던 상황은 임금 결정 과정에서 국가가 더 강한 역할을 하는 것을 가능하게 하였다.

두 번째 차원은 수출주도형과 내수주도형 국가 '성장모델'의 차이에 관한 최근 연구에 함축되어 있다(Hall, 2014; Johnston and Regan, 2016; Baccaro and Pontusson, 2016; Hope and Soskice, 2016). 현재 상황에서 가장 중요한 것은 수출주도 성장의 경제적 효과가 수출 부문의 상대적 규모에 따라 크게 좌우된다는 유용한 시사점이다.[14]

....

13 그러나 도나토 디 카를로(Donato Di Carlo, 2018)의 연구에서도 알 수 있듯이, 1990년대 이후 독일에서는 공공 부문 임금이 실제로 산업 임금 인상률에 뒤처진 것으로 나타났다.

14 분명히 말하자면, 수출 소득이 수입을 감당할 수 있을 만큼 충분하다면 수출 부문이 큰 경제와 작은 경제 모두 국제적으로 동등하게 생존할 수 있다. 그러나 경기침체기에는 수출 부문이 큰 국가만이 수출주도 성장전략을 통해 경제 회복을 기대할 수 있다.

만약 수출 규모가 크면 임금 억제와 수출 증가로 인해 실제로 경제 불황에서 벗어날 수 있지만, 수출 증가만으로는 대규모 보호 부문 성장에 의존하는 경제에는 별다른 도움이 되지 않을 것이다(Johnston, 이 책 9장 참조).

1989년과 1999년의 GDP에서 수출이 차지하는 비중을 간접 방식[15]으로 계산해 보면, 서유럽에서는 노출 부문과 보호 부문의 상대적 규모가 크게 다르다는 것을 알 수 있다. 유로존에서 경제 규모가 작은 국가 중 수출 부문이 매우 큰 벨기에, 네덜란드, 아일랜드와 비교적 수출 부문이 큰 오스트리아, 핀란드, 그리고 수출 부문이 매우 작은 그리스, 스페인, 포르투갈 사이에는 큰 차이가 있다.[16] 일반적으로 대규모 경제권은 소규모 경제권과 비교하면 수출과 수입 비중이 더 적지만 독일은 1980년대에 프랑스와 이탈리아를 앞서 나가고 있었다(표 5.4).

종합해 보면, 임금주도의 인플레이션 역학에 대한 명확한 시사점을 가진 네 가지 유형의 표가 도출된다. 노출 부문이 크고 자발적 임금 억제가 가능한 임금 결정 제도를 가진 경제는 인플레이션을 유발하는 임금 상승을 피할 수 있다는 예상이 가능하다(그림 5.2).

반면, 보호 부문이 크고 노조가 분열 혹은 경쟁하는 경제에서는 단위 노동 비용이 평균 이상으로 상승하는 경향이 있다. 이러한 분류에 따르면, 두 분야는 앞서 설명한 경성 통화 경제와 연성 통화 경제의 구분과 대략 일치하며, 본 논의에서는 북유럽과 남유럽의 정치경제로 설명이 가능하다.

필드 (1)에는 1999년 이전 수십 년 동안 대규모 수출 부문과 임금 결정이

....

15 이 간접 측정은 불완전한데, 노출 부문(또는 교역 부문)의 정의는 수출을 위한 생산뿐만 아니라 수입과 경쟁하는 국내 소비를 위한 생산도 포함하기 때문이다. 따라서 실제로 노출 부문의 상대적 크기는 GDP에서 수출이 차지하는 비율보다 더 크다.

16 여기서 다루지 않을 질문은, 유사한 규모의 경제 간에 초기 차이를 무엇으로 설명할 수 있느냐는 것이다. 남유럽에서는 파시즘(그리고 보호주의적) '국가 코포라티즘'(Schmitter, 1974)의 오랜 영향이 잠재적인 원인일 수 있다. 반면, 북유럽의 '소규모 개방 경제'(Katzenstein, 1985)에서 수출주도 성장이 시작되고 지속된 이유는, 아마도 국제시장에서 큰 수요를 가진 상품과 서비스(목재 및 펄프, 철광석, 철강 및 조선업, 무역 및 해운 등)에 대한 초기 자본을 바탕으로, 이후 국제적으로 매력적이지만 외부 시장의 변화에 취약한 고부가가치 포트폴리오에 중점을 두었기 때문일 것이다(Wierts et al., 2013; Storm, 2016).

표 5.4 GDP 대비 수출 비율(1979년, 1989년 및 1999년)

	1979	1989	1999
독일	25.19	31.51	26.96
프랑스	20.72	21.66	26.08
이탈리아	22.39	18.52	23.20
아일랜드	44.46	58.86	86.61
벨기에	49.92	63.57	64.56
네덜란드	47.86	55.03	59.91
오스트리아	30.88	35.02	39.36
핀란드	29.58	23.02	37.60
포르투갈	21.20	29.47	26.48
스페인	13.70	16.60	26.35
그리스	15.17	15.95	19.26

출처: Ameco, World Bank

	대규모 수출 부문	대규모 국내 부문
임금 조정 가능	(1) 북유럽	(2) 독일
자발적 임금 조정	(4) 아일랜드	(3) 남유럽

그림 5.2 북유럽과 남유럽 정치경제의 특징

조정된 과거 경성 통화 경제 국가들이 있다. 분명히 여기에는 네덜란드, 벨기에, 오스트리아, 핀란드가 포함된다. 반면, 필드 (3)은 상대적으로 수출 부문 비중이 적고 임금 압박이 상대적으로 높은 경제를 의미하며, 그리스, 스페인, 포르투갈, 이탈리아, 프랑스 등 과거 연성 통화 그룹에 속했던 국가들이 포함된다. 하지만 이 패턴에 맞지 않는 두 나라가 있는데, 아일랜드와 독일이다.

구조적으로 아일랜드의 경우 필드 (4)에 위치해야 한다. 미국 다국적 기업의 유럽 진출 관문으로서 매우 큰 수출 부문과 영국식으로 분권적이고 인플레이션에 취약한 노사관계를 가지고 있기 때문이다. 통화동맹 출범을 앞두고 임금 압박은 일시적인 사회적 협약과 고비용의 정부 정책 양보(정부가 노동자들에게 추가적인 혜택을 주는 정책-역자)로 완화되었다(Hassel, 2003; Regan, 2011). 가입 후, 사회적 협약이 종료되고 부동산 및 건설업의 호황으로 인해 더 많은 임금 상승이 일어나게 되었다. 거품이 꺼지고 위기로 고용이 폭락하자 분권화된 임금 결정 시스템으로 인해 단위 노동비용이 급격히 하락했으며, 이러한 임금 감소는 실제로 아일랜드 경제의 수출주도 회복에 이바지했다.

이론적으로 더 흥미롭고 실제로 더 중요한 것은 독일의 사례이다. 경제 대국들은 일반적으로 소규모 경제와 비교하면 무역 규모가 작은데, 독일도 이와 마찬가지였고, 독일 수출 부문의 상대적 규모는 1980년대 중반까지 영국과 거의 같은 수준이었으며 프랑스와 이탈리아보다 아주 높지 않았다. 따라서 경제 구조와 관련해서는 내수주도 성장전략을 추구했어야 했다.

그런데도 독일이 경성 통화 경제의 극단적인 사례로 나타난 것은 독일의 노사관계 시스템으로는 설명할 수 없다. 독일의 임금 결정은 중앙집권적이지 않고 부문별 수준에서 결정되며 공공 부문 노조가 때때로 매우 공격적인 임금 인상을 노리기도 했기 때문이다(Scharpf, 1991). 그러나 일관되게 중요했던 것은 독일 연방은행의 안정 지향 정책이었다. 독일 연방은행은 노출 부문이든 보호 부문이든 임금 인상, 공공 부문 적자, 유가 인상에서 기인한 모든 인플레이션 충격에 대하여 경제성장 혹은 실업에 미치는 영향과 무관하게 엄격한 통화 억제 정책으로 대응해 왔기 때문이다. 사실상 독일 노조의 임금 결정 관행은 1970년대의 급격한 마르크화 평가절하와 1980년대의 유로화 통화 재편으로 인해 기대 성장 효과가 제약되었다는 점을 제외하면 수출주도 성장전략에 적합한 임금 결정 관행과 유사할 수밖에 없었다. 결국, 독일은 가장 강한 통화를 가지고 있었지만 70년대와 80년대에 수출주도형 경제성장도 내수주도형 경제성장도 경험하지 못했다(Scharpf, 2018a).

하지만 독일이 통화동맹에 가입한 후 독일 연방은행이 마침내 제재력을 잃

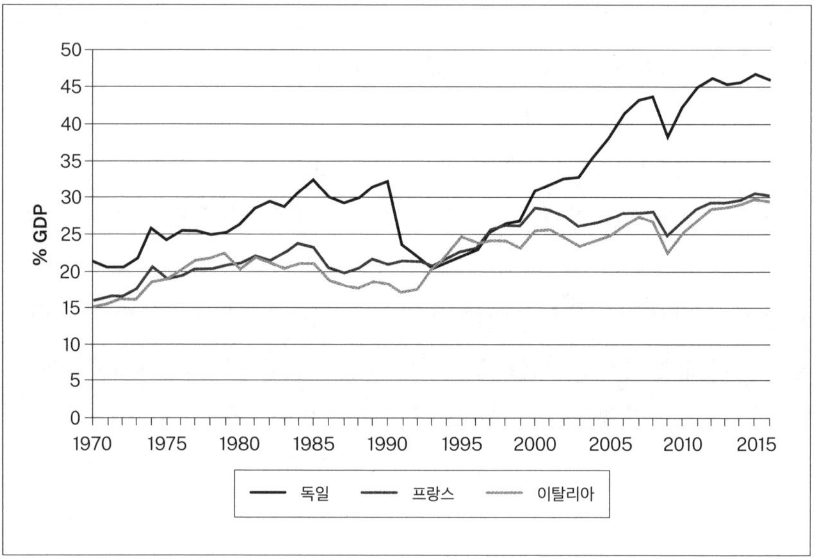

그림 5.3 독일, 프랑스, 이탈리아의 GDP 대비 수출 비율
출처: Ameco, World Bank, 자체 계산

었을 때도 경성 통화 임금 결정 관행이 지속된 이유는 무엇일까? 이에 대한 긴 해석도 있지만(Scharpf, 2018a), 간단히 말하자면 브레튼우즈 체제 종식 이후 처음으로 통화 재조정으로 인해 이러한 관행이 좌절이 아닌 EMU에 의해 보상을 받았다는 것이다. 따라서 1990년대 중반부터 시작된 독일 수출의 놀라운 증가세[17]는 환율 상승으로 인해 꺾이지 않았고, 수입 또한 영향을 받지 않았다. 따라서 통화동맹은 독일 경제의 부문별 구조를 수출 부문이 작았던 대규모 유럽 경제에서 내수 부문 비중이 줄어들고 수출 부문이 확대되는 소규모 개방 경제의 특징과 유사한 경제 구조로 전환시키는 효과를 가져왔다(그림 5.3).

독일도 이제 그림 5.2의 필드 (1)에 정의된 패턴에 부합하게 되었으므로 유

....

17 1990년대 중반부터 시작된 독일의 수출 점유율 상승은 베를린 장벽 붕괴 이후 독일 투자 상품에 대한 국제 수요의 확대와 중부 및 동유럽의 숙련된 산업 노동력을 보유한 저임금 지역으로 부품 생산을 아웃소싱할 수 있는 기회로 가장 잘 설명된다(Marin, 2006; Geishecker, 2006; Dustmann et al., 2014). 이 두 가지 요인은 오스트리아에도 도움이 되었지만 영국, 프랑스, 이탈리아는 같은 정도로 이를 활용할 수 없었다.

로존 경제는 두 가지 구조적 패턴 중 하나로 설명이 가능하다. 하나는 대규모 수출 부문과 임금 억제가 가능한 제도적 역량이 결합되는 북유럽 경제이다. 여기에는 독일, 오스트리아, 네덜란드, 벨기에, 핀란드, 그리고 현재 아일랜드가 포함되어 있다. 다른 하나는 대규모 내수 부문과 임금 인상 인플레이션을 유발하는 노사관계 시스템이 결합되어 있는 된 남유럽 경제이다. 여기에는 그리스, 스페인, 포르투갈뿐만 아니라 이탈리아와 프랑스가 포함된다.

문헌에 따르면 이 구분은 때때로 '게르만'과 '라틴' 유럽 사이의 깊은 문화적 차이와 관련이 있지만(Agamben, 2013), '남과 북' 구분은 정치경제학자들인 토벤 이베르센Torben Iversen 외(Iversen et al., 2016)에서는 문화적 의미 없이 사용되기도 한다.

이 시점에서 유로존 경제의 구조적(부문 및 제도적) 차이의 본질과 견고성에 대한 이해를 바탕으로 앞 절의 끝에 제기한 질문으로 돌아가 보고자 한다. 1999년 이후 회원국 간에 구조적 차이가 유지되었는데, 이러한 상황에서 단일 통화동맹의 획일적 체제가 큰 영향을 미쳐 극적인 경제적 격차를 초래했고, 이는 2010년 유로 위기로 절정에 달했다. 2011년 이후 EMU의 안정을 위해 도입된 새로운 유로 체제는 구조적 차이가 지속되고 있는 유로존 경제에 다시 한번 단일 규칙을 강제하였기에 그에 따른 즉각적인 영향은 또다시 비대칭적으로 나타날 것이다. 따라서 문제는 이러한 (국가 간) 구조적 차이라는 단단한 장벽에 부딪혀 실패할 것인지, 아니면 다섯 의장 보고서뿐만 아니라 모든 '통합주의' 선언과 계획이 희망하는 구조적 통합을 달성할 것인지에 대한 여부이다.

3. 현 유로 체제의 비대칭적 영향

유로 위기는 국가 지급 능력 위기로 시작되었기 때문에 초기 대응과 구제금융 대출의 조건으로 재정 긴축이 강조된 것은 어쩌면 당연했다. 그리고 위기가 발생했던 경제들이 경상수지 적자로 인해 외부 금융 문제에 취약했기에 단위 노동비용을 줄임으로써 '내부 평가절하'를 달성하기 위한 구조 개혁을 시행하는 것도 당연해 보였다(Schimmelfennig, 2015).

그러나 유럽위원회, ECB, 그리고 유로존 정부들이 'EMU가 지향하는 바, 즉 균형 잡힌 경제성장과 물가 안정에 기반한 번영, 경쟁력 있는 사회적 시장경제, 완전고용과 사회 발전'을 이루기 위한 장기 체제를 모색하는 과정에서, 구조적으로 이질적인 유로존 경제에 미치는 영향을 체계적으로 고려하지 않은 채 재정 긴축과 공급 측면의 개혁이라는 즉각적인 위기 대응 조치를 단순히 일반화했으리라는 것은 그다지 그럴듯하지 않다(Five Presidents, 2015: 4). 그러나 그들은 정확히 그렇게 한 것으로 보인다.

은행 연합을 제외하면 새로운 체제는 아직 거시경제 관리를 위한 추가적인 역량을 만들어 내지 못했었다. 초과 재정 적자 시정조치excessive deficit procedure와 재정 협약은 공공 부문의 적자와 부채를 제한하는 규칙을 강화하고, 국가 정책 결정에 개입하는 EU 집행위원회의 감독, 예방 및 시정 권한을 크게 확대했으며, 엄격한 금융 제재를 통해 권고 사항을 집행할 때 위원회의 독립성을 강화했다. 이러한 규칙의 공통적인 핵심은 재정 긴축에 있다. 즉, 경기 침체기에 재정 부양책이 필요하다고 생각하지 않았다. 마찬가지로, 거시경제 불균형 시정절차에 대한 EU 집행위원회(2012b)의 '평가지표'는 대외수지 흑자(GDP의 6%)보다 대외수지 적자(GDP의 4%)에 대해 제한을 더 엄격하게 했다. 또한, 민간 부문의 신용 및 부채, 주택 가격, 단위 노동비용의 변동에 대한 상한선만 규제할 뿐 공공 및 민간 부문 저축, 자산 가치 하락 또는 과도한 임금 억제가 가져올 수 있는 디플레이션 효과에 대해서는 고려하지 않았다. 주로 국제 경쟁력 향상을 위해 단위 노동비용을 줄이고 이를 통해 수출주도형 경제성장을 달성하는 데 중점을 두고 있었다(위원회, 2012c).[18]

....

18 공급 중시 경제학에서 볼 때 보호 부문에서 이윤 주도의 투자 증가를 기대할 수도 있지만, 이는 EU 집행위원회나 다섯 의장이 유로 체제를 정당화할 때 명시적으로 언급하지 않은 주장이다.

경기침체에 대한 정책 대응	북유럽 (수출/내수 부문: 70:30)		남유럽 (수출/내수 부문: 25:75)	
	수출 부문	내수 부문	수출 부문	내수 부문
재정 및 임금 리플레이션	큰 손실	작은 이익	작은 손실	큰 이익
재정 및 임금 긴축	큰 이익	작은 손실	작은 이익	큰 손실

그림 5.4 확장 및 긴축 정책이 북유럽과 남유럽에 미친 상반된 영향

이러한 정책은 단일 통화라는 제약 속에서 2009/10년의 '대침체'에서 회복하기 위해 노력하던 북유럽과 남유럽 경제에 매우 비대칭적인 영향을 미쳤다. 재정 건전화와 임금 억제의 조합은 수출 부문이 크고 자발적으로 임금 억제 능력이 있는 북유럽 국가들이 경기침체 혹은 1990년대 초 스웨덴이나 2000년대 초 독일에서 발생했던 심각한 경제 위기와 같은 상황에서 '수출을 통한 탈출' 전략을 지원하는 데 기여하였다. 그러나 수출 부문이 너무 적어 경제성장을 충분히 일으킬 수 없었던 남유럽 경제에서 나타난 즉각적인 효과는 매우 치명적이었고, 국내의 내수 부문은 재정 긴축과 임금 하락이 겹치면서 더욱 깊은 불황에 빠졌다.

비대칭성은 그림 5.4에서 이상적인 유형의 북유럽 및 남유럽 경제(각각 2008년의 네덜란드와 스페인과 유사)를 예로 들어 설명되고 있다. 그것은 대침체에 대응하여 양쪽 국가가 국내수요를 확대해 국내 부문의 성장을 창출하거나 가격과 임금을 낮춰 외부 경쟁력과 수출을 늘리는 두 가지 대응책 중 하나를 선택할 수 있다고 가정하고 있다. 네덜란드의 경우 내수 확대는 소규모 내수 부문에는 거의 영향을 미치지 않았을 것이지만,[19] 국제 경쟁력 약화는 대

....

19 특히 재정 팽창fiscal reflation은 작은 개방 경제에 비효율적일 수 있는데, 그 이유는 대부분의 적자 지출이 국내 경제를 활성화시키기보다는 수입 증가로 이어지기 때문이다.

규모 수출 부문에 타격을 주었을 수 있다. 반면 스페인의 경우 대규모 내수 부문은 내수 확대의 혜택을 받았을 것이고, 재정 긴축과 임금 감소는 수출주도 성장을 일으키지 못하고 내수 불황만을 심화시켰을 것이다.

그러나 유로 위기가 해결된 후 모든 회원국이 자국이 선호하는 정책을 시행할 수 있었다면 유로존의 경제적 격차는 다시 커졌을 것이고, 다음 위기는 통화동맹을 무너뜨렸을 가능성이 크다.[20] 새로운 유로 체제는 (아마 불가능했을) 타협안을 찾는 대신, 모든 유로존 경제에 재정 긴축과 공급 측면 개혁을 강요하는 규칙을 채택했다. 이것은 북유럽 정부가 자국 정치경제의 구조적 기회와 제약에 비추어 스스로 선택했을 만한 규칙이다. 동시에, 이러한 규칙은 자율적이고 정치적으로 책임 있는 남유럽 정부라면 심각한 위기에 대응하기 위해 그리고 그들의 정치경제의 구조적 제약에 비추어 볼 때 선택하면 안 될 규칙이었기도 하다.

간단히 말해서, 현 유로 체제의 경제적 영향은 근본적으로 비대칭적이다. 이는 북유럽 경제의 구조적 전제 조건과 경제적 이익에 부합하지만, 남유럽 정치경제의 구조적 조건과는 충돌하며 장기간의 경제 쇠퇴, 침체 또는 저성장에 빠지도록 하고 있다.

유로 위기가 시작된 지 8년이 지나고, 유로 체제는 사실상 경상수지 적자를 해소하는 데 성공했고 남유럽 경제의 노동 단위 비용 상승을 억제하는 효과도 있었다(표 5.5). 그 결과 GDP에서 수출이 차지하는 비중은 상승하고 수출 부문이 매우 큰 아일랜드는 수출주도의 회복세를 보이는 반면, 남유럽 경제의 GDP는 2008년 위기 이전 수준보다 상승하지 못했거나 여전히 낮은 수

....

20 이 제한 사항은 유럽중앙은행ECB이 최후의 수단으로 대출기관 역할을 수행했어야 유로 위기를 피할 수 있었다는 제안(De Grauwe, 2013)과, 개별 유로존 경제에 영향을 미치는 비대칭적 충격에 대응하기 위한 위험 분담 방안(Schelkle, 2017)에 대한 제안에도 적용된다. 이러한 방안들은 EU 집행위원회(2017)의 경제 및 통화동맹 심화에 관한 성찰 보고서와 현재 정책 논의에서 정치적 우선순위로 부여된 것에도 적용된다. 이러한 제안들은 국가 재정의 급성 위기를 막는 데는 충분할 수 있지만, 구조적 격차가 지속될 경우, 연성 통화 경제의 정부들은 그들의 경제 구조에 가장 적합한 재정 팽창정책을 채택하지 못하도록 계속해서 제지될 필요가 있을 것이다.

표 5.5 경제 성과(2008~2018)

	경상수지(% GDP)		고용율	GDP대비 공공부채비율	GDP대비 수출비율	누적 GDP 성장	ULC의 누적성장
	2008	2018	2008~2018년 변화율(%)				
독일	5.69	7.35	8.27	-0.24	8.26	14.99	25.45
네덜란드	4.98	10.84	3.04	4.40	20.82	11.71	14.99
오스트리아	4.49	2.33	3.11	21.06	4.71	12.28	25.87
핀란드	2.55	-1.37	1.44	81.20	-14.12	3.20	21.82
프랑스	-0.70	-0.64	0.65	48.02	11.44	9.88	1630
벨기에	-1.01	-0.99	3.29	15.32	2.10	13.40	18.21
이탈리아	-2.81	2.60	-0.21	30.82	17.09	-4.26	16.02
아일랜드	-6.24	8.95	-1.44	58.49	45.43	55.05	-25.94
스페인	-8.90	1.94	-3.22	140.59	37.05	5.38	1.33
포르투갈	-11.83	0.40	2.46	63.54	39.22	2.54	4.43
그리스	-15.11	-2.83	-10.62	64.26	54.65	-23.89	0.74

출처: OECD, World Bank, 자체계산

준에 머물러 있다. 어쨌든 고용률은 심하게 감소했고 그리스와 스페인의 실업률은 여전히 지나치게 높다. 더욱이 재정 긴축으로 인해 국내 내수 및 경제 활동이 위축되어 2010년 이후 모든 남유럽 국가에서 공공 부문 부채가 줄지 않고 오히려 실제로 증가했다.

반면, 특히 북유럽 국가들과 독일은 위기 이후 훨씬 더 나은 성과를 거둔 것으로 보인다.[21] 국제적 논의에서 현 유로 체제의 비대칭적 영향이 점점 더 받아들여지고 있고, 많은 분석가들은 이 상황을 독일과 북유럽 동맹국들의 강경 협상 결과로 설명하고 있다. 위에서 언급했듯이, 이는 유로 위기 시작에 대한 대응에 관해 설명할 수는 있지만, 이후의 유로 체제 설계에 관해 설명

....

21 네덜란드 경제가 상대적으로 부진했던 이유는 주택시장 붐의 붕괴 때문이었고, 핀란드는 주요 수출 부문을 차지하던 노키아의 실패와 러시아 수요의 감소로 어려움을 겪었다.

할 수 있는 것은 아니다. 어쨌든 남유럽 정부가 개별 혹은 집단적으로 통화동맹 가입에 대한 의문을 제기했더라면 비대칭적이었던 협상력의 차이는 달라졌을 것이며, 이는 일부 프랑스와 독일의 대형 은행뿐만 아니라 수출의존도가 높은 북유럽 경제가 단일 통화로부터 얻었던 혜택 또한 위협했을 것이다(Scharpf, 2014).

그러나 실제로는 북유럽 국가뿐만 아니라 모든 유럽 당국(EU 집행위원회, ECB, 유럽의회)과 모든 남유럽 국가, 각국 의회도 여전히 통화동맹을 유지하기 위해 노력해 왔고 지금도 그러하다. 이는 이 체제가 여전히 단일 통화를 지키고 또 다른 유로 위기를 예방하는 최우선의 목적을 달성하는 것으로 여겨지고 있음을 시사한다. 이 측면에서, 그러나, 유로 구제 정책의 초기 비대칭성은 어쩔 수 없었을 수도 있다. 솔직히 말해서, 유로 위기의 직접적인 원인은 경상수지 흑자가 아니었고 대외적으로 과도한 부채를 가진 경제가 재정적 문제에 취약했기 때문이다(유럽평의회, 2011, §4). 이러한 문제는 남유럽 국가에서 발생했기 때문에 그 조치들은 남유럽 회원국들의 명백한 결함들을 목표로 삼았다.

위기를 겪고 있는 국가에 대한 재정 긴축과 공급 측면의 임금 압박이라는 초기 요구 사항이 자리잡고 나서, 이후 유로 체제는 대체로 기존에 해 온 경로에 의존해 왔다. 개혁하지 않은 남유럽 국가들에 재정적 부양을 허용하도록 규칙을 바꾸는 것은 다시 공공 부문의 적자를 증가시키고 그 국가들의 국채에 대한 위험을 확산시켰을 것이다. 또한 유로본드Eurobonds를 통해 재정이 조달되더라도 국내수요 증가로 인해 수입, 경상수지 적자, 지속적 자본 유입에 대한 의존도가 다시 높아졌을 것이다. 동시에 단위 노동비용을 낮추고자 하는 압력이 줄어들면서 의도했던 수출 경쟁력 개선이 어려워졌을 가능성도 있다. 즉, 원래의 접근 방식을 변경하는 것은 위기 국가들에 부과되었던 프로그램에 역행하는 결과를 낳았을 것이다. 그리고 더 중요한 것은 이러한 조건의 근거가 되었던 경제적 가정과 기대를 무너뜨려야 했었다는 점이다.

따라서 통화동맹을 유지하려면, 그리고 북유럽과 남유럽 경제의 구조적 차이와 2010년에 시작된 유로 위기[22]를 기정사실로 받아들인다면, 초기 유로 구제 정책과 현재까지 지속되는 비대칭적 방향은 사실상 불가피한 것으로 보인다. 물론 그렇다고 해서 장기적으로 볼 때, 이 체제의 경제적, 정치적 지속 가능성이 보장되는 것은 아니다.

4. 강제 통합의 정치경제학

현 체제에서 남유럽 경제, 사회, 정치에 대한 전망은 참으로 암울하다. 수출 부문 비중이 큰 아일랜드는 위기에서 회복하고 있고 스페인은 다른 지중해 관광 지역의 쇠퇴로 혜택을 보고 있지만, 대규모 내수에 주로 의존하는 국가에서는 엄격하게 수요와 임금 억제 정책이 시행되었음에도 경제성장 및 고용 증가가 더디게 이루어지고 있다. 다시 말해서, 위기가 시작된 지 거의 10년이 지났지만, 남유럽의 경제 침체와 실업 문제는 여전히 지속되고 있다. 하지만 장기적인 전망은 어떨까?

1) 강제 통합이 효과가 있을 수 있다

『다섯 의장 보고서the five presidents' report』(2015)에 따르면 실행가능한 통화동맹은 유로존 경제 간의 구조적 통합을 전제로 하며, 현 유로 체제의 일관되고 지속적인 집행이 실제로 이를 달성할 것이라 주장한다. 이러한 믿음은

....

22 원래의 통화동맹 설계에서 북유럽과 남유럽 경제의 구조적 차이를 간과하지 않았다면, 1999년에 시작된 유로 체제는 더 대칭적이었을 수 있었다. 재정 적자를 목표로 삼는 대신, 인플레이션 격차를 목표 변수로 삼았을 수도 있다. 그리고 국가 차원에서 거시경제 관리를 위한 유일한 도구가 국가의 재정 및 임금 정책이었기 때문에, 독일처럼 경기침체에 있는 저인플레이션 회원국은 재정적 부양이 허용되거나 심지어 요구받았을 것이며, 반면에 높은 성장률을 보인 아일랜드와 스페인은 예산이 흑자임에도 불구하고 재정 긴축과 임금 억제를 시행해야 했을 것이다. 이렇게 국가별 차이가 있고 유연한 체제가 1999년 이전에 정치적으로 가능했을지, 그리고 1999년 이후 경제적으로 지속 가능했을지는 물론 불확실하다. 그러나 2010년 위기에 대한 대응책으로 이러한 체제가 도입될 수 없었다는 것은 분명해 보인다.

2018년 봄부터 2019년 여름까지의 이탈리아 연립정부를 제외하고, 유로 체제로 인한 경제적, 사회적 피해에도 불구하고 통화동맹에 대한 헌신을 유지하고 있는 남유럽 정부들도 암묵적으로 공유하고 있는 것으로 보인다. 남유럽 국가들은 좀 더 유연하고 대칭적인 시행을 선호할 수도 있지만, 남유럽의 진행 속도는 느린 데 비해 북유럽은 EMU하에서 더 좋은 성과를 보이므로 구조적 변화의 방향에 대해서는 의문의 여지가 없어 보인다. 그런 의미에서 '현재의 유로 체제는 "게르만" 사회경제 모델을 "라틴" 사회[23]에 강요하려는 시도'로 보아야 한다는 아감벤(Agamben, 2013)의 주장이 옳다. 그리고 현 체제가 강제하는 규칙과 교리는 이러한 목적을 위해 설계된 것으로 보인다.

이는 단위 노동비용 상승[24]을 억제하고 내부 평가절하를 통해 수출 경쟁력을 높이기 위한 과거부터 지금까지 요구되어 왔던 구조 개혁의 기능이다. 그러나 조금 명확하지 않은 것은 남유럽 국가의 구조적 개혁에서 재정 긴축이 차지하는 역할이다. 재정 긴축은 종종 국내 경제에 부정적인 영향을 미친다는 이유로 비난받거나(De Grauwe and Ji, 2013; Blyth, 2013; Stiglitz, 2016), 공공 부문 부채 감소에도 성공하지 못해 경제적으로 비합리적이라고 여겨지기도 한다(Krugman, 2012; 2013).

그러나 역설적이게도 이러한 재정 긴축의 명백한 실패가 구조적 통합에 가장 효과적으로 기여했다는 점을 지적하고자 한다. 재정 긴축은 내수를 줄임으로써 수입과 경상수지 적자를 줄이는 데 도움이 되었을 뿐 아니라 실제로 내수 규모를 축소시킨다. 기업이 파산하고 숙련된 근로자가 해고되면서 과소고용되었던 생산 능력(기업이 수요가 부족해서 기존에 가지고 있는 생산 능력

....

23 이는 반드시 북유럽 정부들이 우려해야 하는 사항은 아니다. 독일은 원래 더 작고 구조적으로 일관된 통화동맹을 구상했으며(Schauble and Larners, 1994), 만약 질서 있게 전환을 관리할 수 있다면 지금도 그러한 방안을 선호할 수 있다. 하지만 유로존 전체를 회원국으로 유지하려는 노력은 유로존 당국과 남부의 현대화 엘리트들에게 중요한 관심사로 보인다. 이들은 1983년 이후 미테랑이 프랑-포르(강한 프랑franc) 정책으로 전환한 이래로 자신들의 정치경제가 연성 통화 특성을 지니고 있다는 점에 대해 불만을 품어 왔다.

24 위에서 설명한 내용을 보면 노조의 힘을 줄이고 임금 경쟁력을 올리려는 '개혁'은 기껏해야 더 많은 임금 유연성을 가져올 수 있을 뿐, 북부 정치경제의 특징인 임금 억제 능력은 가져올 수 없다.

이 충분히 사용되지 않고 남아도는 상황-역자)도 사라질 것이다. 따라서 임금 하락으로 수출이 크게 증가하지 않더라도 지속적인 감소 혹은 침체로 인해 내수 부문이 줄어들면 수출 부문의 상대적 규모는 증가하게 된다. 이러한 효과는 그리스에서 가장 두드러졌는데, 2008년부터 2018년까지 GDP가 23.9% 감소한 반면, GDP에서 수출이 차지하는 비중은 54.7% 증가했다(위의 표 5.5).

재정 긴축과 단위 노동비용의 삭감 압력이 유지되고 내수 부문의 상대적 규모가 줄어든다면 이는 남부 특유 '성장모델'의 경제적 기반이 약화되고 있음을 의미한다. 또한, 노출 부문의 상대적, 절대적 규모가 커질수록 국제 경쟁에 직접적으로 영향을 받는 일자리가 전체 노동력에서 차지하는 비중도 커질 것이다. 임금 결정 제도가 변하지 않더라도 노출 부문의 임금 인상 압박이 전반적으로 낮아지면 경제 전반의 평균 임금 인상 인플레이션을 억제할 가능성이 크다. 마찬가지로 수출주도 경제성장에 관심을 두는 노동자와 기업의 비중이 증가함에 따라 산업정책의 정치적 방향에도 영향을 미칠 가능성이 크다. 다시 말해, 유로 체제의 영향으로 남유럽의 정치경제는 상대적으로 큰 국제 경쟁에 노출된 부문과 임금 인상 인플레이션을 유발하기 어려운 임금 결정 관행을 닮아가 점차 북부 모델의 구조적 특성에 근접하고 있다 할 수 있다.

따라서 순전히 경제적인 측면에서 보면 강제적인 구조 통합이 원칙적으로 불가능해 보이지는 않는다. 현재의 체제가 충분히 오랫동안 시행되고 유로존이나 세계 경제의 또 다른 위기가 오지 않는다면 장기적으로는 성공할 수 있다. 그런 의미에서 현 유로 체제는 엄청난 경제적 불확실성을 안고 있는 기술관료적인 도박으로 보아야 하며, 여기서는 이에 대해 더 추측하지 않겠다. 그러나 그 목표에 접근할 수 있다 하더라도, 그 목표 자체가 과연 매력적인가(가치가 있는가?)에 대한 의문이 남아 있다.

2) 이길 만한 가치가 있는 상인가?

현 유로 체제를 비판하는 이들은 유로존 전체를 북유럽 모델로 통합하려

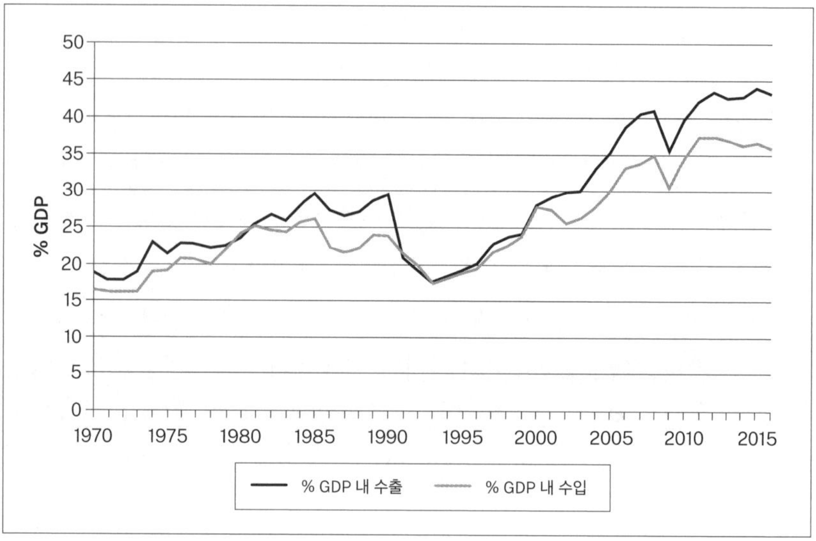

그림 5.5 독일의 GDP 대비 수출입 비중 (1970~2016)
주: 1990년 이전 자료는 서독West Germany을 기준으로 함
출처: Ameco, 자체 계산

는 목표는 자기 모순적이라고 주장한다. 모든 경제가 동시에 경상수지 흑자를 낼 수 있는 것은 아니기에 모든 경제가 독일처럼 되기를 바랄 수는 없다는 것이다(예: Krugman, 2012). 모든 무역 흑자는 세계 어딘가에서 적자와 맞물려야 하기 때문이다. 그러나 통합이 이루어진다면 유로존 자체는 다른 세계와의 교류가 환율에 의해 조정되는 대규모 통합 경제로 작동될 것이다. 그리고 현재의 재정 긴축과 임금 억제의 원칙이 계속 적용된다고 가정하면, 1970년대 초 브레튼우즈 체제 말기부터 1990년대 초 통화동맹 출범까지의 독일 경제가 유연한 환율 체제에서 작동한 방식과 유사할 것이다. 이 기간에 독일은 스위스에 이어 대표적인 경성 통화 및 저인플레이션 국가였다. 그럼에도 불구하고 독일의 경상수지는 대체로 흑자였지만, 1970~1999년 사이에 수입보다 훨씬 빠르게 증가한 경우는 거의 없었고(그림 5.5), 독일의 GDP에서 수출이 차지하는 비중은 비슷한 규모의 다른 유럽 경제와 거의 비슷한 속도로 느리게 늘어났었다(위의 그림 5.3).

다시 말해, 경성 통화 정책은 통화동맹 회원국 간에 환율 조정이 지연되거나 완전히 배제되는 조건에서만 경쟁력을 높일 수 있고, 근린궁핍화beggar-thy-neighbor(다른 나라의 경제를 희생시키면서 자국의 경제적 이익을 추구하는 정책-역자) 효과가 있을 수 있다. 그러나 1970년대와 1980년대 초 독일의 경우, 노조가 임금 억제를 통해 예상했던 경쟁 우위는 자동으로 혹은 합의된 환율 재조정으로 인해 사라져 버렸다. 따라서 ECB가 국제 통화 시장에 개입하여 유로화의 가치를 인위적으로 낮추려는 의지나 능력이 없다면, 통합 유로존이 독일을 모방하여 기대할 수 있는 모든 이점도 유로화 환율 변동으로 인해 사라져 버릴 것이다.

구조적 통합이 달성되면 달라지는 점은 EMU 전체의 거시경제 정책에 가능한 선택의 폭이 넓어진다는 점이다. 독일의 경우, 물가 안정을 위한 독일연방은행의 타협 없는 노력은 노조의 임금정책과 정부 재정정책에 제약을 주었을 뿐만 아니라(Scharpf, 1991: 7장), 동시에 이는 경기침체에 대한 대응이 느리고, 경기 회복을 억제하는 데는 신속하게 작용한다는 의미도 있었다(Schettkat and Sun, 2009). 따라서 내수 증가를 제약했을 뿐만 아니라 국내 투자에 일종의 '중단-재개' 패턴을 강요하며 생산 능력의 확장을 제한했다. 사실상 독일이 물가안정 정책을 통해 얻은 것은 물가안정과 함께 경성 통화hard currency와 저렴한 해외 휴가를 누릴 수 있다는 자부심뿐이었다. 그러나 덜 보수적이었던 유럽 이웃 국가들과 비교하면 독일은 낮은 경제성장률로 그 대가를 치렀었다(그림 5.6, Scharpf, 2018a).

현재의 맥락에서 이러한 회고는 두 가지 의미가 있다. 통화동맹이 북유럽 모델을 기반으로 구조적 통합을 하고 현재의 유로 체제가 그대로 유지된다면 유로존 전체의 경제 흐름은 1970년대와 1980년대 독일의 성과와 비슷해질 것이다. 물가안정과 임금 억제가 국제 경쟁력에 미치는 영향은 유로화 환율 상승으로 무력화되고, 수출주도 경제성장이라는 현재의 주된 약속은 좌절될 것이다. 그러나 유로화가 경성 통화가 되면서, 국제금융 시장에서의 안정성은 보장될 것이다.

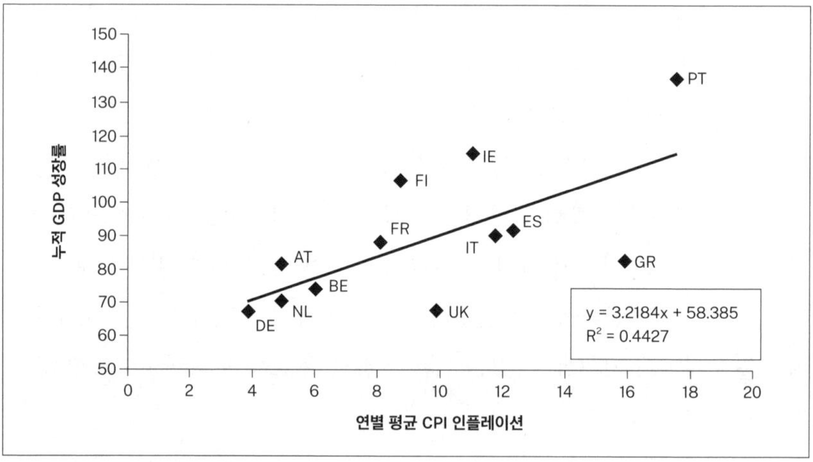

그림 5.6 인플레이션과 누적 GDP 성장률 비교, 유로존 11개국 및 영국, 1970~1989년
출처: World Bank, OECD, 자체 계산.

하지만 유로존은 대규모이며 일관된 구조를 가진 경제로서의 유연한 환율을 통해 국제 환경과 연결되기에 1970년대와 1980년대의 독일 경험을 반복하지 않아도 될 것이다. 대신 미래의 유로 체제는 그림 5.6의 프랑스와 비슷한 수준으로 다소 낮은 물가안정과 더 높은 경제성장을 목표로 삼을 수 있다. 이것이 바로 미테랑 대통령이 통화동맹을 주장했을 때의 희망이었다. 1999년 당시 이질적인 유로존에서는 비현실적인 희망이었지만, 2015년 다섯 의장 보고서의 의견처럼 구조적 통합 이후에는 경기순환에 대응하는 국가 및 유럽 재정정책의 구상이 실현될 수 있을 것이다.

결론적으로 현재 유로 체제는 유로존 경제를 북유럽 모델을 기반으로 구조 통합하려는 강제적인 시도이다. 순전히 경제적 관점에서 볼 때 이는 완전히 불가능한 것은 아니다. 만약 통합이 달성된다면 단일 통화를 안정시킬 뿐만 아니라 유로존에서 더 매력적인 거시경제 옵션이 생길 수 있다고 생각한다.

폴 크루그먼(2012), 마크 블라이스(2013), 조지프 스티글리츠(2016)와 같은 비판자들과 달리 (필자는) 현 유로 체제를 지지하고 옹호하는 사람들이 무지하거나 교조적으로 눈이 가려져 있다고 생각하지 않는다. 그들은 적어도 점점 더 경쟁이 치열해지는 세계시장에서 경쟁에 적합한 통합 유럽 경제를 만드는 것을 비전으로 삼는 기술관료적 사회공학의 거대하고, 사실상 자만심 넘치는 실험을 구축한 공로를 인정받아야 한다.

5. 정치적 정당성의 재앙

현재의 유로 체제는 또 다른 위기로 무너지지 않는 한 성공할 수 있는 경제적 도박으로 볼 수도 있지만, 실패하면 통화동맹이 파괴되는 불확실한 정치적 도박으로 볼 수도 있다. 정치적 위험은 구조적 통합에 따른 경제적, 사회적, 도덕적 비용이 극도로 불평등하게 분배되는 것으로부터 시작된다. 구제금융의 재정적 위험은 채권국에서 (마지못해) 정당화되었지만, 남유럽 구조조정의 부담은 민주적으로 책무성을 갖는 국가 정부에 의해 자발적으로 선택된 것은 아니었고, 그래서 이를 강제했던 EU 차원의 정부는 민주적 책무성의 위험에 대하여 면책되었고 또한 지금도 면책되고 있다.

1) 국가 차원의 정당성

현재 유로 체제의 근본적인 정당성 문제는 그 영향의 비대칭성에 있다. 수출주도형 경제성장모델인 북유럽 회원국의 경우 EMU의 고정환율로부터 이익을 얻고 있고, 유로 체제의 규칙은 일반적으로 수출 산업의 노조를 비롯한 주요 국가 이익과도 잘 맞는다. EMU로 인해 경제적으로나 사회적으로 쇠퇴한다는 공통적인 인식이 없으므로, 그 결과의 정당성에는 의심의 여지가 없다. 유로 체제는 경성 통화를 가진 정치경제의 기존 제도 및 관행과 잘 맞기 때문에 국가 자치의 자율성에 대한 눈에 띄는 외부 간섭도 존재하지 않는다 (Walter, 2016). 그렇다고 해서 ECB의 저금리 정책에 대한 불만과 구제금융 대출에 따라오는 책임에 대한 우려가 없는 것은 아니며 이는 정치적으로 악용

될 수 있다. 비록 좌파 정당이 국내 사회 불평등의 증가를 재정 긴축과 공급 측면의 개혁 탓으로 돌리더라도, 이는 논쟁의 여지가 있지만, 정치적으로 책임 있는 국가 정부의 정책 선택으로서 도전받으며 동시에 공개적으로 옹호도 되고 있다. 따라서 이는 국가 차원의 대의 민주주의의 투입지향적input-oriented(대표성, 절차적 정당성, 민주적 절차에 초점을 둠-역자) 정당화 메커니즘을 방해하지 않을 것이다.

반면, 남유럽 정치경제에서는 유로 체제가 제도적으로 고착된 성장모델을 방해하고 있다는 사실로 인해 산출지향적output-oriented(정책의 결과와 성과에 따라 정당성을 평가함-역자) 정당성에 관한 주장이 약화되었다. 내수부양책이 막히면서 대규모 내수 부문에 미치는 영향은 전적으로 부정적이었고, 특히 청년 실업률이 기록적인 수준으로 상승했다. 이러한 상황에서 산출지향적 정당성을 주장하려면 통화동맹을 탈퇴할 시 나타날 것으로 예상되는 재앙을 반대 사실적으로 가정하거나, 구조적 통합이 이루어진 후 더 나은 미래가 올 것이라는 불확실한 약속에 의존해야 한다. 그러나 후자의 주장은 '라틴' 사회의 집단적 정체성의 일부로 간주되는 문화적, 제도적 전통과 관행의 의도적 파괴를 부각시킬 것이기 때문에 설득력이 약하다.

투입지향적 차원에서는 경제 쇠퇴, 대량 실업, 복지국가 지원의 상실이라는 불행이 계속되고 북유럽과 남유럽 국가에 미치는 불평등한 영향이 더욱 명확해지며 남유럽 정치권에서 정치적 불만, 반대, 시위가 격화되었다. 따라서 EU 집행위원회가 정한 MOU의 요구 사항이 각국의 정치 과정을 통해 자율적으로 선택되고 이행될 것이라고는 기대조차 할 수 없었다. 그 대신, 즉각적인 국가 채무불이행이라는 위협에 따라 합의된 구제금융을 더 작은 분할금으로 나누고, 집행위원회, 유럽 중앙은행, 국제통화기금IMF로 구성된 트로이카 조사관들이 완벽한 이행을 인증할 때까지 (분할지급을) 보류하는 방식으로 강제이행되었다. 따라서 트로이카의 통제를 받는 정부가 재선되지 않았다는 것은 중요하지 않았다. 선거 결과나 국민투표가 어떠한 차이도 만들지 못했기 때문에 구제금융 프로그램에 참여한 국가에서는 민주주의 자체에 대한 대중의 지지는 급격히 감소했다(Armingeon et al., 2016).

같은 이유로 2011년 이후 채택된 일반적인 유로 체제는 정치적으로 책임지는 각국 정부가 재정 긴축과 공급 측면의 권고에 저항할 것이라는 전제에 기초하고 있다. 따라서 유럽예산회기제[25]에서는 예산안이 의회에 상정되기 전에 반드시 집행위원회에 제출되어야 하며, 과도한 적자 및 불균형 (시정) 절차에 따라 제시되는 국가별 권고 사항이 궁극적으로 심각한 재정적 제재로 이어질 수 있었다. 어쨌든 자율적인 국가 정책 선택은 구조적 통합을 달성하는 데 필요한 것으로 간주될 때만 허용되었다. 그리고 남유럽 정치경제에서는 유권자들의 이해관계와 선호가 이러한 요건과 충돌할 가능성이 높으므로 유로 체제는 남유럽 정부들의 민주적 대응을 제한하고 필요한 경우 무력화해야 하며, 남유럽 정치의 투입지향적인 민주적 정당성을 약화시켜야 할 필요가 있었다.

2) 유럽 수준에서의 정당성

유럽 수준에서 산출지향적 정당성을 주장하는 논리는 통화동맹을 경제통합의 최고 성과로 칭송하는 것에서 시작하는데, 통화동맹이 붕괴하면 유럽통합에 대한 공동의 노력(헌신)에 치명적인 타격이 될 것이라 주장한다. 그리고 현 체제가 가지고 있는 막대한 경제적, 사회적 전환 비용과 위험에도 불구하고 이러한 노력은 여전히 유지되는 듯하다. 어쨌든 유럽 당국과 모든 유로존 국가의 집권 여당은 물론이고 재계, 노동계, 언론계, 학계의 친유럽 주류 엘리트들은 통화동맹의 유지가 유럽의 전체 이익에 도움이 된다고 믿는 것으로 보인다. 그러나 규범적 측면에서 볼 때, 유로 체제가 북유럽과 남유럽 경제에 미치는 분배 불평등으로 인해서 공동의 이익에 관한 주장은 설득력이 약

....

25 EU 차원에서 회원국의 건전 예산 편성과 성장·고용 촉진적 경제정책 수립을 유도하기 위한 제도. ① 집행위의 AGS 발표(11월) → ② AGS를 반영한 거시경제·재정정책 가이드라인 확정(다음연도 3월) → ③ 동 가이드라인을 감안한 회원국별 안정·수렴 프로그램 및 개혁 프로그램 제시(4월) → ④ EU이사회의 회원국별 정책권고 제시(5월) 및 확정 → ⑤ 회원국별 예산 및 개혁 프로그램 수립시 동 정책권고 반영-역자주.

해지고 있다(Tsoukalis, 2016).

이 반대 의견은 다른 통화동맹과 비교하면 명확해질 수 있다. 1990년 7월 1일, 동독의 통화는 극도로 고평가된(그러나 정치적으로 피할 수 없었던) 환율로 서독의 도이치 마르크와 통합되어 동독과 서독에 극도로 불평등한 경제적 영향을 미쳤다. 그러나 역사적으로 통합된 독일 정치권에서는 통화 통합에 대한 지지가 분배 불공정에 대한 정치적, 도덕적 우려를 무시하거나 넘어설 수 없었다. 매우 큰 비용이 드는 독일의 '재정지원연합'(Streeck and Elsasser, 2016)은 경제적 측면에서 매우 비효율적이었음에도 불구하고(Sinn and Sinn, 1994), 통일된 국가에서 배분 정의와 평등이라는 규범적 기준에 따라 양쪽 모두 이를 자명한 도덕적 의무로 받아들였다.

유로존의 경우는 정치적으로 통합된 국가도 아니고, 문화적으로도 재분배에 대한 도덕적 연대감이 뚜렷하게 형성된 정치 공동체도 아니다. 그러나 역으로 생각하면, 통화동맹을 유지하는 것이 모두에게 경제적으로 이익이 있다고 주장하는 것만으로는 일부 회원국에는 가혹한 희생을 강요하고 다른 회원국에는 그렇지 않은 상황을 정당화할 수 없을 것이다. 결과적으로, 불평등한 영향이 불공정하다는 명백한 사실이 유럽 수준에서 정치적으로 해결될 수 없으며, 또한 규범적으로 무시될 수 없는 것으로 보이기 때문에 유로 체제의 산출지향적 정당성에 대한 주장이 설득력을 잃고 있다.

유럽 차원에서 현 유로 체제의 제도적 구조로 인해서 투입지향적 정당성은 부족하다. 정부 간 협상 방식으로 운영되는 유로존 정부의 수반과 재무장관들이 정상회의 수준과 ECOFIN 이사회의 유로 그룹을 통해 유로 위기의 위협에 대한 초기 대응과 그 이후의 모든 정책적 결정을 해 왔다. 이들이 자국의 의회와 유권자에 대한 책임이 있다고 가정할 때, 합의에 의해 채택된 이사회 결정은 투입지향적 정당성의 사슬chain에 의해 지지된다고 주장되기도 한다.

하지만 이 주장은 두 가지 측면에서 타당하지 않다.

각국 정부 수반과 장관들은 국가적으로 자국에 적용되는 일반적인 규칙과 어떤 측면에서 희생을 감수할 것인가에 대해서는 동의할 권한이 있지만,

다른 국가에 특정 희생을 강요하는 것은 그들이 가진 국가적 책임만으로는 정당화할 수 없다. 즉, 합의로 특정 회원국에 특정 희생을 강요할 때의 절차적 정당성은 전적으로 해당국 자체의 정당화 체계에 달려 있다. 그리고 협상력이 극도로 불평등한 상태이거나 강압하에서 합의를 수용해야 하는 경우, 즉 구조금융을 받는 국가와 그리고 이후 구조조정 프로그램에 참여한 국가 정부가 즉각적인 국가 파산의 위협 때문에 EU 집행위원회가 정한 조건을 수용해야 하는 경우, 이러한 정당화 체계 과정이 이루어지지 않을 수 있다.

국가 간 규칙 제정 시 투입 측면의 정당화에서의 두 번째 한계는 불균형한 협상력이 실제 합의에 아무 역할을 하지 않았더라도 발생한다. 정치적 상황이나 선호가 변화하면 기존의 규칙은 더는 현 정치적 합의를 반영하지 못할 수 있다. 그러나 합의에 기반한 기존의 의사 결정 규칙에 따라서 국가 간 합의는 폐지 혹은 수정으로 새로운 합의가 이루어지지 않는 한 법적 구속력을 유지한다. 즉, 국가 간 규칙 결정은 처음에는 국가적 이해와 선호를 절차적으로 정당하게 반영할 수 있다. 하지만, 이는 또한 기존의 합의를 변경하고 싶어 하는 국가들과 이전 합의로 인해 혜택을 받기 때문에 변경을 거부하는 국가들 간에 극도로 비대칭적인 협상력이 발생하게 만들 수도 있다. 따라서 바루파키스(Varoufakis, 2015, 2017)가 발견하고 놀랐던 것처럼, 그리스 위기가 한창일 때 유로 그룹 심의에서 논의 가능했던 유일한 주제는 이전에 합의된 규칙 준수에 관한 것뿐이었다(Tsebelis, 2016).

정부 간 이사회Council에서조차 국가적 차원에서 현 유로 체제의 민주적 정당성input-oriented legitimacy을 확보하지 못한다면, 유로존 정책 결정에 관여하는 초국가적 행위자(ECB, EU 집행위원회, 유럽사법재판소) 중 어느 누구도 정책으로 인해 고통받는 시민과 유권자들에게 민주적으로 책임을 지고 있다고 주장할 수 없을 것이다. 특히 ECB처럼 적극적인 역할을 하는 경우, 이들이 권한을 주장할 수 있는 근거는 민주적 정당성이나 조약법treaty law의 엄격한 해석이 아니다. 그들의 역할은 통화동맹을 유지하기 위해 '무엇이든 할 수 있다'는 비상하며 암묵적인 권한과 동시에 그들이 가지고 있는 기술관료적 전문성을 통해서 정당화되고 있다(White, 2015; Kreuder-Sonnen, 2016; Menendez, 2017). 요컨대, 유럽 차원에서 유로 체제는 북유럽 정부와 기술관료적 권위로 인한 비대칭적 협상력에 의해 결정되며, 이들 중 누구도 이 체제에 가장 직접적 영향을 받는 국민이 선거에서 나타내는 반응을 신경쓰지 않는다.

3) 정치화의 유령

비대칭적인 정부 간 권력과 기술관료적 권위에 기반한 유로존 정부가 제도적으로 민주적 대응을 배제하도록 설계된 것처럼 보인다면, 이는 또한 유럽 차원에서 근본적인 북유럽-남유럽 간 갈등이 표출되는 것을 억제하는 효과도 있다. 좌절, 분노 그리고 비난이 언론, 대규모 시위, 파업, 폭력 시위 등으로 표출되지만 유럽 차원에서 결정된 정책 선택에는 영향을 미치지 않고 국내에 머무르기 때문이다. 이러한 상황의 중요성을 이해하기 위해 유럽 정치에서 민주적으로 책임 있는 행위자들이 유로존 정책을 채택해야 했던 가정의 상황을 고려해 보자.

유로존 의회가 광범위한 권한을 가지고 있다고 가정해 보자. 아마 토마스 피케티와 그의 동료들이 제안한 '유로지역 민주적 거버넌스를 위한 T-Dem 조약'을 생각하면 될 것이다(Hennette et al., 2017a; 2017b). 추가로, 유로존 의제에 대한 신뢰할 수 있는 정보와 초국가적 토론의 장을 제공하는 유럽 미디어가 존재한다고 가정하고 각국의 미디어가 다른 EU 회원국의 정치와 공적 논의를 다룬다고 가정해 보자. 마지막으로, 정치적 책임 제도를 가정해 보자. 이것은 유럽 정책 입안자들이 시민들에게 의존하고, 그들의 요구에 민감하게 반응하는 정당과 유럽의회 의원들이 지역 선거구에서 적극적으로 경쟁해야 하는 보다 대표적이고 효과적인 유럽의회(Warren, 2018)를 통해 이루어지는 제도를 의미한다.[26]

....

26 이러한 요건은 단일 의원 지역구에서의 다수대표제를 전제로 하지 않는다. 한 정당이 획득하는 총 의석수

이러한 상황에서는 더 민주적인 유로존 정부가 북유럽과 남유럽 간의 근본적인 분배 갈등을 계속 무시할 수 없고, 유럽 전체 및 각국 언론과 공개적인 논의에서 이 문제가 정치화되는 것을 막을 수 없다. 각 정당은 선거공약에서 이 문제를 다루지 않을 수 없고, 개별 후보자 또한 지역 선거구에서 이 문제에 대한 입장 표명을 해야 할 것이다. 결과적으로 법안 발의권을 포함한 완전한 입법권을 가진 유로 차원의 의회는 현재의 유로 체제와 그 지속 여부를 유럽 정치 의제에 올릴 수밖에 없을 것이다.

그렇다면 대중과 유권자의 이익, 인식, 선호도에 반응하는 정치 대표자들 사이에서 유로 체제에 대한 정치화된 논쟁의 본질은 무엇일까? 남유럽 사람들은 정권의 암울한 경제적, 사회적 영향과 문화적으로 중요한 제도와 관행의 파괴, 도덕적으로 정당화할 수 없는 유로 체제의 비대칭성을 지적할 것이다. 그들은 또한 이 체제가 북유럽의 경제적 이익에 어떻게 이바지하고 있는지 또한 보상적 지원 프로그램compensatory transfer programs에 대한 모든 요구를 거부하는 독일의 권력 행사를 통해 이러한 체제가 설립되고 여전히 방어되고 있다는 점을 강조할 것이다.

반면 북유럽의 관점에서 보면 분배 정의보다는 통화동맹의 안정화가 더 중요한 이슈가 될 것이다. 남유럽의 문제들은 무능한 정부, 부패한 관료제, 비현실적인 대중의 기대에서 비롯되었으며, 대중 시위는 독일에 대한 반감과 독일 등에서 제공한 구제금융 지원에 대한 감사보다는 불만을 표출한 것이라는 시각이 있다. 그러나 어떤 경우든 이는 필수적 구조 변화에 대한 비합리적인 저항의 징후이며, 이는 현재 유로 체제가 더욱 엄격한 규칙, 더 많은 통제, 더 엄중한 제재를 통해 도덕적 해이로부터 보호되어야 한다고 생각할 것이다.

이러한 상충되는 이해관계, 선호도 및 세계관이 유럽 차원의 공개적인 의회 토론에서 충돌한다면 현재의 유로 체제가 광범위한 정치적 합의를 통해

....

는 전체 득표율에 따라 달라지지만 모든 후보자가 지역구에 출마하고 지역구에서의 득표로 성공해야 하는, 즉 (지역 선거의 요소와-역자) 비례대표 선거 시스템(을 결합한 방식-역자)에서도 이러한 요건을 충족할 수 있다.

재확인될 수 없다는 것은 분명해 보인다. 그리고 이상적인 해결책(유로화를 안정시키면서 북유럽과 남유럽의 경제적, 도덕적 이해관계를 충족시키는)을 상상할 수 있더라도,[27] 정치화된 대립과 통화동맹이 가져온 적대적인 '상호작용 성향'(Scharpf, 1997: 84-9)과 상호 불신(Streeck, 2015)의 맥락에서 그러한 해결책이 만들어지고 합의될 수 없을 것이다. 게다가 다른 논문(Scharpf, 2017)에서도 주장했듯이, 유럽 정치에서 데모스demos(공동의 정치적 정체성을 공유하는 사람들-역자)가 없는 상황no-demos에서는 근본적인 이해관계, 가치, 정체성을 둘러싼 정치화된 갈등이 다수결에 의해 정당하게 해결될 수 없다. 따라서 새로운 유로 체제가 합의될 수 없다면, 의회 다수결에 의해 어떤 해결책이든 강제로 도입하려는 시도는 문제를 해결하기보다는 오히려 EMU를 파괴할 가능성이 더 크다.

결론을 내리자면 유로존 정책이 공개적으로 정치화된 의회를 통한 토론을 통해 결정되어야 한다면, 현재 형태의 통화동맹은 살아남을 수 없을 뿐만 아니라 투입지향적이며 민주적 정당성을 갖춘 대안적 유로 체제 역시 만들어질 수 없다. 현재 통화동맹은 비대칭적인 정부 간 협상력과 이전에 합의된 유럽 법률의 강제력에 의해 뒷받침되는 탈정치화된 기술관료적 형태의 정부에 의존하고 있다. 이는 유로존의 정부를 민주화하고자 하는 많은 노력에 의해 약화될 것이다.

이는 또한 유로존 민주주의에 대한 열망이 정치적으로 통합된 연방국가나[28] 보다 축소되고 더 유연한 형태의 통화 통합을 구상해야 한다는 것을 시사한다(Scharpf, 2018b).

....

27 현재 제안과 학계의 논의에 따르면 은행 연합을 완성하고, 경기대응적 개입을 위한 재정 여력을 확보, ECB의 최종 대부자 역할을 명시적으로 수용함으로써 국가 재정 위기를 방지해야 한다고 제안한다(EU 집행위원회, 2017). 그러나 구조적 통합의 필요성은 경시되고 있지만, 재정적 긴축과 구조 개혁의 요건이 완화될 수 있다는 제안은 없다. 다시 말해, 남유럽 국가들이 내수주도 성장모델의 성공에 의존했던 확장적 재정 및 임금 정책으로 돌아갈 수 없다는 것이다.

28 이는 유럽 차원에서 크고 효과적인 통치 및 문제 해결 능력을 창출하는 것을 의미한다. 연방국가들 중에서 민주적으로 책임을 져야 하는 회원국에게 공식적으로 부여된 통치 기능에 대해 지시하고 통제하는 방식을 가진 국가는 존재하지 않는다. 그런 의미에서 EMU의 구조는 헌법적 일탈로 간주되어야 한다.

참고문헌

Agamben, Giorgio. 2013. "The 'Latin Empire' Should Strike Back." Voxeurop, March 26, 2013. www.voxeurop.eu/en/content/article/3593961-latin-empire-should-strike-back

Armingeon, Klaus, Kai Guthmann, and David Weisthanner. 2016. "How the Euro Divides the Union: The Effect of Economic Adjustment on Support for Democracy in Europe." *Socio-Economic Review* 14(1): 1-26.

Artis, Michael J. and Mark P. Taylor. 1993. *The Stabilizing Effect of the ERM on Exchange Rates and Interest Rates: An Empirical Investigation*. IMF Working Paper 94/29. Washington, DC: International Monetary Fund.

Baccaro, Lucio and Jonas Pontusson. 2016. "Rethinking Comparative Political Economy." *Politics and Society* 44(2): 1-33.

Bauer, Michael W. and Stefan Becker. 2014. "The Unexpected Winner of the Crisis: The European Commission's Strengthened Role in Economic Governance." *Journal of European Integration* 36(3): 213-29.

Blyth, Marc. 2013. *Austerity: The History of a Dangerous Idea*. Oxford: Oxford University Press.

Brunnermeier, Markus K., Harold James, and Jean-Pierre Landau. 2016. *The Euro and the Battle of Ideas*. Princeton: Princeton University Press.

Calmfors, Lars. 1993. "Centralization of Wage Bargaining and Macroeconomic Performance: A Survey." *OECD Economic Studies* No. 21 (Winter 1993): 161-91.

Calmfors, Lars and John Driffil. 1988. "Bargaining Structure, Corporatism and Macroeconomic Performance." *Economic Policy* 3(6): 13-61.

Cecchini Report. 1988. *Europe 1992: The Overall Challenge*. SEC (88) 524 final. April 13, 1988. Brussels: Commission of the European Communities. http://aei.pitt.edu/3813

Cecchini, Paolo, Michael Catenat, and Alexis Jaquemin. 1988. *The European Challenge 1992: The Benefits of the Single Market*. Aldershot: Wildwood House.

Council of Europe. 2011. *Council Conclusions on an Early Warning Scoreboard for the Surveillance of Macroeconomic Imbalances*. November 8, 2011. www.consilium.europa.eu/uedocs/cms_data/docs/pressdata/en/ecofin/125974.pdf

De Grauwe, Paul. 2012. *Economics of Monetary Union*. Ninth edition. Oxford: Oxford University Press.

De Grauwe, Paul. 2013. "The European Central Bank as Lender of Last Resort in the Government Bond Markets." *CESifo Economic Studies* 59(3): 520-35.

De Grauwe, Paul and Yuemei Ji. 2013. *The Legacy of Austerity in the Eurozone*. CEPS Commentary, October 4, 2013. Brussels: Centre for European Policy Studies. https://www.ceps.eu/publications/legacy-austerity-eurozone

Degryse, Christophe. 2012. *The New European Economic Governance*. ETUI Working Paper 2012/14. Brussels: European Trade Union Institute.

Di Carlo, Donato. 2018. *Does Pattern Bargaining Explain Wage Restraint in the German Public Sector?* MPIfG Discussion Paper 18/3. Cologne: Max Planck Institute for the Study of Societies.

Driffil, John. 2006. "The Centralization of Wage Bargaining Revisited." *Journal of Common Market Studies* 44(4): 731-56.

Dustmann, Christian, Bernd Fitzenberger, Uta Schönberg, and Alexandra Spitz-Oener. 2014. "From Sick Man of Europe to Economic Superstar: Germany's Resurgent Economy." *Journal of Economic Perspectives* 28(1): 167-88.

Dyson, Kenneth. 2000. *The Politics of the Eurozone: Stability or Breakdown?* Oxford: Oxford University Press.

Dyson, Kenneth and Kevin Featherstone. 1999. *The Road to Maastricht: Negotiating Economic and Monetary Union*. Oxford: Oxford University Press.

Eichengreen, Barry. 1990. *Is Europe an Optimal Currency Area?* CEPR Discussion Paper 478. London: Center for Economic Policy Research.

Eichengreen, Barry. 1992. *Should the Maastricht Treaty Be Saved?* Princeton Studies in International Finance No. 74. Princeton: Princeton University Press.

Enderlein, Henrik. 2005. "One Size Fits None." Central Banking Journal 16(1): 24-8.

Enderlein, Henrik et al. 2012. *Completing the Euro: A Roadmap towards Fiscal Union in Europe. Report of the "Tommaso Padoa-Schioppa Group."* Studies and Reports 92. Paris: Notre Europe.

Eriksen, Erik O. 2018. "Political Integration and the Problem of Dominance." *European Journal of Political Research* (January). https://onlinelibrary.wiley.com/doi/abs/10.1111/1475-6765.12263

European Commission. 1990. *One Market, One Money: An Evaluation of the Potential Benefits and Costs of Forming an Economic and Monetary Union*. Brussels: European Commission, Directorate General for Economic and Financial Affairs.

European Commission. 2010. *Surveillance of Intra-Euro-Area: Competitiveness and Imbalances*. European Economy 1/2010. Brussels: European Commission, Directorate-General for Economic and Financial Affairs.

European Commission. 2012a. *Current Account Surpluses in the EU*. European Economy 9/2012. Brussels: European Commission, Directorate-General for Economic and Financial Affairs.

European Commission. 2012b. *Scoreboard for the Surveillance of Macroeconomic Imbalances*. European Economy Occasional Papers 92. Brussels: European Commission, Directorate-General for Economic and Financial Affairs.

European Commission. 2012c. *Labour Market Developments in Europe 2012*. European Economy 5/2012. Brussels: European Commission, Directorate-General for Economic and Financial Affairs.

European Commission. 2017. *Paper on the Deepening of the Economic and Monetary Union*. https://ec.europa.eu/commission/sites/beta-political/files/reflection-paper-emu_en.pdf

Feldstein, Martin. 1997. *The Political Economy of the European Economic and Monetary Union: Political Sources of an Economic Liability*. NBER Working Paper 6150. Cambridge, MA: National Bureau of Economic Research.

Ferrera, Maurizio and Elisabetta Gualmini. 2000. "Italy: Rescue from Without?" In *Work and Welfare in the Open Economy*, Vol. 2: *Diverse Responses to Common Challenges*, edited by Fritz W. Scharpf and Vivien A. Schmidt. Oxford: Oxford University Press, 351-98.

Ferrera, Maurizio and Elisabetta Gualmini. 2004. *Rescued by Europe? Social and Labour Market Reforms in Italy from Maastricht to Berlusconi*. Amsterdam: Amsterdam University Press.

Five Presidents' Report. 2015. *Completing Europe's Economic and Monetary Union*. Report by Jean-Claude Juncker in close cooperation with Donald Tusk, Jeroen Dijsselbloem, Mario Draghi and Martin Schulz. Brussels: European Commission.

Geiger, Felix and Heinz-Peter Spahn. 2007. "One Size Fits None? Common Monetary Policy and Inflation Differentials in EMU." In *European Integration in Crisis*, edited by Eckhard Hein, Jan Priewe, and Achim Truger. Marburg: Metropolis, 281-300.

Geishecker, Ingo. 2006. "Does Outsourcing to Central and Eastern Europe Really Threaten Manual Workers' Jobs in Germany?" *World Economy* 29(5): 559-83.

Hall, Peter. 2014. "Varieties of Capitalism and the Euro Crisis." *West European Politics* 37(6): 1223-43.

Hall, Peter and David Soskice (eds.). 2001. *Varieties of Capitalism: The Institutional Foundations of Comparative Advantage*. Oxford: Oxford University Press.

Hancké, Bob. 2013. *Unions, Central Banks, and EMU: Labor Market Institutions and Monetary Integration in Europe*. Oxford: Oxford University Press.

Hassel, Anke. 2003. "The Politics of Social Pacts." *British Journal of International Relations* 41(4): 707-26.

Helleiner, Eric. 1994. *States and the Reemergence of Global Finance: From Bretton Woods to the 1990s*. Ithaca: Cornell University Press.

Hennette, Stéphanie, Thomas Piketty, Guillaume Sacriste, and Antoine Vauchez. 2017a. *Pour un traité de democratization de L'Europe*. Paris: Éditions du Seuil.

Hennette, Stéphanie et al. 2017b. "For a Treaty Democratizing Euro Area Governance—(T-Dem)." *Social Europe*, April 27, 2017. https://www.socialeurope.eu/treaty-democratizing-euro-area-governance-t-dem

Higgins, Bryon. 1993. "Was the ERM Crisis Inevitable?" *Federal Reserve Bank of Kansas City Economic Review* (Fourth Quarter): 27-40. www.kansascityfed.org/Publicat/Econrev/EconRevArchive/1993/4q93HIGG.pdf.

Hope, David and David Soskice. 2016. "Growth Models, Varieties of Capitalism, and Macroeconomics." *Politics and Society* 44(2): 209-26.

Höpner, Martin and Alexander Spielau. 2017. "Better than the Euro? The European Monetary System (1979-1998)." *New Political Economy* 23(1): 160-73.

Höpner, Martin and Mark Lutter. 2018. "The Diversity of Wage Regimes: Why the Eurozone Is Too Heterogeneous for the Euro." *European Political Science Review* 18(1): 71-96.

Issing, Otmar. 2005. *One Size Fits All! A Single Monetary Policy for the Euro Area*. Speech by Otmar Issing, Member of the Executive Board of the ECB. International Research Forum, Frankfurt am Main, May 20, 2005. www.ecb.europa.eu/press/key/date/2005/html/sp050520.en.html.

Iversen, Torben, David Soskice, and David Hope. 2016. "The Eurozone and Political Economic Institutions." *Annual Review of Political Science* 19: 163-83.

Johnston, Alison and Aidan Regan. 2016. "European Monetary Integration and the Incompatibility of National Varieties of Capitalism." *Journal of Common Market Studies* 54(2): 318-336.

Jones, Erik. 2016. "Competitiveness and the European Financial Crisis." In *The Political and Economic Dynamics of the Eurozone Crisis*, edited by James A. Caporaso and Martin Rhodes. New York: Oxford University Press, 79-99.

Jones, Erik, Daniel Kelemen, and Sophie Meunier. 2016. "Failing Forward? The Euro Crisis and the Incomplete Nature of European Integration." *Comparative Political Studies* 49(7): 841-73.

Katzenstein, Peter. 1985. *Small States in World Markets: Industrial Policy in Europe*. Ithaca: Cornell University Press.

Kreuder-Sonnen, Christian. 2016. "Beyond Integration Theory: The (Anti-)Constitutional Dimension of European Crisis Governance." *Journal of Common Market Studies* 2016(6): 1350-66.

Krugman, Paul. 2012. "Germans and Aliens." *New York Times*, January 9, 2012. http://krugman.blogs.nytimes.com/2012/01/09/germans-and-aliens/?_r=0.

Krugman, Paul. 2013. "The Harm Germany Does. The Conscience of a Liberal." *New York Times*, November 1, 2013. https://krugman.blogs.nytimes.com/2013/11/01/the-harm-germany-does/.

Kundnani, Hans. 2014. *The Paradox of German Power*. London: Hurst.

Marin, Dalia. 2006. "A New International Division of Labor in Europe: Outsourcing and Offshoring to Eastern Europe." *Journal of the European Economic Association* 4(2/3): 612-22.

Marsh, David. 2009. *The Euro: The Politics of the New Global Currency*. New Haven: Yale University Press.

Marsh, David. 2013. *Europe's Deadlock: How the Euro Crisis Could Be Solved—and Why It Won't Happen*. New Haven: Yale University Press.

McNamara, Kathleen R. 1998. *The Currency of Ideas: Monetary Politics in the European Union*. Ithaca: Cornell University Press.

Menéndez, Agustin J. 2017. "The Crisis of Law and the European Crisis: From the Social and Democratic Rechtsstaat to the Consolidating State of (Pseudo-)technocratic Governance." *Journal of Law and Society* 44(1): 56-78.

Nölke, Andreas. 2016. "Economic Causes of the Eurozone Crisis: The Analytical Contribution of Comparative Capitalism." *Socio-Economic Review* 14(1): 141-61.

Padoa-Schioppa, Tommaso. [1994]2000. *The Road to Monetary Union in Europe: The Emperor, the Kings, and the Genies*. Oxford: Oxford University Press.

Pataki, Zsolt. 2014. *The Cost of Non-Europe in the Single Market: "Cecchini Revisited." An Overview of the Potential Economic Gains from Further Completion of the European Single Market*. CoNE 1/2014. PE 510.981. Brussels: European Added Value Unit of the Directorate for Impact Assessment and European Added Value; Directorate-General for Parliamentary Research Services (DG EPRS) of the European Parliament.

Pettit, Philip. 1997. *Republicanism: Theory of Freedom and Government*. Oxford: Clarendon Press.

Regan, Aidan. 2011. "The Political Economy of Social Pacts in the EMU: Irish Liberal Market Corporatism in Crisis." *New Political Economy* 17(4): 465-91.

Ruggie, John Gerard. 1982. "International Regimes, Transactions, and Change: Embedded Liberalism in the Postwar Economic Order." *International Organization* 36(2): 379-415.

Sanchez, Jose Luis Diaz and Aristomene Varoudakis. 2013. *Growth and Competitiveness as Factors in Eurozone External Imbalances: Evidence and Policy Implications*. Policy Research Working Paper 6732. Washington, DC: The World Bank.

Sandbu, Martin. 2015. *Europe's Orphan: The Future of the Euro and the Politics of Debt.* Princeton: Princeton University Press.

Scharpf, Fritz W. 1991. *Crisis and Choice in European Social Democracy.* Ithaca: Cornell University Press.

Scharpf, Fritz W. 1997. *Games Real Actors Play: Actor-Centered Institutionalism in Policy Research.* Boulder: Westview.

Scharpf, Fritz W. 2010. "The Double Asymmetry of European Integration or why the EU Cannot Be a Social Market Economy." *Socio-Economic Review* 8(2): 211-50.

Scharpf, Fritz W. 2014. "No Exit from the Euro-Rescuing Trap?" In *Complex Democracy: Varieties, Crises, and Transformations*, edited by Volker Schneider and Burkard Eberlein. Wiesbaden: Springer, 135-54.

Scharpf, Fritz W. 2017. "De-Constitutionalization and Majority Rule: A Democratic Vision for Europe." *European Law Journal* 23(5): 315-34.

Scharpf, Fritz W. 2018a. *International Monetary Regimes and the German Model.* MPIfG Discussion Paper 18/1. Cologne: Max Planck Institute for the Study of Societies.

Scharpf, Fritz W. 2018b. *There Is an Alternative: A Two-tier European Currency Community.* MPIfG Discussion Paper 18/7. Cologne: Max Planck Institute for the Study of Societies.

Schäuble, Wolfgang and Karl Lamers. 1994. *Überlegungen zur europäischen Politik.* CDU/CSU-Fraktion im Bundestag. September 1, 1994. www.cducsu.de/upload/schaeublelamers94.pdf.

Schelkle, Waltraud. 2017. *The Political Economy of Monetary Solidarity: Understanding the Euro Experiment.* Oxford: Oxford University Press.

Schettkat, Ronald and Rongrong Sun. 2009. "Monetary Policy and European Unemployment." *Oxford Review of Economic Policy* 25(1): 94-108.

Schimmelfennig, Frank. 2015. "Liberal Intergovernmentalism and the Euro Area Crisis." *Journal of European Public Policy* 22(2): 177-95.

Schmidt, Vivien A. and Mark Thatcher (eds.). 2014a. *Resilient Liberalism in Europe's Political Economy.* Cambridge: Cambridge University Press.

Schmidt, Vivien A. and Mark Thatcher. 2014b. "Why Are Neoliberal Ideas so Resilient in Europe's Political Economy?" *Critical Policy Studies* 8(3): 340-7.

Schmitter, Philippe C. 1974. "Still the Century of Corporatism?" *Review of Politics* 36(1): 85-131.

Seikel, Daniel. 2016. "Flexible Austerity and Supranational Autonomy: The Reformed Excessive Deficit Procedure and the Asymmetry between Liberalization and Social Regulation in the EU." *Journal of Common Market Studies* 54(6): 1398-416.

Sinn, Gerlinde and Hans-Werner Sinn. 1994. *Jumpstart: The Economic Unification of Germany.* Cambridge, MA: MIT Press.

Steinberg, Federico and Mattias Vermeiren. 2016. "Germany's Institutional Power and the EMU Regime after the Crisis: Towards a Germanized Euro Area?" *Journal of Common Market Studies* 54(2): 388-407.

Stiglitz, Joseph E. 2016. *The Euro and Its Threat to the Future of Europe*. London: Allen Lane.

Storm, Servaas. 2016. *German Wage Moderation and the Eurozone Crisis: A Critical Analysis*. Blog entry on: *Perspectives*, January 8, 2016. New York: Institute for New Economic Thinking. https://www.ineteconomics.org/perspectives/blog/german-wage-moderation-and-the-eurozone-crisis-a-critical-analysis.

Storm, Servaas and C.W.M. Naastepad. 2016. "Myths, Mix-ups, and Mishandlings: Understanding the Eurozone Crisis." *International Journal of Political Economy* 45(1): 46-71.

Story, Jonathan. 2014. "The Euro Crisis and German Primacy." In *The Eurozone Crisis and the Future of Europe: The Political Economy of Further Integration and Governance*, edited by Daniel Dăianu, Giorgio Basevi, Carlo D'Adda, and Rajeesh Kumar. Basingstoke: Palgrave Macmillan, 109-25.

Streeck, Wolfgang. 2015. "Why the Euro Divides Europe." *New Left Review* 95: 5-26. https://newleftreview.org/article/download_pdf?id=3142.

Streeck, Wolfgang and Lea Elsässer. 2016. "Monetary Disunion: The Domestic Politics of Euroland." *Journal of European Public Policy* 23(1): 1-24.

Tsebelis, George. 2016. "Lessons from the Greek Crisis." *Journal of European Public Policy* 23(1): 25-41.

Tsoukalis, Loukas. 2016. *In Defence of Europe: Can the European Project Be Saved?* Oxford: Oxford University Press.

Varoufakis, Yanis. 2015. *As It Happened: Yanis Varoufakis' Intervention during the 27th June Eurogroup Meeting*. Blog entry on: *Yanis Varoufakis: Thoughts for the Post-2008 World*, June 28, 2015. https://yanisvaroufakis.eu/2015/06/28/as-it-happened-yanis-varoufakis-intervention-during-the-27th-june-2015-eurogroup-meeting/.

Varoufakis, Yanis. 2017. *Adults in the Room: My Battle with Europe's Deep Establishment*. London: The Bodley Head.

Walter, Stefanie. 2016. "Crisis Politics in Europe: Why Austerity Is Easier to Implement in Some Countries Than in Others." *Comparative Political Studies* 49(7): 841-73.

Warren, Thomas. 2018. "The European Parliament and the Eurozone Crisis: An Exceptional Actor?" *British Journal of Politics and International Relations*, May 2, 2018. http://journals.sagepub.com/doi/abs/10.1177/1369148118768141.

Weeks, John. 2018. "Trade Performance in EU Internal Market in Euro Area. *Social Europe* Blog, July 9, 2018. https://www.socialeurope.eu/trade-performance-in-eu-internal-marketin-euro-era.

White, Jonathan. 2015. "Emergency Europe." *Political Studies* 63: 300-18.

Wierts, Peter, Henk van Kerkhoff, and Jakob de Haan. 2013. "Composition of Exports and Export Performance of Eurozone Countries." *Journal of Common Market Studies* 52(4): 928-41.

Wyplosz, Charles. 2013. *Eurozone Crisis: It's about Demand, Not Competitiveness.* Unpublished manuscript. Geneva: The Graduate Institute.

Young, Brigitte. 2014. "The Power of Ordoliberalism in the Eurozone Crisis Management." In *The Eurozone Crisis and the Future of Europe: The Political Economy of Further Integration and Governance*, edited by Daniel Dăianu, Giorgio Basevi, Carlo D'Adda, and Rajeesh Kumar. Basingstoke: Palgrave Macmillan, 126-37.

2부

성장전략의 정치학

제6장

독일, 스웨덴, 네덜란드의 지식경제로의 이행

캐슬린 텔렌Kathleen Thelen

1. 서론

1960년대 후반에 시작된 '디지털 혁명'은 민주주의 사회에서 상품 시장과 생산과정을 바꾸어놓았다. 하셀과 팔리에Hassel and Palier가 이 책의 첫 장에서 강조한 바와 같이, 관찰자들은 포드주의 산업 경제로부터 급속한 기술 혁신과 고등교육에 대한 높은 수준의 프리미엄을 특징으로 하는 새로운 '지식경제'로의 전환이 진행중이라고 묘사한다(Iversen and Soskice, 2015; Hall, 이 책 2장). 이와 같은 전환의 과제는 선진 민주주의 국가들 전체에서 비슷하지만, 개별 국가들은 이 과정을 서로 다르게 통과하고 있다.

이 장에서는 서로 다른 변화의 경로를 보여 주고 있는 세 국가, 독일, 스웨덴, 네덜란드를 비교하였다. 그들과 대비되는 자유주의 국가들(미국과 영국 포함)과 달리 이들 세 개 국가는 노동조합과 고용자 연합organized employers 간의 강력한 사회적 파트너십을 갖추고 있으며, 또한 자본주의 다양성 문헌에서 모두 조정시장경제 사례로 여겨진다. 이와 같은 유사성에도 불구하고 이들 국가들은 새로운 지식경제의 도전과 기회에 서로 상이한 방식으로 적응했다. 독일은 전통적인 핵심 산업 내에서 생산방식과 생산물에 대한 디지털 전환을 통해 고품질 제조업의 강점을 적극적으로 지켜냈다. 스웨덴은 이와 대조적으로 특히 정보통신기술ICT을 중심으로 한 첨단기술 영역에서 직접적으로 경쟁하는 방향으로 이동했다. 마지막으로 네덜란드는 역사적인 강점이라 할 수 있는 무역과 금융 영역에 새로운 기술을 적용하는 방식으로 고품질 비즈니스 서비스로 점차적인 전환을 이루어 냈다.

이와 같이 다양한 경로를 무엇이 설명할 수 있을까? 필자는 조직 노동과 기업의 이해 사이의 상호작용, 그리고 이들과 국가 간의 상호작용을 구조화하는 제도의 차이가 오늘날 지식경제로 향하는 다양한 경로로 이들 국가들을 이끄는 서로 다른 동맹 지형을 만들어 냈다고 주장한다. 독일의 경우 노동조합과 고용주가 산업 계통을 따라 조직되었으며, 제조업 분야의 이해가 계급 지형의 양쪽 모두에서 생산자집단 지형을 주도하였다.

1970년대 이후 시장의 압력은 산업 영역 내에서 강력한 계급 간 협력을 추동하였으며, 전통적인 강점 분야를 지키는 데 초점을 맞춘 강력한 정치 동맹을 만들어 냈다. 국가 정책은 산업의 핵심 영역에서 지식집약적 혁신을 장려하는 산업과의 파트너십을 통해 제조업의 지배력을 반영하고 강화하였다. 이와 대조적으로 스웨덴의 생산자집단 지형은 특정 부문을 지키는 데 집중하는 전략을 지양하는 좀 더 포괄적이고, 부문 확장적인 접근을 시도하였다. 하지만, 육체노동자blue-collar와 사무노동자white-collar의 이해관계가 서로 경쟁하는 노동조합 연맹으로 갈라서고, 노동운동 내에서 급여를 받는 이해관계자의 힘이 커지면서 국가는 사무직 노동조합과 혁신집약적 부문의 새로운 동맹을 추동하는 정책을 통해 좀 더 건설적인 역할을 할 수 있게 되었다. 마지막으로 애초에 산업 진흥을 위해 국가 차원의 조합주의적 기관들이 만들어진 네덜란드에서는 1970년대 전통적인 제조업의 붕괴로 조직적인 진공상태가 만들어졌다. 이와 같은 공백 덕분에 국가는 지배적인 성장체제에서 더욱 근본적인 변화를 적극적으로 조성할 수 있었고, 정치경제의 금융화를 지원하는 현장직 노동조합과 첨단 비즈니스 서비스와의 예상치 못한 연합을 공고히 하는 정책을 추진할 수 있었다. 간단히 말해서, 상이한 이해관계자 집단의 지형은 국가와 조직된 이해관계자들 사이의 서로 다른 상호작용 패턴을 만들어 냈고, 결과적으로 세 개의 서로 다른 성장전략이 도출되었다. 즉, 주도적인 동맹에 대해 지지적인 독일, 새로운 동맹의 출현을 가능하게 한 스웨덴, 그리고 새로운 동맹으로 전환하는 네덜란드이다.

2. 정치경제학적 유형의 분화

이들 세 국가의 상이한 궤적은 어느 하나의 지표로는 충분히 그려낼 수 없다. 하지만 GDP 대비 제조업 부가가치 비율에서의 상대적 변화를 살펴보는 것은 좋은 출발점이 될 수 있다. 그림 6.1에서 보인 바와 같이 1970년대에서 1980년대에 세 국가 모두에서 제조업의 부가가치 비율은 하락하고 있지만, 독일의 경우 하락을 멈추었고 2007~2008년의 경제 위기 이후에는 다시 회복하고 있다. 이와 대조적으로 네덜란드는 1970년대에 제조업이 급속히 쇠락하였고, 그 이후에도 지속적으로 하락하고 있다. 스웨덴의 사례는 이 두 국가의 사이에 위치한다. 1990년의 상당 수준 하락 이후 제조업은 반등하였지만 2008년 이후 독일에 비교해서는 좀 더 하락을 경험했다.

이와 같은 광범위한 경향의 배경에는 세 국가 수출 유형의 의미 있는 차이가 자리잡고 있다. 오늘날 독일 수출 경제는 독일 경제 모델과 오랫동안 연관되어 온 바로 그 부문이 주도하고 있다. 자동차는 지속적으로 막중한 역할을 수행하고 있으며, 상당한 격차로 상위 10대 수출품(수십억 USD 규모)을 주도하고 있으며, 또한 자동차 부품, 엔진 부품, 기계 등 이와 밀접하게 연관된 생산품들이 독일의 상위 10대 수출품 목록에 포함되어 있다.[1]

....

1 전체 수출품 목록은 OECD(2016a) 참조

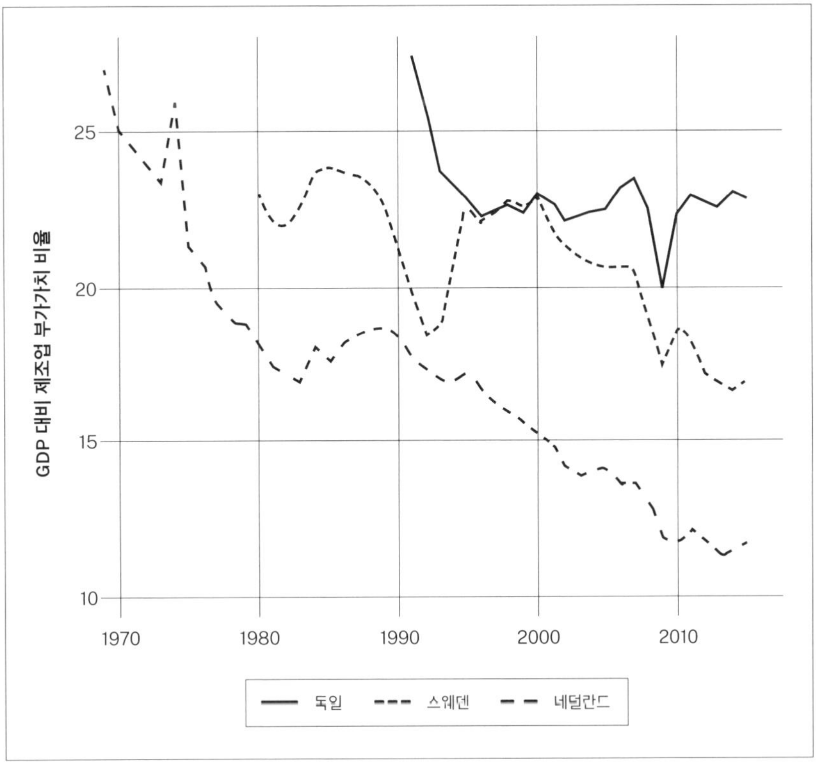

그림 6.1 GDP 대비 제조업 부가가치 비율
출처: 세계은행 국가계정 자료와 OECD 국가계정 자료, 1969~2015. https://data.worldbank.org/indicator/NV.IND.MANF.ZS.

스웨덴은 좀 더 다양한 수출품 구성을 보여 준다. 스웨덴은 전통적인 강점을 보이는 영역(자동차와 부품뿐만 아니라 목재와 같은 원자재)의 수출품과 함께 닷컴 버블의 붕괴 이후에도 정치경제 영역에서 지속적으로 의미 있는 역할을 하고 있는 통신과 방송 장비와 같은 ICT 관련 수출품도 상당 부분 포함하고 있다.[2] 잘 알려진 스웨덴의 ICT로의 이행은 이 분야에서 정체 상태에 있었던 독일과 다르게[3] 1990년대 ICT 분야 제조 및 서비스 분야 고용의 급격한 증가

....

2 전체 수출품 목록은 OECD(2016b) 참조

3 OECD STAN 지표(2011), https: //stats.oecd.org/Index.aspx?DataSetCode=STANINDICATORS.

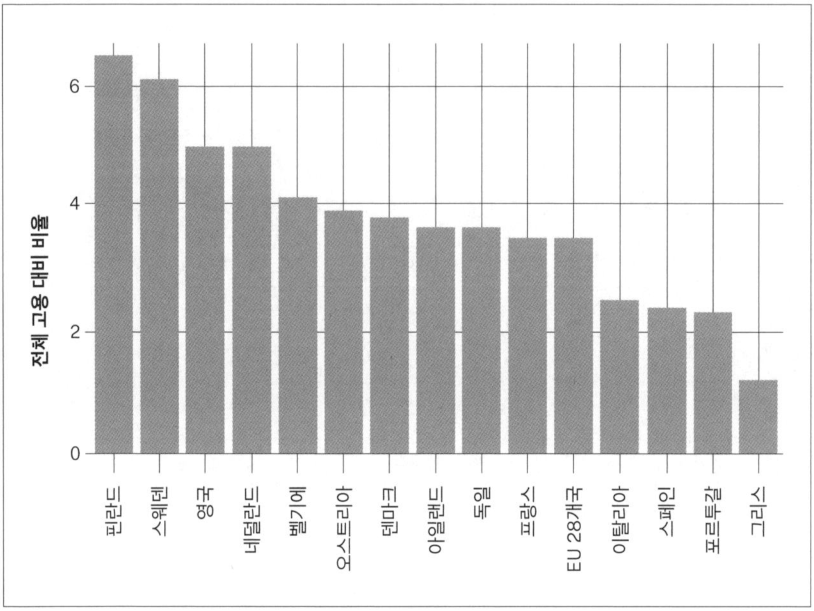

그림 6.2 전체 고용 중 ICT 전문가 비중

출처: 유럽 위원회 디지털 단일시장 디지털 스코어보드 "요인별 DESI: 2b1 ICT 스페셜리스트", 2017. https://digital-agenda-data.eu/charts/desi-components#chart={"indivator":"DESI_2B1_ICTSPEC,""breakdown-group":"total,""unit-measure":"pc_ind_emp,""time-period":"2017"}.

에도 잘 드러나 있다. 그림 6.2에 보이는 바와 같이 스웨덴은 ICT 전문가의 고용에 있어 핀란드를 제외한 모든 유럽 국가들을 선도한다.

네덜란드는 좀 다른 모습을 보여 준다. 네덜란드도 1990년대에 ICT 관련 분야에서 고용의 증가를 경험했으며, 1970년대 이후 네덜란드 산업은 컴퓨터, 통신, 방송, 사진 장비와 같은 첨단기술 영역이 상위 10대 수출 품목에 포함되었다.[4] 하지만 더욱 중요한 사실은 비즈니스 서비스에서의 고용이 지속적으로 증가하였고, 1980년대와 1990년대에는 다소 급격하게 증가했으며, 1998년에는 전체 고용의 50%가 넘는 비율을 차지하게 된다는 점이다. FIRE finance, insurance, and real estate(금융, 보험, 부동산) 산업의 고용만으로도 2015년 전

4 전체 수출품 목록은 OECD(2016c) 참조

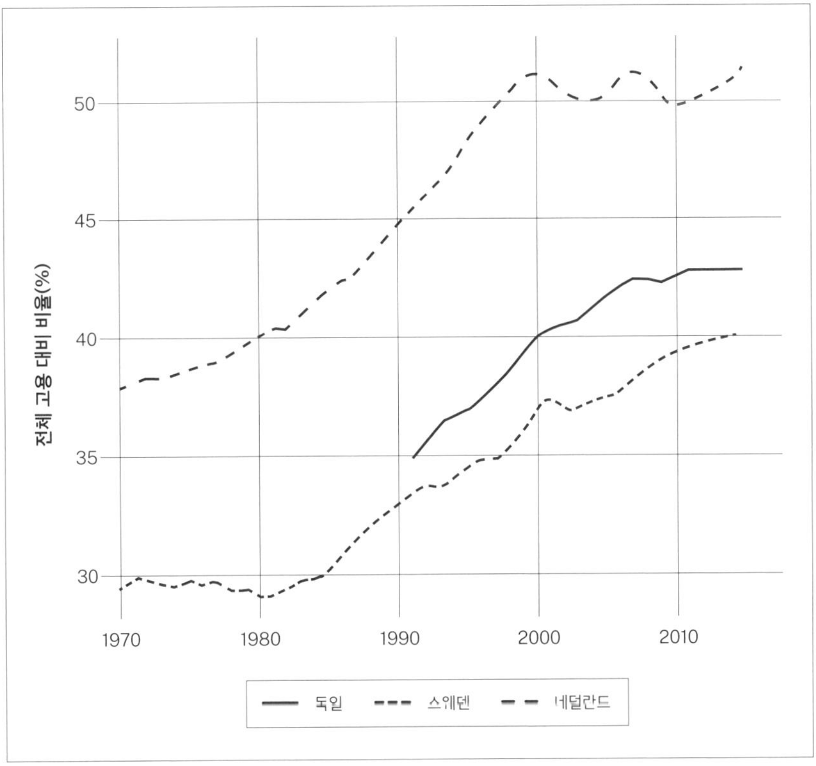

그림 6.3 비즈니스 서비스 부문 고용 비율

출처: OECD STAN 지표, 1970~2015. https://stats.oecd.org/Index.aspx?DataSetCode=STANINDICATORS.

체 고용의 28%를 차지한다.[5]

요약하자면, 1980년대와 1990년대에 이들 세 국가에는 주도적인 성장체제에 있어서 중요한 차이점이 등장하였다. 독일은 전통적으로 경쟁력 있는 영역 안에 머물면서, 수십 년 동안 경제를 지탱해 온 동일한 영역에서 더 고부가가치 시장으로의 이동을 지속하였다. 스웨덴과 네덜란드는 이와 대조적으로 더 많은 이동을 보여 줬는데, 스웨덴은 첨단기술IT 제조와 서비스로, 네덜란드는 고품질 비즈니스 서비스로 이동했다.

....

5 OECD STAN 지표(2011)

3. 궤적 분화에 대한 설명

부유한 민주주의 국가의 비교정치경제학 문헌에서 지배적인 관점은 여전히 자본주의 다양성VoC의 영향력 아래 있다(Hall and Soskice, 2001). 자본주의 다양성 논의는 앵글로색슨 세계의 자유시장경제LMEs와 유럽의 조정시장경제CMEs를 구분한다. 이들은 각각의 정치경제가 기존 제도적 강점에 기반하여 변화하는 시장 환경에 적응하고, LMEs와 CMEs 사이의 차이점을 강화할 것으로 기대한다. 이런 이유로, 이 책에서 다루는 2개의 CMEs 국가들이 자유주의적 방향으로 전환하는 현상을 VoC 문헌에서는 전혀 예측하지 못했다. 스웨덴이 이동한 ICT나 네덜란드가 이동한 비즈니스 서비스는 자유주의 모델과 밀접하게 연관되어 있다.

다른 관점에서 보면, 선진 경제의 발전에서 당파 정치의 역할을 강조하며 투표하는 대중과 그들이 선출하는 대표자에게서 경제 변화의 동력을 찾는다. 이와 같은 맥락에서 가장 중요한 최근 작업은 베라멘디Beramendi 외의 작업인데 이들은 사회민주주의social democratic, 기독민주주의Christian democratic, 자유주의liberal, 그리고 남유럽Southern European 모형과 같은 4개의 군집을 제시한다(Beramendi et al., 2015). 이 연구는 앞의 국가들에서 사회정책의 선거 기반이 변화해 온 과정을 조명하지만, 본 장에서 관심을 두는 결과를 설명하지는 못한다. 예컨대 독일과 네덜란드는 모두 베라멘디 외가 '지위 지향적 자본주의status oriented capitalism'라 부른 사례에 해당한다(Beramendi et al., 2015: 39). 그러나 두 나라의 변화 궤적과 생산 구조는 거의 극명하게 다르다.

다른 연구 분야는 이 책에서 관심두고 있는 영역의 부문별 변화를 설명하는 것을 목표로 삼는다. 슈나이더와 파우네스쿠(Schneider and Paunescu, 2012)는 일부 CMEs(네덜란드와 스웨덴을 포함)의 생산 유형은 보통 자유주의 모델과 연관되어 있는 첨단기술 분야로 이동했다고 설명했다. 하지만 이들은 이와 같은 중요한 발견을 이 변화의 배경에 있는 정치적 설명과 연관짓지는 않는다. 온스턴(Ornston, 2018)은 이와 대조적으로 최소한 노르딕 경제에 대해서는 이와 같은 설명을 제공한다. 조합주의corporatism 문헌으로부터 영감을 얻은 그는 첨단기술 분야로의 이동은 국가 정책에 의해 지지되는 조합주의적 합의 형성에 의존한다고 제안한다. 조직된 이해관계자 구조에 대한 강조와 국가의 역할은 중요하지만, 이런 방식의 설명은 종종 이와 같은 이동을 동반하는 영역 간 및 영역 내 강한 논쟁을 잘 드러내지 않는 경향이 있다. 동의가 아니라 그 논쟁의 깊이와 성격의 다양성이야말로 국가가 새로운 방향으로 결과를 이끌어 갈 수 있는 실마리를 제공한다.

마지막으로, 성장모델에 대한 바카로와 폰투손(Baccaro and Pontusson, 2016)의 분석은 협의 기반 모델을 의심하고, 필자와 같은 방식으로 적응 전략을 형성하는 분배 갈등에 주목한다. 이들은 소비주도 성장과 수출주도 성장을 명확히 구분하고 독일을 임금 억제를 바탕으로 한 수출주도 성장의 사례로, 스웨덴을 건강한 내수 소비와 강고한 수출을 조합하는 더욱 균형적인 성장모델로 규정한다. 이들의 결과 변수(성장)가 필자의 연구의 변수(생산 유형)와는 다르지만, 그들이 스웨덴을 ICT 관련 제조업과 서비스로의 이행에 '결정적으로 의존하고 있는' 더욱 균형 잡힌 모델이라고 주장하고 있다는 점에서 필자의 연구와 연관되어 있다(Baccaro and Pontusson, 2016: 192). 하지만 스웨덴은 과연 정확히 어떻게 ICT로의 이행을 만들어 냈는가? 이 질문에 대해 바카로와 폰투손의 분석은 답이 없다. 다만, 그들은 이 질문에 답하기 위해서는 서로 다른 성장모델을 뒷받침하는 '사회적 블록'을 규명해야 할 필요성을 제안한다. 뿐만 아니라 그들은 그와 같은 분석이 그들이 강조하는 수요 측면의 요소뿐만 아니라 교육이나 국가 혁신 정책과 같은 공급 측면의 제도에도 주목해야 함을 제안한다. 필자도 동의한다. 이것은 하셀과 팔리에(Hassel and Palier, 이 책 1장)가 제안하는 접근법이자 이 책에서 필자가 채택한 접근이기도 하다.

여기서 제안한 설명은 이해당사자 조직의 전략과 구조, 그리고 그들과 국가의 상호작용을 강조한다는 점에서 온스턴(2018)과 유사하다. 또한, 분배를 둘러싼 노동과 자본 사이의 투쟁과 개별 블록 내에서의 투쟁을 강조한 바카로와 폰투손의 주장도 포괄하지만, 다양한 성장 궤적의 배경에 놓여 있는 특정한 사회적 동맹을 더욱 명확하게 규명할 것을 제안한다. 필자의 분석은 우리가 관찰한 변화의 궤적이 생산자집단의 지형에 의해 어떻게 형성되었는지, 그리고 이들 세 국가가 지식경제로 이전하는 서로 다른 경로를 설정하기 위해 국가 정책이 지속적인 혹은 새롭게 떠오르는 동맹 지형을 어떻게 강화했는지를 보여 준다.

4. 독일 성장전략: 밀어붙이기Doubling Down

독일은 오랫동안 자동차나 자본재와 같이 전통적인 고급 제품 시장을 겨냥한 고품질 제조업에서 성공 사례로 꼽혀 왔다. 경제정책과 관련한 논의는 독일을 첨단('선진적') 제조업의 매력적인 플랫폼으로 만들고 유지하기 위한 최선의 방책이 무엇인지에 거의 전적으로 집중되어 왔다. 비교적인 관점에서 독일 정치경제의 가장 주목할 만한 특징은 전후 기간 동안 이 나라의 생산품 유형이 얼마나 변하지 않았는가 하는 점이다.

자동차나 기계용품과 같은 영역에서 독보적인 지위를 유지하는 것은 전혀 관성의 문제가 아니다. 이것은 독일 생산자들이 수십 년에 걸쳐 지배해 온 첨단 시장에서 새로운 진입자들뿐만 아니라 저비용 생산자들로부터의 엄청난 공격을 이겨내는 작업을 수반하며, 이를 적극적으로 지켜 온 결과이다. 독일의 수출 기계는 그 어느 때보다 강력하고 지배적인 모습을 보이고 있다. 수출은 GDP의 상당 비중을 차지하며, 독일은 해마다 커다란 무역 흑자를 기록하고 있다.[6]

독일 제조업이 전통적인 핵심 부문을 성공적으로 지켜내는 일은 크게 보면 이 영역의 강점을 지켜내고 개선하기 위해 형성되고 자리 잡은 산업 내 계

....

6 슈피겔 온라인Spiegel Online(2018).

급 연합의 결과이다. 독일 노동조합과 고용주들은 부문별 노선을 따라 조직되어 있는데, 전체를 아우르는 제도는 빈약하고, 이를 교차하는 심각한 균열도 없다. 노동조합의 측면에서 제조업의 조직화 수준은 서비스 영역을 한참 앞서고 있으며, 금속 노동자들의 노동조합 IG 메탈IG Metall은 이 중에서도 월등하게 주도적인 역할을 하고 있다. 독일의 8개 노동조합 가운데 가장 거대 조합인 이 조직은 아직 이렇다 할 경쟁 조직을 만나지 못했으며, 포괄적인 노동조합 총연맹은 구성 노동조합에 별다른 영향을 미치지 못하고 있다. 공공부문 노동조합은 많은 선진 산업 국가들에서 중요한 역할을 하고 있지만, 독일의 공공 부문은 유럽의 기준으로는 작은 수준이다(OECD 2015: 85, 표 3.1과 3.2). 마지막으로 같은 부문 내 육체노동자와 사무노동자들은 같은 노동조합에 소속되어 있으며, 이들의 운명은 서로 묶여 있는 채로, 해당 부문의 성공에 달려 있다.

독일의 사업체 조직은 노동조합의 복사판이다. 노동자들과 협상하는 고용주 협의체는 산업기반이며 부문별 사업체 연합이 정치적으로 그들의 이해를 대변한다. 또한 스웨덴의 기업 연합과 달리, 독일의 거대 기업은 특정한 부문에 뿌리내리고 있다(다임러, VW, BMW를 생각해 보라).[7] 이와 같은 사실은 독일의 강력한 중소기업Mittelstand(소규모와 중규모 기업들)에도 적용되는데 이들은 자신의 운명이 특정 산업에 (그리고 더러는 납품업체로서 특정 고객에) 달려 있는 기업들로 구성된다.

즉, 독일 제조업의 이해는 특정한 산업과 부문 내에서 강고하게 조직되어 있다. 그들은 더 포괄적인 연합에 포함되지도 않았으며, 비슷하게 영향력 있는 다른 부문의 행위자들과 권력을 공유할 것을 요구받지도 않았다. 견제받지 않는 경제성장 동력으로서 제조업은 경제에서뿐만 아니라 정책 결정 분야에서도 막강한 영향력을 행사했다. 이러한 합의는 과감한 비용 절감과 전통적 제도를 새로운 제품 시장과 생산 기술에 맞게 적극적으로 적응시키는 방

....

7 여기에도 지멘스Siemens와 같은 예외가 있다.

식을 통해 오랜 산업별 강점을 지키기 위한 견고한 연합을 형성하는 데 기여했다. 주요한 산업 관계, 노동시장 정책, 교육과 훈련, 그리고 혁신 정책에 있어 핵심 발전 사항들을 아래에 기술하였다.

산업 관계에서, 제조업 핵심 분야에서 계급 간 협력은 고조된 시장 압력에 대한 대응으로 1980년대부터 강화되어 왔다. 막강한 직장 협의회와 관리자들은 수 세기에 걸쳐 단기간을 채워줄 수 있는 임시직이나 기간제 노동자를 배치하거나, 기존에 사내에서in-house 수행하던 저숙련 서비스를 외주화하고, 비용을 관리하기 위해 협력해 왔다(Palier and Thelen, 2010). 2000년대에 제조업 외 부문에서 노동조합의 약화와 저임금 노동의 엄청난 증가에도 불구하고 제조업 노동조합과 고용주들은 단체협상 자율성의 원칙(즉, 국가 개입 금지)을 지켜내기 위해 함께 노력하였다(Eichhorst and Marx, 2009). 독일의 산별 노동조합이 자신들의 임금협상에 하향 압력으로 작용할 것을 우려한 나머지 처음에 법정 최저임금의 도입 지지를 망설여 왔다는 것은 공공연한 비밀이다.

정부 정책은 제조업 이해의 지배력을 강화하고 반영하였다. 1990년대부터 노동시장 정책은 정부가 보호하고자 하는 핵심 산업 외부에서는 고용을 더욱 유연화했음에도 불구하고 숙련된 제조업 노동자들의 고용은 안정시켜 왔다. 2000년대 초반의 하르츠 개혁Hartz reforms은 실업급여를 삭감하고 다양한 형태의 비정형 노동에 대한 규제를 완화함으로써 노동시장을 자율화하였다. 하지만, 정부 정책으로 비정형 고용을 자율화하였음에도 다른 정책 수단들은 시장의 변동으로부터 숙련된 공업 노동자들을 보호하였다. 2008~2009년의 격동기에 정부는 회사가 숙련 노동자들의 해고를 피하기 위해 보조금의 기간과 수준을 강화하는 법안 3개를 연속으로 통과시켰다(Kurzarbeit). 독일의 전체 고용에서 공업 부문의 고용이 20% 가량 하락했지만, 위 보조금의 80%는 핵심 제조업의 노동자들에게 돌아갔다. 금속노동 부문에서 가장 큰 몫the lion's share을 가져갔으며, 독일 공업 수출 체제의 심장부에 있는 두 개의 주(바덴뷔르템베르크Baden-Württemberg와 바이에른Bavaria)에 자금은 불균등하게 흘러들어 갔다(Bundesagentur für Arbeit, 2009). 정부의 '노후차 보상' 프로그램

Abwrackprämie은 자동차 산업에 특별한 지원을 제공하여, 글로벌 위기의 와중에도 독일 자동차 제조사들에 작은 호황을 불러왔다.[8]

원가 관리 전략이 지식경제에 적응하는 데 중요한 것은 사실이지만 독일 산업의 지속적인 성공을 오로지, 혹은 주로 임금 억제의 결과라고 이해하는 것은 옳지 않다(Hope and Soskice, 2016). 오히려, 지속적인 성공은 빠르게 진화하는 시장의 상황에 전통적인 정치경제적 질서를 지속적이고 역동적으로 적응시켜 온 것과 관련 있다. 폭발적인 기술 변화의 시기에 이것은 특별히 교육과 훈련에 적용된다. 대부분의 다른 나라 정부는 증가하는 첨단기술(특히 공학)의 중요성에 대해 고등교육을 진흥하는 방식으로 대응했다. 하지만 독일에서 고품질 제조업은 항상 회사 기반 직업훈련에 의존해 왔으며, 그런 이유로 생산이 점점 더 지식 집중화 됨에 따라 그와 같은 직업훈련의 질을 개선하기 위해 고용주와 노동조합은 협업해 왔다(Thelen, 2014: 86-93).

하지만, 선진 제조 산업은 회사 스스로가 효율적으로 제공하기 어려운 이론적 기술을 점점 더 요구했다. 독일 고용주들이 '과도하게 학문적인' 훈련으로 간주하는 방향으로 흘러가지 않으면서 가장 뛰어난 학생들을 지속적으로 산업 영역으로 유인하는 작업은 더 어려운 과제가 되었다. 제조업체들이 발견한 해결책은 지역 소재 응용과학대학Fachhochschulen과의 파트너십을 통해 새로운, 보다 높은 수준의 (또한 더욱 이론적 성격이 강화된) 견습 과정을 만드는 것이었다. 이 과정은 직업 자격증과 학사 학위를 동시에 부여한다. 우수한 학생들은 이와 같은 '이중 학습' 프로그램에 매력을 느꼈는데, 이는 이중 자격증 때문만이 아니라 '보통' 대학생과 달리 이들은 공부하는 와중에 (견습생으로서) 급여를 받았기 때문이다.[9] 결정적으로, 이와 같이 높은 수준의 보상을 제공하는 이중 학습 프로그램highly prized dual-study programs은 전적으로 기업을 통해 운영되었으며, 학생들은 직접 지원할 수는 없고, 대신 참여 기업에 수

....

8 Ewing(2009).

9 예를 들어 바덴 뷔르템베르크의 한 연구는 이 프로그램을 선택한 학생들이 대학에 가는 학생들보다 아비투르 Abitur 점수가 더 높은 것을 발견했다. 비아르다(Wiarda, 2011) 참조.

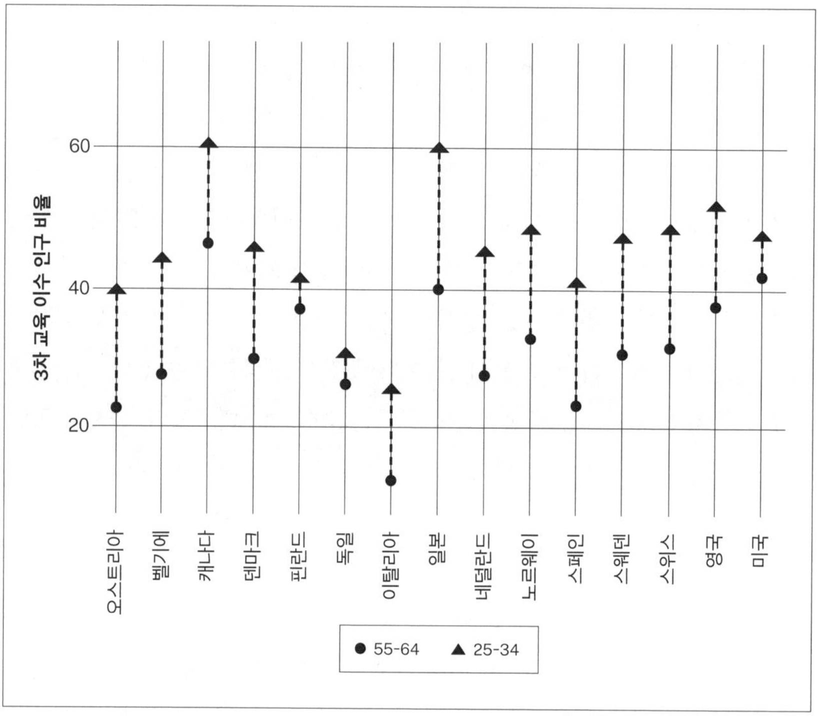

그림 6.4 3차 교육 이수 인구, 2016
출처: OECD Data, "3차 교육 이수 인구", 2016. https://data.oecd.org/eduatt/population-with-teriaty-education.htm.

련생으로 채용되어야 했다. 대부분의 다른 국가에서 직업교육 과정과 대학교육 과정 사이의 경계를 완화하는 추세와 달리, 독일은 오히려 고등교육 체계의 일부를 기업 중심의 전통적인 직업교육 시스템의 논리에 편입시키고 있다 (Thelen, 2014: 89-90; Graf, 2018; Chevalier, 이 책 11장).

직업교육 시스템의 지속된 유인책은 독일의 아카데믹 고등교육이 극적으로 저발전 상태에 머무르는 이유를 설명해 준다. 그림 6.4는 두 세대에 걸쳐 대학교육 이수율을 비교한다. 대부분의 다른 부유한 민주주의 국가는 젊은 세대들 사이에서 대학교육 이수율이 크게 증가하고 있는 반면 독일의 변화는 매우 미미하다.

마지막으로, 제조업 이해의 지속적인 주도성은 독일의 혁신 정책에서도 찾아볼 수 있다. 전국 수준 삼자 협의체인 '산업의 미래를 위한 연맹Alliance for the Future of Industry'은 모든 제조업 분야 주요 정책 결정자들과 이해당사자들을 포함하고 있다. 이 협의체의 목표는 산업 권력으로서 독일의 지위를 지키고Industrie Standort Deutschland 디지털 시대에 독일 제조업의 경쟁력을 유지하는 데 있다.[10] 독일 혁신 정책의 핵심에는 정부, 대학, 기업이 연구에 막대한 투자를 하는 것을 포함하는 산업 4.0Industrie 4.0(4차 산업혁명을 암시하는)이라는 야심찬 전략 계획이 있다. 산업 핵심 부문 내에서 지속된 혁신의 결과로 독일은 '사물 인터넷IoT'과 사물간M2M 통신 분야에서 전 세계 선두에 자리잡았다.[11] 산업 4.0이 독일의 '첨단기술 2020' 전략에 포함된 여러 개의 '미래 프로젝트' 가운데 하나이지만, 이것에 가장 많은 자원과 관심이 쏠리고 있음에 틀림없다.

이 프로젝트의 미래지향적인 야심만큼이나 놀라운 것은 이 계획을 수행하는 데 등장하는 인물들인데, 이 목록은 마치 독일 경제사의 가장 오래되고 가장 영향력 있는 배우들을 모은 후스후(who's who) 목록처럼 읽힌다. 운영위원회는 금속 노동자 노동조합IG Metall뿐만 아니라 기계 공업 무역 협회VDMA, 독일 산업 연합BDI, 전기 공업 제조업 연합ZVEI, 독일 자동차 산업 연합VDA과 같은 19세기 권력 중개인들을 포함하고 있다.

요약하자면, 독일의 지식경제로의 이행은 전통적인 강점으로부터 벗어나기보다, (지금까지는 엄청나게 성공적으로) 어느 때보다도 더 고품질이자 더욱 디지털화된 제조업을 지원하는 전략을 강하게 밀어붙이는doubling down 방식이다. 위에 기술한 발전은 독일 정치경제에서 산업 이해의 지속된 지배력을 강화하고, 이를 지식경제를 위한 국가 성장전략의 중심에 위치지우는 것이었다.

....

10 연방 경제에너지부(Bundesministerium für Wirtschaft und Energie, 2020) 참조.

11 예를 들어 창(Chang, 2016)을 보라.

5. 스웨덴 성장전략: 가지 뻗기Branching Out

스웨덴의 전후 성장체제는 많은 부분 독일처럼 수출 산업과 같은 영역을 중심으로 형성되어 있었다. 하지만, 스웨덴의 제조업 관계자들은 관련 생산자집단들이 특정한 기업이나 산업을 지원하는 것을 어렵게 만드는 방식으로 여러 부문에 걸쳐 확장하고 있는, 훨씬 더 밀집된 조직적 공간에서 영향력을 놓고 경쟁하고 있었다.

노동의 측면에서 노동조합의 조직률은 독일을 훨씬 앞지른다. 스웨덴 노동조합은 저숙련 서비스 노동자와 고숙련 임금노동자 모두 확고한 존재감을 가지고 있다. 제조업 관계자들은 강력하며, 또한 포괄적이고 분야를 넘나드는 연합체로 서로 얽혀 있다. 독일과 달리 스웨덴의 주요 제조업 노동조합인 IF 메탈IF Metall은 저숙련 서비스 부문 등 다른 부문의 노동자들까지 포함하는 더 넓은 육체노동자 연맹의 일부이다. IF 메탈은 제조업 분야의 사무직 노동조합과도 협력해야만 하는데, 이들 노동조합은 별도의 임금노동자 연합에 속해 있으며, 고용이 서비스 업종으로 이동함에 따라 그 규모와 영향력이 커지고 있다.

고용주의 측면에서 스웨덴 기업 관계자들은 독일에 비해 더욱 집중되어 있으면서도 더욱 다양화되어 있다. 스웨덴이 더욱 집중된 데에는 독일과 같이 정치적으로 영향력 있는 강력한 중소기업Mittelstand에 해당하는 것이 없다는 점이 중요하다. 대신 역사적으로 이 나라의 경제는 1970년대에 스웨덴 전체 민간 고용의 10%를 차지했던 발렌베리 가문Wallenberg dynasty과 같은 극소수의 거대 사업 집단에 의해 지배되고 있다(Lindgren, 2002; Larsson and Petersson, 2013).[12] 오늘날 스웨덴의 최상위 15개 가족의 지분이 스톡홀름 거래소의 70%를 차지하고 있으며, 스웨덴의 가장 큰 사업 집단 두 개가 이 나라의 25개 상

....

12 오늘날 발렌베리 가문은 스웨덴 주식거래시장에 공시된 거래액의 $\frac{1}{3}$ 수준에 해당하는 기업들에 대한 지배 지분을 가지고 있는데, 이는 50% 이상이던 과거 수준에서 줄어든 것이다(Milne, 2015; The Economist, 2006: 73-4).

위 기업들 가운데 13개에 대한 지배 지분을 가지고 있다(Larsson and Petersson, 2013: 6).[13]

스웨덴의 기업 이익은 독일의 기업 이익에 비해 더 다양화되어 있는데, 앞서 보았듯 독일의 기업 이익은 특정 산업에 뿌리를 두는 경향이 있다. 대조적으로 스웨덴의 사업 집단들은 제조업과 서비스, 수출과 내수 시장까지 아우르는 광범위한 부문에 걸쳐 존재감을 보인다. 예를 들어 발렌베리 가문은 전통적인 제조업(예를 들어 볼 베어링과 가전)뿐만 아니라, 은행업이나 ICT, 심지어 교육이나 의료에 이르기까지 주요 지분을 가지고 있다. 이 나라의 두 번째 거대 사업 집단인 한델스방켄Handelsbanken도 유사하게 폭넓은 포트폴리오를 가지고 있다(Larsson and Petersson, 2013: 6). 다양한 부문에 걸쳐 사업을 벌이는 몇몇 주요 회사들도 산업과 서비스 양쪽의 별도 기업 연합에 이중 멤버십을 가지고 있다. 예를 들어 에릭슨Ericsson은 서비스 고용주 연합인 알메가Almega의 ICT 그룹에서 가장 큰 회원사인 동시에 산업 협회인 베르크스타드스포레닝엔Verkstadsforeningen에 속해 있기도 하다. 이처럼 교차 소속된 기업들로 키네빅Kinnevik(종이 제조업에 뿌리를 두고 있는 통신사업)과 인두스트베르덴Industrivärden(은행업뿐만 아니라 제조업, 종이, 목재, 그리고 내수 및 무역 서비스)이 있다.

스웨덴의 매우 다른 생산자집단 지형은 독일의 것과는 매우 다른 적응 양상을 지원한다. 제조업 바깥에 강력한 노동조합의 존재는 독일과 같은 스타일의 이중화를 가로막고 있으며, 사실상 서비스 분야로의 장기적 고용 변화에 따라 사무노동자 가입자가 육체노동자 가입자 수를 넘어섰다. 스웨덴의 사업자 집단은 시장의 압력으로 인해 자동차 산업과 같은 영역에서 빠져나오고, 더욱 지식 집중 제조업과 서비스 분야로 이동하는 등 자신의 사업 포트폴리오를 재배치하는 방식으로 대응했다.[14] 1990년대에 사브Saab와 볼보Volvo는

....

13 Forsberg, 2013.

14 발렌베리 가문의 브로셔에 나와있는 이들의 철학은 1946년 마르쿠스 발렌베리Marcus Wallenberg가 그의 형제 야코브Jacob에게 보낸 편지 내용을 인용한다. "오래된 것으로부터 이동하기, 앞으로 등장할 것으로 이동하기야말로 지킬 가치가 있는 전통이다." 예를 들어 https: //www.wallenberg.com/en/family를 참고하라.

외국인의 손에 넘어갔는데, 이와 같은 변화가 독일에서였다면 국가의 보물급 상징을 지키기 위한 계급 간 수호 노력을 촉발하였을 것이 틀림없다. 하지만, 스웨덴에서는 기업 연합이 성장 산업으로 자원을 이동했고, 노동 운동의 무게중심도 사무노동자 영역으로 기울고 있었기 때문에 대단한 극적 장면을 연출하지 않고 이런 일이 일어났다.

ICT로의 이동은 에릭슨과 같은 몇몇 주요 기업들이 주도하였는데, 이 기업들은 시장과 정치 양면에서 막대한 영향력을 행사했다.[15] 1990~1994년에 집권한 보수 정부는 특히 교육과 혁신 정책과 같은 공급 측면 개입을 통해 첨단기술 시장으로의 이동을 강력하게 지원했으며 스웨덴의 가장 영향력 있는 기업 집단과 확장 중인 사무직 노동조합 모두에서 준비된 동맹 세력을 찾았다. 다음 문단에서는 주요한 네 개 영역에 관련된 발전에 대해 기술하였다.

산업 관계의 주요한 변화는 현장직 노동조합 연맹LO의 지도력 쇠락을 반영한 움직임이었던 1983년 임금 피크제 협상의 붕괴와 함께 시작되었다. 스웨덴의 임금 분권화는 국가 수준에서 산별 수준 협상으로의 이행이라 널리 알려진 전환을 넘어 지역별 임금 결정에 더 큰 여지를 허용하였다. 고용주들은 임금 유연성을 제공할 수 있는 분권적 임금협상을 추구했지만 전문직 임금노동자 노동조합은 자신들의 교육과 훈련에 대한 투자에 걸맞는 임금을 바라는 조합원들의 요구를 반영할 수 있는 지역 임금 형성을 선호하였다(Thelen, 2014: 183; Ibsen and Thelen, 2017: 423).

임금 분권화는 스웨덴의 현장직과 사무직 노동조합 연맹 사이의 긴장을 악화시켰으며, 지위와 일자리를 놓고 조합원들이 서로 경쟁하는 두 개의 사무직 노동조합 연맹 사이의 경쟁을 유발했다. 좀 더 작은 전문직 연맹SACO 내의 연구직/전문직 노동조합의 조합원들은 이미 대학 졸업자들이다. 하지만

....

15 에릭슨(스웨덴에서 가장 거대한 두 사업 집단의 포트폴리오에서 가장 유망한 자리를 차지하고 있다)이 스웨덴 ICT 대유행에 미친 역할은 아무리 강조해도 지나치지 않다. 이 회사의 수출 비중은 1990년대 후반에 꾸준히 증가했으며, 2000년까지 전체 수출의 거의 20%를 차지했다(Erixon, 2011: 72). 하지만 에릭슨만이 아니었다. 스웨덴에서 5번째로 큰 가족소유 기업 집단Stenbeck 또한 1990년대에 전통적인 제조업에서부터 특히 미디어 및 연예와 같은 IT 부문으로 공격적으로 이동하였다.

1990년대부터 고등교육에 대한 접근성을 강화할 것을 조합의 첫 번째 우선 순위로 주장하고 있는, 더 규모가 큰 임금노동자 연맹TCO의 조합원들은 그렇지 않다. 자격이나 교육 수준에 기반한 임금 다변화는 국가 교육정책의 변화에 대한 요구를 강화하였다. 독일 형식의 (회사 기반) 도제는 스웨덴에서 수십 년 전에 사라졌지만, 2년제 직업훈련 과정은 스웨덴 고등학교의 3년제 학업 과정과 병행해서 유지되어 왔다. 1991년에 정부는 향후 수년 동안에 걸쳐 2년제 과정을 없애고 모두에게 대학교육으로의 길을 열어주는 주요한 개혁안을 통과시켰다(Halldén, 2008: 256; Chevalier, 이 책 11장). 정부는 1990년 GDP의 5.3%였던 교육에 대한 지출을 2000년에는 7.4%까지 증가하고, 특히 고등교육에 대한 지출을 (같은 기간 내에 GDP의 1%에서 2%로) 두 배로 늘렸다(Steinmo, 2010: 71 Table 2.11). 그림 6.4가 보여 주는 바와 같이 스웨덴은 대학교육 이수율에서 매우 큰 증가를 기록했으며, 2009년에는 미국의 수준을 넘어선다.

독일과 달리 스웨덴 노동시장 정책은 전통적인 제조업 핵심을 유지하기보다는 전환하는 것을 쉽게 하는 데 초점을 맞추었다. 1980년대 동안 스웨덴 노동시장 정책은 방어적인 고용유지 정책으로 방향을 잡았으나(Pontusson, 1992: 138), 1990년대 초 보수 정부는 전례 없이 급격한 실업률의 증가에 대해 적극적 노동시장 정책을 과감하게 확대하는 것으로 대응했다.

적극적 노동시장 정책Active Labour Market Policy, ALMP에 대한 지출은 GDP의 1.7%에서 2.6%로 올랐으며, 1994년 보수 정부가 실각할 때까지 전체 노동자의 7.3%가 ALMP 프로그램에 참여했다. 이어진 사회민주주의 정부는 이와 같은 정책을 계속했다. 1992~1997년 사이의 기간 동안, 전체 공공 지출과 GDP 대비 비율로 보면 OECD 국가들 중 스웨덴의 ALMP 지출은 가장 높은 수준이며, 실업률을 통제하고 보면 더욱 그렇다(Thelen, 2014: 114, Fig. 4.1).

노동시장 정책이 전통적인 제조업으로부터의 전환을 쉽게 만드는 한편, 국가 혁신 정책은 ICT로의 이동을 역동적으로 장려하였다. 일찍부터 옹호자였던(그리고 '컴퓨터 괴물'로 잘 알려졌던) 수상 칼 빌트Carl Bildt는 1993년에 정부 위원회를 소집하여 스웨덴이 ICT 부문에서 선도적 역할을 하기 위한 포괄적인 계획을 제시하였다.[16] 하지만, 합의에 기반한 변화를 설명하는 온스턴(2018)의 관점과는 맞지 않는 특징으로, 그 위원회에는 스웨덴 생산자집단을 대표하는 인사가 단 한 명도 포함되지 않았다. 대신 이 위원회는 전원 통신이나 컴퓨터 소프트웨어 산업에서 활발히 활동하는 6개 기업(에릭슨의 CEO를 포함)의 임원들과 학계의 전문가들만으로 구성되었다(Swedish Government, 1994: 48). 스웨덴의 혁신 정책은 독일과 달리 특히 제조업자들보다는 IT의 이용자들과 인프라에 집중되었다(Fogelberg, 2011: 15-16; Augustsson, 2005: ch. 5). '인간 능력에 날개를'이라는 연상적인 제목의 위원회 보고서는 스웨덴 전역에 걸쳐 교실에 컴퓨터를 활용할 것과 교사에게 기술 교육을 시킬 것, 모든 수준에서 교육과 IT를 융합할 것을 장려하기를 제안하였다(Swedish Government, 1994: 118).[17] 정부는 본래 집단적 소유 실현을 목적으로 했던, 그러나 이미 폐지된 임노동자 기금을 전용하여 이러한 노력을 재정적으로 뒷받침했다(Augustsson, 2005: 89, n.37).

보수 정부가 실각한 후 스웨덴 노동조합도 참여했으며 IT 산업기술과 개인 기술을 확산하는데 중요한 역할을 수행한다. LO와 TCO는 컴퓨터 문해력이 조합원의 고용 전망에 결정적인 역할을 할 것이라는 점을 인식하고, PC 공급자들과의 협상을 통해 대량 구매에 따른 대규모 할인을 이끌어 내고 이를 그들의 조합원들에게 배포하였다(Fogelberg, 2011: 34). 다수의 스웨덴 임금노동자들은 이 방식으로 집에 첫 번째 컴퓨터를 장만하였다.[18] 스웨덴의 고용인 PC 구매 행사는 매우 인기가 좋았으며, 1997년에 좌와 우 양쪽의 정당이 이와 같은 구매에 세금을 면제하는 정책을 지원했다. '국가, 고용주, 그리고 노동조합 사이의 삼자 협력'이 만들어졌고, 이는 컴퓨터와 인터넷을 가진 스웨

16 스웨덴 기업 및 혁신부의 IT 정책국 선임 관리인 안데르스 헥토르Anders Hektor와 저자의 인터뷰, 스톡홀름, 2017년 5월.

17 '학교에 IT를'ITis프로그램에 대하여, 특히 아우구스트손(Augustsson, 2005: 88-9) 참조

18 TCO의 매츠 에세미르Mats Essemyr와 저자의 인터뷰, 2017.

덴 가구의 숫자가 극적으로 증가하는 결과를 가져왔다(Fogelberg, 2011: 34).

가장 큰 증가는 1996~2000년 사이에 발생했으며, 2006년까지 스웨덴의 430만 가구 가운데 160만 가구가 가정 PC 프로그램의 혜택을 누렸다.[19] 이 프로그램은 이제 '스웨덴 가정에 PC가 빠르게, 그리고 국제적으로 비교했을 때 상대적으로 이른 시기에 보급된 주된 이유로 간주'되며, '디지털 문해력에 엄청난 상승'을 제공함으로써 스웨덴의 IT 전환에 중요한 역할을 한 것으로 인정받고 있다(Fogelberg, 2011: 34).[20]

1990년대 후반 사회민주주의당 정부는 일반 국민들에게 (즉, 노조기반 작업 범위를 넘어서는 대상에 대해) ICT 기술을 확산하기 위한 정책으로 이와 같은 노력을 보완했다. 1997~2002년의 '지식 상승'KL 프로그램은 기존의 성인교육 센터에 훈련 과정을 제공했으며, 이 프로그램이 작동하는 5년의 기간 동안 매년 컴퓨터 과학이 특히 인기 있는 과목이었다. 1998~2000년 동안에는 별도의 프로그램으로 '스웨덴 정보와 기술'SWIT이 IT 기술을 특정하여 장려하였다(Thelen, 2014: 189).

이와 같은 공급 측면의 발전은 스웨덴 ICT 대유행을 설명하는 데 결정적이다. 스웨덴은 특출나게 많은 숫자의 ICT 전문가를 보유하고 있을 뿐만 아니라 국민들의 전체적인 디지털 기술 측면에서도 EU 국가들 가운데 최상, 혹은 최상위 국가들 중 하나이다.[21] 스카이프Skype나 스포티파이Spotify와 같은 기업뿐만 아니라, 스웨덴 게임 산업의 성공은 스웨덴 국민들이 ICT에 대해 매우 학식 있는 소비자(이자 생산자)라는 사실에 일부 기인한다(Pontusson, 2009: 108).

요약하자면, 독일이 자신들의 전통적인 제조업의 강점을 배가하는 동안, 스웨덴은 첨단기술 제조업과 서비스로 전환하였다. ICT를 장려하는 데는 국

19 1990년 후반 인터넷, 광역망, 컴퓨터의 급속한 확산에 대해서는 '스웨덴과 인터넷Svenskarna och Internet'(https://svenskarnaochinternet.se/rapporter/svenskarna-och-internet-2019/allmant-om-internetutvecklingen/)에 정리되어 있다.

20 헥토르Hektor 인터뷰, 2017: 주 17을 참조.

21 European Commission Digital Scoreboard(2020) 참조.

가 정책이 주요한 역할을 하였지만, 생산자집단의 지형은 스웨덴 성장체제의 이전을 수월하게 하는 데 결정적으로 중요했다. 스웨덴의 주요한 생산자집단 행위자들의 교차적인 이해관계는 독일 정치경제를 지배했던 부문 기반 계급 간 동맹의 등장을 방지하였다. 다양화된 사업 집단은 지식 집중 활동에 자원을 더 이전할 만한 강한 동기를 부여받았고, 'ICT 부문 내부에서뿐만 아니라 신규 산업과 전통 산업 사이의 조직적, 기술적 허브'의 역할을 통해 에릭슨이 중추적인 역할을 했다(Erixon, 2011: 71). 국가는 노동운동 내에서 권력의 균형을 육체노동자 LO로부터 사무직 노동조합 쪽으로 이동하는 과정을 보강하는 정책을 통해 고급시장으로의 이전을 적극적으로 지원하였다.

6. 네덜란드 성장전략: 회귀하기Transitioning Back

여기서 검토중인 세 국가 중에서 네덜란드는 최소한 전쟁 직후 시기 이 나라의 목표로부터는 가장 멀리 이동했다. 네덜란드 조합주의 제도들은 1940년대에 이 국가를 '농업으로부터 산업 경제로' 전환하기 위해 제조업을 장려할 목적으로 만들어졌다(Bouwens and Dankers, 2010: 753). 하지만 1950~1960년대 산업 발전은 저비용 전략을 전제로 했으며, 1970년대에 천연자원 수익이 급증하면서 네덜란드 화폐 가치가 급격히 상승하자 더이상 이러한 전략은 지속 가능하지 않게 되었다. 네덜란드 제조업의 붕괴는 네덜란드 조합주의 제도 내에 조직적 진공 상태를 만들었고, 정부로 하여금 국가의 성장체제를 좀 더 극적으로 재구성하여 설계하도록 했다. 이와 같이 만들어진 성장체제는 새로운 '소유자-노동자' 동맹을 전제로 한 것이었다(Engelen et al., 2008: 629).

전쟁 직후 네덜란드의 생산자집단은 1950~1960년대 독일과 비슷하게 노동조합은 육체노동자들이 지배적이었으며 제조업 관계자들은 정부와 가까이 지내는 특권을 누리고 있었다. 하지만 독일과 달리 네덜란드의 사회적 파트너십은 노동조합 계약의 범위를 엄청나게 확장하기 위해서 연장 조항을 주기적으로 사용하는 정부의 직접 지원에 의존하고 있었다(Hemerijck, 1995: 201).

제조업 진흥을 위해 만들어진 조합주의 제도들은 붕괴를 견디어 냈다. 그러나 1980년대에 정부가 서비스 분야로 눈을 돌리고 사회적 파트너십이 특히 조기 퇴직을 통해 제조업으로부터 질서 있게 퇴각하는 협상을 진행하는 과정에서 널리 알려진 폴더Polder 모델의 목표와 역할은 변질되었다. 노동조합은 1990년대에 '졸고 있는 관료적인' 투자자로부터 '자신의 권리를 지닌 뛰어난 금융기관'으로 성장한 기업 연금 기금의 공동 운용에 전적으로 협력했다(Dixon, 2008: 265). 이와 같은 발전은 금융과 국제 비즈니스 서비스를 둘러싼 새로운 노동자-소유자 동맹의 병합으로 이르는 길을 닦는 방식으로 노동조합의 이해를 변형시켰다. 여기서는 산업 관계, 노동시장 정책, 교육, 혁신 정책 등 가운데 가장 의미 있는 변화만을 다룬다.

1970년대와 1980년대 산업 관계는 여전히 제조업의 이해에 의해 지배되었으며 어느 산업 분야를 줄이느냐를 놓고 협상을 하는 데 집중하였다. 독일에서는 1970년대와 1980년대 초의 적응 과정이 제조업의 규모를 줄이면서도 경쟁력을 강화했지만, 네덜란드의 제조업은 지속적으로 쇠퇴하였다. 네덜란드 노동조합의 조합원 규모는 20% 이하로 추락했고, 이 나라의 선두 기업들(필립스, 쉘, 유니레버 포함)은 글로벌 확장과 다변화로 방향을 전환했다. 단체교섭이 산업 축소와 삭감을 중심으로 진행되면서, 보충적인 '2급'(단체교섭에 의한) 연금이 산업 관계에서 주요한 주제가 되었다. 사회부가 산별 수준에서 협상된 기업 연금을 해당 분야의 모든 기업에 의무화하는 것을 가능하게 만든 1949년 법안 덕분에, 네덜란드의 임금노동자 90%가 사회적 파트너들에 의해 공동 운영되는 산별 기금에 참여하였다(Anderson, 2012: 208).

고용주의 측면에서 1983년 막대한 보조금 지원을 받은 레인-스헬더-베롤메Rijn-Schelde-Verolme 조선소의 붕괴는 '구 산업 정책의 종말'을 의미했다(Velzing, 2013: 218). 선두 제조업 기업들과 직접 소통하던 경제부는 이제 산업국을 축소하고 스스로 거리를 두었다. 정부 고위 관계자들 안에서, 업계를 대신해 개입하는 것을 반대하고 서비스 분야로의 전환을 옹호하는 새로운 목소리가 생겨났다.[22] 네덜란드 보험업(ABN, Rabo, ING, Aegon으로 구성된)은 이 시기에 점점 더 영향력 있게 되었고, 네덜란드 임시직 에이전시 회사인 란드스타트Randstad는 전 세계적으로 산업계 내에서 두번째로 큰 기업이 되도록 성장했다.[23]

이 시기 동안 노동시장 정책은 정부가 제조업을 보존하는 정책으로부터 퇴각하고 대신 서비스 분야 고용을 장려하는 방식으로 경제 지형 변화를 반영 및 강화하였다. EU 의무 규정으로부터 일부 영향을 받아, 정부는 전통적으로 여성 고용을 장려하지 않던 (예를 들어 세법에 있는)차별적인 정책을 제거함으로써 노동시장에 여성의 유입을 장려하였는데, 이와 같은 변화는 과소고용 상태이거나 실업 상태인 남편을 위한 혜택을 줄이는 것과 동시에 일어난 변화라 할 수 있다(Watson et al., 1999: 26). 한 세대 안에 네덜란드는 여성 고용시장 참여의 측면에서 의미 있는 성장을 경험했다(Thelen, 2014: 164-5). 임금노동시장에 진입할 것이라고 기대하지 않았던 네덜란드 여성들은 고등학교에서 직업훈련 과정보다는 일반 과정을 선택했고, 그와 같은 기술(예를 들어 외국어)을 가지고 노동시장에 들어갔다. 이 기독민주주의 국가에서는 공공 어린이집의 부족으로 인해 대부분의 여성이 파트타임으로 일하지만 그들이 진입하고자 하는 서비스 산업에서는 어떠한 문제도 발생하지 않는다. 이 분야에서는 전통적인 제조업 부문보다는 어쨌거나 시간 조정이 훨씬 더 유동적이었다.

노동조합은 처음에는 파트타임 고용의 증가에 회의적이었는데, 1990년대 주택대출 상환을 위해 이와 같은 두번째 수입에 많은 식구들이 의존하고 있는 형편이다(Schwartz and Seabrooke, 2008: 258). 이와 같은 변화로 인해 이들의 이해관계는 시간제 노동의 유연성을 중시하는 서비스 기업의 이해관계와 맞물리게 되었다. 1993년 주요한 조합주의 협상은 노동시간과 동등 임금, 연장근무 수당, 휴일, 상여금, 산업 연금, 그리고 훈련 파트타임 일자리의 혜택과 지위에

....

22 경제부 기술정책국에서 활동하는 선임 공무원과의 인터뷰, 헤이그, 2015년 6월.

23 사회경제국 전 명예회원인 아드 콜나르Ad Kolnaar와의 인터뷰, 2010.

따른 차별을 금지하고 업그레이드하는 입법으로 이어졌다(Thelen, 2014: 168).

정부의 혁신 정책은 증가하는 비즈니스 서비스의 영향력을 한층 더 반영하고 강화하였다. 1996년 정부 보고서는 '지식경제'로의 전환을 지원하기 위해 '오래된 경제'(즉, 천연가스 채굴)의 자원을 활용하는 것을 옹호하였다(Vermeulen, 2015: 36). 1997년부터 2002년까지 사회민주당의 정부 수상이었던 마르자 바헤나르Marja Wagenaar는 고품질 광섬유 ICT 네트워크 개발에 가스 사업의 수익을 사용하기 위해 이 나라의 국제 지향적인 산업과 금융 부문에 '엄청난 수요'가 있음을 강조하였다.[24] 스웨덴이 IT 기술의 보급에 투자하고 있을 때와 거의 비슷한 시기에 네덜란드는 광범위한 IT 네트워크의 건설부터 시작해서(1996~1998) IT 인프라에 집중하였으며, ICT의 광범위 활용을 장려하는 정책으로 이어졌고(1998~2001), 그리고 이들의 적용 범위를 확장했다(2001~)(Jordi Molas-Gallart et al., 2003). 네덜란드는 이와 같은 기획으로부터 e-헬스, e-교육, e-정부 분야의 선두주자로 떠올랐다. 2013년에 이르면 이 나라는 가정 내 인터넷 접근 가구수와 인터넷 이용 시민 비율 측면에서 다른 모든 EU 국가들을 앞지른다.[25]

지식-집중 비즈니스 서비스로의 이동은 교육 체계의 중요한 개혁을 동반하고 이로부터 지원받았다. 독일이 전통적인 회사 기반 직업교육 훈련vocational education and training, VET와의 단절을 회피해 온 반면, 네덜란드 정부는 대부분의 사람이 특히 첨단 기술 서비스와 같은 서비스 산업의 발전에 핵심적이라고 여기는 일반 숙련을 진흥하기 위한 개혁에 착수했다(Anderson and Hassel, 2013: 187-8; Wren, 이 책 8장). 독일이 지속적으로 실용적인 훈련을 강조하고 과하게 '교과서적인' 공부를 권장하지 않은 반면, 네덜란드 정부는 일반 교육을 선호하기 시작했으며, 노동자의 노동 생애 동안에 '실용적인 기술은 상대적으로 쉽게 획득할 수 있는' 반면 '기초 지식은 나중에 따라잡기 힘들다'라

....

24 저자 인터뷰, 할프베그(Halfweg, 네덜란드), 2015년 6월.

25 European Commission Digital Scoreboard(2020).

고 주장했다(SCP, 2006: 269).

다시 독일과는 다르게 네덜란드의 대학 진학율은 매우 크게 증가했으며, 지난 세대 동안 미국의 수준을 거의 따라잡았다. 그림 6.4가 보인 바와 같이, 네덜란드 대학교육의 경향은 1990년대에 크게 증가하기 시작하여 스웨덴의 경로를 유사하게 따라간다. 교육에서의 변화는 다시 1994~2008년 동안 저숙련 일자리는 줄어들고 전문직 서비스 영역 전반에 걸쳐 고용이 가파르게 늘어나도록 부채질했다(Gielen and Schik, 2014: 6).

네덜란드 노동조합은 남성 제조업 노동자들에 의해 지속적으로 과잉대표되었는데, 제조업으로부터 벗어나는 전환으로 인해 이들은 서비스 부문, 그리고 최종적으로는 금융 서비스 부문과 함께 가게 되었다. 극도로 높은 수준의 소비자 부채가 특징인 국가에서 1.5 맞벌이 수입(그리고 여성의 고용)에 광범위하게 의존해 온 점은 또 하나의 요인이다(Afonso and Visser, 2015: 242). 하지만 더 중요한 점은 연금 기금이 노동조합에 의해 공동 관리되고 있다는 점이다. 네덜란드 연금 기금은 매우 규모가 커서, 2012년에 이 나라 GDP의 160%에 이른다(독일과 스웨덴의 연금 기금은 각각 GDP의 6.3%와 9.2% 수준인 것과 비교됨)(OECD, 2013: 11).

거대 기관 투자자들이 전 세계적 수준에서 운용할 정도로 네덜란드 연금 기금이 커지면서, 노동조합은 네덜란드 경제의 금융화에 든든한 동맹 세력이 되었다(Van der Zwan, 2014: 118). 네덜란드 사회적 경제 위원회의 어느 선임 정책관은 연금의 공동 관리가 네덜란드 조합주의를 안정화한 방식을 다음과 같이 강조했다. "전 부문에 걸친 연금의 공동 관리는 네덜란드 노동조합에게 제도적 강점의 중요한 기초이다."[26] 그는 2층 연금second-tier pensions의 건전성에 대한 공동 이해관계로 인해 사회적 파트너들이 이 영역에서 '지속적이고 긴밀하게' 협력하고 있음을 지적한다.

이와 같은 변화들은 2000년대 후반 재정 위기에 대한 독일과 네덜란드의

....

26 바트 반 리엘Bart van Riel과의 저자 인터뷰, 2015년.

매우 상이한 반응을 설명해 준다. 독일에서 금융위기는 (금융) 외부자에 대항하여 기업 내부자(관리자와 노동조합) 사이 계급 간 동맹을 동원한 반면, 네덜란드에서는 대안적인 '노동자-소유자' 동맹(노동조합+금융 관계자)이 규제적인 속박의 문제가 아니라 '상호 동의의 정치학'으로서 더 엄격한 규제 압력을 완화하였다(Engelen et al., 2008: 621-2).

지식집약적인 비즈니스 서비스와 금융으로의 전환은 특히 1950년대와 1960년대 이 나라가 추구하던 저비용 산업 전략과 비교했을 때 네덜란드 정치경제의 중요한 변화를 대표한다. 네덜란드 교육부의 중요한 관리는 독일 정책 결정자가 전혀 상상할 수 없을 만한 문장을 통해 다음과 같이 말했다. "우리는 우리 자신이 금융과 서비스, 즉 서비스 경제라고 생각합니다."[27] 1970년대 네덜란드 제조업의 붕괴는 제조업으로부터 빠져나오는 과정에서 네덜란드 노동자를 소유자로 전환함으로써 이들 사이의 새로운 계급 간 동맹의 기반이 되면서 생산자집단의 지형을 극적으로 바꿔놓았다(Engelen et al., 2010: 68-9). 유서 깊은 폴더 모델은 깨지지 않았으며, 놀랍게 재구성되어 FIRE 산업을 위해 점점 더 기여하고 있다.

7. 결론

이 장은 지식경제로 향한 세 개의 사뭇 다른 경로에 대한 정치적인 토대를 기술하였다.

독일의 사례는 그 경제 행위의 구성에 있어 전통적인 생산품과 생산 과정이 디지털 기술에 의해 혁신되기는 하였으나 놀랍도록 연속성을 보여 준다는 점에서 독보적이다. 이 사례의 경우, 정부 정책으로 지원받고 강화된 제조업에서의 강력하고 끈질긴 계급 간 연합이 지식경제로의 전환기 내내 주도적 위치

27 네덜란드 교육부 선임 관리와 저자 인터뷰, 2015.

에 있었다.

스웨덴은 전후 성장체제를 주도해 온 특정 기업 집단 다수가 각기 다른 종류의 경제활동으로 전환함으로써 상대적으로 모호한 일련의 변화를 경험했다. 포괄적 노동조합과 다양한 이해관계를 아우르는 구조는 독일식 이원주의를 완화하여 제조업과 서비스 모두에서 더 높은 부가가치 시장으로 자원을 전환하는 것을 용이하게 했다. 여기서는 정부 정책이 산파의 역할을 했으며, 지식 집중 기업이 번성할 수 있는 인프라를 구축하는 혁신과 교육 정책을 통해 고급시장으로의 이동을 지원했으며, 노동운동 내부에서는 이미 성장하고 있는 임금노동자들의 힘과 규모를 더욱 강화하였다.

기존 저비용 제조업 전략의 몰락이 전통적인 사회적 파트너십 제도 안에서 더욱 의미 있는 동맹 재규합이 발생할 수 있는 길을 닦아 주는 동안, 네덜란드는 더욱 심오한 전환을 경험했다. 네덜란드의 경우, 정부가 서비스 산업으로의 이전을 활발히 지원하고 조직 노동계가 진화한 것이 기반이 되어, 첨단 기술을 수용한다는 변화는 있었으나 정치경제는 무역과 금융 부문에서 기존의 전통적 강점으로 복귀하는 방향을 설정하게 되었다.

여기에 요약한 서로 다른 세 변화 경로는 지식경제로의 전환에서 가능한 모든 경로를 보여 주지는 않는다. 이 책의 다른 장에서 분석한 바와 같이 정치적 역학 관계와 동맹에 따라 각 나라는 다른 경로를 보여 줄 수 있다. 더 나아가, 여기에 정리된 세 개의 경로는 최소한 중기적으로는 성장을 도모할 수 있다는 측면에서 경제적으로 활용 가능한 것으로 보인다. 하지만 각각의 사례들은 서로 다른 요인들에 다소 취약한 측면이 있고 다른 분배적 결과물들과 관련되어 있다. 독일의 제조업 기반 수출주도 성장은 국제시장에서 엄청나게 성공적이다. 하지만 자동차 산업과 같은 전통적인 부문에 대한 지속된 강조는 독일 생산자들을 그칠 것 같지 않는 지속적인 비용 압력에 노출시킬 것이며, 이는 이미 노동시장 내부자와 외부자 사이의 점증하는 단절에 기여해 왔다. 질투심을 가질 만한 이들의 무역 흑자에도 불구하고, 독일의 정치경제는 높은 수준의 저임금 노동과 빈곤을 경험하고 있다.

스웨덴의 성장체제는 더욱 복잡하고 일부에게는 더 균형 잡힌 것으로 보인다(Baccaro and Pontusson, 2016; 이 책 3장). 다양한 층위에서 이 나라의 경제가 성공적인 것은 사실이지만, 앞에 기술한 변화들은 잠재적으로 불안한 역학 관계를 예고하고 있다. 저숙련 노동자의 높은 노동조합 가입률은 임금 하락 압력에 탄탄한 방어막이 되고 있지만 사무노동자 이해관계자들의 숫자와 힘이 커지면서 스웨덴 수입 분포 상층부에서의 불평등은 증가하였다. 고용주들은 이와 같은 변화 경향을 활용하여 LO를 배제하려고 시도하고 있으며, 이것이 성공할 경우에는 지금까지 상대적으로 호혜적이었던 스웨덴 자본주의 모델에 심대한 영향을 미치게 될 것이다.

마지막으로 네덜란드 성장체제는 한때 매우 뒤처져 있던 여성의 노동시장 참여율 수준이 엄청나게 개선되는 등 많은 강점을 가지고 있다. 하지만 동시에 점증하는 금융의 역할은 거품경제 역학이나 노동조합의 약화나 분절화와 같이 미국 등 자유시장 경제에서 찾아볼 수 있는 병인들에 네덜란드 정치경제가 취약해지도록 만들었다. 엔헬렌Engelen 등이 지적한 바와 같이, 네덜란드는 자본주의 다양성 맥락에서 극단적인 이상치로서 높은 수준의 금융화와 높은 수준의 조정을 결합해 놓은 경우이다(Engelen et al., 2010: 61). 이와 같은 조합이 장기적으로 안정적일 수 있을지는 앞으로 지켜봐야 할 사안이다.

이 장에서 검토한 세 국가들로부터 한발 물러서 보면, 두 개의 총괄적인 결론이 눈에 띈다. 첫째, 기존 VoC 분석틀의 핵심 주장과 일치하는 것으로, 기술 변화의 공유된 압력은 자본주의에서 하나의 지배적인 모델로 수렴하기 어렵다는 점이다. 둘째, 이 세 개의 조정시장경제에서 살펴본 서로 다른 발전경로는 (일부는 우리가 전통적으로 자유주의 모델과 연관짓는 강점 분야로의 진입을 포함하여) VoC 이론이 본래 구상된 방식으로는 현재의 변화를 충분히 설명하는 데 역량상의 한계가 있음을 보여 준다. 필자의 분석에 따르면, 정치경제의 회복력과 변화를 좀 더 역동적으로 이해하려면 서로 다른 자본주의 모델을 뒷받침하는 특정 제도적 배열에 대한 논의를 벗어나, 이 모델들이 의존하는 정치적 동맹 관계의 변화에 더욱 주목할 필요가 있다.

참고문헌

Afonso, A. and Visser, J. 2015. "The Liberal Road to High Employment and Low Inequality?." In *European Social Models from Crisis to Crisis*, edited by Jon Erik Dølvik and Andrew Martin. Oxford: Oxford University Press, 214-45.

Anderson, K. M. 2012. "The Netherlands: Reconciling Labour Market Flexicurity with Security in Old Age." In *Labour Market Flexibility and Pension Reform*, edited by Karl Hinrichs and Matteo Jessoula. Basingstoke: Palgrave, 203-30.

Anderson, K. M. and Hassel, A. 2013. "Pathways of Change in CMEs: Training Regimes in Germany and the Netherlands." In *The Political Economy of the Service Transition*, edited by Anne Wren. Oxford: Oxford University Press, 171-94.

Augustsson, F. 2005. *They Did IT: The Formation and Organisation of Interactive Media Production in Sweden*. Stockholm: National Institute for Working Life.

Baccaro, L. and Pontusson, J. 2016. "Rethinking Comparative Political Economy: The Growth Model Perspective." *Politics & Society* 44 (June): 175-207.

Beramendi, P., Häusermann, S., Kitschelt, H. and Kriesi, H. 2015. "Introduction." In *The Politics of Advanced Capitalism*, edited by Pablo Beramendi, Silja Hausermann, Herbert Kitschelt and Hanspeter Kriesi. New York: Cambridge University Press, 1-64.

Bouwens, B. and Dankers, J. 2010. "The Invisible Handshake: Cartelization in the Netherlands, 1930-2000." *Business History Review* 84(4) (Winter): 751-71.

Bundesagentur für Arbeit. 2009. *Der Arbeitsmarkt in Deutschland: Kurzarbeit, Aktuelle Entwicklungen*. Berlin: Bundesagentur für Arbeit, 11-13.

Bundesministerium für Wirtschaft und Energie. 2020. "Gemeinsam die Industrie stärken." https://www.bmwi.de/Redaktion/DE/Dossier/buendnis-zukunft-industrie. html (accessed February 3, 2020).

Chang, L. 2016. "When It Comes to the IoT, Germany is Beating the U.S." *Digital Trends* (June).

Dixon, A. 2008. "The Rise of Pension Fund Capitalism in Europe." *New Political Economy* 13 (September): 257-8.

Eichhorst, W. and Marx, P. 2009. "Reforming German Labor Market Institutions: A Dual Path to Flexibility." *IZA Discussion Paper* 4100 (March 2009). Bonn: Forschungsinstitut zur Zukunft der Arbeit.

Engelen, E., Konings, M. and Fernandez, R. 2008. "The Rise of Activist Investors and Patterns of Political Responses." *Socio-Economic Review* 6(4) (October): 611-36.

Engelen, E., Konings, M. and Fernandez, R. 2010. "Geographies of Financialization in Disarray: The Dutch Case in Comparative Perspective." *Economic Geography* 86(1) (January): 53-73.

Erixon, L. 2011. "Under the Influence of Traumatic Events, New Ideas, Economic Experts and the ICT Revolution: The Economic Policy and Macroecnomic Performance of Sweden in the 1990s and 2000s." *Comparative Social Research* 28(1) (October): 265-330.

European Commission Digital Scoreboard. 2020. https://ec.europa.eu/digital-singlemarket/en/scoreboard/sweden (accessed February 4, 2020).

Ewing, J. 2009. "Car-Scrapping Plans—Germany's Lessons." *Der Spiegel*, May 7, 2009.

Fogelberg, H. 2011. "Research on IT Use and Users in Sweden, with Particular Focus on 1990-2010." *Working Paper of the Division of History of Science and Technology*, [TRITA/HST/2011/1], 15-16.

Forsberg, B. 2013. "De 15 nya familjerna." *Affärsvärlden*, June 25, 2013.

Gielen, A. and Schils, T. 2014. "Non-Standard Employment Patterns in the Netherlands." *IZA Policy Paper* 77 (January 2014).

Graf, L. 2018. "Combined Modes of Gradual Change." *Socio-Economic Review* 16 (2018): 185-205.

Halldén, K., 2008. "The Swedish Educational System and Classifying Education Using The ISCED-97." In *International Standard Classification of Education (ISCED-97)*, edited by Silke L. Schneider. Mannheim: MZES, 253-67.

Hall, P. and Soskice, D. 2001. *Varieties of Capitalism*, Oxford: Oxford University Press.

Hemerijck, A., 1995. "Corporatist Immobility in the Netherlands." In *Organized Industrial Relations in Europe: What Future?*, edited by Colin Crouch and Franz Traxler. Aldershot: Avebury, 183-226.

Hope, D. and Soskice, D. 2016. "Growth Models, Varieties of Capitalism, and Macroeconomics." *Politics & Society* 44 (June): 209-26.

Ibsen, C. L. and Thelen, K. 2017. "Diverging Solidarity: Labor Strategies in the New Knowledge Economy." *World Politics* 69(3) (July): 409 47.

Iversen, T. and Soskice, D. 2015. "Democratic Limits to Redistribution: Inclusionary versus Exclusionary Coalitions in the Knowledge Economy." *World Politics* 67 (April): 185-225.

Larsson, M. and Petersson, T. 2013. "Tradition and Renewal—Business Groups in Sweden from the late 19th Century to the Present Day." Paper presented at the European Business History Association, Uppsala, August 2013.

Lindgren, H. 2002. "Succession Strategies in a Large Family Business Group: The Case of the Swedish Wallenberg Family." Paper prepared for the 6th European Business History Association Congress, Helsinki, August 22-4.

Milne, R. 2015. "Meet the Wallenbergs." *Financial Times*, June 5, 2015.

Molas-Gallart, J., Tang, P., Flowers, S., Hulsink, W., Davies, A., Gooijer, W. and Spaapen, J. 2003. "A Review of the ICT Policy in the Netherlands and the UK." *Swedish Institute for Growth Policy Report* A2003:015. Stockholm: Swedish Institute for Growth Policy Studies.

OEC. 2016a. "What Does Germany Export? (2016)." http://atlas.media.mit.edu/en/visualize/tree_map/hs92/export/deu/all/show/2016/ (accessed February 3, 2020).

OEC. 2016b. "What does Sweden export? (2016)." https://oec.world/en/visualize/tree_map/hs92/export/swe/all/show/2016/ (accessed February 3, 2020).

OEC. 2016c. "What Does the Netherlands Export? (2016)." http://atlas.media.mit.edu/en/visualize/tree_map/hs92/export/nld/all/show/2016/ (accessed February 3, 2020).

OECD STAN indicators. 2011. "Employment Share in ICT Manufacturing and Service Activities." OECD STAN indicators, 1970-2014. https://stats.oecd.org/Index.aspx?DataSetCode=STANINDICATORS (accessed February 3, 2020).

OECD. 2015. *Government at a Glance 2015*. Paris: OECD Publishing.

OECD. 2013. *Pension Markets in Focus*. Paris: OECD.

Ornston, D. 2018. *Good Governance Gone Bad: How Nordic Adaptability Leads to Excess*. Ithaca, NY: Cornell University Press.

Palier, B. and Thelen, K. 2010. "Institutionalizing Dualism: Complementarities and Change in France and Germany." *Politics & Society* 38 (March): 119-48.

Pontusson, J. 1992. *The Limits of Social Democracy*. Ithaca: Cornell University Press.

Pontusson, J. 2009. "Once Again a Model: Nordic Social Democracy in a Globalized World." In *Futures of the Left*, edited by George Ross, James Shoch and James Cronin. Durham: Duke University Press.

Schneider, M. and Paunescu, M. 2012. "Changing Varieties of Capitalism and Revealed Comparative Advantages from 1990 to 2005." *Socio-Economic Review* 10 (October): 731-53.

Schwartz, H. and Seabrooke, L. 2008. "Varieties of Residential Capitalism in the International Political Economy." *Comparative European Politics* 6(3) (September): 237-61.

SCP (Dutch Office of Social and Cultural Planning). 2006. Duaal Als Ideaal? The Netherlands: The Hague.

Spiegel Online. 2018. "Deutschland erzielt weltweit größte Überschuss." *Der Spiegel*, August 20, 2018.

Steinmo, S. 2010. *The Evolution ofModern States*. New York: Cambridge University Press.

The Economist. 2006. "Sweden's Enduring Business Dynasty." *The Economist*, October 14, 2006, 73-4.

Swedish Government. 1994. *Vingar åt människans förmåga*. Stockholm: Statens offentliga utredninngar, 118.

Thelen, K. 2014. *Varieties of Liberalization*. New York: Cambridge University Press.

Thelen, K. 2017. "Diverging Solidarity: Labor Strategies in the New Knowledge Economy." *World Politics* 69 (July): 409-47.

Van der Zwan, N. 2014. "Making Sense of Financialization." *Socio-Economic Review* 12(1) (January): 99-129.

Velzing, E.-J. 2013. "Innovatiepolitiek: Een reconstructie van het innovatiebeleid van het miniterie van Economische Zaken van 1976 tot en met 2010." PhD Thesis, Amsterdam School of Economics Research Institute.

Vermeulen, N. 2015. "From Virus to Vaccine: Projectification of Science in the VIRGO Consortium." In *Collaboration Across Health Research and Medical Care: Healthy Collaboration*, edited by Bart Penders, Niki Vermuelen and John N. Parker. Surry, England: Ashgate Publishing, 31-58.

Watson, M., Bakker, B. B., Martijn, J. K. and Halikias, I. 1999. *The Netherlands: Transforming A Market Economy*. Washington DC: International Monetary Fund.

Wiarda, J. M. 2011. "Dual an der Spitze." *Die Zeit*, July 21, 2011. http://www.zeit.de/2011/30/C-Dual (accessed February 4, 2020).

제7장

성장전략 및 고용주 연합: 복지국가 새로 짜기

캐시 조 마틴Cathie Jo Martin

1. 서론

지난 2015년 덴마크는 에너지, 공공시설 및 기후부Ministry of Energy, Utilities and Climate를 설립했다. 이 작은 북유럽 국가의 이런 조처는 화석 연료에 대한 의존에서 벗어나고, 에너지 효율성을 높이고, 새로운 녹색 테크놀로지를 구축하도록 하기 위함이었다(출처: State of Green). 많은 덴마크 고용주들은 녹색 전환을 세계 시장에 최첨단 기술을 수출하는 한편 사회적으로 책임 있는 의제를 발전시킬 수 있는 큰 기회로 본다(출처: Denmark Energy Agency). 이와는 극히 대조적으로 트럼프 대통령 하의 미국 환경보호청U.S. Environmental Protection Agency은 환경 기준을 완화하려는 산업계의 이해관계에 부응해 규제를 철회하는 캠페인을 벌였다. 이렇게 극명하게 대조되는 정책 의제와 이에 동참하는 고용주들의 선호를 어떻게 이해해야 할까?

짧게 답하자면, 덴마크와 미국은 서로 다른 성장전략을 택했기 때문이다. 이 책의 1장에서 하셀과 팔리에Hassel and Palier가 보여 주듯이, (각국의)다른 성장전략은 경제, 사회, 환경에 대한 기업, 노동자, 소비자의 선호를 형성하는 제도와 조직 네트워크에 기반한 성장체제와 관련이 있다. 다양한 성장체제는 사회 정책과 노동시장 정책에 대한 독특한 선택을 이끌어 낸다. 왜냐하면 경제 거버넌스의 방식이 노동자들의 숙련과 생산성에 대해 서로 다른 요구를 하기 때문이다.

(각국)정부는 외부의 압력에 대응해 성장전략을 주기적으로 바꾼다. 이런 새로운 목표와 이를 달성하기 위해 제안된 정책은 성공적으로 국가의 성장체제를 변화시킬 수 있다. 결정적 시점에서 새로운 성장전략을 선택하는 것은 역동적인 과정으로, 갈등을 수반하며 때로는 타협으로 완화되기도 한다. 과거에 유사한 성장체제를 가졌던 국가들도 새로운 성장전략을 개발하는 방식에 있어 차이를 보일 수 있다. 실제로, 글로벌 경제 위기 이후 다양한 성장전략이 나타나면서 위기 이후, 탈산업화 경제에서 복지국가의 경계를 변화시킨(Avlijaš et al., 이 책 12장 참조) 혼합된 성장체제hybrid growth regimes가 확산되었다(Picot, 이 책 4장 참조). 지배적인 생산자집단은 위기 이후 새로운 성장전략을 구체화하는 데 중요한 역할을 한다. 그러나 국가는 이러한 새로운 성장전략(및 사회 개혁 패키지)을 마련하기 위해 영향력 있는 고용주와 조직화된 이해관계자들과 연합을 구축해야 하며, 이 과정은 자동적이거나 기능주의적으로 이뤄지는 건 아니다.

이 장에서는 고용주들이 변화하는 성장전략을 중심으로 형성된 연합에 어떻게 참여하는지를 탐구한다. 지배적인 생산자집단의 사회적 선호는 앞선 장에서 설명된 국가의 성장모델과 일치해야 한다. 여기에는 제조업 상품 수출을 통한 성장, 역동적 서비스 수출을 통한 성장, 공적public 케인스주의 재정 정책에 의존한 수요주도 성장, 그리고 쉬운 대출과 가계 부채를 촉진하는 사적private 케인스주의 정책에 의존한 수요주도 성장이 포함된다. 따라서 주로 수출을 통해 경제성장을 이루는 국가에서는 지배적인 생산자집단이 수출 전략을 지속시키기 위한 사회 정책을 선호할 것이다.

그러나 노사 관계 제도는 지배적인 생산자집단이 국가 및 기타 사회적 행위자들과 협력하여 경제적, 사회적 선호를 개념화하고, 새로운 성장체제를 구축하는 데 집단적으로 참여하는 방식에 중요한 역할을 한다. 특히 거시적 조합주의 제도를 가진 국가에서는 고용주들이 경제성장을 지속시키는 높은 수준의 사회적 지원을 유지하는 집단적 입장을 협상한다. 거시적 조합주의의 정점에 있는 기업 연합체는 고용주들이 경제성장에 대한 사회적 기여에 대한 논의에 참여하게 하고, 집단 행동의 한계를 극복하며, 협상된 규정을 준수하도록 강제하고, 정책 결정에 있어 기업이 상당한 영향력을 행사할 수 있게 한다. 무엇보다도 높은 수준의 조정은 기존 성장전략이 더 이상 효과적이지 않은 시점에서 경제적 조정을 수행할 수 있는 역량을 강화한다.

이 장의 나머지 부분에서는 대안적 성장 경로를 추구하는 지배적인 생산자집단의 복지국가 선호를 설명한다. 이후 노사 관계 조직이 기업의 선호, 공공-민간 연합에 참여할 의지, 경제 조정 능력에 어떻게 이바지하는지 살펴본다. 예컨대, 국제금융위기 이후 덴마크 정부는 새로운 녹색 성장전략을 제시하고, 조직화한 고용주들과 협력하여 축소되는 제조업 부문을 활기찬 재생에너지 부문으로 확장했다. 덴마크의 경제 회복economic renewal 능력과 사회적 파트너들의 지원 덕분에 높은 수준의 사회적 지원이 지속될 수 있었다.

2. 성장전략과 사회 정책

전후 경제적 번영의 황금기 동안, 산업사회들은 사회 보호 제도를 통해 높은 수준의 경제성장을 달성했다(Shonfield, 1965). 그러나 지난 몇십 년간의 경제적 변혁은 '복지국가의 경계Boundary of the welfare state'[1]를 다양하게 재편했다. 많은 서비스 부문은 제조업에 비해 생산성 성장률이 낮기에 탈산업화는 국가

....

1 복지국가의 지속 가능성, 확대 가능성 및 그에 따른 사회적 비용과 이익의 균형을 논의할 때 중요한 개념으로 사용된다. 경계는 곧 복지국가의 역할과 책임의 한계를 가리킨다고 할 수 있다-역자주.

가 사회 보호social protections 시스템에 지불할 수 있는 능력에 한계를 부과한다(Iversen and Wren, 1998). 또한 국제금융위기와 그 후의 대침체는 성장률에 큰 타격을 주었고, 증가하는 경제적 위험에 대응하는 사회 보호 능력을 약화시켰다.

많은 나라의 정책 결정자들은 경쟁력을 높이기 위해 부채 축소와 구조 개혁을 새로운 경제적 통찰로 받아들였다(Lehndorff, 2015: 13). 이러한 맥락에서, EU 2020 전략은 경제적 경쟁력을 강화하기 위해 성장 촉진 정책과 복지국가의 구조 개혁을 결합할 것을 요구했다(European Commission, 2010; Hassel and Palier, 이 책 1장).

각국은 긴축 시대에 사회 보호를 유지하는 능력에서 차이를 보였으며, 이는 부분적으로 그 나라의 지배적인 성장체제에 기인한다(Wren, 이 책 8장; Hassel and Palier, 이 책 1장 참조). 어떤 나라들은 고품질의 제조업 제품이나 역동적 서비스를 수출하여 수출 시장 성장을 통해 경제성장을 추구할 수 있다. 반면에, 일부 국가는 케인스주의 정부 개입(세금 감면 또는 지출)이나 사적 케인스주의 정책(쉬운 대출)으로 가계 소비를 자극하여 내수 중심으로 성장할 수 있다(Baccaro and Pontusson, 2016, 이 책 3장; Hassel and Palier, 이 책 1장; Picot, 이 책 4장 참조).

다양한 성장체제는 경제 및 사회 정책 영역에 대한 정부의 개입에서 서로 다른 성장전략을 요구하며, 국가 성장체제와 복지체제 간에는 상관관계가 있다. 주로 고부가가치 시장을 대상으로 한 제조업 제품이나 역동적 서비스 수출을 통해 성장을 이루는 국가들은 대개 높은 수준의 노동력 기술을 요구하며, 이를 위해 공급 측면에서 인적 자본에 대한 투자가 필요하다(Wren, 이 책 8장). 이러한 국가들은 높은 수준의 기술 교육과 적극적인 노동시장 정책을 지원하는 공공 지출 정책을 시행한다. 다른 국가들은 수요 측면 정책을 사용하여 가계 소비를 촉진하는 케인스주의적 정부 개입을 통해 성장을 추구한다. 이들은 세금 및 지출을 포함한 확장적 재정정책이나 사회적 혜택을 사용하여 가계 소비를 자극할 수 있다(Hall and Soskice, 2001; Iversen and Soskice, 2001;

Hassel and Palier, 이 책 1장 참조). 금융화 성장전략을 채택한 국가들은 가계 소비를 촉진하지만, 이는 신용 및 부동산 시장을 규제 완화하는 정책을 통해 이루어진다. 이러한 국가들은 낮은 저축률, 주택 가격 인플레이션, 높은 비율의 연금 자산을 특징으로 한다(Hassel and Palier, 이 책 1장 참조). 이러한 사적 케인스주의(Crouch, 2009) 또는 상업적commercial 케인스주의(Collins, 1981; Martin, 1991) 성장전략은 주로 자유시장경제에서 빈번히 나타난다.

탈산업화 초기에는 국가들이 수출주도 성장과 소비주도 성장 중 하나를 선택하는 경향이 있었으며, 독일과 영국이 이를 대표하는 사례였다(Hassel and Palier, 이 책 1장; Hassel, 2014). 그러나 위기 이후, 이러한 이상적인 성장모델들은 여러 혼합 모델로 변모했다. 국가 성장체제는 다양한 성장전략을 결합해 사용할 수 있기 때문이다(Picot, 이 책 4장 참조). 일반적으로 대륙과 북유럽 국가들은 높은 수출 성장을 기록하고 있으며, 이는 자유시장과 지중해 국가들의 낮은 수출 성장과 대조된다. 또한 북유럽 국가들은 높은 수준의 수요주도 성장도 보인다(Baccaro and Pontusson, 이 책 3장; Hassel and Palier, 이 책 1장 참조).

3. 성장전략, 생산자 이해관계 및 복지국가 선호

(각국) 정부는 부를 축적하고 복지국가를 촉진하기 위한 전략을 개발함으로써 경제성장을 도모하며, 이를 위해 핵심 생산자, 노동자, 소비자와의 연합을 구축한다. 이 같은 연합에서 생산자 이해관계는 특별히 중요하다. 생산자 이해관계는 가장 직접적으로 성장동력과 연관돼 있기 때문이다. 산업 부문 분석은 다양한 사업 부문이 선호하는 사회 보호 방안을 식별하는 데 유용하다(Milner, 1988; Salamon and Siegfried, 1974; Jacobs, 1988; Martin, 1991; Mitchell et al., 1997; Martin and Thelen, 2007; Palier and Thelen, 2010; Martin, 2016; Hassel and Palier, 이 책 1장; Thelen, 2014, 이 책 6장 참조). 생산자 이해관계는 여러

갈등 지점fault line에 따라 분열된다. 첫 번째는 기업이 제조업 제품을 생산하는지, 서비스를 생산하는지에 따라 나뉜다. 두 번째는 기업이 수출 시장을 대상으로 하는지, 내수 시장을 대상으로 하는지에 따른 차이다. 또 다른 구분은 기업이 고숙련 노동자를 고용하는지, 저숙련 노동자를 고용하는지에 따라 나뉜다. 이러한 구분은 생산자집단의 생산 선택(가격 경쟁 vs. 품질 경쟁), 정부 성장전략에 대한 지지(수출주도 성장 vs. 수요주도 성장), 그리고 사회적 선호에 영향을 미친다.

이러한 균열은 여러 유형의 생산자집단을 형성한다. 이 중 여섯 가지 유형을 확인할 수 있으며, 이를 순차적으로 살펴본다.

첫 번째 유형은 수출 지향적 제조업 부문으로 구성된다. 오늘날 유럽 전역에서 서비스 산업이 제조업을 압도하고 있지만, 일부 국가들은 여전히 제조업 생산 비중을 더 많이 유지하고 있으며, 이러한 산업 부문은 특히 수출 성장의 영향력 있는 주체일 수 있다(위기 이후 제조업이 선진 산업 국가로 다시 돌아오는 경향도 있다).

(특히 조정시장경제에서) 수출 시장을 대상으로 하는 제조업체들은 고급 틈새시장을 위한 고품질 제품을 생산하며, 고도로 특화된 기술을 가진 노동력이 있어야 한다. 반면, 서비스 부문의 고용주들은 일반 기술을 배양하는 프로그램을 선호하는 경향이 있다. 제조업체들은 숙련되고 안정적인 노동력이 있어야 해서 사회 보호(시스템)를 더 지지하는 반면, 가격 경쟁에 의존하고 적은 기술을 요구하는 자유시장경제의 고용주들은 그렇지 않다(Lipietz, 1987; Hall and Soskice, 2001; Streeck, 1992). 이 제조업체들은 높은 수준의 집단 협상을 진행하며, 연대 임금으로 인해 고숙련 인력high-end workers의 임금은 약간 억제되지만, 고용주들이 생산성을 높이는 사회적 투자에 더 헌신하도록 만든다. 따라서, 수출 시장을 위한 제조업체들은 인적 자본 투자(예: 직업교육 및 훈련VET과 적극적 노동시장 정책ALMP)를 통해 특화된 기술을 촉진하는 사회적 프로그램을 더 지지해야 한다. 또한 이들은 덜 생산적인 노동자를 기업에서 이동시킬 수 있도록 돕는 사회적 프로그램을 선호한다(Mares, 2003).

수출을 주도하는 제조업체들은 수요를 자극하는 재정 및 사회 정책의 열렬한 지지자가 아닐 수 있지만, 이들이 주변 집단을 위한 수동적 사회 보호(수요를 증가시키는 역할)를 지지할지는 부분적으로 고용주가 어떻게 조직되어 있는지에 달려 있다. 수출 시장을 겨냥한 제조업체들은 수요주도 정책이 물가 상승을 초래할 수 있다는 우려 때문에 이에 신중할 가능성이 있으며, 특히 생산성 성장과 무관한 국내 서비스 부문의 임금인상에 반대할 가능성이 크다. 이러한 고용주들은 수출 부문 외부의 실업 문제보다는 인플레이션에 더 민감하게 반응할 것이다.

수출 제조업체들은 핵심 제조업 노동자의 기술 향상을 위한 사회 개혁을 지지하지만, 저숙련 노동자나 실업자를 위한 자동 혜택에는 반대할 수 있다. 이들은 고급 기술을 가진 육체노동자를 위한 광범위한 직업훈련 프로그램을 선호할 수 있지만, 저숙련 청년, 서비스 부문 노동자, 이민자들이 접근하기 어렵게 높은 기준을 요구할 가능성도 있다(Busemeyer, 2014; Martin and Knudsen, 2010). 따라서 프랑스와 독일의 수출 제조업체들은 국가에 핵심 부문의 생산성을 보호해달라고 요구하면서 주변 노동자들을 소외시키기도 했으며, 이러한 이중주의dualism는 비임금 문제와 비정형 고용계약에 관한 기업 수준의 협상에서 나타났다. 또한, 고령의 내부자를 보호하기 위한 사회적 파트너들의 유인은 일부 강력한 노사 관계 조직이 기존의 연대적 사회 협약에서 벗어나게 만들었다(Palier and Thelen, 2010).

수출 제조업체가 강력한 국가들은 금융위기 이후 비교적 성공을 거두었는데, 이는 이들 국가의 성장모델이 자산 버블에 의존하지 않았기 때문이다(Wren, 2013). 더 나아가, 고급 및 중급 기술을 사용하는 제조업체들이 있는 국가들은, 이러한 기술을 사용하지 않는 국가들에 비해 높은 사회 지출을 유지하고 이중주의를 피하기가 더 쉬울 수 있다. 이는 고급 기술 기업의 높은 생산성 성장률 덕분이다(Schnyder, 2012; Thelen, 이 책 6장; Wren, 이 책 8장 참조).

두 번째 유형의 생산자집단은 저숙련 노동자를 고용하고 내수시장을 대상으로 생산하는 제조 회사들로 구성된다. 예컨대 홀과 소스키스(Hall and

Soskice, 2001)는 자유시장경제의 제조업체는 고숙련 틈새시장에서 경쟁할 가능성이 작고, 조정시장경제의 동종업체보다 포드주의 제조 공정에 의존할 가능성이 더 많다고 제안한다. 따라서 이러한 기업들은 조정된 국가의 제조업체들보다 인적 자본 투자에 대한 자금을 지원하는 데 소극적이다. 그러나 증거에 따르면, 이들 기업은 저숙련 서비스 부문의 기업들보다 사회 지출을 더 지지할 수 있다.

이러한 제조업체들은 종종 자본집약적이며, 따라서 임금 인상의 영향을 노동집약적 기업들보다 덜 심각하게 느낀다. 대기업은 중소기업보다 더 많은 조직적 여유를 가지며, 이는 직원들에게 사회 보호를 제공하거나 이를 위한 비용을 지급할 수 있는 능력을 증가시킨다. 예를 들어, 미국 기업의 임의 표본에서 기업 규모는 국가 건강 개혁에 대한 기업의 지지에 큰 영향을 미쳤는데, 이는 대기업들이 이미 직원들에게 건강보험을 제공할 가능성이 더 높았기 때문이다(Martin, 2000). 기업 조직은 고용주들의 이해관계를 집단적 목표 주위에 집합하도록 도와줄 수 있으며, 제조업체들은 일반적으로 덜 조정된 국가에서도 포괄적인 고용주 협회에 가입할 가능성이 더 높다. 예를 들어, 2011년 조사에 따르면, 프랑스의 제조업체 중 27%가 두 개의 주요 고용주 협회(MEDEF 및 CGPME)에 속해 있지만, 프랑스의 금융 기업 중에는 MEDEF에 속한 비율이 5%에 불과하고, CGPME에는 속한 기업이 없었다(European Observatory of Working Life, 2015b).

내수시장을 대상으로 하는 제조업체들은 생산성 수준이 낮을 가능성이 있어 자동적인 사회 지출에 대한 반감이 있을 수 있지만, 수출 제조업체에 비해 임금 인플레이션에 대한 가격 민감도는 낮다. 따라서 내수 제조업체들은 자사 제품의 소비 수준을 유지하기 위해 경기부양 정책을 지지할 수 있다. 오늘날 선진 산업국가들에는 이 부문의 자본을 가진 기업들이 많지 않지만, 역사적 증거는 내수 제조업체들이 경기 부양 정책에 관심을 가졌음을 확인시켜준다. 예를 들어, 미국 제조업체들은 1960년대 케네디 감세 정책이 성장 촉진을 위한 메커니즘으로 부채를 증가시키는 것을 폭넓게 지지했다. 반면, 무역 적자에 대한 우려 때문에 금융 부문은 이 세금정책에 대해 덜 열성적이었다(Martin, 1991).

세 번째 생산자집단은 저숙련 노동자를 고용하는 민간 부문 내수 서비스 기업으로 구성된다. 이들 기업은 모든 형태의 사회 지출에 가장 저항할 가능성이 크다. 이들은 저임금 노동자에게 투자할 유인책이 적고, (미국의 월마트Walmart나 프랑스의 까르푸Carrefour와 같은 예외적인 대기업을 제외하고) 대체로 소규모이며, 생산성이 낮고 가격 경쟁에 의존한다. 내수시장을 대상으로 하는 기업들이 일반적으로 수요주도 성장을 촉진하는 정책을 지지할 유인이 있지만, 이러한 저임금 기업들은 노동비용을 증가시키는 정책에 매우 민감하다.

예를 들어, 2015년 영국 최저임금 위원회의 연구에 따르면, 최저임금 직종은 청소(31%), 미용(29%), 그리고 접객업(25%)과 같은 저숙련 부문에서 영국 노동자의 상당 부분을 차지했다. 이들 기업은 소규모로 조직적 여유가 적으며, 직원 수 10명 미만의 회사에서는 12.2%의 노동자가 최저임금을 받았고, 다른 소규모 기업에서는 7.8%, 대기업에서는 3.5%에 불과했다(Low Pay Commission, 2015: 38-39). 1,000개 영국 기업을 대상으로 한 조사에 따르면, 250명 이상의 직원을 보유한 회사 중에는 10%만이 정부의 국가 생활임금에 대응하여 (제품의) 가격 인상을 계획했지만, 250명 미만의 직원을 보유한 기업 중 가격 인상이 예측된 곳은 24%에 이르렀다(Chartered Institute of Personnel and Development, 2016: 6). 프랑스는 미국이나 영국보다 최저임금이 높아 소매업 노동자들이 저임금 기준을 넘어서지만(Carre and Tilly, 2017), 여전히 고용률이 낮고 2022년까지 저숙련 일자리가 전체 고용의 약 20%를 차지할 것으로 예상된다(France Strategic, 2017: 4).

네 번째 유형의 생산자집단은 공공 부문에서 내수 서비스를 제공하는 기업들을 포함한다. 공공 서비스 생산자들은 직업교육 프로그램에서 특정 기술 개발에 대한 지출보다는 일반 기술을 개발하는 교육 프로그램에 대한 투자를 선호할 것이다. 예를 들어, 네덜란드 고용주들은 공공보건 졸업생들이 분야별 전문성보다는 일반 역량을 갖추길 더 원한다는 연구 결과가 있다(Biesma-Blanco et al., 2007).

공공 부문 서비스 기업들은 특히 고용 보호를 위해 높은 수준의 정부 지출을 지지한다. 국가 고용주들은 특히 긴축 재정 상황에서 저임금 노동자의 기술과 생산성을 확장하는 데 관심이 있다(Martin and Thelen, 2007; Martin and Swank, 2012). 공공 부문이 큰 국가들은 정부 지출의 승수효과the multiplier effect를 통해 총소비를 증대시키고, 실질임금 비중을 높이며, 수요주도 성장을 촉진하고, 재분배 정책을 시행할 수 있다.

예를 들어, 1994년부터 2006년까지 스웨덴의 연간 성장률(수출과 가계 소비의 조합에 의존)이 독일(수출만 의존)의 거의 두 배에 달했다(Baccaro and Pontusson, 이 책 3장 참조). 금융위기 이후, 높은 세수 기반과 강력한 공공 부문을 가진 국가는 적자 예산, 저세율, 사회 지출이 적은 국가들보다 안정화 정책을 실행하고 복지국가로 나아가려는 노력을 지속하는 데 더 유리한 위치에 있었다. 공공 부문과 높은 공공 투자가 없는 국가에서는 주요 생산자들이 재정 및 통화 정책이 실질환율을 지지하고 수출을 보호하는 방향으로 설계되기를 더 많이 요구했다(Cameron, 2012). 스웨덴의 수석 경제학자는 금융위기 이후 지방자치단체의 투자가 중요한 경제적 자극 요소로 작용했다고 밝혔는데, 이는 스웨덴의 수출 경제가 국제시장에 매우 취약하기 때문이다. 지방 정부는 과도한 적자 없이 경제 안정화 정책을 추진했으며, 2009년에는 290개의 지방자치단체 중 26개만이 적자를 기록했다(Chefekonomens blogg, 2010). 그와 동시에 (이 책에서) 텔렌Thelen은 스웨덴에서 민간 부문의 사회적 혜택 제공이 증가함에 따라 국가 서비스에 대한 지지가 약화하는 부정적인 영향을 강조한다(Svallfors, 2016).

다섯 번째 생산자집단은 고숙련 노동자를 활용해 수출 시장을 대상으로 역동적 서비스를 제공하는 기업들이다. 이들 기업에는 지난 20년간 정보통신기술ICT의 발전으로 크게 약진한 국제 비즈니스, 금융 서비스, 통신과 같은 분야가 포함된다. 고급 지식 집약적 비즈니스 서비스를 통한 수출주도 성장은 정보기술에 대한 투자 덕분에 높은 생산성 성장이 가능해졌다(Wren, 이 책 8장; Hassel and Palier, 이 책 1장; Breznitz and Zysman, 2013). 이들 고숙련 서비스 부문 기업들은 일반적으로 직업교육 프로그램을 제한적으로 사용하고, 저숙련 노동자를 거의 고용하지 않기 때문에, 일반교육 시스템에 대한 투자를 선호한다. 대신, 이들 기업은 고등교육 프로그램을 통해 일반 기술을 강화하는 데 투자하거나, 자체적으로 높은 수준의 사내 교육을 제공하거나 정부 지원을 요청하여 숙련된 노동자를 교육한다. 유럽 노동환경조사The European Working Conditions Survey에 따르면, 금융 노동자(44%)는 고용주가 제공하는 훈련을 받을 가능성이 제조업 노동자(24%)나 호텔·레스토랑(12.3%), 도소매업(23.5%)에 종사하는 저숙련 서비스 직종 노동자보다 훨씬 높았다. 또한, 공공 및 사회 서비스 부문(공공 행정 44%, 교육 42%, 건강 42%)에서도 높은 수준의 훈련이 제공되었다. 반면, 저숙련 노동자(16%)와 기계 운영자(17%)는 훈련받는 비율이 낮았고, 전문직(44%)과 고위 관리자(50%)는 훈련받는 비율이 훨씬 높았다(Eurofound, 2007). 또한, 금융 및 교육 기업의 직원들은 자신이 소속된 조직에 더 많은 참여감을 느꼈으며(40% 이상), 제조업, 상업, 접객업 기업의 직원들은 그 참여감이 약간 낮았다(20% 이상)(Eurofound, 2014). 무역 서비스를 생산하는 기업은 가격 인플레이션을 우려할 만한 이유가 있으므로 내수 부양 정책에 저항해야 한다. 그러나 이러한 기업들은 또한 높은 생산성 성장률로 수출 서비스 부문이 강한 국가들이 더 높은 수준의 사회 보호와 평등을 유지할 수 있게 해 준다. 제조업 기반이 제한적인 네덜란드는 1990년대 이후 활발한 무역 비즈니스 서비스 부문을 발전시켰고, 이에 따라 전체 고용에서 고숙련 일자리가 차지하는 비중이 확대되었다. 스웨덴에서 보다 역동적인 서비스 부문으로의 전환은 재분배와 평등에 대한 지속적인 지원에도 이바지했다(Wren, 이 책 8장; Thelen, 이 책 6장).

여섯 번째 생산자집단은 고숙련 노동자를 활용하여 민간 내수시장을 대상으로 서비스를 제공하는 기업들이다. 내수시장을 위한 서비스 부문 기업들은 거래되는 비즈니스 서비스 기업들보다 물가 상승에 대한 우려가 적을 수 있다. 금융, 부동산, 기타 고숙련 서비스 부문 기업들은 금융 성장모델의 주요 수혜자로, 이들 기업은 정부의 직접적인 재정 정책보다는 신용의 용이한 접근, 부동산 거품, 가계 부채의 확장을 통한 가계 소비의 증가를 지지한다(Wren, 이 책 8장; Hassel and Palier, 이 책 1장). 예를 들어, 영국에서는 금융자본이 자산 거품(주식, 주택, 원유 등)과 신용 확장, 저축 비율 감소, 그리고 과시적 소비를 통해 성장을 주도했다(Gamble, 2009; Wren, 2013). 역사적으로 금융 부문은 인플레이션을 유발하는 공공 정책에 저항했으나(Salamon and Siegfried, 1974; Jacobs, 1988; Collins, 1981; Martin, 1991), 금융 규제 완화와 신용 용이성을 촉진하는 상품의 성장은 금융 부문이 건전한 금융 시스템의 집단적 이익에 반하는 성장전략을 취하게 했다(Warwick Commission, 2009).

제조업 부문과 고숙련 금융 부문 고용주의 서로 다른 관점은 영국 산업 연맹CBI의 두 가지 설문조사에서 명확하게 나타난다. 2014년 6월의 설문조사에서 금융 회사들은 성장에 걸림돌이 되는 주요 요인으로 과도한 규제(70%)와 수요 부족(62%)을 지적했다(Confederation of British Industries, 2014). 반면, 350개의 기업을 대상으로 한 CBI 산업 설문 조사에서 영국 제조업체들은 영국의 성장모델이 소비자 부채에 너무 의존하고 있다고 우려했으며, 제조업 성장을 촉진하기 위한 산업정책 확장을 주장했다(Confederation of British Industries, 2013). CBI 사무총장인 존 크리들랜드John Cridland는 제조업체의 관점을 공유하며, "우리는 올바른 종류의 성장 징후를 보고 있다. 우리의 관점에서 이는 부채에 의존한 주택 거품 주도 회복이 아니며, 우리의 예측은 기업 투자와 순무역이 제 역할을 하기 시작했다는 고무적인 신호를 보여 준다"라고 말했다(Cadman, 2014).

금융화에 의존하는 국가들은 대불황 이후 회복에 더 큰 어려움을 겪었는데, 이는 금융위기가 성장 촉진 자산 거품에서 얻은 일시적인 이익을 대부분 날려버렸기 때문이다. 영국은 초기에는 경기부양 정책을 실험했지만, 위기는 곧 성장이 아닌 부채의 위기로 정의되었다. 이는 아마도 영국의 강력한 금융 이해관계 때문일 수 있다(Hay and Smith, 2013: 302). 이에 따라, 데이비드 캐머런 총리는 긴축, 규제 완화, 민영화, 노동시장 협력의 약화, 자유무역, 그리

표 7.1 성장전략, 생산자 연합 및 사회정책, 국가 사례

	높은 수요주도 성장 공적 케인스주의 정책 적자 재정 정책, 공공 부채 제한적 신용 정책 민간 케인스주의 정책 신용 규제 완화 민간 부채	**낮은 수요주도 성장** 엄격한 재정 정책 제한적 신용 정책
수요주도 성장		
수출주도성장 **높은 수준의 수출 성장** 인적자본투자정책 또는 일반교육에 덧붙여 인적자본투자정책 (직업훈련, 적극적 노동시장 정책)	**높은 수출 성장** **높은 수요주도** 스웨덴: 7.8% 수출 2.8% 수요주도 스웨덴 기업의 부가가치 점유율 남성/고학력: 16.8/7.9% 공공 고용: 26.0% 금융/부동산: 28.1%	**높은 수출 성장** **낮은 수요주도** 독일: 7.9% 수출 0.97% 수요주도 독일 기업, 부가가치에서 차지하는 부가가치 비중 인간/첨단 기술 기업: 22.6/13.2% 공공 고용: 10.6% 금융/부동산 30.1%
낮은 수준의 수출 성장 낮은 인적자본투자정책 그리고 일반교육에 더 크게 의지함	**낮은 수출 성장** **높은 수요주도** 영국: 5.4% 수출 성장 3.4% 수요주도 영국 기업의 부가가치 점유율 남성/고학력: 12.4/5.2% 공공 고용: 18.3% 금융/부동산: 28.1%	**낮은 수출 성장** **낮은 수요주도** 이탈리아: 4.6% 수출 성장 1.6% 수요주도 이탈리아 기업의 부가가치 점유율 남성/고학력 남성: 16.0/6.0% 공공 고용: 13.7% 금융/부동산: 31.0%

출처: 1994년부터 2007년까지의 평균 실질 성장률 구성 요소는 OECD 분기별 국가 계정에서 가져온 것이다. 공공 부문 고용 자료는 OECD의 『Government at a Glance (2015)』, Paris: OECD Publishing, https://doi.org/10.1787/gov_glance-2015-en 의 그림 3.1에서 가져왔다. 경제의 산업 구조에 대한 자료는 OECD STAN 데이터베이스(2011)에서 가져왔다. 해당 링크는 https://stats.oecd.org/Index.aspx?DataSetCode=STAN08BIS이다.

고 경제 경쟁을 목표로 한 교육을 강조하는 구조적 사회 개혁을 추진했다(Department for Business, Innovation and Skills, 2011). 보수당이 영국 정부를 다시 장악했을 때, 캐머런은 청년층을 위한 새로운 수습 프로그램에 대한 사회 지출 확대를 모색했지만, 동시에 국가 교육 예산에서 25% 삭감을 발표했다(Payne and Keep, 2011). 거품 붕괴와 긴축 기조의 재정적 여파 때문에 영국의 공공 재정은 새로운 훈련 프로그램에 대비하기에는 많이 부족한 상태였다.

표 7.1은 국가의 성장전략과 지배적인 생산자 연합 간의 관계를 보여 준다. 네 개의 사분면 각각은 전형적인 국가를 포함하고 있으며, 각 국가의 1994년

부터 2007년까지의 실질 GDP 성장에서 수출과 민간 최종 소비 지출(성장의 동력)이 차지하는 비율, 그리고 고급 및 중급 기술 제조업, 공공 부문 고용, 금융/부동산 부문과 같은 다양한 생산자집단이 창출한 부가가치 비율을 관찰할 수 있다.

왼쪽 위 사분면은 수출과 국내 소비 모두에서 높은 성장을 보이는 국가(예: 스웨덴)를 나타낸다. 이들 국가는 수출 지향적인 제조업체와 국내 서비스 회사의 비율이 높으며, 공급 측면 인적 자본 투자와 수요 측면 공적 케인스 정책을 모두 촉진하는 사회정책을 추구할 것으로 예상된다. 이는 고전적인 북유럽 모델이다. 오른쪽 위 사분면은 수출주도 성장을 채택하고 있지만 수요주도 성장전략을 개발하지 않는 국가(예: 독일)를 나타낸다. 이들 국가는 제조업체의 비율이 높고, 공공 부문 직원의 비율은 낮다. 이들 국가에서는 특정 숙련 노동자를 위한 직업교육 및 훈련VET과 사회 보호에 대한 높은 지출이 이루어질 것으로 예상되지만, 케인스적 수요 측면 개입에는 덜 의존할 것이다. 왼쪽 아래 사분면은 수요주도 성장전략(민간 케인스 정책)에 의존하는 국가(예: 영국)를 포함한다. 이러한 자유주의 국가들은 소규모 제조 부문을 가지고 있지만 금융 서비스 부문에 많은 기업이 있으며, 이들 기업은 수출주도 성장정책보다 민간 케인스 정책을 선호할 것이다. 오른쪽 아래 사분면은 역사적으로 유럽의 주변부에 있으며, 수출과 국내 소비 모두에서 낮은 성장률을 기록한 국가(예: 이탈리아)를 포함한다. 이러한 지중해 국가들은 제조업과 공공 서비스 부문이 모두 소규모일 것으로 예상된다. 이 표는 각국이 금융위기에서 벗어나기 위해 고군분투하던 2011년의 부문별 데이터를 제공한다.

이러한 분석을 통해 각 국가의 성장전략과 사회정책의 상관관계를 이해하고, 이를 통해 국가별 특성을 더욱 잘 이해할 수 있다.

표 7.1의 전형적인 국가 사례들은 생산자 연합과 성장전략 간의 관계에 대한 우리의 예측을 확인해 준다. 스웨덴의 경우, 1994년부터 2007년까지의 평균 실질 GDP 성장률 중 7.8%가 수출을 통해 발생하며, 독일도 이 기간에 수출주도 성장이 7.9%를 차지하는 유사한 패턴을 보인다. 그러나 이 기간에 스

웨덴(2.8%)과 독일(0.97%)의 수요주도 성장 비율은 매우 다르다(표 7.1 참조). 2011년 두 국가의 산업 프로필은 이러한 성장전략의 구분과 일치한다. 스웨덴에서 고급 및 중급 기술을 가진 제조업체들은 부가가치에 각각 약 16.8%와 7.9%를 이바지하며, 공공 부문 기업은 26%를 차지한다. 반면 독일의 제조업체들은 더 높은 비율(각각 22.6%와 13.2%)을 차지하지만, 공공고용 부문은 2011년 전체 부가가치의 10.6%만 차지한다. 마지막으로, 성장전략은 각 국가의 사회적 제공 프로필과도 일치하는 경향이 있다. 사회민주주의 국가는 사회적 위험에 대비하기 위해 케인스주의 재정정책과 사회적 투자 개입을 모두 활용하는 반면, 독일과 같은 조합주의적 대륙 복지 체제는 보편적 지출이 더 제한적이며 재분배 수준이 낮다. 그런데도, 이들은 산업 노동자를 위한 우수한 직업교육 프로그램을 통해 상당한 인적 자본 투자를 하고 있다(Martin and Swank, 2012; Thelen, 2014).

4. 생산자 선호도에 대한 개념의 정교화

우리의 모델은 주류 생산자집단이 특정 성장전략 및 그에 따른 사회정책 프로필과 연관되어 있음을 시사한다. 하지만, 표 7.2는 유사한 복지국가 체제를 가진 국가들의 산업 구성과 성장 원천이 다소 다르다는 것을 보여 준다. 성장의 원천과 생산자 이익의 분배가 비슷한 국가 사이에서도 복지 체제가 다른 예도 있다. 또한 금융위기 동안 복지국가에 대한 도전을 견디고 위기 이후 경제를 재건할 수 있는 역량도 국가마다 달랐다. 표 7.2의 두 번째와 세 번째 열은 지니계수와 90/10 가처분소득 비율을 통해 재분배에 대한 상대적 순위를 보여 준다. 그런 다음 수출주도 성장과 수요주도 성장에 대한 국가들의 상대적 의존도를 볼 수 있다. 그리고 (표 7.2의) 뒤쪽 열들은 경제의 부문별 구성(전체 산업, 제조업, 서비스업)을 나타낸다.

표 7.2 복지국가 체제와 성장전략에 따른 국가경제의 산업 부문 구성

국가	지니 계수	p90/10 가처분 소득 비율	수출주도성장평균 1994~2007 → 2011~2018 수요주도평균 1994~2007 → 2011~2018	전체 산업 2016	제조업 2011	제조업 2016	전체 서비스 2016	비즈니스 서비스 2011	비즈니스 서비스 2016	'금융/부동산 2011	'금융/부동산 2016
덴마크(사민당)	0.251	2.9	5.7 → 3.5% 2.3 → 1.4%	18.8	10.8	15.5	75.3	45.5	49.4	29.9	25.5
핀란드	0.260	3	8.4 → 2 3.5 → 1.3	20.3	17.2	16.9	70.2	44.9	45.8	27.6	24.2
스웨덴	0.274	3.3	7.8 → 3.4 2.8 → 2.1	18.6	16.8	15.3	74.2	47.1	49.6	28.1	24.3
오스트리아 (기독민주)	0.276	3.5	7 → 3.5 1.9 → 0.8	21.4	18.7	18.2	71	48.9	50.5	26.5	23.8
네덜란드	0.278	3.4	6.4 → 4.3 2.5 → 0.7	15.2	12.9	12.1	78.2	48.9	54.1	30.2	28.1
독일	0.289	3.8	7.9 → 4 0.97 → 1.5	25.7	22.6	22.9	58.9	46.1	46.7	30.1	25.9
스위스(2008)	0.285	3.6(15)	5.1 → 3.3 1.5 → 1.5	20.3	20.1	18.4	73.5	51.7	51.6	29.5	27.2
프랑스	0.306	3.4	6.0 → 3.5 2.3 → 0.9	14.1	10.0	11.4	78.8	53.5	53.1	34.9	30.3
이탈리아(남부)	0.327	4.5	4.6 → 3 1.6 → -0.1	19.1	16.0	16.3	74	52.7	53.3	31.9	28.9
스페인(2009)	0.335	5.3	7.5 → 0.5 3.3 → 0.4	17.8	12.7	14.2	73.8	48.2	51	23.6	23.2
호주(자유)	0.326	4.3	4.9 → 5 4.2 → 2.5	16.8	11.2	6.2	72.2	50.4	51.4	29.6	30.9
영국	0.351	4.2	5.4 → 3 3.4 → 2.1	14	12.4	10.1	79.2	52.7	57.3	28.1	32.8
미국	0.390	6.3	6.0 → 3.2 3.6 → 2.5	15.1	11.7	12	79.5	54.6	54.8	36.5	31.9

출처: 세금 및 이전소득 반영 후 지니계수 및 빈곤율(기준: 중위소득의 50%)에 대한 자료는 OECD 통계, 『소득 분배 및 빈곤』(2012)에서 가져왔다. 90/10 비율에 대한 자료는 OECD 소득 분배 데이터베이스에서 가져온 것으로, 가처분소득 십분위(P90/P10) 비율을 포함한다. (https://stats.oecd.org/viewhtml.aspx?datasetcode=IDD&lang=en#)
수출주도형 및 수요주도형 성장에 관한 자료는 『분기별 국가계정』에서 가져온 것으로, '상품 및 서비스 수출'(Export of Goods and Services) 및 'P31S14_S15 민간 최종 소비 지출'(Private Final Consumption Expenditure) 관련 지표를 포함한다. (https://stato.oecd.org/Index.aspx?DataSetCode=QNA#)
경제의 산업 구성에 대한 자료는 OECD STAN 데이터베이스(2011)에서 가져온 것이며, 2016년 자료는 https://stats.oecd.org/Index.aspx?DataSetCode=STANI4_2016# 에서 확인할 수 있다.

여러 가지 발견이 주목할 만하다. 첫째, 서비스 성장률이 사실상 모든 주요 산업 국가에서 제조업 성장률을 초과하며, 제조업—심지어 에너지를 포함한 산업—의 전체 부가가치에서 차지하는 비율은 일반적으로 상당히 낮다. 2016년 기준으로, 산업(에너지 포함)의 부가가치 기여도는 독일에서 25.7%로 가장 높다. 수출 중심의 제조업체들이 어느 국가에서든 비슷한 우려를 하고 있다면, 왜 이들의 (소수) 목소리가 일부 국가에서는 더 강하게 반영되는지에 대해서는 여전히 명확하지 않다. 이는 그들의 조직적 강점 때문일 수 있다. 또한, 2011년 기준으로 금융/부동산 부문의 경제적 비율은 국가별로 상당히 유사하다. 이해에 독일과 네덜란드의 금융/부동산 부문 비율은 30%지만, 영국과 스웨덴은 각각 28%이다. 그러나 2016년까지 북유럽 및 대륙 국가들은 금융/부동산 부문을 축소했지만, 이들 부문은 호주와 영국에서는 성장했다(표 7.2 참조).

둘째, 복지국가 형태가 상당히 유사한 나라들(스웨덴과 덴마크)은 2011년에는 경제 상황이 다소 달랐지만, 2016년에는 다시 비슷한 수준으로 맞춰졌다. 예컨대 2011년 스웨덴에서는 제조업이 전체 부가가치에서 차지하는 비중이 16.8%였지만 덴마크에서는 단지 10.8%에 그쳤다. 하지만 2016년에는 각각 15.3%와 15.5%로 상응하는 수치를 보였다. 이처럼 다양한 경제 상황을 지닌 국가들이 비슷한 복지 프로필을 보인다는 사실은 추가적인 조사를 필요로 한다(표 7.2 참조).

셋째, 유사한 경제 구성을 가진 국가들이 때때로 다른 복지국가를 갖고 있으며, 혼합 성장체제라는 특성은 명확하게 식별할 수 있는 지배적 부문에서 사회정책 변화로의 전환에 문제를 제기한다. 예를 들어, 덴마크는 가장 평등한 국가지만, 영국은 표 7.1에서 가장 불평등한 유럽 국가로 나타난다. 그러나 이들의 산업 부문, 전체서비스, 제조업, 금융/부동산 부문은 2011년에 전체 부가가치에 유사하게 이바지하고 있다. 2000년대 초반에 덴마크는 주택정책을 규제완화하고 성장을 촉진하는 등 영미 성장체제의 문제 많은 정책을 채택했다. (비록 높은 수준의 성장을 유지하지는 못했더라도) 덴마크는 여전히 높은 수준의 사회 보장 제도를 유지해 왔으며, 특히 직업훈련, 적극적 노동시장 정책ALMP, 그리고 단체교섭을 통해 마련된 완전적립식fully funded 연금제도와 같이 사회적 파트너들이 상당한 영향력을 행사하는 분야에서 그러했다. 게다가 2016년까지 덴마크의 제조업 부문은 부흥을 경험하여 영국 모델과의 거리를 더 두었다(그림 7.1 참조).

넷째, 경제 구성이 유사한 국가들이 금융위기 이후에 승자와 패자를 가려내는 데 어려움을 겪었다. 네덜란드와 이탈리아는 산업, 전체서비스, 금융/부동산 부문에서의 부가가치 기여도가 매우 유사하며, 이탈리아는 영국보다 비즈니스 서비스와 제조업에서 앞서 있다(그림 7.2 참조).

어느 정도까지는 각국의 조정 전략 선택이 글로벌 자본의 압력을 반영했다. 초국가적 조직과 외국 기업(EU, NGO, 금융 투자자)은 일부 국가가 위기 이전의 성장전략과 상반되는 정책을 채택하도록 강요했다. 에릭 존스Erik Jones는 금융위기 이후 각국의 긴축 개혁에서의 국가 간 차이를 외국 금융 투자자들의 신뢰(또는 '갑작스러운 중단')와 연결지었다. 이 신뢰는 수출 부문 강도, 위기 이전 공공 및 민간 부채 수준, 경쟁력 수준과는 부분적으로 관련이 있었다. 이탈리아는 위기 이전에 강력한 제조업 수출 시장을 가지고 있었고 2011년의 국제수지 위기 이전에는 경상수지가 상승세를 보였지만, 긴축 조처를 채택해야 했다(Jones, 2015: 8-9). 스페인도 비슷한 문제에 직면했다. 위기 이전, 스페인의 수출 부문은 품질에서 경쟁하고 있었고, 핀란드보다 높은 노동생산성을 유지하고 있었으며, 독일 다국적 기업들로부터 직업교육 및 훈련VET 시스템에 대한 찬사를 받았다. 이들 국가의 조정 기관은 신속한 임금 조정을 허용했으며, EMU 안정성 기준을 충족했다. 실제로 1999년부터 2007년 사이 그리스, 아일랜드, 이탈리아, 포르투갈, 스페인은 유로존 외 국가들(영국, 스위스, 덴마크, 노르웨이, 스웨덴)보다 수출 시장 점유율을 적게 잃었다.

덴마크와 네덜란드(둘 다 고도로 탈산업화된 국가)는 유럽에서 가계 부채 비율이 가장 높았지만, 이들 국가는 외국 투자자에게 재정적 건전성을 보장할 수 있었다(Jones, 2015: 8-13). 이러한 사례들에서의 차이는 지배적인 생산자 집단보다는 기존의 흑자 예산과 각국의 국제 자본에 대한 불안감을 해소하는

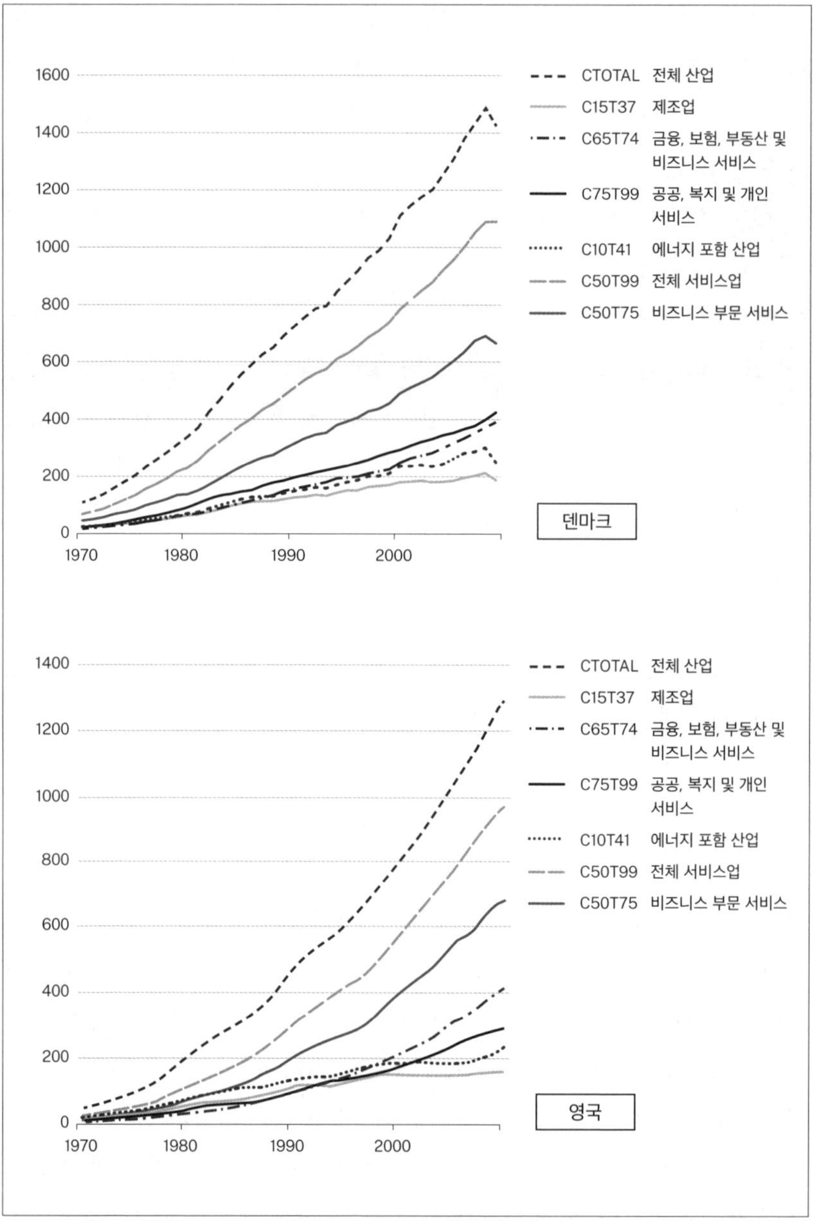

그림 7.1 덴마크와 영국의 부가가치 성장(단위: 십억)

출처: 경제의 산업 구성에 대한 국가 통화(이후 유로화) 기준 자료는 OECD(2011), *"STAN indicators ISIC Rev. 3 (2011판)"* 에서 발췌함.
STAN: OECD 구조 분석 통계(database), https://doi.org/10.1787/data-00561-en (2020년 8월 10일 접속).

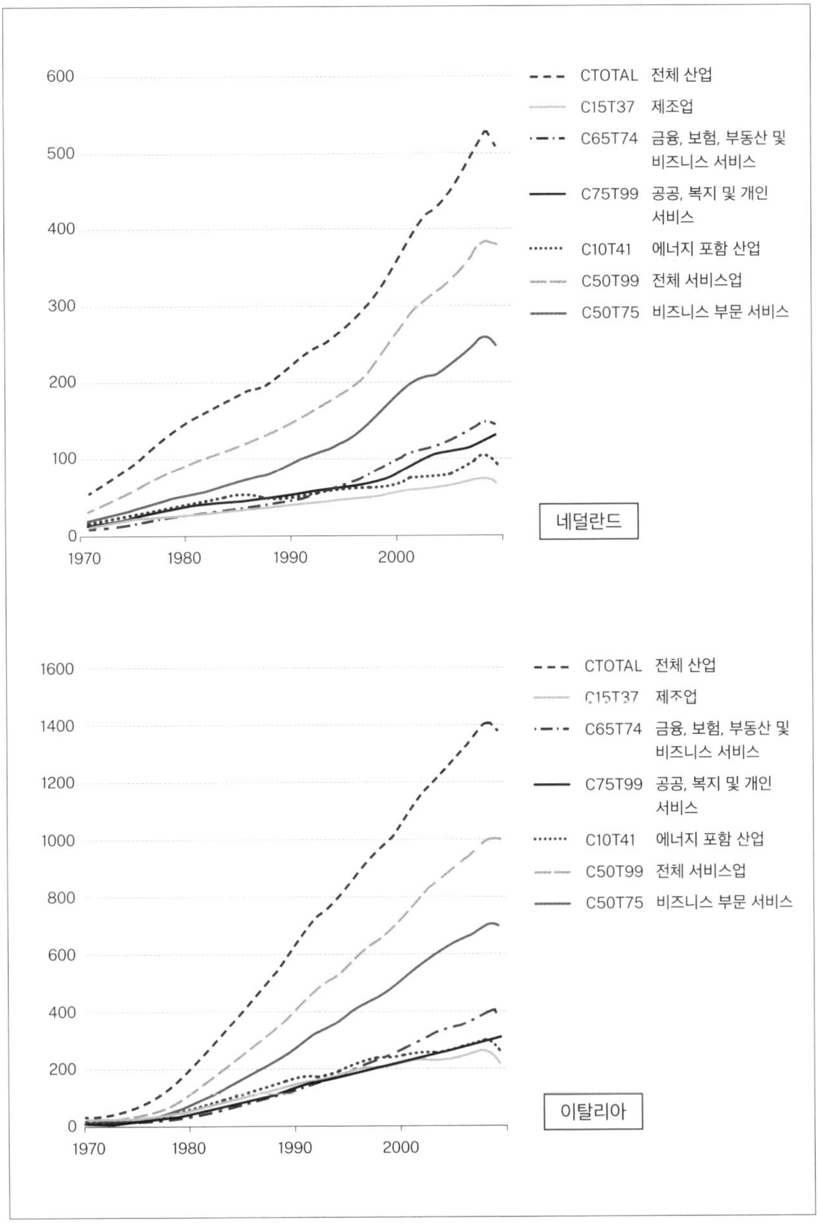

그림 7.2 네덜란드와 이탈리아의 부가가치 성장(단위: 십억)

출처: 경제의 산업 구성에 대한 국가 통화(이후 유로화) 기준 자료는 OECD(2011), *"STAN indicators ISIC Rev. 3 (2011판)"* 에서 발췌함.
STAN: OECD 구조 분석 통계(database), https://doi.org/10.1787/data-00561-en (2020년 8월 10일 접속).

능력에 더 많은 관련이 있다. 따라서 존스는 위기 이후 국가들이 두 가지 광범위한 전략 중에서 선택할 수 있었다고 주장한다. 긴축을 수용하고 (공공 및 민간) 부채를 억제하거나 자원 고갈 없이 위기를 극복하기 위해 경기부양 정책을 통해 성장하여 외국 시장 투자자들의 신뢰를 구축하는 것이다. 국가 경제 성장을 저해하는 방식으로 공공 및 민간 부채를 (경제 전체의 부채구조를 하나로 보고 조정하기 위해-역자) 통합하기로 선택하거나 그렇게 강요받는 것은 오히려 역효과를 초래한다.(Jones, 2015: 16; Johnston, 이 책 9장; Scharpf, 이 책 5장).

마지막으로 2011년부터 2016년까지의 궤적은 금융위기에 뒤이어 새로운 방향을 모색하는 각국의 다양한 역량을 보여 준다. 덴마크의 제조업 부문은 총부가가치에서 차지하는 비중을 2011년 10.8%에서 2016년에는 15.5%로 높였다. 북유럽 국가들은 같은 기간에 모두 금융/부동산 부문의 부가가치 기여도를 줄였다. 하지만 기업의 다른 유형의 서비스 부문은 증가했다. 유럽 대륙 국가들도 2011년부터 2016년까지 금융/부동산 부문의 부가가치 기여도를 유지하거나 줄였다. 2016년 자유주의 국가들은 (이 기여도에서) 금융/부동산 부문이 가장 높은 비중을 차지했다(표 7.2 참조).

이러한 불일치는 성장체제와 전략에 관한 연구를 포기하라는 의미가 아니다. 각국의 경제적 프로필이 정책 선택을 제한하는 것은 분명하지만, 더 중요한 것은 새로운 성장전략의 선택, 그리고 정부가 영향력 있는 생산자, 노동자, 소비자 집단과 협상하여 합의하는 능력이 경제 재생에 필수라는 점이다. 생산자집단의 연합은 복지국가가 어떻게 발전하는지에 영향을 미친다(Martin, 2000; Palier and Thelen, 2010). 비록 지중해 국가들은 주권 부채 위기 이후 선택의 여지가 거의 없었지만(Baccaro and Armingeon, 2012), 정치적 기회는 다른 국가들이 새로운 경제 환경의 비상사태에 대응하는 방식을 선택할 수 있도록 했다. 지배적인 생산자는 다양한 전략적 선택을 할 수 있으며, 따라서 우리는 지배적인 생산자(및 기타 사회적 행위자)가 사회정책 옵션에 대한 선호를 어떻게 형성하고, 연합을 형성하며, 때에 따라 경제성장의 궤적을 재조정하는 데 어떻게 이바지하는지를 생각해야 한다.

5. 노동시장 조직 및 정책 연합

고용주(및 노동자)의 노사 관계 조직은 기업이나 산업 부문이 표출하는 선호뿐만 아니라 국가가 고용주들을 성장전략을 지지하는 연합에 참여시키는 능력에도 영향을 미친다. 기업 조직은 기업의 선호가 표현되는 방식과 다양한 부문 간에 형성될 수 있는 연합의 유형 모두에 영향을 미친다. 노사 관계 시스템—거시적 조합주의, 부문 조정, 다원주의—은 노동시장 파트너들을 통합하는 역량에서 차이가 있다.

거시적 조합주의 시스템은 고용주를 계층적으로 조직된 그룹으로 구성하며, 피라미드의 정점에 중앙집권적이고 포괄적인 최고 협회가 위치한다. 정상단체peak associations는 단체교섭 및 삼자 간 정책 결정 위원회를 통해 국가 및/또는 노동계와 광범위한 정치적 합의를 협상한다. 이러한 이해관계 중재 시스템은 사회보장에 대한 지지를 확대하는 여러 가지 방식으로 작동한다. 고도로 조직화한 사용자(및 노동자) 조직들은 단체교섭에서 중앙집권화와 조정을 촉진하며, 그 결과로 임금 격차 압축이 발생하여 고용주들이 저숙련 일자리들을 없애고 인적 자본을 구축하는 사회 프로그램을 지지케 하는 동기를 부여한다. 거시적 조합주의 그룹에 참가함으로써 고용주들은 단체행동의 한계를 극복할 수 있다. 예컨대 조합주의 그룹은 기술 제공을 촉진하는데, 이는 다른 기업들의 무임승차를 두려워하는 개별 기업에는 충분하지 않을 수 있다. 이 그룹들은 기업들이 협상한 결정에 따르도록 하고, 고용주들이 단기적인 비용을 감수하면서도 장기적인 목표를 달성할 가능성을 높인다. 조합주의 성격의 비즈니스 협회는 회원들에게 인지적 영향을 미치는데, 이는 고용주들에게 사회정책의 이점에 대해 교육하고, 관리자가 정부 및 조직된 노동자와 정책 전문가들과 접촉할 수 있도록 하기 때문이다. 이러한 인지적 효과는 특히 생산성과의 직접적인 연관성이 적은 주변 노동자에 대한 사회적 투자를 고용주가 지지하는 데 중요한 역할을 한다(Martin and Swank, 2012).

아마도 가장 중요한 점은, 거시적 조합주의 노사 관계 시스템이 기업과 노동자가 산업 및 사회정책에 대한 통제권을 유지할 수 있게 한다는 점이다. 이들은 정책 설계에 광범위하게 참여하기 때문에, 사회적 파트너들은 사회 및 노동시장 프로그램에 대해 높은 만족도와 헌신을 보인다. 예컨대 덴마크 정부가 산업정책에 대한 사회적 파트너들의 관할권에 간섭하려 할 때, 기업과 노동자는 연합하여 반대했다. 이러한 맥락에서 노총the Confedaration of Labor, LO과 경총(덴마크 비즈니스 연합)the Confederaion of Danish Business, DA 및 기타 단체는 덴마크에서 법정 최저임금 도입에 대해 강하게 반발했다. 그들은 일간지 『베를링스케Berlingske』에 「고맙지만 사양하겠습니다Nej, tak」라는 제목의 공동 서한을 보내, 법정 최저임금 제안이 덴마크 모델에 돌이킬 수 없는 손해를 입힐 것이라고 주장했다. 이 모델은 유럽에서 가장 유연하고 잘 작동하는 노동시장 중 하나로, 협상에 참여하는 파트너들이 그들의 합의에 대해 책임져야 한다는 사실에 기반한다. 또한 임금 설정에 대한 통제권은 노동자에게 노조 가입의 유인책을 제공하고, 고용주에게는 노조와 협상할 동기를 부여한다. 법정 최저임금은 이러한 구조를 약화할 것이다(Jensen et al., 2014).

이와는 대조적으로, 이익 대표의 다원주의 시스템pluralist system은 고용주들을 서로 대립하는 그룹으로 조직하며, 다수의 그룹이 비즈니스 이익을 대변하지만, 국가가 승인한 정책 결정 권한을 가진 그룹은 없다. 이 분열적이고 분산된 경쟁적 그룹 구조는 고용주들이 정부의 사회정책을 덜 호의적으로 바라보게 만든다. 다원주의 시스템에서는 집단교섭이 제한적이며, 임금 격차 압축과 기술 향상을 위한 유인책도 거의 없다. 여러 단체가 회원을 유치하기 위해 경쟁하고, 이런 경쟁은 단체행동에 대한 역량을 떨어뜨린다. 이러한 그룹은 (노사정) 삼자 회의에 참여할 기회도 거의 없으며, 이는 다른 국가에서처럼 고용주들이 노동자 및 정부와 정례적으로 대화하는 기회를 제한한다. 정책 결정은 일반적으로 입법 포럼에 국한되며, 기업의 의견은 받아들여지지만 상호 협조를 요구받지 않는다.

다원주의 국가의 고용주와 노동조합은 거시적 조합주의 국가에 비해 정책 결정 권한이 훨씬 적으며, 이는 기업이 정부를 불신하는 데 이바지한다. 덴마크에서는 사회적 파트너들이 법정 최저임금 도입에 맞서 자신들의 권위를 지킬 수 있었던 반면, 프랑스에서는 2015년 8월 제정된 마크롱 법이 노동분쟁에서 비전문 판사의 역할을 확대했다. 그러나 덴마크의 '유연안정성flexicurity' 개념에 영향을 받은 (프랑스의) 마크롱 대통령은 이후 법원 밖에서 협정을 결정할 수 있는 더 큰 유연성을 허용하는 명령을 통과시켰다(Bellahouel, 2018).

산업 부문별 조정이 이루어지는 국가들은 고용주를 산업 부문별로 조직하지만, 다양한 부문을 아우르는 강력한 정상단체는 상대적으로 약하며, 국가가 고용주와 노동자 간 협상deal에 거의 개입하지 않는 특징이 있다. 이러한 시스템은 주로 산업 부문 수준에서 고용주와 노동자 간의 협상을 촉진하지만 그 범위는 경제 전반으로 확장되지 않는다. 이 협상은 일반적으로 핵심 노동자들에게 충분한 사회적 보호를 제공하지만, 노동시장 외부자의 이익은 간과한다. 이는 노동시장 내부자들이 주변 노동자들을 위한 프로그램에 자금을 지원할 유인책이 거의 없기 때문이다(Palier and Thelen, 2010; Hicks and Kenworthy, 1998; Martin and Swank, 2012; Martin and Thelen, 2007). 더욱이 거시적 조합주의 노사 관계 시스템에서는 조직된 노동조합이 훨씬 강력한 경향이 있으며, 이는 고용주의 권한을 제약하는 역할을 한다(Huber and Stephens, 2001; Korpi and Palme, 1998). 또한 노동조합은 고용주에게 사회적 이익social interests에 대해 교육하는 역할도 한다.

이러한 노사 관계 시스템은 국가가 다양한 이해관계 사이에 정책 연합을 구축하는 능력에 여러 가지 영향을 미친다. 거시적 조합주의 고용주 조직은 국가가 수출 제조업 부문, 고숙련 서비스 부문, 그리고 공공 부문 고용주-노동자 간의 가교를 형성할 수 있게 한다. 이러한 부문들은 대체로 주변 노동자의 이익에 더 동정적이다. 더 포괄적인 연합체는 장기 실업자, 이민자, 청년에게 혜택을 주는 정책을 포함한 보다 포괄적인 사회적 협약을 형성하는 경향이 있다. 또한 높은 수준의 조정은 정부가 성장전략을 이동성 자본mobile capital에 효과적으로 제시하고 투자 철회를 방지할 수 있는 역량에 영향을 미친다.

예를 들어, 이전 연구에서 필자는 거시적 조합주의 협회가 정책 정보의 중요한 출처임을 강조했다. 덴마크와 영국에서 무작위로 선택한 107개 기업을 대상으로 한 연구에서, 덴마크의 거시적 조합주의 그룹은 적극적 노동시장 정책에 대한 비즈니스 지지에서 영국의 다원주의 그룹보다 훨씬 중요한 역할을 했다. 덴마크 기업들은 영국 기업들보다 이 프로그램에 더 많이 참여했고, 더 많은 덴마크 기업이 고용주 협회를 사회정책에 대한 가장 중요한 정보 출처로 꼽았다. 고용주 협회에 가입한 것이 덴마크 고용주의 적극적인 참여를 결정짓는 중요한 요인이었지만, 영국에서는 그렇지 않았다.

덴마크 기업들은 새로운 노동 인력에 접근하기 위해 참여하지만, 영국 기업들은 주로 정치적 이유(예: 공공 부문에 판매)와 저렴한 노동력 확보를 위해 참여했다. 양적 분석을 통해서도 거시적 조합주의 노사 관계를 맺은 국가들이 그렇지 않은 국가들보다 사회 프로그램에 더 많이 자금을 지원할 가능성이 높은 것으로 나타났다. 또한, 높은 수준으로 조직화한 기업은 재분배의 중요한 결정 요인으로 작용하며, 이는 정부의 정당 구성, 정당 구조, 노동조합 등을 통제한 후에도 유의미한 결과를 보였다(Martin and Swank, 2012).

탈산업화가 높은 수준의 조정력coordiantion에 압력을 가하고 있으며, 특히 제조업 부문에서 노조 조직률 감소와 같은 현상이 나타나고 있다. 예를 들어, 스웨덴의 노조 조직률은 2003년부터 2013년 사이에 10% 감소했으며, 특히 육체노동자를 대표하는 노총LO에서 조직률 감소가 두드러졌다(European Observatory of Working Life, 2015a). 그런데도 덴마크와 네덜란드는 여전히 높은 수준의 조정력을 유지해 오고 있다. 매드센(Madsen, 2015)은 덴마크의 유연안정성flexicurity 모델이, 국제금융위기 이후의 느린 성장에도 불구하고 고용주의 사회적 투자 지지에 의존하여 지속되고 있음을 시사한다. 토우웬(Touwen, 2014)은 네덜란드 경제의 혼합적 특성이 위기 이후의 경제적, 정치적 압력을 극복하는 데 큰 강점이 되었다고 주장한다. 네덜란드는 다소 역설적으로 조정력을 통해 개방성을 지원하며, 세계화가 규제 완화를 요구하지 않는다고 보았다. 네덜란드 정책 입안자들은 정책 변화를 나누어, 일부 영역에서 필요한 조정력이 다른 영역에서의 변화를 요구하지 않도록 했다. 이러한 통찰력은 덴마크와 네덜란드가 긴축 시대에 조정을 유지하면서도 비점진적인 정책 조정을 성공적으로 달성한 이유를 설명하는 데 도움이 된다. 반면, 다른 국가들은 복지국가를 방어하는 데 덜 성공적이었다(Martin and Swank, 2012; Thelen, 2014, 이 책 6장 참조).

6. 금융위기에 대한 조정과 적응

높은 수준의 사용자 간 조정employer coordination은 금융위기에 대한 각국의 대응 역량을 높였다. 스웨덴의 사례를 보면, 2008년 위기 이전에는 금융 규제 완화가 다소 약했기 때문에 대응이 상대적으로 수월했다. 스웨덴은 1980년대 금융 부문 규제 완화 이후 1990년대 초에 경제 위기를 겪었다. 당시 1990년대 초 대출 한도 및 국채 요건의 축소로 인해 자산 가치가 급격히 하락하면서 대형은행들이 규제 자본 요건을 충족하지 못해 유동성 위기가 발생했다. 스웨덴은 이 은행 위기 이후 금융 규제 완화의 궤도를 극적으로 중단하고 금융 전문가 그룹과 정치권 주요 이해관계자들이 모여 새로운 규제 시스템을 마련했다. 광범위한 사회적 지지를 바탕으로 한 이러한 합의적 협상을 통해 은행과 주주의 이익보다 은행 시스템의 필요성을 우선시하고 미래의 금융 불안정을 방지하기 위해 투명한 규칙을 시행하는 매우 신속한 대응이 가능했다(Bayram et al., 2014). 2008년 위기 이후 스웨덴 정부는 긴급 현금을 투입하는 대가로 은행에 대한 통제권을 인수한 후 위기가 지나간 다음 보유 지분을 매각했고(Jackson, 2008), 이후 은행들이 자율적으로 회복을 관리할 수 있도록 지원하기 위해 (위기시 은행 회복 재원을 사전에 확보하는 성격의-역자) 은행 '안정화stability' 부담금fee을 도입했다(Saltmarsh, 2010).

거시적 조합주의 구조는 21세기 첫 10년 동안 주택담보대출 규제 완화라는 재앙적 실험을 했던 덴마크의 회복에도 도움을 줬다. 덴마크는 (재정이) 건전한 은행의 모든 예금과 부채를 보증한 최초의 국가가 됐으며, 초기 크로네의 폭락에도 불구하고 통화를 방어하는 데 성공했다. 각 정당은 이러한 (정부의) 계획을 승인하는 데 힘을 합쳤고, 『뉴욕타임스』(2008)의 카터 도허티Carter Dougherty는 이는 덴마크가 잘 통치되는 국가인 덕분이라고 평했다. 덴마크의 구제금융 계획은 유럽연합EU으로부터 큰 찬사를 받았는데, 덴마크 정부가 모든 예금을 보장하기로 약속한 데다 외채 대부분을 빠르게 상환했기 때문이다(EIU Views Wire, 2009). (스위스) 로잔 경영 발전연구소The Lausanne's institutes for Management Development는 덴마크를 경제 위기 대응을 가장 잘한 1위 국가로 선정했다(Financial Times, 2009).

2012년 덴마크의 예산법 통과는 위기 상황에서 경제관리를 위한 (거시적) 조정의 중요성을 잘 보여 주는 또 다른 사례다. 예산법은 사회민주당, 사회자유당, 사회인민당으로 구성된 소수 연립 정부government coalition가 주도하고 부르주아 야당인 자유당과 보수당이 참여한 사회적 파트너들과 정당들로 이루어진 광범위한 연합의 압도적인 지지를 받아 통과됐다. EU의 재정 협약이 이 법에 영감을 주었지만, 시민, 사회적 파트너, 정당 지도자들 모두 위기를 두려워한 것이 요인이었다. 이들은 공동의 이익을 위해 단기적인 사익을 포기하는 행동을 했다. 이 광범위한 연정은 공공 지출(특히 지자체 수준에서)의 장기적 통제 장치를 제자리에 놓도록 해, 정치인들을 돛대에 묶어 두도록 했다. 그리하여 이들 통제 장치가 장차 (이 법을) 쉽게 무효화하지 못하도록 했다(Suenson et al., 2016: 16).

덴마크는 또한 금융위기를 신재생 녹색기술 분야로 진출하고 쇠퇴하던 제조업 부문을 재건할 수 있는 기회로 삼았다. 이미 풍력발전 기술의 선두 주자였던 덴마크의 정책 입안자들은 덴마크가 녹색기술을 성장산업으로 만들 수 있다고 판단했다. 2010년과 2016년 사이에 에너지 수출은 29% 성장했고, 에너지 수출은 전체 수출의 11.8%에 이르렀다. 녹색 에너지 일자리들은 60% 이상이 산업 및 제조업 부문에 있는 상황이기도 하다. 이 부문은 또한 일자리를 창출하는 자석a magnet for jobs 같았다. 2016년 녹색 에너지 부문의 일자리 성장은 경제 일반에서의 일자리 성장보다 6배나 더 높았다. 따라서 지난 2012년, 재생에너지 비중이 40% 정도였지만, 2017년에는 44%로 뛰어올랐다(덴마크 에너지, 공공시설 및 기후부, 2018: 23-4, 7). 이는 덴마크의 총부가가치에서 제조업이 차지하는 비중이 2011년 11%에서 2016년 15.5%로 증가한 이유를 설명하는 데 도움을 준다(표 7.2 참조).

7. 고용주의 조정 능력과 기술 투자

높은 수준의 산업 조직industrial organization은 덴마크와 네덜란드가 산업 부문이 작음에도 불구하고 기술에 대한 사회적 투자를 유지할 수 있는 능력에 이바지했다. 지난 몇십 년 동안 네덜란드는 높은 수준의 조정을 통해 선택적 자유화selective liberalization를 추진하면서도 사회적 연대를 유지해 왔다. 네덜란드 '폴더' 모델의 거시적 조합주의 제도는 네덜란드가 무역 서비스 부문의 번영을 위해 필요한 개방성을 지원하는 방향으로 조정을 활용할 수 있게 했다. 이러한 과정 덕분에 네덜란드 정책 입안자들은 정책 변화를 구분해, 일부 영역에서의 조정이 다른 영역에서 변화를 요구하지 않도록 할 수 있었다.

네덜란드 시민들은 이러한 협의 절차를 기업가 정신을 해치거나 결과를 결정짓는 요소로 보지 않았다. 협상자들은 일부 영역에서는 시장 규율을 받아들이고, 다른 영역에서는 사회 보호(시스템)를 유지할 수 있었기 때문이다. 따라서 조정 모델은 표적화된 자유화가 새로운 성장전략을 촉진하는 동시에 사회 보호 영역을 지키는 데 이바지했다. 이러한 분할된 자유주의compartmentalized liberalism 하이브리드 모델은 네덜란드의 경쟁력 있는 무역 서비스 부문을 발전할 수 있게 했다(Touwen, 2014). 오늘날 네덜란드 고용주들은 수출, 소비, 투자에 대한 긍정적인 전망 덕분에 더 큰 자신감을 얻고 있다(VNONCW, 2015).

거시적 조합주의와 다원주의 노사 관계 조직 간의 장점 차이는 덴마크와 영국의 최근 직업교육 훈련VET 개혁을 비교하면 명확히 드러난다. 덴마크의 직업교육 개혁은 사회적 파트너 간의 조정의 강점을 보여 준다. 2012년 가을, 덴마크 정부는 경총DA, 노총LO, 지방자치단체 대표 조직KL, 그리고 주요 정당들이 참여한 직업교육 위원회를 구성했다. 이 위원회는 VET의 품질과 매력 향상, 교육 중도 탈락 방지, 그리고 부활한 제조업 부문에 필요한 노동력 확보를 목표로 하는 직업교육 훈련 개혁을 위한 권고안을 마련하는 임무를 맡았다.

VET 개혁은 고숙련 기술 노동자와 대부분의 주변 학생의 요구를 모두 충족해야 했다. 덴마크 사용자 연합DA의 한 응답자에 따르면, 개혁을 위해 위원회에 참가한 기업과 노동자 쪽은 의견이 매우 일치했다. 사회적 파트너들은 실용적인 시스템을 지지했고, 졸업생들이 필요한 기술을 갖추기를 요구했으며, 직업훈련의 내용과 실질적인 부분에 대한 중요한 통제권을 유지하고자 했다. 그들은 후기 발달 학생들(발달이나 학업 성취가 늦게 나타나는 학생들-역자)이 직업교육VET 과정에 진학하기에 필요한 수학 및 언어 능력을 기를 수 있도록, 중등학교에서 제10학년 과정을 도입하라고 강력히 로비했다(DA와의 인터뷰, 2015년 6월 14일).

이와 대조적으로 영국의 기술 개발 개혁은 덴마크보다 덜 성공적이었다. 그 원인 중 하나는 사회적 파트너들의 조직 약화에 있다. 영국은 기술 개발을 위한 노력을 위한 초당적이며 계층을 초월한 지지가 있었고, 소규모 제조업 부문은 노동력의 역량 강화를 추구했다. 학력·자격 요건이 높아졌으며, 2012년에는 전체 일자리의 약 26%가 대학 학위를 요구하는 것으로 추정되며(1986년 9%에서 증가), 자격 요건이 전혀 없는 일자리는 23%에 불과해졌다(1986년 38%에서 감소)(Adam, 2014: 3). 양당 모두 정부 보고서에서 수습 제도apprenticeship와 교육, 노동시장을 연결하기 위한 고용주 조직 강화에 충분한 자원을 할애할 것을 반복적으로 권고했다(예: Wolf, 2011: 10-12).

당시에는 기술 개발이 영국의 모든 문제를 해결할 만한 해결책처럼 보였으며(Keep and Mayhew, 2010), 개혁은 고용주에게 교육 및 직업훈련에서 지나치게 큰 역할을 부여했지만, 그에 대한 책임은 부족했다(Gleeson and Keep,

2004: 37). 영국 고용 및 기술 위원회UKCES는 고용주와 노동자 양쪽으로부터 찬사를 받았으며, 일부 제조업 부문은 이 프로그램을 통해 성공적으로 기술 개발을 위한 조정된 노력을 시작했다(CBI 및 TUC 인터뷰, 2015년 3월).

그러나 영국의 긴축 재정 체제는 기술 확장을 위한 자원이 제한적이었고, 사회적 파트너들은 인적 자본에 대한 투자를 위한 정책 목표를 달성할 수 있는 조직력을 갖추지 못했다. (보수당과 자유민주당의-역자) 연립정부는 영국 고용 및 기술위원회UKCES에 대한 자금을 대폭 삭감하고 기존의 수습 제도를 '고용주가 설계한 수습 기준'으로 대체했다(기업·혁신·기술부, 2014: 9). 영국산업연맹CBI의 한 관계자는 연립 정부가 "모든 문제의 해답으로 수습 제도만을 내세우고 있으며", 실질적인 기술 습득과 학부모 및 자녀들이 폭넓게 받아들일 수 있는 교육훈련의 필요성에는 너무 적은 관심을 기울이고 있다고 설명했다. 영국노총TUC의 한 관계자는 '새 정부가 출범할 때마다 동반되는 변화 압력에 대해' 답답함을 표현했다. "데이비드 블렁킷David Blunkett은 학습기술위원회Learning Skills Councils를 설립했지만, 새 정부는 자신들의 흔적을 남기기 위해 이전 체계를 뒤엎으려 하고 있다"(TUC 인터뷰, 2015년 3월 17일). CBI의 또 다른 관계자 역시 "정부의 행동은 기본적으로 언론 헤드라인을 의식한 것"이라며, "정부는 교육훈련에서 손을 떼고 일정 기간 기존 체계를 유지하는 것이 바람직할 것"이라고 동의했다(CBI 인터뷰, 2015년 3월 26일). 이러한 끊임없는 정책 변화는, 비록 그러한 개혁의 필요성에 대한 폭넓은 합의가 있더라도, 정부 정책에 대한 공공의 지지를 약화시키는 결과를 낳는다.

8. 결론

수출주도 성장체제가 강한 국가는 일반적으로 소비주도 성장체제 국가와 다른 사회정책을 채택하는 경향이 있다. 이는 성장체제가 대체로 지배적인 생산자 연합의 선호와 일치하기 때문이다. 그러나 외생적 변화가 있을 때, 정부는 종종 경제를 활성화하기 위해 새로운 성장전략을 채택한다. 최근 수십 년 동안 각국 정부는 탈산업화라는 도전에 대응하고 금융위기에서 회복하기 위해 성장전략을 전환했으며, 지배적인 생산자집단은 이러한 새로운 이니셔티브에 대한 정치적 지원의 연합 기반에 속해 있었다.

그러나 고용주의 역할이 자동적으로 주어지는 것은 아니다. 수출주도형 성장체제를 가진 국가들조차 제조업이 차지하는 비중은 전체 기업 공동체에서 극히 일부에 불과하며, 사실상 대부분의 선진 산업국에서는 현재 서비스 산업의 생산이 압도적인 비중을 차지하고 있다. 그뿐 아니라 복지국가 유형이 상당히 다른 국가들이 유사한 경제 구조를 갖고 있거나, 반대로 복지국가 유형이 매우 비슷한 국가들끼리도 전혀 다른 경제 구조를 가지고 있기도 하다. 따라서 필자는 고용주들이 (종종 노동계와 함께) 어떤 방식으로 조직되어 있는지가 정부가 새로운 성장전략을 수립할 수 있는 역량에 기여한다고 제안하고자 한다.

정책 결정 과정에서 강력하게 조직된 사회적 파트너들은 사회 보호 방면에 보다 높은 수준으로 헌신하고, 타협이 이뤄진 정책 목표를 중심으로 폭넓은 계층 간 연합을 구축하는 데 도움이 될 수 있다. 물론, 기업과 노동계의 내부자들이 선택할 수 있는 한 가지 방법은 외부자들의 요구에 맞서 자신의 핵심 이익을 보호하는 것이다.

그러나 가장 포괄적인 노사 관계를 가진 국가들에서는 강력한 사회적 파트너들이 긴축 정책을 추진하는 중도우파 정부의 공격에 맞서 복지국가를 강화하는 데 기여했다. 사회적이고 경제적인 목표를 달성하기 위한 포괄적인 협정을 체결할 수 있는 능력은 또한 새로운 도전에 대응하는 자신감과 통제감을 제공함으로써 외국 투자자들의 불안을 해소하는 데 이바지할 수 있다. 이것이 네덜란드와 덴마크가 금융위기 초기 부채 대 자본 비율이 높았음에도 불구하고 어려움을 겪지 않았던 이유일 수 있다.

핵심적인 질문은, 탈산업화 경제와 그에 따른 국가 성장전략의 변화가 특정 형태의 사회 개혁을 요구하는지, 아니면 집단적 정치 참여를 규정짓는 제도와 규칙의 변화가 사회 혁신과 경제 회복 전략을 촉진하는지 여부이다. 고용주와 노동자들의 조직화는 국가들이 미래의 성장전략을 수용하는 능력에 영향을 미칠 수 있다. 과거 사회적 파트너들의 조직화가 조정된 시장경제의 발전에 영향을 미쳤던 것처럼(Martin and Swank, 2012), 노동시장 조정 역량이 새로운 긴축 시대에 복지국가의 침식을 방어하는 데 도움이 될 수 있다는 점에서 그렇다.

참고문헌

Adam, Duncan. 2014. "United Kingdom: Trends in skills requirements and work-related issues." Eurofound, 26 January. https://www.eurofound.europa.eu/publications/article/2014/united-kingdom-trends-in-skills-requirements-and-work-related-issues (accessed February 20, 2020).

Avlijaš, Sonja, Anke Hassel and Bruno Palier. 2020. "Growth Strategies and Welfare Reforms in Europe." In *Growth and Welfare in Advanced Capitalist Economies. How Have Growth Regimes Evolved?*, edited by Anke Hassel and Bruno Palier. Oxford: Oxford University Press.

Baccaro, Lucio and Jonas Pontusson. 2016. "Rethinking Comparative Political Economy: The Growth Models Perspective." *Politics & Society* 44 (2): 175-207.

Baccaro, Lucio and Klaus Armingeon. 2012. "The Sorrows of the Young Euro." In *Coping with Crisis*, edited by Nancy Bermeo and Jonas Pontusson. New York: Russell Sage Foundation, 162-97.

Bayram, Ismail; DeWit, Andrew and Sven Steinmo. 2014. "The Bumble Bee and the Chrysanthemum: Comparing Sweden and Japan's Responses to Financial Crisis." *The Asia-Pacific Journal* 12 (16): 1-13.

Bellahouel, Sara. 2018. "The Macron Ordinances also aim at reducing the number of employer-employee disputes brought to court." Soulier Avocast, March 30, 2018. https://www.soulier-avocats.com/en/the-macron-ordinances-also-aim-at-reducingthe-number-of-employer-employee-disputes-brought-to-court/ (accessed February 26, 2020).

Biesma-Blanco, Regien; Pavlova, Milena; Van Merode, Frits and Wim Groot. 2007. "Using conjoint analysis to estimate employers preferences for key competencies of master level Dutch graduates entering the public health field." Economics of Education Review 26: 375-86.

Breznitz, Dan and John Zysman. 2013. "Introduction: Facing the double blind." In *The Third Globalization: Can Wealthy Nations Stay Rich in the Twenty-First Century?*, edited by Dan Breznitz and John Zysman. Oxford/New York: Oxford University Press, 1-28.

Busemeyer, Marius. 2014. *Skills and Inequality: Political Parties and the Political Economy of Education Reforms in Western European Countries*. Cambridge: Cambridge University Press.

Cadman, Emily. 2014. "CBI sees signs of 'right kind of growth.'" *Financial Times*, February

10, 2014. https://www.ft.com/content/7d1da2c2-926f-11e3-8018-00144feab7de (accessed February 20, 2020).

Gamble, Andrew. 2009. *The Spectre at the Feast*. New York: Palgrave Macmillan.

Cameron, David. 2012. "European Financial Responses to the Great Recession." In *Coping with Crisis*, edited by Nancy Bermeo and Jonas Pontusson. New York: Russell Sage Foundation, 91-129.

Carre, Francoise and Chris Tilly. 2017. *Where Bad Jobs are Better: Retail Jobs across Countries and Companies*. New York: Russell Sage Foundation.

Confederation of British Industries. 2013. "Growth in Manufacturing Output Strongest Since 1995." https://www.converternews.com/cbi-says-growth-in-manufacturingoutput-strongest-since-1995/ (accessed February 26, 2020).

Confederation of British Industries. 2014. "Financial Services Firms See Fastest Growth Since 2007." https://insurancenewsnet.com/oarticle/Financial-Services-Firms-See-Fastest-Growth-Since-2007-a-563627

Chartered Institute of Personnel and Development. 2016. "Weighing up the wage floor." CIPD (February). https://www.cipd.co.uk/Images/weighing-up-the-wagefloor_2016-employer-responses-national-living-wage_tcm18-10963.pdf (accessed February 26, 2020).

Collins, Robert. 1981. *The Business Response to Keynes*. New York: Columbia University Press.

Crouch, Colin. 2009. "Privatised Keynesianism: An unacknowledged policy regime." *The British Journal of Politics and International Relations* 11(3): 382-99.

Danish Energy Agency. n.d. "Green Growth in Denmark." https://ens.dk/en/ourresponsibilities/energy-climate-politics/green-growth-denmark (accessed February 26, 2020).

Danish Ministry of Energy, Utilities and Climate. 2018. "Denmark: Energy and climate pioneer." (April). https://en.efkm.dk/media/12032/denmark_energy_and_climate_pioneer_pdfa.pdf (accessed February 26, 2020).

Department for Business, Innovation and Skills. 2011. "Plan for Growth." https://assets.publishing.service.gov.uk/government/uploads/system/uploads/attachment_data/file/221514/2011budget_growth.pdf (accessed February 26, 2020).

Department for Business, Innovation and Skills. 2014. "Getting the Job Done: the Government's Reform Plan for Vocational Qualifications." (March 2014).

Dougherty, Carter. 2008. "No quick solution to financial crisis, Denmark shows." *New York Times*, October 27, 2008.

EIU Views Wire. 2009. "Denmark economy: Outlook—Dealing with the financial crisis." Economist Intelligence Unit, March 12, 2009. http://search.eiu.com/default.aspx?sText=%E2%80%9CDenmark%20economy:%20Outlook%20%20%20Dealing%20 with%20the%20financial%20crisis.%E2%80%9D (accessed February 26, 2020).

European Commission. 2010. "Europe 2020: A strategy for smart, sustainable and inclusive growth." Brussels: European Commission (March 3), https://ec.europa.eu/eu2020/pdf/COMPLET%20EN%20BARROSO%20%20%20007%20-%20Europe%202020%20-%20EN%20version.pdf (accessed February 26, 2020).

Eurofound. 2007. *Fourth European Working Conditions Survey*. Luxembourg: Office for Official Publications of the European Communities.

Eurofound. 2014. "First findings." *Sixth European Working Conditions Survey*. Luxembourg: Office for Official Publications of the European Communities.

European Observatory ofWorking Life. 2015a. "Sweden: Fall in Union Density." August 31, 2015. http://www.eurofound.europa.eu/observatories/eurwork/articles/industrialrelations/sweden-fall-in-union-density (accessed February 20, 2020).

European Observatory of Working Life. 2015b. "France: New study sheds light on membership of employers organisations." November 24, 2015. https://www.eurofound.europa.eu/publications/article/2015/france-new-study-sheds-light-onmembership-of-employers-organisations (accessed February 26, 2020).

Financial Times. 2009. "Denmark plans tax cuts to spur spending." *Financial Times*, February 25, 2009.

France Strategie. 2017. "Boosting Employment in France." https://www.strategie.gouv.fr/sites/strategie.gouv.fr/files/atoms/files/17-27_boosting_employment.pdf (accessed February 27, 2020).

Gleeson, Denis and Ewart Keep. 2004. "Voice Without Accountability." *Oxford Review of Education* 30 (1 March): 37-63.

Hall, Peter and David Soskice. 2001. *Varieties of Capitalism*. Oxford: Oxford University Press.

Hassel, Anke. 2014. "The Paradox of Liberalization—Understanding Dualism and the Recovery of the German Political Economy." *British Journal of Industrial Relations* 52(1): 57-81.

Hassel, Anke and Bruno Palier. 2020. "Tracking the Transformation of Growth Regimes in Advanced Capitalist Economies." In *Growth and Welfare in Advanced Capitalist Economies. How Have Growth Regimes Evolved?*, edited by Anke Hassel and Bruno Palier. Oxford: Oxford University Press.

Hay, Colin and Nicola Smith. 2013. "The Resilience of Anglo-liberalism in the absence of growth." In *Resilient Liberalism*, edited by Vivien Schmidt and Mark Thatcher. New York: Oxford University Press, 289-312.

Hicks, Alex and Lane Kenworthy. 1998. "Cooperation and Political Economic Performance in Affluent Democratic Capitalism." *American Journal of Sociology* 6 (May): 1631-72.

Huber, Evelyn and John Stephens. 2001. *Development and Crisis of the Welfare State.* Chicago: University of Chicago Press.

Iversen, Torben and Anne Wren. 1998. "Equality, employment, and budgetary restraint: the trilemma of the service economy." *World Politics* 50(4): 507-46.

Iversen, Torben and David Soskice. 2001. "An Asset Theory of Social Policy Preferences." *American Political Science Review* 95 (4 Dec): 875-93.

Jackson, James. 2008. "The U.S. Financial Crisis: Lessons From Sweden." *CRS Report for Congress* Order Code RS22962 (29 September, 2008). http://fpc.state.gov/documents/organization/110770.pdf.

Jacobs, Dave. 1988. "Corporate Economic Power and the State." *American Journal of Sociology* 93 (4 Jan): 852-81.

Jensen, Claus, Mads Andersen, Karsten Dybvad and Kim Grauggard. 2014. "Lovbestemt mindsteloen—nej tak!" *Berlingske*, September 18, 2014. https://www.berlingske.dk/laesere/lovbestemt-mindsteloen-nej-tak (accessed February 26, 2020).

Jones, Erik. 2015. "Getting the Story Right: How You Should Choose Between Different Interpretations of the European Crisis (and Why You Should Care)." European Investment Bank Institute, *Europe Debates* (No. 5 January).

Keep, Ewart and Ken Mayhew. 2010. "Moving beyond skills as a social and economic panacea." *Work, Employment and Society* 24(3): 565-77.

Korpi, Walter and Joachim Palme. 1998. "The Paradox of Redistribution and Strategies of Equality." *American Sociological Review* 63 (September): 661-87.

Lehndorff, Steffen. 2015. *Divisive integration.* Brussels: European Trade Union Institute.

Lipietz, Alain. 1987. *Mirages and Miracles.* New York: Verso.

Low Pay Commission. 2015. "National Minimum Wage. Low Pay Commission Report. Presented to Parliament by the Secretary of State for Business, Innovation and Skills." https://assets.publishing.service.gov.uk/government/uploads/system/uploads/attachment_data/file/520052/National_Minimum_Wage_LPC_report_2015.pdf (accessed February 26, 2020).

Madsen, Per Kongshøj. 2015. "Er Dansk Flexicurity noget særligt?" In *Dansk flexicurity—fleksibilitet og sikkerhed på arbejdsmarkedet*, edited by Thomas Bredgaard and Per Kongshøj Madsen. København: Hans Reitzels Forlag, 3-74.

Mares, Isabela. 2003. *The Politics of Social Risk.* Cambridge: Cambridge University Press.

Martin, Cathie Jo. 1991. *Shifting the Burden: the Struggle Over Growth and Corporate Taxation.* Chicago: University of Chicago Press.

Martin, Cathie Jo. 2000. *Stuck in Neutral.* Princeton: Princeton University Press.

Martin, Cathie Jo. 2016. "Economic Prosperity is in High Demand: Commentary on Baccaro and Pontusson." *Politics & Society* 44(2): 227-35.

Martin, Cathie Jo and Duane Swank. 2012. *The Political Construction of Business Interests: Coordination, Growth and Equality*. New York: Cambridge University Press.

Martin, Cathie Jo and Kathleen Thelen. 2007. "The State and Coordinated Capitalism." *World Politics* 60(1) (October 2007): 1-36.

Martin, Cathie Jo and Jette Steen Knudsen. 2010. "Scenes from a Mall: Retail Training and the Social Exclusion of Low-Skilled Workers." *Regulation & Governance* 4(3) (September): 345-64.

Milner, Helen. 1988. *Resisting Protectionism: Global Industries and the Politics of International Trade*. Princeton: Princeton University Press.

Mitchell, Neil, Wendy Hansen and Eric Jepsen. 1997. "The Determinants of Domestic and Foreign Corporate Political Activity." *Journal of Politics* 59 (4 November): 1096-113.

Palier, Bruno and Kathleen Thelen. 2010. "Institutionalizing dualism: Complementarities and change in France and Germany." *Politics & Society* 38(1): 119-48.

Payne, Jonathan and Ewart Keep. 2011. "One Step Forward, Two Steps Back? Skills Policy in England under the Coalition Government." *SKOPE Research Paper* 102 (July), http://www.skope.ox.ac.uk/?person=one-step-forward-two-steps-back-skillspolicy-in-england-under-the-coalition-government (accessed February 26, 2020).

Salamon, Lester and John Siegfried. 1974. "Economic Power and Political Influence: the Impact of Industry Structure on Public Policy." *American Political Science Review* 71 (4 Dec): 1026-43.

Saltmarsh, Matthew. 2010. "Swedish Bank Fee Sets Example for America." *New York Times*, January 21, 2010.

Schnyder, Gerhard. 2012. "Like a Phoenix from the Ashes? Reassessing the Transformation of the Swedish Political Economy since the 1970s." *Journal of European Public Policy* 19(8): 1126-45.

Shonfield, Andrew. 1965. *Modern Capitalism: The Changing Balance of Public and Private Power*. Oxford: Oxford University Press.

State of Green. n.d. https://stateofgreen.com/en/partners/danish-ministry-of-energyutilities-and-climate/ (accessed February 26, 2020).

Streeck, Wolfgang. 1992. *Social Institutions and Economic Performance*. Beverly Hills: Sage.

Suenson, Emil Lobe; Nedergaard, Peter and Peter Munk Christiansen. 2016. "Why Lash Yourself to the Mast? The Case of the Danish 'Budget Law.'" *Public Budgeting & Finance* 36(1): 3-21.

Svallfors, Stefan. 2016. "Politics as organized combat." *New Political Economy* 21(6): 505-19.

Thelen, Kathleen. 2014. *Varieties of Liberalization and the New Politics of Social Solidarity*. New York: Cambridge University Press.

Touwen, Jeroen. 2014. "The Hybrid Variety. Lessons In Non-Market Coordination from the Business System in the Netherlands, 1950-2010." *Enterprise and Society* 15(4): 849-84. https://www.gov.uk/government/uploads/system/uploads/attachment_data/file/247695/0197.pdf (accessed February 26, 2020).

VNONCW. 2015. "COEN-enquête: Herstel Nederland zet door." https://www.vno-ncw.nl/forum/coen-enqu%C3%AAte-herstel-nederland-zet-door (accessed February 26, 2020).

Warwick Commission. 2009. "The Warwick Commission on International Financial Reform: In Praise of Unlevel Playing Fields." https://warwick.ac.uk/research/warwickcommission/financialreform/report/ (accessed February 26, 2020).

Wolf, Allison. 2011. *Review of Vocational Education: The Wolf Report*. London, HMSO.

Wren, Anne. 2013. *The Political Economy of the Service Transition*. Oxford: Oxford University Press.

제8장

서비스 기반 경제에서 성장과 고용 창출을 위한 전략: 숙련 형성, 평등, 복지국가

앤 렌Anne Wren

1. 서론

이 장에서 필자는 하셀과 팔리에가 1장에서 설명한 것처럼, 탈산업화되고 디지털화된 새로운 경제 환경에서 특히 숙련 형성, 임금설정, 공공 서비스 제공 같은 제도들이 성장 및 고용 창출을 위한 전략 수립에서 중요한 역할을 한다고 주장할 것이다. 필자는 역사적으로 복지 체제 구조가 달랐던 영국, 스웨덴, 독일 세 나라를 대상으로 탈산업화의 도전과 정보통신기술 혁명이 초래한 노동시장 분배의 변화를 분석할 것이다(Esping-Andersen, 1990; Hall and Soskice, 2001). 하셀과 팔리에가 서론에서 주장했듯이, 필자는 이러한 도전에 대한 대응 및 그에 관련된 경제적, 분배적 결과의 국가 간 차이가 부분적으로는 국가 수준의 기존 제도 역량의 구조에서 비롯되지만, 각국의 기본적인 성장모델을 새로운 환경에 적응시키는 것이 제도 개혁을 위한 압력을 창출해 낼 수 있다고 제안할 것이다.

이 장에서는 그 주장을 다음과 같은 방식으로 전개할 것이다. 2절에서는 서비스 부문들이 생산 특성, 무역 역량, 그리고 정보통신기술 확산에 영향 받는 방식이라는 측면에서 어떤 차이가 있는지를 서술한다. '비역동적 서비스non-dynamics services' 부문(보육과 그 밖의 다양한 개인 서비스)은 생산성 증가율, 정보통신기술 집약도, 그리고 국제무역률이 낮은 것이 특징이다. 반면 '역동적 서비스dynamic services' 부문(금융, 통신, 컴퓨터 및 사업서비스)은 생산성 증가, 정보통신기술 집약도, 그리고 무역의 수준이 상대적으로 높은 것이 특징이다. 끝으로 '복지 서비스welfare services' 부문(공공 행정, 교육, 보건)은 다른 두 부문과 일부 특징이 공통되지만, 서비스가 공공에 의해 제공된다는 점에서 차이가 있다. 물론 공공이 제공하는 정도는 국가별로 차이가 있다.

이 장의 3, 4, 5절에서는 이처럼 다양한 유형의 서비스 부문에서 복지국가 제도들과 성장 및 고용 확대 역량 간의 연관성을 확인한다. 필자는 변화하는 경제 환경 속에서 연구 대상인 세 나라에 나타나는 이 같은 제도들의 차이에 관련된 경제와 분배의 결과들을 검토할 것이다. 여기서 분석은 정보통신기술 혁명 초기부터 2007~2008년 금융위기가 시작된 시점까지의 시기에 초점을 맞출 것이다. 이 장의 주장은 바카로와 폰투손(Baccaro and Pontusson, 2016; 이 책 3장)의 주장과 유사하지만, (하셀과 팔리에의 서문과 마찬가지로) 경제의 수요-공급 간 상호작용을 더 강조한다는 점에서 두 저자와 차이가 있다. 특히 심지어 '소비주도형'의 체제에서도 중요한 성장동력인 고생산성 무역 부문의 전문화 패턴을 형성하는 데에서 숙련 정책의 역할이 크다는 점을 강조할 것이다. 끝으로 6절에서 결론을 서술한다.

2. 새로운 경제 환경

1) 탈산업화와 정보통신기술 혁명

하셀과 팔리에가 이 책의 서문에 설명했듯이, 지난 30년간 경제협력개발

표 8.1 (근로연령인구 대비) 제조업 부문 고용의 비중과 부가가치(평균, 2000~2005년)

국가	고용	부가가치
미국	8.7	17.4
영국	9.1	15.4
네덜란드	8.7	14.5
벨기에	8.9	18.1
프랑스	8.8	14.8
스페인	9.8	17.5
포르투갈	13.2	16.3
독일	13.8	22.6
오스트리아	11.3	19.9
이탈리아	10.9	19.6
핀란드	12.4	24.9
스웨덴	12.4	20.4
덴마크	11.5	15.3
일본	12.5	20.9
평균	10.9	18.4

출처: EU-KELMS. http://www.euklems.net/.

기구OECD에서 가장 부유한 지역인 유럽, 북미, 오스트랄라시아 경제권은 급속한 탈산업화를 경험했다. 이 과정에서 기술 변화 및 소비자 수요 특성 변화와 같은 각국의 발전 과정 내부 요인들, 그리고 상품시장에서 개발도상국들의 경쟁력 강화와 같은 외부 요인들을 포함한 다양한 요인이 영향을 미쳤다. 지금까지 얻은 증거로는 장기적인 경제발전 과정에서 비롯된 국내 요인이 더 우세한 것으로 보이지만, 내외적 요인들의 상대적 중요도에 대해서는 쟁점들이 남아 있다(예를 들어 Rowthorn and Ramaswamy, 1999; Rowthorn and Coutts, 2004, 2013 참조). 아무튼 중요한 점은 탈산업화를 초래한 모든 과정이 그 이전으로 돌아갈 가능성은 거의 없다는 것이며, 이는 서비스 기반 시장에서 성공적인 경쟁을 위해 성장전략을 조정하는 일이 각국 정부에 중요한 과제임을 시사한다. 탈산업화가 각국 경제와 노동시장에 미친 영향은 깊었다. 표 8.1에서 볼 수 있듯이, 21세기로 넘어온 후 많은 OECD 나라에서 제조업 부문은 총부가가치의 4분의 1 미만(대부분의 경우 5분의 1 미만)을 차지했고, 노동연령 인구의 15%에도 못 미치는 일자리를 제공했다. 따라서 성장모델을 새로운 서비스 기반 맥락에 맞게 조정하는 것이 각국 정부의 핵심 과제가 되어 온 것은 놀랄 일이 아니다(Wren, 2013 참조).

서비스 경제로의 전환은 서비스 생산과정 자체에 큰 영향을 미친 기술혁명과도 맞물려 있다. 과거에는 서비스 제공에 필요한 인적 상호작용의 요인들로 인해 생산성 성장과 국제적인 서비스 교역에 한계가 있었다[이에 대한 설명으로 바우몰(Baumol, 1967)이 가장 잘 알려져 있다]. 그러나 지난 사반세기 동안 정보통신기술 혁명은, 모든 서비스 부문은 아니라 할지라도 최소한 일부 부문에서 그 같은 제약을 줄이거나 제거하여 서비스 부문 주도의 높은 생산성 성장모델을 추구할 수 있는 가능성을 열어 주었다. 그와 동시에 신기술의 확산은 다양한 유형의 숙련에 대한 상대적 수요를 변화시켜 복지국가와 노동시장 정책에 영향을 미쳤다. 이런 변화를 설명하기 전에 먼저 서비스 부문의 유형에 따라 생산과 무역의 특성이 어떻게 다른지 설명하는 것이 도움이 될 것이다.

2) 서비스 생산 특성의 다양성

이전 연구에서 필자는 서비스 부문을 '비역동적', '역동적', '복지' 서비스 부문의 세 유형으로 구분한 바 있다(Wren, 2013). 이러한 분류는 절대적인 것은 아니지만, 서비스 유형에 따른 생산 특성의 차이를 이해하기 위한 큰 틀을 제공한다.

'비역동적 서비스 부문'은 바우몰(Baumol, 1967)이 지적한 생산성 성장의 제약에 가장 취약한 부문이다. 여기서 생각해 볼 수 있는 좋은 예로 식당 종업원이나 보육 서비스를 들 수 있다. 보호자 한 명이 돌보는 아동 수나 식당 종업원 한 명이 담당하는 테이블 수를 늘릴 수는 있지만, 그 과정에서 돌봄과 서비스의 질은 거의 확실히 떨어질 것이다. 그래서 이런 부문의 생산성 증가율은 지금까지도 여전히 낮다. 그와 비슷한 이유로 이런 유형의 서비스들은 지난 25년 동안 일어난 정보통신기술 혁명의 영향을 상당히 적게 받았다. 새로운 기술은 대면적인 인적 상호작용이 필요한 서비스 제공(예: 이발, 아이먹이기, 상처에 붕대 감기 등)을 대체할 수 없다. 따라서 이런 종류의 인적 상호작용이 서비스 제공의 중요한 구성 요소를 차지하는 부문에서는 정보통신기술의 확산과 생산성 향상 능력이 상대적으로 제한적이다. 같은 이유로 이런 분야는 무역에 상당한 자연적 장벽이 존재하기 때문에 국제 교류가 많지 않다. 이러한 특성은 다양한 사회서비스와 개인 서비스, 소비자서비스에도 적용된다.

반면 금융 및 사업서비스, 통신과 같은 '역동적 서비스 부문'에서는 지난 20년 동안 정보통신기술의 발전으로 생산성과 무역이 크게 향상되었다. 신기술의 확산이 가장 두드러진 부문에서 기술이 생산성 증가에 큰 영향을 미쳤다는 것은 잘 알려진 바이며(Stiroh, 2002; Triplett and Bosworth, 2004; Jorgenson et al., 2008; Bosworth and Triplett, 2007; Corrado et al., 2007), 표 8.2의 자료에서 볼 수 있듯이, 지식집약적 서비스 부문이 이 과정에서 선두에 서 있었다. 표를 보면 지난 30년간 사업서비스, 금융 중개, 우편 및 통신 분야의 부가가치 성장에 대한 정보통신기술 자본의 기여도는, 대면서비스 제공이 더 중요한 다양한 서비스(예를 들어 호텔과 레스토랑, 소매업, 공공 행정, 교육, 보건, 사회복지, 기타 지역사회 사회서비스와 개인 서비스), 또는 대부분의 전통적인 제조업 분야(여기서 전기 및 광학 장비와 인쇄·출판의 제조업 측면은 예외)에서의 기여도보다 훨씬 더 높았다는 것을 알 수 있다.

한편 표 8.3은 정보통신기술 집약적인 서비스 부문(금융, 컴퓨터 및 관련 사업서비스, 우편과 통신)의 생산성 증가율이 정보통신기술 집약적이지 않은 서비스 부문보다 높다는 것을 보여 준다[물론 서비스의 생산성 측정 문제는 여전히 논란의 여지가 있다. 이에 관한 종합적인 검토는 트리플렛과 보즈워스(Triplett and Bosworth, 2004)를 참조].

또한 중요한 것은 정보의 디지털화와 정보를 전 세계로 즉각 전송할 수 있는 능력으로 인해, 대면적인 인적 상호작용이 서비스 제공에서 덜 중요한 지식집약적 서비스 부문에서는 무역 장벽이 크게 낮아져 이 부문에서 최근 수

표 8.2 부문별 부가가치 성장에 대한 정보통신기술 자본의 기여도(%)

	1981년 수준*	1981~2007 평균**
농업 부문		
농업, 임업 및 어업	0.025	0.059
제조업 부문		
식품, 음료 및 담배	0.203	0.283
섬유, 가죽 및 신발	0.057	0.129
목재 및 목재 제품	0.146	0.185
종이, 종이 제품, 인쇄 및 출판	0.445	0.607
화학 제품	0.182	0.357
고무, 플라스틱	0.194	0.237
기본 금속, 가공 금속 제품	0.175	0.238
전기, 광학 장비	0.487	0.608
수송 장비	0.255	0.298
기타 제조업	-0.027	0.199
서비스 부문		
도매 무역	0.578	0.675
소매 무역	0.342	0.41
운송 및 보관	0.245	0.429
우편 및 통신	2.297	1.974
부동산	0.373	0.539
기타 비즈니스 활동 (기계 및 장비 임대 포함)	0.799	1.049
건설	0.076	0.156
호텔 및 레스토랑	-0.094	0.263
금융 중개	1.366	1.477
공공 행정 및 국방	0.354	0.4
교육	0.146	0.22
보건 및 사회 복지	0.131	0.201
기타 커뮤니티, 사회 및 개인 서비스	0.416	0.502

주: 이 표는 자료를 구할 수 없는 캐나다, 키프로스, 한국, 에스토니아, 그리스, 라트비아, 리투아니아, 몰타, 폴란드, 포르투갈, 슬로바키아를 제외한 모든 EU-KLEMS Database의 나라를 포함한다.
* 스웨덴(1994년), 독일(1992년), 호주(1983년), 체코 공화국(1996년), 헝가리(1996년), 아일랜드(1989년), 슬로베니아(1996년)를 제외한 자료.
** 일본(2006년), 프랑스(2006년), 벨기에(2006년), 슬로베니아(2006년)를 제외한 자료.
출처: EU-KLEMS. (http: //www.euklems.net/).

표 8.3 서비스 및 제조업의 생산성 증가율, 2000~2007년(유로 15)

부문	생산성 증가 (평균, 2000~2007)
제조업	3.74
호텔 및 음식업	-0.58
기타 커뮤니티 및 사회서비스	-0.69
부동산 활동	-0.82
도매 및 소매 무역	1.83
교육	-0.86
보건	0.74
공공 행정 및 국방	1.37
우편, 통신	10.75
금융 중개	4.71
컴퓨터 및 관련 사업 활동	2.11
전체 경제	1.45

주: 생산성 증가율은 노동시간당 부가가치로 측정된 노동생산성의 연평균 성장률로 측정.
출처: EU-KLEMS. http: //www.euklems.net/

십 년간 무역 규모가 크게 확대되었다는 사실이다(그림 8.1 참조)(Sauve, 2001; Freund and Weinhold, 2002; Levy and Murnane, 2005; Blinder, 2007). 따라서 역동적 서비스 부문은 비역동적 서비스 부문에 비해 정보통신기술 집약도가 높고 국제 교역이 많으며, 생산성 성장 여력이 크고, 이는 고용 창출 전략에 중요한 시사점을 준다.

그러나 이러한 시사점이 무엇인지 살펴보기 전에, 끝으로 세 번째 유형인 '복지 서비스 부문'의 특성이 앞에 서술한 두 부문과 어떻게 다른지를 간략히 설명하겠다. 정부, 교육, 보건과 같은 복지 서비스 부문은 주로 공적으로 제공된다는 점에서 다른 두 부문과 구별된다. 종합적으로 볼 때 이러한 부문 역시 앞서 설명한 비역동적 부문의 특징 중 일부를 갖고 있다. 즉 이들은 정보통신기술 집약도가 상당히 낮고, 생산성 증가율이 낮으며, 역동적 서비스 부문보다 더 낮은 수준에서 거래된다(표 8.2 및 표 8.3 참조). 하지만 이러한 전반적인 부문별 패턴은 각 부문 내의 하위 부문들 간의 차이를 못 보게 만들 수 있다.

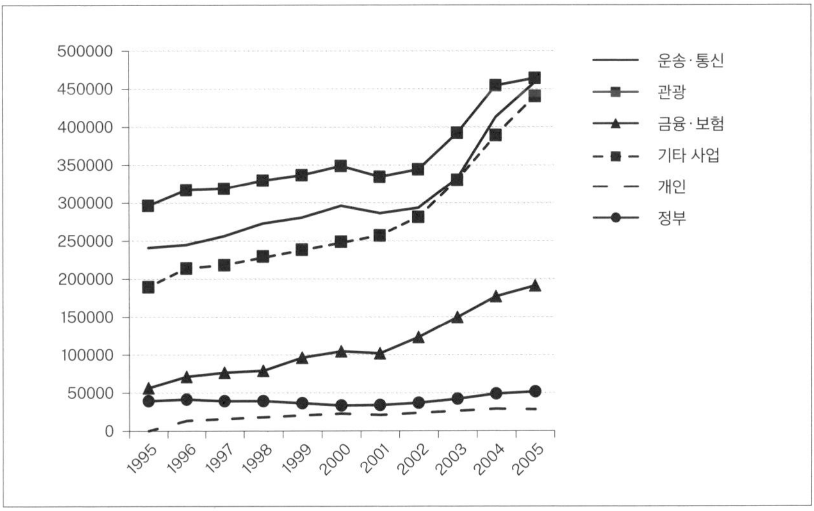

그림 8.1 서비스 수출 확대율의 부문 간 비교, 1994~2005(총수출, OECD 국가, 모드 1과 2, USD 기준)
출처: OECD EBOPS Database.

예를 들어, 보건 부문에서 간호와 같은 일부 서비스는 비역동적 서비스 부문의 특성을 분명히 갖고 있다. 간호사는 서비스의 질을 저하시키지 않고 더 많은 환자를 돌볼 수 없으며, 정보통신기술은 장거리 간병 서비스 제공을 더 용이하게 할 수 없다. 반면, 방사선 스캔 판독과 같은 다른 분야에서는 정보통신기술의 확산이 생산성 향상과 국제 교역을 촉진할 수 있다. 마찬가지로, 대인 상호작용과 학생 대 교사 비율이 서비스 제공에 매우 중요한 아동 돌봄 및 교육 분야에서는 정보통신기술이 생산성 향상과 무역을 촉진할 수 있는 범위가 제한적이지만, 고등교육 수준에서는 정보통신기술이 생산성 향상과 무역을 촉진할 가능성이 더 크다고 주장할 수 있다.

복지국가 정책은 서비스 부문별로 주요 정책이 다르지만, 서비스를 제공하는 모든 영역에서 고용 창출 역량에 큰 영향을 미친다. 따라서 성장 및 고용 전략을 탈산업적 맥락에 맞게 조정하고자 한다면 복지국가를 개혁해야 하는 압력이 생겨날 수 있다. 이러한 연관성의 핵심에 대해 다음 절에서 자세히 설명할 것이다.

3. 저생산성 서비스 부문의 고용 창출을 위한 공급 및 수요 측면의 전략

최근 수십 년 동안 제조업의 고용 기회 감소는, 비역동적 서비스 부문(개인, 소비자, 사회서비스)에서 저숙련, 저임금 민간 부문 고용 확대에 의해 부분적으로 보완되어 왔다. 그러나 이런 부문에 의존하여 탈산업 시대의 고용 공백을 메우는 정도는 나라마다 다른데, 특히 영국과 미국 같은 자유주의 체제가 이 점에서 가장 적극적이다. 그림 8.2에서 볼 수 있듯이 영국에서는 1970년대 초부터 비역동적 서비스 부문의 고용 비중이 꾸준히 확대되어 2005년에는 전체 고용의 거의 30%를 차지하게 되었다. 반면 스웨덴에서는 그 비율이 5분의 1 정도이며, 지난 35년간 이 부문의 고용 비중은 거의 늘지 않았다. 독일은 비역동적 서비스 부문의 고용률이 여전히 자유주의 체제에 비해 훨씬 낮지만, 스웨덴과 달리 1990년대 초부터 고용 창출 측면에서 이 부문의 중요성이 꾸준히 커졌다.

자유주의 체제에서 비역동적 서비스 부문의 고용 확대는 공급과 수요 측면에서 모두 제도와 정책에 의해 촉진되었다. 한편으로 그것은 저숙련 서비스 부문의 상대임금을 낮게 유지하는 방식에 크게 의존해 왔다(Iversen and Wren, 1998). 개인 서비스와 소비자서비스에 대한 수요는 가격 변화에 매우 민감하게 반응한다. 예를 들어 각 가계가 식품 공급이나 원예 서비스를 할 수 있는 능력을 고려해 본다면 이는 놀랄 일이 아니다. 그러나 생산성 증가의 여력이 작으므로, 이런 특성을 활용하여 수요와 고용을 확대하려면 상대임금을 낮게 유지하는 것이 특히 중요하다. 그 결과, 저숙련 서비스 고용의 확장이 1950~1960년대 제조업 확장의 '황금기' 기간보다 평등과 결합되기 어려워졌다. 당시에는 새로운 내구 소비재에 대한 수요 탄력성이 높고, 포디즘Fordism 생산공정 혁신으로 제조업 부문에서 생산성 성장률이 높았기 때문에, 해당 부문의 실질임금이 상승하면서도 상대가격을 낮게 유지할 수 있었다(Meidner, 1974; Rehn, 1985). 그래서 저숙련, 저생산성 서비스 부문에서 임금 평등

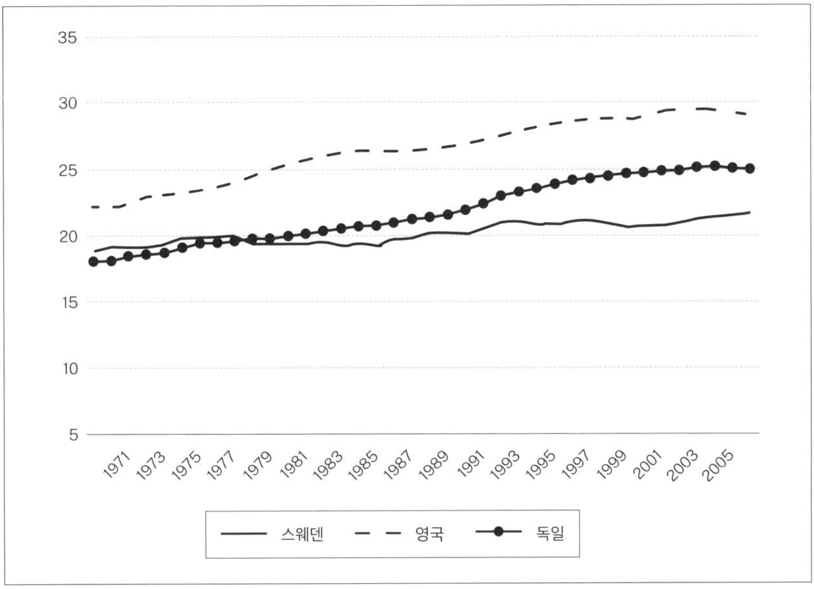

그림 8.2 전체 고용에서 비역동적 서비스 부문의 고용이 차지하는 비중, 1970~2005년

주: 비역동적 서비스는 호텔, 음식점, 유통, 기타 커뮤니티, 사회 및 개인 서비스로 정의됨.

출처: EU-KLEMS. http://www.euklems.net/.

과 고용 창출의 균형에 관한 자유주의적 대응의 중요한 요소는, 저임금 노동자의 임금에 대한 보호를 제거하거나 축소하고 노동조합의 힘을 공격하는 것이었다(Iversen and Wren, 1998).

그림 8.3은 1970~2005년 시기에 전체 경제(모든 부문) 평균 임금과 비교한 비역동적 서비스 부문의 임금 변화를 보여 준다.[1] 그림 8.3을 보면 스웨덴과 최근까지의 독일에서 저임금 노동자들이 영국보다 높은 수준의 임금 보호를 누렸다는 사실이 임금 변화에 어떤 영향을 미쳤는지를 분명히 알 수 있다. 영국에서는 이미 1970년대 초반에 비역동적 서비스 부문 노동자의 임금이 평균적인 노동자보다 40% 더 낮은 수준까지 떨어졌지만, 스웨덴과 독일에서는

....

1 이 그림은 경제 전반의 평균과 비교한 비역동적 서비스 부문 임금의 표준편차를 나타내며, 평균의 백분율로 표현되었다.

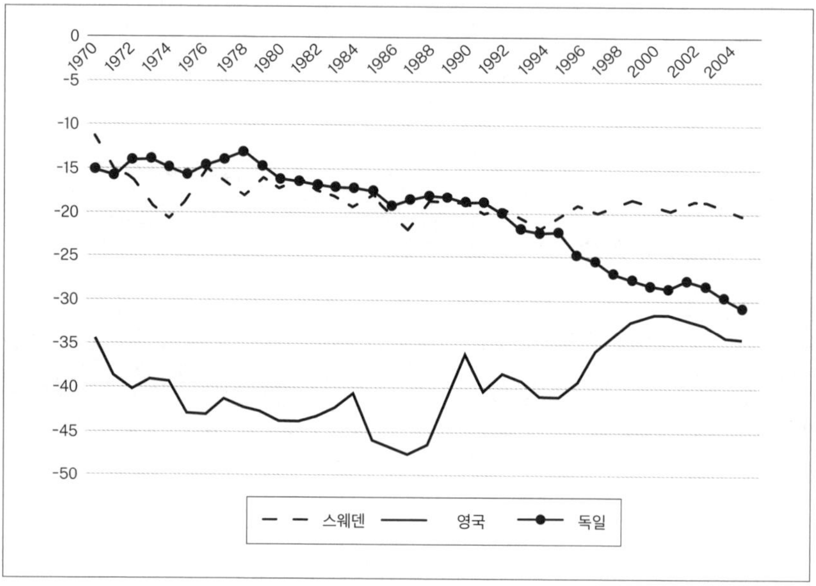

그림 8.3 경제 전체 평균과 비교한 비역동적 서비스 부문의 임금 보상, 1970~2005(표준편차는 경제 전체 평균의 백분율)

주: (1) 비역동적 서비스는 호텔, 음식점, 유통, 기타 커뮤니티, 사회 및 개인 서비스로 정의됨. (2) Y축은 경제 전반의 부문 간 평균의 백분율로 표현된 비역동적 서비스 부문 간 표준편차.
출처: EU-KLEMS. http: //www.euklems.net/

단지 15% 더 낮은 수준이었다. 대처 정부하에서 단체교섭권에 대한 공격과 최저임금 노동자의 임금 보호가 제거되면서 수치는 평균 임금의 거의 50%까지 떨어졌다. 이런 추세는 1980년대 말에 약간 반전되었고 1990년대 말에 최저임금 도입을 공약으로 내건 블레어 정부가 선출된 후 최저임금이 도입됨에 따라, 영국의 저임금 서비스 노동자의 상대임금은 비록 다른 나라에 비해서는 여전히 현저히 낮은 수준이지만 뚜렷한 회복세를 보이긴 했다. 반면 스웨덴에서는 1970년 이래로 비역동적 서비스 부문 노동자의 상대임금이 다른 국가들보다 더 강력히 보호되고 있으며, 경제 전체 평균보다 15~20% 더 낮은 수준에서 비교적 일정하게 유지되고 있다.[2] 독일의 경우 노동시장 이중화

2 이 수치들은 '임금' 불평등을 나타낸다는 점을 강조하는 것이 중요하다. 저생산성 서비스 부문의 임금과

의 영향은 하르츠IV 개혁에 앞서 1990년대 중반부터 시작되었으며, 보호받는 산업 핵심 부문에 비해 숙련도가 낮고 불안정하며 노조가 없는 저임금 서비스 부문 노동자의 노동시장 지위가 악화되면서 상대임금이 하락했다(Gernandt and Pfeiffer, 2006; Palier and Thelen, 2010; Hassel, 2014).

이 같은 공급 측면의 요인 외에, 저숙련 서비스 부문의 고용 확대에는 수요 측면의 요인도 있었다. 예를 들어 몇몇 저자는 노동시장 참여율이 증가하는 방향으로 수렴해 가는 추세와 관련된 수요 측면의 구조적 변화가 중요한 요인 중 하나라고 주장한다. 가족 구성원들의 노동시간 증가는 대체 효과(예를 들어, 유급 일자리에 종사하는 여성의 보육·외식 서비스 구매)를 통해 서비스 수요를 증가시킬 뿐 아니라, 소득 효과를 통해서도 서비스 수요를 증가시킨다. 왜냐하면 더 많은 시간을 일하는 가정은 더 많은 돈을 벌고, 개인 서비스와 소비자서비스는 소득이 증가함에 따라 개인 및 가계 예산에서 더 많은 비중을 차지하는 '사치' 품목이기 때문이다. 적어도 미국의 경우 더 많은 여성이 유급 일자리에 진입하고 더 많은 노동자가 더 긴 시간을 일하기 시작했는데, 이에 따라 소비자서비스 및 개인 서비스에 대한 수요의 증가가 가족 구성원의 노동시간 증가와 밀접한 관련을 갖게 되었다는 증거가 많이 있다(예를 들어 Freeman, 2007; Gregory et al., 2007 참조). 그러나 가계 노동시간의 증가가 저임금에 대한 보호의 제거에 내재된 결과인지, 따라서 공급 측면의 개입과도 어느 정도 관련이 있는지는 아직 완전히 밝혀지지 않았다.

이러한 구조적 변화와는 별도로, 자유주의 체제에서는 저생산성 서비스 부문의 고용과 생산이 이 시기 전반적인 수요 조건에 힘입어 증가했다. 바카로와 폰투손(Baccaro and Pontusson, 2016, 이 책 3장)은 1990년대 중반부터 2007년 위기 직전까지 영국에서 평균 실질소득이 증가했음을 지적하며, 위기 이전 민간 부채 증가에 대해서도 여러 연구가 잘 문서화하고 있다고 언급

....

평균 임금 간의 비율은 일정하게 유지되었지만, 이 기간에 스웨덴에서 '소득' 불평등은 크게 증가했다(예를 들어 1985년~2010년에 소득 1분위 대비 5분위 비율이 1.5에서 2로 증가했는데(OECD, 2018), 이는 많은 부분 조세 및 복지 제도의 변화로 인한 것이었다(OECD, 2015)).

한다(예를 들어 Crouch, 2009; Barnes and Wren, 2012). 금융위기가 시작되기 전 10년 동안 영국의 GDP 대비 민간 부문 부채 규모는 1997년 99%에서 2007년 158%까지 거의 60% 증가했다.[3] 스웨덴은 이 기간에 민간 부문 부채가 GDP의 92%에서 107%로 증가하여 증가폭이 상당히 적었고, 독일에서는 부채 수준이 2000년에 GDP의 116%에서 2007년 GDP의 97%로 오히려 감소했다(Beck et al., 2008). 다양한 개인 서비스 및 소비자서비스 수요는 소득 탄력적이기 때문에 실질소득 증가는 이런 부문의 수요 확대와 관련이 있다. 가계자산 증가의 환상을 불러일으킬 만큼 저렴한 신용 공급이 확대되는 경우에도[소비자에게 개인 소비를 위한 신용대출을 직접 제공하거나, 자산(특히 주택 가격) 인플레이션에 간접적으로 기여함으로써] 그와 유사한 효과를 발생시킬 것이라고 예상할 수 있다.

이 기간에 영국의 수요 확대를 설명하는 데에서 실질소득 증가와 민간 부문 부채 확대의 상대적 비중은 아직 완전히 평가되지 않았다. 예를 들어, 크라우치(Crouch, 2009)와 반스와 렌(Barnes and Wren, 2012)은 부채가 주도하는 수요의 중요성을 강조하는 반면, 바카로와 폰투손은 이 책 3장에 실린 글에서 실질소득의 성장을 강조했다. 위기 시기에 이런 효과의 상대적 비중이 어느 정도인지를 정확히 평가하는 것은 향후 해결해야 할 중요한 연구 과제이지만 이 글의 분석 범위를 벗어난다. 여기서 강조하고 싶은 점은, 바카로와 폰투손, 그리고 첫 장에서 하셀과 팔리에가 설명한 것과 같이, 국내 소비 수요가 주도하는 전략이 민간 또는 공공 부문의 부채에 의존하지 않고 '장기적으로' 지속 가능하려면, 경제의 다른 곳에서 성장과 생산성 향상에 기반을 둔 실질소득 증가가 있어야 한다는 것이다. 따라서 생산성이 높은 부문의 확대를 촉진하는 공급 측면의 제도와 정책은, 위의 저자들이 이야기하는 소비 수요와 수출지향 전략이라는 '양면에서의' 발전에 중요한 요소다(자세한 내용은 아래 참조).

....

3 예금화폐, 은행, 기타 기관들에 의한 민간 부문 신용의 GDP 대비 비율. 출처: Financial Structure Database (2018). https://www.worldbank.org/en/publication/gfdr/data/financial-structure-database

그림 8.4 총고용 대비 정부 공공 부문 고용 비율(직업군인 제외)

출처: Comparative Welfare States Database(Huber, Ragin, and Stephens, 2014)

지난 반세기 동안 영국에서 비역동적 서비스 부문의 고용 창출이 산업 일자리 손실을 보완하는 데 중요한 역할을 했다면, 사회민주주의 국가인 스웨덴에서는 그 패턴이 상당히 달랐다. 그림 8.2에서 볼 수 있듯이 스웨덴에서 이 부문의 고용 비중은 1970년대 초반 이후 크게 확대되지 않았으며, 현재 영국에서 약 3분의 1을 차지하는 것과 달리 스웨덴에서는 약 5분의 1 수준에 머물러 있다.

그에 반해 그림 8.4에서 눈에 띄는 점은 스웨덴 노동시장에서 공공 부문의 중요성이 계속 커지고 있다는 점이다. 긴축재정에도 불구하고 2005년에 고용된 스웨덴 노동자의 거의 30%가 정부에 직접 고용된 반면, 독일은 11%, 영국은 19%에 불과했다. 스웨덴의 탈산업 시대 성장모델이 어떻게 작동하는지를 이해하는 데에서 이 요소의 중요성은 아무리 강조해도 지나치지 않다. 한편으로 공공 부문은 중·저숙련 노동자에게 직접적으로 고용 기회를 제공함으로써 탈산업화의 최악의 영향을 막는 방파제 역할을 계속하고 있다. 다른 한편으로, 상대적으로 보수가 높고 안정적인 정부 일자리에 종사하는 대규모 노동자의 존재는 (하셀과 팔리에의 설명처럼) 스웨덴에서 수요의 국내적 요소들을 촉진하는 데에 중요한 역할을 한다. 그러나 이는 정부예산 측면에서 비용이 많이 드는 전략이기 때문에 스웨덴 모델은 궁극적으로 공공 부문 확대에 따른 조세 부담, 그리고 공공 부문 적자를 억제할 역동적 경제 부문의 생산성 및 소득 증가에 의존하고 있다.

한편 독일에서는 이베르센과 렌(Iversen and Wren, 1998)이 주장한 바와 같이, 1980~1990년대에 비역동적 서비스 부문에서 고용을 창출하려는 시도가 일종의 '삼중 문제trilemma'를 야기하며 정부를 곤경에 빠뜨렸다. 이는 공공 부문 규모에 대한 기존 정치적 제한(예를 들어 Esping-Andersen, 1990; Van Kersbergen, 1995)과 핵심 부문 내 노동시장 내부자들을 위해 높은 수준의 임금 평등(저임금 계층에 대한 강력한 임금 보호 포함)을 유지하도록 하는 제도 및 정책 네트워크 사이에서 비롯된 제약으로 인해 발생한 것이다. 이는 독일 복지-생산 체제의 핵심 요소로 여겨진다(Hall and Soskice, 2001). 탈산업화 초기에 독일의 이러한 정책 조합은 영국, 스웨덴에 비해 낮은 서비스 부문 고용률과 관련이 있었다. 그러나 독일 산업 부문의 상대적 강세의 지속, 남성부양자모델, 관대한 조기퇴직 프로그램에 관련된 낮은 노동력 참여율에 의해 그 영향은 어느 정도 완화되었다.

하지만 독일 경제는 탈산업화의 영향에서 자유롭지 못했다. 1970년대 초부터 21세기로 바뀔 때까지 30년 동안 독일에서 제조업의 고용 및 부가가치 비중은 3분의 1에서 5분의 1로 줄어들었다. 따라서 독일 경제의 산업적 중심은 다른 곳과 마찬가지로 축소되었으며, (Baccaro and Pontusson, 2016, 이 책 3장이 설명한 바와 같이) 제조업의 수출 성과를 유지하는 데 필요한 임금 억제가 내수에 미치는 부정적 영향을 고려했을 때, 산업 수출 중심의 성장전략은 경제의 다른 곳에서 고용 창출 능력을 제한하기 때문에 독일 모델을 개혁해야 하는 상당한 구조적 압력을 만들어 냈다. 낮은 소득 증가율과 그에 따른 낮은 내수 수준을 고려할 때, 독일은 영국보다 개인 서비스 및 소비자서비스에 대한 수요의 소득 탄력성을 활용하기가 더 어렵다. 뿐만 아니라 독일에는 공공 서비스 제공과 고용 확대에도 상당한 역사적, 정치적 장애물이 남아 있다(공공 부문 고용 측면에서 독일과 스웨덴(및 영국) 간의 지속적인 격차에 관한 증거는 그림 8.4를 다시 참조). 한편, 산업 핵심 부문의 위축으로 인해 1980년대 독일 경제의 안전판 역할을 했던 광범위한 노동시장 비참여자(조기퇴직자 및 가내 노동 여성)의 지원이 결국 유지되기 어렵게 되었다.

이러한 제약에 직면하여 역대 독일 정부는 저숙련 노동자의 고용 창출 문제를 오로지 최저임금 노동자의 임금 및 고용에 대한 보호를 제거하는 방식으로 해결해 왔는데, 이는 독일 노동시장의 이중화를 악화시키는 역할을 했다(Palier and Thelen, 2010; Hassel, 2014). 예를 들어 그림 8.3에서 보았듯 생산성이 낮은 서비스 부문 노동자의 상대임금이 크게 감소했는데, 이는 소득 분배의 하위계층에서 불평등을 크게 증가시키는 결과를 가져왔다.[4] 이러한 변화는 여성 노동참여율의 꾸준한 증가와 더불어,[5] 1980년대와 1990년대 초의 자유주의 체제에서 관찰된 바를 반복하는 패턴으로 이 기간에 비역동적 서비스 부문에서의 민간 부문 고용이 팽창되는 경향과 관련되어 있다.

4. 디지털화된 탈산업 경제의 성장전략

앞선 논의들은 제조업 부문의 일자리 감소를 보완하기 위해 비역동적 서비스 부문의 고용 확대에 초점을 맞추면 고용 창출, 평등, 조세, 공공 부문 및 민간 부문 부채 사이에서 별로 매력적이지 않은 정치적 선택이 이뤄질 수 있음을 시사한다. 이러한 전략 중 '어느 것도' 그 자체로는 탈산업화 문제에 대

……

4 독일에서의 불평등 증가에 대해 더 자세한 내용은 게르난트와 파이퍼(Gernandt and Pfeiffer, 2006); 푹스 슌델른 외(Fuchs-Schündeln et al., 2010)를 참고하라.

5 1990년에서 2015년 사이에 독일에서 근로연령대(15~64세) 여성의 경제활동 참가율은 55%에서 78%로 증가했다. 이에 비해 같은 기간 동안 스웨덴에서 참가율은 80%에서 85% 사이에서 크게 변동이 없었으며, 영국의 경우 66%에서 74%로 증가했다.

표 8.4 제조업 및 시장 서비스업의 총부가가치(연간 퍼센테이지 변화)

	시장 서비스		제조업	
	2002~2007	2011~2015	2002~2007	2011~2015
독일	1.6	1.8	2.7	2.5
스웨덴	4.1	2.9	5.5	-0.8
영국	4	3	0.3	0.5

출처: Van Ark and Jager (2017), EU-KLEMs(2017)에 포함된 자료.

한 충분한 장기적 해결책이 될 수 없다는 점을 강조하는 것이 중요하다. 오히려 탈산업화 이후의 지속 가능한 성장체제를 발전시키려면, 전통적인 제조업 부문을 대체할 수 있는 고생산성 부문의 확대를 촉진함으로써 이를 역동적 성장동력으로 삼는 전략이 필요하다.

영국의 경우 표 8.4에서 볼 수 있듯이 최근 부가가치 성장의 주요 동력은 시장 서비스 부문이었다. 우편 및 통신, 금융 중개, 컴퓨터, 기타 사업서비스 부문이 특히 높은 성장세를 기록했다.[6] 산업 수출에 의한 소득 감소는 지식 집약적 서비스의 순수출실적이 급격히 상승하면서 부분적으로 보완되었다(1991년과 2011년 사이에 GDP의 1.3%에서 5.6%로 증가).[7] 그리고 이러한 확대는 역동적 서비스 부문의 상대적 소득 증가와 관련이 있다(그림 8.5 참조).

따라서 하셀과 팔리에, 바카로와 폰투손이 강조하듯이 영국은 독일보다 상대적으로 내수 부문이 더 중요한 것은 사실이지만, 역동적 서비스 수출의 성공적인 성과와 이들 부문의 소득 증가가 영국 시장의 하단에서 소득 탄력적 소비자서비스와 개인 서비스 수요를 유지하는 역할을 했다는 점을 인식해야 한다. 이는 영국 모델을 순전히 '소비주도형'으로 특징짓는 설명에서는 다

....

6 EU-KLEMS. http://www.euklems.net/ (하위 부문 세분화 수치는 EU-KLEMS 웹사이트에서 직접 또는 저자에게 요청시 제공된다.)

7 예를 들어, 2008년 영국의 GDP 대비 영국의 지급 잔액에서 서비스 자산 및 제조업 수익 요소들의 비율을 모두 분해해서 보면 다음과 같다: 지식집약적 서비스(금융, 보험, 사업서비스, 컴퓨터, 정보) +5.5; 전통적 서비스 및 이전(여행, 운송, 정부, 이동) -2.2; 투자 소득 +2.3; 제조업 -4.1; 기타 상품(식품, 에너지, 기본 자재) -2.5; 총경상수지 잔액 -1.0(Rowthorn and Coutts, 2013).

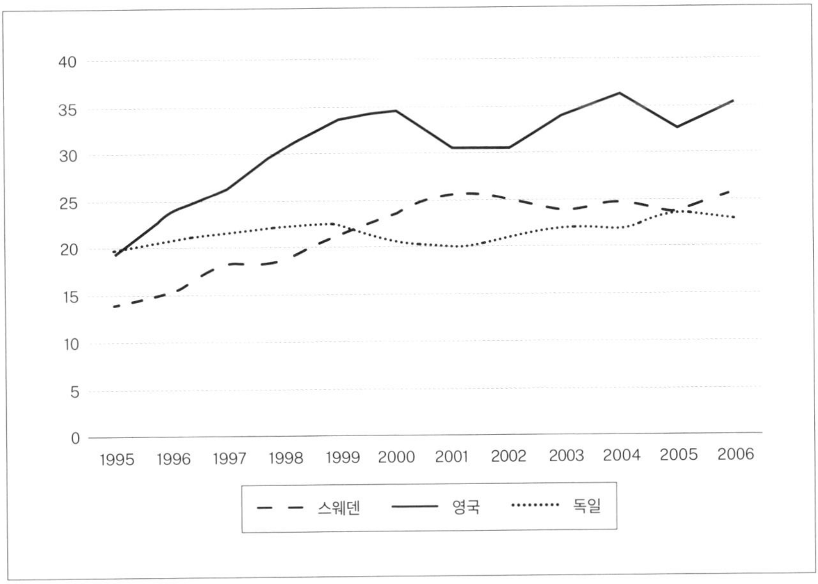

그림 8.5 경제 전체 평균과 비교한 역동적 서비스 부문의 평균 임금, 1970~2005년 (경제 전반 평균의 백분율로서의 표준편차)

주: (1) 역동적 서비스 부문은 금융 중개, 우편 및 통신, 컴퓨터 및 관련 서비스 활동, 연구 개발(R&D), 기타 사업 활동으로 정의됨 (2) Y축은 경제 전반의 부문 간 평균을 백분율로 표현한 역동적 서비스 부문 간 표준편차를 나타냄.

출처: EU-KLEMS. http: //www.euklems.net/.

소 덜 강조되는 점이다. 2010년대 중반까지 영국의 수출 가치는 GDP의 거의 30%까지 증가했으며 이 중 40% 이상이 서비스 수출이었다(표 8.5 참조). 이런 부문의 기여가 없었다면 이 기간에 영국의 높은 내수 수준은 훨씬 더 많은 부채로만 유지될 수 있었을 것이다.

이 책 전반에 걸쳐 강조된 바와 같이(Baccaro and Pontusson, Hassel and Palier, Thelen 등의 장 참조), 영국과 달리 독일 경제모델은 GDP 성장의 주요 동력으로서 성공적인 산업 수출 성과에 크게 의존하고 있다. 독일의 서비스 부문 수출은 아직 스웨덴이나 영국처럼 확대되지 않았다. 표 8.5에서 보듯이, 2013~2015년에 독일 수출에서 서비스가 차지하는 비중은 17%인데 비해 스웨덴은 30%, 영국은 43%였다. 시장 서비스의 생산성 및 부가가치 증가율도 마찬가지다(표 8.4 및 Van Ark et al., 2008; Van Ark and Jaeger, 2017 참조). 그

표 8.5 수출 실적(1998~2015)

	서비스 수출 (% 전체 수출)			수출 (재화 및 서비스) (% GDP)		
	(1998~2000)	(2005~7)	(2013~15)	(1998~2000)	(2005~7)	(2013~15)
독일	14.0	14.6	16.8	28.1	35.3	46.0
스웨덴	16.4	21.2	30.4	42.1	43.5	44.8
영국	30.3	39.1	42.9	24.1	23.9	28.4

출처: World Bank. World Development Indicators, https: //datacatalog.worldbank.org/dataset/worlddevelopment-indicators (2018. 10. 접근).

러나 앞서 강조한 바와 같이, 제조업 수출 실적의 호조에도 불구하고 독일은 탈산업화의 영향에서 자유롭지 못했고 다른 나라와 마찬가지로 제조업의 부가가치와 고용 기여도가 감소했다. 한편 독일의 산업 수출 부문이 고임금의 제한에 의존하는 것은 국내 소비 수요를 약화시키는 효과를 가져왔다(Baccaro and Pontusson, 이 책 3장 참조). 이런 맥락에서 고용 창출 문제에 대한 역대 독일 정부의 대응은 산업 핵심 부문 외부의 노동자들의 고용 보호를 제거하여 비교적 낮은 임금으로 생산성이 낮은 서비스 부문에서 생산량과 고용을 확대하는 것이었다.

끝으로 바카로와 폰투손(Baccaro and Pontusson, 2016, 이 책 3장), 하셀과 팔리에(이 책 1장), 텔렌(이 책 6장)이 주장한 것처럼, 스웨덴의 복지집약적 고용 모델이 유지될 수 있었던 것은 정보통신기술 집약적 서비스 및 제조업 분야의 성공적인 수출 성과 덕분이었다(표 8.5 참조). 표 8.4에서 보았듯이, 위기 이전 기간에 스웨덴에서는 제조업 부가가치의 성장이 특히 강력했으며, 이는 주로 전기 및 광학 장비 등 정보통신기술 집약적 부문의 기하급수적인 성장에 힘입은 바 크다.[8] 비록 초기 연구에 따르면 스웨덴 제조업은 독일보다 글로벌 경기침체의 영향으로부터 회복이 더딘 것으로 나타났지만 말이다(표 8.4

....

8 EU-KLEMS. http://www.euklems.net/ (하위 부문 세분화 수치는 EU-KLEMS 웹사이트에서 직접 또는 요청 시 저자로부터 제공된다).

참조). 한편 스웨덴에서는 역동적 서비스 부문의 수출 및 부가가치 성장률도 꾸준히 강세를 보이고 있으며, 통신, 컴퓨터, 사업서비스 부문이 부가가치 측면에서 가장 높은 성장세를 보이고 있다.[9] 이러한 정보통신기술 집약적 부문의 부가가치 성장은 이 기간에 스웨덴의 재정 수요, 실질임금 상승, 공공 부문 운영 비용에 중요한 역할을 했다.

여기서 중요한 점은 고용 확대를 위한 지속 가능한 전략은 고부가가치 부문에서의 실적과 고용 확대에 의존해야 한다는 것이다. 탈산업화의 맥락에서 이는 고생산성 서비스 부문에서 성공적인 성과를 촉진하는 것이 점점 더 중요해지고 있음을 의미한다.[10] 따라서 이러한 부문에서 성장의 토대를 분석하는 것은 탈산업 경제 모델의 작동 방식을 이해하는 데에서 매우 중요하다. 물론 정책적 관점에서는 정보통신기술에 대한 투자, 국내적·국제적 수준의 서비스 무역에 대한 규제 장벽의 정도 등 많은 관련된 요소가 있다(예를 들어 Van Ark and Jager, 2017 참조). 그러나 이 장의 나머지 부분에서는 '복지국가 정책'에서 특히 중요한 한 가지 영역에 초점을 맞추겠다. 교육과 숙련 공급을 규정하는 제도들이 생산성을 높이고 경제성장을 창출하는 과정에서 매우 중요한 투입 요소라는 사실은 잘 알려져 있다(예를 들어 Lucas, 1988; Barro, 1997, 2013; Soskice, 1999; Hall and Soskice, 2001; Carlin and Soskice, 2015 참조). 그런데 최근 연구에 따르면, 새로운 정보통신기술의 발전과 더불어 경제성장에 요구되는 숙련의 수요 또는 구성이 변했으며, 이는 기존의 교육 모델에 커다란 함의가 있다. 아래에서는 이러한 주장을 더 자세히 설명한다.

9 EU-KLEMS. http://www.euklems.net/ (하위 부문 세분화 수치는 EU-KLEMS 웹사이트에서 직접 또는 요청 시 저자로부터 제공된다).

10 또한 반 아크 외(Van Ark et al., 2008) 및 반 아크와 예거(Van Ark and Jäger, 2017) 참조.

5. 역동적 서비스의 확대와 숙련 형성의 제도들

1) 정보통신기술 혁명과 고숙련 노동 수요

고생산성 서비스 부문의 확장에 기반한 성장모델에 요구되는 기술들이 제조업 '황금기'의 그것과 크게 다를 것이라는 강력한 근거가 있다. 표 8.2의 자료에서 알 수 있듯이 역동적 서비스 부문은 모든 경제 부문 중에서 가장 정보통신기술 집약적이다. 특히 정보통신기술과 대학교육을 받은 노동력이 생산에서 상호보완적이라는 증거가 늘어나고 있다는 점에서, 이는 숙련 정책에 큰 함의를 갖는다(예를 들어 Autor et al., 2003; Goos et al., 2014; Michaels et al., 2014; Acemoglu and Autor, 2011 참조).

이러한 경험적 연구 문헌들의 주된 통찰은 다음과 같다. 첫째, 새로운 기술은 작업에 요구되는 프로그램이 대단히 복잡한 경우(예를 들어 부기나 사무 업무)에도 저장된 명령어에 의해 특정될 수 있는 일상 업무를 수행하는 데에 매우 효과적일 수 있으므로, 그러한 작업의 수행에서 노동의 대체물이 될 수 있다. 그런 작업은 일반적으로 (2차 교육기관, 또는 대학교육을 부분적으로 받은) 중숙련 노동자들에 의해 수행되므로, 이 숙련 수준의 노동에 대한 상대적 수요가 감소한다.

둘째, 그와 대조적으로, 새로운 기술은 홀과 소스키스가 고급 일반 숙련이라고 표현할 '유연성, 창의성, 일반화된 문제 해결, 복잡한 의사소통'을 필요로 하는 비일상적 인지 작업을 수행하는 데는 덜 효과적이다(Autor et al., 2003: 5). 그 대신에 새로운 기술은 비일상적 인지 작업을 수행하는 (전형적으로 대학교육을 받은) 노동자의 숙련을 보완하는 데 기여한다. 예를 들어, 더 완전한 시장 정보에 더 빨리 접근하는 것은 관리자의 의사결정을 개선할 수 있지만 아직 그 의사결정을 대체할 수는 없다. 기술은 이러한 유형의 인적 자본을 대체하는 것이 아니라 보완하는 것이기 때문에, 신기술에 대한 투자는 대학교육을 받은 노동력에 대한 수요를 줄이는 것이 아니라 오히려 증가시킨다. 이는 대학교육을 받은 노동력 공급의 제한이 신기술 투자와 관련된 생산성 및 산출량 증가를 감소시킬 수 있음을 의미한다.

마지막으로, 오터 등(Autor et al., 2003)은 그들이 비일상적 수동 작업이라고 명명한 세 번째 범주의 업무가 존재한다고 본다. 이러한 업무에는 이미 설명했듯이 서비스 제공의 많은 영역(이발, 아동 돌봄, 음식 공급 등)에 내재된 일종의 대인 상호작용이 포함된다. 오터 등은 이러한 영역에서 새로운 기술이 노동 투입을 대체하거나 보완할 수 없다고 주장한다. 예를 들어, 신체적 대인관계가 서비스 제공의 중요한 구성 요소인 경우 노동자를 컴퓨터로 대체하기가 더 어렵고, 컴퓨터 기술은 이런 작업의 수행에서 노동생산성을 향상하는 데에 지금까지는 그다지 효과적이지 않았다. 그 결과, 새로운 기술의 확산은 아직 신체적 대인관계 서비스 부문의 노동 수요에 큰 영향을 미치지 못했다. 일반적으로 이런 부문에서는 다른 서비스 부문이 경험한 생산성 및 국제무역의 증가가 없었는데, 이는 부분적으로 정보통신기술 혁명의 효과를 누릴 수 있는 입지가 취약하기 때문이다. 그에 따라 앞서 설명한 이유로 인해 이들 부문의 확장은 국내 시장의 소득과 임금 증가, 가격유연성 등의 요인에 더 크게 의존하고 있다.

여기서 중요한 점은 정보통신기술이 중숙련 수준의 노동을 대체하면서, 대학 수준의 교육을 받은 노동자의 숙련을 보완하는 역할을 한다는 것이다. 이런 점에서 현재 서비스 확장 시대에 요구되는 숙련들은 그 이전의 산업 확장기와 크게 다르다. 1950~1960년대 포드주의 산업의 확장은 저숙련 및 중숙련 노동에 대한 수요 증가와 연결되었으며, 특히 저숙련 노동과 고숙련 노동이 생산과정에서 상호보완적으로 작용했다는 점이 두드러졌다(예를 들어, Wallerstein, 1990). 그와 달리, 고급 서비스 부문이 성공적으로 확장되려면 숙련도를 높이고 양질의 고등교육을 받는 노동자의 수를 늘려야 한다.

이것은 물론 고등교육 단계에서 효과적인 투자를 보장하고 대학등록 및 기회를 촉진하는 것을 더욱 중요하게 만든다. 그러나 최근 연구들은 초등학교 이전 단계부터 시작되는 학교 기반 학습에 대한 투자 역시 중요하다는 것을 시사하는데, 그 이유는 이 단계의 교육이 특히 저숙련 가정 아동들의 고등교육 진학을 결정하는 주요인이라는 점이 점점 더 많이 인식되고 있기 때문이다(예를 들어 Cuhne and Heckman, 2007; Heckman and Jacobs, 2011 참조).

2) 숙련 정책의 국가 간 차이: 스웨덴, 독일, 영국 비교

그렇다면 기존의 복지 생산 체제는 서비스 경제의 숙련 수요를 얼마나 잘 충족할 수 있을까?[11] 지금까지 자유주의 체제는 양질의 대학 졸업생을 대량으로 배출하는 데 비교적 성공적이었다. 그러나 최근 수십 년 동안 미국, 영국 등에서 추진된 민간 부문의 고등교육 투자 방식은 형평성과 효율성 측면에서 부정적인 결과를 초래했다. 첫째, 그것은 교육에 대한 개인적 투자를 장려하는 높은 임금 불평등에 의존한다(표 8.6과 그림 8.5 참조). 둘째, 그것은 상당히 불평등한 숙련의 분배를 초래했으며, 고등교육 비용의 증가에 따라, 그러한 불평등한 분배가 세대 간에 재생산될 위험이 있다(Green et al., 2014). 셋째, 그것은 최근 몇 년 동안 개인 부채의 증가와 관련이 있으며(Stigliz, 2012; Barrow et al., 2013; Belfield et al., 2018), 이는 특히 보다 더 빈곤한 가정의 배경을 가진 학생들의 고등교육 등록에 장벽으로 작용할 수 있다.

마지막으로, 이것은 아주 중요한 점인데, 이러한 체제에서 민간 투자에 대한 유인이 존재하더라도 전반적인 교육 투자 수준이 불충분하다는 증거가 있다. 예를 들어 골딘과 카츠(Goldin and Katz, 2008)는 20세기 말에 미국 불평등 증가의 주요 원인 중 하나로 미국 교육 시스템이 기술 변화에 발맞춰 대학교육을 받은 노동자를 적절히 공급하지 못한 점을 꼽았다.

한편 중부 유럽 및 북유럽 나라들은 교육 정책과 관련하여 그와 다른 도전 과제에 직면해 있다. 이곳에서는 임금 교섭에서 높은 수준의 조정은 높은 수준의 임금 평등을 보장한다. 하지만 이런 정책의 결과 중 하나는 개인이 더 높

....

11 또한 슈발리에(Chevalier, 이 책 11장) 참조.

표 8.6 고등교육 단계에서의 교육 투자 전략의 다양성

	연령대별 고등교육 비율 (2017년)		소득 5분위 대비 9분위 비율		고등교육 공공투자 (% GDP) (2010)	고등교육 총투자 (% GDP) (2010)
	55~64세	25~34세	2005년 수준	1995~2005년 변화		
독일	26	31	1.7	-0.07	1.34	1.63
스웨덴	31	47	1.65	0.06	2.03	2.26
영국	37	52	1.98	0.11	0.99	2.1

출처: OECD Education at a Glance (2018), OECD Statistics; on Public Investment in Education: Brady, Huber, and Stephens (2014).

은 수준의 숙련에 투자할 유인을 감소시킨다는 것인데, 이는 그런 투자에 대한 보상이 상대적으로 더 적기 때문이다. 따라서 이런 체제에서는 정부가 보조금 지급에 나서지 않는 한 높은 수준의 지식집약적 서비스 확대에 필요한 숙련이 부족해질 위험이 있다(Iversen and Soskice, 2010; Ansell and Gingrich, 2013; Wren et al., 2013 참조).

스칸디나비아의 사회민주주의 체제에서는 전통적으로 정부가 초등교육부터 고등교육까지 학교 교육과 대학교육에 많은 투자를 제공함으로써 높은 수준의 고등교육 등록률을 달성해 왔다. 예를 들어 스웨덴은 2010년, 고등교육에 대한 공공투자에 영국보다 2배 이상 많은 GDP를 지출했다(표 8.5 및 Wren, 2013 참조). 이 전략은 형평성 측면에서 몇 가지 잠재적 이점이 있다. 고숙련 노동자의 임금 프리미엄에 덜 의존하여 더 높은 수준의 숙련에 대한 투자를 유도할 수 있다.[12] 또한 그것은 고등교육에 대한 접근성의 형평성을 높일 수 있는데, 이는 우선 고등교육이 공공 재정으로 이뤄지기 때문이기도 하지만, 또한 학교 교육, 더 중요하게는 초등학교 이전 시기 아동 교육에 대한

....

12 스웨덴에서 지난 몇십 년 동안 가장 숙련된 노동자들의 임금과 그들의 덜 숙련된 동료들의 임금 간에 격차가 벌어졌다는 징후가 있음을 주목해야 하지만, 그 격차의 정도는 영국이나 미국보다는 작았다(표 8.6 및 그림 8.5 참조).

공적 재정 지원이 다양한 사회적 배경을 가진 아동들의 고등교육 진학의 형평성 수준에 연쇄적인 영향을 미치기 때문이다(Heckman and Jacobs, 2011). 그러나 스웨덴 모델의 다른 측면들과 마찬가지로, 이는 교육 부문의 비용을 충당하기 위한 부가가치의 강력한 성장과, 높은 수준의 교육 지출을 위한 지속적인 공공 지원을 필요로 한다.

스웨덴과 아주 대조적으로, 독일은 전통적으로 임금결정 조정의 수준이 높으면서도 고등교육 및 학교 기반 교육에 대한 공공 투자 수준이 낮으며, 고등교육 등록률도 상대적으로 낮았다. 예를 들어, 가장 최근의 OECD 자료에 따르면 2017년 25세에서 34세 사이의 독일 인구 중 고등교육을 받은 사람은 3분의 1에 불과했던 데 반해, 같은 연령대의 영국과 스웨덴 국민은 절반 정도가 고등교육을 받은 것으로 나타났다(표 8.6 참조). 또한 독일 자료에 의하면 최근 몇 년간 대학 등록률이 증가했음에도 불구하고 독일의 고등교육 확대 속도는 다른 나라에 비해 상당히 느리다. 독일에서 25~34세의 3차 교육 달성률은 55~64세의 달성률과 큰 차이가 없는 반면, 영국과 스웨덴에서는 현재 코호트의 교육 달성률이 이전 코호트보다 훨씬 높다.

홀과 소스키스(Hall and Soskice, 2001)의 영향력 있는 주장처럼, 전통적으로 독일의 낮은 고등교육 진학률은 매우 효과적인 직업훈련 시스템의 존재와 관련이 있다. 노동력의 상당수가 특정 기업이나 부문에 긴밀히 연계된 숙련을 제공하는 도제식 교육에 참여하여 산업 생산의 핵심 분야(예를 들어 자본재)에서 비교우위를 점할 수 있는 기초를 형성하였다. 그러나 고용 확대가 점점 더 정보통신기술과 대학교육을 받은 노동력 간의 상호보완성의 활용에 의존하는 시대에 이러한 전략이 지속 가능할지 의문이다.

3) 숙련 수요의 변화가 노동시장에 미치는 영향: 스웨덴, 독일, 영국 비교

표 8.7은 앞서 설명한 금융위기 이전 수십 년 동안의 발전들이 스웨덴, 독일, 영국의 노동시장에 미친 영향을 설명하기 위한 몇 가지 기본적인 기술적

표 8.7 전체 산업에서 숙련도별 노동소득비율 및 노동시간의 변화, 1991~2005(독일, 스웨덴, 영국)

		고숙련	중숙련	저숙련
독일	노동소득비율	4.5(18.3)	-4.3(63.7)	-0.2(18)
	노동시간 비율	1.8(9.5)	-2.8(62.1)	1.1(28.5)
영국	노동소득비율	10.5(27.9)	0.7(64.6)	-11.3(7.6)
	노동시간 비율	9.4(18.9)	4.8(68.8)	-14.2(12.3)
스웨덴	노동소득비율	9.9(26.8)	0.3(60.7)	-10.2(12.5)
	노동시간 비율	8.5(19.9)	2.3(64.6)	-10.8(15.4)

주: 노동소득비율은 각 숙련도 범주에 속하는 노동자들이 전체 노동보상(총임금)에서 차지하는 비율임. 각 셀의 첫 번째 숫자는 1991년부터 2005년까지의 변화를, 괄호 안의 숫자는 2005년의 수준을 나타냄.
출처: EUKLEMS. http: //www.euklems.net/.

데이터를 제공한다. 이 표는 1991년과 2005년 사이에[13] 고숙련, 중숙련, 저숙련 수준별 노동소득 비율과[14] 노동시간 비율의[15] 변화를 보여 준다. 각 칸의 첫 번째 숫자는 전체 기간의 변화를, 괄호 안의 숫자는 2005년의 수준을 나타낸다.[16] 표의 자료는 『EU KLEMS 성장 및 생산성 계정 데이터베이스』(2008)에서 가져온 것이다. 세 나라의 자료 모두 '고숙련 범주'는 대학 학위를 가진 사람으로 제한된다. 영국과 독일에서 '저숙련' 노동자는 공식 자격증이 없는 노동자이며, '중숙련' 범주에는 대학 학위 이하의 중간 수준 자격증을 가진 노동자가 포함된다. 스웨덴에서 '중숙련' 범주는 고급 및 중급 직업훈련을 받은 사람으로 특정되며, '저숙련' 집단은 중급 일반교육을 받은 사람과 공식적 자격증이 없는 사람들을 포함한다. 이처럼 기술 수준에 대한 정의에 약간의 차이가 있으므로 특히 국가 간 수준 비교에 있어서는 약간의 주의가 필요하다. 그럼에도 불구하고 자료는 숙련도의 차이와 시간 변화에 따른 몇 가지 흥미롭고 명확한 변화 패턴을 보여 준다.

....

13 조사 대상 기간은 EUKLEMS 데이터베이스의 노동 투입 데이터가 제공되는 기간으로 제한되었다.

14 각 기술 수준 범주의 노동자들(이 받은 임금)의 보상을 전체 노동 보상(노동자들이 받은 총임금)의 백분율로 나타낸 것.

15 각 기술 수준 범주의 노동자들이 일한 시간을 전체 근로 시간의 백분율로 나타낸 것.

16 11개 OECD 국가에서 집계된 유사한 분석으로 마이클스 외(Michaels et al., 2014)를 보라.

표에서 가장 먼저 주목할 점은, 정보통신기술이 노동시장에 미치는 영향에 대한 앞에서의 논의를 바탕으로 예상할 수 있듯이, 조사대상 기간 동안 세 나라에서 모두 가장 높은 기술 수준의 노동자 수요가 증가했다는 점이다. 그런데 이 집단의 임금 비중 역시 동시에 증가했기 때문에, 이 기술 수준 노동자의 고용 비중의 현저한 증가는 단순히 대학 졸업자의 공급 증가만으로 설명할 수 없다.

자료에 따르면 독일에서는 고숙련자의 임금 및 고용 점유율 증가가 다른 나라에 비해 적다는 점에서 노동시장이 대졸자 중심으로 재편되는 현상이 아직 뚜렷하지 않다. 그러나 고숙련 노동자의 임금 비중이 고용 비중보다 훨씬 더 많이 증가했다는 사실은 이 기간에 고숙련 노동자에 대한 수요가 공급을 앞질렀다는 것을 말해 준다. 흥미롭게도 독일은 또한 세 나라 중 중숙련 노동자들의 수요가 뚜렷하게 '감소'한 유일한 나라라는 점에서도 두드러진다. 대학 졸업 이하의 공식적 자격증을 가진 노동자의 고용 비중은 2.8% 감소했고, 이 집단의 노동자가 받는 상대임금은 그보다 더 많은 4.3% 감소했다. 영국과 스웨덴에서는 중간 수준 기술을 보유한 노동자의 임금 비중에는 큰 변화가 없었지만 그들의 고용 비중은 증가했다.[17]

또한 경험적 증거들은 스웨덴과 영국에서 가장 낮은 기술 수준의 고용이 감소하는 경향이 있는 반면에, 독일에서는 가장 낮은 기술 수준의 고용이 오히려 소폭 증가했음을 보여 준다. 독일의 이 같은 결과는 이 기간에 저숙련 노동자들의 임금 보호 제거 및 노동시장의 이중화와 관련이 있는 것으로 보이며, 이 글의 3절에 서술한 바와 같이, 표에서 저숙련 노동자의 임금 비중의 감소는 그림 8.3에서 볼 수 있는 독일 내 비역동적 서비스 부문 노동자의 상대임금 감소와 유사하다.

종합하자면, 여기서 전체적인 그림은 숙련지향적인 기술 변화에 관한 문

....

17 독일과 영국의 중간 기술 수준 범주는 직업 및 비직업교육 자격을 가진 노동자들을 포함하지만, 스웨덴의 범주는 직업교육 자격을 가진 노동자들로 한정되었다는 점을 유념해야 한다.

표 8.8 산업별 및 숙련도별 노동소득비율 변화, 1991~2005년(독일)

	고숙련	중숙련	저숙련
전체 제조업	5.1 (16.0)	0.4 (65.1)	-5.5 (18.9)
전기 및 광학	6.6 (23.3)	-1.3 (63.7)	-5.3 (13.0)
건설	2.2 (8.6)	-6.0 (68.8)	3.8 (22.6)
도매 및 소매, 호텔 및 레스토랑	2.1 (8.1)	-8.1 (69.2)	5.9 (22.6)
운송, 저장, 우편 및 통신	1.5 (7.1)	-7.4 (67.1)	5.9 (19.8)
금융 및 보험	5.4 (16.1)	4.8 (76.8)	-0.6 (7.1)
사업서비스 및 부동산	3.1 (28.9)	-8.5 (50.5)	5.5 (20.6)
공공 행정, 국방	1.1 (19.3)	2.4 (71.2)	-3.4 (9.4)
교육	4.3 (46.5)	-3.6 (45.4)	-0.6 (8.0)
보건 및 사회 복지	-1.0 (18.8)	1.7 (69.1)	-0.7 (12.0)
기타 커뮤니티, 사회, 개인 서비스	0.0 (22.5)	-2.2 (55.7)	2.2 (21.8)

주: 노동소득비율은 각 숙련도 범주의 노동자들이 전체 노동보상(총임금)에서 차지하는 비율. 각 칸의 첫 번째 숫자는 1991년부터 2005년까지 (부문 내) 노동소득비율의 변화를, 괄호 안의 숫자는 2005년의 수준을 나타냄. 서비스의 하위 부문 분류에서 표 8.8, 8.9, 8.10 간의 약간의 차이는 확보할 수 있는 자료의 차이에 따른 것이다.
출처: EUKLEMS. http: //www.euklems.net/.

헌들이 예상한 대로, 세 나라 모두 가장 높은 숙련도의 노동자들로 수요가 이동했다는 것이다. 한편 노동시장 기회의 공동화hollowing out가 가장 뚜렷한 나라는 독일로, 중숙련 수준의 수요가 감소한 데 반해 가장 낮은 숙련 수준에서는 비록 노동시장 여건은 악화되었지만 고용은 확대되었다.

표 8.8의 세분화된 자료를 보면 이 기간에 독일 상황을 더욱 명확히 파악할 수 있다.[18] 이 자료는 제조업 부문에서 중간 수준 기술을 보유한 노동력의 수요가 유지되고 있음을 보여 준다.[19] 여기서 주목할 만한 예외는 제조업 부

18 지면상 한계와 명확성을 위하여 필자는 표 8.8-8.10에 숙련 수준별 노동시간 비율 데이터를 포함하지 않았다. 본문에서 보고된 경우를 제외한다면, 모든 경우에 노동시간 비율은 하위 부문 수준의 임금총액 비율의 패턴을 반복한다는 점을 주의하라.

19 지면 한계 때문에 표에서 제조업의 나머지 하위 부문에 대한 보고는 포함하지 않았다. 전기 및 광학 장비를 제외한 제조업의 다른 모든 하위 부문은 이 기간에 중숙련 노동자의 임금총액 비율(및 근로시간 비율)에 변화가 없거나 약간의 긍정적 변화를 보인다(요청시 데이터 제공 가능).

문 중 가장 정보통신기술 집약적인 전기 및 광학 장비다(표 8.2 참조).[20] 반면 공공 행정, 보건, 사회사업을 제외한 모든 서비스 부문에서는 중간 수준의 기술 수요가 급감한 것으로 나타났으며, 금융, 보험, 3대 복지 부문을 제외한 모든 부문에서 이러한 감소세는 가장 낮은 숙련 수준에서의 뚜렷한 수요 확대와 관련이 있다. 여기서 독일 노동시장의 이중화가 분명히 드러난다. 전통적인 산업 부문에서 중숙련 노동자의 중심부는 상대적으로 안정적인 노동시장 지위를 유지하고 있는 반면, 서비스 부문에서는 숙련도 분포의 최하위와 최상위 수준에서는 수요가 확대되고 중간 수준은 공동화되는 양극화 패턴이 나타나고 있다. 독일 교육 시스템이 직업훈련이나 기타 수단을 통해 제공하는 중간 수준 숙련이 역동적 서비스 부문이나 정보통신기술 집약적 제조업에서 상대적으로 수요가 더 높다는 증거도 없다.

이는 스웨덴 및 영국의 상황과 대조적이다(표 8.9 및 표 8.10 참조). 두 국가는 모든 부문에서 가장 높은 숙련도의 노동자들의 임금 및 고용 점유율이 독일보다 훨씬 더 뚜렷하게 증가했다.[21] 또한 정보통신기술 집약적인 역동적 서비스 부문(스웨덴의 경우 우편·통신, 금융·보험, 부동산·사업서비스), 정보통신기술 집약적인 전기 및 광학 장비, 교육 및 보건 부문에서 중간 수준 숙련도를 가진 노동자의 수요가 급감했다(후자의 효과는 아마도 교육 및 보건 분야 전체의 특정 하위 범주들에서 정보통신기술 활용도가 높은 현실을 반영하는 것으로 보인다).

그러나 독일과 달리, 중간 수준 숙련을 보유한 노동자의 노동소득비율이 전통적 제조업뿐 아니라 건설, 호텔·레스토랑, 유통(도·소매업) 등 정보통신기술 집약적이지 않은 서비스와 비무역 서비스업에서도 증가한다는 점이 흥미롭다.[22]

....

20 이는 독일에서 노동시간과 임금총액의 변화 방향이 다른 유일한 하위 부문이다. 중간 기술 노동자의 노동시간 비율은 증가했으나 임금총액 비율은 감소했으며, 이는 중간 기술 노동자의 과잉 공급을 시사한다.

21 이에 대한 유일한 예외는 영국의 부동산과 사업서비스다.

22 두 국가 간에는 차이가 있다. 스웨덴에서는 중간 수준의 숙련을 가진 노동자의 위치가 (이 기간에 스웨덴의 부가가치 성장에 중심적 역할을 한) 비교적 ICT 집약적인 전기 및 광학 제조 부문에서 감소했다. 한편 영국에서는 부동산 및 비즈니스 서비스 부문에서 최고 기술 수준의 수요가 눈에 띄게 감소하는 반면, 중간 수준

표 8.9 산업별 및 숙련도별 노동소득비율 변화, 1991~2005년(스웨덴)

	고숙련	중숙련	저숙련
전체 제조업	9.2 (19.0)	5.8 (63.9)	-16.9 (17.0)
전기 및 광학	13.4 (35.5)	-3.5 (56.0)	-9.8 (8.4)
건설	2.0 (5.0)	9.0 (74.8)	-11.0 (20.1)
도매 및 소매	3.4 (11.1)	8.4 (70.5)	-11.9 (18.4)
호텔 및 레스토랑	2.1 (5.4)	7.6 (73.0)	-9.7 (21.6)
운송, 저장	5.0 (19.5)	4.1 (63.7)	-9.0 (16.9)
우편, 통신	13.0 (19.1)	-13.3 (74.9)	0.2 (6.0)
금융 및 보험	18.2 (47.2)	-8.1 (50.8)	-10.1 (2.0)
비즈니스 서비스 및 부동산	10.3 (38.8)	-1.5 (52.8)	-8.8 (4.7)
교육, 공공 행정, 국방	13.7 (39.8)	-7.9 (55.4)	-5.8 (8.4)
보건 및 사회 복지	7.6 (41.2)	-6.0 (52.1)	-1.6 (6.7)
기타 커뮤니티, 사회 및 개인 서비스	9.5 (24.8)	3.5 (59.8)	-13.0 (15.4)

주: 노동소득비율은 각 숙련도 범주의 노동자들이 전체 노동보상(총임금)에서 차지하는 비율. 각 칸의 첫 번째 숫자는 1991년부터 2005년까지 (부문 내) 노동소득비율의 변화를, 괄호 안의 숫자는 2005년의 수준을 나타냄.
출처: EUKLEMS. http: //www.euklems.net/.

표 8.10 산업별 및 숙련도별 노동소득비율의 변화, 1991~2005년(영국)

	고숙련	중숙련	저숙련
전체 제조업	11.9 (21.2)	5.1 (67.4)	-17.1 (11.4)
전기 및 광학	10.4 (20.5)	1.8 (69.7)	-12.2 (9.8)
건설	4.5 (11.1)	5.2 (79.9)	-9.7 (9.0)
도매, 소매, 호텔 및 레스토랑	7.5 (14.2)	7.3 (73.1)	-14.8 (12.7)
운송, 저장	3.9 (11.3)	5.1 (79.4)	-9.0 (9.3)
우편, 통신	14.0 (19.2)	-1.0 (17.8)	-13.1 (10.0)
금융, 보험	16.1 (41.9)	-12.3 (56.0)	-3.8 (2.2)
비즈니스 서비스 및 부동산	-3.9 (32.6)	8.3 (62.2)	-4.5 (5.1)
공공 행정, 국방	13.3 (32.8)	-8.8 (64.2)	-4.5 (3.0)
교육	12.8 (65.4)	-9.8 (32.5)	-4.5 (3.0)
보건 및 사회 복지	15.2 (35.0)	-2.0 (60.2)	-13.1 (4.8)
기타 커뮤니티, 사회 및 개인 서비스	11.7 (29.6)	-0.9 (62.8)	-10.8 (7.6

주: 노동소득비율은 각 숙련도 범주의 노동자들이 전체 노동보상(총임금)에서 차지하는 비율. 각 칸의 첫 번째 숫자는 1991년부터 2005년까지 (부문 내) 노동소득비율의 변화를, 괄호 안의 숫자는 2005년의 수준을 나타냄.
출처: EUKLEMS. http: //www.euklems.net/.

비역동적 서비스 부문에서 중숙련 수요의 국가 간 차이에 대해 두 가지 설명이 가능하다. 첫째, 교육 제도의 국가 간 차이가 적어도 부분적인 설명이 될 수 있다. 특히 영국과 스웨덴에서 학교 기반 학습에 더 큰 비중을 두는 것은(후자는 직업훈련 시스템의 맥락에서), 학생들이 개인 및 소비자서비스가 요구하는 다양한 대인관계 기술을 더 잘 갖추게 할 수 있다(예를 들어 Iversen, 2005; Anderson and Hassel, 2013 참조).

그러나 이 주장만으로는 이 기간에 독일의 동일 부문에서 중숙련 노동이 아닌 저숙련 노동의 수요가 증대된 이유를 설명할 수 없다. 이 패턴은 오히려 이 글의 3절에서 논의한 수요-공급 간 상호작용의 일부가 여기에 관련되어 있을 가능성이 있음을 시사한다. 특히 독일에서 노동시장 중심부 바깥에 있는 노동자들의 임금에 대한 보호가 해체됨에 따라, 교육 수준이 매우 낮은 노동자들에게 지급되는 낮은 가격과 임금을 바탕으로 이런 유형의 서비스 노동력 수요가 촉진되었다. 이 부문에서 저숙련 고용이 증가하는 동시에 저숙련자의 임금 비중과 소득 5분위 대비 1분위 비율이 모두 많이 감소했음을 상기할 필요가 있다. 즉, 이것은 서비스 경제의 '트릴레마'에 대한 고전적인 '자유주의' 방식의 대응인 것이다(Iversen and Wren, 1998).

이처럼 상반된 설명들을 경험적으로 평가하는 일은 이 글의 범위를 벗어나는 것이다. 그러나 앞선 논의와 분석이 분명히 시사하는 바는 다음과 같다. 첫째, 정보통신기술 혁명이 시작된 이후 모든 나라에서 고숙련 노동자(대졸 학력 보유자)의 수요가 특히 역동적 서비스 부문 및 정보통신기술 집약적인 제조업에서 증가했다. 이는 새로운 경제환경에서 성장을 촉진하기 위해 이런 종류의 숙련 제공을 목표로 하는 공급 측면 정책이 중요하다는 것을 뜻한다. 둘째, 독일에서 현재 형태의 직업훈련 시스템이 서비스 부문에서 요구되고

....

기술에 대한 수요가 증가하고 있다. 이러한 차이는 부문 구성의 차이 때문일 수 있다. 부동산 및 기타 사업서비스의 하위 부문들에서 기술 구성, 생산성 성장률, ICT 집약도에 상당한 차이가 있다. 끝으로, 스웨덴에서는 비교역 및 비ICT 집약적인 그 밖의 커뮤니티 서비스, 사회서비스, 개인 서비스(OCSP) 부문에서 중간 수준 기술을 가진 노동자의 임금총액 비율이 증가하고 있으며, 이는 영국의 해당 수치가 감소한 것과 비교된다. 이러한 차이는 스웨덴의 이 부문에서 더 높은 공공 부문 고용 수준에 의해 설명될 수 있다.

있는 숙련을 제공하고 있다는 증거는 거의 없다. 오히려 노동소득비율 자료는 이러한 부문의 노동 수요가 최고 수준(고등교육) 및 최저 수준의 숙련을 가진 노동자로 이동하고 있으며, 중간 수준의 숙련을 가진 노동자에게서는 멀어지고 있음을 시사한다.

6. 결론

이 글은 탈산업화의 맥락에서 복지국가 정책과 성장 및 고용 창출 전략 간의 연관성을 확인했다. 양자의 관계는 양방향이다. 각국이 추구하는 탈산업적 성장모델은 부분적으로 기존 복지국가 제도의 구조에 의해 형성된다. 그러나 탈산업화라는 도전과 서비스 중심 경제로의 전환은 모두 제도개혁에 대한 압력을 유발한다. 이 책의 다른 곳에서도 논의되었듯이, 개혁의 방향과 정부가 선택할 수 있는 선택지는 부분적으로 기존의 제도 환경과 전략적 대안을 둘러싼 정치 연합을 형성할 수 있는 역량에 따라 달라질 것이다.

모든 나라는 정도의 차이는 있지만 산업 일자리의 손실을 보완하기 위해 저생산성 서비스 부문의 고용 확대에 의존해 왔다. 그러나 이 장에서 분석한 세 나라의 사례에서 알 수 있듯이, 각국의 대응 방식은 다양했으며 그 분배적 결과도 달랐다(이에 대해서는 Iversen and Wren, 1998 참조). 1980년대 마거릿 대처의 개혁 이후 영국의 자유주의 체제가 추구한 전략의 중요한 요소는 저임금 부문 노동자의 상대임금을 평균보다 훨씬 낮게 유지하여 다양한 소비자 서비스 및 개인 서비스 분야의 고용 확대를 촉진하는 것이었지만, 이는 불평등의 측면에서 상당한 대가를 치렀다. 수요 측면에서도 영국에서 그러한 부문의 상대적으로 높은 고용수준은 노동시장 참여율 증가(특히 여성), 소득 증가, (위기 이전에는) 민간 부문 부채 증가에 의해 유지되었다. 그러나 위기 이후 불황과 신용 제한의 시기에는 이 전략과 관련된 영국 내 숙련과 지역 기반 불평등이 더욱 분명하게 드러났다. 영국 북부와 서부 지역에서 탈산업화는 저숙련 노동자를 위한 상대적으로 고임금의 제조업 일자리가 대거 사라지고, 저임금의 불안정한 서비스업 일자리에 저숙련 고용이 집중되는 결과를 낳았다. 반면 새로운 역동적 서비스 부문에서 대학교육을 받은 노동자를 위한 고임금 일자리는 런던과 그 주변 지역에 집중되어 있다. 이러한 영국 경제의 구조적 변화가 미친 정치적 영향은 브렉시트 이슈를 둘러싼 정치적 분열과 전통적인 정당 노선을 가로지르는 분열에서 확인할 수 있다.

반면 사회민주주의 국가인 스웨덴에서는 1970년대 중반 이후 생산성이 낮은 민간 서비스 부문 노동자의 임금이 비교적 잘 보호되어 왔는데, 이 부문은 영국보다 스웨덴에서 고용 측면에서 훨씬 덜 중요한 위치를 차지하고 있다. 그러나 이 나라에서는 농업 부문이 쇠퇴한 초기 시기부터 공공 부문이 고용 창출에 핵심적 역할을 해 왔으며, 지금도 정부 지출, 세금, 고용의 측면에서 우위를 차지하는 것은 생산성이 낮은 민간 서비스 부문이 아니라 복지 서비스 부문이다. 정치·경제적 측면에서 이 모델의 지속 가능성은 확장적 복지국가를 지원하는 데 필요한 세수를 마련하기 위한 고부가가치 부문의 강력한 성장이 지속될지 여부에 달려 있다. 성장이 둔화되는 시기에는 복지국가의 세금 부담과 수혜 자격을 둘러싼 정치적 갈등이 나타날 가능성이 높다.

끝으로, 지난 20년 동안 이 분야에서 정책 변화의 증거를 가장 많이 볼 수 있는 곳은 독일이다. 다른 선진국과 마찬가지로 탈산업화 추세와 정보통신기술 혁명으로 인한 장기적인 경제적 도전에 직면해 있는 독일 정부는, 한편으로는 국가의 서비스 제공 범위에 역사적으로 제약이 있어 왔기 때문에 복지 부문에서 공공고용을 확대할 여력이 제한되며, 다른 한편으론 (기업별로 전문화된 숙련의 습득을 촉진하는 장기적인 기업-노동자 관계를 장려하기 위해) 핵심 산업 노동자의 상대임금 보호를 강조하는 산업정책 및 (가격에 민감한 산업 부문에서 국제경쟁력을 촉진하기 위한) 경제 전체의 임금 억제를 시행해야 하는 상황에 놓여 있다. 탈산업화의 맥락에서, 이런 제약들은 처음에는 독일의 축소되는 산업 중심부 외부에서 낮은 수준의 고용 창출, 그리고 (비용이 많이 드는) 비고용 및 실업의 증가를 초래했다. 이에 대응하여 그동안 독일 정부는 저숙련 고용 창출 문제에 대해 본질적으로 신자유주의적인 노선을 추구해 왔으며, 따라서 산업 중심부 외부에 위치한 노동자들의 임금과 노동시장 비참여자를 위한 혜택을 약화시키고 저생산성 서비스 부문의 고용을 대폭 확대하여 불평등을 심화시키는 대가를 치렀다.

그러나 이 장에서 강조했듯이, 각국이 저생산성 서비스 부문의 고용을 창출하기 위해 채택한 전략은 탈산업화라는 도전에 대한 부분적인 해결책일 뿐이었다. 보다 근본적으로는, 탈산업화와 정보통신기술 혁명이라는 맥락에서 성장과 고용 창출을 위한 지속 가능한 전략을 발전시키기 위해서는 정보통신기술 집약적인 고부가가치 부문, 특히 역동적 서비스 부문에서 확대할 역량을 만들어 내야 한다. 이는 수출지향적 경제뿐만 아니라 '소비주도형' 전략을 추구하는 경제에서도 마찬가지이다. 공공이든 민간이든, 수요의 지속적인 확대는 궁극적으로 역동적 부문의 소득과 생산성 증가에 의존하기 때문이다. 포드주의 시대에는 전통적인 제조업 부문의 생산성 향상과 확장이 경제의 확장과 성장을 견인했지만, 현재의 환경에서는 정보통신기술과 지식집약적인 서비스 및 제조업 부문이 경제의 새로운 동력으로 부상하고 있다.

그러나 복지국가 제도는 이러한 부문의 확장을 촉진하는 데에서 공급 측면에서도 중요한 역할을 한다. 이 장에서는 특히 숙련 형성의 패턴을 형성하는 제도와 정책의 중요성을 강조했는데, 이는 노동경제학 문헌에서 점점 더 많은 증거가 정보통신기술의 확산이 기술에 대한 상대적 수요, 특히 대학교육을 받은 노동에 대한 수요의 증가, 그리고 중간 수준 숙련을 가진 사람들에 대한 상대적 수요의 감소와 관련이 있음을 시사하고 있기 때문이다(Autor et al., 2003 참조). 따라서 국가별 교육제도의 변화는 고부가가치, 정보통신기술 집약적 서비스 부문의 확장 및 경쟁 역량에 영향을 미친다.

이 장에서 분석한 세 나라는 교육 시스템의 구조라는 면에서 큰 차이가 있다(Chevalier, 이 책 11장 참조). 그리고 이는 고부가가치, 정보통신기술 집약적 서비스 부문의 확장 능력과 경쟁력, 그리고 그러한 전환에 관련된 분배적 결과에 큰 영향을 미친다. 따라서 스웨덴과 영국 모두 상대적으로 높은 수준의 고등교육 등록률을 보이고 있지만, 고등교육에 자금을 조달하는 방식은 다양하다. 영국에서는 고등교육에 대한 개인 투자 수준이 높으며(종종 부채로 자금을 조달), 그 유인은 숙련에 따른 부문 간 임금 불평등이라는 형태로 나타나는 교육 투자의 높은 수익률이다. 반면, 스웨덴의 경우 상대임금에 대한 제도적 제약이 강해서 숙련에 대한 보상은 상대적으로 적지만(물론 스웨덴의 경우도 증가하고 있다), 고등교육에 대한 개인 투자의 낮은 유인은 높은 수준의 공공교육 투자로 보완된다. 반면 독일에서는 고등교육 등록률이 국제 기준에 비해 상대적으로 낮은 수준을 유지하고 있으며, 많은 노동자가 오랫동안 독일의 성공적인 산업적 성과의 기반이 되어 온 도제식 직업훈련제도에 계속 참여하고 있다.

이처럼 전승된 교육체제들이 탈산업적 성장모델의 발전에 영향을 미쳤다는 증거들이 있다. 세 나라 중에서 고등교육 진학률이 상대적으로 더 높은 스웨덴과 영국은 높은 숙련 수준을 요구하는 정보통신기술 집약적 서비스 부문에서 더 빠른 부가가치 성장률과 더 높은 수출 점유율을 보인다. 한편, EU-KLEMS 자료를 기반으로 노동시장 수요 구조를 분석한 결과, 구조적 및 기술적 변화가 이 나라들의 노동시장에 미치는 전반적인 분배적 영향과 국가 간의 차이가 모두 확인되었다. 따라서 세 나라 모두 대학교육을 받은 노동자에 대한 수요가 일반화되었음을 알 수 있으며, 흥미롭게도 적어도 경제 위기가 시작되기 전에는 대학교육을 받은 노동자에 대한 수요가 공급을 가장 많이 앞지른 나라가 독일이라는 사실도 확인할 수 있었다. 한편, 낮은 숙련 수준에서는 독일 직업훈련제도가 제공하는 중간 수준의 숙련에 대한 수요가 대부분의 제조업 부문과 서비스업, 정보통신기술 집약적인 제조업 부문에서 유지되고 있었지만 그 패턴은 '공동화' 양상을 보였다. 즉 중숙련 노동자들의 임금 및 고용 비중은 감소한 데 반해, 최저 및 최고 숙련도 노동자들은 증가했다. 이는 제조업보다는 고생산성 서비스에 더 중점을 두는 방향으로 독일의 성장모델을 전환하려는 전략적 시도가, 3차 부문에 대한 더 높은 수준의 투자와 확장을 요구할 가능성이 있음을 시사한다(Avlijaš et al., 이 책 12장, 독일 관련 절 참조).

일반적으로 이러한 증거는 각국의 성장전략이 탈산업적인 정보통신기술 집약적 환경에 적응할 수 있는 방식, 그리고 이러한 변화에 관련된 노동시장 및 분배 결과가 부분적으로는 기존 교육체제의 구조에 의해 형성된다는 것을 시사한다. 따라서 숙련의 수요-공급 사이에 불일치가 있는 경우 새로운 환경에 적응하려는 시도는 복지국가 개혁에 대한 압력을 야기할 수 있다.

그러나 이 책의 서문에서 하셀과 팔리에는 국가 성장전략과 제도 변화의 궤적 사이의 잠재적 연관성을 분석할 때 기능주의를 피하는 것이 중요하다는 점을 상기시켰다. 따라서 탈산업적 맥락에서 숙련 형성 전략과 지속 가능한 성장모델의 개발 사이의 연관성을 도출할 수는 있지만, 이는 개혁이 어디서 일어날지 예측할 수 있다는 것을 의미하지 않는다. 예를 들어, 고등교육에 대한 높은 수준의 공공 지출을 지지하는 정치 연합이 형성되기 어렵다는 것은 잘 알려져 있다(Ansell, 2008). 특히 독일과 같이 기존 고등교육 부문이 제한되어 있는 경우에는 더욱 그렇다. 또한 교육 및 훈련 기관에 투자된 이해관계로 인해, 한 번 제도가 자리 잡으면 바꾸기 어렵다는 증거도 많다(예를 들어 Thelen, 2004; Iversen and Busemeyer, 2014 참조). 예를 들어 독일의 경우, 기존 직업훈련 시스템에 대한 생산자집단의 강력한 이해관계가 이 제도들이 변화된 환경에 적응하기 어렵게 만들고, 대학 부문의 확대를 지지하는 연합을 형성하는 데에 추가적인 장애물로 작용할 가능성이 있다(Thelen, 이 책 6장; 생산자집단의 정치와 변화의 궤적에 관해서는 Martin, 이 책 7장 참조). 한편 영국은 교육에 대한 민간 부문 투자에 많이 의존하기 때문에 교육에 상당한 개인적 투자를 한 유권자들이 중요한 유권자층을 형성하고 있으며, 따라서 다른 사람의 교육 투자에 대한 보조금 지급에 소극적일 수 있다. 이런 상황에서 대학 부문에 대한 공공투자 수준을 높이는 가장 큰 원동력은 아마도 고등교육 부문이 제공하는 숙련에 의존하는 생산자집단에서 나올 수 있다. 따라서 국가 성장전략의 탈산업적 맥락에 대한 적응에서 비롯된 압력이 교육개혁의 궤적에 어떤 영향을 미칠 수 있는지 분석하는 것은 중요한 작업이 될 것이다.

참고문헌

Acemoglu, Daron and David H. Autor. 2011. "Skills, Tasks and Technologies: Implications for Employment and Earnings." In *Handbook of Labor Economics*, edited by O. Ashenfelter and D. Card. Amsterdam: Elsevier.

Anderson, Karen M. and Anke Hassel. 2013. "Pathways of Change in CMEs: Training Regimes in Germany and the Netherlands." In *The Political Economy of the Service Transition*, edited by Anne Wren. Oxford: Oxford University Press.

Ansell, Ben. 2008. "University Challenges: Explaining Institutional Change in Higher Education." *World Politics* 60(2): 189-230.

Ansell, Ben and Jane Gingrich. 2013. "A Tale of Two Trilemmas: Varieties of Higher Education and the Service Economy." In *The Political Economy of the Service Transition*, edited by Anne Wren. Oxford: Oxford University Press.

Autor, David H., Frank Levy, and Richard J. Murnane. 2003. "The Skill Content of Recent Technological Change: An Empirical Exploration." *Quarterly Journal of Economics* 118(4): 1279-333.

Baccaro, Lucio and Jonas Pontusson. 2016. "Rethinking Comparative Political Economy: The Growth Model Perspective." *Politics & Society* 44(2): 175-207.

Barnes, Lucy and Anne Wren. 2012. "The Liberal Model in (the) Crisis: Continuity and Change in Great Britain and Ireland." In *Coping with Crisis: Government Reactions to the Great Recession*, edited by Nancy Bermeo and Jonas Pontusson. New York: Russell Sage Foundation, 287-324.

Barro, Robert. 1997. *Determinants of Economic Growth: A Cross-Country Empirical Study.* Cambridge: MIT Press.

Barrow, Lisa, Thomas Brock, and Cecilia Elena Rouse. 2013. "Postsecondary Education in the United States: Introducing the Issue." *The Future of Children* 23(1): 3-16.

Baumol, William J. 1967. "Macroeconomics of unbalanced growth: the anatomy of urban crisis." *American Economic Review* 57(3): 415-26.

Beck, Thorsten, Aslı Demirgüç-Kunt, and Ross Levine. 2000. "A New Database on Financial Development and Structure." *World Bank Economic Review* 14: 597-605. (2018 Update).

Belfield, Chris, Christine Farquharson, and Luke Sibieta. 2018. *Annual Report on Education Spending in England.* London: Institute for Fiscal Studies.

Blinder, Alan. 2007. "How Many U.S. Jobs might be Offshorable?" *World Economics* 10(2), 41-78.

Bosworth, Barry P. and Jack E. Triplett. 2007. "The Early 21st Century U.S. Productivity Expansion is Still in Services," *International Productivity Monitor*, Centre for the Study of Living Standards 14 (Spring): 3-19.

Brady, David, Evelyne Huber, and John D. Stephens, Comparative Welfare States Data Set, University of North Carolina and WZB Berlin Social Science Center, 2020.

Carlin, Wendy and David Soskice. 2015. *Macroeconomics*. Oxford: Oxford University Press.

Corrado, Carol, Paul Lengerman, Eric J. Bartelsman, and J. Joseph Beaulieu. 2007. "Sectoral Productivity in the United States: Recent Developments and the Role of IT." *Finance and Economics Discussion Series*, Board of Governors of the Federal Reserve System (U.S), 24.

Crouch, C. 2009. "Privatised Keynesianism: An Unacknowledged Policy Regime." *The British Journal of Politics and International Relations* 11(3): 382-99.

Cuhne, Flavio and James J. Heckman. 2007. "The Technology of Skill Formation." *American Economic Review* 97(2): 31-47.

Esping-Andersen, G. 1990. *The Three Worlds of Welfare Capitalism*. Princeton, N.J: Princeton University Press.

Freeman, Richard B. 2007. "Can Marketization of Household Production Explain the Jobs Gap Puzzle?" In *Services and Employment: Explaining the U.S. European Gap*, edited by Mary Gregory, Wiemer Salverda, and Ronald Schettkat. Princeton and Oxford: Princeton University Press.

Freund, Caroline and Diana Weinhold. 2002. "The Internet and International Trade in Services." *American Economic Review* 92(2): 236-40.

Fuchs-Schündeln, Nicola, Dirk Krueger, and Mathias Sommer. 2010. "Inequality Trends for Germany in the Last Two Decades: A Tale of Two Countries." *Review of Economic Dynamics*, Elsevier for the Society for Economic Dynamics 13(1) (January): 103-32.

Gernandt, Johannes and Friedhelm Pfeiffer, "Rising Wage Inequality in Germany" (April 2006). *ZEW-Centre for European Economic Research Discussion Paper* No.06-019; SOEP paper, No. 14.

Goldin, Claudia Dale and Lawrence F. Katz. 2008. *The Race between Education and Technology*. Boston: The Bellknap Press of Harvard University Press.

Goos, Maarten, Alan Manning, and Anna Salomons. 2014. "Explaining Job Polarization: Routine-Biased Technological Change and Offshoring." *American Economic Review* 104 (8): 2509-26.

Green Andy, Frances Green, and Nicola Pensiero. 2014. "Why are Literacy and Numeracy Skills in England so unequal?: Evidence from the OECD's Survey of Adult Skills and Other

International Surveys." Centre for Learning and Life Chances in Knowledge Economies and Societies(LLAKES) Institute of Education, University of London.

Gregory, Mary, Wiemer Salverda, and Ronald Schettkat. 2007. *Services and Employment: Explaining the U.S. European Gap*. Princeton and Oxford: Princeton University Press.

Hall, Peter Anthony, and David Soskice (eds.). 2001. *Varieties Of Capitalism: The Institutional Foundations of Comparative Advantage*. Oxford; New York: Oxford University Press.

Hassel, Anke. 2014. "The Paradox of Liberalization—Understanding Dualism and the Recovery of the German Political Economy." *British Journal of Industrial Relations* 52(1): 57-81.

Heckman, James J. and Bas Jacobs. 2011. "Policies to Create and Destroy Human Capital in Europe." In *Perspectives on the Performance on the Continent's Economies*, edited by Edmund Phelps and Hans-Werner Sinn. Cambridge, MA: MIT Press, 253-323.

Iversen, Torben. 2005. *Capitalism, Democracy, and Welfare*. Cambridge; New York: Cambridge University Press.

Iversen, Torben and Marius Busemeyer. 2014. "The Politics of Opting Out: Explaining Educational Financing and Popular Support for Public Spending." *Socio-Economic Review* 12: 299-328.

Iversen, Torben and David Soskice. 2010. "Real Exchange Rates and Competitiveness: The Political Economy of Skill Formation, Wage Compression, and Electoral Systems." *American Political Science Review* (August): 1-23.

Iversen, Torben and Anne Wren. 1998. "Equality, Employment, and Budgetary Restraint: The Trilemma of the Service Economy." *World Politics* 50(4): 507-46.

Jorgenson, Dale, S., Mun S. Ho, and Kevin J. Stiroh. 2008. "A Retrospective Look at the U.S. Productivity Growth Resurgence," *Journal of Economic Perspectives*, American Economic Association 22(1) (Winter): 3-24.

Levy, Frank and Richard J. Murnane. 2005. *The New Division of Labor: How Computers are Creating the Next Job Market*. Princeton, NJ: Princeton University Press.

Lucas, Robert Jr., 1988. "On the Mechanics of Economic Development." *Journal of Monetary Economics* 22(1): 3-42.

Meidner, Rudolf. 1974. *Coordination and Solidarity: An Approach to Wages Policy*. Stockholm: Bokforlaget Prisma.

Michaels, Guy, Ashwini Natraj, and John Van Reenen. 2014. "Has ICT polarized skill demand? Evidence from eleven countries over 25 years." *Review of Economics and Statistics* 96(1): 60-77.

Palier, B. and Thelen, K. 2010. "Institutionalizing Dualism: Complementarities and Change in France and Germany." *Politics and Society* 38(1): 119-48.

Rehn, Gosta. 1985. "Swedish Active Labour Market Policy: Retrospect and Prospect."

Industrial Relations 24(1): 62-89.

Rowthorn, Robert and Ken Coutts. 2004. "De-industrialization and the balance of payments in advanced economies." *Cambridge Journal of Economics* 28(5): 767-90.

Rowthorn, Robert and Ken Coutts. 2013. "De-industrialization and the Balance of Payments in Advanced Economies." *Future of Manufacturing Project: Evidence Paper* 31, Foresight, Government office for Science.

Robert Rowthorn and Ramana Ramaswamy. 1999. "Growth, Trade, and Deindustrialization." *International Monetary Fund Staff Papers* 46(1): 18-41.

Sauve, Pierre. 2001. "The Trade Policy Implications of the New Economy." OECD.

Soskice, David. 1999. "Divergent Production Regimes: Coordinated and Uncoordinated Market Economies in the 1980s and 1990s." In *Continuity and Change in Contemporary Capitalism*, edited by Herbert Kitschelt, Peter Lange, Gary Marks, and John Stephens. Cambridge; New York: Cambridge University Press.

Stiglitz, Joseph. 2012. *The Price of Inequality: How Today's Divided Society Endangers Our Future*. London: W.W.Norton & Company.

Stiroh, Kevin J. 2002. "Information Technology and the U.S. Productivity Revival: What Do the Industry Data Say?" *American Economic Review* 92(5): 1559-76.

Thelen, Kathleen. 2004. *How Institutions Evolve: The Political Economy of Skills in Germany, Britain, the United States, and Japan*. New York: Cambridge University Press.

Triplett, Jack E. and Barry P. Bosworth. 2004. *Productivity in the U.S. Services Sector: New Sources of Economic Growth*. Washington DC: Brookings Institution Press.

van Ark, Bart and Kirsten Jäger. 2017. "Recent Trends in Europe's Output and Productivity Growth Performance at the Sector Level, 2002-2015." International Productivity Monitor, Centre for the Study of Living Standards 33 (Fall): 8-23.

van Ark, Bart, Mary O'Mahoney, and Marcel P. Timmer. 2008. "The Productivity Gap between Europe and the United States: Trends and Causes." *Journal of Economic Perspectives* 22(1): 25-44.

Wallerstein, Michael. 1990. "Centralized Bargaining and Wage Restraint." *American Journal of Political Science* 33(4): 982-1004.

Wren, Anne. 2013. "Introduction: The Political Economy of Post-Industrial Societies." In *The Political Economy of the Service Transition*, edited by Anne Wren. Oxford: Oxford University Press, 1-99.

Wren, Anne, Mate Fodor, and Sotiria Theodoropoulou. 2013. "The Trilemma Revisited: Institutions, Inequality, and Employment Creation in an Era of ICT Intensive Service Expansion." In *The Political Economy of the Service Transition*, edited by Anne Wren. Oxford: Oxford University Press.

3부

성장전략과 복지개혁

제9장

항상 승리하는 전략? 임금 억제가 성장 성과에 미치는 조건부 영향

앨리슨 존스턴Alison Johnston

1. 서론

임금과 임금 결정 제도wage-setting institutions는 비교자본주의와 성장모델 연구의 기본적인 요소다. 임금 결정 제도는 자본주의의 조직(방식)과 사회 및 복지정책의 영역을 직접적으로 연결한다(Hassel and Palier, 이 책 1장 참조). 홀과 소스키스(Hall and Soskice, 2001)의 주요 저작은 노동시장의 조직 방식이 한 국가경제 내에서 장려되고 육성되는 기술 유형에 어떤 영향을 끼치는지를 보여주며, 이는 다시 그 국가의 비교우위와 제품 특화 방식에 영향을 미친다는 점을 보여 준다.(기술 및 청년 복지 프로그램에 관해서는 Hall and Soskice, 2001 및 Chevalier, 이 책 11장 참조)

노동시장 제도는 임금 수준에 중요한 영향을 미치며, 이는 거시경제적 결과에도 연쇄적으로 영향을 준다. 1세대와 2세대 비교자본주의에 유래를 둔 저작들에서도(Nölke 2016: 145-7, 비교자본주의 진화에 관한 논의 참조) 비교정치경제학 내의 탄탄한 (조합주의) 문헌은 어떻게 임금결정의 중앙집중화wage centralization와 임금 조정의 규모가 한 나라의 임금 억제wage moderation,[1] 인플레이션, 실업률, 성장 그리고 국가의 무역균형에 끼치는 영향을 상세히 다룬다(Cameron, 1984; Bruno and Sachs, 1985; Calmfors and Driffil, 1988; Soskice, 1990; Hall and Franzese, 1998; Iversen, 1999; Soskice and Iversen, 2000; Johnston et al., 2014).

이들 연구에서 제기된 일반적 주장은 한마디로 임금 조정(또는 중앙집중화) 수준이 높은 국가들이 포괄적인 임금 억제를 실현할 수 있는 능력이 있다는 것이다. 이런 임금 억제는 인플레이션과 단위 노동비용unit labour cost을 동시에 낮추어 고용주가 더 많은 노동자를 고용(혹은 실업률을 줄이도록)할 수 있도록 할 뿐만 아니라 생산성 증대(성장 촉진)를 이룰 수 있게 만든다. 반면, 중간 수준으로 중앙집중화된 노동시장을 가진 국가들은 임금협상에서 집단행동 문제에 직면한다. 이 경우 노동조합은 임금인상을 요구할 만큼 매우 강력하지만, 이에 따라 발생하는 인플레이션 외부 효과를 내부적으로 조정할 수 있을 만큼 포괄적이지 않다. 칼름포스와 드리필(Calmfors and Driffil, 1988)은 완전히 분권화된 노동시장에서는 개별적인 임금협상이 임금 상승을 생산성 향상과 맞출 수 있어 인플레이션 결과가 줄어든다고 지적한다. 그러나 소스키스(Soskice, 1990)는 조정되지 않은 노동시장에서는 임금을 조정하고, 임금 합의를 전체 노동시장에 걸쳐 조정하고 집행할 수 있는 행위자가 없으므로, 높은 수준의 임금 조정 체제에서 나오는 포괄적인 임금 억제 결과를 낼 수 없다고 주장한다.

위 연구의 표준 가정standard assumption은 임금 억제가 경제에 유익하고, 반대로 임금 인플레이션은 유해하다는 것이다. 이러한 결론은 공급 측면에서 임금 억제를 보면 쉽게 도출된다. 고용주는 낮은 노동 단위 비용에 긍정적으로 반응하여 더 많은 노동자를 고용하고, 생산성을 높일 수 있기 때문이다. 그

....

1 이 장에서는 '임금 적정화wage moderation'와 '임금 억제wage restraint'라는 용어가 서로 바꿔서 사용된다. (wage moderation은 경제 및 노동 관련 문헌에서 자주 등장하는 개념인데 이 책에서는 중립적이고 정책적 느낌인 '임금 적정화'로 번역하되, 때로는 문맥상 임금 억제wage restrain로 번역했음을 밝힌다. -역자주)

러나 공급 측면 이론supply-side theories은 임금 억제가 소비자에게 미치는 부정적인 영향을 간과하고 있다. 낮은 임금은 기업이 더 많은 노동자를 고용하도록 유도할 수 있지만, 임금 성장이 둔화하면 노동자들은 이전보다 소비를 줄이게 된다. 즉, 수요 측면에서 보면 임금 억제는 소비 감소를 초래해 경제에 해로운 영향을 미칠 수 있다. 특히, 기업이 임금 억제를 통해 절약한 비용을 노동자 고용 대신 기업 저축corporate savings이나 금융자산 축적에 사용할 경우, 이러한 성장 저해 효과는 더욱 두드러지게 나타날 수 있다.[2]

바카로와 폰투손(Baccro and Pontusson, 2016)과 더 광범위한 성장모델 문헌은 비교자본주의의 주요 혁신이 공급 측면의 관점보다 수요 측면의 관점에서 경제의 정치적 조직 방식the political organization of economies을 다시 살펴보게끔 한다. 그들은 경제가 총수요를 구성하는 두 가지 다른 요소로 구성되어 있다고 주장한다. 하나는 (이 책의 서문에서 Hassel and Palier가 설명하듯이 제조업 제품과 역동적 서비스를 포함할 수 있는) 수출이고, 다른 하나는 가계의 내수 소비다. 임금 억제는 이 두 가지 수요 동인에 서로 다른 영향을 끼친다. 특히 통화 동맹monetary union이나 경화 페그 시스템hard currency pegs, 고정환율제의 엄격한 유형에서 포괄적 임금 억제는 수출 부문에 큰 도움을 준다. 왜냐하면 그것은 인플레이션을 낮춰 국가의 실질 환율을 개선하고 비용 경쟁력을 높여주기 때문이다(Johnston and Regan, 2016 참조). 그러나 포괄적 임금 억제는 또한 내수를 위축시킨다. 결과적으로 임금 억제는 여러 부문의 분배에 영향을 끼치며, 탄탄한 내부 소비에 의존하는 (보호된) 부문을 희생해 수출 부문을 돕는다. 궁극적으로 성장모델의 관점에서 보면, 임금 억제가 경제 전체에 끼치는 영향은 수요의 구성요소(수출 또는 내수)에 달려 있다. 즉 어떤 구성요소가 한 나라의 국가 경제를 지배하는지, 그리고 수출 및 보호 부문에서 생산자집단의 상대적 힘이 어떠한지에 따라 달라진다. (생산자집단에 관해서는 Thelen, 이 책 6장; Martin, 이 책 7장 참조)

2 브라운과 디그(Braun and Deeg, 2018)는 지난 20년 동안 주요 독일 기업들이 바로 이런 일을 해왔다는 설득력 있는 증거를 제공하고 있다.

이 장에서는 임금 억제/인플레이션, 성장전략, 그리고 이를 뒷받침하는 노동시장 제도와 실질 GDP 성장 사이에 경험적 연관성을 검증한다. 1970년부터 2015년까지 18개 경제협력개발기구OECD를 대상으로 1차 처분 분산 시차 패널 분석a first diffrentiated, distributive lag panel을 활용해 임금 억제가 언제 유익한 성장 결과를 낳는지를 두 가지 장기적인 접근 방식을 통해 살펴본다.

첫째로 실질임금 인플레이션과 국가의 수출 비율 크기 간의 상호작용 효과를 실증적으로 검증해 본다. 분석 결과, 실질임금 억제가 더 강화된 경우(실질임금 증가율이 노동생산성 성장률을 밑도는 경우)는 더 큰 수출 비율을 지닌 국가의 GDP 성장률과 연관되어 있다는 것을 보여 준다. 반면에 실질임금 인플레이션이 있는 경우(실질임금 증가율이 노동생산성 성장률을 초과하면)는 수출 비중이 큰 국가와 작은 국가 사이에 차별화된 성장 결과를 낳지 않는 것으로 나타났다.

실증 분석의 두 번째 부분에서는 실질임금 인플레이션과 국가 임금 결정 제도의 응집력이 실질 GDP 성장에 미치는 상호작용 효과를 검증한다. 응집력이 강하고, 조정된 임금 결정 제도가 수출 성장전략을 추진한 국가들의 공통된 특징임을 강조한다(Katzenstein, 1985; Iversen and Soskice, 2009). 그러나 아래에서 논의하겠지만, 조정된 임금 결정 제도에서도 임금 억제가 반드시 이루어지는 것은 아니다. 지난 50년간 OECD 전반에서 실질임금 억제를 가장 효과적으로 이루는 임금 결정 방식에는 상당한 차이가 있었다. 실제로 1990년대와 2000년대, 특히 긴축이 강화된 2010년대에는 덜 조정된 임금 결정 제도가 더 조정된 임금 결정 제도보다 더 높은 성과를 보였다. 더 조정된 임금 결정 제도는 수출 부문을 중심으로 조직되는 경향이 있어서 필자는 이러한 임금 전략과 성장모델 간의 주기적인 불일치가 조정된 임금 결정 제도에 부정적인 거시경제적 결과를 초래할 것이라고 가설을 세웠다. 필자의 패널 분석 결과를 보면, 실질임금 억제는 고도로 조정된 임금 결정 제도에서 더 나은 성장 결과와 관련이 있으며, 반대로 임금 인플레이션은 덜 조정된 임금 결정 제도에서 더 나은 성장 결과와 관련이 있음을 보여 준다. 이 결과는 매우 견고하며, 임금 결정의 통합 수준을 다른 방식으로 측정하거나 종속 변수를 실질 GDP 성장 대신 실업률로 설정해도 동일하게 유지된다.

다음 절에서는 공급 측면의 비교자본주의 이론이 임금 조정의 긍정적인 경제적 효과를 어떻게 인식해 왔는지를 자세히 설명하고, 지난 50년간 다양한 임금 결정 제도에서 임금 억제의 성과를 요약한다. 3절에서는 최근의 성장전략 모델 이론이 어떻게 임금 억제의 장점과 그것을 뒷받침하는 임금 결정 제도의 유형을 다시 생각해 보도록 초래했는지를 간략히 설명한다. 4절에서는 사용된 표본, 실증 추정기법empirical estimator 및 모델 설계구조model specification에 대해 논의하고, 5절에서는 결과를 제시한다. 6절은 포괄적인 임금 억제comprehensive wage restraint의 경제적 효과에 대한 비교자본주의 연구에 있어 본 연구 결과가 가지는 함의에 대한 논의로 마무리된다. 아울러 이 결과들이 2000년대 후반의 국가부채 위기 기간과 그 이후에 유럽 각국의 다양한 성장 모델이 보인 현재의 성장 궤적을 이해하는 데 어떻게 이바지할 수 있는지도 함께 다룬다.

2. 공급 측면 비교자본주의의 전형적 가정[3]: 임금 결정 제도, 임금 억제 및 거시경제적 성과 사이의 관계

비록 임금과 노동시장 제도가 비교자본주의 문헌에서 중심이지만, 임금 결정 방식의 거시경제적 함의에 대한 논의는 비교자본주의 연구 이전부터 존재해 왔다. 올손(Olson, 1982)이 강조했고 여러 경제학자와 정치학자들이 오랫동안 논의하고 분석한 내용(Cameron, 1984; Bruno and Sachs, 1985; Nickell and Andrews, 1983; Calmfors and Driffil, 1988; Carlin and Soskcice, 1990 등 다수 참조)

3 원문은 stylized assumption으로 '현실을 단순화하거나 추상화하여 일반적인 이론 모형에서 사용하는 전형적인 가정'의 뜻을 지닌다. 즉, 현실을 정확하게 묘사한다기보다는 이론적 설명이나 분석의 틀을 만들기 위해 간결하고 추상화된 형태로 표현한 가정이다.

에서는 노동조합이 충분히 포괄적encompassing일 경우, 투쟁적인 임금 합의는 높은 인플레이션으로 이어질 수 있으며, 이는 결국 노동자들이 누리는 실질임금을 약화할 것으로 예상했다. 또한, 임금 투쟁은 고용주들의 노동 단위 비용을 증가시켜 고용에 부정적인 영향을 미칠 수 있다. 결과적으로, 이는 포괄적인 노동 운동이 임금 인상과 관련된 외부 효과를 '내재화intermalize'하고, 인플레이션을 완화하기 위해 더 절제된 임금 합의를 협상하도록 장려할 것으로 예측됐다. 임금 억제는 결국 인플레이션을 낮추고, 실업률을 줄이며, 경제성장을 높이는 결과를 가져올 것이다. 이러한 이야기는 시간이 지나면서 여러 가지 형태로 발전해 왔다. 예를 들어, 칼름포스와 드리필(Calmfors and Driffil, 1998)은 노동조합 조직과 실업률 간의 관계가 선형이 아닌 U자형이라고 주장하면서, 분권화된 노동시장도 전국적인 임금 억제를 조정할 수 있는 고도로 중앙집중화된 노동시장과 유사한 인플레이션과 실업률 결과를 낼 수 있다고 주장했다. 소스키스(Soskice, 1990)는 임금 조정을 임금 중앙집중화와 구분해야 한다고 주장했으며 임금 조정이 임금 성장에 미치는 영향을 곡선형(비선형)curve-linear이라고 주장했다. 다른 정치학자들은 조직된 노동이 거시경제 결과에 미치는 영향이 다른 정치적 변수와 제도의 존재 여부에 달려 있다고 주장했다. 랑게와 가렛(Lange and Garret, 1985)은 좌파 정부가 집권할 때만 포괄적인 노동 운동이 더 높은 성장을 실현한다고 강조했다. 이는 좌파 정부가 노동조합의 임금 억제에 대한 보상으로 복지 확장을 제공할 가능성이 더 높기 때문이다.

이후 자본주의 다양성VoC은 산업별 특정 기술을 유지하는 데 조정된/중앙집중화된 임금 결정 제도의 중요성을 강조했지만, 임금 결정 제도, 임금 억제, 그리고 거시경제 결과 간의 연관성은 여전히 중요한 초점이었으며, 사실상 비교자본주의 연구의 명시적인 가정이 되었다. 임금 조정을 강화하여(일부는 이중/삼중 사회적 합의를 통해) 임금 억제를 달성하는 것은 1999년에 유로화에 가입하기 위한 명목적 수렴 기준nominal convergence criteria[4]을 충족시키기 위한

....

4 EMU의 명목 수렴 기준은 후보국들이 낮은 인플레이션, 낮은 명목 금리와 함께 유럽 통화 단위와의 고정

'승리 전략'으로 여겨졌다(Hassel, 2003; Hancké and Rhodes, 2005). 또한, 노동시장 조직과 거시경제 결과 간의 연결에 대한 초기 경제이론들은 주로 '폐쇄경제' 모델을 가정하고 있었으나(예외로 Carlin and Soskice, 1990; Danthine and Hunt, 1994가 있음), 임금 조정은 암묵적으로 제3세대 비교자본주의 연구에서 외부 불균형과 연결되었다. 이 연구에서는 임금 결정 제도와 유로 통화 아래의 거시경제 결과를 연결 짓고 있으며(Dullien, 2003 참조), 유로 위기 전후 각국의 경제적 경로와도 관련이 있다(Hall, 2014; Hancke, 2013; Johnston et al., 2014; Johnston, 2016; Iversen et al., 2016; Höpner and Lutter, 2018).[5]

이 3세대third-generation 비교자본주의 연구에서 조정된 임금 결정과 낮은 인플레이션 간의 연결은 수출 기반 성장전략과 명확히 연결되었다. 낮은 인플레이션을 유도하는 이웃 국가를 희생시키는 조정된 임금 전략coordinated beggar-thy-neighbor wage strategies[6]은 무역에도 유리하며, 각국의 수출 상품이 세계시장에서 더 높은 가격경쟁력을 갖도록 돕는다. 이러한 가정에 따르면, 조정된 임금 결정 제도를 가진 국가는 수출 부문에 초점을 맞춘 성장모델을 가질 가능성이 높다. 이는 응집력 있는 단체교섭 체제가 비용 경쟁력을 유지하는 데 필요한 전국적인 임금 억제를 제공하기 때문이다. 물론, 조정된 노동시장과

....

환율을 2년 동안 유지하도록 요구했다.

5 이 제3세대 연구의 핵심은 임금 조정과 낮은 인플레이션 간의 연결을 통화 연합 내외의 무역 경제에 통합하는 것이었다. 낮은 인플레이션은 상대적으로 폐쇄 경제에서는 경제적으로 바람직하다고 인식되지만, 특정 조건에서는 개방 경제에 특히 유리할 수 있다.
실질 환율은 한 국가의 수출에 대한 '가격 경쟁력'의 지표로, 국가의 명목 환율에 국내 인플레이션율과 무역 상대의 인플레이션율 비율을 곱한 것이다. 통화 연합 외부에서는 높은 인플레이션 국가들이 낮은 인플레이션 국가보다 명목 환율이 더 하락하는 경향이 있다. 이는 높은 인플레이션 국가의 통화가 '가치가 낮다'고 인식되기 때문이다(Johnston and Regan, 2016). 그러나 통화 연합하에서는 같은 통화를 사용하는 국가 간의 명목 환율이 사라지면서 실질 환율은 오직 해당 국가의 상대적 인플레이션율에 의해 결정된다. 결국, 낮은 인플레이션율을 생산할 수 있는 조합주의적 국가들은 더 유리한 실질 환율을 실현하게 되고, 그 결과 공통 통화 아래에서 무역 흑자를 누리게 된다.

6 '조정된(coordinated)'은 상대국의 이익을 해친다는 의미로, 그중에서도 '이웃을 거지로 만드는, 즉 이웃 국가를 희생시키는 전략'은 국제 경제에서 자국의 이익을 위해 다른 국가들에 경제적 피해를 주는 정책을 말한다. 특히 무역에서 자국의 경제 회복이나 발전을 위해 수출을 늘리고 수입을 줄이는 보호주의나 통화 평가절하등의 방법을 사용하는 경우를 지칭한다. -역자주.

높은 무역 의존도 간의 (정치적) 연계는 새로운 것이 아니었다. 피터 카첸슈타인(Peter Katzenstein, 1985)을 비롯한 여러 학자들은 소국들이 세계 시장에서 성공할 수 있었던 이유를, 국제적 경제 충격에 직면했을 때 노조와 고용주가 신속하게 임금을 조정할 수 있도록 하는 강력한 집단적 협상 제도에 있다고 설명했다. 또한, 경험적으로도 조정된 임금 결정과 수출 부문에서의 두드러진 위치 간의 연관성은 타당했다. 수출 비중이 가장 큰 유럽 경제(노르딕 국가, 베네룩스 국가, 독일, 오스트리아 등)는 가장 응집력 있고 조직화한 임금 결정 제도를 채택하고 있었다. 따라서 조정된 임금 결정 제도와 대규모 수출 비중 간의 인과관계는 이러한 제도가 포괄적인 임금 억제를 가능하게 하여 실질 환율 성장을 억제하는 방식으로 작동한다고 쉽게 가정할 수 있다.

1) 임금 결정 제도에 따른 임금 조정 성과: 조정된 노동시장이 비조정 시장보다 더 나은 성과를 내는가?

위에서 언급한 연구들은 고도로 조정된 노동시장이 더 높은 수준의 임금 억제를 실현할 수 있다고 가정하고 있지만, 지난 50년 동안의 실증적 자료에 따르면 이러한 임금 결정 체제들이 조정 수준이 낮은 체제에 비해 항상 더 높은 임금 억제를 달성한 것은 아니었다. 그림 9.1은 이 장의 4절 실증 표본에 포함된 18개 OECD 국가에 대한 켄워디(Kenworthy, 2001)의 5점 임금 조정 척도에 따른 실질임금 인플레이션(실질임금 상승률에서 노동생산성 상승률을 뺀 값: 양수 값은 임금 인플레이션이 존재함을, 음수 값은 임금 억제가 존재함을 의미)[7]의 10년 평균을 나타낸다.

조정 지수coordination index 값이 1이면 임금 교섭이 파편화되어 있고 대부분 사업장 또는 개별 수준에 국한되어 있음을 가리킨다.[8] 조정 지수 2는 산업

....

7 4절에서 임금 인플레이션이 어떻게 구성되는지에 대한 자세한 분석을 확인할 수 있다.

8 해당 국가는 호주, 오스트리아, 벨기에, 덴마크, 핀란드, 프랑스, 독일, 그리스, 아일랜드, 이탈리아, 일본, 네덜란드, 노르웨이, 포르투갈, 스페인, 스웨덴, 영국, 미국입니다.

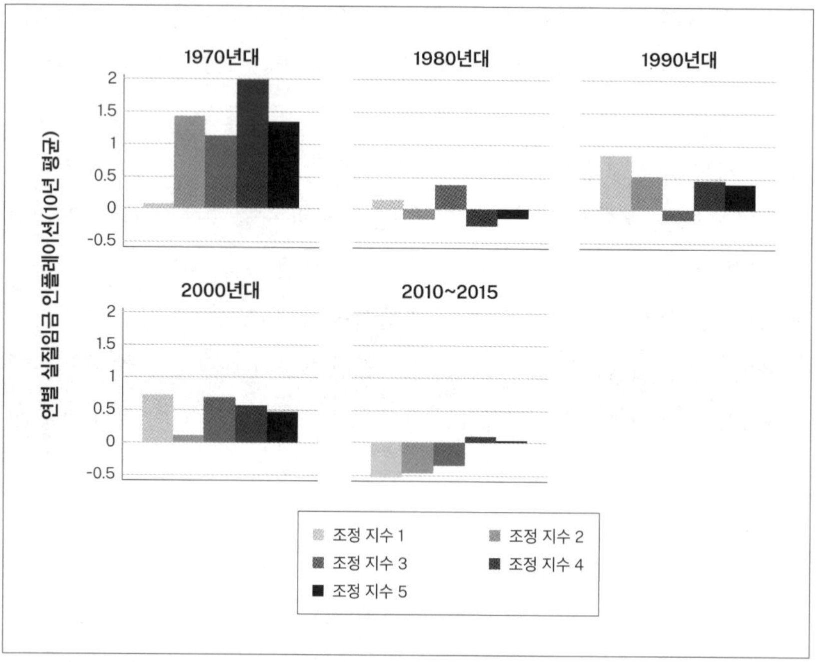

그림 9.1 임금 조정 체제별 임금 인플레이션 (10년 단위 평균)

주: 임금 인플레이션은 EU AMECO 데이터베이스(2018) 자료를 기반으로 작성되었으며, 임금 조정 체제에 대한 데이터는 Visser(2016)에서 가져왔다. 낮은 등급(codings)은 비조정된 임금 결정 방식을 나타내며, 높은 등급은 고도로 조정된 임금 결정 방식을 의미한다.

및 기업 수준의 교섭이 혼합되어 있고 (임금 지수화 또는 최저임금 설정 등을 통한) 정부의 조정력이 약한 상태이다. 조정 지수 3은 부문 간의 협상 가이드라인이 중앙집중식 교섭에 기반하고 있음을 뜻한다. 조정 지수 4는 최상위 수준의 노사단체peak associations[9]가 (정부의 도움 유무에 관계없이) 대다수 혹은 전체 경제에 임금 기준을 설정한다는 것을 의미한다. 조정지수 5는 전국적인 최고 및 최저 임금 수준이 중앙집중적 교섭을 통해 조정된다는 것을 뜻한다(자세한 정의는 Visser, 2016 참고). 미국을 제외하고 지난 50년 동안, 특히 1990년대 '마

....

9 'peak associations'는 직역하면 '최고 협회' 또는 '정상단체'로 번역될 수 있지만, 영어권 노동경제학이나 산업관계context of industrial relations에서 이 용어는 특정한 맥락과 의미를 지닌다. 노총과 경총 같은 국가 전체 또는 여러 산업을 아우르는 상위급 노사 단체를 의미한다. -역자주.

스트리히트 명목 수렴 기준Masstricht nominal convergence criteria'을 준수하기 위해 노력하는 과정에서 18개 OECD 국가의 임금 조정 수준은 상당히 변동했다. 1970년부터 2015년 사이에 오스트리아와 일본은 한 번, 영국은 두 번, 호주와 독일은 세 번, 벨기에, 덴마크, 프랑스는 네 번, 나머지 국가(그리스, 아일랜드, 이탈리아, 네덜란드, 노르웨이, 포르투갈, 스페인, 스웨덴)는 다섯 번 이상 임금 조정 지숫값이 바뀌었다(핀란드의 경우 14번까지 변화-Visser, 2016).

1970년대에는 조정된 임금 결정 제도는 완전히 조정되지 않은 제도보다 더 높은 수준의 임금 인플레이션을 일으켰다. 이는 부분적으로는 석유수출국기구OPEC 석유 파동의 인플레이션 효과가 더 조정된 임금 합의에 반영될 가능성이 더 높았기 때문일 수 있다. 특히 임금 연동제wage indexation를 채택한 제도에서 조정되지 않은 제도보다 더 그랬을 것이다. 1980년대에 조정된 임금 결정 제도는 임금 억제 수준(즉, 마이너스 임금 인플레이션)으로 유명해졌는데, 이는 유럽 통화 체제 초기 10년 동안 저인플레이션 체제로 전환하는 과정에서 조직노동과 중앙은행 간의 정치적 갈등을 반영한 것이다(Scharpf, 1991; Hancke, 2013; Johnston, 2016). 1990년대에는 조정된 임금 결정 제도가 조정되지 않은 제도보다 낮은 수준의 임금 인플레이션을 기록했지만, 적당히 조정된 제도(예: 유로화 출범을 앞둔 남유럽의 제도)는 이 기간에 가장 높은 수준의 임금 억제를 목격했다. 2000년대에는 고도로 조정된 제도가 덜 조정된 제도보다 낮은 수준의 임금 인플레이션을 기록했다(산업과 기업 수준의 교섭 조정 지수가 2인 노동시장이 10년 동안 가장 낮은 수준의 임금 인플레이션을 기록했지만). 그러나 2010년대 전반기에는 낮은 수준의 임금 조정 체계를 가진 국가들에서 임금 억제wage restraint가 훨씬 더 심화되었다. 이는 주로 위기 전과 위기 기간 동안 노동시장이 덜 조정되어 있었던 유로존 남부 국가들에 외부적으로 부과된 긴축 정책austerity과, 임금 결정이 전혀 조정되지 않는 영국에서의 자발적인 긴축 정책에 의해 주도된 결과였다.

조정된 임금 결정 제도에서 임금 조정에 대한 뒤섞인 경험적 기록은 이전의 비교자본주의 문헌에서 임금 조정의 (노동시장) 제도적 결정 요인에 대한 암묵적 가정과 어떻게 조화될 수 있을까? 권력자원Power Resource 이론가라면, 만약 강력한 노동조합이 고도로 조정된 임금 결정을 유지하는 데 중추적인 역할을 한다면, 고도로 조정된 임금 결정 제도[10]에서 더 높은 수준의 임금 인플레이션은 전혀 놀라운 일이 아니며, 결국 노동조합의 핵심 목적 중 하나는 노동자들에게 경제 파이의 공정한 몫을 보장하고 임금 몫을 높이는 임금 합의를 확보하는 것이라고 주장할 것이다. 이 경험적 수수께끼에 대한 해답을 찾는 데는 바카로와 폰투손(Baccaro and Pontusson, 2016)의 수요 중심 성장모델 이론demand-centered growth model의 통찰력이 특히 유용하다. 바카로와 폰투손은 칼레키안 프레임워크Kaleckian Framework를 사용하여 '분배 투쟁을 성장모델 진화의 핵심 요소로 다룬'다(181쪽). 즉, 강력하고 결속력 있는 노동조합이 있는 체제에서 임금 결정에 내재한 정치적 투쟁을 고려할 때 조정된 임금 결정이 항상 임금 억제를 가져올 것이라고 자동으로 가정할 수는 없지만, 임금 인플레이션이 총수요의 다른 구성 요소에 미치는 영향에 따라 다양한 부문을 중심으로 조직된 국가(및 임금 결정기관)에 다른 거시경제적 영향을 미칠 수 있다고 가정할 수 있다는 뜻이다.

3. 임금 조정과 임금 결정기관이 거시경제 성과에 미치는 조건적 효과: 성장모델 관점

주로 공급 측면에 초점을 맞춘 기존의 비교자본주의 문헌과 달리, 성장모델 이론은 자본주의와 경제의 구조를 수요 측면에서 접근한다. 이런 차이는 사소해 보일지 모르지만, 임금 인플레이션/조정이 경제 전반에 끼치는 영향에 중요한 함의를 지닌다. 2절에서 강조한 연구의 핵심은 임금 인플레이션

....

10 모든 상황에 해당하는 것은 아니다. 임금 조정이 잘 이루어지는 선진국 중에는 노동조합 조직률이 낮은 나라도 있지만, 노동조합 조직률이 높은 선진국은 임금 조정 수준이 높은 경향이 있다.

이 경제에 해롭고 더 높은 인플레이션, 더 높은 실업률, 더 낮은 성장을 초래할 가능성이 있다는 가정이다. 공급 측면의 관점에서 보면 이 가정은 타당하다. 임금이 오르면 고용주의 투입 비용도 올라 이윤을 유지하기 위해 노동력을 감축해야 하기 때문이다.

그러나 성장 이론의 관점에서 볼 때 임금 인플레이션은 총수요를 증가시켜 성장을 촉진하기 때문에 경제에 도움이 될 수 있다. 바카로와 폰투손(Baccaro and Pontusson, 2016: 182)은 실질임금 인플레이션에 따른 임금 점유율 상승이 소비 증가로 이어지기 위해서는 두 가지 조건이 충족되어야 한다고 말한다. 첫째, 소득이 증가함에 따라 소비 성향이 감소해야 한다. 다시 말하면, 가난한 사람들은 생계 수단이 충족되어 저축 능력이 더 높은 부자들보다 임금 인상분의 더 큰 비율을 소비할 것이다. 이는 비합리적인 가정이 아니며, 경험적으로도 소득이 높을수록 저축률과 한계저축성향이 높다는 것이 잘 보여줬다(자세한 내용은 Dynan et al., 2004). 둘째, 고용주가 임금 상승에 (물가 상승이 아닌) 생산량 증가로 대응할 수 있는 여력spare capacity이 있어야 한다. 이 가정은 여력이 있는 고용주라 할지라도 더 복잡하다. 메뉴 비용Menu costs 때문에 고용주가 단기적으로 가격을 즉시 인상하지 못할 수도 있고, 이윤이 높으면 고용주가 생산량 증가를 가격 인상과 교환하기가 더 쉬워질 수도 있다. 그러나 한계 소비 여력이 0이 아닌 한(가능성이 거의 없는 시나리오), 임금 인상은 (1보다 큰) 승수효과를 가져와 지출 증가로 이어지고, 기업은 수요를 따르기 위해 생산량을 늘려야 할 것이다.

그러나 임금 상승이 경제의 모든 부분에 혜택을 주는 것은 아니다. 바카로와 폰투손Baccaro and Pontusson은 명목 환율이 물가 상승으로 인해 너무 크게 변동하지 않는다고 가정할 때 국내 물가 상승(해외 물가 대비)이 (덜 경쟁적인) 환율 절상으로 이어지기 때문에 임금 상승이 무역적자를 증가시킬 것이라고 재빠르게 지적한다.[11] 따라서 내수 부문의 생산자 및 노동자와 달리 수출 부문

11 이는 고정환율제hard pegs나 통화 동맹monetary unions하에서 더욱 그러할 가능성이 높다(Johnston and Regan,

의 생산자나 노동자는 실질 환율의 악화가 수출 수요 감소를 유발하기 때문에 임금 인상으로 인한 손실이 발생한다. 즉, 임금 상승은 부문별로 분배 효과가 다른데, 상대적으로 무역으로부터 보호받는 부문(그리고 이러한 부문이 국가 생산량을 지배하는 국가)의 경우 임금 상승은 생산량을 늘리고 신용에 대한 의존도를 낮춰 일정 수준의 소비를 유지할 수 있는 잠재력을 가지고 있다. 반대로 무역에 크게 노출된 부문(그리고 수출 부문이 국가 경제활동을 지배하는 국가)의 경우 임금 상승은 생산량을 감소시킬 가능성이 있다.

임금 상승이 경제 전체에 좋은지 나쁜지는 한 나라의 국가 성장전략의 궤적에 따라 결정되는 경제의 부문별 구성에 따라 달라진다.[12] 수출 부문이 국가 생산에서 큰 비중을 차지하는(Baccaro와 Pontusson이 수출주도형 경제라고 부르는) 경우 임금 상승은 총고용과 성장에 해로울 것이다. 그러나 내수 부문이 국가 생산량에서 차지하는 비중이 크다면(내수주도 또는 소비주도 성장 상태에서 볼 수 있듯이) 임금 상승은 국가 고용과 성장에 도움이 될 것이다. 이는 궁극적으로 임금 억제가 기존의 조합주의 이론이 가정하는 최적의 결과가 아니라는 것을 시사한다. 임금 억제가 수출에는 도움이 될 수 있지만 내수를 위축시키기 때문에, 내수주도 성장전략에 의존하는 경제에서는 임금 억제가 자멸적이라는 것이다. 이러한 이론적 예측은 검증할 수 있는 첫 번째 가설을 세워주고 있다.

- H_{1A}: 임금 인플레이션은 수출 부문이 큰 국가에서는 성장률을 낮추지만, 수출 부문이 작은 국가에서는 성장률을 높일 것이다.
- H_{1B}: 임금 억제는 수출 부문이 큰 국가에서는 성장률을 높이지만 수출 부문

....

2016 참조).

12 이 책에서 하셀과 팔리에(Hassel and Palier)는 산업 구성sectoral composition이 절대적인 것이 아니며, 국가들이 동시에 여러 성장전략을 추구할 수 있다고 설명한다. 그러나 서로 다른 성장전략이 서로 다른 임금 동향에 의존하는 한(예: 수출주도 성장전략은 전국적인 임금 억제를 필요로 하고, 내수소비주도 성장전략은 활발한 임금 상승을 요구함), 집단적 임금협상의 결정 과정에서 나타나는 산업 간 갈등은 각국의 노동시장 제도에 여전히 내재되어 있다(Brandl, 2012; Johnston, 2016 참조).

이 작은 국가에서는 성장률을 낮출 것이다.

이러한 가설은 임금 인플레이션이 성장에 미치는 영향이 국가 임금 결정 제도와 어떻게 상호작용하는지를 예측하는 데에도 확대 적용될 수 있다. 이전의 비교자본주의(및 비교정치경제학) 문헌에서는 조정되고 매우 중앙집중화된 집단교섭 제도들은 수출 부문이 견고하고 무역 비중이 높은 선진국developed economies의 특징이라고 강조했다(Katzenstein, 1985; Iversen and Soskice, 2009: 448; Johnston 외, 2014). 왜냐하면 조정된 임금 억제가 경쟁력 있는 실질 환율을 유지하는 데 도움이 되는 데다, 심지어 동적 서비스 부문을 지닌 자유시장 경제 국가들에서도 그럴 것이기 때문이다.[13] 특히 수출 부문이 '임금의 선두 주자wage leader'이거나 지배적 생산자집단일 때, 조정된 임금 결정 제도는 주목할 만한 수준을 만들어 낸다. 따라서 이 체제는 내수(서비스) 부문의 임금에 하향 압력을 가하거나 강제할 수 있다(예: 지난 30년간 독일과 오스트리아-Johnston, 2016).[14] 그러나 그림 9.1은 고도로 조정된 체제는 일시적으로 임금 인상을 유발할 수 있다는 걸 보여 준다. 이들 불일치가 조정된 제도는 물론 조정되지 않은 제도에서도 유사한 효과를 주는가를 결정하는 데 필요한 다양성을 제공하기 때문에 이들 불일치는 경험적으로 유용하다. (달리 말해, 우리의 경험적 표본은 임금 조정과 임금 인플레이션을 일으킬 때 조정된 교섭체제와 비조정된 체제의 성장 결과를 관찰할 수 있는 표본이다) 만약 조정된 임금 결정 제도가 수출주도 성장체제의 현상 유지에 도움을 주고자 한다면, 우리는 반드시 성장에 영향을 미칠 때, 이들 두 체제와 임금 인플레이션 사이의 상호작용을 예상할 수 있어야 한다.

....

13 1980년대 아일랜드가 경제 회복을 위해 조정된 임금 결정 방식을 어떻게 활용했는지에 대해서는 바카로와 시모니(Bacarro and Simoni, 2007)의 설명을 참조하라.

14 네덜란드의 경우 임금 억제 정책이 보호 부문sheltered sector의 임금을 하향 안정시키는 결과를 낳았고, 이에 따라 1990년대와 2000년대에 여성의 시간제 고용이 확대되었다. 이는 가계가 정체된 임금을 보완할 수 있도록 해 주었다. 이러한 고용 확대는 전체 가계소득을 증가시켜 결국 경제성장에도 기여하게 되었다. 이 점에 대해서는 익명의 심사자에게 감사드린다.

- H_{2A}: 임금 인플레이션이 고도로 조정된 노동시장 제도를 지닌 국가에서는 성장률을 낮추고, 덜 조정된 노동시장 제도를 가진 국가에서는 성장률을 높일까?
- H_{2B}: 임금 억제가 고도로 조정된 노동시장 제도를 지닌 국가에서는 성장률을 높이고, 덜 조정된 노동시장 제도를 가진 국가에서는 성장률을 낮출까?

4. 임금 결정 제도, 임금 인플레이션, 성장 간의 실증적 관계: OECD 18개국 분석

실질 GDP 성장을 종속 변수로 사용하는 실증 분석에는 필연적으로 내생성과 동시성 문제가 수반된다는 것은 두말할 필요가 없다. 따라서, 다음 분석은 인과적 설명보다는 서술적 목적을 가지며, 강력하게 조정된 임금협상에 기반한 수출주도 성장모델과 약하게 조정된 임금협상에 기반한 소비주도 성장모델이 유사한 거시경제적 결과와 관련이 있는지를 확인하고자 한다. 실질 GDP 성장모델에서 발생하는 동시성 및 역인과성 문제를 완화하기 위해, 1970년부터 2015년까지 18개 OECD 국가[15]를 대상으로 모든 독립 변수를 1년 시차로 설정한 일반 최소자승법ordinary least squares, OLS 분포 지연 패널distributive lag panel 분석[16]을 활용했다.

이 분석에서는 모든 독립 변수를 1년 지연된 값으로 모형화한다. 또한, 임금 설정 제도 변수와 수출 비율을 제외한 모든 변수는 수준levels이 아닌 첫 번째 차분differences으로 처리되며, 이는 수준 기반 시계열이 비정상성 문제로 인해 동시성 및 내생성 문제를 겪는 경향이 있기 때문이다.[17]

....

15 이러한 국가들의 목록은 각주 7 참조.

16 일반 최소제곱법 분산 시차 패널 분석이라고도 한다. 이 분석은 서론에서 말한 1차 처분 분산 시차와 다른데, 1차 처분 분산 시차가 특정 시차만 보는 단순한 형태라면, 일반 최소자승법 분포 지연 패널 분석은 여러 시차를 함께 고려하여 더 정교하게 추정하는 방식이다. -역자주.

17 피셔 유형Fisher-type의 패널 단위근 검정 결과에 따르면, 실질 GDP 성장률은 시계열 분석에 필요한 정상성stationarity 가정을 충족하는 것으로 나타났다. 종속 변수인 실질 GDP 성장률은 성장률 자체가 차분된 값이

위 두 가설들은 두 갈래의 추정 전략을 통해 검토된다. 필자는 두 가지 분포 지연 모델을 사용하여 분석했으며, 이 모델들의 구조specification는 유사하지만 검토하는 상호작용 효과에서 차이가 있다. 가설 1A와 1B의 타당성을 평가하기 위한 기본 모델은 다음과 같이 요약될 수 있다.

$$y_{i,t} = \alpha + \beta_1 Exports_{i,t\text{-}1} + \beta_2 WEU_{i,t\text{-}1} + \beta_3 Exports{*}WEU_{i,t\text{-}1} + \beta_4 \sum \Delta X_{i,t\text{-}1} + \beta_5 \sum \Delta Y_{i,t\text{-}1} + \beta_6 \sum \Delta Z_{i,t\text{-}1} + \beta_7 \sum \Delta FE_i + \beta_8 \sum \Delta TE_t + \epsilon_{i,t} \quad \text{[Eq.1]}$$

$y_{i,t}$는 시점 t에서 국가 i의 실질 GDP 성장률이고, $Exports_{i,t\text{-}1}$는 시점 t-1에서 국가 i의 수출 부문 규모이며, 수출 비중(GDP 대비 총 수출액)으로 측정된다. 실질 GDP 성장률 데이터는 OECD(2018)에서 가져왔으며, 국가별 수출 비율은 EU의 ECOFIN AMECO 데이터베이스(2018)에서 계산되었다. $WEU_{i,t\text{-}1}$는 시점 t-1에서 국가 i의 임금 인플레이션 측정치다. 명목(또는 실질) 단위 노동비용이 임금 인플레이션/완화의 측정치로 사용된 바 있다(Höpner and Lutter, 2018 참조). 그러나 이 지표는 '(가능한 모든 것을 다 집어넣-역자)주방 싱크대kitchen sink' 문제를 제기한다. 명목/실질 단위 노동비용은 GDP에서 노동의 비율을 포착하는데, 이는 자본 사용에 영향을 미치는 변수들(기술 변화, 자본 대체, 자본 가격 등)에 의해 변경될 수 있다. 따라서 이것을 임금 억제의 측정으로 선택하는 것은 두 가지 이유로 문제가 있다. 첫째, 생산성 이상의 과잉 임금을 노동만의 문제로 분리하지 못하고, 둘째, 단위 노동비용 증가가 과도한 임금 요구로 인한 것일 경우 기업이 노동 대신 자본으로 대체할 수 있어서 내생성 문제를 일으킬 수 있다.

바카로와 시모니(Baccaro and Simoni, 2010)와 유사하게, 필자는 (올리버 블랑샤르Olivier Blanchard의) 효율성 단위 임금Wage in Efficiency Units, WEU을 선택하여

....

므로, 1차 차분first differencing을 따로 수행하지 않았다.

한 국가 내에서 임금 인플레이션(또는 완화)의 정도를 측정한다(Blanchard and Wolfers, 2000; Blanchard, 2006). 블랑샤르Blanchard의 WEU는 실질임금[18]의 연간 백분율 변화에서 노동생산성의 연간 백분율 변화를 뺀 값이다.

블랑샤르는 노동생산성 측정에서 자본 대체/축적의 변화를 고려한다. 노동생산성은 총요소생산성(TFP—솔로 잔차)[19]과 GDP 대비 노동 비율에 대한 비율로 정의되며, TFP의 로그 변화와 노동 비율의 로그 변화로 나누어 계산된다. 블랑샤르는 생산성 성장에 대한 노동의 기여를 대략 추정한다. 또한, 노동 비율의 변화는 자본/노동 대체의 변화를 자동으로 반영한다. 효율성 임금 단위가 양수positive이면, 이는 임금 인플레이션이 존재함을 의미한다(즉, 연간 실질 임금 증가율이 노동생산성 성장률을 초과함). 효율성 임금 단위가 음수negative이면, 임금 억제가 존재함을 의미한다(즉, 연간 실질 임금 증가율이 노동생산성 성장률보다 낮음). 실질 임금 데이터(실질 직원 보상으로 측정됨)와 노동의 TFP 성장 기여도는 ECOFIN의 AMECO 데이터베이스(2018)에서 가져왔다. 블랑샤르의 WEU와 연간 실질 단위 노동비용 성장 간의 높은 상관관계가 있음을 강조할 필요가 있다. 표본 내의 두 시계열 간의 쌍별 상관 계수는 0.941(p-값 = 0.000)이다.

가설 2A와 2B의 유효성을 평가하기 위한 기본 모델은 다음과 같다.

....

18 임금 억제/인플레이션을 측정하는 본 연구의 지표는 명목 임금 상승률이 아닌 실질 임금 상승률을 사용하는데, 그 이유는 두 가지다.
임금 결정 구조와 거시경제 성과 간의 관계를 실증적으로 분석한 기존 연구들(Calmfors and Driffill, 1998; Soskice, 1990) 역시 실질 임금을 사용하고 있으며, 명목 임금 억제와는 달리, 실질 임금 억제는 임금 몫wage share의 억제 또는 성장 여부를 측정할 수 있다. 임금 몫은 국내 생산물 중 노동에 귀속되는 비율을 나타내기 때문에 분배 지표로 간주된다. 이 점을 지적해 준 루치오 바카로Lucio Baccaro에게 감사를 전한다.
한편, 표 9.1과 9.2의 상호작용항interaction term에 대한 결과는 실질 임금이 아닌 명목 임금(효율 단위 기준)을 사용하더라도 여전히 유효하다.

19 노동생산성은 총요소생산성(TFP – 솔로 잔차)을 노동의 GDP 점유율로 나눈 비율로 정의된다. 총요소생산성TFP이란, 기업·국가·산업 등에서 노동과 자본 같은 모든 투입 요소를 종합적으로 고려한 생산성이다. 솔로 잔차Solow residual는 경제학자 로버트 솔로가 제안한 개념으로 TFP를 계산할 때 나오는 '잔차(남은 부분)'를 의미한다. 경제성장 분석에서 노동·자본의 기여를 제외한 부분을 '기술 진보나 효율성'으로 해석하는 식이다. 쉽게 말하면, 기존의 노동·자본만으로 설명할 수 없는 기술력 향상을 뜻한다. -역자주.

$$y_{i,t} = \alpha + \beta_1 LMI_{i,t\text{-}1} + \beta_2 WEU_{i,t\text{-}1} + \beta_3 LMI^*WEU_{i,t\text{-}1} + \beta_4 \sum \Delta X_{i,t\text{-}1} + \beta_5 \sum \Delta Y_{i,t\text{-}1} + \beta_6 \sum \Delta Z_{i,t\text{-}1} + \beta_7 \sum \Delta FE_i + \beta_8 \sum \Delta TE_t + \epsilon_{i,t} \quad \text{[Eq.2]}$$

$LMI_{i,t\text{-}1}$는 시점 t-1에서 국가 i에 존재하는 노동시장 제도의 유형이다. 비교 자본주의의 주요 연구들은 노동시장 제도의 구조를 설명하는 데 있어 임금 조정의 중요성을 강조한다(Soskice, 1990; Hall and Soskice, 2001; Baccaro and Pontusson, 2016 참조). 따라서 표 9.2는 켄워디(Kenworthy, 2001)의 5점 임금 조정 지수를 주요 노동시장 제도 측정치로 우선시한다(값은 1에서 5까지 범위로, 1은 조정이 전혀 없는 상태를, 5는 높은 조정을 의미). 그러나 표 9.3에서는 대체 노동시장 제도 측정치에 대한 강건성 검토를 제공한다. 여기에는 임금 설정의 중앙집중화(값은 0에서 1까지 범위로, 0은 임금 설정이 완전히 분산된 상태를, 1은 완전히 중앙집중된 상태를 의미)[20], 노동조합 조직률, 그리고 임금 설정에서의 수출 부문 우위에 대한 최근의 측정치가 포함된다(Traxler et al., 2001; Brandl, 2012; Johnston and Regan, 2017). 노동조합 조직률 데이터는 OECD(2018)에서 가져왔으며, 임금 조정과 임금 설정 중앙집중화 데이터는 비세르(Visser, 2016)에서, 임금 설정에서의 수출 부문 우위 데이터는 브란들(Brandl, 2012)과 존스턴(Johnston, 2016)에서 얻었다.

노동시장 제도와 수출 비중의 실질 GDP 성장에 대한 독립적 효과는 불확정적이다(이는 성장모델 및 비교자본주의 문헌에서 강조하듯, 다양한 성장전략과 이를 뒷받침하는 제도들이 유사한 거시경제적 결과를 가져올 수 있기 때문이다[21]). 그

....

20 이 지표는 비세르(Visser, 2016)에서 가져왔고, 이베르센(Iversen, 1998)의 방식과 약간 다르게 계산되지만, 둘 다 임금협상 수준을 나타내는 지표이다. 다행히도 비세르(Visser, 2016)의 지수는 필자가 분석하려는 18개국 샘플에 대해 더 완전한 시계열 데이터를 제공해 준다.

21 WEU 변수는 (다른 요인들 중에서) 임금 결정 기관의 조직화로 인한 임금 변화를 통제하기 때문에, 임금과 무관하지만 성장에 영향을 미치는 조정된 임금 결정의 특징을 포착한다. 예를 들어, 시점 *t-1*에서 국가 *i* 내에서의 기술 개발 기여도 같은 것들이다. 이 점에 대해서는 루치오 바카로Lucio Baccaro와 안케 하셀Anke Hassel에게 감사를 전한다.

러나 임금 인플레이션 자체는 국내 소비를 증대시키는 직접적 효과를 고려할 때 실질 GDP 성장을 촉진할 것으로 예상된다. 따라서, 방정식 1과 2에서 β_1이 중요하지 않을 수 있지만, β_2는 두 모델 모두에서 긍정적일 것으로 예상된다(높은 임금 인플레이션은 높은 국내 소비로 이어지며, 이는 높은 성장을 초래한다). 그러나 위에서 이론화한 바와 같이, 임금 인플레이션은 수출을 촉진하는 성장전략을 가진 나라와 국내수요를 촉진하는 성장전략을 가진 나라에 대해 매우 다른 영향을 미칠 것으로 보인다. 전자의 경우, 임금 인플레이션은 국가의 인플레이션율을 증가시켜 실질 환율을 악화시킴으로써 수출에 해로운 영향을 미친다. 후자의 경우, 임금 인플레이션은 국내 소비를 증가시킨다. 한 나라의 노동시장 제도/수출 비율과 임금 인플레이션 정도 간의 상호작용 항the interaction term(방정식 1과 2에서 각각 $Exports^{*}WEU_{i,t-1}$ 및 $LMI^{*}WEU_{i,t-1}$)은 임금 인플레이션이 조정되지 않은 노동시장에 기반한 (내수주도) 성장모델 전략에 유익한 효과를 미치는지, 조정된 노동시장에 기반한 (수출주도) 성장모델 전략에 해로운 효과를 미치는지를 결정하는 데 도움을 준다. 따라서 β_3에는 부정적일 것으로 예상된다—높은 임금 인플레이션이 강하게 조정된 노동시장과 큰 수출 비율을 가진 국가에서는 성장을 줄일 수 있지만, 약하게 조정된 노동시장과 작은 수출 비율을 가진 국가에서는 성장을 증가시킬 수 있다. 마찬가지로, 높은 수준의 임금 억제(부정적인 WEUs)는 수출 경쟁력에 유익한 효과를 고려할 때 조정된 노동시장과 큰 수출 비율을 가진 국가에서 성장을 증가시킬 것으로 예상되며, 임금 억제는 국내수요에 해로운 효과를 고려할 때 덜 조정된 노동시장과 작은 수출 비율을 가진 국가에서 성장을 해칠 것으로 예상된다.

모든 가능한 GDP 성장에 영향을 미치는 변수를 포함한 모델을 만드는 대신, 제어 변수들은 성장모델 문헌의 예측 및 거시경제의 주요 정체성을 부합하는 간결한parsimonious 그룹으로 제시된다. 명확한 내생성과 동시성 문제로 인해, 이 제어 변수 집합은 서로 다른 모델에서 제시된다. $\sum \Delta X_{i,t\text{-}1}$은 성장모델 이론이 중점을 두는 네 가지 주요 산업 부문의 고용 비율의 (지연된) 차이와,

실질 이자율의 지연된 차이를 설명하는 벡터vector이다(실질 이자율은 성장에 둔화 효과를 미칠 것으로 예상됨—이자율 상승은 투자 및 소비의 서비스 비용을 더 비싸게 만든다).

성장모델 문헌에서는 역동적 서비스의 수출, 제조업 제품의 수출, 재정적(부채) 자극에 의한 국내 소비(저임금 서비스 부문이 큰 경제에서 흔함), 그리고 임금 자극에 의한 국내 소비(Hassel and Palier, 이 책 1장 참조) 네 가지로 '성장전략'을 구별했다. 제조업 부문의 (국제 표준 산업 분류 ISIC 카테고리 D) 고용 비율(전체 고용에서 ISIC 카테고리 D에서 일하는 사람의 비율)은 국가 고용에서 수출 가능한 제조업 제품의 중요성을 나타내는 지표로 사용한다. 우편 및 통신 부문(ISIC 카테고리 64), 금융, 보험, 부동산 및 비즈니스 서비스 부문(ISIC 카테고리 JtK)의 고용 비율은 국가 고용에서 수출 가능한 역동적 서비스의 중요성을 나타내는 지표로 사용한다. (내수 소비 촉진 목적을 위한) 임금주도 성장은 비교적 비용 경쟁력 제약이 적고 (정부는 서비스 비용이 수익을 초과할 때 연간 적자를 발생시킬 수 있음—Johnston, 2012 참조) 예산 제약이 완화된 공공 서비스 부문에서 가장 실현할 수 있으므로, 공공 행정 및 국방(ISIC 카테고리 L), 교육(ISIC 카테고리 M), 건강 및 사회복지(ISIC 카테고리 N) 부문의 고용 비율을 사용하여 국내 소비 성장전략의 중요성을 나타내는 지표로 사용한다. 마지막으로, 부채 자극 소비 성장은 임금이 근로자의 소비 필요를 충족하지 못할 때 발생하므로, 도매 및 소매 무역(ISIC 카테고리 G) 및 호텔 및 레스토랑(ISIC 카테고리 H) 부문에서의 고용 비율을 사용하여 이 특정 성장전략의 지배력을 나타내는 지표로 사용한다.

고용 비율에 대한 데이터는 EU KLEMS 데이터세트dataset 중 부문별 분류가 변경되기 이전의 마지막 자료인 2011년 3월 발표 내용release에서 가져왔으며, 1990년대 중반 이전의 부문별 데이터는 포함하지 않았다. 노르웨이의 부문 고용 데이터는 OECD 구조 분석 데이터베이스(STAN, 2018)에서 얻었다.[22] 실질

22 노르웨이는 EU KLEMS 데이터셋에 포함되어 있지 않다. OECD STAN은 샘플 내 다른 국가들에 대한 부

이자율 데이터는 ECOFIN의 AMECO 데이터베이스(2018)에서 가져왔으며, 호주와 노르웨이는 OECD(2018)에서 더 완전한 시계열 데이터를 가져왔다.

$\sum \Delta X_{i,t\text{-}1}$은 필립스 곡선 정체성에 속하는 (지연된, 1차 차분된) 제어변수 벡터로, 실업률과 인플레이션율을 포함한다. 예상되는 바는, (지연된) 실업률의 증가는 실질 GDP 성장 약화와 연관이 있어야 하며, (지연된, 1차 차분된) 인플레이션율의 효과는 실질 GDP 성장에 대한 조정이 이미 이루어진 상태이므로 불확실하리라는 것이다. 실업률 데이터는 ECOFIN의 AMECO 데이터베이스(2018)에서, 인플레이션 데이터는 OECD(2018)에서 가져왔다. $\sum \Delta Z_{i,t\text{-}1}$은 소비를 제외한, 국가의 국내 총생산GDP을 구성하는 나머지 요소들이다(Y=C+I+(G-R)+(EX-IM)식에 포함됨). 여기에는 실질 투자(총 고정자본 형성으로 대리), 실질 정부 지출, 실질 정부 수입(government revenues, 세금), 실질 수출 및 실질 수입(imports)의 지연된 로그 변화[23]가 포함된다. 실질 투자, 실질 수출 및 실질 정부 지출의 (지연된 로그 변화) 증가는 실질 GDP 성장에 긍정적인 영향을 미칠 것으로 예상되며, 반면 실질 정부 수입과 실질 수입의 (지연된 로그 변화) 증가는 실질 GDP 성장에 부정적인 영향을 미칠 것으로 예상된다. 총 고정 자본 형성 지출 데이터는 ECOFIN의 AMECO 데이터베이스(2018)에서, 정부 지출, 수입, 수출 데이터는 OECD(2018)에서 가져왔다.

$\sum FE_i$는 국가 고정 효과 벡터를 의미한다. 1차 차분 모델에서, 고정 효과는 국가별 성장 추세를 설명하는 데 사용된다(예를 들어 1970년대, 1980년대, 1990년대 동안 유럽의 주변 국가에서 발생한 추격 성장 추세는 고정 효과를 통해 포착된다). 그러나 아래의 상호작용 항에 관한 결과는 무작위 효과를 사용해도 일관되며(결과는 온라인 부록에 제공)[24], 이에 따라 모델의 신뢰성이 확보된다. $\sum TE_t$는 시간 효과 벡터로, 시간에 따라 변하지만, 여러 국가에 유사하게 영향을 미

....

문별 고용 데이터를 보유하고 있지만, EU KLEMS보다 훨씬 더 많은 결측치가 존재한다(특히 1990년대 이전에). 따라서 고용 비중 데이터에는 EU KLEMS가 우선적으로 사용되었다.

23 이 변수들은 국내총생산GDP의 비율이 아니라 절대값으로 측정되었다. GDP 성장률은 이러한 비율형 변수의 분모를 직접적으로 변화시키기 때문이다.

24 접근 가능한 웹사이트는 https://sites.google.com/site/dralisonljohnston/research이다.

치는 생략된 변수를 통제한다(예를 들어, OPEC 석유 위기, 2001년 닷컴 버블 붕괴, 2008년 국제금융위기 등과 같은 세계 경제 충격이 이에 해당한다). 마지막으로, 이 모델에서는 패널 데이터의 이분산성heterooscedasticity과 자기 상관serial correlation panel으로 인한 오류 항의 하향 편향을 수정하기 위해 패널 수정 표준 오차corrected standard errors와 공통 자기회귀 항a common auto regressive term을 포함하였다(Beck and Katz, 1995 참조).[25]

5. 분석 결과

1) 수출 비중, 임금 인플레이션, 그리고 성장

방정식 1의 결과는 표 9.1에 제시되어 있다. 모델 I은 (지연된) 임금 인플레이션, (지연된) 수출 비중export share, 그들 간의 (지연된) 상호작용, 고정 효과 및 시간 효과만을 포함하는 기본 모델을 나타낸다. 위에서 강조한 바와 같이, 명백한 내생성과 동시성 문제로 인해 서로 다른 통제 벡터들은 같은 모델에 포함되지 않았다(예를 들어, 총 고정 자본 형성의 증가—벡터 $\sum \Delta Z_{i,t-1}$은 실업률의 변화—벡터 $\sum \Delta Y_{i,t-1}$—에 영향을 미치며, 실질금리의 변화—벡터 $\sum \Delta X_{i,t-1}$에 영향을 받을 것이다). 모델 II는 벡터 $\sum \Delta X_{i,t-1}$의 통제를 추가한다(다른 성장전략의 중요성을 측정하는 네 가지 부문에서의 고용률의 지연된 차이와 실질금리의 지연된 차이). 모델 III는 벡터 $\sum \Delta Y_{i,t-1}$의 통제를 추가한다(실업률과 인플레이션율의 지연된 차이). 마지막으로, 모델 IV는 벡터 $\sum \Delta Z_{i,t-1}$의 통제를 추가한다(실질 총고정자본 형성, 정부 지출, 정부 수입, 수출 및 수입의 지연된 로그 차이).

표 9.1의 결과는 첫 번째 가설 집합을 약하게 지지한다. 예상대로 (지연

....

25 모델 I에 대한 LR 검정 결과(표 9.1과 9.2)는 패널 내 이분산성이 존재함을 나타냈다. 표 9.1의 모델 I의 카이제곱 통계량은 311.75(p-value=0.000)이었고, 표 9.2의 모델 I은 222.40(p-value=0.000)이었다.

표 9.1 임금 인플레이션, 수출 비중 그리고 성장

	모델 I	모델 II	모델 III	모델 IV
임금 인플레이션(t-1)	0.184** (0.013)	0.119* (0.069)	0.128* (0.078)	0.000 (0.999)
수출 비중(t-1)	0.046** (0.049)	0.093** (0.000)	0.034* (0.082)	0.028 (0.151)
임금인플레이션(t-1)*수출 비중(t-1)	-0.008*** (0.009)	-0.004 (0.105)	-0.008*** (0.010)	-0.004 (0.248)
Δ제조업 고용 비중(t-1)		-0.236 (0.248)		
Δ공공서비스 고용 비중(t-1)		-0.336* (0.096)		
Δ역동적 서비스 고용 비중(t-1)		-0.702*** (0.006)		
Δ저임금 서비스 고용 비중(t-1)		-0.295 (0.162)		
Δ실질 이자율(t-1)		-0.265*** (0.000)		
Δ실업률(t-1)			-0.421*** (0.000)	
Δ인플레이션 비율(t-1)			-0.125*** (0.001)	
Δ총 고정자본 형성(t-1)				6.450*** (0.002)
Δ정부 지출(t-1)				2.814 (0.452)
Δ정부 재정수입(t-1)				0.175 (0.945)
Δ수출(t-1)				1.369 (0.437)
Δ수입(t-1)				3.072* (0.057)
상수	5.658*** (0.000)	4.590*** (0.000)	6.133*** (0.000)	5.808*** (0.000)
관측값	781	607	775	666
결정계수	0.469	0.46	0.513	0.562
카이 제곱(p값)	0.000	0.000	0.000	0.000

주: 종속 변수는 실질 GDP 성장률이다. 추정에는 패널 교정 표준오차와 공통의 1차 자기회귀항을 포함한 OLS 모델을 사용하였다(괄호 안은 p-value를 나타낸다). 국가별 더미 변수와 시기별 더미 변수가 포함되었지만 표에는 나타나지 않았다. *, **, ***은 각각 90%, 95%, 99%의 신뢰 수준에서 통계적으로 유의함을 나타낸다.

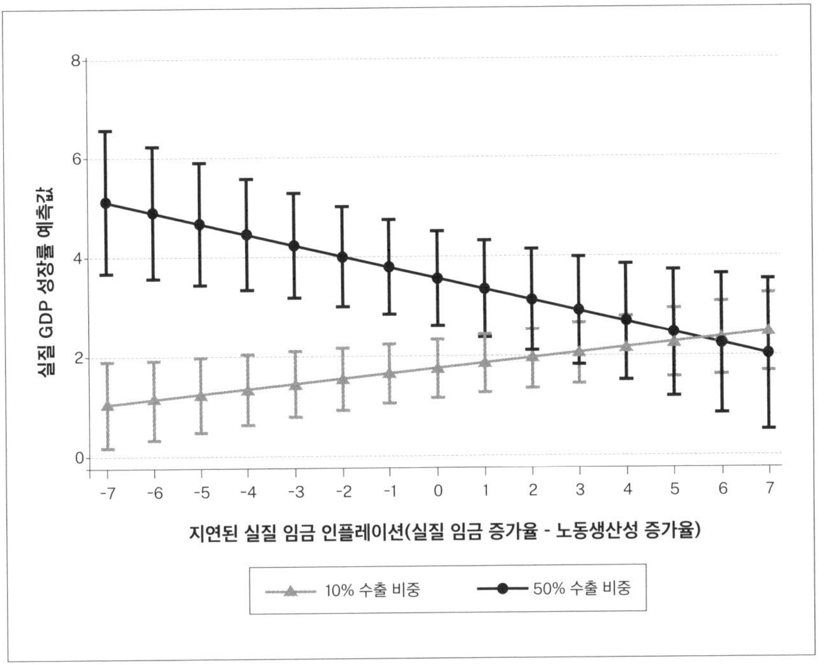

그림 9.2 실질 GDP 성장 예측에서 수출 비중과 임금 인플레이션의 상호작용 효과

주: 그래픽은 표 9.1의 모델 I 결과물을 기반으로 작성되었다. 예측값은 90% 신뢰구간과 함께 제시된다.

된) 임금 인플레이션은 네 가지 모델 중 세 가지 모델에서 실질 GDP 성장과 직접적인 양의 관계가 있다. 표 9.1의 모델 I-III에 따르면, 전년도에 실질 임금 상승률이 노동생산성 성장률을 1%p 초과할 때마다 실질 GDP 성장은 0.119~0.184%p 증가한다. 그러나 수출 비중이 큰 국가에서는 이러한 긍정적 효과가 감소한다. 해당 국가의 (지연된) 수출 비중과 (지연된) 임금 인플레이션 간 상호작용 효과에 대한 베타 계수는 음수이다. 이러한 상호작용 효과는 표 9.1의 네 가지 모델 중 두 가지 모델에서만 유의미한데, 이는 아마도 모델 II에서 부문별 고용 비중의 (일차 차분)과, 당연히 모델 IV에서 총수출 로그값의 일차 차분과의 다중공선성collinearity 문제로 인해 수출 비중이 영향을 받기 때문일 것이다.

그림 9.2는 두 국가의 상호작용 효과를 시각적으로 보여 준다. 하나는 표본

에서 수출 비중이 가장 낮은 10분위에 속한 국가(수출이 GDP의 10% 차지-회색 선)이고, 다른 하나는 표본에서 수출 비중이 가장 높은 10분위에 속한 국가(수출이 GDP의 50% 차지-검은색 선)이다. 더 높은 (지연된) 임금 억제(즉, 임금 인플레이션의 음수 값)가 있을 때, 수출 비중이 50%인 국가는 수출 비중이 낮은 국가보다 더 높은 (예측된) 실질 GDP 성장률을 가진다. 반면, 높은 수준의 임금 인플레이션은 이 두 종류의 경제 사이에서 유사한 성장 수준을 초래한다(예측된 성장률의 신뢰 구간이 겹치기 때문이다). 따라서 수출 비중과 임금 인플레이션 간의 상호작용 효과를 도식화하면 가설 1B가 입증됨을 보여 준다(수출 비중이 상위 10분위에 있는 경제는 임금 억제가 있을 때 수출 비중이 하위 10분위에 있는 국가보다 더 성장률이 높음), 반면 가설 1A는 입증되지 않는다(임금 인플레이션이 있을 때, 두 규모의 수출 부문을 가진 국가들 사이에서는 실질 GDP 성장 성과에서 유의미한 차이가 나타나지 않는다).

2) 임금 결정 제도, 임금 인플레이션, 그리고 성장

패널 샘플 내에서 한 나라의 임금 결정 제도와 수출 비중 간에 상당한 다중공선성이 존재한다. 임금협상 조정, 교섭 중앙집중화, 노동조합 조직률 및 수출 부문을 지지하는 임금 조정 제도의 존재가 각각 수출 비중과 0.369(p-value=0.000), 0.376(p-value=0.000), 0.233(p-value=0.000), 0.168(p-value=0.000)의 상관계수를 가진다.

따라서 임금 조정과 임금 인플레이션 간의 음의 상호작용항은 수출 비중과 임금 인플레이션 간의 상호작용에서 나타나는 결과와 유사한 결과를 보일 것으로 예상된다.

표 9.2는 방정식 2의 결과를 제시한다. 표 9.1과 마찬가지로, 모델 I은 기본 모델을 제공한다(지연된 임금 인플레이션, 임금 설정 조정, 그들의 상호작용, 국가 및 시간 효과만이 통제로 포함됨). 모델 II는 벡터 $\sum \Delta X_{i,t\text{-}1}$를 포함하고, 모델 III는 벡터 $\sum \Delta Y_{i,t\text{-}1}$를 포함하며, 모델 IV는 벡터 $\sum \Delta Z_{i,t\text{-}1}$를 포함한다.

표 9.2 임금 인플레이션, 임금 조정 그리고 성장

	모델 I	모델 II	모델 III	모델 IV
임금 인플레이션(t-1)	0.282*** (0.009)	0.194** (0.037)	0.224** (0.034)	0.102 (0.299)
수출 비중(t-1)	-0.005 (0.961)	0.101 (0.237)	-0.032 (0.734)	-0.078 (0.418)
임금인플레이션(t-1)*수출 비중(t-1)	-0.079*** (0.004)	-0.052** (0.025)	-0.075*** (0.006)	-0.060** (0.018)
Δ제조업 고용 비중(t-1)		-0.116 (0.589)		
Δ공공서비스 고용 비중(t-1)		-0.357* (0.091)		
Δ역동적 서비스 고용 비중(t-1)		-0.571** (0.033)		
Δ저임금 서비스 고용 비중(t-1)		-0.208 (0.382)		
Δ실질 이자율(t-1)		-0.262*** (0.000)		
Δ실업률(t-1)			-0.452*** (0.000)	
Δ인플레이션 비율(t-1)			-0.125*** (0.001)	
Δ총 고정자본 형성(t-1)				5.372*** (0.003)
Δ정부 지출(t-1)				3.078 (0.218)
Δ정부 재정수입(t-1)				-0.517 (0.815)
Δ수출(t-1)				0.079 (0.963)
Δ수입(t-1)				2.897* (0.058)
상수	5.673*** (0.000)	4.856**** (0.000)	6.099*** (0.000)	5.788*** (0.000)
관측값	767	607	761	659
결정계수	0.487	0.433	0.537	0.586
카이 제곱(p값)	0.000	0.000	0.000	0.000

주: 종속 변수는 실질 GDP 성장률이다. 추정에는 패널 교정 표준오차와 공통의 1차 자기회귀항을 포함한 OLS 모델을 사용하였다(괄호 안은 p-value를 나타낸다). 국가별 더미 변수와 시기별 더미 변수가 포함되었지만 표에는 나타나지 않았다. *, **, ***은 각각 90%, 95%, 99%의 신뢰 수준에서 통계적으로 유의함을 나타낸다.

표 9.2의 결과는 가설 2A와 2B를 강하게 지지하며, 그 유의성은 표 9.1의 수출 비중 상호작용 모델보다 더 강하고 견고하다. 표 9.1의 결과와 유사하게, (지연된) 임금 인플레이션은 네 가지 모델 중 세 가지에서 성장과 양의 관계가 있다. 표 9.2의 모델 I-III에 따르면, 전년도에 실질 임금 상승률이 노동생산성 성장률을 1%p 초과할 때마다 실질 GDP 성장은 0.19~0.28%p 증가한다. 그러나 더 높은 수준의 임금 설정 조정이 있는 국가에서는 (지연된) 임금 인플레이션과 실질 GDP 성장 간의 긍정적인 연관성이 약화한다. 상호작용 항(이는 표 9.2의 네 가지 모델 모두에서 유의미하게 음수임)은 성장에 대한 임금 인플레이션의 긍정적인 직접 효과를 상쇄한다. 그림 9.3은 임금 설정이 완전히 비조정된 국가(회색)와 임금 설정이 완전히 조정된 국가(검은색)라는 두 가지 유형의

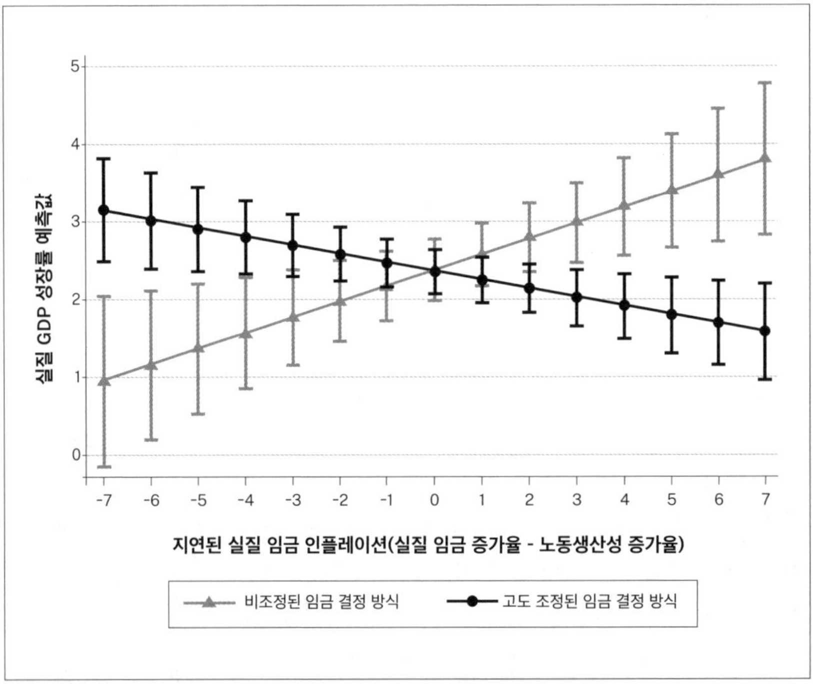

그림 9.3 예측된 실질 GDP 성장에서 임금 조정과 임금 인플레이션의 상호작용 효과

주: 그래픽은 표 9.2의 모델 I 결과물을 기반으로 작성되었다. 예측값은 90% 신뢰구간과 함께 제시된다. 비조정된 임금 결정은 (Kenworthy) 임금 조정 지수값이 1이며, 고도로 조정된 임금 결정은 (Kenworthy) 임금 조정 지수값이 5이다.

국가에 대한 (지연된) 실질 임금 인플레이션과 실질 GDP 성장 간의 상호작용을 시각적으로 보여 준다.

더 높은 임금 억제(음의 임금 인플레이션)가 있을 때, 조정된 임금 설정 체제를 가진 국가는 비조정된 임금 설정 체제 국가보다 훨씬 높은 실질 GDP 성장을 보인다. 반대로, 더 높은 임금 인플레이션이 있을 때, 비조정된 임금 설정 체제는 조정된 임금 설정 체제보다 훨씬 높은 실질 GDP 성장을 보인다. 따라서 수출 비중에 관한 결과와는 달리, 가설 2A와 2B 모두 지지된다. 임금 조정의 정도 자체는 (임금에 미치는 영향과는 독립적인 임금 설정 제도의 성장 기여를 포착하는 변수) 실질 GDP 성장과 유의미한 연관성이 없으며, 이는 표 9.2의 네 가지 모델에서 모두 해당 변수의 베타 계수가 유의미하지 않음을 통해 나타난다. 대신 임금 조정의 성장에 대한 영향은 경제 내 임금 인플레이션의 정도에 따라 달라진다.

더 응집력 있는 임금 설정 제도와 임금 인플레이션 간의 부정적 상호작용 항목은 다른 노동시장 조직 지표를 사용할 때도 나타난다. 표 9.3은 임금 조정을 대신하여 임금 설정의 응집력을 측정하기 위해 사용된 세 가지 대체 지표에 관한 결과를 제시한다. 임금 중앙집중화(모델 I, 표 9.3), 노동조합 조직률(모델 II, 표 9.3), 그리고 수출 부문에서 노동조합이 국가 임금 설정을 주도하거나 통제하는 협상 체제의 존재[26](1은 그렇다는 것을 나타내고, 0은 그렇지 않다

....

26 트랙슬러 외(Traxler et al., 2001), 브란들(Brandl, 2012), 존스턴(Johnston, 2016)은 수출 부문이 국가 차원의 임금 결정에서 내수 부문보다 우위를 보이는 네 가지 임금 조정 체제를 구분한다.
수출 부문(통상 제조업 기반)의 노조가 가장 먼저 임금 합의를 이끌어 내며 다른 부문의 교섭에서 상한선을 설정하는 방식인 패턴 교섭pattern bargaining(독일과 오스트리아에서 볼 수 있음), 국가가 임금 협상 시 노조에 대해 임금 (상한선) 규칙을 부과하는 방식인 국가주도 조정state-imposed coordination(프랑스와 벨기에에서 볼 수 있음), 수출 부문 노조의 조합원 수가 내수 부문 노조 조합원 수를 초과하는 방식인 정점 교섭peak bargaining(덴마크에서 볼 수 있음), 경제 위기 시기에 수출 부문 노조가 국가 차원의 임금 협약을 주도하고 초안을 작성하는 방식인 수출주도 임금 협약export-led wage pacts(네덜란드에서 일시적으로 나타난 바 있음)이다. 대조적으로, 이들은 다음과 같은 수출 부문 주도권이나 의제 설정력이 결여된 임금 조정 방식도 구분한다. 비조정 임금 교섭uncoordinated wage bargaining(미국과 영국에서 볼 수 있음), 내수 부문 노조의 조합원 수가 수출 부문 노조 조합원 수를 초과하는 정점 교섭peak bargaining(이탈리아, 스페인, 포르투갈), 내수(공공) 부문 노조가 국가 차원의 임금 협약을 주도하고 초안이 작성하는 내수 부문 주도 임금 협약sheltered-sector wage pacts(아일랜드에

표 9.3 임금 결정의 일관성, 임금 인플레이션, 경제성장 간의 연관성에 대한 견고성 검증

	모델 I	모델 II	모델 III
임금 인플레이션(t-1)	0.037 (0.631)	0.042 (0.592)	-0.056 (0.321)
임금 중앙집중화(t-1)	-3.187*** (0.016)		
임금 인플레이션(t-1)*임금 중앙집중화(t-1)	-0.406*** (0.008)		
노동조합 조직률(t-1)		0.005 (0.699)	
임금 인플레이션*노동조합 조직률(t-1)		-0.004*** (0.006)	
수출 우호적 임금 결정 조정(t-1)			0.204 (0.533)
임금 인플레이션(t-1)*수출 우호적 임금 결정 조정(t-1)			-0.126* (0.061)
관측값	565	615	437
결정계수	0.625	0.619	0.523
카이 제곱(p값)	0.000	0.000	0.000

주: 종속 변수는 실질 GDP 성장률이다. 추정에는 패널 교정 표준오차와 공통의 1차 자기회귀항을 포함한 OLS 모델을 사용하였다(괄호 안은 p-value를 나타낸다). 실질 고정자본 형성, 정부 지출, 정부 수입, 수출, 수입의 지연된 로그차분, 국가별 더미 변수(N-1), 시기별 더미 변수, 상수항도 포함되었지만 표에는 나타나지 않았다. *, **, ***은 각각 90%, 95%, 99%의 신뢰 수준에서 통계적으로 유의함을 나타낸다.

는 것을 나타낸다: 모델 III, 표 9.3)가 그 지표이다.

표 9.3에 제시된 각 모델의 사양은 표 9.2의 모델 IV와 동일하지만, 공간상의 이유로 (지연된 로그 차이의) 실질 총고정자본 형성, 정부 지출, 정부(재정) 수입, 수출 및 수입에 관한 결과는 포함되었으나 표 9.3에는 표시되지 않았다(결과는 온라인 부록에 제공[27]). 표 9.2의 결과와는 달리, 임금 인플레이션 자체

....

서 일시적으로 나타남)이 그것이다.

어떤 국가가 이러한 임금 결정 체제 중 어디에 속하며, 시간이 지남에 따라 그 위치가 어떻게 변하는지에 대한 데이터는 브란들(Brandl, 2012) 및 존스턴(Johnston, 2016)에서 가져왔다.

27 Accessible at https://sites.google.com/site/dralisonljohnston/research.

는 성장과 유의미한 직접적 관계를 가지지 않으며, 베타 계수는 예상된 긍정적 방향을 유지하지만 통계적으로 유의하지 않다. 오히려 임금 인플레이션과 성장 간의 관계는 현존하는 협상 체제의 유형에 따라 달라진다. 임금 인플레이션이 있을 경우, 실질 GDP 성장은 다음과 같은 경우에 더 낮게 나타난다. 중앙집중화된 협상 체제에서 덜 집중화된 체제에 비해(모델 I, 표 9.3), 노조 조직률이 높은 국가에서 낮은 국가보다(모델 II, 표 9.3), 그리고 수출 부문 주도 임금 조정이 이루어지는 국가에서 보호 부문 주도 임금 조정이 이루어지는 국가에 비해 더 낮다(모델 III, 표 9.3).

마지막으로, 조정된 노동시장에서의 임금 억제의 긍정적인 효과는 실질 GDP 성장 대신 실업률을 종속변수로 사용할 때도 견고하다.[27] 그림 9.4는 임금 인플레이션과 임금 조정 정도가 실업률에 미치는 상호작용 효과를 시각화해서 보여 준다(모델 사양은 표 9.2의 모델 IV를 따르며, 실증 모델에 대한 전체 결과는 온라인 부록에서 제공된다[29]). 그림 9.4는 완전히 비조정된 임금 설정(지숫값 1, 회색 선)과 고도로 조정된 임금 설정(지숫값 5, 검은 선) 국가 간의 (지연된) 실질 임금 인플레이션과 실업률 간의 연관성을 플롯한다. 임금 인플레이션이 존재할 때, 두 국가 간의 실업률에는 유의미한 차이가 없다. 그러나 임금 억제의 경우, 비조정 임금 설정 국가에서의 실업률이 고도로 조정된 임금 설정 국가보다 높다. 이는 임금 억제가 비조정 노동시장 국가에서는 수요를 제한하고 실업률을 증가시켜 비효율적임을 나타낸다. 반면, 고도로 조정된 임금 설정 국가에서는 임금 억제가 국내 부문의 고용 성장에 악영향을 미칠 수 있지만, 이러한 효과는 수출 부문에서의 고용 확대로 상쇄되는 것으로 보인다. 이는 임금 억제가 실질 환율에 미치는 경쟁력 강화 효과에 기인한다.

놀랍게도 표 9.2의 결과는 유럽통화동맹EMU과의 상호작용을 전혀 보여 주지 않는다. 여러 저자들은 EMU가 조정된 시장 경제에 '비교적 제도적인 우

....

28 표 9.1의 결과는 수출 비중과 임금 인플레이션 간의 상호작용 효과가 실업률을 종속 변수로 사용할 때 통계적으로 유의하지 않음을 보여 주었다.

29 Accessible at https://sites.google.com/site/dralisonljohnston/research.

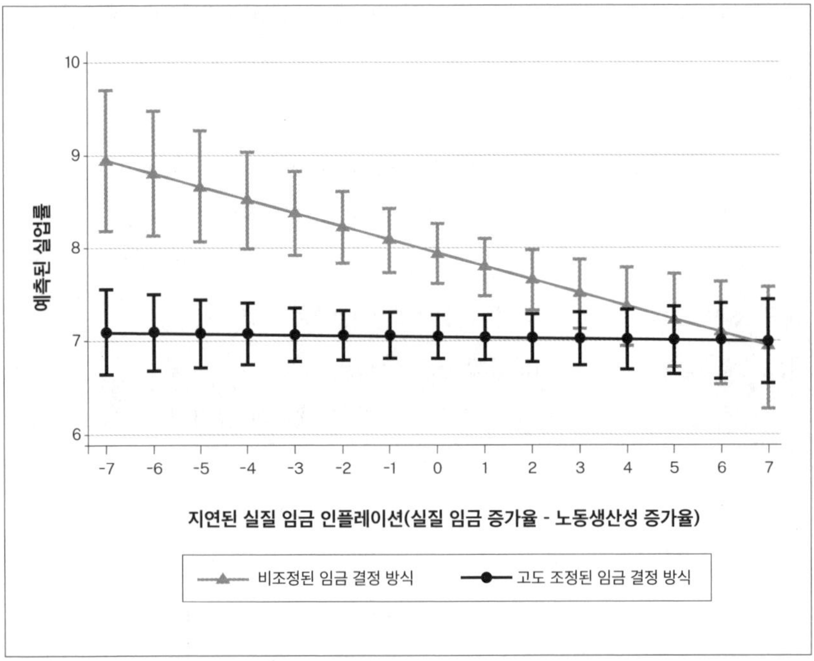

그림 9.4 예측된 실업률에서 임금조정과 임금인플레이션 사이에서 상호작용 효과

출처: 그래픽은 실업률을 종속 변수로 사용하고, 독립 변수와 오차 구조는 표 9.2의 모델 Ⅳ에 기반하여 구성되었다. 예측값은 90% 신뢰구간과 함께 제시되어 있다. 비조정된 임금 결정 방식은 (Kenworthy) 임금 조정 지수(Kenworthy wage coordination index) 값이 1이며, 고도 조정된 임금 결정 방식은 해당 지수 값이 5이다.

위'를 제공하여, 인근 국가의 경제를 해치는 임금 전략을 통해 무역 경쟁력을 강화하고 실질 환율의 경쟁력을 향상시켰다는 점을 강조한 바 있다(Dullien, 2003; Johnston et al., 2014). 임금 인플레이션, 임금 조정, EMU 회원국 지위를 고려한 삼중 상호작용 항목은 유의미한 결과를 보여 주지 않을 뿐만 아니라, 패널을 두 개의 표본으로 나누어, 하나는 통화 동맹에 속하지 않은 국가들로, 다른 하나는 통화 동맹에 속한 국가들로 구분할 때, 임금 인플레이션과 임금 조정 간의 상호작용은 통화 동맹에 속하지 않은 첫 번째 그룹의 국가들에서만 유의미하게 나타나고, 두 번째 그룹에서는 유의미하지 않은 것으로 나타났다.

마지막으로, 다른 변수들의 결과와 관련하여, (지연된) 실업률, 실질 이자율, 그리고 인플레이션율의 증가가 (예상된 바와 같이) 더 낮은 GDP 성장률과 연관이 있는 것으로 나타났다. 반면, (지연된) 실질 총고정자본 형성의 증가는 (역시 예상된 바와 같이) 더 높은 실질 GDP 성장률과 연관이 있다. 놀랍게도, (지연된) 실질 수입의 증가 역시 더 높은 실질 GDP 성장률과 연관이 있는 것으로 나타났다. 이러한 결과는 임금에서 충분히 반영되지 않은 소비의 성장 및 수입 수요에 대한 영향에 의해, 즉 소비자 신용과 부채의 증가로 촉진되는 소비자 수요에 의해 거짓으로 유발된 것일 수 있다. (지연된) 공공 서비스 및 역동적 서비스 고용의 증가는 더 낮은 실질 GDP 성장률과 연관이 있다. 이러한 관계는 서비스 부문이 상품 기반 부문에 비해 낮은 생산성 성장을 실현한다는 사실에 의해 설명될 수 있다. 이는 실질 GDP 성장률을 낮추는 결과를 초래할 수 있다(서비스 부문과 포스트-포디즘 경제에서 그 중요성이 증가하는 '비용 상승 병cost disease'에 대한 바우몰과 보웬Baumol and Bowen의 1965년 연구 참조).

6. 결론

위의 결과는 문헌에 대한 시사점 외에도, 샤프Scharpf의 이 책에 대한 기여를 반영하여 현재 유럽의 긴축 시대에서의 거시경제적 결과를 설명하는 데 도움이 될 수 있다. 특히, 왜 다양한 국가들이 지속적인 임금 억제를 통해 서로 다른 성장 및 실업률 결과를 달성했는지에 대한 설명이 가능하다. 그리스의 첫 번째 구제금융 프로그램 도입 이후, 트로이카(유럽연합 집행위원회, 유럽중앙은행, 국제통화기금IMF)는 재정적 어려움을 겪고 있는 유로존 주변 국가에게 유럽안정화기구ESM 및 그 전신으로부터 재정 지원을 받기 위해서는 공공부문에서 포괄적인 임금 동결을 포함한 여러 가지 개혁을 시행해야 한다고 주장했다. 트로이카는 임금 동결이 공공 적자를 줄일 뿐만 아니라 디플레이션 효과를 일으키고 경쟁력을 회복하게 만들 것이라고 예상했다. 동시에 트로이카는 주변 국가들에게 임금 설정에서의 조정과 중앙집중화를 낮추는 시장 친화적인 구조적 노동시장 개혁을 시행하도록 요구했다. 유럽연합 집행위원회, 유럽중앙은행, 그리고 (덜하지만) IMF는[30] 이러한 두 가지 전략을 동시에 추진함으로써 유로존의 주변 구제금융 국가들을 낮은 성장과 높은 실업률의 균형상태로 몰아갔다. 이는 표 9.3과 9.4의 왼쪽에 나타난 회색 선의 결과에서 예측된 바와 같다. 이와 같은 개혁 과제가 더욱 악화한 이유는, 트로이카가 복지국가에 대한 대규모 삭감을 요구했기 때문이다. 이는 유로존의 채무국들에서 임금과 복지 기반의 국내수요 성장전략의 잠재력을 실질적으로 저해했다(자세한 내용은 Avlijaš et al., 이 책 12장 참조).

이러한 정책의 경제적 결과가 명백하고 역효과를 일으킬 것처럼 보이지만, 독일은 이를 유럽 이사회에서 강력히 추진했다. 그러나 독일이 장기적인 임금 억제를 통해 유럽의 병자에서 수출 기적으로 변모한 것은 위의 실증 분석 결과와 결론으로도 설명될 수 있다. 독일이 재통일 이후 장기간에 걸친 임금 억제를 성공적으로 수행할 수 있었던 것은 독일의 강력하게 조정된 노동시장 제도 덕분이었으며, 그 결과 독일은 수출 점유율에서 엄청난 성장을 이루었다. 1991년부터 2015년까지 독일의 수출 점유율은 GDP의 약 18%p 증가하였으며, 이는 유로존에서 네덜란드와 벨기에에 이어 세 번째로 높은 성장률이다(유럽연합 집행위원회 경제금융총국, 2018). 독일이 통일 이후 추진한 광범위한 '경쟁력 기반' 개혁 중에서, 10년 이상 지속된 임금 억제는 중요한 요소였으며, 이는 유로 위기 동안 EMU 남부 지역에서 필요하다고 인식된 조정을 둘러싼 '죄인/성자sinner/saint' 심리[31]를 형성하게 했다(Newman, 2015: 119). 독일인들은 자신들이 삶의 질을 훼손하는 중요한 장기적 희생을 했다고 인식하며, EMU의 '죄인들'이 동일한 조처를 하길 기대했다. 그러나 이러한

....

30 클리프트(Clift, 2018)는 유럽 부채 위기 당시 IMF의 정책 자문에 대한 대안적 서사를 제시하면서, 이 기관이 트로이카troika의 다른 구성원들보다 수요 진작demand stimulus 및 부채 재조정debt restructuring에 더 우호적인 입장이었다는 점을 강조한다.

31 경제학에서 말하는 '죄인/성자 심리Sinner/Saint Psychology'란, 국가의 재정정책이나 경제 위기 대응을 도덕적 기준에 따라 판단하려는 심리 또는 태도를 말한다. 이 개념은 특히 유럽 재정위기Eurozone crisis나 국제금융기구IMF의 개입 논의에서 자주 언급된다. -역자주.

심리는 독일 노동시장의 구조적 특징과 수출 점유율의 크기가 장기적인 임금 억제를 통해 궁극적으로 긍정적인 성장(및 낮은 실업률) 결과를 가져올 수 있었던 것임을 간과한다. 그림 9.2, 9.3, 9.4에서 독일의 성장과 실업률 균형은 회색 선이 아닌 검은색 선에 위치한다. 반면에 그리스, 이탈리아, 포르투갈, 스페인의 위기 초반 평균 수출 점유율은 GDP의 15%에 불과했으며, 이는 독일의 절반에도 미치지 못해 전국적인 임금 억제로 인한 성장 잠재력이 제한되었다.

결론적으로, 위의 결과는 비교자본주의 내에서 임금 억제가 거시경제적 결과에 미치는 영향을 새 성장모델 이론에 따라 (수요 중심적으로) 재고할 필요가 있음을 시사한다. 초기 비교자본주의의 공급 측면 이론의 예측과 달리, 임금 억제는 모든 유형의 경제와 성장전략에 유리한 전략이 아니다. 오히려 임금 억제는 수출 비중이 크고 노동시장이 더 잘 조정된 국가에서만 더 나은 성장(및 실업률) 결과와 연관이 있다. 반면, 수출 비중이 작고 임금 설정이 조정되지 않은 국가에서는 임금 억제가 (비교적) 낮은 성장과 높은 실업률과 연관이 있다. 요컨대, 성장모델 이론의 수요 중심적 관점은 유럽의 새로운 임금 정체 시대에는 임금 억제를 통해 긍정적 효과를 얻을 수 있는 임금 설정 제도와 성장전략을 갖춘 경제와 그렇지 않은 경제 간 거시경제적 결과의 격차가 더욱 확대될 것임을 부각시킨다.

참고문헌

Baccaro, L. and Pontusson, J. 2016. "Rethinking Comparative Political Economy: the Growth Model Perspective." *Politics & Society* 44(2): 175-207.

Baccaro, L. and Simoni, M. 2007. "Centralized wage bargaining and the 'Celtic Tiger' phenomenon." *Industrial Relations: A Journal of Economy and Society* 46(3): 426-55.

Baccaro, L. and Simoni, M. 2010. Organizational determinants of wage moderation. *World Politics*, 62(4), 594-635.

Baumol, W. and Bowen, W. 1965. "On the Performing Arts: The Anatomy of their Economic Problems." *American Economic Review* 55(1): 495-502.

Beck, N. and Katz, J. 1995. "What to do (and not to do) with time-series cross-section data." *American Political Science Review* 89(3): 634-47.

Blanchard, O. 2006. "European Unemployment: The Evolution of Facts and Ideas." *Economic Policy* 21: 5-59.

Blanchard, O. and Wolfers, J. 2000. "The Role of Shocks and Institutions in the Rise of European Unemployment: The Aggregate Evidence." *Economic Journal* 110(462): 1-33.

Brandl, B. 2012. "Successful Wage Concertation: The Economic Effects of Wage Pacts and their Alternatives." *British Journal of Industrial Relations* 50(3): 482-501.

Braun, B. and Deeg, R. 2018. "Investing in Exports: Finance and the German Growth Model." Conference Paper for the 2018 Council of European Studies annual conference, Chicago, USA, March 28-30, 2018.

Bruno, M. and Sachs, J. 1985. *The Economics of Worldwide Stagflation.* Cambridge, MA: Harvard University Press.

Calmfors, L. and Driffill, J. 1988. "Bargaining structure, corporatism and macroeconomic performance". *Economic Policy* 3(6): 13-61.

Cameron, D. 1984. "Social Democracy, Corporatism, Labour Quiescence and the Representation of Economic Interest in Advanced Capitalist Society." In *Order and Conflict in Contemporary Capitalism*, edited by J. H. Goldthorpe. Oxford: Clarendon.

Carlin, W. and Soskice, D. 1990. *Macroeconomics and the Wage Bargain: A Modern Approach to Employment, Inflation and the Exchange Rate.* Oxford: Oxford University Press.

Clift, B. 2018. *The IMF and the Politics of Austerity in the Wake of the Global Financial Crisis.* Oxford: Oxford University Press.

Danthine, J. P. and Hunt, J. 1994. "Wage bargaining structure, employment and economic integration." 104(424): *The Economic Journal*: 528-41.

Dullien, S. 2003. "Is Small Really Beautiful? Explaining Different Unemployment Performances within the Euro-Zone." *European Political Economic Review* 1(2): 126-51.

Dynan, K. E., Skinner, J. and Zeldes, S. P. 2004. "Do the rich save more?" *Journal of Political Economy* 112(2): 397-444.

European Commission Directorate General for Economic and Financial Affairs. 2018. *Annual macro-economic database (AMECO)*. http://ec.europa.eu/economy_finance/ameco/user/serie/SelectSerie.cfm (accessed April-June 2018).

EU KLEMS. 2011. *Groningen Growth and Development Centre*. http://www.euklems.net. (accessed accessed April-June 2018).

Hall, P. A. 2014. "Varieties of capitalism and the Euro crisis." *West European Politics* 37(6): 1223-43.

Hall, P. A. and Franzese, R. J. 1998. "Mixed signals: central bank independence, coordinated wage bargaining, and European Monetary Union." *International organization* 52(3): 505-35.

Hall, P. and Soskice, D. 2001. "An introduction to the Varieties of Capitalism." in *Varieties of Capitalism: The Institutional Foundations of Comparative Advantage*. Oxford: Oxford University Press.

Hancké, B. 2013. *Unions, Central Banks, and EMU: Labour Market Institutions and Monetary Integration in Europe*. Oxford: Oxford University Press.

Hancké, B. and Rhodes, M. 2005. "EMU and labor market institutions in Europe: The rise and fall of national social pacts." *Work and Occupations* 32(2): 196-228.

Hassel, A. 2003. "The politics of social pacts." *British Journal of Industrial Relations* 41(4): 707-26.

Höpner, M. and Lutter, M. 2018. "The diversity of wage regimes: why the Eurozone is too heterogeneous for the Euro." *European Political Science Review* 10(1): 71-96.

Iversen, T. 1998. "Wage bargaining, hard money and economic performance: theory and evidence for organized market economies." *British Journal of Political Science* 28: 31-61.

Iversen, T. 1999. *Contested Economic Institutions: The Politics of Macroeconomics and Wage Bargaining in Advanced Democracies*. Cambridge: Cambridge University Press.

Iversen, T. and Soskice, S. 2009. "Distribution and redistribution: The shadow of the nineteenth century." *World Politics* 61(3): 438-86.

Iversen, T., Soskice, D., and Hope, D. 2016. "The Eurozone and political economic institutions." *Annual Review of Political Science* 19: 163-85.

Johnston, A. 2012. "European Economic and Monetary Union's perverse effects on sectoral wage inflation: Negative feedback effects from institutional change?" *European Union Politics* 13(3): 345-66.

Johnston, A. 2016. *From Convergence to Crisis: Labor Markets and the Instability of the Euro*. Ithaca, NY: Cornell University Press.

Johnston, A., Hancké, B., and Pant, S. 2014. "Comparative institutional advantage in the European sovereign debt crisis." *Comparative Political Studies* 47(13): 1771-800.

Johnston, A. and Regan, A. 2016. "European monetary integration and the incompatibility of national varieties of capitalism." *JCMS: Journal of Common Market Studies* 54(2): 318-36.

Johnston, A. and Regan, A. 2017. "Global finance, labor politics, and the political economy of housing prices." *Politics & Society* 45(3): 327-58.

Katzenstein, P. J. 1985. *Small States in World Markets: Industrial Policy in Europe*. Ithaca, NY: Cornell University Press.

Kenworthy, L. 2001. "Wage-Setting Institutions: A survey and assessment." *World Politics* 54 (October): 57-98.

Lange, P. and Garrett, G. 1985. "The politics of growth: Strategic interaction and economic performance in the advanced industrial democracies, 1974-1980." *The Journal of Politics* 47(3): 792-827.

Newman, A. 2015. "The Reluctant Leader: Germany's Euro Experience and the Long Shadow of Reunification." In *The Future of the Euro*, edited by Matthjis and Blyth. Oxford: Oxford University Press, 117-35.

Nickell, S. and Andrews, M. 1983. "Unions, real wages and employment in Britain 1951-79." *Oxford Economic Papers* 35: 183-206.

Nölke, A. 2016. "Economic causes of the Eurozone crisis: the analytical contribution of Comparative Capitalism." *Socio-Economic Review* 14(1): 141-61.

OECD Structural Analysis Database (STAN). 2018. http://www.oecd.org/sti/ind/stanstructuralanalysisdatabase.htm (accessed April-June 2018).

OECD. 2018. OECD.Stat. http://stats.oecd.org/ (accessed April-June 2018).

Olson, M. 1982. The Rise and Decline of Nations. New Haven, Connecticut: Yale University Press.

Scharpf, F. 1991. *Crisis and Choice in European Social Democracy*. Ithaca, New York: Cornell University Press.

Soskice, D. 1990. "Wage determination: the changing role of institutions in advanced industrialized countries." *Oxford Review of Economic Policy* 6(4): 36-61.

Soskice, D. and Iversen, T. 2000. "The non-neutrality of monetary policy with large price or wage setters." *The Quarterly Journal of Economics* 115(1): 265-84.

Traxler, F., Blaschke, S., and Kittel, B. 2001. *National Labour Relations in Internationalized*

Markets: A Comparative Study of Institutions, Change, and Performance. Oxford: Oxford University Press.

Visser, J. 2016. ICTWSS Database. version 5.1. Amsterdam: Amsterdam Institute for Advanced Labour Studies (AIAS), University of Amsterdam.

제10장

사회복지와 성장전략 사이에서의 주택금융

알렉산더 라이젠비클러Alexander Reisenbichler

1. 서론

주택시장과 모기지 시장은 성장체제와 복지국가의 상호교차점에 놓여 있다. 두 시장은 경제성장의 중요한 동력이면서 사회적으로도 많은 기능을 수행한다. 수십 년에 걸친 복지국가 축소 기간에 가구들은 주택 소유를 통해 사적으로 사회보험private social insurance[1]과 같은 안전망을 획득하곤 했다. 반면, 주택을 소유하려니 모기지 부채가 늘어나거나 재정적 위험에 노출되는 것도 감수해야 했다. 이런 경향은 대부분의 선진국 경제에서 광범위하게 나타났다. 그렇지만 주택금융, 성장체제, 복지국가 사이의 연결점이나 주택 부문에서 이런 연결점들이 어떻게 성장전략을 형성했는가의 구체적 측면에서는 국가별로 큰 차이가 있다.

....

1 사회적 위험이 발생하는 경우 사회보험으로부터 보장받는 것처럼, 사회보험이 빈약한 상황에서 주택이라는 자산을 보유하고 필요한 경우에 주택을 매도하거나 담보대출을 통해 위험을 피할 비용을 마련하는 양상을 사적 사회보험의 역할로 비유해 표현하고 있다. -역자주.

비교정치경제학자들은 주택금융, 성장체제, 그리고 복지국가 사이의 깊은 연계성에 대해서 별로 탐구하지 않았다. 주택금융시장의 큰 규모를 감안한다면, 이러한 연구가 별로 없다는 것은 놀라운 일이다. 2018년에 금융시장과 실물경제를 연결하는 미국의 모기지 부채는 11조 달러, 유럽연합은 7조 3천억 유로에 달한다(EMF, 2019; HFPC, 2019). 그렇지만 성장체제에서 주택이 차지하는 비중은 국가마다 다양하다. 주택과 모기지 시장이 미국 경제의 성장 동력이라는 점은 잘 알려져 있다. 이 때문에 미국 경제는 1990년대부터 2000년대 초반까지 기록적인 경제성장을 나타내었지만 2008~2009년의 금융 붕괴로 성장을 멈추게 되었다(Schwartz, 2009; Mian and Sufi, 2014). 하지만 이러한 역동성은 다른 선진국 경제 모두에서 일반적인 것은 아니다. 미국과 영국에서는 주택 가격의 상승은 정책 목표로 선언되었고, 전통적인 사회적 프로그램들 대신에 가계의 부를 증가시키는 것으로 여겨졌다(Rajan, 2010; Crouch, 2009; Hay, 2009). 독일에서는 이와 정반대로 독일 유권자(약 절반 정도는 세입자), 연방은행(반복적으로 주택시장이 과대평가되었다고 하며 이는 금융 불안정과 자산거품의 원천이 될 수 있다고 경고해 옴), 좌우파의 정책 입안자 등 대부분이 최근 부동산 시장에서의 가격 상승을 부정적인 현상으로 보았다. 성장체제와 사회복지를 연결해보면 이러한 사안들을 조망할 수 있게 된다.

하셀과 팔리에Hassel and Palier가 이름붙인 것처럼 포드주의의 시대에서 지식경제의 시대로 옮겨갔을 때, 선진국 경제는 주택금융에서 서로 다른 성장전략을 채택하였다. 미국과 영국처럼 신용과 소비에 의존하는 수요주도의 경제는 주택금융에서 '금융화된' 성장전략과 잘 어울린다. 여기서는 주택시장을 통해 수요, 신용 그리고 소비를 증진하기 위해 민간 모기지 부채에 대한 세금 우대와 공공의 보증 등이 이루어진다. 이 성장전략은 전통적인 공공복지 프로그램을 대신하여 신용에 접근할 수 있도록 하는 자산기반의 민영화된 복지와 궤를 같이 한다. 이와는 대조적으로 독일처럼 가격에 민감한 제조업에 기초하는 국가들은 가격경쟁력을 지키기 위해 주택소비, 국내수요, 공공의 재정 적자를 제한하는 보수적인 주택금융과 상보적이다(Baccaro and Pontusson, 2016, 이 책 3장). 마지막으로 노르딕 경제처럼 하이테크 제조업과 역동적 서비스에 특화된 수출지향의 경제인 경우에는 중간적 특징이 나타나는데, 여기서는 역동적 주택시장은 자신들의 성장체제를 강화하는 것만도 아니고 그렇다고 이와 모순되는 것도 아니다. 하이테크 기업들은 가격경쟁력을 지키는 것이나 국내수요를 제약하는 것에 대해 관심이 덜하여, 이 국가들에서는 민간의 부나 소비를 증진하기 위해 '금융화된' 주택정책을 채택할 수도 있다.

이러한 논의들에 대한 실례로서 이 장에서는 1970년대부터의 미국과 독일의 주택 관련 성장전략을 살펴본다.[2] 미국에서는 주택 신용, 자산, 그리고 소비를 늘리기 위해 주택금융에서 재정적 보조, 예산 외 정부보증, 통화정책 등을 활용하여 '금융화된' 성장전략을 채택하였다. 이와 대조적으로 독일의 정치인들은 보수적인 주택금융 구조를 채택하였고, 균형예산, 경쟁력 제고, 생산적이지 않은 분야에 투자가 이루어지는 시장 왜곡 현상을 감소시킨다는 목표를 가지고, 주택 소유자 세금 지원 등 모기지 부채에 대한 기존 공공 지원의 규모를 줄이는 구조 개혁을 도모하였다.

주택금융에서의 성장전략을 살펴보면 불평등과 선진국 경제에서 국가의 역할을 어떻게 조망할 것인가에 대한 함의를 얻을 수 있다. 첫째, 비교정치경제학의 문헌들은 노동시장의 이중화와 같이 임금과 고용 분야에서의 불평등에 대해 많이 강조하고 있지만, 주택금융에 초점을 두면 주택자산에 따른 불평등이나 주거비용의 문제에 대해서도 통찰을 얻을 수 있다. 둘째, 자본주의 다양성 속에서 국가의 역할에 대해 주택금융과 관련하여 살펴볼 수 있다. 정부가 경제의 핵심으로 여기는 분야에서 성장을 적극적으로 주도한다는 점이 나타나는데, 이 책에서는 성장전략이라는 개념을 통해 주택금융에서 국가의 역할을 살펴본다. 마지막으로 성장전략은 성장체제에 따라 사전에 정해져 있는 것만은 아니고 자율적으로 역할하기도 한다는 점을 주택금융 부분에서 살펴볼 수 있다. 입법자들은 이데올로기적 이유로 성장체제와 마찰이 일어나는

....

2 동유럽 복지국가 민영화와 주택금융의 정치에 대해서는 볼레(Bohle, 2014)를 참조할 것.

정책을 채택할 수도 있고, 원하지 않는 경제적 효과를 초래하는 정책과잉을 낳기도 한다.

2. 주택금융과 복지국가

주택금융과 복지국가 사이의 연결점은 무엇인가? 가계는 주택금융시장을 통해 모기지 부채에 접근할 수 있는데, 이는 주택 소유라는 형태로 사적인 부를 축적할 수 있도록 해 준다. 만약 모기지가 없었다면 임대료로 지출해 버렸을 돈을 저축할 수 있게 해 주고, 은퇴 생활에 필요한 현금을 마련하기 위해 집을 팔 수도 있고, 혹은 미래세대에게 재산을 물려줄 수도 있다. 인플레이션이나 실업 혹은 질병 등의 위험에 대한 대비책으로서 '돼지저금통piggy bank'과 같은 역할을 한다(Crouch, 2009; Ansell, 2014). 가구는 의료비나 아동교육비를 위해 주택을 담보로 돈을 빌릴 수도 있다. 이렇게 시장화된 복지의 기능은 복지축소의 시기에 훨씬 더 중요하다. 복지축소 시기에 이 자산기반적 사회보험의 형태는 더욱 눈에 두드러지는 부분이다(Mertens, 2017). 모기지 부채를 지원하는 정책들은 소위 민영화된 복지국가의 한 부분이다. 여기서는 사금융 시장private market이 정부 지원으로 사회복지를 제공한다(Hecker, 2002; Howard, 1997). 그러나 한편으로 이러한 정책들은 가계가 모기지 부채를 떠안도록 유인하고, 이로 인해 가구들은 파산, 퇴거, 압류 등의 경제적 위험에 내몰릴 수 있다(Desmonde, 2016; Mian and Sufi, 2014). 주식을 파는 것과는 달라서 주택 소유자들이 어려운 시기에 자신의 주거 자산을 팔아서 현금화하는 것은 상당히 어렵고 쉽게 유동화시킬 수가 없다. 따라서 지불했던 금액에 훨씬 못 미치는 헐값에 집을 팔거나 혹은 집값보다 훨씬 더 비싼 담보대출의 대가를 지불하게 될 수도 있다.

2008~2009년의 금융위기 이전에는 주택이 정치학이나 복지국가 연구에서 우선순위가 아니었다. 학자들은 오랫동안 연금, 고용, 보건의료 혹은 교육

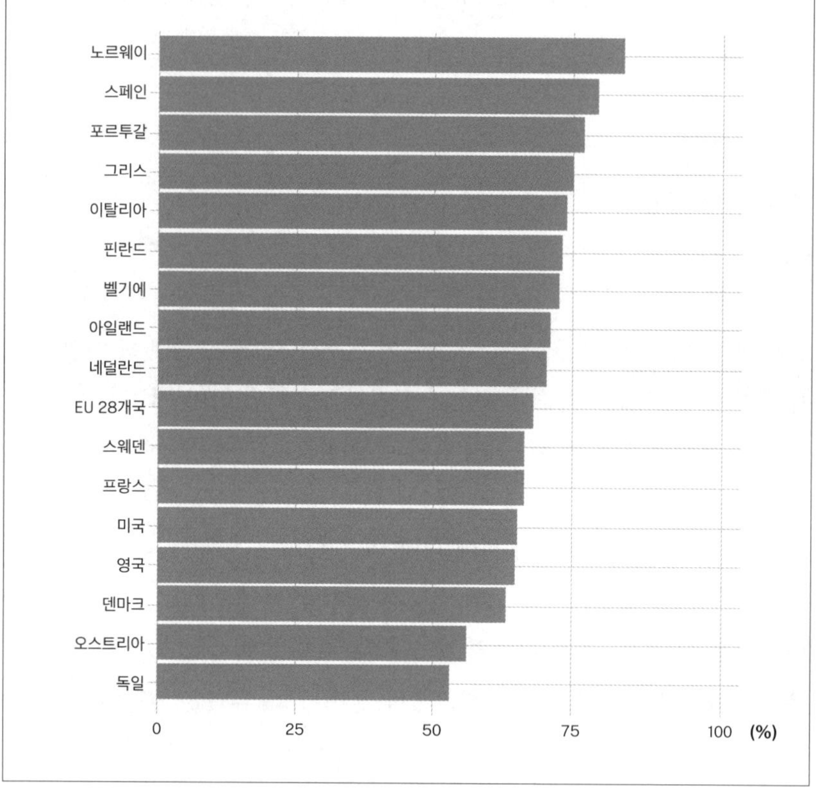

그림 10.1 2016년 주요 OECD 국가 중 주택 소유 비율

주: 주택 소유 비율은 주택점유형태에 따른 인구의 비율이다. 미국은 자가에서 살고있는 가구의 비율이다.

출처: EMF(2019); 미국 통계청. http://www.census.gov/housing/hvs/files/currenthvspress.pdf (last accessed January 24, 2020)

등의 사회정책 영역에 우선순위를 두어 왔다. 학자들이 주택에 관심을 두는 경우, 정치적으로 취약한 사람들이 그 혜택을 받는다는 점을 고려하여, 공공주택을 복지국가의 특별히 취약한 요소로 분석하곤 했다(Pierson, 1994). 주택 소유 비율과 복지국가의 교환관계에 대한 연구는 예외적인 것이다. 그림 10.1을 보면 많은 선진국 경제에 걸쳐 주택 소유 비율이 다양하다는 것을 보여 주고 있다. 독일과 오스트리아가 가장 낮은 비율을 나타내고, 가장 높은 비율은 남부 유럽의 이탈리아나 스페인이 나타낸다. 앵글로색슨계 국가들과 노르딕 국가들은 그 중간의 비율을 나타낸다. 케메니Kemeny의 중요한 연구(1981)에서 주택 소유 비율이 높다면 유권자들은 복지국가를 축소하고자 하는 경향이 나타날 것이라고 하며, 이는 모기지 이자율과 세금 등 소유 비용의 부담 때문에 유권자들이 더 높은 세율과 재분배에 투표하지 못하게 되는 것이라 보았다. 같은 맥락에서 캐슬(Castles, 1998)은 높은 주택 소유 비율은 관대한 공적 연금에 대한 유권자들의 선호도를 낮추는 것이라 하였다. 주택 소유로 인한 귀속소득이 연금을 대체할 수 있기 때문이다.[3] 이처럼 복지국가와 주택 간의 거시 수준에서의 관련성은 알려져 있지만, 이 상황들을 이끌어 온 정확한 정치적·역사적 힘에 대해서는 여전히 잘 알려져 있지 않다.

더 최근에는 학자들이 이러한 통찰을 진전시켜 가계 부채와 복지국가 사이의 상보성과 아울러 교환관계에 대해서도 진단하고 있다. 가계 부채에서 가장 높은 비중을 차지하는 것은 모기지 부채인데 모기지 부채가 높은 수준에 있는 경우는 그림 10.2에 나타나는 것처럼 덴마크, 네덜란드, 그리고 미국 등이고 반대로 오스트리아와 독일은 부채 수준이 훨씬 낮다.[4] 학자들의 주장에 따르면 경제적 위기와 침체의 시기에 가구들은 사금융시장에서 사회보험(과 같은 보장)을 얻기 위해 사적 부채 수준을 증가시키곤 한다(Conley and Gifford, 2006; Crouch, 2009; Rajan, 2010; Schelkle, 2012; Schwartz, 2012; Trumbull, 2014; Wiedermann, forthcoming). 알퀴스트와 안셀(Ahlquist and Ansell, 2017)은 특히 불평등이 심한 나라에서 이러한 상황이 두드러진다고 이야기했는데, 가계가 상대적 소비 수준을 유지하기 위해서는 사적인 부채를 증가시키도록 유인하기 때문이라는 것이다. 그러나 노르딕 국가들은 상대적으로 불평등도는 낮고 모기지 부채는 높다는 점에서 의문이 나타날 수 있다(Anderson and Kurzer, 2020). 이에 대해 트라노이 외(Tranøy et al., 2020)는 가계가 잘 발달된

....

3 반 군텐과 콜(Van Gunten and Kohl, 2020)은 이 초기 연구들을 업데이트하고 반복했는데 이러한 교환관계가 1980년대까지는 현저히 나타났지만, 그 이후에는 사라진다는 것을 발견했다.

4 콜(2018a)은 모기지 부채의 비율이 높다고 해서 반드시 주택 소유의 비율이 높은 것으로 여겨져서는 안된다는 점도 제시하였는데, 또한 저소득 가구와 소수자들의 경우 신용시장에서 동등한 접근성을 누리지 못하고 있다는 점도 추정한다.

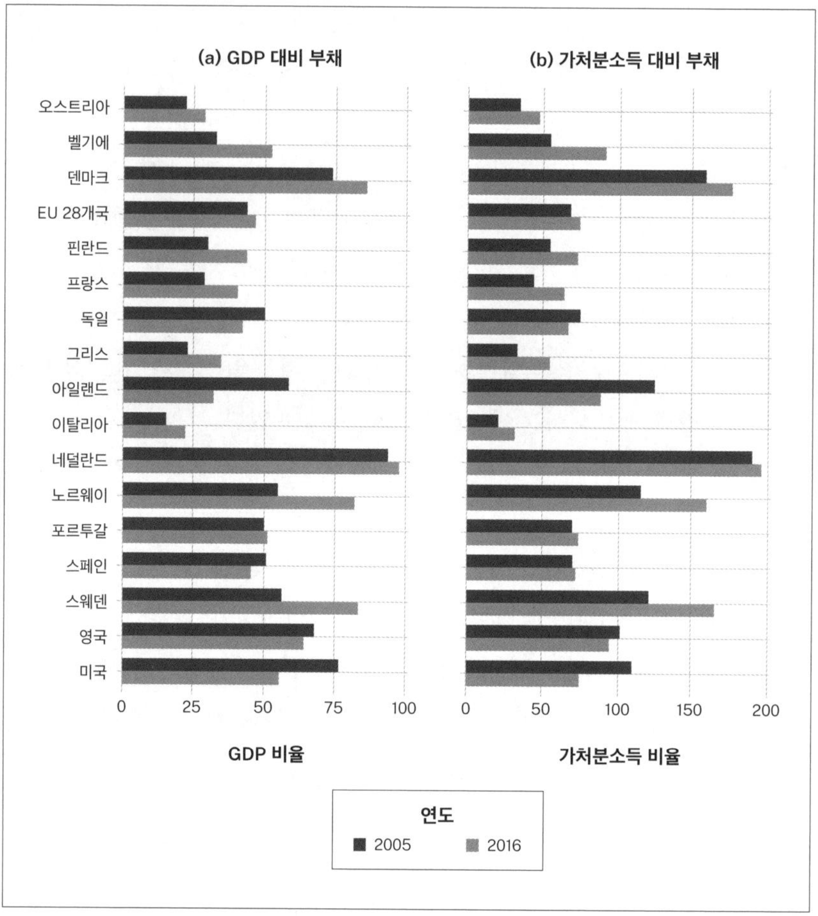

그림 10.2 2005년과 2016년 주요 OECD 국가의 모기지 부채
출처: EMF(2017, 2019)

사회안전망에 의지할 수 있기 때문에, 그들은 민간 부채를 더 기꺼이 감당할 수 있다고 설명했다(Van Gunten and Kohl, 2020을 추가로 살펴볼 것). 달리 말해서 가계 부채와 강력한 복지국가는 일반적으로 생각하는 것보다는 더 상보적일 수도 있다는 것이다. 마지막으로, 안셀(2014)은 주택 가격이 복지국가 축소에 대한 유권자의 선호에 영향을 미친다는 점을 보여 주었다. 유권자가 집값의 상승을 경험하는 경우에 공적 사회보험을 대체할 수 있는 주택으로부터

의 귀속소득을 얻었으므로 그들은 재분배를 덜 지지하게 될 것이라 보았다. 이 학자들은 정치경제학에서 오랫동안 다루지 않았던 근본적인 측면, 즉, 주택과 모기지 부채 요인이 복지국가 연구에 독립변수 혹은 종속변수로서 어떻게 적용될 수 있는지에 대해 초점을 두었다.

학자들은 또한 공적-사적 복지국가의 통합적 요소로서 주택금융에 대해 규명하기 시작했다(Thurston, 2018). 이러한 연구는 주택 소유자 대상의 세금 지원과 같은 특정한 사회정책이 '숨겨진' 복지국가의 한 부분으로서 주로 중산층이나 고소득층에게 드러나지 않게 혜택을 주는 경우가 늘어난다는 것을 보여 준다(Howard, 1997). 하지만 다른 학자들은 이러한 정책들이 생각하는 것보다 더 두드러진다고 이야기한다. 서스턴Thurston의 연구에서는 차별적인 미국의 주택 신용 정책이 소수인종과 여성에게 불이익을 주면서 정치적 갈등을 야기했고, 결국 차별을 받던 소수인종과 여성들이 이러한 정책과 미국의 공공-민간 복지국가의 차별적 제한을 극복하여 그 범위를 넓히는데 나서게 되었다는 사실을 설득력 있게 보여 준다(Thurston, 2018; Freund, 2007). 어떤 저술가들은 주택 분야에서 공공 정책이 사금융시장과 어떻게 맞물리는지에 초점을 두었다(Fligstein and Goldstein, 2012; Quinn, 2019; Schwartz, 2020). 미국에서 주택금융정책은 단지 보조나 지원의 수단 정도가 아니라 미국 주택 자본주의의 본질을 나타낸다. 주택 분야의 특정 공공 정책—그리고 그것을 둘러싼 정치적 갈등—을 연구하는 것은 미국과 다른 나라들에서의 공공-민간 복지국가public-private welfare state에 대해 잘 이해하는 데 큰 도움이 된다.

이 저자들은 복지국가와 관련하여 주택시장의 정치적 원인과 결과를 연구하는 것에 대해 관심을 불러일으키고 있다. 하지만 이 주제에 대한 연구는 신용정책 전반과 특히 주택담보대출 정책의 정치적 측면, 그리고 이러한 발전들이 일어나는 성장체제의 차원 모두에 대해서 간과하는 경향이 있다.

3. 성장과 복지의 연결: 성장전략으로서의 주택금융정책

주택금융시장은 사회적 기능만이 아니라 자산시장의 거대한 규모라는 점에서 볼 때, 모든 성장체제에서 중요한 경제적 영역이다. 2008~2009년의 금융위기는 이러한 점을 잘 보여 주었는데, 미국의 주택시장 붕괴는 세계경제를 거의 멈추게 만들었고 수백만 가구의 주택자산을 파괴해 버렸다(McCarty et al., 2013; Mian and Sufi, 2014; Schwartz, 2009). 주택시장이 그렇게 큰 피해를 가져온 것은 국내시장과 세계시장에 깊게 연결되어 있기 때문이다. 국내적으로는 건축, 은행업, 부동산, 그리고 소매업과 같은 중요한 영역에 연결되어 있다. 세계적으로는 모기지 담보부 증권 또는 커버드본드와 같은 주택채권 시장을 통해 글로벌 자본을 형성하면서, 주택은 투자자를 위한 최대 자산군의 하나가 되었다(Ansell et al., 2018; Fuller, 2019; Schwartz, 2009). 그러나 주택이 경제성장의 핵심 동력이 되는 정도는 그 나라의 성장체제가 수요주도이냐 혹은 수출지향이냐에 따라 다르다. 따라서 정책 입안자는 성장전략으로 주택시장을 자극하려는 욕구 면에서 상당히 다양한 입장을 나타낸다.

비교자본주의 연구 문헌에서 주택금융과 더 거시적인 경제 사이의 연결점에 대해서는 별로 연구가 되어 있지 않다. 그 결과 자본주의 다양성varieties of capitalism과 같은 유명한 접근들(Hall and Soskice, 2001)은 주택금융의 세계에 깔끔하게 연결되지는 않는다. 놀랍게도 전형적인 시장경제였던 미국은 선진국 경제 중에서 주택금융에 가장 광범위한 공적 지원을 제공한다. 반면 조절된 시장경제였던 독일은 주택금융시장에 대해 지원을 훨씬 덜 해 왔다(Reisenbichler, 2020a). 슈워츠Schwartz와 시브룩Seabrooke의 주택자본주의에 대한 연구(2008)에서는 조합주의 구조, 모기지 부채, 주택 소유자 비율이 어떻게 상호작용하는지에 초점을 두어 주택과 더 넓은 경제 사이의 상보성을 규명하는 선도적 시도를 했다.[5] 이들은 주택자본주의 체계를 자유주의(주택 소유와

....

5 이러한 다양성이 어떻게 발전하는지에 대한 역사적 설명은 블랙웰과 콜(Blackwell and Kohl, 2018)을 참조

모기지 부채 모두 높음), 조합주의(주택 소유는 낮고 모기지 부채는 높음), 가족주의(주택 소유는 높고 모기지 부채는 낮음), 그리고 국가주의(주택 소유와 모기지 부채 모두 낮음) 주택 체계로 구분하였다. 그렇지만 연구 과정에서 이 학자들은 주택시장이 포함되어 있는 성장체제나 정당, 이해집단을 포함하여 다양성을 설명할 수도 있는 주택금융정책의 정치성에 대해서는 고려하지 않았다.[6]

이 장에서는 주택과 거시경제 간의 상호보완성이라는 아이디어에 대해 동의한다. 그러나 이 책의 1장에서 나타났던 성장체제에 대한 이론적 관점에 맞추어 이를 다른 방식으로 제안한다. 핵심적인 논의 사항은 주택시장이 성장체제에 착근되는 방식은 다양하고, 이 다양성이 성장전략으로 주택금융정책(예산정책, 통화정책, 규제정책)을 채택하는 정치적 결과를 가져온다는 것이다.[7] 신용주도credit-led, 혹은 수요추동demand-driven의 성장체제에서는 주택금융시장이 성장을 위한 전달 과정이 되곤 하지만, 소비와 신용 그리고 급여를 제한하는 수출지향export-oriented의 체제에서는 이는 덜 중요하다. 그 결과로 제조업과 가격에 민감한 수출에 기초하는 국가들은 주택수요를 제한하는 해결책을 채택하는 반면에, 신용과 소비에 의존하는 국가에서는 국내수요를 자극하는 '금융화된financialized' 주택정책을 채택하곤 한다. 이 책에서 텔렌Thelen과 렌Wren의 논의와 1장에서도 나타났듯이, 가격에 덜 민감한 하이테크 수출과 서비스에 전문화된 수출지향적 노르딕 경제는 중간적 특성을 가진 것이라 할 수 있다. 금융화된 주택시장은 노르딕 성장체제를 강화하지도 않고 이와 모순되지도 않기 때문이다. 간단히 말해 주택 부문에서의 성장전략 채택에서는 성장체제 내에서 주택 부문의 포지셔닝이 어떤지가 중요하다.

수요와 신용이 주도하는 미국이나 영국과 같은 경제에서는 주택시장이 경제성장의 핵심 동력인데, 이는 가계, 금융시장, 국내수요를 연결한다 (Schwartz, 2009, 2020; Fuller, 2019; Hay, 2009, 2013; Wood, 2018; Oren and

....

할 것.

6 정당 메니페스토 자료에 기반한 주택금융과 정당정치의 연계성에 대해서는 콜(Kohl, 2018b)를 참조할 것.

7 이와 관련된 보다 확장된 논의는 라이젠비클러(Reisenbichler, 2020a)를 참조할 것.

Blyth, 2019). 최소 2개 이상의 채널이 존재하기 때문에 주택시장은 가계 소비를 창출하는 전송 벨트가 될 수 있다(Fuller, 2019: ch.3; Reisenbichler, 2020b; Voigtlander, 2014). 첫째, 부의 채널에서는 주택 가격과 자산이 증가하면 가계가 더 부유해졌다고 느끼면서 주택담보 인출과 같은 대출 및 소비 성향이 높아진다고 가정한다. 둘째, 신용 채널에서는 주택 가격 상승이 가계의 신용 제약을 완화하여 주택자산과 담보가 증가하면 가계가 주택을 담보로 돈을 빌려 의료 및 소비재 비용을 지불하거나 소규모 사업을 시작하도록 유도한다는 것을 시사한다. 주택 부문은 금리에 민감하다(즉, 모기지 금리를 낮추면 주택 수요를 자극하고 금리를 올리면 그 반대가 된다). 그러므로 특히 자유로운 대출 조건, 낮은 거래비용, 다양한 모기지 상품을 갖춘 잘 발달된 유동적인 주택금융 체제의 맥락에서는 신용과 소비의 연쇄적 증가 효과(캐스케이드 효과cascade effects)를 일으키기 위해 정책 입안자들이 모기지 부채 비용을 낮추려고 하는 인센티브를 가지고 있다(Wiedemann, forthcoming; Schwartz and Seabrooke, 2008).

이 채널들을 활성화하기 위해, 입법가들은 '금융화된' 주택정책을 성장전략으로 배치한다.[8] 이러한 정책들의 목적은 주택수요와 모기지 대출, 그리고 소비를 자극할 수 있도록 모기지 부채의 비용을 줄여 주는 것이다. 첫째, 모기지 세금 혜택과 같은 재정정책은 모기지 부채의 비용을 줄이고 결과적으로 더 넓은 경제적 측면에서 주택수요, 신용, 가격, 소비를 자극하는 경향이 있다(Howard, 1997; Schelkle, 2012). 둘째, 예산 외 정책으로 1차, 2차 모기지 시장의 사적 부채를 공적으로 인수하여 사적 대출자의 위험과 채무자의 비용을 감소시키고 모기지 대출과 주택 가격, 국내 소비를 자극한다(Thurston, 2018; Quinn, 2019). 마지막으로 미국 중앙은행은 오랫동안 주택시장을 통화정책의 중요한 연결고리라고 생각해 왔다. 간단하게 말해 통화적 연결기제란 이자율 감소가 모기지 비용을 줄이고, 그 결과 주택수요와 주택 가격을 더 높이게 되

....

8 셸클(Schelkle, 2012)은 이러한 정책을 '시장창출market-creating'이라 부르고 있다, 반면 풀러(Fuller, 2016)는 이를 신용장려credit-encouraging로 특징짓고 있다.

고, 은행 대출을 자극하고, 가계 소비를 촉진한다는 것이다. 또한 중앙은행은 공개시장에서 채권과 모기지 부채의 매입을 통해 주택을 직접 자극하여 모기지 이자율을 더 낮출 수도 있다(Reisenbichler, 2020b). 이러한 모든 성장전략은 '민영화된' 복지정책이기도 한데, 정책 입안자들은 사적인 사회보험의 방법으로서 자산과 주택시장을 자극하고 지원한다(Hacker, 2002; Crouch, 2009; Thurston, 2018).

독일처럼 고품질의 가격에 민감한 제조업에 기초한 수출지향 경제에서는 주택은 거의 성장동력이 아니다. 바카로Baccaro와 폰투손Pontusson에 따르면(2016: 189-90, 이 책 3장), 독일의 제조업 수출은 ICT나 하이테크 제품 혹은 서비스에 기초한 노르딕 국가들의 수출보다 가격에 더 민감하다. 그 결과 독일의 수출지향적 체제는 가격의 안정성과 소비, 임금, 신용의 억제에 우선순위를 둔다. 이 거시경제적 우선순위는 저평가된 실질환율을 통해 수출과 가격경쟁력을 보장하기도 한다(Mertens, 2015; Höpner, 2019). 역동적인 주택시장은 이러한 우선순위와 마찰을 일으킬 수 있다. 주택시장의 호황은 수출경쟁력에 해를 끼치는 (원하지 않는) 국내수요를 자극하고 생산적 영역이 아닌 곳으로 투자가 이루어지도록 하는 경향이 있기 때문이다. 뮤엘바우어(Muellbauer, 1992: 547-8)는 "주택수요의 증가가 인플레이션이라는 결과를 가져온다"고 지적했다. 독일 성장체제에서는 경쟁력 있는 디스인플레이션이 중요한 원칙으로 여겨지는데, 주택수요의 증가는 이 원칙에 위배된다는 것이다(Höpner, 2019).

그러므로 주택을 자극하고 금융화하는 것은 제조업 기반의 성장체제에서는 흔하지 않은 성장전략이다. 대신에 성장전략은 주택시장과 국내수요를 억제하는 정책에 힘쓴다. 첫째, 정치인들은 1차 2차 시장에서 모기지 부채를 공적으로 인수하지 않고 제한적인 모기지 금융 체계(높은 계약금 등)를 채택한다. 이러한 제한 전략은 가계가 예금 기반의 모기지 체계에서 계약금을 마련하기 위해 저축하도록 유인하고, 주택채권시장을 강하게 규제하는 것과 맞물려 가계 소비를 위한 주택담보인출을 막으려는 것이다(Voigtlander, 2009;

Mertens, 2015). 그리고 제한적 모기지 체계에서는 높은 계약금과 거래비용 때문에, 그리고 주식공개 제도가 없기 때문에 자산과 신용 채널이 억제된다(Voigtlander, 2014). 둘째, 모기지 부채에 대한 재정적 보조는, 생산적 영역 외부로 투자를 돌리게 될 뿐만 아니라 수출에 해로운 경상수지 적자와 관련된 공공 적자를 증가시키는 경향이 있다(Manger and Sattler, 2020). 셋째, 독일 중앙은행은 통화정책의 전달에서 주택을 핵심적 영역으로 보지 않았다. 독일의 제한적 신용체제에서는 금리를 낮춘다고 해서 미국의 관대한 신용체제에서와 같은 정도로 부의 채널과 신용 채널이 활성화되지는 않는다는 것이다(Reisenbichler, 2020b). 수출경쟁력을 보장하기 위해서 시장의 규율만이 아니라, 통화정책의 우선순위에서 가격과 통화의 안정성은 절대적으로 중요한 것이었다. 가격 안정성에 대한 초점은 임금의 억제와 이에 따른 모기지 수요를 억제하는 강력한 단체교섭 체계에 의해 강화되었다(Johnson and Regan, 2017; Hall and Franzese, 1998). 마지막으로, 대규모의 사회주택 정책이 이 체제를 지지할 수 있는데, 사회주택 정책은 주택 가격을 억제하고, 적절한 주택 공급을 보장하고, 임금과 비용의 순환 상승을 피하도록 해 준다.

노르딕 국가들처럼 가격에 덜 민감한 하이테크 제조업과 역동적 서비스에 전문화된 수출지향적 경제(Baccaro and Pontusson, 2016: 189-90)는 중간적 특성을 가진 사례이고 앞으로 더 연구가 이루어져야 하는 부분이다. 이러한 경제에서는 주택은 성장의 핵심 동력은 아닌 반면에, 역동적 주택시장이 이 성장체제를 강화하는 것도 아니고 또 성장체제와 모순을 일으키는 것도 아닌 것으로 보인다. 성장체제가 가진 '균형적balanced' 속성과 가격경쟁력보다는 투자와 혁신에 뿌리를 두는 하이테크 경쟁의 성격 때문에, 노르딕 국가와 같은 경제에서는 국내수요의 팽창에 대해 상대적으로 허용적이다(Ornston, 2018; Baccaro and Pontusson, 2016). 그 결과, 정책 입안자들은 주택 가격과 모기지 부채의 급격한 상승을 가져올 '금융화된' 주택정책을 채택할 수 있다. 우드(Wood, 2019: 834)에 따르면, 덴마크의 경우 주택금융의 자유화가 이전 시대의 '공적 케인스주의 스타일의 경기부양책'에 대한 확장성의 등가물로서, '민영화/주택 가격 케인스주의'의 형태로 기능했다. 이와 유사하게 앤더슨과 커처(Anderson and Kurzer, 2020)에 따르면 덴마크와 스웨덴(네덜란드만이 아니라)에서 공적 자금의 사회주택에서 벗어나 중산층의 자산을 증대할 수 있도록 모기지 신용을 늘리는 정책을 채택했다. 온스턴(Ornston, 2018)이 묘사한 것처럼, 이러한 정책 변화는 처음에는 자연 자원과 저숙련 혹은 중숙련 수준의 제조업 수출에 초점이 있던 것에서 벗어나 혁신적 하이테크 산업과 정교한 서비스를 수출하는 것으로 바뀌는 경제구조적 이동과 연결된다. 금융시장의 자유화는 이러한 이동을 촉진하고 '새로운 성장지향적 기업에 자원을 재분배'하는 것을 가속화하였다(Ornston, 2018: 59; Hassel and Palier, 이 책 1장 참조). 독일과 같은 수출증대와 가계 소비의 교환관계가 나타나지 않으면서(Baccarro and Pontusson, 2016: 189), 노르딕 국가들의 정책 입안자들은 주택시장 '금융화'에서 거시경제적 긴장에는 덜 맞닥뜨렸다. 그리고 주택 가격의 상승, 모기지 부채와 소비의 증가를 받아들일 수 있었다(Wood, 2019).

마지막으로 주택금융시장과 성장체제에는 또 하나의 중요한 부분으로 초국가적 차원이 있다. 수출지향 체제는 경상수지 흑자를, 수요주도 체제는 적자를 내는 경향이 있기 때문에, 흑자 국가의 초과 저축은 주택채권 시장(예: 미국의 모기지담보부증권 또는 유럽의 커버드본드)을 통해 적자 국가의 주택시장으로 유입되곤 한다(Fuller, 2019; Ansell et al., 2018; Schwartz, 2009). 안셀 등(Ansell et al., 2018)은 적자인 국가들은 외국으로부터의 자본 유입을 선호하는데, 이는 그 나라에서의 대출, 국내수요, 그리고 주택 가격을 자극하는 경향이 있고, 이에 따라 복지국가에 대한 유권자들의 선호를 감소시킨다는 점을 보여 주었다. 특히 미국에서는 정부 지원의 주택채권시장이 외국으로부터의 대규모 자본을 잘 유입한다. 미국 모기지담보부증권은 미국 정부가 보증하고 있어서 안전하고 위험이 없는 투자로 여겨지기 때문이다. 간단히 말해서 일국의 주택금융체계는 유럽연합과 같은 글로벌 혹은 지역적 시장과 깊게 통합되어 있고, 세계적 자본흐름에 영향을 준다.

4. 미국과 독일에서 성장전략과 주택금융

선진국 경제는 1970년대 이래 지식경제로 이전하고 있고 케인스주의 방식의 수요관리와 임금 기반의 성장에서도 멀어지고 있다. 이에 따라 미국과 독일은 총수요의 축소를 만회할 자신들의 성장전략을 재조정했다. 미국은 국내수요를 지지할 금융화 전략을 추구한 반면, 독일은 가격경쟁력에 기초한 수출주도 성장과 고품질의 제조업에 몰두하였다. 이러한 서로 다른 궤적은 특히 주택금융에서 차이가 난다. 미국에서서는 정책 입안자들이 관대한 세금 우대, 정부보증, 통화정책의 지원 등을 포함하여 주택금융을 위한 광범위한 정책 기초를 형성하였는데 이를 '민영화된 케인스주의(Crouch, 2009)' 혹은 '모기지 케인스주의(Prasad, 2012)'라고 부르기도 했다. 독일은 주택금융화의 경로를 피하는 대신에 구조 개혁과 재정 건전화라는 명목으로 보수적인 주택금융 구조를 유지하였다. 이와 동시에 주택 소유자를 위한 세금 우대와 같은 주택금융에 대한 지원은 희생하였다.

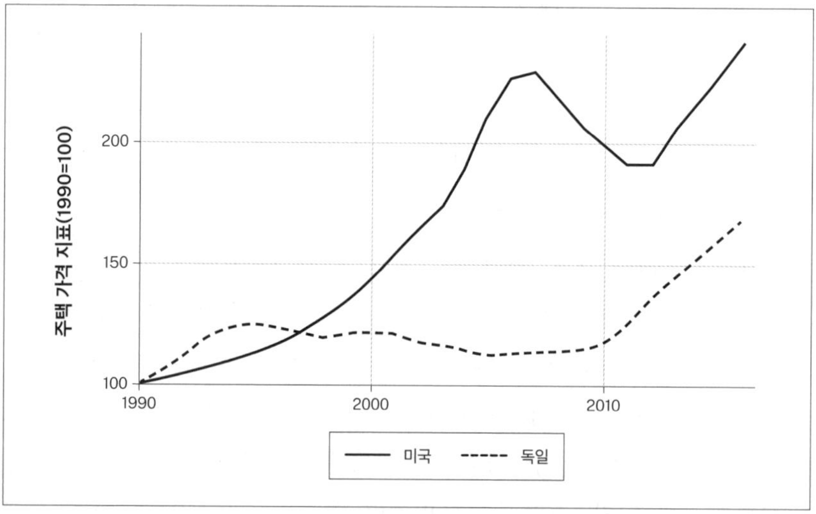

그림 10.3 독일과 미국의 주택 가격

자료 : 조르다Jordà, 슐라리크Schularick, 테일러Taylor(2017).

그림 10.3에서 보는 것과 같이 미국에서는 경기순환에 따른 심각한 주택 가격 변동만이 아니라 명목주택 가격이 1990년대부터 2010년대 후반까지 두 배 이상 상승하였다. 독일에서는 주택 가격이 2000년대 후반까지 상당히 안정적이었지만, 2010년대에 초저금리, 강력한 경제, 공급의 제약, 인구학적 사안 등의 이유에 따라 상승하기 시작하였다.

1) 미국: 주택시장의 금융화

1970년대와 1980년대의 요란스러웠던 경제 상황에 반응하여, 정책 입안가들은 신용과 소비 그리고 성장을 촉진하기 위해서 미국 경제를 금융화했다(Krippner, 2011). 여기에는 주택시장이 포함되었다. 조르다 외(Jordà et al., 2016: 110)에 따르면, "20세기의 마지막 25년 동안 이 금융 부문의 성장은 가계에 대한 모기지 대출의 폭발적 증가와 밀접하게 관련되었다". 그들은 모기지 대출이 전체 은행 대출에서 차지하는 비중이 1970년의 55%에서 2007년에는 70%로 증가하는 것을 발견했다(p.117). 이 동안 1970년에 28%였던 GDP 대비 모기지 부채는 2004년에는 70% 이상으로 상승했다(Green and Wachter, 2007). 이러한 발전의 이면에는 재정정책(예: 과세), 예산 외 정책(예: 모기지 부채 인수), 통화정책(예: 양적 완화)과 같은 중요한 장단기 성장전략이 자리잡고 있다. 이 모든 정책은 모기지 부채 비용을 낮추고 주택 수요, 신용 및 가격을 자극하며 소비를 창출하는 경향이 있다. 이러한 전략들은 소비 촉진, 성장, 복지의 민영화라는 강력한 혼합을 제공하였다. 이는 또한 2008년과 2009년의 금융위기 동안에 불안정성의 요인이 되기도 했다.

금융화된 성장전략의 한 중요한 측면은 종종 '주택금융의 혁명'이라고 불리는 1970년대부터의 모기지 증권화의 창출과 성장이었다(Green and Wachter, 2007). 증권화securitization 전의 시기에는 미국의 주택금융 체계는 저축 및 대출S+L업계에서 모인 예금에 기초하고 있었다. 1960년대 후반에 이자율이 상승했을 때, 투자자와 저축자들은 다른 곳에서 더 많은 돈을 벌 수 있다고 생각하였고, 저축 및 대출업계는 어려워지기 시작했다. 그리고 이는 유동성이 낮은 모기지 시장으로 귀결되었다.[9] 양당의 정치인들은 1960년대 후반에 모기지 증권화 전략을 채택하였는데, 이로 인해 주택자금 지원이 점차 저축 및 대출업계에서 자본시장으로 옮겨 갔다. 일련의 개혁 속에서 연속된 행정부들이 2차 모기지 시장에서 정부지원기업Government Sponsored Enterprise, GSEs인 패니메이Fannie Mae[10]나 프레디맥Freddie Mac[11]의 역할을 확대하였다(Fligstein and Goldstein, 2012; Quinn, 2019).[12] 이와 같은 정부 지원의 민간 운영 기관은 이후 모기지를 매입하여 모기지담보부증권으로 한데 모아 투자자에게 판매하였다. 중요한 것은 이 기관들이 투자자에게 기본 모기지의 원금과 이자 지급을 보장한다는 것이고, 이러한 상황은 대규모의 모기지 디폴트 위험을 미국 정부가 감수하는 것이었다. 민간시장의 위험도를 줄여주는 이러한 예산 외 정부보증의 방법을 통해 미국 정부가 시도한 것은, 모기지 부채의 비용을 낮추고 은행 대출과 소비를 자극하여 경제성장을 촉진하도록, 안정적이면서도 유동화된 새로운 모기지 금융의 원천을 창출하는 것이었다(Green and Wachter, 2007). 저축 및 대출업체들이 1980년대 후반의 업계 전반적 위기로부터 회복하지 못하면서, 정부지원기업들은 모기지 자금의 가장 큰 원천이 되었다. 정부지원기업들은 1990년대 후반에는 전체 모기지 자금의 42%를 제공하였다.[13] 공적 지원을 받는 지위를 통해 패니메이와 프레디맥은 1990년대까지

....

9 저축 및 대출업계는 예금에 대해 지급할 수 있는 이자의 규모, 줄어드는 예금을 보전하기 위해 수행할 수 있는 투자에 제한이 있었기 때문에 압박을 받았다.

10 미국연방저당권협회Federal National Mortgage Association, FNMA의 약칭으로 미국 주택 구입 희망자들이 금융기관에서 대출을 쉽게 받을 수 있도록 금융기관을 지원하는 정부지원기업이다. -역자주.

11 연방주택금융저당회사Federal Home Loan Mortgage Corporation, FHLMC의 약칭으로 패니메이의 독점 체제를 견제할 목적으로 만들어졌는데, 주택담보 대출증권을 사들이거나 보증하도록 함으로써 금융기관의 자금 유통을 원활하게 하고 주택을 구입하려는 서민들이 금융기관으로부터 대출을 쉽게 받을 수 있도록 하는 정부지원기업이다. 패니메이와 함께 미국의 2대 모기지 업체 중 하나이다. -역자주.

12 패니Fannie는 이미 대공황 시기부터 정부기관으로 존재하고 있었다. 미국 정부의 전폭적인 지원을 유지한 채로 1968년에 민영화되었다. 또 다른 영리적 공공-민간기업인 프레디Freddie는 1970년에 패니와 경쟁하기 위해 만들어졌다. 지니메이Ginnie Mae는 완전한 공공기관으로 1968년에 만들어졌는데, 연방정부에서 보증하는 대출로 구성된 모기지담보부증권에 대한 보험을 제공하였다.

13 1970년 저축 및 대출업체들은 전체 모기지 부채의 41% 시장점유를 나타내었는데, 2010년에는 4%에 이

모기지담보부증권의 80% 이상을 발행하며 증권화 시장에서 민간시장의 경쟁을 압도했다(HFPC, 2019). 이 주택금융 혁명은 금융화 성장전략의 핵심요소였다.

다른 하나의 성장전략은 주택 소유에 대한 장기간의 세제 지원이었다. 납세자는 1913년 미국 연방 소득세가 도입된 이래로 모기지 이자를 포함하여 소비자 대출에 대한 이자를 공제받을 수 있었다. 하지만 2차 세계대전 이전에는 대부분의 사람들이 소득세를 내지 않았기 때문에 이러한 세금 감면의 혜택은 처음에는 미미했다(Howard, 1997). 주택세금 감면은 1950년대부터 규모와 중요성이 커지기 시작하였다. 이 시기에 과세 기준이 확장되고 주택 소유가 확대되었다. 이때부터 미국 정부는 주택 소유자에게 다양한 세금 혜택을 제공하였다. 모기지 이자 공제, 재산세 공제, 양도소득 제외, 귀속임대료imputed rent에 대한 세금(예를 들어 자기자신의 집에 거주하면서 발생한 것으로 간주되는 임대소득에 대한 세금)의 미징수 등이다. 하지만 1970년대에 들어서야 모기지 부채와 주택 소유의 증가로 인해 소유주가 거주하는 주택에 대한 지출이 급격히 증가했다. 예를 들어 모기지 이자 공제 하나만 해도 2009년까지 860억 달러로 늘어났다.[14] 주택 소유자에 대한 세금 우대 조치가 모기지 부채의 비용을 낮추는 효과를 가지면서, 미국의 성장체제를 촉진하는 데 있어 모기지 증권화와 자연스럽게 어우러졌다.

경제학자, 관료, 임대주택 옹호자들이 주택 소유자에 대한 세금 특혜를 없애기 위해 노력했지만, 이 지원은 1986년 세제 개혁법Tax Reform Act과 2017년 감세 및 일자리법Tax Cuts and Jobs Act에서도 살아남았다. 1986년 개혁으로 이어지는 열띤 토론에서 레이건 행정부는 모기지 시장이 유동적이지 않고 금리가 높은 시기에, 주택세금 감면 혜택을 주택의 신용, 자산, 소비를 촉진하는 도구로 간주하였다. 이에 따라 주택세금 감면 한도를 사실상 폐지한다고 선언했

....

르기까지 감소하였다(Fed, 2019).

14 출처: Joint Committee on Taxation, Congress of the United States. http://www.jct.gov (accessed January 24, 2020).

다(Howard, 1997). 그 후 30년 간 특히 모기지 이자 공제는 미국 정치에서 매우 민감한 이슈third-rail issue가 되었다. 그러나 트럼프의 2017년 세제 개편안에는 주택담보대출에 대한 이자 공제 한도를 원금 100만 달러에서 75만 달러로 낮추는 한시적 조항(2025년까지)이 포함되었는데, 이는 주택 가격이 높은 해안가 블루오션 주에 대한 공격으로 간주되었다.[15] 슬램로드Slamrod는 2017년 세제 개편이 '자산이 제공하는 수익(암묵적 임대료)의 완전한 면제로 인해 발생하는 소유주 거주 주택에서의 실질적인 소득세 특혜를 직접적으로 다루지 않았다'고 지적한다(2018: 86). 주택 소유자에 대한 세금 감면들은 소득세법에서 가장 중요하면서도 퇴행적인 보조금 중 하나로 남아 있다. 이것들은 2019년에 총 830억 달러에 달했다.[16]

2000년대 초반까지 주택 기반의 성장전략은 잘 작동하는 것처럼 보였다. 그러나 이는 결국 2008~2009년 금융위기의 원인이 되었다. 금융위기 이전의 10여 년 동안 주택 가격(그림 10.3), 모기지 부채(그림 10.2), 그리고 모기지 유동화에서 전례 없는 성장이 나타나고 있었다. 슈워츠Schwartz는 "미국의 주택 금융 체계는 미국 경제에 평균치 이상의 고용과 GDP 성장을 가져다 주었다"고 말했다(2009: xv). 1980년대 이후 역대 행정부는 서브프라임 모기지를 도입하여 저소득층과 소수인종 등과 같이 이전에 서비스를 제공하지 않았던 계층에 대해 모기지 유동성을 높이고 모기지 신용을 확대함으로써 이러한 성장에 박차를 가했다(McCarty et al., 2013). 이들은 또한 패니메이와 프레디맥의 증권화와 관련된 모기지를 규정하는 보험인수 기준을 완화하기 시작하였다. 리스크 관리에 정교하다고 알려진 금융상품으로 무장한 민간은행들은 성장하는 서브프라임 시장을 투자 기회로 여겼다. 당시 정부지원기업들은 우량 모기지 유동화에 한계가 있었기 때문이다(Goldstein and Fligstein, 2019). 민간은행들은 자신들의 증권화 시장 점유율을 2006년에는 20%까지 증가시

....

15 이 세금개혁은 표준공제액을 높였고(이는 어떤 주택 소유자들에게는 항목별 공제를 넘어서는 표준공제액은 사용하도록 하는 유인이 되었다), 제산세 공제 한도를 1만 달러로 제한했다.

16 출처: Joint Committee on Taxation. http://www.jct.gov (accessed January 24, 2020).

켰고(HFPC, 2019), 대부분의 서브프라임 모기지를 증권화하였다. 이는 과도한 위험의 인수, 공격적인 이익 추구, 본격적인 주택 가격 거품으로 귀결되어 2008~2009년의 금융위기로 연결되었다(Nelson and Katwenstein, 2014).

정책 입안자들은 2008~2009년의 대침체기 이후 주택시장을 회복시키고 미국 경제를 되살리는데 초점을 두었다. 2008년에 주택거품이 붕괴되고 수백만 주택 소유자들의 모기지 채무 불이행이 시작되었을 때, 패니메이와 프레디맥은 재정적 손실에 노출되었고 파산에 직면하였다. 부시 행정부는 주저하지 않고 주택 기반의 성장전략을 지키기 위해 '실패하기에는 너무 큰' 이 두 거대 모기지 기관에 대한 통제권을 장악하였다. 유동성을 유지하고, 재무 안정성을 회복하고, 소비위축을 막고자 했다(Thompson, 2012; Reisenbichler, 2020a). 이러한 활동은 경제적 성장과 민영화된 복지를 제공하는 패니메이와 프레디맥의 체계적 중요성을 나타내는 것이었다. 경제적으로 이 두 기관은 미국 내외의 투자자들만이 아니라 다른 산업들과도 깊게 연결된 국가적 주택 금융시장의 핵심에 있었다. 사회적으로는 민영화된 복지국가의 한 부분으로 가계에 저렴한 모기지를 제공하는 것이 이들의 임무였다. 패니메이와 프레디맥에 대한 구제 조치로 미국 정부는 증권화 시장을 준국유화했는데, 이 두 거대 모기지 기관은 현재 사실상 민간 경쟁이 없는 독과점적 지위를 가지고, 2019년 모기지 대출 6조 8,000억 달러, 즉 미국 모기지 시장의 60%의 금액을 인수하고 있다(HFPC, 2019).

위기가 지나고도 10년 이상 패니메이와 프레디맥은 포괄적 주택금융 개혁의 논의 대상이 되는 것을 피해 국영화된 상태로 남아 있었다. 포괄적인 주택금융 개혁은 오바마 대통령의 수석 경제학자가 '금융위기에서의 핵심 미완 사업'이라고 불렀던 것이다(Furman and Stock, 2014). 일반적으로 공화당과 민주당 양당은 납세자들이 모기지 유동화의 신용위기에 너무 많이 노출되어 있다는 점에서 패니메이와 프레디맥의 준국유화는 바람직하지 않다는데 동의한다(Reisenbichler, 2020a). 그러나 의회와 오바마 행정부, 트럼프 행정부가 주택금융 개혁을 논의할 때, 증권화에서 미국 정부의 구체적 역할에 대해서는 의견이 일치하지 않았다. 전면적인 민영화와 같이 정부의 역할을 축소하면 모기지 금리가 상승할 가능성이 높고, 민간 대출기관이 신용 위험을 자체적으로 흡수해야 하므로 중요한 '30년 고정 장기 모기지'의 유동성까지 위협할 수 있었다. 이는 주택과 소비에 잠재적으로 해로운 영향을 미칠 수 있었다. 정치인들도 이러한 통찰은 놓치지 않았다. 모기지 비용을 낮추기 위해서는 미국 정부가 모기지 증권화에서 신용 위험을 일부 부담하는 특정한 역할을 수행해야 한다는, 드물게 강력한 초당적 공감대가 형성되어 있다. 2019년과 2020년에 트럼프 행정부는 패니메이와 프레디맥의 자본 구성을 재편하여 정부 통제에서 벗어나게 하자는 제안을 내놓았지만 실현되지 않았다.

더욱이 부시와 오바마 행정부에서는 위기 기간과 그 후에 주택과 소비를 되살리기 위해 단기적 재정 조치 및 예산 외 조치를 채택하였다.[17] 2007년부터 2016년까지 모기지 탕감 채무 구제법Mortgage Forgiveness Debt Relief Act을 통해서 주택 소유자가 채무 탕감(또는 압류 후 취소된 채무)으로 발생한 소득을 세금에서 면제받을 수 있도록 허용했다.[18] 2009년에 오바마 행정부는 '저렴한 집 만들기 프로그램Making Home Affordable Program'을 456억 달러로 시작했는데, 여기에는 2017년부터 2018년 사이에 종결되는 두 가지 핵심 요소가 포함되어 있었다. 170만의 주택대출에 대한 구조조정(예를 들어 이자를 경감하거나 원금을 납부)인 HAMPHome Affordable Modification Program 프로그램과 350만의 곤궁한 주택 소유자가 더 낮은 이자율로 모기지를 차환할 수 있도록 허용하는 HARP Home Affordable Refinance Program 프로그램이다.[19] 주택 소유자가 부채 탕

....

17 2012년 미국 정부는 또한 5개 주요 은행의 잘못으로 인한 250억 달러의 합의금을 협상했다(국가 모기지 합의). 이 펀드는 주택 소유자 부채 탕감 및 대출 구조조정에 사용되었다.

18 세금유예의 총 비용은 2008년부터 2017년까지 약 14억 달러였다. 출처: Joint Committee on Taxation. http://www.jct.gov (accessed January 24, 2020).

19 HAMP는 TARP Troubled Asset Relief Program로부터 재정을 조달받는데, 이는 2008년 부시 행정부에 의해 창설되었다. '저렴한 집 만들기 프로그램Making Home Affordable Program'은 Home Affordable Foreclosure Alternative HAFA 프로그램을 포함하는데, 이는 은행과 곤궁에 빠진 주택 소유자를 위해 차압 대신 증서를 발행하거나 단기매매를 촉진하는 것이었다. 출처: US Treasury, Making Home Affordable Program Performance Reports. http://www.treasury.gov (accessed January 24, 2020); Federal Housing Finance

감과 재융자를 지원받으면 주택 압류와 주택 가격 하락을 막고 대신 총수요를 촉진할 수 있다는 것이 그 근거였다. 비록 그 규모가 작고 시행이 어수선하다는 비판을 받았지만, 이러한 단기 대책은 정책 입안자들이 주택 가격을 안정시키고 신용 대출과 소비자 지출을 활성화하기 위해 노력했다는 증거이다.

마지막으로, 성장 회복을 위해 주택을 주요 표적으로 삼은 것은 선출직 공무원들만은 아니었다. 연방준비제도에서는 양적완화QE 프로그램의 일환으로 주택에 대한 대규모 금융 지원을 채택했다(Reisenbichler, 2020b). 2008년부터 2018년까지 연방준비제도는 약 1조 7,000억 달러의 모기지 부채, 즉 정부지원기업이 발행하거나 유동화한 모기지담보증권을 매입하여 보유하였다. 이는 2008년 이후의 연방정부 대차대조표 확대의 약 40%를 차지하는 것이다. 이러한 활동의 목표는 이중적이었다. 하나는 주택금융의 문제를 고치려는 것이었고 다른 하나는 주택을 통한 성장의 자극이었다. 그 논리는 모기지 채권의 이득은 낮추고 자산가격을 올리는 것이었다. 좀 더 전문적인 용어로 이야기한다면, 연방준비제도는 모기지 금리를 낮추고 주택 수요, 신용, 가격을 상승시켜 소비와 성장을 촉진하고자 했다.[20] 연방준비제도는 주택을 통화정책을 전달하고 성장을 촉진할 수 있는 핵심 영역으로 보았다.

중요한 문제로, 임대주택에 살고 있는 미국 인구의 3분의 1은 성장 부분으로서나 복지전략으로서 많은 정책적 지원을 받지 못했다. 많은 세입자들이 위기 이후로 퇴거 위험이나 점점 더 비싸지는 주택 임대료에 직면하여 어려움을 겪어 왔다(Desmond, 2016). 그러나 이들의 어려움은 정부의 특별한 행동으로 이어지지 않았다. 2008년의 주택과 경제 회복법Housing and Economic Recovery Act에서 특히 저소득층 가구를 위해 저렴한 임대주택을 지원하는 국

....

Agency, Refinance Repor. http://www.flfa.gov (accessed January 24, 2020); US Treasury. http://www.treasury.gov (accessed January 24, 2020).

20 이는 시그널링 채널 및 포트폴리오 리밸런싱을 통해 작동한다. 전자는 주택채권 매입으로 중앙은행이 모기지 시장에 대한 의지를 표명하는 것인데, 이는 주택채권의 위험과 수익률을 감소시킨다. 후자는 포트폴리오 재조정 채널로 주택채권 매입이 주택채권의 공급을 줄이고 수요를 늘려 가격을 상승시키고 수익률을 낮추는 것을 의미한다.

민주택신탁기금National Housing Trust Fund을 설립했지만, 지금까지 이 기금은 2016년 1억 7,400만 달러, 2017년 2억 1,900만 달러, 2018년 2억 6,700만 달러에 불과한 규모로 저소득층 대상의 프로젝트에만 지원해 왔다.[21] 캘리포니아와 같은 일부 주에서는 최근 임대료 상승 위기를 완화하기 위해 주 전체의 임대료 통제를 법제화하기도 했다. 민주당 대통령 후보인 조 바이든은 저렴한 임대주택을 그의 정책공약에 포함시켰지만, TV로 방송되는 민주당 토론이나 일반적인 미디어의 관심에서는 이 이슈에 대해 거의 초점을 두지 않았다(Yental, 2019). 저렴한 임대주택은 여전히 주택 소유에 비해서 부차적인 관심 사안에 머물러 있는데, 이는 부분적으로는 성장과 복지에서 주택 소유 금융의 중심성 때문이다.

2) 독일: 주택금융의 개혁

경제성장과 복지국가 확장의 기적과 같은 시절이 끝났을 때, 독일 경제는 1970년대 후반부터 1980년대 후반까지 점차로 적자와 실업률 증대를 겪었다. 수출주도 성장이라는 기존의 강점을 바탕으로 새로운 거시경제 현실에 적응했다. 미국과는 대조적으로 독일의 정책 입안자들은 독일의 주택시장을 금융화하는 경로를 선택하지 않았다(Cooper and Anderson, 2020).[22] 총대출에서 주택담보대출이 차지하는 비중은 1970년대 42%에서 2007년 51%로 증가하였는데, 반면 GDP 대비 주택담보 부채의 비율은 2005년 51%로 늘어났다가 2016년에는 42%로 떨어졌다(Jordà et al., 2016: 117; EMF, 2017, 2019). 이 수치들은 미국에 비해 상당히 낮은 것이다. 주택 부문에서의 공공 정책 즉 사회

....

21 이 펀드는 2008년 시작되어 패니메이와 프레디맥을 통해 재정을 지원받는 것으로 제안되었는데, 이 기관들은 같은 해 준국유화되었다. 패니메이와 프레디맥의 새로운 규제자인 미국 연방주택금융기관Ferderal Housing Finance Agency, FHFA은 해당 펀드를 프로그램이 시작된 2016년까지 일시적으로 중단하였다. 출처: National Low Income Housing Coaltion. https://nlihc.org (accessed January 25, 2020).

22 메르텐스(Mertens, 2017), 그리고 위즈버그와 알버스(Wijburg and Aalbers, 2017)는 독일이 주택 영역에서 약간의 금융화가 보이지만 미국에 비해서는 훨씬 덜 한 것이라고 했다.

주택정책, 보수적인 모기지 시장 정책, 엄격한 통화정책은 주택시장을 보다 제한하는 데 크게 기여했다. 2000년대 초반 구조적 경제문제에 대응해 독일은 주택 소유자에 대해 오랫동안 지속되어 온 세금 감면들—원하지 않는 내수 수요를 창출하고 또 공공재정 위기를 야기할 수 있는—을 철폐했다.

성장전략으로 역동적 모기지 유동화를 시작하는 대신에 독일은 메르텐스(Mertens, 2015)가 '수출-저축-체제export-savings-regime'라고 부른 것의 일부분으로서 보수적인 모기지 시장을 발전시켰다. 제2차 세계대전 후의 전통적인 수출-저축 모델은 수출산업과 주택을 위해 장기간의 자금을 조달하도록 가계의 저축을 자본시장에 돌리는 것에 기초하고 있다(Longemann, 2012).[23] 독일의 저축률은 시간이 지남에 따라 감소했지만(Mertens, 2017), 예금이 독일 모기지 금융의 가장 큰 원천이라는 점에서 저축은 여전히 독일 정치경제의 필수적인 부분이다. 모기지를 담보로 하는 커버드본드는 모기지 금융의 또 다른 원천이지만, 2018년 2,330억 유로에 이르는 전체 모기지 자금의 약 16%에 불과하였다(EMF, 2019).[24] 대출과 관련하여 독일의 은행은 높은 계약금, 높은 인수 기준, 78%의 낮은 가치 대비 대출금 비율을 요구한다(EMF, 2019). 독일은행은 또한 주택담보대출이나 소비지출을 자극할 수 있는 다른 금융상품을 거의 제공하지 않으며 서브프라임 모기지를 위한 강력한 시장도 없다(Mertens, 2015: ch. 5). 또한 연방정부는 모기지나 모기지 채권에 대한 대규모 인수보증을 제공하지 않는다.[25] 이러한 주택금융기관과 정책들은 신용과 국내수요, 그리고 소비를 제약하는 경향이 있어서 독일의 성장체제와 잘 조응한다.

....

23 이 전략은 연방은행이 내부 가격 안정성과 외부 통화 평가절하에 초점을 두고 있다는 점에 의해 지원받는다(Hopner, 2019).

24 커버드본드는 모기지(주택담보대출)와 기타의 대출을 한데 모은 채권이다. 커버드본드는 모기지 담보부증권보다 보수적이다. 이는 은행의 대차대조표에 남아 있고 손실을 흡수하고 부동산 가격 하락으로부터 투자자를 보호하기 위해 주택 가격의 60%까지만 담보하기 때문이다.

25 정부가 소유한 개발은행인 Kreditanstalt fur Wiederaufbau(KfW)는 주택 소유자에 대해 소규모 보조금 대출을 확대한다. 어떤 주 지역에서는 주택 소유자를 위한 보조금 대출 등 소규모 프로그램을 제공한다.

역사적으로 사회주택 프로그램은 수출레짐과 상호보완성을 보여 왔다. 전후에 450만 가구 이상의 심각한 주택부족에 대응하기 위해 민간주택시장에 대규모의 지원을 제공했다. 예를 들어 보조금 대출 또는 대출에 대한 이자율 지원과 같은 것이었는데 이는 중산층을 포함하여 다양한 인구 영역에 대해 저렴한 임대주택 그리고 소유자가 점유한 저렴주택을 창출하기 위한 것이었다(Voigtlander, 2009: 357). 이 정책들은 주택공급을 증가시켜 초기 수출주도 성장체제와 시너지를 창출했는데, 주택 가격과 생계비용을 낮게 유지하고 임금과 비용의 나선형 상승을 피할 수 있게 도와주었다. 전후 초기의 시기에 심각한 주택부족으로 인해 많은 가구들의 지불 능력을 훨씬 뛰어넘는 시장 임대료가 형성되었다. 그때 새로운 주택의 대부분은 사회주택 프로그램에 의해 보조를 받는 것들이었다. 하지만 주택위기가 끝나고 민간자본시장이 회복되자 보조금 지급 단위는 꾸준히 감소하여 전체 새 주택의 약 3분의 1선까지 떨어졌다. 1970년까지 전체 1,140만 새로운 주택 중에서 사회주택 프로그램이 580만의 새로운 주택을 지원했다는 놀라운 실적을 나타내었다.[26] 건설업자들이 보조금을 받기 때문에 이 주택에 대해서는 장기간의, 시장보다 낮은 임대료를 보장해야 했는데, 이로 인해 부동산시장에서 가격안정성을 확보하는 데 도움이 되었다.

1970년대부터 복지국가 축소의 포스트 케인스주의 시대에 접어들어, 사회주택 프로그램은 더 이상 쓸모가 없는 낡은 것으로 여겨졌다. 그때 기독민주당의 주택장관인 오스카 슈나이더Oscar Schneider는 독일의 임대주택시장은 "훌륭한" 상태에 있다고 선언하였는데 이는 많은 인구가 큰 부족함 없이 저렴주택에 접근하고 있다는 것을 의미하였다(Egner, 2014: 16). 그 결과 연방정부는 더이상 임대주택 공급 증가를 정책의 우선순위로 보지 않았고 사회주택을 축소하였다. 동서독의 통일은 1990년대 초에 일시적으로 사회주택의 부

....

26 모든 사회주택 통계는 1952년부터의 연방건축신문Bundesbaublatt 자료를 통해 저자가 자체적으로 계산한 것에 기초하고 있다.

활을 가져왔는데, 동독 지역의 주택 현대화와 서독 지역에 새로운 이주자에 대응하는 주택공급 촉진을 위해서였다. 그러나 이러한 정책들과 다른 보조금 지원으로 인해 동부 지역에서 주택시장과 건설 영역이 과열되고, 100만에 달하는 빈집이 발생했으며, 연방정부가 자금을 지원하는 철거도 이루어졌다(Wijburg and Aalbers, 2017; Michelsen and Weiss, 2010). 1990년대 후반과 2000년대 초반에 사회주택은 주로 과거의 것이 되었지만, 이 프로그램들은 독일 성장체제를 오랫동안 강화하였다. 1950년부터 2000년 사이에 2,400만의 새로운 주택 중 900만에 대해 보조금을 지급하였다. 간단히 말해 사회주택은 임대시장과 부동산시장의 가격을 안정화하였고 공급부족 문제를 해결하는데 기여하였다.

하지만 모든 주택정책이 독일의 성장체제와 상보적이었던 것은 아니다. 예를 들어 주택 소유자에 대한 관대한 세제 지원과 같은 것도 있다. 전후 초기에 독일 세법은 주택 소유자 수당Eigenheimzulage[27]과 주택금융조합building societies의 저축 기여금을 통해 소유주가 거주하는 주택과 관련된 비용을 보조했다. 전자가 주택공급 부족을 극복하기 위해 주택투자를 유인하기 위한 것이었다면, 후자는 소비를 능가하는 저축을 통해 자본시장을 재건하고자 고안된 것이었다(Logemann, 2012). 1970년대에 주택과 자본시장이 회복되었을 때, 이 세금 감면 조치들이 충분한 주택공급의 시기에는 별로 거시경제학적 정당성을 가질 수가 없었다. 그 결과로 정책 입안자들은 주택금융조합의 저축을 위한 세금 지원의 규모를 축소하였다. 그러나 주택 소유자 수당은 국가에서 가장 큰 세금 지원으로 성장했는데, 이는 국내수요를 자극하고, 재정 적자와 공공 부채를 확대하고, 생산적인 부문에서 투자를 다른 곳으로 돌림으로써 성장체제와 마찰을 가져왔다.

독일이 1990년대 말과 2000년대 초 구조적 경제적 문제를 겪고 유럽의 약

....

27 이 세금 우대 조치는 1949년부터 1986년까지는 '7b'로, 1986년부터 1996년까지는 '10e'로 그리고 1996년부터 2006년까지는 '주택 소유자 수당Eigenheimzulage'으로 불렸다.

자가 되었을 때(Reisenbichler and Morgan, 2012), 정책 입안자들은 수출경쟁력을 부활시키기 위해 구조 개혁과 긴축 정책을 채택했고 여기에 주택세금 우대를 폐지하는 것을 포함하였다(Resenbichler, 2020a). 하르츠Hartz 노동 및 복지개혁에 더하여, 시장 왜곡을 제거하고 적자를 줄이기 위해 보조제도Subventionsabbau와 세금체계를 개혁하는 데 초점을 두었다. 세법에서 가장 큰 단일 보조금은 2004년 110억 유로에 달한 유명한 주택 소유자 수당이었는데 이것은 당시 만연한 구조적 경제문제를 반영한 것이었다.[28] 이 보조금은 사회민주당의 공격을 받았다. 사회민주당은 이 보조금이 국가 재정에 부담을 주고, 경제의 비생산적인 영역으로 자금이 흘러들어가고, 주로 가난한 가구보다 부유층에 혜택이 돌아가고, 통일 이후 주택 및 건설 붐과 폭등으로 인해 여전히 가난한 동부 주보다 부유한 서부 주에 혜택이 돌아간다는 이유로 보조금 폐지를 최우선 과제로 내세웠다(Michelsen and Weiss, 2010). 2006년에는 기독교민주당과 사회민주당의 메르켈 대연정이 주택 소유자 수당을 폐지했다. 이것은 기독교민주당의 입장에서는 고통스러운 것이었는데, 기독교민주당은 단독가족주택에서의 보수적인 가족생활, 강력한 소유권 이데올로기, 자산 기반의 복지 우선에 대한 선호가 있었기 때문이다. 그러나 경제 활성화를 위해 공공적자와 부채를 축소해야 하는 거시경제적 과제에 따라 기독교민주당은 주택 소유에 대한 지지를 고집할 수만은 없었다. 대연정에서는 2008년에 세금 지원을 변경하여 저축자들이 주택 구입, 건축, 모기지 지불에 보조금을 받는 연금 저축을 사용할 수 있도록 주택 소유 연금저축 보조제도Wohnriester를 채택했다. 이 새로운 정책은 규모가 크지는 않았고, "부채로 자금을 조달한 주택 소유와 사적 퇴직급여의 결합"을 형성하였다(Mertens, 2017). 간단히 말해 주택 소유자에 대한 세금보조와 성장체제 사이의 갈등이 주택 소유에 대한 보조를 개혁에 취약하도록 만든 것이다.

....

28 출처: 20th Subsidy Report of the Federal Government. http://dip21.bundestag.de (accessed January 24, 2020).

2006년 대연정은 경제 회복을 위한 연방주의 개혁의 한 부분으로 연방의 사회주택 프로그램을 폐지하였다(Reisenbichler, 2016). 메르켈 정부는 복잡한 연방주의 체제가 경제 개혁의 발목을 잡고 있었기 때문에 정비가 필요하다는 점에 동의했다. 사회주택 프로그램은 연방주의의 복잡한 작동 방식을 잘 보여 주는 예였다. 동시관할권, 공동 자금 조달, 연방의 목표와 부합하지 않는 주 단위의 의사결정 등이 있었다. 1990년대 후반부터 2000년대까지 주택시장이 저렴하고 상대적으로 잘 작동하였을 때,[29] 불분명한 인구통계학적 예측과 결합하여, 사회주택 프로그램은 이제 쓸모없는 것으로 간주되었다. 이 개혁조치로 인해 사회주택에 대한 권한이 주정부로 이양되고 연방정부의 자금지원이 중단되었다. 2019년까지 주the Lander는 사회주택 책임을 인수한 대가로 연간 5억 1,800만 유로의 보상을 받았는데, 주정부는 재정 적자 감축을 포함하여 이 자금을 어떻게 사용할지 자유롭게 결정할 수 있었다.[30] 더욱이 위즈부르크와 알베르스가 제시하였듯이(Wijburg and Aalbers, 2017: 978) 정치인들은 공공주택조합들을 금융회사에 매각하였는데, 그 결과 1999년부터 2006년 사이에 50만 개의 주택이 사유화되었다. 결과적으로 2002년부터 2018년 사이에 사회주택 재고량은 250만 개에서 120만 개로 절반으로 줄어들었다.[31]

이러한 구조 개혁과 긴축 조치의 예외로 2018년과 2020년 사이에 일시적이고 미미한 수준의 주택 소유 프로그램을 다시 도입한 것을 들 수 있다. 독일 경제가 대침체기 이후에 유럽의 경제적 슈퍼스타로 부각된 이후 —동시에 많은 대도시 지역에서 부동산과 임대료 가격이 상승하였는데— 메르켈 대연정은 자녀를 가진 생애최초 주택구입자에 대해 제한적으로 일시적 보조금

....

29 2023년에 사회주택으로 보조를 받은 것은 단지 32,000세대였다.

30 연방정부는 연방의 주정부에 대한 사회주택 보상지불금을 2016년의 10억 유로와 2017년부터 2019년까지 15억 유로로 증가하였다. 2020년부터 2024년까지 사회주택계획을 위해 주the Lander를 지원할 10억 유로를 매해 할당하였다. 출처: Federal Ministry of the Interior, Building, and Community. http://www.bmi.bund.de (accessed January 24, 2020).

31 출처: Federal Ministry of the Interior, Building, and Community. http://www.greune-bundestag.de (accessed January 24, 2020).

Baukindergeld을 채택하였다. 독일의 연방 내무부, 건축부 및 지역사회부(2019)에 따르면, 2018년 1월부터 2020년 12월까지 총 99억 유로가 이 일시적 프로그램에 할당되었는데 이 수치는 이전의 세금 지원인 주택 소유자 수당보다 훨씬 작은 것이다. 그러나 그 정책은 거의 성장전략이라 하기 어려웠고, 기독교민주당의 오래된 주택 소유에 대한 전통적 인식을 강화하는 가족 및 재산에 대한 정책에 더 어울린다고 할 수 있다.

통화정책 측면에서 유럽중앙은행ECB은 대침체기 이후에 성장전략으로 유로존의 주택시장을 자극하지는 않았다(Reisenbichler, 2020b). 유럽중앙은행은 대차대조표를 4조 유로 이상으로 규모를 확대했지만, 그 양적 완화와 채권 매입 계획은 주택을 표적으로 삼지는 않았다. 유럽중앙은행의 자산 매입 계획에 포함된 주택 관련 커버드본드와 자산유동화증권은 2018년까지 2,900억 유로에 불과했다. 이는 전체 대차대조표의 6%에 불과한 금액이다. 주택에 대해 제한적인 지원만이 이루어지는 이유는 유로존은 파편화된 주택금융 체계를 가지고 있을 뿐만 아니라 서로 상이한 성장체제로 구성되어 있기 때문이다. 북유럽은 수출주도형, 남유럽은 소비주도형의 성장체제를 가지고 있다. 그 결과 주택 분야를 자극하는 것은 유로존에서는 가장 중요한 성장전략이 아니다. 독일의 환율에 민감한 성장체제exchange-rate-sensitive growth regime는 연방은행에 의해 대표되는데, 시장규율, 가격안정성, 금융안정성을 유지하기 위한 양적 완화에 대해서 매파적 접근을 천명한다. 관련하여 이 나라의 부동산 시장 과열—2010년과 2018년 사이에 국가적으로 60%, 대도시 지역에서 100%의 부동산 가격이 상승—과 자산 가격 거품의 경고가 나타났다(Bundesbank, 2018). 독일 정치인들은 좌우파를 가리지 않고 유럽중앙은행의 초저금리를 비판하였는데, 초저금리는 국가의 대규모 예금자층을 압박하는 것이기 때문이다. 유사하게 독일의 수출업자들은 느슨한 통화정책을 통화 안정성에 대한 위험 그리고 시장 왜곡으로 보았다. 유럽 중앙은행이 2019년에 마이너스 금리 영역으로 접어들었을 때, 독일의 타블로이드판 매체들은 마리오 드라기Mario Draghi를 독일인의 저축계좌를 빨아먹는다 하여 드라큘라 백작에 빗대어 묘사('드라길라 백작Count Draghil')했다(Die Bild, 2019). 이는 매우 느슨한 통화정책과 독일의 수출-저축 모델 사이의 마찰이 더 커지고 있음을 반영한다.

금융위기 시점부터 주택의 저렴성은 중요한 국가적 논란의 주제가 되었고 임대료와 부동산 가격의 상승이 중요한 경제적 문제로 고려되어 왔다(Cooper and Anderson, 2020). 2010년과 2018년 사이에 신규로 체결된 임대계약의 임대가격이 국가 전체적으로는 37%, 대도시 지역에서는 50%까지 상승하였다.[32] 이는 부분적으로는 강력한 경제, 인구학적 사안(순이민 증가와 많은 대도시에서의 인구 증가), 안전 자산으로서 독일 부동산의 지위, 불충분한 주택공급과 건축에 따른 결과였다(Wijburg and Aalbers, 2017). 2015년에 독일 정부는 전국적으로 일시적인 '렌탈 브레이크rental brake(Meitpreisbremse)'를 시행하였는데 이는 비싼 임대시장에서 신규 임차인의 임대료 인상을 통제(제한은 특정 지역에서 최대 5년간 임대 기준 10%)하기 위한 것이었다. 최근 연구에 따르면 이 임대료 상승 제한 정책은 중간 정도의 효과를 나타내었는데, 반면에 많은 집주인들이 허점을 이용해 이를 회피했다는 것이 드러났다(Michelsen and Mense, 2018). 주요 도시들에서 임대료가 계속 상승하자, 2020년 조 수택 비용 상승에 대한 정치적 반발로 베를린시는 5년간 임대료 동결 정책Mietendeckel을 채택했으며, 현재 연방 헌법재판소에서 이 조치를 검토하고 있다. 좌파의 어떤 정치인들은 기업 지주를 몰수하는 캠페인까지 지원했다. 예를 들어 도이체보넨Deutsche Wohnen과 이들이 보유한 베를린의 11만 개 아파트와 같은 것이다. 그러므로, 저렴주택affordable housing의 부족을 감안한다면 과거의 정책(사회주택의 축소 등)들은 시기상조였다. 2006년에 연방의 사회주택 프로그램—이전에 주택시장에서 가격 안정에 기여했던 프로그램—을 폐지할 때, 정책 입안자들은 구조 개혁과 긴축을 너무 과도하게 추진했던 것이다.

전체적으로 독일의 입법자들은 주택시장을 성장을 위한 동력으로는 잘

....

32 기존 임차인의 임대료는 약 11% 상승하였다. 출처: Budesbank housing indices. http://www.bundesbank.de (accessed January 24, 2020).

생각하지 않았다. 대조적으로 구조적인 경제문제에 직면했을 때, 모기지 부채에 대한 보조는 희생되었다. 미국과는 달리 부동산 가격—독일 맥락에서 지난 수십 년간 안정성의 원천—의 상승은 경제적 '문제'로 간주되었고 경제를 부양하는 '해결책'은 아닌 것으로 여겨졌다.

5. 결론

주택시장은 선진국 경제의 필수적 구성 요소이다. 그러나 복지국가와 (정책 입안자들이 사용할 수 있는 성장전략이 무엇인지를 형성하는) 성장체제를 위한 주택시장의 구체적 기능은 국가마다 다양하다. 수요주도의 성장체제는 수요와 신용, 성장을 활성화하는 '금융화된' 주택정책과 상보적인 반면, 수출지향의 제조업에 기반한 국가들은 주택과 국내수요를 제한하는 보수적인 주택금융정책과 어울린다. 전자의 전략은 신용에 접근할 수 있도록 하여 민영화된 복지국가를 촉진하는 연장선상에 있다. 반면, 후자는 재정 지출을 제한하는 접근에 묶여 있다. 마지막으로 하이테크 제조업과 역동적 서비스에 특화된 수출지향의 경제에서는 민간의 부와 국내소비를 촉진하는 '금융화된' 주택정책이 이 성장체제를 강화하지 않고 모순적이지도 않다. 이 장에서는 특히 미국과 독일의 주택금융 발전에 대해 논의하면서 이 책에서 개괄하였던 다섯 가지 성장전략 중에서 두 가지—금융화된 국내수요 전략과 제조업 기반의 수출주도 성장전략—를 대비시켰다.

주택금융에서 성장전략이 가지는 함의는 매우 크다. 성장전략은 선진국 경제에서 부의 불평등 정도가 증가하는 원인이 된다. 특히 '금융화된' 주택정책은 자산과 주택 가격을 자극하는 모기지 부채의 보조를 통해서 부동산의 사다리를 올라가려는 의지나 가능성을 가진 사람들에게는 호의적이다. 반면, 대도시 지역의 점점 증가하는 비싼 임대시장이나 부동산 시장에 남겨진 사람들에게는 그렇지 않다. 그 결과로 이 정책들은 부동산 자산의 불평등을 강화하는 경향이 있다. 주택의 불평등은 이중적 노동시장 혹은 임금불평등과 같이 노동시장의 불평등을 강조했던 비교정치경제적 연구에서 잘 다루어지지 못했던 차원이다(Palier and Thelen, 2010). 그러나 주택은 부의 불평등에서 중요한 동인이고(Fuller et al., 2020; Fuller, 2019), —특히 미국에서 인종적 부의 불평등(Thurston, 2018; Freund, 2007)[33]— 잠재적으로 포퓰리즘의 원천이다(Adler and Ansell, 2020). 그러므로 정치경제학 연구에서 주택금융의 정치적 성격 부분을 통합하는 것은 매우 중요하다.

더욱이 주택 성장전략은 성장체제에 의해 미리 결정된 것이 아니다. 한 가지 주의할 점은 정책 입안자가 성장체제를 강화하지 않는 공공 정책을 채택할 수도 있다는 것이다. 예를 들어 독일 사례는 민간소비를 자극하고 해당 성장체제의 필수 조건들(국내수요 억제와 재정 적자 제한)과 마찰을 일으키는, 상당한 규모의 주택 소유자 세금 감면을 갖추고 있었다는 것을 보여 준다. 다른 사회정책처럼 주택금융정책은 다차원적이다. 가족 가치, 재분배, 부와 도시 개발에 이르기까지 때와 장소에 따라 선출직 공무원이 다양한 차원에서 우선순위를 정할 수 있는 것들이다. 또 하나 주의해야 할 점은 효율적인 경제적 성과를 만들지 못하고, 성장전략이 정책의 과도함으로 귀결될 수도 있다는 것이다(Ornston, 2018). 입법자들이 성장체제와 부합하는 성장전략을 확인한다고 해도, 이들이 과잉투자 혹은 경제의 특정 영역에 과잉의존하는 위험을 범하기도 한다. 미국의 주택금융시장이 과도한 조치의 좋은 사례인데 여기서 정치인들은 관대한 재정, 통화, 예산 외 보조를 채택하여 주택거품에 연료를 제공했고 2008~2009년의 금융붕괴를 가져왔다(Calomiris and Haber, 2014; McCarty et al., 2013). 향후 연구에서는 가구들이 소득 정체와 주택 가격 상승이라는 두 가지 문제에 동시에 직면하고 있고, 입법자들은 얼마나 더 정책 지

33 미국에서 흑인과 백인 가구 사이의 주택 소유 차이는 현재 50년 동안 가장 높은 비율이다. 2018년에 백인 가구의 71.9%가 자신이 소유한 집에서 살고 있는 반면에 그러한 흑인 가구는 41.8%뿐이다. 가구소득이 낮다는 것만이 아니라 연방의 주택정책과 신용시장에서 오랫동안 이루어진 차별에 더하여, 인종적 소수 집단은 서브프라임 모기지를 보유할 가능성이 높고 결과적으로 대침체기 기간이나 그 후에 재정적 어려움을 경험하기 쉽다. 자료원: Urban Institute. http://www.urban.org (accessed August 17, 2020).

원을 제공할 수 있는지의 한계에 직면한 상황에서, 미국이 위기 이후 효과적인 성장전략으로서 주택정책을 어느 정도 소진해 버렸는지 살펴보는 것이 유익할 수 있다.

마지막으로 주택금융의 사례는 서로 다른 성장체제에서 정책 입안자들이 성장을 창출하기 위해 상이한 영역을 자극한다는 점을 확인해 준다. 성장체제의 관점은 수요 추동의 미국에서는 '금융화된' 성장전략의 한 부분으로서 주택금융이 왜 막대한 정부의 지원을 받는 특권적 지위를 향유하게 되는지 설명해 줄 수 있다. 또한 성장체제의 관점은 수출지향의 독일에서는 왜 정치인들이 주택금융을 성장촉진의 표적으로 삼지 않는지 설명해 줄 수 있다. 그러므로 국가는 정치적 행위자들이 선진 경제의 핵심 분야로 간주하는 영역에서 성장을 적극적으로 주도하는 주체이다.

참고문헌

Adler, D. and Ansell, B. 2020. "Housing and Populism." *West European Politics* 43: 344-65.

Ahlquist, J. and Ansell, B. 2017. "Taking Credit: Redistribution and Borrowing in an Age of Economic Polarization." *World Politics* 69: 640-75.

Anderson, K. and Kurzer, P. 2020. "The Politics of Mortgage Credit Expansion in the Small Coordinated Market Economies." *West European Politics* 43: 366-89.

Ansell, B. 2014. "The Political Economy of Ownership: Housing Markets and the Welfare State." *American Political Science Review* 108: 383-402.

Ansell, B., Broz, L. and Flaherty, T. 2018. "Global Capital Markets, Housing Prices, and Partisan Fiscal Policies." *Economics & Politics* 30: 307-39.

Baccaro, L. and Pontusson, J. 2016. "Rethinking Comparative Political Economy: The Growth Model Perspective." *Politics & Society* 44: 175-207.

Blackwell, T. and Kohl, S. 2018. "The Origins of National Housing Finance Systems: A Comparative Investigation into Historical Variations in Mortgage Finance Regimes." *Review of International Political Economy* 25: 49-74.

Bohle, D. 2014. "Post-socialist Housing Meets Transnational Finance: Foreign Banks, Mortgage Lending, and the Privatization of Welfare in Hungary and Estonia." *Review of International Political Economy* 21: 913-48.

Bundesbank. 2018. "Monthly Report." vol. 70, no. 2, February.

Bundesministerium des Innern, für Bau und Heimat. 2019. "Pressemitteilung: Ein Jahr Baukindergeld." September.

Calomiris, C. and Haber, S. 2014. *Fragile by Design: The Political Origins of Banking Crises and Scarce Credit*. Princeton: Princeton University Press.

Castles, F. 1998. "The Really Big Trade-Off: Home Ownership and the Welfare State in the New World and the Old." *Acta Politica* 33: 5-19.

Conley, D. and Gifford, B. 2006. "Home Ownership, Social Insurance, and the Welfare State." *Sociological Forum* 21: 55-82.

Cooper, A. and Kurzer, P. 2020. "Similar Origins-Divergent Paths: The Politics of German and Dutch Housing Markets." *German Politics* (Early View).

Crouch, C. 2009. "Privatised Keynesianism: An Unacknowledged Policy Regime." *British Journal of Politics and International Relations* 11: 382-99.

Desmond, M. 2016. *Evicted: Poverty and Profit in the American City*. New York: Crown.

Die Bild. 2019. "So Saugt Graf Draghila Unsere Konten Leer." September 13.

Egner, B. 2014. "Wohnungspolitik seit 1945." *Aus Politik und Zeitgeschichte* 64: 13-19.

European Mortgage Federation (EMF). 2017. "Hypostat: A Review of Europe's Mortgage and Housing Markets." September.

EMF. 2019. "Hypostat: A Review of Europe's Mortgage and Housing Markets." September.

Federal Reserve System (Fed). 2019. "Federal Reserve Flow of Funds: Mortgage Debt Outstanding." December.

Fligstein, N. and Goldstein, A. 2012. "A Long Strange Trip: The State and Mortgage Securitization." In *The Oxford Handbook of the Sociology of Finance*, edited by K. Cetina and A. Preda. Oxford: Oxford University Press.

Freund, D. 2007. *Colored Property: State Policy and White Racial Politics in Suburban America*. Chicago: University of Chicago Press.

Fuller, G. 2015. "Who's Borrowing? Credit Encouragement vs. Credit Mitigation in National Financial Systems." *Politics & Society* 43: 241-68.

Fuller, G. 2019. *The Political Economy of Housing Financialization*. Newcastle: Agenda Publishing.

Fuller, G., Johnston, A. and Regan, A. 2020. "Housing Prices and Wealth Inequality in Western Europe." *West European Politics* 43: 297-20.

Furman, J. and Stock, J. 2014. "The Moment Is Right for Housing Reform." *Wall Street Journal* (April 10).

Green, R. and Wachter, S. 2007. "The Housing Finance Revolution." University of Pennsylvania, Institute for Law & Econ Research Paper 09.

Hacker, J. 2002. *The Divided Welfare State: The Battle Over Public and Private Social Benefits in the United States*. Cambridge: Cambridge University Press.

Hall, P. and Franzese, R. 1998. "Mixed Signals: Central Bank Independence, Coordinated Wage Bargaining, and European Monetary Union." *International Organization* 52: 505-35.

Hall, P. and Soskice, D. (eds.). 2001. *Varieties of Capitalism: The Institutional Foundations of Comparative Advantage*. Oxford: Oxford University Press.

Hay, C. 2009. "Good Inflation, Bad Inflation: The Housing Boom, Economic Growth and the Disaggregation of Inflationary Preferences in the UK and Ireland." *The British Journal of Politics and International Relations* 11: 461-78.

Hay, C. 2013. "Treating the Symptom not the Condition: Crisis Definition, Deficit Reduction and the Search for a new British Growth Model." *The British Journal of Politics and International Relations* 15: 23-37.

Höpner, M. 2019. "The German Undervaluation Regime under Bretton Woods: How Germany

Became the Nightmare of the World Economy." MPIfG Discussion Paper 19/1.

Housing Finance Policy Center (HFPC). 2019. "Housing Finance at a Glance: A Monthly Chartbook." December.

Howard, C. 1997. *The Hidden Welfare State*. Princeton: Princeton University Press.

Johnston, A. and Regan, A. 2017. "Global Finance, Labor Politics, and the Political Economy of Housing Prices." *Politics & Society* 45: 327-58.

Jordà, Ò., Schularick, M. and Taylor, A. 2016. "The Great Mortgaging: Housing Finance, Crises and Business Cycles." *Economic Policy* 31: 107-52.

Jordà, Ò., Schularick, M. and Taylor, A. 2017. "Macrofinancial History and the New Business Cycle Facts." In *NBER Macroeconomics Annual 2016*, volume 31, edited by M. Eichenbaum and J.A. Parker. Chicago: University of Chicago Press, 213-63.

Kemeny, J. 1981. *The Myth of Home-Ownership: Private versus Public Choices in Housing Tenure*. New York: Routledge.

Kohl, S. 2018a. "More Mortgages, More Homes? The Effect of Housing Financialization on Homeownership in Historical Perspective." *Politics & Society* 46: 177-203.

Kohl, S. 2018b. "The Political Economy of Homeownership: A Comparative Analysis of Homeownership Ideology through Party Manifestos." *Socio-Economic Review* (early view).

Krippner, G. 2011. *Capitalizing on Crisis: The Political Origins of the Rise of Finance*. Cambridge: Harvard University Press.

Logemann, J. 2012. *Trams or Tailfins? Public and Private Prosperity in Postwar West Germany and the United States*. Chicago: University of Chicago Press.

Manger, M. and Sattler, T. 2020. "The Origins of Persistent Current Account Imbalances in the Post-Bretton Woods Era." *Comparative Political Studies* 53: 631-664.

McCarty, N., Poole, K. and Rosenthal, H. 2013. *Political Bubbles: Financial Crises and the Failure of American Democracy*. Princeton: Princeton University Press.

Mertens, D. 2015. *Erst Sparen, Dann Kaufen? Privatverschuldung in Deutschland*. Frankfurt: Campus.

Mertens, D. 2017. "Borrowing for Social Security? Credit, Asset-based Welfare and the Decline of the German Savings Regime." *Journal of European Social Policy* 27: 474-90.

Mian, A. and Sufi, A. 2014. *House of Debt: How They (and You) Caused the Great Recession, and How We Can Prevent It from Happening Again*. Chicago: University of Chicago Press.

Michelsen, C. and Mense, A. 2018. "Evaluierung der Mietpreisbremse." DIW Berlin, December.

Michelsen, C. and Weiß, D. 2010. "What Happened to the East German Housing Market? A Historical Perspective on the Role of Public Funding." *Post-Communist Economies* 22: 387-409.

Muellbauer, J. 1992. "Anglo-German Differences in HousingMarket Dynamics: The Role of

Institutions and Macroeconomic Policy." *European Economic Review* 36: 539-48.

Nelson, S. and Katzenstein, P. 2014. "Uncertainty, Risk, and the Financial Crisis of 2008." *International Organization* 68: 361-392.

Oren, T. and Blyth, M. 2019. "From Big Bang to Big Crash: The Early Origins of the UK's Finance-led Growth Model and the Persistence of Bad Policy Ideas." *New Political Economy* 24: 605-22.

Ornston, D. 2018. *Good Governance Gone Bad: When Adaptability Leads to Excess.* Ithaca: Cornell University Press.

Palier, B. and Thelen, K. 2010. "Institutionalizing Dualism: Complementarities and Change in France and Germany." *Politics & Society* 38: 119-48.

Pierson, P. 1994. *Dismantling the Welfare State? Reagan, Thatcher and the Politics of Retrenchment.* Cambridge: Cambridge University Press.

Prasad, M. 2012. *The Land of Too Much: American Abundance and the Paradox of Poverty.* Cambridge: Harvard University Press.

Quinn, S. 2019. *American Bonds: How Credit Markets Shaped a Nation.* Princeton: Princeton University Press.

Rajan, R. 2010. *Fault Lines: How Hidden Fractures Still Threaten the World Economy.* Princeton: Princeton University Press.

Reisenbichler, A. 2016. "A Rocky Path to Homeownership: Why Germany Eliminated Large-Scale Subsidies for Homeowners." *Cityscape* 18: 283-90.

Reisenbichler, A. 2020a. "Entrenchment or Retrenchment: The Political Economy of Mortgage Debt Subsidies in the United States and Germany." Unpublished ms.

Reisenbichler, A. 2020b. "The Politics of Quantitative Easing and Housing Stimulus by the Federal Reserve and European Central Bank, 2008-2018." *West European Politics* 43: 464-84.

Reisenbichler, A. and Morgan, K.J. 2012. "From Sick Man to Miracle: Explaining the Robustness of the German Labor Market During and After the Financial Crisis 2008-09." *Politics & Society* 40: 549-79.

Schelkle, W. 2012. "A Crisis of What? Mortgage Credit Markets and the Social Policy of Promoting Homeownership in the United States and in Europe." *Politics & Society* 40: 59-80.

Schwartz, H. 2009. *Subprime Nation: American Power, Global Capital, and the Housing Bubble.* Ithaca: Cornell University Press.

Schwartz, H. 2012. "Housing, the Welfare State, and the Global Financial Crisis: What is the Connection?" *Politics & Society* 40: 35-58.

Schwartz, H. 2020. "Covering the Private Parts: The (Re-)Nationalisation of Housing Finance."

West European Politics 43: 485-508.

Schwartz, H. and Seabrooke, L. 2008. "Varieties of Residential Capitalism in the International Political Economy: Old Welfare States and the New Politics of Housing." *Comparative European Politics* 6: 237-61.

Slemrod, J. 2018. "Is This Tax Reform, or Just Confusion?" *Journal of Economic Perspectives* 32: 73-96.

Thompson, H. 2012. "The Limits of Blaming Neo-liberalism: Fannie Mae and Freddie Mac, the American State and the Financial Crisis." *New Political Economy* 17: 399-19.

Thurston, C. 2018. *At the Boundaries of Homeownership: Credit, Discrimination, and the American State*. New York: Cambridge University Press.

Tranøy, B.S., Stamsø, M.A. and Hjertaker, I. 2020. "Equality as a Driver of Inequality? Universalistic Welfare, Generalised Creditworthiness and Financialised Housing Markets." *West European Politics* 43: 390-11.

Trumbull, G. 2014. *Consumer Lending in France and America: Credit and Welfare*. New York: Cambridge University Press.

Van Gunten, T. and Kohl, S. 2020. "The Inversion of the 'Really Big Trade-Off': Homeownership and Pensions in Long-Run Perspective." *West European Politics* 43: 435-63.

Voigtländer, M. 2009. "Why Is the German Homeownership Rate So Low?" *Housing Studies* 24: 355-72.

Voigtländer, M. 2014. "The Stability of the German Housing Market." *Journal of Housing and the Built Environment* 29: 583-94.

Wiedemann, A. Forthcoming. *Indebted Societies: Credit and Welfare in Rich Democracies*. New York: Cambridge University Press.

Wijburg, G, and Aalbers, M. 2017. "The Alternative Financialization of the German Housing Market." *Housing Studies* 32: 968-89.

Wood, J. 2018. "The Integrating Role of Private Homeownership and Mortgage Credit in British Neoliberalism." *Housing Studies* 37: 993-1013.

Wood, J. 2019. "Mortgage Credit: Denmark's Financial Capacity Building Regime." *New Political Economy* 24: 833-50.

Yentel, D. 2019. "The Questions the Presidential Candidates Don't Get Asked." *Citylab*, September 13, 2019.

제11장

청년 실업과의 투쟁: 성장전략과 청년의 복지 시민권

톰 슈발리에Tom Chevalier

1. 서론

생애과정에서 복지국가는 중요하다. '사회적 시민권(Marshall, 1950)'이 시민들 사이에서 일반적으로 부각되지는 않지만, 복지정책은 연령과 관련되어서는 사람들의 인생주기상의 상태와 관련된다. 더 일반적으로 국가는 생애과정에 큰 영향을 끼친다(Mayer and Schoepflin, 1989). 예를 들어 콜리(Kohly, 1986)는 생애과정이 세 가지 시기로 어떻게 제도화되는지를 보여 주었는데 이를 '생애과정에 대한 삼분법'이라고 부르기도 했다. 한편으로는 19세기 말과 20세기 초에 대중교육 체계의 성장이 '아동기'를 제도화시켰다(Heywood, 2001). 이 시기 동안에 아동은 일을 하지 않고 교육을 받으며 가족이 아동을 돌볼 것으로 간주된다. 다른 한편으로는 20세기 동안에 연금제도가 성장하면서 '노년기'를 제도화하였는데, 이 시기는 일하는 때를 지나서 은퇴를 하고 연금을 받는 것으로 간주되었다(Guillemard, 1986). 이 두 가지 시기의 사이에 성인기가 나타나고 이 시기에 사람들은 일을 하면서 사회적 혜택의 자격을 가지게 된다.

복지국가는 몇 가지 측면에서 이 생애과정을 제도화하는데 중요하다(Leisering, 2003). 복지국가는 연령 시기를 구별하고 창출한다. 연금체계의 실행은 복지국가의 발명품 중 하나이다. 더구나 복지국가는 하나의 지위에서 다른 지위로, 하나의 시기에서 다른 시기로의 이전을 만들어 낸다. 교육은 단지 아동기를 제도화하는 하나의 수단일 뿐만 아니라 인적 자본에 대한 투자이기도 하다. 인적 자본은 직업의 종류, 그리고 이에 따라 받게 될 연금의 종류를 결정하는 것과 같이 평생에 걸쳐 지속적인 영향을 미친다. 그러나 복지국가는 국가별로 매우 다양하고(Esping-Anderson, 1990), 이에 따라 생애과정을 구성하는 방법도 다양하다. 최근에 번바움 외(Birnbaum et al., 2017)가 복지국가는 세대 간 혹은 연령집단 간의 정의라는 측면에서 균형을 더 많이 혹은 덜 가질 수도 있다고 강조하였다. 반면, 줄리아 린치(Julia Lynch, 2006)는 예를 들어 아동지향적인지 노인지향적인지와 같이 복지국가가 어떤 연령집단에 더 우호적인가에 대해 그 정도를 보여 주었다.

성장전략은 복지국가에 대한 영향력을 통해 생애과정의 구조화에도 기여한다. 1994년 세계은행이 『노년 위기의 모면The Averting the Old Age Crisis』 보고서를 발표하면서 제기한 성장전략에 의해, 연금제도의 개혁이 이루어져 왔다(Hassel and Palier, 이 책 1장). 예를 들어 연금체계의 민영화는 금융화를 통해 성장에 동력을 제공하는 한 방법이다(Hassel and Wiss, 2019). 성장전략은 노년기만이 아니라 아동기에도 영향을 미친다. '사회 투자 복지국가'(Morel et al., 2012)의 부각은 의무교육 시기를 넘어선 18세 이상의 연령에 대한 고등교육High Education, HE과 같은 교육의 확장을 의미한다(Wren, 이 책 8장 참조). 이것이 생애과정에서 어떤 의미를 가지는가? 아동기의 연장인가? 삶에서 새로운 시기의 탄생인가? 생애과정을 셋으로 구별하는 것[1]이 모호해지고 줄어드는 것을 보여 주는 한 예인가?

이 장에서는 우선 후기산업사회로의 이전 과정이 생애과정에 영향을 미

1 생애과정을 교육기간, 노동기간, 은퇴 후 기간으로 나누는 것을 의미한다. -역자주.

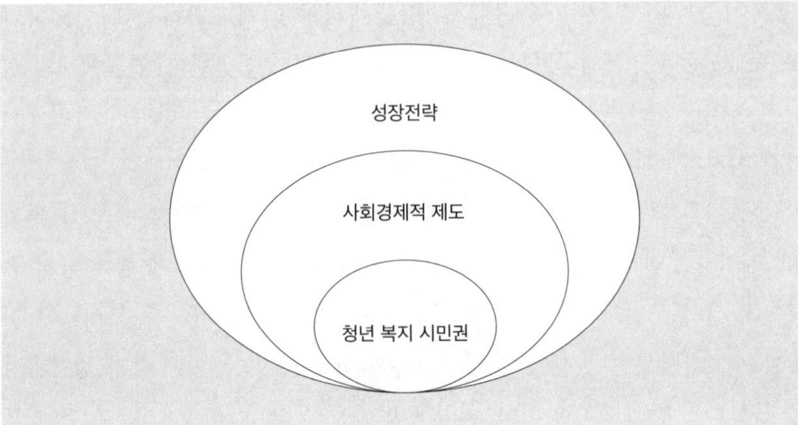

그림 11.1 논의의 구조

친다는 것, 특히 아동기에서 성인기로의 이전에 영향을 미쳐서 생애과정에 '청년기youth'라는 새로운 시기를 창출했다는 것을 강조하고자 한다. 그러나 이러한 이전 과정은 국가마다 서로 다른 제도나 공공 정책을 가지고 있어서 다양하게 나타난다. 따라서 필자는 '청년 복지 시민권 체제youth welfare citizenship regimes'의 개념을 제시하여 교육, 노동시장, (학생 지원 등의) 복지정책을 포함한 다양한 제도와 정책을 설명하려고 한다. 그리고 이 체제들이 성장을 촉발하고 일자리를 창출하는 정부의 개혁과 같은 특정 성장전략과 일치함을 보여 줄 것이다. 이 경우에 숙련 형성, 청년층에 대한 사회적 보호, 청년실업의 해소 등 구체적인 정책이 관련된다. 이 장의 두 번째 부분에서는 (이 책에서) 하셀과 팔리에가 제시했던 서로 다른 성장전략들이 스웨덴, 독일, 영국, 그리고 프랑스의 청년 복지 시민권 체제를 어떻게 형성하는지를 보여 주는 네 가지 '전형적인' 사례를 강조할 것이다. 청년실업을 막으려는 적극적 노동시장 정책The active labor market policies, ALMP과 아울러 숙련 형성 정책을 살펴보아 특히 성장전략이 청년 시민권 체제의 진화에 어떤 영향을 미치고 있는지를 분석할 것이다. 여기서의 논의는 인과적이라기보다는 다소 맥락적이고 체계적이다(그림 11.1). 이 사례연구의 목표는 성장체제와 사회경제적 제도가 성인기 진입을 구조화하는 (한편으로는 특정한 청년 복지 시민권 체제로 귀결되는) 방식 사이의 부합성을 보여 주는 것이다. 또한 특정한 성장전략에 따른 개혁이 그 청년 시민권 체제의 형성에 어떻게 기여하는지를 보여 주려고 한다.

2. 이론적 분석틀: 성인으로의 이전 형성transformation of the transition to adulthood, 청년 복지 시민권, 그리고 성장전략

1) 청년 복지 시민권

일반적으로 생애과정의 형성은, 특히 성인기로의 이전에서는, 아동기와 성인기 사이의 '청년youth'이라고 불리는 새로운 시기의 출현을 가져왔다(Billari, 2004; Walter, 2006). 젊은이들은 성인기와 경제적 독립성에 두 가지 방법으로 접근할 수 있다.[2] 하나는 젊은이들이 노동시장에서 취업함으로써 독립성에 접근하는 방법이다. 이는 교육정책, 노동시장 정책, 고용정책에 의해 구조화된 '경제적 시민권'의 이슈이다. 다른 하나는 공적인 지원이나 국가에 의한 사회적 급여, 예를 들어 가족 급여, 가족을 위한 세금 감면, 실업 부조, 주거 급여, 학생 지원(학생 수당이나 대출)과 같은 소득 지원에 접근하는 방법이다. 이는 '사회적 시민권'의 이슈이다.

사회적 시민권과 관련해서는 표 11.1에서 보는 바와 같이 두 가지 시민권의 유형이 있다. 첫째는 젊은이들의 시민권이 '가족화'된 것이다. 사회적 시민권에 대한 접근이 가족화되면, 청년은 아동기의 확장으로 조망되고, 젊은이들은 제도적으로는 아동으로 다루어진다. 이는 부모가 여전히 이들을 돌보아야 하고, 급여는 직접적으로는 부모에게 주어지고 젊은이들에게 주어지지 않는다는 것을 의미한다. 젊은이는 사회적 보호에서 의존적인 아동으로 남아 있

....

2 이와 같은 청년 레짐은 슈발리에의 연구(Chevalier, 2016)에서 더 자세히 논의되고 있다.

표 11.1 청년 사회적 시민권의 두 가지 유형

	가족화	개인화
초기 청년에 대한 유지관리 의무	있음	없음
연령 제한	높음, 약 25	낮음, 약 18
사회보장에서의 지위	의존적	독립적
학생 지원의 주 원천	가족정책	수당 혹은 대출
학생 수당 혹은 대출	제한적이고 부모 수입에 따라	광범위하고 부모 수입과 무관

는 것이다. 사회적 급여에 접근할 수 있는 연령의 제한은 상대적으로 높아서 20살이나 이를 꽤 넘기기도 한다. 아동이 학교에 다닐 것으로 간주되는 상황에서, 학생들은 주로 부모의 소득에 따라 주어지는 가족 정책(가족수당과 가족을 위한 세금 감면)이나 학생 수당을 통해 지원을 받는다. 보충성의 원리를 나타내는 이 가족화된 사회적 시민권은 주로 비스마르크식 복지국가와 가톨릭이 부각되는 국가들에서 발견된다(Chevalier, 2018).

두 번째로, 강한 프로테스탄트 전통을 가진 복지국가에서는(Manow and Van Kersbergen, 2009) 권리가 보다 개인화되는데 젊은이들의 사회적 시민권 역시 '개인화'된다. 젊은이들은 성인으로 간주되고 의무교육이 종결되는 연령(대개 16세 가량) 혹은 시민권civil majority을 획득하는 연령(18세)이 되면 아직 학업을 진행하고 있더라도 더 이상 아동으로 간주되지 않는다. 사회적 급여에 접근할 수 있는 연령의 한계는 상대적으로 낮아서 20세 미만, 보통은 18세 전후이다. 가족정책은 학생들의 지원을 위해서는 작동하지 않고, 학생들은 부모의 소득과 관계없는 광범위한 학생 지원(수당이나 금융 대출 등)을 받는다.

경제적 시민권과 관련해서는 또 다른 두 가지 전략이 제시된다(표 11.2 참조). 첫 번째는 젊은 연령층의 인구가 노동시장에 진입하는데 핵심적인 교육(Müller and Gangl, 2003)이 모든 젊은이들에게 제공된다는 의미에서 '포괄적inclusive' 전략이다. 이 전략의 목표는 이들에게 숙련을 제공하는 것이다. 학교에서 일터로의 이전을 돕기 위한 '학습 우선learn-first'의 관점에서 교육과 훈

표 11.2 청년 경제적 시민권의 두 가지 유형

	포괄적 전략	선별적 전략
전략의 목표	학습 우선	노동 우선
숙련 배분	모두에게	가장 잘하는 사람에게
	낮은 교육 불평등	높은 교육 불평등
	높은 등록	낮은 등록
청년실업 대응의 개입 표적	노동 공급: 저숙련 젊은 층	노동 수요: 민간 영역, 공공 영역의 피고용인
ALMP	인적 자본 투자, VET	보조받는 일자리, 청년 노동비용의 감소

련에 대해 강조가 이루어진다(OECD, 2010). 그 결과로 교육체계를 육성하고 중도탈락률을 낮추는 것을 목표로 한다. 적극적 노동시장 정책은 인적 자본에 투자하는데(Bonoli, 2010), 특히 노동시장에 진입하기 어려운 저숙련의 젊은 층에 대한 직업교육과 훈련vocational education and training, VET에 대한 부분이다. 이 전략의 중요한 측면은 '청년보증young guarantee 프로그램'과 같이 저숙련의 젊은 층을 위한 두 번째 기회가 가능하도록 돕는 것이다. 이러한 전략은 '거시적 조합주의macro-corporatism'(Martin and Swank, 2012)가 상당히 발달했을 때 따르는 것으로, 고숙련 노동력을 필요로 하는 고부가가치 부문에서 경제가 전문화되는 결과를 가져온다. 결과적으로 포괄적인 경제적 시민권은 보통 '조절된 시장경제coordinated market economies'에서 발견된다(Hall and Soskice, 2001).

두 번째는 '선별적selective' 전략인데 여기서는 목표가 모두에게 숙련을 제공하는 것이 아니라 최고에게만 제공하는 것이다. 따라서 교육체계는 상당히 엘리트주의적이고 중요한 교육적 불평등을 유발하면서 중도탈락률도 높다. 이러한 맥락에서 고용정책은 청년의 고용가능성을 높이기 위해 인적 자본에 투자하는 것이 아니라, 어떠한 일이 되었건 청년에게 일 자체를 제공하는 것에 우선적인 목표를 둔다. 이는 '일자리 우선work-first'의 관점을 나타내는 것이다. 그러므로 정책은 노동의 수요에 초점을 둔다. 이는 포괄적 전략에서는 특히 청년층의 노동 공급에 초점을 두었던 것과는 대조적이다. 청년들의 노

표 11.3 청년 복지 시민권 체제

	사회적 시민권의 가족화	사회적 시민권의 개인화
포괄적 경제적 시민권	모니터링되는 시민권 (독일)	역량강화 시민권 (스웨덴)
선별적 경제적 시민권	배제된 시민권 (프랑스)	이등시민형 시민권 (영국)

동비용을 낮추고 노동시장을 유연화하거나 비정형 일자리에 보조금을 지급함으로써 저숙련·저품질 일자리의 개발을 촉진한다. 이러한 전략은 경제에서 '거시적 조합주의'가 매우 낮을 때 발견할 수 있는데, 이는 전반적으로 고부가가치 부문에 특화되지 못하고 대신에 양극화되는 경제의 양상이라 할 수 있다. 이는 노동력에서 숙련의 양극화를 반영한다(Martin, 이 책 7장 참조).

경제적 시민권과 사회적 시민권의 두 차원을 교차하여 네 가지 청년 복지 시민권 체제를 유형화할 수 있다(표 11.3). '모니터링되는 시민권monitored citizenship'(독일이 이 유형에 가까움), '역량강화 시민권enabling citizenship'(스웨덴), '배제된 시민권denied citizenship'(프랑스), '이등시민형 시민권second-class citizenship'(영국)이 그것이다.

2) 성장전략의 영향

이 책의 첫 장에서 하셀과 팔리에가 이야기했듯이 성장전략은 서로 다른 교육, 고용, 그리고 사회정책에 의존하고 있다. 이 정책들은 세 가지 채널을 통해 청년 체제를 형성한다. 첫째, 총수요에 관한 한, 인구의 전반적인 숙련 수준과 분포는 성장이 내수주도인지, 수요주도인지, 수출주도인지에 따라 달라진다. 만약 수출주도라면, 기업은 세계시장에서 고도로 경쟁력이 있어야 한다. 수출주도의 선진국 경제는 시장에서 덜 선진화된 국가들과 가격에 기반한 경쟁을 할 수는 없으므로, ICT의 활용이나 생산품의 품질을 통해 경쟁해야 한다. 따라서 그들은 높은 부가가치 영역에 특화되는데, 이는 높은 숙련도의 노동력에 의존한다. 성장이 수출에 주도되는 국가들에서는 포괄적이고, 학습 우선인 경제적 시민권을 예측할 수 있다.

둘째, 자본주의 다양성Varieties of Capitalism, VOC 접근이 보여 주는 것처럼 공급 역시 중요하다(Estevez-Abe et al., 2001; Hall and Soskice, 2001; Iversen and Stephens, 2008; Schmit, 2002). 만약 제조업이 성장동력이라면, 직업훈련과 견습apprenticeship으로 숙련 형성 체계를 구조화해야 한다. 반면, 서비스가 성장의 동력이라면, 학교 기반의 훈련이 핵심이어야 한다. 더 나아가 서비스 중에서 역동적 서비스가 발달하고 있다면, 고등교육HE에 대한 투자가 더 중요해진다(Ansell and Gingrich, 2013; Durazzi, 2019; Wren, 이 책 8장). 이러한 특징은 표 11.4에 요약되어 있다.

셋째, 사회적 시민권 역시 성장전략에 의해 영향을 받는데, 경제적 시민권과의 상호연계성을 통해서이다. 한편으로는 지식경제를 향한 성장전략이 핵심적 부분인 고등교육의 확장은 학생 지원의 발달에 의존하는데, 이는 사회적 시민권의 한 부분이다. 학생 지원의 개인화는 대다수의 학생들이 학업에 대한 지원을 받을 수 있게 해 준다. 이는 가족화된 경우에서는 잘 나타나지 않는다(Garritzmann, 2016). 그 결과 역동적 서비스의 발달은 인구 내에서 높은 숙련의 발달을 이루기 위해서는 가족화된 사회적 시민권에 대해서 압력을 행사할 수 있다.

반면, 청년 사회적 시민권의 한 부분인 실업 지원(실업보험, 실업 부조, 그리고 사회부조 등)은 특정한 성장전략에 의해 형성될 수 있다. 사실 이는 적극적 노동시장 정책ALMP의 한 부분이다. '인센티브 강화'는 정부가 (청년)실업과 싸우기 위해서 '직업', '실업 부조', '숙련향상'과 아울러 적용할 수 있는 정책의 한 유형이다(Bonoli, 2010). 그러나 후자는 경제적 시민권에 더 관련되어 있다(위의 내용 참조). 그 결과 정부가 (청년)실업 문제와 싸우기 위해 성장전략을 채택할 때, 그들은 특정한 ALMP를 실행하는데 이는 청년층의 경제적 시민권만이 아니라 사회적 시민권까지 고려한 것이다.

표 11.4 성장전략, 사회경제적 제도, 청년 복지 시민권 체제

	역동적 서비스 전략	고품질-제조업 전략	금융화 기반 전략	공공성 지원 전략
성장전략 특징				
총수요	수출	수출	국내수요: 사적 부채	국내수요: 임금
주 영역	역동적 서비스	제조업	금융	제조업
숙련 내용	일반적	특수적	일반적	특수적
숙련 수준	높음	높음/중간	낮음/극단	낮음/극단
자본주의 다양성 (VoC)	조정시장경제 (CME)	조정시장경제 (CME)	자유시장경제 (LME)	국가주의
전략을 뒷받침하는 사회경제적 제도				
산업관계	높은 조합주의	높은 조합주의	낮은 조합주의	낮은 조합주의
복지체제	사회민주주의	비스마르크주의	자유주의	비스마르크주의
숙련 형성 체계*	국가주의 숙련 형성 체계	집합적 숙련 형성 체계	자유주의 숙련 형성 체계	국가주의 숙련 형성 체계
청년 복지 시민권				
	역량강화형 Enabling	모니터링형 Monitored	이등시민형 Second-class	배제형 Denied
경제적 시민권	포괄적	포괄적	선별적	선별적
사회적 시민권	개인화	가족화	개인화	가족화
국가	스웨덴	독일	영국	프랑스

주: * 부세마이어(Busemeyer), 2015 참조

3. 스웨덴, 독일, 영국, 프랑스의 성장전략, 청년 시민권 체제 및 적극적 노동시장 정책 개혁

이번 절에서는 성장전략과 청년 복지 시민권 체제 사이의 제도적 상호보완성을 강조하는 네 개의 사례연구를 살펴볼 것이다. 각각의 사례에서 청년 체제와 성장전략 채택 사이의 전반적 관계를 설명하겠다. 그리고 청년을 표적으로 하는 적극적 노동시장 정책의 최근 개혁에 초점을 두어, 주요 성장전략들이 경제 위기 이후 청년 실업 증가에 대한 각 정당들의 대응에 어떻게 영

표 11.5 프랑스, 독일, 영국, 스웨덴에서의 청년 경제적 시민권

	스웨덴	독일	영국	프랑스
취업 목적 중도퇴학자(18~24세)*	2%	3.5%	3.2%	4.2%
교육 등록률(20~29세)	34.8%	34.2%	20.9%	21%
고등교육기관(25~34세)	46.4%	29.6%	49.9%	44.7%
평균 문해력 점수(16~24세)	278	279	266	275
평균 수리력 점수(16~24세)	278	275	257	263
노동시장에서 주된 개입	VET와 청년보증	VET와 견습	노동시장 탈규제와 보조금 일자리	보조금 일자리

주: * 중도퇴학자(Early leavers): 가장 높은 교육 달성 수준이 ISCED 수준 0, 1, 혹은 2인 청년 인구.
참고: 평균 문해력 및 평균 수리력 OECD 평균 점수: 275 및 267
출처: EUROSTAT (2015); PIAAC (2015); OECD (2015) (online database).

향을 미쳤는지를 살펴볼 것이다.

표 11.5와 표 11.6의 자료들이 보여 주는 것처럼, 4개의 국가(스웨덴, 독일, 영국, 프랑스)들은 앞에서 보았듯이 4개의 '이념형ideal-types'에 가깝고 전형적인 사례연구로 다루어질 것이다(Seawright and Gerring, 2008). 이하의 사례연구들은 사례의 국가를 전체적으로 이해하기보다는 특정한 성장전략과 청년층에 대한 특정(숙련 형성과 고용) 정책의 상호연계성을 보여 주는 데 초점이 있다. 그러나 블란다스(Vlandas, 2013)가 통찰하였듯이, 청년 복지 시민권 개혁에 대한 성장전략의 전반적 중요성을 강조한다고 해서 정당들이 전혀 중요하지 않다는 의미는 아니다. 단지 경제적 제도적 맥락에 의해 정당들이 제약을 받는다는 것이다(Avlijaš et al., 이 책 12장 참조).[3]

3 필자는 두 가지 이유에서 ALMP 개혁에 대한 정당들의 선호와 관련하여 구체적 가설을 설정하지 않고자 한다. 첫째, 정당의 선호도가 성장전략에 어느 정도 내생적이라고 주장할 수도 있고, 둘째, 성장전략에 초점을 맞춘 필자의 주장에서 핵심이 아니기 때문이다. 단지 필자의 주장이 과도한 결정론이 되는 것을 피하기 위해서 정당 정치의 역할에 대해서도 언급하고 싶을 뿐이다.

표 11.6 프랑스, 독일, 영국, 스웨덴에서의 청년 사회적 시민권

	스웨덴	독일	영국	프랑스
성인 청년에 대한 부양 청구	없음	있음	없음	있음
연령한계				
모든 아동을 위한 가족 급여	16	18	16	20
젊은 층의 교육 기간 동안 가족 급여	의무교육 기간 동안 지속	25	20(고등교육 제외)	20
사회부조*	관리청구 반영	15 (25)	18	25
학생 지원				
가족 급여	없음	있음	없음	있음
부모 소득에 따라 결정되는 학생 수당/대출	없음	있음	없음	있음
전일제 학생의 수당 및 대출에 대한 접근성	89%	25%	89.3%	39.2%
고등교육을 받는 자녀가 있는 가족을 위한 세금 감면	없음	있음	없음	있음

주: * 프랑스에서 활동인구와 비활동인구 모두에 대한 RSA, 독일의 비활동인구에 대한 사회부조 급여인 ALGII, 영국의 활동인구에 대한 소득기반 구직자 수당과 비활동인구를 위한 소득 지원, 스웨덴의 활동인구와 비활동인구 모두에 대한 사회부조.
자료원: MISSOC (2016) (online dtatbase); Eurydice (2017) (2016-17 for France and Germany; 2015-16 for Sweden and the UK). For maintenance claims://e-justice.europa.eu/content_maintenance_claims-47-en.do.

1) 스웨덴

스웨덴은 수출-역동적-서비스 전략을 따르고 있다(Hassel and Palier, 이 책 1장; Thelen, 이 책 6장 참조).[4] 스웨덴에서 우세한 특정한 제도들은 이 나라가 특정한 성장전략과 그에 관련된 정책들을 채택하도록 해 왔다. 1990년대 초반의 위기 이후, 정부는 '렌-마이드너Rehn-Meidner' 모델이라는 전통적인 슘페테리안Schumpeterian 전략으로 회귀(그리고 갱신)했다. 그리고 높은 일반 숙

....

4 이 책의 다른 부분에서 보았던 것처럼, 스웨덴은 수출에만 집중적으로 초점을 두고 있지 않다. 국내수요의 지원에 의해 성장모델을 균형화하고 있고(Baccaro and Pontusson, 이 책 3장 참조), 민영화된 복지 서비스를 발전시켜 왔다(Thelen, 이 책 6장 참조). 필자의 '제도적 보완성institutional complementarities'을 논하기 위해서 여기에서는 역동적 서비스의 중심 역할에 초점을 둔다.

련에 대한 강조와 함께 고품질의 상품 수출에 초점을 두었다. 이 전략에 따르면, 전략의 기반이 되는 고숙련 노동력을 확보하기 위해서는 숙련 형성 체제와 복지 체제 모두에 대해 사회적 투자 전략이 필요했다(Morel et al., 2012). 더 나아가 슘페테리안 전략 논리에 따라 역동적 서비스 수출을 강화하기 위해 ICT에 투자하기로 결정이 이루어졌다(Wren, 이 책 8장 참조). 스웨덴의 조합주의 제도들은 첨단기술 영역을 지향하도록 경제적 전문화의 방향을 변화시키기 위해서 다양한 행위자들을 조절할 수 있었다. 이는 '창조적 조합주의creative corporatism'라 지칭되었던 특성을 반영한다(Ornston, 2013).

그 결과 스웨덴은 모든 청년에게 일련의 숙련을 제공하도록 시도하는 포괄적 교육 전략을 채택하였다. 스웨덴은 포괄적이고 평등주의적인 교육체계를 가지고 있고(Oftedal Telhaug et al., 2006), 이는 일반적인 숙련을 증진하고 있다(Busemeyer, 2009). 이는 교육적 불평등이 나타나지 않도록 강하게 제약하고 있고(Janmaat et al., 2013), 노동시장에 진입하기 어려운 중도퇴학자의 비율을 낮게 유지하고 있으며(일하고자 하는 중도퇴학자의 비율 2%, 표 11.5 참조), 높은 교육 등록률로 연결된다(표 11.5 참조). 2015년에 16세에서 24세 사이 연령대의 숙련 수준은 문해력과 수리력 모두에서 꽤 높다(표 11.5 참조). 더 구체적으로 성장의 주된 영역이 역동적 서비스이고 여기에서는 높은 일반 숙련 수준을 필요로 하는데(Wren, 이 책 8장 참조), 이를 위한 고등교육HE은 1990년대 이후 전략의 중심이 되었다(Ansell, 2008; 표 11.5; Anxo and Niklasson, 2006 참조).

고등교육의 발달은 광범위하고 보편적인 학생 지원 체계에 의해 유지되어 왔는데(Ansell, 2008; Garritzmann, 2016), 이는 사회적 시민권의 보편적 개인화를 나타내는 것이다. 사실 학생들은 장학금이나 대출을 통해 지원을 받을 수 있는데, 이는 부모의 소득에 따라 결정되지 않으며, 대부분의 학생들이 일정한 학생 지원에 접근할 수 있다(89%, 표 11.6 참조). 18세에서 29세 사이의 더 높은 교육에 참여하는 (자녀가 없는) 청년들도, 자기자신의 소득이 특정 수준을 초과하지 않는다면, 개별화된 주거 급여를 신청할 수 있다.

교육체계에 보완하여, 훈련 또한 적극적 노동시장 정책ALMP 체계 내에서 광범위하게 개발되어 있다. 사실 스웨덴은 '렌-마이드너' 모델의 한 부분으로 일찍부터 이러한 ALMP에 투자했다(Bonoli, 2010). 청년은 점차 이 정책에서 혜택을 받는 중요한 대상이 되었다(Bourdet and Persson, 1991). 특히 저숙련의 청년들에게 관심이 두어졌고 '청년보증youth guarantees'의 창설로 이어졌다. 이 ALMP는 특히 노동시장 진입이 어려운 저숙련 청년에게 초점을 두었고, 이들에게 사회수당social allowance과 함께 고용, 교육, 혹은 훈련을 보장하였다. 이는 1980년대에 스웨덴에서 만들어졌고, 1990년대에 다른 노르딕 국가들로 퍼져 나갔다(Hummeluhr, 1997). 이 아이디어는 청년 실업률이 높은 상황에서 어려움을 겪는 청년들에게 두 번째 기회를 제공하자는 것과 숙련된 노동력을 만들어 일터로 복귀할 수 있도록 인적 자본에 투자한다는 양자의 측면을 강조한다.

2006년에 취임한 스웨덴 우파 정부에서는 2007년에 공식적으로 '청년 직장 보증Youth Job Guarantee'을 채택하였다. 이는 16세부터 24세 연령에 대해 산발적으로 존재하던 기존 프로그램들을 통합한 것이다. 이 정책은 침체기 이후 2011년에 같은 정부에 의해 개편되는데 훈련체계 대신에 고용주에 대한 보조와 일자리 매칭을 보다 강조하였다. 청년실업 증가에 대한 정부의 이러한 대응은 우리의 논의에 일관성 있게 관련되는 두 가지 사항을 나타낸다. 첫째, 성장전략은 일반적으로 복지개혁에 대해서 그리고 특별히 ALMP의 개혁에 대한 길을 연다는 것이다. 정부는 청년 실업과 청년보증 프로그램을 다룰 때, 역동적 서비스 수출주도 성장전략과 사회 투자에 조응하는 노동 공급을 표적으로 숙련 향상 지향의 ALMP에 초점을 두었다. 둘째, 우파 정부의 경우는 2010년부터 일자리 매칭과 기업에 대한 고용보조금을 도입 및 확대하는 등 훈련 제도에 비해서 수요자 중심인 청년보증 제도를 발전시켰다. 이는 우파 정부의 다른 개혁 조치들과 마찬가지로 경제적 시민권을 향한 '선별적' 접근과 관련되는 것이고 청년 노동력의 비용을 절감하는 것을 도모하였다. 2008년부터 25세 미만의 청년을 고용하는 고용주는 사회 기여 분담금이 절반으로 줄었고, 이른바 '뉴스타트 일자리New Start Jobs'에 12개월 이상 실업 상태였던 청년을 고용하는 기업의 사회적 기여금도 줄어들었다.

스웨덴의 청년 시민권은 '역량강화enabling'라고 할 수 있다. 청년은 성인으로 간주되고, 국가는 그들을 자원으로 보기 때문에 교육과 훈련을 통해 그들에게 막대한 투자를 한다. 이 투자는 성장전략에 따라 청년들의 역량강화를 통해 더 많은 자율성과 더 큰 생산성을 가져올 것으로 기대하고 있다. 그러나 이러한 전략 내에서도 위기 초기부터의 ALMP 개혁에서 보았던 것처럼 정치적 행위자에게 일부 자율적 권한이 남겨져 있기도 하다.

2) 독일

이 책의 많은 장들에서 보았던 것처럼 독일에서는 오랫동안 경제의 핵심에 있었던 '다각화된 고품질 생산Diversified Quality Production'의 뒤를 이어 제조업 영역에 의존하는 수출주도 전략을 추구하였다(Streeck, 1991). 이 전략은 (대개 남성인) 노동력이 제조업 영역을 위해 일련의 특정한 숙련이 이루어지기를 원하였고, 이는 '학습 우선'의 포괄적인 경제적 시민권으로 연결되었다. 그러나 특히 쇠퇴하는 부문에서 역동적인 부문으로의 노동 이동성이 스웨덴처럼 활발하지 않기 때문에, 스웨덴과 달리 독일에서는 중간 수준의 특정한 숙련이 높은 수준의 일반적 숙련보다 수요가 더 많다. (스웨덴과) 대조적으로 노동자들은 자신의 전통적인 영역에 머무르도록 격려를 받아 왔다(Estevez-Abe et al., 2001). 그러나 하르츠 개혁 이후에는 이러한 경향에서 약간의 변화가 이루어져, 더 이상 모든 노동자들이 자신의 직업이나 영역에 머무르도록 기대되지는 않는다(Wren, 이 책 8장 참조).

교육과정의 초기에 학생들을 다양한 학업 트랙으로 선발하여 교육하는 삼원 교육 시스템tripartite education system의 높은 계층화에도 불구하고, 숙련 형성 체계의 목표는 여전히 산업계의 요구에 맞는 최소한의 특정한 숙련을 제공하는 것이다(Estevez-Abe et al., 2001). 고용주가 이 시스템에 참여하면(Busemeyer, 2009), 노동시장과 매우 밀접하게 연결되어 학교에서 노동으로의 전환이 매우 원활하고 빠르게 이루어질 수 있다.

다음으로 주로 발달한 것은 고등교육보다는 직업교육과 훈련이다. 따라서 고등교육 체계는 다소 제한적인 것으로 남아 있다(Ansell, 2008). 2015년 기준으로 고등교육을 마친 25세에서 45세 사이의 연령집단은 29.6%에 불과하다(표 11.5 참조). 독일의 '높은 숙련의 균형high skill equilibrium'의 핵심을 전통적으로 구성하는 것은 이중적 견습 체계이다(Brown et al., 2001; Finegold, 1999). 전반적으로 독일의 교육은 등록률이 높을 뿐만 아니라 문해력과 수리력 모두에서 높은 숙련 수준을 보유하고 있다(표 11.5 참조).

고등교육의 발전이 낮은 것은 또한 학생들에 대한 지원이 제약되는 것과도 일관성을 보인다(Ansell, 2008; Garritzmann, 2016). 사실, BAföG(반은 보조금이고 반은 대출인 독일의 학생 지원)는 부모의 수입, 대학의 위치, 그리고 학생이 아직도 부모와 함께 살고 있는가의 여부 등에 달려 있어서 스웨덴에서처럼 모든 학생이 받을 수 있는 것이 아니다. 이에 대한 접근 수준은 상대적으로 낮다(표 11.6에서 보는 것처럼 25%). 이 제약성 또한 사회적 시민권의 가족화를 반영한다.

직업교육과 훈련VET은 청년실업률을 다소 낮은 수준으로 유지하는 것에서 중요한 역할을 해 왔다. 독일 경제는 대부분의 다른 국가들에 비해 위기의 영향을 비교적 덜 받았다. 청년실업을 고려한 정부의 행동은 2007년부터 다른 나라들과는 달랐다. 독일에서는 청년실업의 이슈가 우세하지는 않았기 때문이다. 제조업 수출을 강조하는 성장전략을 반영하여 대부분의 개혁은 두 가지의 방식으로 경제적 시민권의 포괄적 접근을 따랐다.

첫 번째로 지식경제로의 전환은 산업이 선진 제조업의 확장으로 변환되는 것을 의미하였다. 이는 고도의 숙련에 대한 새로운 수요를 촉진하여 대학 시스템에 압력을 가하고 2007년의 고등교육 협정High Education Pact으로 이어졌다(Durazzi and Benassi, 2020; Durazzi, 2019). 이 개혁은 대학의 응용과학 특히 STEM[5] 분야를 발달시켰다. 이는 고품질의 제조업 수출이 주도하는 성장전략

....

5 특히 교육과 관련하여 과학Science, 기술Technology, 공학Engineering, 수학Mathematics를 묶어서 표현하는 용어

의 기둥이라 할 수 있는, 훈련에 대한 투자와 특정 숙련의 중요성 모두를 보여주는 것이다.

두 번째로, 독일에서는 VET가 독일에서 청년 고용을 증진하는 가장 좋은 방법으로 여겨지고 있기 때문에(Thelen and Busemeyer, 2012), ALMP도 이러한 목표에 맞추어 구성되었다. 소위 '전환 체계transtion system'라는 시스템을 개발하였는데, 전환 체계는 저숙련 청년들이 견습 체계로 되돌아가도록 준비시키려는 것으로 표준화된 인증이 있는 것은 아니다(Kohlrausch, 2009). 이 체계는 점차적으로 규모가 커져 전체 VET 진입자의 약 삼분의 일이 청년으로 나타난다(Kohlrausch, 2009). 이는 포괄적인 전략과 일치하는데, ALMP가 VET를 통해 청년의 인적 자본에 투자함으로써 이는 숙련 형성 체제와 상호보완적이라고 여겨진다.[6]

그러므로 독일의 성장전략은 (대학의 응용과학 개발과 같은) 하이엔드와 (전환체계의 시작과 같은) 로우엔드 양자 모두에서 직업훈련에 중점을 둠으로써 숙련 형성과 ALMP 측면에서 정부의 반응을 만들어 낸 것이다. 그러나 독일에서는 정치적 체계의 능동적 역할을 찾아보기 어려운 이유가 두 가지 있다. 청년실업이 다른 나라들에 비해 매우 낮아 정치적인 이슈로 부각되기 어렵다는 점과, 메르켈의 보수당이 (연정 구성에서 약간의 변화는 있었으나) 줄곧 독일의 제일 정당이었기에 정부의 중요한 변화가 없었다는 점이 그것이다.

3) 영국

이 책의 여러 장에서 반복해 보았듯이 영국은 세 가지 요소에 기초하여 금융화를 지향한 성장전략을 따라왔다. 성장은 내수주도적·수요주도적이고,

로 사용한다. –역자주.

6 다른 한편으로 이 체계는 청년 고용을 증진하는 데 효과적으로 보이지 않고, 그 결과 내부자는 이원화된 체계로 진입하고 외부자(대개 이민 남성들)는 전환 프로그램에 고착되어 VET의 이원화로 이어질 수 있어서 비판받고 있다(Busemeyer, 2011; Kohlrausch, 2009). 일하고 싶어 하는 중도퇴학자의 수준이 중간 정도라는 것을 볼 수 있다(표 11.5 참조).

이 수요는 사적 부채에 의해 충당되고(Crouch, 2009), 금융은 성장의 주된 동력이다. 숙련의 측면에서 이 전략은 두 가지 결과를 가져온다. 특별히 금융 분야 그리고 일반적으로 역동적 서비스 분야는 고도의 일반적 숙련에 의존하기 때문에 HE가 확대되기를 바라고(Ansell and gingrich, 2013), 경제 전반적으로는 역동적 서비스 분야의 고숙련 고임금 일자리와 나머지 경제 분야 특히 저비용 서비스 분야의 저숙련 저임금 일자리로 양극화되어 있다(Green, 2001).

그러므로 고등교육은 확장되고 있는데(표 11.5 참조), 청년의 경제적 시민권은 선별적인 것으로 나타난다. 사실 교육체계는 매우 엘리트주의적이고 파편적이고 강력한 교육불평등을 만들고 있고(Allmendinger and Leibfried, 2003; Green et al., 2014; Janmaat et al., 2013), 낮은 교육 등록률과 낮은 숙련 수준을 나타내고 있다(표 11.5 참조). 비록 교육 특히 HE는 2000년대 신노동당의 의제New Labour's agenda의 핵심에 있기도 했지만, 영국의 숙련 형성 체계의 특징은 지속적으로 나타났다.

HE의 확장을 위해서 학생 지원은 꽤 광범위하게 이루어져 왔다. 1990년대 소득 조건부 상환 대출 체계가 실행되었는데, 이는 더 많은 청년들이 고등교육을 받을 수 있도록 모든 대학 학부생들이 지원을 받을 수 있게 하려는 것이었다(Garritzmann, 2016; Harris, 2000). 등록금이 대폭 인상되었을 때, 등록금과 일상생활 유지비를 위한 대출은 부모 소득과 무관하게 설계되었다. 대출 체계는 매우 중요하여 표 11.6에서 보는 것처럼 89.3%의 학생들이 혜택을 받았다. 학생 지원의 확장은 두 가지 중요한 측면을 보여 준다.

첫째, 보조금과 대출을 병행하는 스웨덴이나 덴마크와 달리, 보조금이 아닌 대출로만 학생 지원을 확대한 것은 금융화 전략 및 이른바 '자산기반 복지국가asset-based welfare state'라고 불리는 그 보완적 복지와 일치하는 방식이다(Hay, 2013). 복지국가에 대한 이러한 접근은 개인을 미래의 복지를 위해 자산을 투자해야 하는 합리적 주체로 보는 것이다. HE의 확장과 학생 대출의 확충에 따라 청년은 자신의 인적 자본에 투자하고, 고임금이라는 대가로 보상을 받는다는 것이다. 그 결과 얻는 이득이 사적인 것이므로 투자의 부분을 스스로 지불하는 것이 논리적이라고 본다.

둘째, 우선 청년의 사회적 시민권의 개인화 때문에 학생 지원의 확충이 가능했다. 아동은 16세가 되었을 때, 아직 교육을 받고 있다면 19세가 되었을 때, 더이상 부모에게 양육비를 요청할 수 없다. 마찬가지로 가족 급여에도 이러한 연령 제한이 있어서 가족정책은 학생 지원에 아무런 역할을 하지 못한다(고등교육을 받는 자녀를 둔 부모에게는 세금 감면 혜택이 없다).

교육을 받고 있지 않은 청년에게는 18세부터 실업 지원(소득 기반의 구직자 수당)과 사회부조(소득 지원)가 적용가능하다.[7] 그러나 25세 미만은 최저율의 급여를 받는다(Harris, 2000). 이러한 25세의 연령 제한은 가족화의 논리를 보여 주는 것이 아니라, 자유주의 복지체제와 그 선별적 급여targetted benefits의 전형적인 특징인 복지 의존성에 대한 두려움을 나타낸다. 청년들은 성인으로 간주된다. 하지만 완전한 성인은 아니다. 청년들은 복지 의존성이 더 높을 것으로 예상되며, 이는 이들을 다시 일터로 복귀시키기 위해 급여 비율을 낮게 책정하는 것을 정당화한다. 따라서 청년들이 '근로연계형 복지welfare to work' 프로그램에 참여하는 만큼에 대해서만 이 급여들이 작동한다.

신노동당 정부에서는 1998년 '청년을 위한 뉴딜New Deal for Young People, NDYP'을 시작했다. 복지 의존성과 싸우고, 저숙련 청년들의 인적 자본에 투자하는 양자 모두의 방법을 통해 청년실업에 대응하려는 아이디어였다. 그러나 현실에서는 이 프로그램의 훈련 내용은 국가의 지출 축소와 고용주의 저조한 참여로 인해 제대로 작동하지 않았다(Busemeyer, 2015; Kohlrausch, 2009). 전반적으로 조합주의의 수준이 낮고 고용주의 참여율도 낮아 이러한 약점이 나타났다(Martin and Swank, 2004, 2012).

이 ALMP는 노르딕 국가들을 본받아 저숙련 청년들에 초점을 둔 것으로 보이지만, 영국에서 실행된 전반적 고용정책들에 비추어 볼 때 주변적인 것에 머무르는 수준이었다. 선별적 전략에 맞추어, 공공개입은 주로 노동수

....

7 수급 자격의 기준은 2019년에 시작된 유니버설 크레딧Universal Credit과 같다.

요에 초점이 두어져 있는데 노동시장의 탈규제(Emmenegger, 2009; Thelen, 2014), 청년 노동비용의 경감을 통해 이루어진다. 예를 들어 1986년에 임금위원회Wage Councils의 결정에 따라 21세 미만은 최저임금에서 제외하였고(Jones and Wallace, 1992), 1999년에 청년에게는 국가 최저임금의 감소율을 적용하였다. 고용정책의 주된 표적은 노동의 수요 부분이었다. 그리고 노동시장의 탈규제와 (직업보조와 더 낮은 최저임금을 통한) 청년 노동자의 노동비용 경감이라는 양자가 국가 개입의 핵심이었다.

2008년 위기 이후, ALMP의 개혁은 이 전략을 더욱 강화했다. NDYP는 '유연한 뉴딜Flexible New Deal'로 대체되었는데, 이 자체는 2011년에 보수당 정부에 의해 '노동 프로그램Work Programme'으로 대체되었다. 구직자 수당JSA을 9개월 간 받고 있는 25세 미만 청년은 반드시 이 프로그램에 참여해야 한다. 2012년에 '청년 계약Youth Contract'이 실행되었는데, 이는 대부분의 업무 실습, 고용주를 위한 견습 수당, 혹은 청년을 고용하는 고용주를 위한 임금 보조(비록 이 마지막 계획은 2014년에 종료되었지만)를 포함하였다. 훈련 요소도 존재하지만 이는 16~17세 연령층에 초점을 맞추고 있다. 같은 해에 복지개혁법Welfare Reform Act이 복지지출을 줄이고, 복지의 활성화와 조건화를 강화하기 위해 채택되었다. 사회적 급여 수혜자의 소위 복지 의존성이라는 이유 때문에, 주된 자산조사 급여를 대신해서 유니버설 크레딧을 도입하였다. 25세 미만의 청년들은 여전히 낮은 비율의 수급을 받았고, 현재는 21세 미만은 실업 첫 6개월 내에 '청년의무지원 프로그램Youth Obligation Support Programme'에 참여해야 한다. 이 프로그램 전인 2015년에, 21세 미만을 위한 고용주의 국가보험 기여는 폐지되었다.

청년에 관해서 영국의 성장전략은 3가지 주요한 복지개혁으로 귀결되었다. 첫째, 숙련 형성 체계는 높은 일반숙련을 증진하기 위해 중요한 요소인 HE가 발달하면서 다소 변화하였다. 그러나 엘리트주의적이고, 노동시장의 전반적 양극화를 반영하여 중요한 교육적 불평등을 낳고 저숙련 청년들의 학교탈락이 많다는 문제점은 여전히 남아 있다. 둘째, 청년 노동비용의 절감과 아울러 노동시장의 탈규제는 청년실업에 대응하기 위한 공공개입의 핵심이다. 셋째, 청년실업의 결정요인으로서 복지 의존성에 초점을 맞추어 본다면 실업자에 대한 급여를 낮추는 것과 함께 사회적 급여를 활성화시키는, 즉, '인센티브 강화incentives reinforcement' 지향의 ALMP로 생각해 볼 수 있다. 신노동당은 NDYP를 통해 ALMP의 방향을 보다 포괄적인 전략으로 전환하려 했지만, 여전히 낮은 수준의 인적 자본 투자로 어려움을 겪고 있었다. 이뿐만 아니라 금융위기 이후에는 2010년 보수당 정부가 들어서면서 ALMP 개혁의 '선별주의적selective' 지향이 더욱 강화되었다.

4) 프랑스

프랑스는 남부 유럽의 '공적으로 지원되는 국내수요' 전략과 좀 더 연결된다. 이 책의 여러 장에서 보았듯이 프랑스의 성장은 국내 가계 소비에 의해 주도된다. 영국과의 차이는 이 수요가 사적 부채에 의해서가 아니라 높은 사회지출과 높은 법적 최저임금SMIC[8]으로 보장되는 상대적 고임금을 통해 지원된다는 것이다. 그러나 임금의 상승은 생산성의 상승과 일치하지 않았다(Askenazy et al., 2013). 그 결과 정부는 딜레마에 직면해 왔다. 생산성을 높이도록 인적 자본 투자를 증가할 것인가(이는 단지 장기적 효과이다), 혹은 소비위축 가능성을 감수하고 단기적으로 고용 효과를 기대할 수 있도록 실제 생산성에 맞추어 노동비용을 경감할 것인가의 딜레마이다(Boyer, 1995). 경제와 정치 행위자 사이의 조정이 잘 되지 못하여 두 가지 전략 사이에서 계속 주저하였다. 결국 정책은 노동비용에 더 초점을 두는 쪽으로 기울었고, 이는 수출주도 체제로의 전환 시도가 실패한 것으로 설명된다(Avlijaš et al., 이 책 12장 참조).

이것은 숙련 형성 체계 및 청년의 경제적 시민권과 일치한다. 실제로 경제는 이원화되어 있다. 하나는 과거 산업에서 '챔피언 국가champions nationaux'

8 Salaire Minimum Intersectoriel de Croissance.

로 대표되거나(Palier and Thelen, 2010) 최근 부각되는 역동적 서비스로 대표되는(Culpepper et al., 2006) 고숙련, 고임금 부문이고 다른 하나는 서비스 부분에서 나타나는 저숙련, 저임금 일자리 부문이다. 프랑스의 숙련 형성 체계는 스웨덴처럼 '국가주의statist'(기업의 참여는 적고 국가의 참여가 많은)이지만, 그 '공화주의적 엘리트주의republican elitism' 때문에 훨씬 더 양극화되어 있다(Baudelot and Establet, 2009). 이는 낮은 교육 등록률, 더 낮은 숙련 수준과 아울러 교육에서의 높은 불평등 수준을 야기하고 있다(표 11.5 참조). 이 저숙련 청년들은 노동시장에서 큰 어려움을 겪게 되고(표 11.5를 보면 취업 목적 중도퇴학자들은 4.2%로 스웨덴의 2배이다), 그나마 취업에 성공하더라도 질 낮은 일자리에만 집중하게 된다(Cahuc et al., 2011; Cahuc et al., 2013). 이 청년 경제적 시민권의 '선별적' 모습은 결국 프랑스에서 청년실업률이 구조적으로 높아지게 만들고 있다(Chevalier, 2019).

성장전략의 특성과 노동비용에 대한 관심을 반영하여, 청년실업과 싸우려는 국가의 개입은 청년의 노동비용에 초점을 두어 왔다. 1977년의 고용협약 이후, 국가는 저숙련 청년을 채용하는 고용주에 대해서는 사회기여 부분에서 면제를 많이 해 주었다(Aeberhardt et al., 2011). 그 결과, 특히 1990년대 이후 민간 부문뿐만 아니라 공공 부문에서도 소위 '보조금 지원 일자리emplois aides'라는 청년층의 비전형적 고용이 증가했다(Lefresne, 2012). 그러므로 이 개입은 노동수요에 초점을 둔 것이다.

여전히 VET는, 특히 견습의 발달을 통해 이 고용정책에서 중요한 부분이 되어 왔지만(소위 'politique d'insertion des jeunes'), 점점 더 저숙련자가 아닌 HE 분야의 젊은이들이 많은 혜택을 받고 있다(Sanchez, 2012). 이는 저숙련자의 인적 자본에 투자하지 않고, 반대로 이미 자격을 갖춘 사람에게만 숙련을 전수하여 숙련 불평등을 심화시키는 전반적인 엘리트주의 시스템의 특성을 반영한다.

중요한 교육적 불평등을 야기하는 선별적인 경제적 시민권에도 불구하고, HE는 1990년대에 상당히 팽창하였다. 이는 부분적으로 역동적 서비스의 발달에 따른 것이다. 이는 고숙련의 역동적 서비스 전략이라기보다는 주로 실업과 싸우기 위한 전략(대학에 가는 청년들이 실업으로 집계되지 않는다)으로 보인다. 노르딕 국가의 양질의 수출에 초점을 맞춘 성장전략처럼 일자리 구조에 대한 업그레이드가 병행되지는 않았기 때문이다(Ansell and Ginggrich, 2018). 이는 부분적으로는 거시적 조합주의의 수준이 낮기 때문인데, 거시적 조합주의가 존재하는 경우라면 경제주체들이 고부가가치 부문을 전문화하기 위해 효율적으로 협력할 수 있었을 것이다. 이에 따른 결과의 하나가 청년들 사이의 숙련과 과잉교육의 미스매치가 증가한다는 것이다.

대부분의 비스마르크식 복지 체제와 가톨릭 전통을 가진 대륙국가들과 마찬가지로 프랑스에서는 청년의 사회적 시민권이 강하게 가족화되어 있다(Chevalier, 2018). 이러한 가족화는 학생 지원과도 관련이 있다. 가족정책은 HE에 있는 청년들을 지원하는 데도 핵심적일 뿐만 아니라(가족 급여와 가족을 위한 세금 감면), 학생보조금은 부모의 수입에 따라 주어진다. 이것이 전체 전일제 학생의 80~100%가 혜택을 받는 개인화된 학생 지원과는 달리 2016년에서 2017년 기간에 프랑스에서 39.2%의 학생에게만 지원이 이루어진 이유이다(표 11.6 참조).[9]

어떻게 HE는 늘리면서 동시에 학생 지원을 줄이는 것이 가능했을까? 1990년대 초에 HE의 팽창이 일어난 것과 동시에 유급고용되지 않은 청년에게 주택급여(ALS와 APL)가 시작되었다. 이는 프랑스식 '공공의 지원 전략'과 사회 지출의 확장을 보여 준다. 의도하지 않은 결과로, 이는 학생들이 이 개인화된 급여를 받을 수 있게 했다(Van de Velde, 2008). 가족화의 환경 속에서 HE의 팽창에 수반된 개인화된 학생 지원은 (주택정책에서 학생 지원으로의) '전환' 과정을 거쳐 주변적으로 이루어졌다(Chevalier, 2012; Streeck and Thelen, 2005).

....

9 프랑수아 할랑드Francois Hallande의 재임기간(2012~2017) 동안에 청년과 교육에 관한 몇 가지 개혁이 통과되었다. 그중 하나는 보조금 범위를 30%에서 거의 40%로 확대하여 좌파 정당이 학생 재정에 미치는 영향에 대한 가리츠만Garritzmann의 주장을 확인시켜 주었다(2016).

위기의 결과로 정부들은 성장전략에 부합하는 개혁을 채택했다. 높은 청년실업과 이중화된 노동시장의 맥락에서 이들 대부분은 청년들의 비전형적 고용을 촉진했다. 그러나 당파적 정치에 따라 여전히 약간의 차이를 볼 수 있다. 우파 정부는 위기가 시작되었을 때, 노동 연계의 복지개혁을 채택했다. 자산조사 방식의 급여인 'RSArevene de solidarite active'가 2008년에 기존의 'revenu minimum d'insertion'을 대신했다. 사회적 시민권의 가족화 때문에 25세 미만의 청년은 이것을 신청할 수 없었다. 'RSA jeune'는 2010년에 채택되었다. 그러나 이에 접근하는 조건(지난 3년간 2년 이상 근로)은 너무 엄격해서 극소수만이 실제로 이에 지원할 수 있었다(2017년에 단지 1,000명의 청년만이 신청하였다).

2012년에 좌파 정부가 이전 정부와는 달리 청년을 위해 행동하겠다고 선언하며 집권하였다. 청년실업에 관련하여, 이들은 두 가지 상반된 유형의 개혁을 시행했다. 한편으로는 블란다스의 발견(Vlandas, 2013)과 같이 'contrat d'avenir'라 불리는 새로운 형식의 보조금 일자리를 2014년에 시작하여 직접적인 (비전형) 일자리를 지원하였다. 다른 한편으로는 노르딕 국가들과 EU로부터 영감을 받아 '청년보증 프로그램garantie jeunes'을 채택하였는데, 이는 2013년에 실험적으로 도입하여 2017년에 실행하였다.

이 개혁은 저숙련 청년들에게 두 번째 기회를 주는 것이 목표이기 때문에, 사회적 시민권의 개별화(18세에서 25세 사이의 청년들은 RSA에 해당하는 혜택을 청구할 수 있음)와 포괄적인 경제적 시민권이라는 양자의 방향 모두에서 좌파의 정치적 움직임을 반영한다. 그러므로 정당은 개혁에 대해 어느 정도의 권한을 가지고 있는 것으로 보인다. 그럼에도 불구하고 성장전략의 구조적 영향에 대해 상기해 본다면, 좌파 정부와 정당이 자율적 권한을 가지고 있었다는 결론은 두 가지 측면에서 제약될 수밖에 없다.

첫째, 이러한 개혁의 실행은 노르딕 국가들의 청년보증에서 나타나는 '학습 우선learn-first'을 반영하는 것이 아니라, '일 우선work-first'의 지향을 나타낸다. 그 목표는 청년들의 숙련 향상보다는 여전히 가능한 빨리 청년들에게 직업을 주려는 것이다. 둘째, 지출 측면에서 정부의 개입은 주로 2014년 '빈곤층 경쟁력 강화 및 고용 지원 정책credit d'impôt pour la compétitivité et l'emploi'을 통해 (청년 노동만이 아니라) 노동력 전반에 초점을 맞췄다.

그러므로 좌파 정부가 노르딕 체제를 반영하는 정책을 시행하려고 시도해 왔지만, 청년실업에 대응하는 프랑스 정부의 기본적인 활동은 비정형 고용을 촉진하고 청년 노동비용을 절감하려는 것으로 그 성장전략의 특성을 반영한 것이다.

4. 결론

이 장에서 필자는 이 책에서 규명한 성장전략, 일반적인 사회-경제적 제도, 그리고 특히 청년 복지 시민권 사이의 상보성에 대해 제시하였다. 성장전략은 청년 복지 시민권 체제만이 아니라 사회경제적 제도에 의해 구조화되고 또한 이를 형성한다. 그러나 청년실업률을 낮추기 위한 ALMP 개혁과 같은 청년 관련 이슈에 대해서 정당도 (성장전략에 따른 경로 내로 국한되지만) 여전히 어느 정도 권한이 있다. 이 결과는 세 가지 측면에서 이 책의 논지에 기여한다.

첫째, 이 장의 내용은 이 책에서 적용한 성장전략 관점이 타당하다는 것을 보여 준다. 사실 두 가지 주요한 성장의 영역인 총수요와 주요 경제 영역은 숙련의 내용(영역에 따라 특정한 것인가와 일반적인 것인가), 그 수준과 분포(수출 성과와 관련하여 높고 평등한가와 양극화되었는가)를 구조화한다. 이는 HE의 중요성과 그에 따른 학생 지원의 확대(HE에 대한 접근은 사회권의 개인화 형태를 함의한다)를 통해 청년의 경제적 시민권만이 아니라 청년의 사회적 시민권에도 영향을 미친다. 그러나 국내 소비의 원천 또한 중요하다. 만약 가계 소비가 사적 부채로부터 나온다면 복지는 자산 기반의 성격이 되는데, 이는 영국의 학생 대출 도입과 방향이 일치한다. 또 만약 가계 소비가 높은 임금에 기초한다면, 정부가 딜레마에 빠질 수 있다. 임금을 유지하고(이를 통해 성장) 그 대신 단기적으로 고용주의 경쟁력을 감소시킬 것인가(최소한으로), 혹은 경쟁력 제고를 위해 노동비용을 감소시켜 결과적으로 고용을 촉진하도록 도모할 것인가. 이 딜레마를 해결하기 위해, 이원화 논쟁에 따라, 프랑스 정부가 청년 노동비용 감소에 초점을 두었던 것을 살펴 보았다.

둘째, 이 내용들은 사회 투자 문헌들에 두 가지로 기여하고 있다. 하나는 사회 투자 문헌들에서는 보통 초기 아동기를 강조하면서 역동적 관점에서 전체 생애과정을 조망하는 것이 중요하다고 주장해 왔다. 필자는 청년의 시기인 성인기로의 전환 역시 변화되었음을 보여 주었다. 그리고 복지국가가 이 변화된 전환을 어떻게 구조화하는지, 또 지금까지는 항상 함께 분석되지는 않았던 교육, ALMP, 사회정책, 학생 지원 등 다양한 정책을 어떻게 명확하게 표현할 수 있는지를 이해할 수 있는 이론적 분석틀을 제안하였다. 다른 하나는 이 책의 일반적인 논지에 따라, 사회 투자 정책(노르딕 국가들의 '청년 역량 강화 시민권youth enabling citizenship'과 같은)이 정치만이 아니라 특정한 성장전략에 얼마나 의존하고 있는지를 보여 주었다(Beramendi et al., 2015). 만약 정당의 역할도 중요하다면, 정당체계(Manow et al., 2018)와 성장전략 모두에 의존하는 '조건화된conditional' 수준의 효과를 가진다. 전혀 다른 경제적 맥락에서 이 사회정책들을 채택하는 것은 불가능하거나 혹은 예상과 전혀 다른 효과를 나타낼 수도 있다. 이는 중요한 정책적 함의로 주목해야 한다.

마지막으로, 여기에서의 내용들은 청년에 대한 연구문헌을 확장하였다. 사실 청년 연구들과 청년 전환의 사회학은 두 가지 한계 때문에 어려움을 겪어 왔다. 청년의 전환이 실제 나타나고 있는 경제적 그리고 제도적 맥락 전반에 대한 고려 없이 청년과 청년 정책에만 초점을 두었다는 점이다. 청년은 생애에서의 새로운 단계로 개념화되기 때문에, 전체적인 인구를 고려한 이슈들과 분리시켜 논의되곤 한다. 여기서 필자는 청년을 환유換喩, metonymy로 분석해야 함을 보여 주었다. 청년은 분명히 전체 인구의 한 부분이고, 전 생애주기 중에서 한 부분이다. 하지만 동시에 전세계에서 더 광범위하게 나타나는 일들을 반영하고 있기도 하다. 그 결과로 청년을 이해하기 위해서는 사회의 전 세계적 그림들을 보아야 할 필요가 있다. 청년을 연구하는 학자들이 경제를 고려할 때, 보통 신자유주의를 지향하는 공통의 경향을 전제하고 이것이 청년들에게 의미하는 바에 대해서만 초점을 두곤 한다. 여기에서 필자는 경제는 실제로 고려되어야 하는 것이지만, 비교정치경제학 문헌에서 나타나듯이 경제는 제도적으로 착근되어 있음embedded을 보여 주었다. 이것이 '청년의 정치경제학' 대신에 국가 간 다양성이 여전히 높은 이유이다(Cote, 2014). 그러므로 필자는 '청년 전환의 비교정치경제학'에 더 찬성하는 논의를 전개하였다.

참고문헌

Aeberhardt, R., Crusson, L., and Pommier, P. 2011. "Les politiques d'accès à l'emploi en faveur des jeunes: qualifier et accompagner." In *France, portrait social.* Paris, INSEE: Insee Références, 153-72.

Allmendinger, J. and Leibfried, S. 2003. "Education and the welfare state: the four worlds of competence production." *Journal of European Social Policy* 13(1): 63-81.

Ansell, B. W. 2008. "University challenges: explaining institutional change in higher education." *World Politics* 60(2): 189-30.

Ansell, B. W. and Gingrich, J. 2013. "A tale of two trilemmas: Varieties of higher education and the service economy." In *The Political Economy of the Service Transition*, edited by Anne Wren. Oxford: Oxford University Press, 195-24.

Ansell, B. W. and Gingrich, J. 2018. "Skill in Demand? Higher Education and Social Investment in Europe". In *Welfare Democracies and Party Politics. Explaining Electoral Dynamics in Times of Changing Welfare Capitalism*, edited by Philipp Manow, Bruno Palier, and Hanna Schwander. Oxford: Oxford University Press, 225-53.

Anxo, D. and Niklasson, H. 2006. "The Swedish model in turbulent times: Decline or renaissance?" *International Labour Review* 145(4): 339-71.

Askenazy, P., Bozio, A., and García-Peñalosa, C. 2013. "Wage dynamics in times of crisis." *Notes du conseil d'analyse économique* (5): 1-12.

Baudelot, C. and Establet, R. 2009. *L'élitisme républicain : L'école française à l'épreuve des comparaisons internationales.* Paris: Seuil.

Beramendi, P., Häusermann, S., Kitschelt, H., and Kriesi, H. (eds.). 2015. *The Politics of Advanced Capitalism.* Cambridge: Cambridge University Press.

Billari, F. 2004. "Becoming an Adult in Europe: A Macro(/Micro)-Demographic Perspective." *Demographic Research* 3: 15-44.

Birnbaum, S., Ferrarini, T., Nelson, K., and Palme, J. 2017. *The Generational Welfare Contract: Justice, Institutions and Outcomes.* Cheltenham, UK; Northampton, MA: Edward Elgar Pub.

Bonoli, G. 2010. "The Political Economy of Active Labor-Market Policy." *Politics & Society* 38(4): 435-57.

Bourdet, Y. and Persson, I. 1991. "Politiques de l'emploi et durée du chômage: une comparaison franco-suédoise." *Observations et diagnostics économiques* 38: 65-92.

Boyer, R. 1995. "Wage austerity or/and an educational push: the French dilemma." CEPREMAP *Working Paper* no. 9516. Paper prepared for the 10th IIRA WORLD CONGRESS, Washington DC, May 31-June 4, 1995. http://www.cepremap.fr/depot/couv_orange/co9516.pdf

Brown, P., Green, A., and Lauder, H. 2001. *High Skills: Globalization, competitiveness, and skill formation*. Oxford: Oxford University Press.

Busemeyer, M. 2009. "Asset specificity, institutional complementarities and the variety of skill regimes in coordinated market economies." *Socio-Economic Review* 7(3): 375-406.

Busemeyer, M. 2011. "Varieties of cross-class coalitions in the politics of dualization: Insights from the case of vocational training in Germany." *MPIfG discussion paper* 11/13.

Busemeyer, M. 2015. *Skills and Inequality. Partisan politics and the political economy of education reforms in Western welfare states*. Cambridge: Cambridge University Press.

Cahuc, P., Carcillo, S., Galland, O., and Zylberberg, A. 2011. *La machine à trier: Comment la France divise sa jeunesse*. Paris: Eyrolles.

Cahuc, P., Carcillo, S., and Zimmermann, K. F. 2013. "The employment of the low-skilled youth in France." *IZA Policy Paper*, 64.

Chevalier, T. 2012. *L'Etat-providence et les jeunes*. Paris: L'Harmattan.

Chevalier, T. 2016. "Varieties of youth welfare citizenship. Towards a two-dimension typology." *Journal of European Social Policy* 26: 3-19.

Chevalier, T. 2018. "Social Citizenship of Young People in Europe: A Comparative Institutional Analysis." *Journal of Comparative Policy Analysis: Research and Practice* 20(3): 304-23.

Chevalier, T. 2019. "Pourquoi y a-t-il plus de jeunes au chômage en France qu'en Allemagne? Économie politique d'une citoyenneté économique." *Revue française de science politique*, 5(69): 793-20.

Côté, J. E. 2014. "Towards a new political economy of youth." *Journal of Youth Studies* 17(4): 527-43.

Crouch, C. 2009. "Privatised Keynesianism: An Unacknowledged Policy Regime." *British Journal of Politics & International Relations* 11(3): 382-99.

Culpepper, P. D., Hall, P. A., and Palier, B. (eds.). 2006. *La France en mutation. 1980-2005*. Paris: Presses de Sciences Po.

Durazzi, N. 2019. "The Political Economy of High Skills: Higher Education in Knowledge-Based Labour Markets." *Journal of European Public Policy* 26(12): 1799-817.

Durazzi, N. and Benassi, C. 2020. "Going Up-Skill: Exploring the Transformation of the German Skill Formation System." *German Politics* 29(3): 319-38.

Emmenegger, P. 2009. *Regulatory Social Policy: The Politics of Job Security Regulations*. Bern: Haupt Verlag AG.

Esping-Andersen, G. 1990. *The Three Worlds of Welfare Capitalism*. Princeton: Princeton University Press.

Estevez-Abe, M., Iversen, T., and Soskice, D. 2001. "Social Protection and the Formation of Skills: A Reinterpretation of the Welfare State." In *Varieties of Capitalism*, edited by Peter Hall and David Soskice. Oxford: Oxford University Press, 145-83.

Eurydice 2017. *National Student Fee and Support Systems in European Higher Education*. Luxembourg: Publications Office of the European Union.

Finegold, D. 1999. *The German Skills Machine: Sustaining comparative advantage in a global economy*. New York, Oxford: Berghahn Books.

Garritzmann, J. L. 2016. *The Political Economy of Higher Education Finance. The politics of tuition fees and subsidies in OECD countries, 1945-2015*. London: Palgrave Macmillan.

Green, A. 2001. "The United Kingdom—High skills/low skills model." In *High Skills. Globalization, competitiveness, and skill formation*, edited by P. Brown, A. Green, and H. Lauder. Oxford: Oxford University Press.

Green, A., Green, F., and Pensiero, N. 2014. "Why are literacy and numeracy skills in England so unequal? Evidence from OECD's Survey of Adult Skills and other international surveys." *LLAKES research paper*, 47.

Guillemard, A.-M. 1986. *Le Déclin du social : Formation et Crise des politiques de la vieillesse*. Paris: PUF.

Hall, P. A. and Soskice, D. (eds.). 2001. *Varieties of Capitalism: The Institutional Foundations of Comparative Advantage*. Oxford: Oxford University Press.

Hassel, A., Naczyck, M. and Wiss, T. 2019. "The Political Economy of Pension Financialisation: Public Policy Responses to the Crisis." *Journal of European Public Policy*: 26(4): 483-500.

Harris, N. S. 2000. "Social security and education." In *Social Security Law in Context*. Oxford: Oxford University Press, 327-61.

Hay, C. 2013. *The Failure of Anglo-liberal Capitalism*. Basingstoke: Palgrave Macmillan.

Heywood, C. 2001. *A History of Childhood: Children and Childhood in the West from Medieval to Modern Times*. Cambridge: Polity Press.

Hummeluhr, N. 1997. *Youth Guarantees in the Nordic Countries*. Paris: OECD Publishing.

Iversen, T. and Stephens, J. D. 2008. "Partisan politics, the welfare state, and three worlds of human capital formation." *Comparative Political Studies* 41(4-5): 600-37.

Janmaat, J. G., Duru-Bellat, M., Green, A., and Méhaut, P. (eds.). 2013. *The Dynamics and Social Outcomes of Education Systems*. Basingstoke: Macmillan.

Jones, G. and Wallace, C. 1992. *Youth, Family, and Citizenship*. Maidenhead: Open University Press.

Kohli, M. 1986. "The World We Forgot: A Historical Review of the Life Course." In *Later Life:*

The social psychology of ageing, edited by V. W. Marshall. Beverly Hills: SAGE, 271-303.

Kohlrausch, B. 2009. *A Ticket to Work: Policies for the Young Unemployed in Britain and Germany*. Frankfurt: Campus Verlag.

Lefresne, F. 2012. "Trente-cinq ans de politique d'insertion professionnelle des jeunes: un bilan en demie-teinte." In *Politiques de jeunesse: le grand malentendu*, edited by Valérie Becquet, Patricia Loncle, and Cécile Van de Velde. Nîmes: Champ social, 106-25.

Leisering, L. 2003. "Government and the life course." In *Handbook of the Life Course*, edited by J. T. Mortimer and M. J. Shanahan. New York: Kluwer Academic Publishers, 205-25.

Lynch, J. 2006. *Age in the Welfare State: The Origins of Social Spending on Pensioners, Workers, and Children*. Cambridge: Cambridge University Press.

Manow, P., Palier, B., and Schwander, H. (eds.). 2018. *Welfare Democracies and Party Politics. Explaining Electoral Dynamics in Times of Changing Welfare Capitalism*. Oxford: Oxford University Press.

Manow, P. and Van Kersbergen, K. (eds.). 2009. *Religion, Class Coalitions, and Welfare States*. Cambridge: Cambridge University Press.

Marshall, T. H. 1950. *Citizenship and Social Class and Other Essays*. Cambridge: Cambridge University Press.

Martin, C. J. and Swank, D. 2004. "Does the organization of capital matter? Employers and active labor market policy at the national and firm levels." *American Political Science Review* 98(4): 593-611.

Martin, C. J. and Swank, D. 2012. *The Political Construction of Business Interests: Coordination, Growth, and Equality*. Cambridge: Cambridge University Press.

Mayer, K. U. and Schoepflin, U. 1989. "The state and the life course." *Annual review of sociology* 15: 187-209.

Morel, N., Palier, B., and Palme, J. (eds.). 2012. *Towards a Social Investment Welfare State?: Ideas, Polices and Challenges*. Bristol: The Policy Press.

Müller, W. and Gangl, M. 2003. *Transitions from Education to Work in Europe: The Integration of Youth into EU Labour Markets*. Oxford: Oxford University Press.

OECD. 2010. *Off to a Good Start? Jobs for Youth*. Paris: OECD Publishing.

Oftedal Telhaug, A., Asbjørn Mediås, O., and Aasen, P. 2006. "The Nordic Model in Education: Education as part of the political system in the last 50 years." *Scandinavian Journal of Educational Research* 50(3): 245-83.

Ornston, D. 2013. "Creative Corporatism. The Politics of High-Technology Competition in Nordic Europe." *Comparative Political Studies* 46(6): 702-29.

Palier, B. and Thelen, K. 2010. "Institutionalizing Dualism: Complementarities and Change in France and Germany." *Politics & Society* 38(1): 119-48.

Sanchez, R. 2012. "L'apprentissage en 2011." *DARES Analyses* 80: 1-8.

Schmidt, V. A. 2002. *The Futures of European Capitalism*, Oxford: Oxford University Press.

Seawright, J. and Gerring, J. 2008. "Case Selection Techniques in Case Study Research: A Menu of Qualitative and Quantitative Options." *Political Research Quarterly* 61(2): 294-308.

Streeck, W. 1991. "On the Institutional Conditions of Diversified Quality Production." In *Beyond Keynesianism*. Aldershot: Edward Elgar Publishing, 21-61.

Streeck, W. and Thelen, K. (eds.). 2005. *Beyond Continuity: Institutional Change in Advanced Political Economies*. Oxford: Oxford University Press.

Thelen, K. and Busemeyer, M. R. 2012. "Institutional Change in German Vocational Training: From Collectivism towards Segmentalism." In *The Comparative Political Economy of Collective Skills Systems*, edited by Marius Busemeyer and Christine Trampusch. Oxford: Oxford University Press, 68-100.

Thelen, K. 2014. *Varieties of Liberalization and the New Politics of Social Solidarity*. Cambridge: Cambridge University Press.

Van de Velde, C. 2008. *Devenir Adulte: Sociologie comparée de la jeunesse en Europe*. Paris: PUF.

Vlandas, T. 2013. "Mixing Apples with Oranges? Partisanship and Active Labour Market Policies in Europe." *Journal of European Social Policy* 23(1): 3-20.

Walther, A. 2006. "Regimes of youth transitions: Choice, flexibility and security in young people's experiences across different European contexts." *Young* 14(2): 119-39.

제12장

유럽의 성장전략과 복지개혁

소냐 아블리야시Sonja Avlijaš
안케 하셀Anke Hassel
브뤼노 팔리에Bruno Palier

1. 서론

선진자본주의 경제의 진화 과정에서 성장전략과 관련된 복지개혁의 역할을 탐구하는 우리의 여정은 이 장에서 마무리한다. 이 장의 핵심 주장은 복지개혁이 각국의 성장전략, 즉 1980년대 이후 새로운 성장 시대에 대한 적응과 제도적, 정치적으로 연계되어 있다는 것이다. 사회정책 문헌에서 복지제도와 성장체제(그리고 더 일반적으로는 경제활동) 간의 연계는 거의 찾아보기 어렵다. 일반적으로 복지국가 개혁에 대한 주요 설명은 고령화, 여성의 노동시장 진입, 새로운 사회적 위험의 출현과 같은 인구사회학적 변화를 언급한다(Esping-Andersen, 1999; Bonoli, 2005; Hermerijck, 2013). 복지 정치에 관한 최근 연구들은 복지국가 개혁을 설명하기 위해 시민 선호의 변화와 복지국가 개혁 간의 관련성을 강조하고 있다(예: Gingrich and Häusermann, 2015). 여기서도 복지국가 개혁과 국가 경제 전략 사이에는 연관성이 없다. 복지국가 개혁이 경제문제 및 정책과 연결될 때, 복지국가 개혁은 세계화, 신자유주의, 긴축과 같은 일반적인 글로벌 요인에 의해 부과되는 것으로 묘사되는 경우가 많지만, 각국의 제도적, 정치적 특수성에 의해 완화되는 것으로 설명되지는 않고 있다.

그러나 실제로 복지 체계가 변화했을 때(Hemerijck, 2013; Palier and Hay, 2017; Taylor-Gooby et al., 2017), 그 변화가 모든 국가에 동일하게 나타나지는 않는다. 국가들이 동일한 외생적, 인구사회학적 또는 경제적 변화의 힘에 노출되었음에도 불구하고 동일한 시기나 동일한 논리를 따르지 않았다는 것이다. 독일이 훨씬 더 강력한 인구통계학적 압력을 받고 있는데 독일보다 영국이 훨씬 먼저 연금제도를 개혁한 이유는 무엇일까? 왜 유럽 대륙과 남유럽보다 영어권 국가와 북유럽 국가에서 연금 기금이 더 발전했을까(Ebbinghaus, 2011; Hassel et al., 2019)? 왜 영어권 국가에서는 정부가 노동시장을 훨씬 더 빨리 자유화했으며, 유럽 대륙의 정부는 왜 부분적으로만 이 경로를 추구했고 노동시장 유연화는 주로 비정형적 고용에만 영향을 미쳤을까(Emmenegger et al., 2012)? 사회 투자 정책(즉, 인적 자본과 역량에 투자하고 동원하는 정책)이 남유럽이나 동유럽보다 북유럽 국가에서 더 많이 채택된 이유는 무엇 때문일까(Morel et al., 2012)?

이러한 다양성은 단순히 복지제도의 경로 의존성으로 설명할 수도 있다. 그러나 스웨덴과 네덜란드의 사례를 통해 텔렌이 이 책에서 보여 주는 것처럼, 어떤 개혁은 국가의 제도적 유산에 부합하는 반면(경로 의존적 개혁), 어떤 개혁은 그렇지 않은(경로 파괴적 개혁) 등 각국의 개혁이 국가의 제도적 맥락에 부합하는 방식에 상당한 차이가 있다는 것을 알 수 있다. 게다가 경로 의존성이 복지국가 변화의 궤적을 형성하는 데 중요한 역할을 한다고 해도, 애초에 왜 개혁이 이루어졌는지, 개혁의 구체적인 내용과 시기는 설명하지 못한다. 인구통계학적 및 사회적 변화나 개인의 선호도 변화에 대한 적응은 복지제도 개혁의 시기와 내용의 차이를 설명할 수 없다.

이 마지막 장에서는 이 책의 이전 장과 복지국가 전환에 관한 다른 연구를 바탕으로 국가 성장전략을 이해하는 것이 복지개혁을 이해하는 데 도움이 된다는 사실을 보여 준다. 집필진의 핵심 제안은 복지제도 개혁이 정부의 경제성장전략의 일부라는 것이다. 정부가 유권자 집단에게 가장 크게 책임을 지는 두 가지 목표는 경제성장과 일자리 창출이기 때문에, 이는 정부의 핵심 관심사이기도 하다. 1장에서 설명한 바와 같이, 정부가 성장과 일자리 창출을 촉진하기 위해 취하는 모든 조치를 성장전략이라고 할 수 있다. 집필진은 특정 정부에 의해 계획된 전략적 행동 계획이 아니라 정책 입안자들과 정치 및 경제적 압력 사이의 일련의 시행착오와 상호작용을 통해 시간이 지남에 따라 나타나는 개혁의 궤적이 성장전략이라고 생각한다(Hassel and Palier, 이 책 1장 참조). 그런 의미에서 성장전략이 반드시 정부의 정책 담론에 명시적으로 포함되는 것은 아니다. 그럼에도 불구하고 집필진은 복지국가 개혁의 내용과 시기를 이해하기 위해서는 (일련의 경제 및 사회적 결정의 패턴으로서) 구체적인 국가 성장전략을 식별하고 분석하는 것이 필요하다고 여긴다. 성장과 일자리를 촉진하는 방법에는 여러 가지가 있으며, 이러한 국가별 차이가 1980년대 이후 이루어진 복지제도 개혁의 상당 부분을 설명한다고 주장한다.

하셀과 팔리에는 이 책의 1장에서 현대 선진 자본주의 민주주의 국가를 다섯 가지 주요 성장체제로 구분할 수 있다고 주장했다. 하지만 이러한 체제 내에서, 때로는 이러한 체제임에도, 선진 산업화된 유럽 국가들의 정부는 포스트 포드주의 시대에 성장을 창출하기 위해 각기 다른 전략을 추구해 왔다. 이 장에서는 구체적인 성장전략을 구체적인 복지국가 개혁과 연결시켜 살펴보았다.

- 고품질 제조업 기반의 수출주도형 전략은 국제경쟁력을 유지하기 위해 임금 적정화와 노동시장 내부자 보호에 의존하고 있으며, 이로 인해 노동시장과 사회 보호의 이중화를 초래했다.
- 역동적 서비스 수출 전략은 제품의 품질을 유지하고 새로운 제품과 서비스를 개발하기 위한 혁신과 고급 인력에 대한 투자에 중점을 둔다. 이를 위해서는 혁신 역량을 강화하기 위한 금융화와 유연하면서도 잘 보호받는 노동

력을 개발하기 위한 사회 보호 및 사회 투자가 필요하다.

- 외국인 직접투자FDI를 통한 수출주도 전략은 낮은 법인세와 외국인 투자에 대비해 인력을 양성하는 구체적인 사회 및 교육정책을 통해 외국인 투자자를 유치한다. 이는 비용 억제뿐만 아니라 이러한 전략으로 피해를 보는 집단에 대한 부분적인 보상도 제도화한다.
- 금융화 전략은 금융 서비스 산업을 활성화하기 위해 주택과 연금(교육 및 기타 사회서비스도 포함)을 민영화하고 시장화하는 것과 관련이 있다.
- 공공 지원 내수주도 전략은 높은 최저임금과 사회복지 혜택을 통해 내수를 안정적으로 유지해 고용과 성장을 안정시키는 것을 목표로 한다.

복지 체계 개혁과 성장전략 간의 상호작용은 자동적이거나 순수하게 기능적인 것이 아니다. 개혁은 다른 목표(선거, 재분배, 새로운 사회적 위험에 대한 대처 등)를 가질 수 있으며, 한편으로는 경제 전략과 다른 한편으로는 사회적, 정치적 목표 및 이해관계 사이에 긴장을 유발할 수도 있다. 이 장에서는 논의를 위해 이론적으로 제시된 성장전략과 복지 체계 개혁 간의 상호보완성에 초점을 맞추었다. 그러나 실제로는 '이상적 전형'의 복지개혁(이는 국가의 성장전략과 호환될 수 있음)이 일부 경우에는, 적어도 부분적으로, 선거라는 압력으로 인해 저해되었을 수 있다. 특히 국민이 불평등에 대해 우려를 표하거나, 선거 및 정당 간 경쟁의 역학이 경제성장 의제보다 우선시되는 경우가 그렇다. 이전 장들에서 실증 사례를 통해 살펴본 것과 같이 성장전략과 복지개혁을 연결하는 단일 기제는 존재하지 않는다. 성장전략과 복지개혁의 상호작용은 적어도 세 가지 기제를 통해 이루어질 수 있다. ① 복지제도가 성장을 위한 투입물로 작동하는 경우, ② 기존 복지제도가 성장의 방해물로 인식되어 이를 개혁, 축소 또는 변형해 성장을 촉진할 필요가 있는 경우, ③ 성장이 긍정적인 재분배 효과 없이 이루어질 경우, 이에 대한 보상으로서 복지국가가 강화되는 경우.

시간이 지남에 따라 성장과 복지제도의 진화 궤적이 국가를 유사하게 만들기보다는 각국의 특성을 더욱 뚜렷하게 만들었다. 이는 각국의 성장전략이 복지개혁을 형성하는 다양한 기제를 분석할 때 특히 분명해진다. 우리는 겉보기에 유사한 복지제도 개혁이 서로 다른 성장전략에 의해 추진될 때, 이러한 개혁의 설계와 특성이 상이해지며, 국가와 국민에게 미치는 영향도 다르다는 것을 보여 준다.

이 장은 네 개의 절로 구성되어 있다. 2절에서는 다섯 가지 성장전략을 복지 체계 개혁과 이론적으로 연결했다. 3절에서는 여러 유럽 국가의 주요 복지제도 개혁을 배열해 놓고 성장전략과 복지국가 개혁 사이의 연관성을 실증적으로 추적했다. 4절에서는 자본주의적 민주주의에서 성장과 복지의 정치에 대한 논의를 다시 시작했다.

2. 성장전략과 복지국가 개혁: 이론적 연계성

이전 장들에서 수출과 내수를 경제성장의 두 핵심 동인으로 분명히 했다(특히 바카로와 폰투손, 피코, 샤프). 하셀과 팔리에(이 책의 편집자)는 1장에서 수출중심 경제는 고부가가치 서비스나 제조업 제품(품질이 높거나 낮은)을 수출하는 데 의존하는 반면, 내수중심 경제는 민간 부채나 임금 및 복지 혜택을 통해 내수를 진작시킬 수 있다는 것을 보여 주었다. 모든 접근 방식은 복지개혁에 직접적인 영향을 미친다. 여기서는 이전 장들에서 분석한 다양한 국가에서 나타난 성장과 복지의 기본적인 연관성을 검토한 후, 각 성장전략과 그에 상응하는 복지국가 개혁 사이의 이론적 연관성을 체계적으로 발전시킨다.

고품질 제조품의 수출이 성장을 주도하는 경우, 노동자의 특수 숙련은 그 성장체제의 핵심 요소이다. 예를 들어, 독일에서는 이러한 숙련이 주로 기업의 재정적 지원과 통제를 받는 효율적인 견습 및 직업훈련 체계를 통해 제공된다는 것은 잘 알려져 있다. 고용주는 그들이 고용하는 노동자의 특수 숙련에 의존하며, 노동자가 직업훈련에 참여하고 이를 지원하는 데 커다란 관심을 갖고 있다. 또한 노동자의 전문성(특수 숙련)은 다른 분야로 쉽게 이전할 수 없다. 따라서 고용주는 노동자의 사회보장과 안정적 고용을 보장하는 것을 목표로 한다.

제조업 제품의 수출은 가격에 민감하기 때문에 임금 조정이 중요하다(Baccaro and Pontusson, 이 책 3장 참조). 이는 동유럽의 비셰그라드 국가와 같이 외국인 직접투자FDI에 의존하는 경제의 경우 더욱 그렇다. 외국인 직접투자에 의존하는 경제는 생산성을 유지하기 위해 외국인 투자를 끌어들이고, 생산 역량을 최신화하며, 제조업 노동자의 숙련을 보호할 필요가 있다(단, 인건비 상승으로 FDI가 감소하지 않도록 너무 많은 비용을 지출하지 않아야 한다). 이는 사회주의 시대부터 물려받은 특수 숙련 형성 체계의 유지와 제조업 구조조정의 패자들을 위한 보상적 사회 보호를 초래하며, 더 넓은 사회 투자뿐만 아니라 여성 노동력의 참여를 희생시킨다. 그러나 외국인 직접투자 주도의 수출 성장전략은 발트 국가들에서처럼 구 사회주의 산업의 해체와 함께 역동적 서비스 지향적 외국인 투자에 의존할 수도 있다. 그런 다음 복지개혁은 보상적 사회 지출을 희생해 인구 전반의 일반 숙련을 발전시키고, 그에 따른 사회 투자의 발전을 목표로 한다.

첨단기술 상품과 서비스는 가격에 덜 민감하며 고도로 숙련되고 유연한 인력을 필요로 한다(Wren, 이 책 8장). 기업은 금융 서비스(미국, 영국) 또는 신기술 기업(북유럽 국가 또는 캘리포니아)과 같이 부가가치가 높은 새로운 혁신 활동을 창출할 수 있어야 한다. 이 경우 일자리와 활동의 안정성은 앞선 사례만큼 중요하지 않을 수도 있다.

국내 가계 소비가 성장을 견인하는 데 더 큰 역할을 할 때는 두 가지 전형적인 시나리오가 나타난다. 첫째, 미국이나 영국처럼 가계 소비가 민간 부채에 의해 주도될 수 있다. 이 경우 금융 부문이 경제성장에 중요한 역할을 한다. 교육과 사회보장의 민영화는 국민에게 시장 기반 복지를 제공하고 금융 부문에 성장 기회를 제공해 이 성장전략에 기여한다. 둘째, 임금과 공적 급여는 프랑스 등 남유럽 국가들처럼 내수를 지원할 수 있다. 여기서는 보상적 사회적 급여[베라멘디 외(Beramendi et al., 2015)가 '사회적 소비'라고 부르는 것]가 핵심이다. 이 두 가지 경우 모두 공공 부채를 조달하거나 통화의 가치를 떨어뜨릴 수 있는 역량이 중요하다. 샤프(Scharpf, 이 책 5장)는 유럽통화동맹EMU이 어떻게 내수주도 성장에 의존하는 국가들의 통화의 평가절하를 막고 공공 부채 증가를 막았는지 보여 준다. 2008년 금융위기 이후 이들 국가는 성장전략을 바꾸고 인건비를 낮추라는 압력을 받고 있다. 이어지는 논의에서는 이를 복지국가 축소와 구조 개혁에 기반한 '경쟁적 빈곤' 전략이라고 부른다.

정책 결정은 기존 경제 구조에 내재되어 있으며 기존 경제 또는 부문별 전문화 패턴을 강화하는 경향이 있다. 그러나 정책 결정은 성장체제의 전환에도 기여할 수 있다. 예를 들어, 내수를 지탱하는 금융화는 정보통신기술ICT 기반 부문의 발전에 기여할 수 있다(Hassel and Palier, 이 책 1장).

다음 절에서는 복지 체계 개혁의 다양한 구성 요소가 서로 상호작용하고 성장전략과 상호작용하는 주요 기제를 간략하게 설명했다. 그런 다음 (3절에서) 이상적이고 전형적인 사례를 분석해 정부가 성장을 촉진하기 위해 복지 개혁을 어떻게 사용했는지 설명했다. 텔렌(Thelen, 이 책 6장)은 네덜란드의 성장체제가 양분화되고 스웨덴의 성장체제가 다변화되는 과정에서 노동시장 개혁과 직업교육 개혁이 어떻게 이루어졌는지 보여 준다.

집필진은 다섯 가지 성장전략을 각각의 전형적인 복지정책 세트와 연관지었으며, 이를 결합하면 다소 구별되는 유형의 복지 체계 개혁으로 특징지을 수 있다. 복지국가 개혁의 다섯 가지 유형은 복지의 이중화, 사회 투자, 재정 및 사회적 유인, 복지의 상품화, 사회적 보호주의이다. 여기서는 주요 복지정책 분야, 노동시장, 임금, 연금, 주택, 교육(사회 투자), 사회적 급여(사회 지출)에 초점을 맞추었다. 현실에서는 서로 다른 유형이 양립할 수 없다. 예를 들어, 임금인상과 높은 사회적 급여를 유지하는 것은 제조업의 수출을 촉진하기 위한 임금억제 정책과 상충될 수 있다.

1) 제조업 수출 기반 성장전략과 복지의 이원화

이 성장전략은 세계화와 탈산업화의 맥락에서 전통적인 제조업을 보호하는 데 초점을 맞추고 있는데, 이를 위해서는 해당 부문의 품질과 생산성을 유지하면서도 가격을 낮게 유지해야 한다. 이 성장전략은 임금 조정을 통해 노동비용을 통제하는 것이 중요하다(Johnston, 이 책 9장). 임금 조정은 내수 부족을 외부 수요가 보완하는 한 성장을 저해하지 않는다.

임금 조정과 제조업 노동의 질 유지는 노동시장 내부자 보호, 투자와 기술에 관한 제조업 노조와의 긴밀한 협력, 그리고 추가 또는 계속 교육을 제공하는 기관들과의 연계를 통한 기술 향상을 통해 이루어진다. 제조업 부문의 핵심 노동자는 임금억제와 기업 내 전직 또는 근무시간 변동과 같은 내부 유연성을 수용하는 대가로 고용 보호를 약속받는다. 공장 단위의 노동자 대표들은 단기적인 임금 상승보다는 장기적인 투자와 고용 안정을 선호하기 때문에, 지역적인 공장 수준의 합의는 노동조합 임금억제에 대한 부문별 정책을 형성하는 데 기여한다.

수출 역량이 이 전략의 핵심이기 때문에 실질환율은 핵심적 관심사이다. 재정 또는 통화정책의 완화, 임금인상 등 실질환율에 부정적인 영향을 미칠 수 있는 정책은 제도적, 정치적으로 억제된다. 이러한 정책적 대응은 교육과 보육에 대한 재정 지출뿐만 아니라 노동시장 정책에도 영향을 미친다.

수요 진작이 선택지가 아닌 상황에서 유보 임금을 낮추는 공급 측면의 정책이 도입된다. 이 전략은 또한 저렴하고 유연한 서비스 부문의 출현을 통해 국내 서비스를 저렴하게 만드는 데 달려 있다. 따라서 이중화와 공급 측면의 노동시장 정책은 경제 전문화 경향에 직접적으로 영향을 미친다(Palier and Thelen, 2010; Hassel, 2014). 기업들은 산업 구조조정을 통해 생산 공정에서 생산성이 낮은 서비스 부문과 생산성이 높은 제조 부문을 분리한다. 이를 통해 기업들은 내부적으로 노동력을 세분화하고 노동시장의 이중화를 허용하는 노동시장 규칙을 도입한다. 사회적 파트너, 즉 고용주와 노동자 대표들은 제조업을 살리기 위해 서비스업을 포함한 다른 부문에서 비정형적 고용과 저임금 부문의 출현을 용인한다(Palier and Thelen, 2010).

원가경쟁력을 확보하기 위한 또 다른 복지개혁은 제조업 수출기반 성장전략과 상호보완적으로 추진된다. 연금과 보건의료 개혁은 비임금 노동비용을 억제하기 위해 사회 지출의 증가를 제한하는 것을 목표로 한다. 라이젠비클러(Reisenbichler, 이 책 10장)는 주택정책과 관련해 보수적인 주택금융정책이 생활비, 임금, 인플레이션을 억제하기 위해 수요와 역동적인 주택시장을 억제하도록 제도화되었다는 것을 보여 준다. 역동적인 주택시장은 이러한 성장전략에서 핵심적인 수단이 아니며, 임금 조정이 모기지 수요를 더욱 감소시키고 중앙은행은 대부분 낮은 인플레이션, 물가 안정, 시장 규율에 집중한다.

2) 역동적 서비스 성장전략과 사회 투자 확대

역동적 서비스 중심 성장전략에서 정부는 지식경제에서 경쟁력을 유지하기 위해 비즈니스 커뮤니티의 품질과 혁신 역량을 강화하는 것을 목표로 한다. 이를 위해 교육과 노동력 (재)훈련, 그리고 보다 일반적인 인적 자본에 투자한다. 경제가 혁신과 변화, 그리고 외부 경쟁 압력에 적응하기 위해서는 어느 정도 노동시장의 유연성이 필요하다. 동시에 노동자는 자신의 숙련을 유지 또는 새롭게 하면서 업종을 전환할 수 있어야 한다. 숙련과 사회적 보호는 고용안정성을 통해 제공될 수 없다(이는 지나치게 경직되고 혁신할 수 없는 경제와 연관되어 있기 때문이다). 따라서 보호와 숙련의 형성 및 개선은 (복지)국가에 의해 모든 사람에게 제공된다. 고용안정을 통해서는 (노동시장이 너무 경직되어 혁신이 불가능한 경제에서나 제공하는) 숙련과 사회적 보호를 제공할 수 없기 때문에, (복지)국가가 모두에게 보호와 숙련 형성 및 향상을 제공한다. 이를 통해 노동자들은 노동시장에서 유연성을 유지하면서, 동시에 공적자금이 투입된 교육 및 훈련 제도를 통해 인적 자본에 투자할 수 있다. 또한 관대한 실업보험은 위험을 더 많이 수용하게 해 혁신에 대처할 수 있는 노동력의 역량을 강화한다(Boyer, 2000: 6).

따라서 이 성장전략에서 사회 투자와 사회 지출은 병행되며 노동생산성을 높이는 역할을 한다. 이 두 가지 요소는 혁신의 증대와 함께 임금 증가로 이어진다. 높은 임금은 소비자 행동에 영향을 미치고 내수를 자극해 결과적으로 내수를 확대한다. 따라서 이 전략은 수출주도형 성장과 내수주도형 성장의 조합을 가능하게 한다.

이러한 성장전략이 성공하기 위해서는 기업이 금융화를 촉진하는 벤처캐피탈을 이용할 수 있어야 한다. 복지 체계는 연금 기금이나 민간, 사회, 교육 서비스 개발을 통해 금융 확장을 위한 기반이 될 수 있다. 고도로 발전된 복지국가는 민간 보험을 통한 시장 기반 위험 분산 도구에 대한 수요를 감소시키지만, 역동적 서비스 확장전략의 일환으로 사회서비스의 민영화가 추진될 수 있다.

금융시장 확대는 지식기반경제의 혁신을 촉진하는 데 도움이 된다. 역동적 서비스 기반 성장전략과 금융화 기반 성장전략은 아래에 설명한 것과 같이 유사점이 있지만, 국가의 역할과 관련해 중요한 차이가 있다. 역동적 서비스 기반 성장전략에서는 민간 기업이 제공할 수 있는 교육, 사회, 보건의료 서비스에 대해 국가가 비용을 부담하는 반면, 금융화는 이를 보완하는 전략으로 추진한다. 또한 연금의 민영화와 시장화가 확대되고 있음에도 불구하고 국가는 보편적 최저 연금을 제공해 은퇴 이후 시민들이 연금의 민영화와 시장화로 인해 직면할 수 있는 위험을 줄이는 한편, 연금 기금은 민간 기업이 아닌 사회적 파트너가 소유한다(Anderson, 2019).

이 전략에서 주택정책의 목표는 노동자에게 주택에 대한 보편적 접근성을 보장하는 것이다. 이는 노동자의 삶의 질을 향상시켜 생산성을 높이는 것을 주요 정책 목표로 하는 사회 투자 형태로, 교육 및 보육과 함께 이루어진다. 서비스 제공에는 민간 공급자가 포함되지만, 정부의 개입은 소득이 일정 수준보다 낮은 계층에 제한하지 않고 모든 시민이 사회주택에 접근할 수 있도록 시장을 규제한다. 그런 의미에서, 금융시장이 광범위하게 참여하더라도 주택시장에서 국가의 역할은 강력하다. 라이젠비클러(Reisenbichler, 이 책 10장)가 강조한 바와 같이 주택금융시장의 역동성은 역동적 서비스 기반 성장 전략에 장애가 되지 않는다. 임금 상승과 국내수요 및 신용의 확장은 역동적인 주택시장을 뒷받침한다. 이는 비용 경쟁력을 중시하여 임금 상승을 억제하는 제조업 수출 기반 전략과 대조적이다.

3) FDI 기반 수출주도 성장전략과 재정 및 사회적 인센티브

수출이 GDP에서 상당한 비중을 차지하고(Hassel and Palier, 이 책 1장: 표 1.2), 외국인 직접투자FDI가 자본과 혁신의 중요한 원천이 되는 세 번째 수출주도 성장체제가 있다. 이를 'FDI 주도 성장체제'라고 한다(Nölke and Vliegenthart, 2009; Bohle and Greskovits, 2012; Bohle and Regan, 출간 예정). 이 성장전략은 세계경제에서 특정 국가의 위치를 최대한 활용하고 다국적 기업의 글로벌 공급망에서 틈새시장을 찾는 것을 목표로 한다. 이러한 FDI를 유치하기 위해 특정 재정 및 사회 정책이 개발된다.

각국 정부는 FDI를 유치하기 위해 낮은 법인세율을 책정할 뿐만 아니라 특정 부문을 대상으로 하는 세제 혜택과 보조금을 포함한 맞춤형 산업정책을 시행한다. 세금 감면(면제)과 현금 보조는 특정 전문 분야에 투자를 유치하기 위해 낮은 법인세를 보완하는 역할을 한다. 일부 국가는 다국적 제조 기업(예: 헝가리의 독일 또는 프랑스 자동차 회사)을 유치하는 것을 목표로 하는 반면, 아일랜드와 같이 미국의 하이테크 기업을 유치하려는 국가도 있다(Bohle and Regan, 출간 예정).

상대적으로 낮은 수준의 공공 사회 지출과 비임금 노동비용을 통해 낮은 노동비용이 확보된다. 따라서 정책은 외국인 투자자에 대한 사회적 매력을 높이기 위해 노동시장과 사회보장의 자유화, 복지국가의 축소, 민영화에 초점을 맞춘다. 이러한 성장전략이 실행되면 일반적으로 FDI를 유치하는 부문에 대한 경제의 심층적인 변화가 수반되며, 이로 인해 국내 기업 소유주, 비선호 부문의 노동자 또는 FDI 부문의 생산성이 낮은 노동자 등은 피해를 볼 수 있다. 이럴 경우 퇴직금, 조기 퇴직 제도와 같은 사회적 보상 기제를 도입해 외국인 투자자가 중요하게 생각하는 정치적 안정성을 보장한다. 그러나 이들 정부는 FDI에 대한 재정적 유인을 유지하면서 동시에 세금을 인상할 수 없기 때문에 사회적 보상을 위한 재정적 여력은 제한적이다.

FDI가 많이 유치되는 업종에 따라 교육 및 사회 정책을 통해 (중숙련) 제조업 전문화 또는 (다소 역동적인) 서비스업에 유리한 전략을 적극적으로 강화할 수도 있다. 정부가 제조업에서 기업의 비교우위를 지원하고자 한다면 사회보험을 유지하고 중숙련 교육 체계가 필요하며, 광범위한 사회 투자보다는 보상적 복지 체계(조기 퇴직 등을 통해 구조조정으로 인한 손실을 보상할 수 있도록)가 선호될 수 있다. 반대로, 정부가 보다 역동적인 서비스를 개발하기 위해 외국인 투자자에게 일반 숙련 인력을 제공하고자 하는 경우, (보상적 사회보험을 희생하는 대신) 교육 및 사회 투자가 이루어진다.

4) 금융화 기반 성장전략과 복지의 상품화

금융화 전략은 교육과 복지(특히 연금과 주택)의 민영화와 시장화를 통해 경제 전반의 금융화를 추진하는 전략이다. 이 성장전략은 공적 복지의 잔여주의화와 사적 사회 보호 및 교육의 확대에 의존한다. 민간 복지정책과 주택담보대출은 개인이 재정적 수단을 통해 스스로의 복지를 책임지도록 장려한다. 예를 들어 연금의 민영화는 연금 급여를 제공하는 책임을 민간 행위자, 금융 서비스 및 고용주에게 전가하는 반면, 시장화는 공적연금과 사적연금 모두에 시장기제를 제도화한다. 두 가지 모두 은퇴 위험을 개인에게 재분배하고 삶을 금융화한다(Ebbinghaus, 2015: 61; Engelen, 2003; Hacker, 2006; Langley, 2008; Dixon and Sorsa, 2009; Ebbinghaus, 2011; Hassel et al., 2019 참조).

주택의 경우, 주택 소유는 추가적인 은퇴 소득(또는 저축)의 한 형태로서 중산층의 돼지 저금통과 같은 역할을 한다. 또한, 라이젠비클러(Reisenbichler, 이 책 10장)가 설명하듯이 주택의 자가 소유율이 높으면 주택 소유와 관련된 비용이 (예를 들어, 모기지를 납부해야 하는 비용-역자) 증가하기 때문에, 유권자가 공적 복지지출에 덜 우호적이게 되면서, 복지국가 축소에 대한 대중의 지지가 높아질 수 있다.

금융 중심지는 일부 사람들에게 고임금 일자리를 제공하고 투자자를 끌어들인다. 실질소득의 증가는 금융상품의 공급 증가와 주택 수요 증가와 함께 신용 및 소득 중심의 소비를 촉진해 내수를 활성화한다. 성장하는 경제에서 주택 가격 상승은 주택 소유자의 부를 증가시켜 금융화로 인한 부의 효과를 높인다.

또한 금융화의 확대는 역동적 서비스 분야의 기술혁신과 인적 자본에 대한 투자를 증가시킨다. 특히 ICT를 통한 혁신은 높은 수준의 벤처캐피탈과 일반 숙련에 의해 촉진되지만, 이러한 혁신은 금융 부문에 종속되어 있다. 금융 부문은 고용과 부가가치뿐만 아니라 실물경제를 촉진하고 형성하는 수단으로서도 중요하다. 이러한 효과는 상업 지구에도 영향을 미친다. 주택시장은 계속해서 금융 성장의 부의 효과를 주도하면서, 주택 가격 인플레이션은 통제되지 않는다(Reisenbichler, 이 책 10장).

저숙련 서비스 부문에서의 낮은 임금은 노동시장이 유연화되고 노동조합의 힘이 약화된 결과로, 개인 및 소비 서비스에 대한 국내수요를 촉진하는 역할을 한다(Morel, 2015; Wren, 이 책 8장). 고숙련 서비스 일자리와 저숙련 서비스 일자리 간의 상당한 임금 격차도 (고등)교육에 대한 수요를 증가시킨다. 금융화 전략은 교육에 대한 증가하는 수요를 국가의 교육 재정을 축소하고, 교육 대출을 통해 교육에 대한 시장 접근성을 높이는 기회로 활용한다. 이는 금융화 중심의 성장모델을 더욱 촉진하고 특히 고등교육 부문에서 경쟁을 증가시킨다.

비교적 높은 성장률과 역동적인 노동시장으로 인해 사람들은 장기 실업에 노출되지 않으면서 사회적 보호에 대한 사회적 수요도 줄어든다. 빈곤에 대한 최소한의 안전망만 존재하는 상황에서는 고도로 숙련된 노동자들이 업무와 무관한 많은 업무를 값싼 서비스 노동자에게 아웃소싱할 수 있기 때문에 저임금 노동시장의 존재를 선호하게 되며, 이는 고숙련 노동자들의 생산성을 높이는 데 도움이 된다(Morel, 2015). 동시에 내수가 금융화의 핵심 동인이라는 점을 감안하면, 국가는 소득에 대한 근로장려세제나 최저임금 등을 통해 저임금 노동자를 어느 정도 보호해 이들이 성장에 부정적인 영향을 미치지 않도록 한다.

따라서 금융화는 국가 역할의 축소, 연금, 주택 및 교육의 민영화와 시장화, 임금 상승, 그리고 사회 지출 억제를 통해 촉진된다. 이러한 상호작용은 한편으로는 경제성장과 일자리 창출의 사이클을 만들어 내고, 다른 한편으로는 금융위기로 인한 시스템적 위험 증가와 부와 소득 불평등의 심화를 초래한다.

5) 공공 재원으로 지원된 내수 기반 성장전략과 사회적 보호주의

이 성장전략의 기반은 내수를 유지하기 위해 정부가 가계와 기업을 지원하는 것이다. 따라서 이 전략의 본질은 국가지출에 내재되어 있다. 이는 금융화에 기반한 전략과 결합하여 내수를 더욱 증대시킬 수 있다. 그러나 노동비용 문제로 인해 제조업 수출과 결합하는 것은 더 어려워질 수 있다.

전형적인 내수주도 성장전략에서는, 관대한 최저임금과 사회적 급여(특히 연금)를 통한 충분한 보상이 가계 소비를 촉진한다. 동시에 기업들은 국가의 개입, 통화의 평가절하, 그리고 외국 무역 및 투자를 억제하는 보호조치 등을 통해 지원받으며, 이는 기업에 대한 경쟁 압력을 줄여 준다(Molina and Rhodes, 2007). 전통적인 기업들은 보호주의 정책 덕분에 제품 시장에서 경쟁이 상대적으로 낮아, 노동자에게 높은 고용 보호를 제공할 수 있고 경쟁력을 높여야 한다는 압박도 거의 받지 않는다. 국제시장에서 가격경쟁력을 보완하기 위해, 국가는 통화의 평가절하를 실행한다. 또한, 금융투자자가 금융 시스템을 주도하는 것이 아니라 중앙집권화된 은행에 기반하기 때문에, 기업들은 단기적인 이윤에 구애받지 않으며, 이는 높은 수준의 고용 보호를 더욱 용이하게 만든다. 이러한 상황에서 국가는 혁신에 투자할 자원이 거의 남아 있지 않게 되지만, 주요 초점이 전통적인 산업 부문을 보호하는 데 있으므로 혁신에 대한 투자를 꺼리게 된다.

낮은 금융화 수준은 연금 및 주택 공급에 대한 민간금융시장의 참여가 저조하며, 새로운 금융상품 및 서비스 시장을 통해 촉진될 수 있는 혁신 및 지식경제에 대한 투자 지원 감소로 나타난다. 이러한 투자는 새로운 금융 상품과 서비스를 위한 시장을 통해 촉진될 수 있다(Hassel and Palier, 이 책 1장). 또한, 글로벌 무역으로부터 강한 경쟁 압력이 없는 상황은 기업과 국가 차원에서 혁신을 저해하며, 이는 친보호주의 및 반혁신 정책의 악순환을 더욱 악화시킨다(Capussela, 2018).

높은 고용 보호 수준과 기업과 기업의 이익에 대한 국가의 보호는 노동자들이 숙련에 투자하는 것을 방해한다. 이로 인해 교육에 대한 공공 수요가 낮아지고, 고등교육 등록률은 저조해지며, 고등교육 체계는 취약해지고 재정적으로 충분히 지원받지 못하게 된다. 더불어 직업훈련은 부실해지고 평생학습은 이루어지지 않는다. 이러한 제한된 기술과 교육 수준을 가진 노동력은 고급 기술 및 혁신 지향 산업 전략의 구현을 더욱 어렵게 만든다. 동시에 지식과 혁신을 기반으로 하지 않는 경제는 이러한 기술을 요구하지 않으므로, 인적 자본에 대한 투자를 더욱 저해하게 된다.

경쟁력 저하는 제조업에서의 노동력 감소와 서비스 경제에서의 소규모 기업의 확장을 촉진한다. 탈산업화로 향하는 구조적 추세는 노동시장의 이중화를 초래한다. 이러한 구조적 압박은 비공식 노동자의 비중이 높아지는 것으로 나타나며, 이는 주로 노동시장에 새로 진입하는 젊은이들에게 영향을 미치는 유연한 임시 계약과 시간제 계약을 포함한다. 노동력의 불안정성이 커지면서 고용과 관련 없는 사회적 보호에 대한 수요가 증가하지만, 국가가 지속 가능한 성장동력을 찾지 못함에 따라 공공 재정은 점점 고갈되어 간다.

공공 재정으로 지원되는 내수주도 성장전략은 정치적으로 강화된다. 국가지출은 선거에 의해 제한되며, 연금 수령자와 부유층, 그리고 사회적 보호 혜택을 받는 노동시장 내부자들의 기득권을 보호하는 데 중점을 둔다. 이러한 집단은 청년층보다 우선시되며, 그 결과 청년층은 보호된 일자리에 접근하지 못하고, 고숙련을 요구하지 않는 불안정한 저임금 일자리에서 일하게 된다. 이러한 맥락에서 연금 수령자와 부유층, 그리고 청년층과 빈곤층 간의 경제적 분열이 정치적으로 강화되는 모습을 볼 수 있다.

저성장과 높은 국가지출이라는 악순환에 갇혀 있는 공공 재정으로 지원되는 내수기반 성장전략은 금융화와 디지털화와 같은 새로운 글로벌 성장동인에 가장 적합하지 않은 형태다. 유로존 회원국의 경우, 자국 통화를 평가절하할 수 없는 상황이 수출경쟁력을 더욱 약화시킨다. 또한 유로존 맥락에서 이 성장전략은 금융위기와 같은 시스템적 충격뿐만 아니라 유럽 경제통화동맹EMU의 안정성을 유지하려는 외부 압력에도 특히 취약하며 회복력도 부족하다.

유로존 내에서 이러한 압력은 외부에서 강요된 긴축으로 인한 '경쟁적 빈곤화'라는 의제를 제기했다(3.6절 참조). 경쟁적 빈곤화 전략의 정도는 국가마다 다르지만, 이는 복지국가가 성장에 장애가 된다는 생각에 기반하고 있으며, 고용보호 규제의 완화, 최저임금의 인하, 그리고 노동조합과 단체교섭의 제도적 약화를 통해 노동비용의 내부적 평가절하가 필요하다는 것을 전제로 한다(Scharpf, 이 책 5장도 참조).

6) 성장전략의 개요

그림 12.1은 다양한 성장전략과 이에 연관된 복지 시스템 개혁의 주요 구성 요소들을 요약한 것이다. 각 전략 내에서 성장의 주요 동력(수출 제조업, 역동적 서비스, 외국인 직접투자, 금융 서비스, 또는 임금 및 사회적 혜택)을 강조한다. 또한 주요 거시경제 정책(예산 및 통화정책)과 관련된 복지정책, 즉 노동시장,

그림 12.1 다섯 가지 성장전략의 복지개혁

교육, 사회 정책도 강조한다.

결과적으로, 우리는 다섯 가지 다른 성장전략과 다섯 가지 주요 복지국가 개혁 유형 간의 관계를 제시할 수 있다.

① 복지의 이중화. 중간 및 특화된 숙련 보호, 노동시장 규제, 임금통제 등 제조업 부문에서 선호하고 제조업 부문을 지원하는 모든 정책(제조업 수출을 성장의 동력으로 촉진하는 목적).

② 사회 투자와 고등교육의 확장(혁신, 디지털 경제, 고등교육을 성장동력으로 하는 경제적 특화를 촉진하는 목적)

③ 재정 및 사회적 유인. 낮은 법인세와 저렴한 노동비용을 통해 외국인 직접투자FDI를 유치하고, 주요 패배자들을 보상하면서 공공복지 비용을 최소화하며, (제조업 FDI 유치를 위한) 중간 숙련직 양성 또는 (첨단 기술 FDI 유치를 위한) 고등교육 발전을 촉진하는 정책.

④ 복지의 상품화. 자산 기반의 사회정책, 수요와 소비를 증대시키기 위한

신용 접근, 건강 보험과 연금의 민영화(금융 서비스를 성장동력으로 촉진하는 목적).

⑤ 사회적 보호주의. 산업화 해체에도 불구하고 임금 수준(최저임금)과 사회 지출을 유지하여 총수요를 보호함(국내수요를 성장동력으로 촉진하기 위해). 이 전략은 외부 압력에 의해 '경쟁적 빈곤화'로 전환될 수 있음(유로존에서의 사례처럼).

3. 국가 사례를 통한 연계성 추적

이 절에서 제시된 실증적 증거는 주로 집필진의 연구, 2차 자료, 그리고 이 책의 다른 장들의 내용을 정리한 것이다. 다음의 사례연구에서 집필진은 먼저 독일에서 채택된 사회정책과 노동시장의 이중화가 수출지향적인 제조업을 지원하기 위해 어떻게 발생했는지 살펴본다. 스웨덴과 덴마크를 포함한 북유럽 국가들에 대한 분석에서는 이들이 어떻게 인적 자본과 교육에 대한 사회 투자를 혁신 정책 및 금융화/민영화 노력과 결합시켰는지 보여 준다. 그 후, 비셰그라드 국가 및 발트 국가의 사례를 분석하여 FDI 주도 성장전략과 관련된 재정 및 사회적 유인 정책이 어떻게 등장하고 구현되었는지에 대한 (다양한) 예를 제시한다. 영국의 복지 시스템 개혁에 대한 우리의 조사는 금융화 성장전략과 관련된 복지의 상품화 사례로 사용된다. 마지막으로, 남유럽, 특히 이탈리아와 프랑스에서의 국내수요 전략과 관련된 정책과 개혁을 추적한다.

1) 독일, 제조업 수출과 복지의 이중화

1980년대 이후로, 독일의 정치경제는 경제 회복과 성장을 위한 전략으로 고품질 제조업 수출에 점점 더 특화되어 왔다. 수출 지향적인 제조업 부문을 유지하고 강화하는 데에는 공장 수준의 협력을 유지하고, 기술 업그레이드를 촉진하며, 실질환율을 낮게 유지하기 위해 노동비용을 줄이는 것이 포함되었다. 이러한 성장전략은 독일에 복합적인 결과를 가져왔다. 이 전략은 독일이 다른 여러 산업화된 국가들에 비해 경쟁 우위를 유지하도록 했지만, 동시에 성장을 위한 동력으로서 수출에 대한 의존도가 높아지는 결과를 초래했다. 제조업 관련 서비스 외에 국내 서비스 경제의 강력한 성장은 이루어지지 않았다. 2019년까지 독일의 GDP에서 수출이 차지하는 비중은 50%에 근접했으며, 국내수요는 다른 산업화된 국가들보다 뒤처졌다. 따라서 독일의 경제 규모에도 불구하고, 독일의 성장전략은 소규모 개방 경제의 전략에 가깝다. 이러한 수출 의존 문제는 2000년대 후반 금융위기와 그리스 및 유로존과의 글로벌 불균형, 더 나아가 전 세계적인 맥락에서 점점 더 중요한 문제로 부각되었다. 동시에 독일의 수출 지향적 성장전략의 본질적인 부분인 약한 총수요는 국내 고용을 저하시킬 뿐만 아니라, 여전히 취약한 유로존의 구조를 위협하고 있다.

포드주의 시기의 수출 지향성

독일 경제는 1950년대부터 이미 수출에 초점을 맞추기 시작했다. 핵심 요소는 제조업 부문에서 노조의 장기적인 임금억제였으며, 이는 1951년 독일 중앙은행 초대 총재 빌헬름 포케Wilhelm Vocke가 독일의 성공에서 수출의 역할을 강조할 때 이미 강조된 바 있다(Höpner, 2019). 또한, 1975년 오일쇼크 이후 독일의 수출 모델에서 통화정책의 엄격함도 중요한 요소로 자리 잡았다(Scharpf, 1991). 독일 정부는 또한 브레튼우즈 체제를 유럽통화 체제로 대체하는 데 매우 적극적이었으며, 이를 통해 수출을 안정시키려 했다(1979년 유럽통화체제EMS 및 이후 1999년 유럽통화동맹EMU)(Hassel, 2003: 99). 독일 마르크D-mark는 의도적으로 저평가되었고, 이에 대한 조정은 소극적으로 이루어졌다. EMS 체제하에서 마르크는 1979년부터 1992년 사이에 8차례 절상되었다(Höpner and Spielau, 2015). 이는 독일이 전통적인 포드주의Fordism의 국내 소비주도 성장모델을 따르지 않고, 전후 시기 매우 일찍부터 수출 지향적인 성장모델을 특징으로 했음을 시사한다.

복지 확대는 주로 제조업에 안정적으로 종사하는 사람들을 우대하는 사회보험 제도를 통해 이루어졌으며, 보편적 제도를 통해 이루어진 것은 아니었다. 1980년대에는 조기 퇴직, 장기 실업자의 생활 수준 유지를 위한 실업수당, 그리고 정규직 노동자에 대한 강력한 고용 보호가 경제 구조조정에 대한 완충 역할을 했다. 이러한 제도들은 더 높은 보험료와 상대적으로 낮은 임금인상을 통해 자금을 조달하였으며, 이는 정부가 석탄 및 철강 산업의 구조조정과 이후 통일에 대응하는 데 도움이 되었다. 부문별 실질 임금억제는 장기적으로 개별 노동자에게 이익이 되었으며, 경제 침체가 노동시장에서 그들을 밀어내더라도(실업이나 조기 퇴직으로) 이득이 될 수 있었다. 고용주는 협조적인 임금 설정과 생산성 향상 기술에 대한 투자의 혜택을 누렸다.

1980년대 후반에는 일부 자유화 정책이 도입되었다. 1989년 법 개정을 통해 공공주택이 점진적으로 축소되었으며, 이는 사회주택에 대한 보조금 철회로 이어졌다(Reisenbichler, 이 책 10장). 사회주택 단위 수는 1980년대 거의 400만 채에 달하던 것이 2020년에는 100만 채 이하로 감소했다. 노동시장 유연화의 첫 번째 단계는 인력 파견업체Temporary work agency에 대한 규제를 완화함으로써 이루어졌다. 또한 연금 개혁이 추진되었지만, 베를린 장벽 붕괴로 중단되었다.

통일의 영향

1990년 통일은 1970년대의 석유 위기로 인한 강력한 임금억제 이후 독일 성장체제에 가장 큰 도전 과제가 되었다. 동독 지역에 대규모 공공 지출이 필요했기 때문에, 통일은 독일 경제에 큰 부담을 주었다. 통일 이후 첫 20년 동안 매년 GDP의 약 4%에 해당하는 700억에서 800억 유로가 서독에서 동독으로 이전되었으며(Ragnitz, 2009), 이 자금은 연대세solidarity surcharge, 사회보장 기여금, 그리고 부채를 통해 마련되었다. 1990년대 동안 동독 노동시장의 붕괴는 관대한 조기 퇴직제도, 재교육 프로그램, 그리고 동독에서 서독으로의 대규모 노동 이주로 완화되었다. 통일 자금조달이 실제로는 국내수요를 크게 증대시켰지만, 정부는 증가하는 공공 부채, 높은 실업률, 낮은 고용률에 대응하여 수출주도 성장을 촉진했다. 1990년대 동안 제조업체들은 경쟁력을 유지하기 위해 사업 모델을 재구조화했다. 이들은 고용 보장을 통해 임금억제를 달성하는 공장 수준의 협상에 참여했으며(Hassel, 2014; Palier and Thelen, 2010), 특히 동독 지역에서 정부가 높은 수준의 사회 지출을 유지하면서 공장 수준의 협력을 추진한 이러한 전략은 1990년대 헬무트 콜(1982~1998) 정부 정책의 특징이었다.

1990년대 후반의 자유화와 금융화 시도

1990년대 후반, 경제적 압박이 점점 심화되었다. 독일의 수출 모델이 한계에 다다랐다는 평가를 받았다. 높은 사회 지출, 저성장, 그리고 높은 실업률이 공적 담론을 지배했다. 당시 많은 정책 입안자들은 더 자유주의적이고 앵글로색슨식 모델로 성장전략을 전환하는 것을 적극적으로 고려하고 있었다. 예를 들어, 1990년대 후반 콜 정부는 자본시장을 촉진하는 여러 법률을 도입했다. 정부는 1997년에 미국의 나스닥을 모델로 한 '신시장'을 설립하여 신기술 기업에 벤처 캐피탈을 장려했다. 또한 연금과 공공주택의 민영화가 공공 의제로 떠올랐다.

연금 민영화는 고령화 비용과 공공 연금이 노동비용에 미치는 영향에 대한 우려로 추진되었다. 게르하르트 슈뢰더 정부(1998~2005)는 2001년에 새로운 연금 개혁을 시행했으며, 이 개혁은 공공 연금제도의 축소와 보조금을 받는 민간 또는 직장 연금제도를 통한 보상을 포함했다(예: '리스터 연금')(Bonoli and Palier, 2007; Naczyk and Hassel, 2019). 연금에 대한 공공 지출을 줄임으로써 사회보험 기여금과 같은 비임금 노동비용을 안정시키는 것이 가능해졌으며, 목표는 2020년까지 임금의 20%, 2030년까지 22%였다. 공공 연금의 축소를 보상하기 위해 공공 보조금이 지원되는 민간 연금제도가 도입되었으나,

이는 투자 수익이 저조하여 실패했다. 오직 사회적 파트너들이 협상한 직장 연금제도만이 추가 연금을 보장했지만, 이 역시 제조업 부문과 대기업에만 해당되었다. 결과적으로 연금 민영화는 금융화 대신 이중화 메커니즘으로 이어졌으며, 수출 부문 노동자들에게만 공공 연금 축소에 대한 보상을 제공하고, 나머지 인구는 전혀 보상받지 못했다(Seeleib-Kaiser et al., 2012).

가장 중요한 정책 개혁은 2003년의 소위 하르츠Hartz 개혁이었다. 이 개혁의 목표는 첫째, 동독에서의 유보임금을 낮춰 장기 실업자들이 일자리를 찾도록 강제하는 것이었고, 둘째, 동서독 모두에서 높은 실업 비용의 재정적 부담을 줄이는 것이었으며, 셋째, 전반적인 고용률을 높이는 것이었다. 개혁은 실업보험 혜택을 받을 수 있는 기간을 단축하고, 장기 실업자에게는 소득 조사에 따른 낮은 급여를 도입했다. 보험 기반 혜택과 소득 조사 혜택을 구분하는 것은 제조업 노동자들이 장기 실업자가 되면 빈곤에 직면하는 불안정한 위치에 놓이게 했다. 그 결과, 노동조합과 노조 위원회는 대기업 제조업체와 협상할 때 고용 보장에 더욱 집중하게 되었다. 계속되는 고용 보장의 대가는 더욱 강력한 임금억제였다(1997년 이후 노동비용의 변화와 임금억제를 보여 주는 부록의 그림 12A.1 참조). 하르츠 개혁에서는 임시직, 계약직, 보호되지 않는 미니mini 및 미디midi 잡 등을 더욱 촉진함으로써 노동시장에서 내부자와 외부자 간의 분열을 강화하는 노동시장 유연화 조치들도 포함되었다(Hassel, 2014; Palier and Thelen, 2010).

수출 전력의 재조정과 금융위기

하르츠 개혁이 채택된 이후, 세계경제는 장기간의 경제 상승 국면에 접어들었다. 수출이 급증하기 시작했고 동서독 모두에서 실업률이 하락하기 시작했다. 하르츠 개혁에 대한 대대적인 비판과 2005년 슈뢰더 정부의 붕괴에도 불구하고, 독일 경제의 전반적인 발전은 긍정적이었다. 그림 12.2에서 보는 것처럼 총고용이 10% 증가했으며, 특히 파트타임 고용이 크게 늘어났다.

노동시장에서의 이러한 발전은 거의 모든 정책 입안자들 사이에서 수출

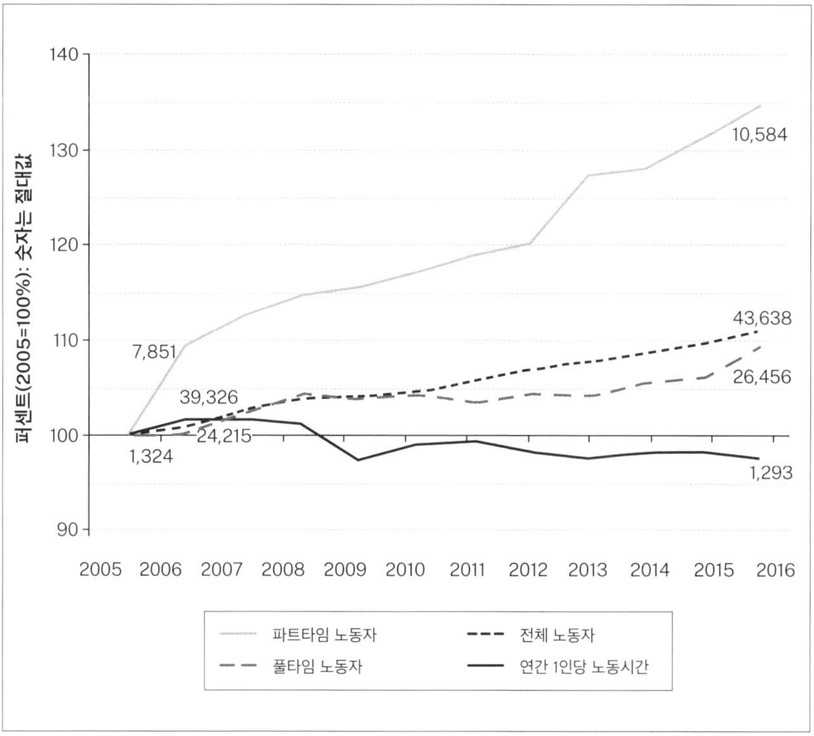

그림 12.2 독일의 고용과 노동시간 (2005~2016)
주: 2005년 지표, 고용은 천명 단위
출처: Schulze Buschoff and Hassel (2018)

기반 성장모델이 모두에게 유익하다는 인식을 강화시켰다. 특히 2000년대 후반 금융위기 동안 독일 경제가 비교적 잘 견뎌낸 이후에는 더욱 그러했다. 정부가 공공보조금을 지원하는 단축근무 제도는 2009년 GDP 축소에도 불구하고 기업들이 인력을 감축하지 않고 위기를 견뎌내는 데 도움이 되었다. 1990년대 중반과 비교할 때 2009년에는 정부의 분위기가 완전히 달라졌다. 그 이후 수출주도 성장전략은 전반적으로 낮은 임금 상승률과 광범위한 저임금 부문에도 불구하고 정책 공동체 내에 확고히 자리잡았다. 이러한 상황은 결국 정부로 하여금 2015년 최저임금을 도입하게 만들었으며, 이를 계기로 임금은 유로존의 다른 국가들과 유사한 수준으로 상승하기 시작했다.

디지털화와 공공 투자

금융위기 이후, 정책결정의 초점은 노동시장의 재규제, 보육의 확대, 그리고 지식경제로의 전환으로 옮겨졌다. 고숙련 서비스 분야에서 고용 증가는 고등교육에 대한 투자와 여성 노동력의 확대가 필수적이다. 하지만 이는 독일 복지국가가 전통적으로 대응해 오지 않았던 분야이다. 오히려 반대 상황이 나타났으며, 독일에서 여성이 정규직으로 노동시장에 참여하는 비율은 비교적 낮고, 3차 교육(대학교육) 학위를 소지한 인구 비율도 OECD 국가 중 최하위 수준이다. 25세에서 34세 사이의 인구 중 3차 교육 학위를 소지한 비율은 31%로, OECD 평균인 44%에 비해 낮다(OECD iLibrary, 2019). 그러나 3세 미만 아동에 대한 공공 보육 시설 이용률은 지난 15년간 2005년의 18%에서 2017년 거의 38%로 두 배 이상 증가했다(OECD Family Database).

지식경제로의 전환 과제는 금융위기 이후 본격화된 인구 변화로 인해 더욱 어려워지고 있다. 독일 노동력은 2060년까지 5~10% 감소할 것으로 추정되며(Destatis, 2019), 이는 이민자 수의 증가를 포함한 추정치이다. 젊은 인구의 감소는 특히 고숙련 인력의 부족을 초래하며, 이러한 인구 변화는 일하는 엄마들을 위한 정규직 경력 제공과 일과 삶의 문제를 해결해야 할 긴급성을 강조한다.

금융위기 이후 여러 발전 사항들을 보면 독일 정부의 정책은 '보수적인' 사회 투자 전략으로 분류될 수 있다. 여기에는 성평등 정책(감독 이사회에서 여성 할당제, 임금 투명성 규범), 조기 보육의 보편적 제공, 그리고 고등교육 시스템의 확장 및 유연성 증가와 같은 선도적인 조치들이 포함된다. 후자의 경우, 직업훈련은 점점 더 고등교육과 결합되고 있으며, 현재 많은 대학에서 직업훈련 자격증이 입학시험의 대체물로 인정되고, 직업훈련이나 현장 훈련과 대학 과정을 결합한 '듀얼 학위' 프로그램이 많이 개설되었다(Eichhorst and Hassel, 2018).

2) 역동적 서비스의 수출과 스웨덴 및 덴마크의 사회 투자

북유럽 국가들은 작은 개방경제로, 1970년대와 1980년대의 국제 경제 환경 변화에 영향을 받았다. 1990년대에 스웨덴과 덴마크는 성장전략을 혁신적인 ICT 기반 서비스와 민영화된 보호 서비스로 다각화했다. 덴마크는 환경 기술, 디자인, 제약에 집중했으며, 스웨덴은 ICT 기반의 고급 서비스 부문에 진출했다(Dolvik, 출간 예정). 텔렌Thelen의 연구(이 책 6장)가 보여 주듯, 스웨덴의 기업들은 전통적인 강점을 방어하기보다는 새로운 부문으로 자원을 이동시키며 시장 압력에 대응했다. 고숙련, 역동적 서비스로의 전환을 지원하기 위해 정부는 일부 보상적 사회 보호를 축소하고 사회 투자 정책을 추진했다. 바카로와 폰투손(Baccaro and Pontusson, 이 책 3장)에 따르면 스웨덴이 혁신과 역동적 서비스로 성장전략을 전환한 중요한 이유 중 하나는 국가 복지의 규모 때문이었다. 스웨덴 공공 부문의 큰 규모와 국내수요의 중요성 때문에, 독일과 같이 국제경쟁력을 유지하기 위한 임금억제는 불가능했다. 이러한 접근 방식은 1990년대 후반 이후 스웨덴의 경상수지 흑자를 줄이고 가계 부채를 증가시켰으며, 1997년부터 2015년까지 스웨덴의 성장률이 독일보다 높아지는 결과를 낳았다. 덴마크의 경우, 성장체제의 다각화는 특히 신용 시장의 상당한 금융시장 자유화에 의해 뒷받침되었으며, 이는 가계 부채를 증가시켰다(Ibsen and Knudsen, 2019).

긴축에서 사회 투자로

1980년대 동안 스웨덴과 덴마크 모두 높은 실업률과 높은 이자율을 경험했다. 처음에는 공공 일자리를 창출하여 완전고용을 유지하려 했지만, 이는 공공 부채의 증가를 초래했고, 재정이 어려워졌다. 1980년대 말까지 실업률은 급격히 상승했다. 처음으로 복지의 관대함이 노동 의욕을 저해할 수 있다는 공론화가 이루어졌다. 보수 정부가 집권하면서(덴마크는 1982년, 스웨덴은 1991년) 예산 삭감이 뒤따랐고, 이는 사회보험의 관대함, 특히 실업급여를 줄이기 위한 조치였다. 코르피와 팔메(Korpi and Palme, 2003)에 따르면, 1975년에서 1995년 사이 스웨덴과 덴마크 모두에서 사회보험 프로그램에 대한 지출이 크게 감소했다. 실업보험 지출은 덴마크에서 24.5%, 스웨덴에서 7.3% 감소했으며, 질병보험은 각각 21.4%와 13.8%, 그리고 산재보험은 각각 21.4%와 21.8% 감소했다(Korpi and Palme 2003: 435).

지출 삭감과 공공고용 축소는 두 나라가 부채를 상환하는 데 도움을 주었을 뿐만 아니라, 기술혁신과 고숙련을 통한 성장을 재개할 수 있는 집합적 투자를 가능하게 했다. 텔렌(Thelen, 이 책 6장)은 스웨덴의 교육 시스템에서 변화가 어떻게 이루어졌는지 상세히 분석하고 있는데, 그중에는 모든 학생이 19세까지 학교에 다니도록 해 대학교육의 길을 열어주는 한편, 직업 중심적인 2년 과정 시스템을 폐지하는 정책도 포함되어 있었다. 텔렌이 보여 주듯, 스웨덴은 또한 ICT 교육과 가정용 장비, 그리고 노동자들이 제조업에서 ICT 기반의 역동적 서비스로 전환할 수 있도록 돕는 숙련 향상 중심의 노동시장 정책에 막대한 투자를 했다.

1990년대 초, 스웨덴과 덴마크 모두에서 노동시장 정책이 재설계되었다. 다양한 사회 지출 조치를 통한 '활성화' 경향이 뚜렷하게 나타났다. 예를 들어, 실업보험 혜택의 기간과 관대함을 줄이고(특히 스웨덴에서), 실업자에게 일을 찾도록 압박을 가하며, 새로운 분야에서 일자리를 찾기 위한 숙련 습득을 위한 재교육 기회를 제공하는 것이 포함되었다.

이 정책들은 양국에서 우파 정당들이 주도했다. 하지만, 사회민주당이 다시 집권했을 때도 이들 국가에서는 복지정책 삭감이나 시장화 및 활성화 추세를 문제 삼지 않았다. 대신, 인구를 지식경제에 대비시키고 가족생활과 일의 균형을 개선하기 위해 일반 숙련에 대한 투자의 필요성을 강조했다. 나중에 유럽에서는 이러한 전략을 '사회 투자' 전략이라고 불렀다(Morel et al., 2012).

덴마크는 '유연안정성 모델flexicurity model'을 개발하여 고유의 노동시장 정책을 만들었다. 이 모델은 낮은 고용 보호를 통해 높은 직업적 및 지리적 이동성을 촉진하고, 이를 보상하기 위해 관대한 실업급여와 숙련 향상 및 실업자 활성화를 목표로 한 야심찬 노동시장 정책을 포함한다(Viebrock and Clasen, 2009: 313). 유럽 국가들 중 덴마크와 스웨덴은 노동자 교육, 공공 고용 서비스, 민간 부문 일자리 보조금, 그리고 정부 일자리 창출에 가장 많은 지출을 하고 있다. 이러한 지출은 두 나라 모두 GDP 대비 약 2% 수준이다. 이들은 또한 대규모 조기 아동교육 및 보육 프로그램을 포함하고 있으며, 1세에서 3세 사이의 아동의 보육 서비스 이용 비율이 가장 높다(Palier and Hay, 2017).

목표는 모든 사람에게 학문적 및 직업적 성공을 위한 조기 및 지속적인 인적 자본 투자를 제공하고, 직업 전환을 지원하며, 부모가 가족생활과 일을 병행할 수 있도록 하며, 높은 노동시장 참여율을 촉진하는 것이다. 모든 아동에게 양질의 보육을 제공함으로써 이 부문에서 일하는 노동자들에게 양질의 일자리를 창출할 수 있다. 부모휴가 개혁은 아버지를 위한 특정 개월 수의 휴가와 더 높은 소득 대체율을 포함했다.

따라서 북유럽 국가들의 복지국가 조정은 사회 투자 정책을 통해 역동적 서비스에서 노동생산성을 높이고, 사회 지출에서 도덕적 해이의 영향을 줄이는 방향으로 나아갔다. 북유럽 국가들의 사회 지출은 여전히 세계에서 가장 높은 수준에 있지만, 이러한 개혁 덕분에 더 지속 가능하게 되었다. 이들의 사회 보호 시스템은 사회 지출을 교육과 노동력을 동원하는 것으로 전환하는 데 성공했다.

연금의 지속 가능성을 높이기 위한 조치도 덴마크에서는 1991년에, 스웨덴에서는 1994년에 일찍 도입되었으며, 후자의 경우 명목 계좌 시스템이 도입되었다. 또한 두 나라는 1990년대부터 증가하는 이민자를 노동력에 통합하기 위한 적극적인 조치를 취했다(Andersen et al., 2017: 96). 이러한 조치는 연금 개혁, 높은 순이민, 사회 투자를 통해 고령화의 부정적 영향을 해결하려는 초기 노력을 나타낸다. 북유럽 국가들은 유럽 연합EU에서 가장 높은 출산율을 기록하고 있다(여성 1인당 1.7에서 1.9명의 자녀).

북유럽 국가의 주택정책은 노동자 생산성과 적절한 생활 수준을 뒷받침하고 지원하기 위해 주택이 사용된다는 점에서 사회 투자 지향 접근 방식을 잘 보여 준다. 전체 주택시장의 약 20%를 차지하는 공공주택은 영국과 달리 소득 조사를 통해 자격을 결정하지 않고 모든 시민에게 제공된다. 또한 주택 협동조합의 중요성도 증가하고 있다(약 20%). 국가는 세계에서 가장 친세입자적인 임대료 통제법 중 일부를 통해 전체 주택시장을 규제하지만, 공공, 협동조합, 민간 주택이 시장에서 자유롭게 경쟁함으로써 소비자 선택을 가능하게 하고 품질을 높인다. 따라서 주택 공급의 주요 목적은 금융시장이 활발히 참여하고 있음에도 불구하고, 영국의 경우처럼 금융시장을 활성화하는 데 있지 않다(Terner Center, 2017). 스웨덴 정부는 또한 수요 측면에서 전국 및 지방 차원의 보편적 주택 수당을 제공하는 방식으로 개입한다. 이러한 의미에서, 북유럽 국가들은 영국에서처럼 가계 부채와 복지국가지출 간에 상충 관계가 존재하지 않으며, 오히려 상호보완적이다. 한편, 라이젠비클러가 이 책에서 지적하듯이 주택정책은 지난 몇십 년간 북유럽 국가들에서 사적 자산을 증대시키는 데 기여했으며, 이는 자산 불평등을 촉진한 가장 중요한 요인 중 하나였다.

민영화와 금융화

텔렌과 렌(Thelen, 이 책 6장; Wren, 이 책 8장)이 강조하듯, 1990년대 북유럽 국가들에서 이루어진 많은 조정은 중고급 제조업 부문에서 탈피해 ICT 및 지식집약적 제조업과 서비스 부문으로 이동하는 것이었다. 하지만 구조 조정은 특히 교육 및 사회 서비스에서 이전에 보호받던 서비스 제공의 민영화를 통해서도 이루어졌다(자금 조달은 여전히 공공이 담당함). 이는 주요 스웨덴 기업 그룹(예: 발렌베리Wallenberg 가문)이 활동을 다각화하고, 1980년대 이후 유권자들이 요구한 선택의 다양성을 정부가 해결하려 한 방법이기도 했다(Blomqvist, 2004). 서비스 제공의 민영화는 특히 스웨덴에서 크게 이루어졌다. 2010년대 초, 스웨덴의 사립학교는 고등학생 중 거의 4분의 1을 수용했다(Erixon, 2011: 15). 1990년대 초부터 스웨덴에서 영리 목적의 학교 비율은 거의 0%에서 18~19%로 증가했고, 덴마크에서는 약 5%로 증가했다(Szebehely and Meagher, 2018). 공공 서비스의 민간, 영리 제공은 특히 교육 및 돌봄 부문(의료, 보육, 노인 돌봄)에서 스웨덴의 새로운 정치경제의 두드러진 특징이 되었다. 이는 많은 기업에게 새로운 활동의 원천이 되었지만, 동시에 불평등을 증가시켰다. 이 부문에서 임금은 천천히 상승한 반면, ICT 부문에서는 급격히 상승했기 때문이다.

북유럽 국가들은 1990년대 세금 및 복지 혜택 삭감으로 인해 불평등이 증가했지만, 이들 국가의 지니계수와 빈곤율은 여전히 OECD에서 가장 낮은 수준을 유지하고 있다(Andersen et al., 2017: 92). 실제로 이 기간 동안 스웨덴에서 저숙련 노동자들의 임금은 상대적으로 잘 유지되었다. 이는 중산층과 고소득 가구의 사적 서비스에 대한 높은 수요와 노조가 광범위하게 존재했기 때문이다(Wren, 이 책 8장; Thelen, 이 책 6장 참조).

그럼에도 불구하고, 두 나라 모두 금융 서비스 제공업체들이 경제에서 중요한 역할을 하는 것을 용인했지만, 국가는 특히 스웨덴에서 교육, 주택, 연금 분야의 민간 서비스 제공업체를 강하게 규제해 왔다. 복지국가가 역동적 서비스와 혁신 지향 경제를 지원해 왔기 때문에(Baccaro and Pontusson, 이 책 3장 참조), 복지서비스에 대한 공공자금 조달이 중단되지 않았다. 따라서 민간 제공업체가 늘어났음에도 불구하고, 국가는 여전히 비용을 부담하며, 공공 및 사회적 재화와 서비스에 대한 접근에서 평등과 보편성을 보장했다. 이것이 북유럽 국가들을 영국 모델과 구별되게 만드는 요소이다. 영국은 민간 시장에서 서비스 가격을 탈규제화하는 것과 함께 공공 서비스의 질이 악화되는 것을 허용했다(Hood and Dixon, 2015).

스웨덴과 덴마크는 혁신적인 스타트업과 ICT 부문 기업의 자금 조달을 지원하기 위해 금융시장을 자유화했다. 덴마크에서는 금융화가 더 강력하게 이루어졌고, 특히 연금과 주택 분야에서 두드러졌다. 실제로 덴마크는 사회적 파트너들이 관리하는 완전 자금조달 연금 시스템을 통해 유럽에서 가장 높은 비율의 민간 연금 기여 및 혜택을 제도화했다(부록의 그림 12A.2 참고). 덴마크는 또한 신용 시장의 제한을 완화하여 주택담보대출 붐을 일으켰다.

라이젠비클러(Reisenbichler, 이 책 10장)의 주장에 따르면, 북유럽 국가들은 금융시장을 자유화하고 민간의 부를 증대시키기 위해 금융화된 주택정책을 채택했다. 이는 기업들이 임금억제에 대해 덜 우려했기 때문이다. 그러나 덴마크와 스웨덴 사이에는 차이점도 있다. 덴마크는 2000년대 동안 지속 불가능한 수준으로 가계 부채가 증가하는 것을 용인한 반면, 스웨덴은 가계 부채의 누적에 대해 더 신중한 접근을 했다. 2010년에 스웨덴 정부는 부동산 가치의 85% 수준으로 모기지를 제한하고 대출 원금 상환을 의무화했으며, 소비를 촉진하기 위해 확장적 통화정책을 추진했다(Jansson, 2013; 또한 이 책 3장에서 바카로와 폰투손Baccaro and Pontusson의 금융위기 이후 스웨덴의 국내수요 증가 역할 참고). 스웨덴 정책 입안자들은 금융 서비스의 이익을 거시경제 안정성과 유권자에 대한 책임보다 우선시하지 않았다. 일반적으로 금융화는 북유럽 국가들에서 지배적인 전략이 아니며, 생산성과 인적 자본 형성을 강조하는 역동적 서비스 전략을 보완하는 역할을 한다.

2008년 이후 스웨덴과 덴마크의 복지개혁은 서로 다른 방향으로 나아갔다. 금융위기는 덴마크에 더 큰 영향을 미쳤는데, 이는 금융위기로 인해 7년 동안 경제가 성장하지 않는 상태로 이어졌기 때문이다. 주요 원인은 덴마크 크라운을 유로화에 연동시키고 신용을 지나치게 자유화한 것인데, 이는 수요 충격을 관리하기 위한 내부 평가 절하를 초래했고, 결과적으로 복지 및 임금 정책에 더 큰 압박을 가했다. 반면, 스웨덴의 2008년 이후 성장률은 유럽에서 가장 높은 수준이었다(Andersen et al., 2017).

덴마크의 상황은 반이민 담론과 연계된 사회적 지원을 받는 수혜자에 대한 낙인화로 인해 악화되었다. 게다가, 지나친 자유화로 인한 저성장은 흔들리는 경제를 해결하기 위해 더 급진적인 시장 지향적 해결책으로 이어졌다(Andersen et al., 2017: 105). 덴마크는 2010년 이후 심각한 공공 지출 삭감을 겪었지만, 다른 유럽 경제에 비해 여전히 상대적으로 높은 수준의 지출을 유지했다. 따라서 이 나라는 전통적인 사회민주주의적 경향을 부분적으로 유지했으며, 상당한 삭감에도 불구하고 국가가 자금 조달하는 복지 서비스의 포괄적이고 보편적인 제공과 실업자에 대한 적극적인 지원을 계속했다. 동시에, 활성화에 더 많은 강조를 두고 있으며 이민자에 대해서는 일부 차별이 존재했다.

북유럽 국가들에서는 이민과 관련된 정치적, 사회적 갈등이 상당했으며, 새롭게 등장한 정치적 분열이 경제적 압박보다 정책 결정에 더 중요한 역할을 했다. 예를 들어, 덴마크에서 2011~16년 동안의 공공 지출 삭감은 몇 년 전만 해도 정치적으로 상상할 수 없었던 것이다. 스웨덴의 경우, 복지 서비스의 민영화, 서비스의 질, 그리고 민간 부문이 납세자의 돈으로 이익을 얻는 것에 대한 대중의 불만이 국가적 논쟁의 원천이 되었다(Andersen et al., 2017: 95).

안정적인 거시경제 환경과 예산 흑자를 감안할 때, 양국에서는 사회 보호를 복구하려는 노력이 시작되었다. 예를 들어, 스웨덴은 2015년에 실업급여 상한선을 크게 인상했으며, 덴마크는 2014년 노동시장 개혁을 통해 실업급여 자격 조건을 완화했다(Andersen et al., 2017: 106).

3) 외국인 직접투자주도 수출 성장과 동유럽의 재정 및 사회적 유인

FDI 주도 수출 성장전략을 채택한 EU 국가들을 세 가지 유형으로 구분할 수 있다. 아일랜드, 비셰그라드 그룹(체코, 헝가리, 폴란드, 슬로바키아), 그리고 발트 3국(에스토니아, 라트비아, 리투아니아)이다. 아일랜드의 사례는 다른 곳에서 이미 많이 다루어졌으므로(Regan, 2012; Regan and Brazys, 2018), 여기서는 동유럽에 초점을 맞춘다. 비셰그라드 국가들과 발트 국가들 사이에는 FDI를 유치하기 위한 낮은 법인세, 낮은 노동비용, 노동시장 유연화, 민영화와 같은 공통점이 있지만, 두 국가군은 노동시장, 교육, 복지개혁에서 차이를 보이며, 이는 각각 제조업과 역동적 서비스라는 특정 수출주도 성장동인과 맞물린다. 비셰그라드 국가들의 FDI 주도 재산업화 성장체제는 비스마르크식 복지 시스템에 의존하며, 이는 주로 노동 관련 보상과 현금 급여로 구성된다. 반면 발트 국가들은 서비스 자유화와 ICT 및 지식 중심 성장체제를 추진하며, 사회투자 지향의 복지국가를 추구한다(Avlijaš, 2020; Avlijaš 출간 예정).

1989년 이전 동유럽에서 사회주의 성장모델의 기반은 노동자들에게 제공된 광범위한 복지 혜택을 바탕으로 한 급속한 산업화였다. 중앙 계획 경제체제하에서 완전고용과 적절한 연금 외에도, 동유럽 국가들은 보편적인 의료서비스와 교육, 그리고 보조금이 지원되는 주택을 제공했다. 따라서 이 지역은 제2차 세계대전 이후 수십 년 동안 권위주의와 정치적 경쟁의 부재 속에서도 상당한 사회경제적 발전과 복지국가의 성장을 경험했다. 1970년대 이후 경제 및 정치적 위기와 1989년 사회주의의 붕괴 이후, 동유럽 국가들은 역사상 전례 없는 자본주의로의 전환을 시작했다.

민주주의로의 전환과 동시에 자본주의로 나아가는 과정에서 주요한 제도개혁이 이루어졌다. 사회주의 시절에는 문제가 되지 않았던 재분배가 공공자원의 민영화와 새로운 정치적 경쟁의 맥락에서 경제 및 정치적 의제를 지배하기 시작했다. 새로운 사회계약이 정의되어야 했으며, 이는 국내외 이해관계자들(예: 외국 투자자와 EU)에 영향을 미쳤다. 전환 초기 복지개혁에 대한 지배적인 관점은 주로 야노시 코르나이Janos Kornai의 '사회주의 국가는 조기에 태어난 복지국가'라는 개념에 영향을 받았다(Szelenyi, 2011). 이 접근법은 사회주의 시절의 지나치게 관대한 복지 제공은 성장을 촉진하기 위해 줄어들거나 민영화될 필요가 있다고 암시했다. 이를 통해 동유럽 국가들이 경험하고 있던 전환기 불황에서 회복할 수 있도록 해야 한다는 것이다. 따라서 급속한 자유화는 전환 초기부터 수많은 실질적인 경제적 도전을 해결하기 위해 '당연한' 해결책으로 강요되었으며, 민영화와 무역 개방을 통해 시장주도 성장을 위한 도구로 사용되었다.

주택의 급격한 민영화도 금융시장에 대한 대규모 규제 완화, 외국인의 은행 인수, 그리고 가계로의 대규모 신용 유입이라는 맥락에서 동유럽 전역에서 발생했다. 2000년대에 국내 정책 입안자들은 외국 자본을 유치하기 위한 일반적인 성장전략의 일환으로 이러한 경향을 지지했으며, 특히 발트 국가들에서 두드러졌다. 특히 노동시장 여건이 악화되는 가운데, 정책 결정자들은 가계의 자산을 증대시켜 사회적 안정을 유지하려고 했으며, 이로 인해 민영화 추세는 더욱 강화되었다(Bohle, 2013).

경제 자유화를 주도하는 과정 속에서 국내적으로는 사회적 반발도 일어났다(Bohle and Greskovits, 2012). 동유럽의 친복지국가 성향은 서유럽보다 더 강했는데, 이는 복지국가의 유산 덕분이었다. 기존 사회 프로그램을 축소하는 것은 정치적으로 어려웠으며, 반개혁 투표가 등장했다(Vanhuysse, 2009: 56). 정책 입안자들에게 중요한 질문은 국제적 담론과 압력에 의해 강요된 자유화 개혁을 시행하면서 국내 정치적 안정을 어떻게 확보하고 저항을 줄일 수 있을 것인가였다. 자유화 담론과 재분배를 둘러싼 국내 정치적 갈등이 복지국가 개혁의 결과에 영향을 미치며 상호작용했다. 이러한 상호작용은 발트 국가들에서는 재정적으로 제약된 사회 투자 지향의 개혁 의제를, 비셰그라드 지역에서는 재정적으로 제약된 사회적 보상에 기반한 복지국가를 낳았다.

문헌에서는 1990년대 초부터 발트 및 비셰그라드 국가들이 서로 다른 자본주의 발전 궤적을 따랐다는 점을 널리 인정하고 있다(Bohle and Greskovits, 2012; Feldmann, 2006; Nölke and Vliegenthart, 2009). 이러한 상이한 궤적은 각국의 초기 선택에 기반한 결과이지만, 각 지역에서 외국 투자자들이 경제발전을 형성하는 방식 또한 반영된 것이다.

비셰그라드 FDI 기반 제조업 수출 성장전략

비셰그라드 국가들(체코, 헝가리, 폴란드, 슬로바키아)은 재산업화를 추진했으며, 이는 주로 독일, 오스트리아, 프랑스, 영국에서 유입된 외국인 직접투자FDI를 핵심 자본과 혁신의 원천으로 삼았다. 볼레와 그레스코비츠(Bohle and Greskovits, 2012)에 따르면, 이 네 나라는 후기 사회주의 시기에 자동차, 기계, 전자 산업에 특화되었던 점을 활용해 경제를 '유럽 최대의 국경 간 복합 제조업 수출산업 클러스터 중 하나'로 변모시켰다(p.138). 이들 국가는 외국인 투자자들에게 보조금 패키지와 세금 인센티브를 제공하고, 1990년대 초반에 이미 시장 진입 장벽을 제거함으로써 동유럽(발트 3국과 남동유럽)에서 대부분의 FDI를 유치하는 데 성공했다. 이러한 이유로 뇔케와 플리헌트하르트(Nölke and Vliegenthart, 2009)는 이들 국가들을 자본과 혁신의 원천으로 FDI에 의존하는 '종속적 시장 경제'로 언급한다.

재산업화 맥락에서 노동시장과의 연계가 복지 수급 여부의 주요 기준으로 작동했기 때문에, 포스트 사회주의 비셰그라드 복지국가들은 1945년 이전 비스마르크식 경로로 돌아갔다(Vanhuysse, 2009; Cerami, 2010). 이들 국가는 경제의 구조조정으로 인한 패배자들에게 실업급여, 연금, 조기 퇴직 기회 등의 형태로 사회적 보상을 제공함으로써 그들의 성장전략에 대한 정치적 지지를 확보했다. 이로 인해 현금 급여가 비셰그라드 국가들의 복지국가 의제를 지배했다. 그러나 정치적으로 필요했음에도 불구하고, 이러한 대규모 복지국가지출과 외국인 투자자들에게 제공된 관대한 보조금 패키지는 재정적 부담을 초래했으며, 특히 헝가리와 폴란드에서는 극심한 조기 퇴직 붐으로 인해 재정적으로 큰 압박을 받았다(Bohle and Greskovits, 2012; Vanhuysse, 2009). 조기 퇴직 제도는 자원을 젊은 층을 위한 정책으로부터 연금 수급자 집단으로 이전시키며 강력한 연금 수혜자 집단을 만들어 냈다(Vanhuysse, 2009: 59). 이러한 재정 상황은 초기 전환기 동안 경험한 경기침체, FDI 유치를 위한 지역 세금 경쟁(그리고 그로 인한 낮은 세수), 그리고 EU의 안정 및 성장 협약에 따라 예산 적자를 낮은 수준으로 유지하라는 요구로 인해 더욱 악화되었다.

급속한 자유화, 무역 개방, 그리고 외국 자본에 대한 높은 의존으로 인해 수출 지향적인 가격경쟁이 성장전략의 기초가 되었다. 그러나 사회주의에서 물려받은 비교적 높은 교육 수준을 감안할 때, 재산업화는 기술 업그레이드와 중·고숙련 일자리에 기반을 두었으며, 저숙련 일자리에 기반한 것이 아니었다. 따라서 경제 구조 조정이 노동시장의 유연화를 요구했음에도 불구하고, 노동자의 숙련도를 유지할 필요성 때문에 일정 수준의 고용 보호가 유지되었으며, 강력한 경쟁 압력에도 불구하고 고용 관계에서 '밑바닥으로의 경쟁'은 일어나지 않았다.

생산성 향상은 대규모 인력 감축을 통해 이루어졌지만, 이러한 '전환기의 패배자들'은 퇴직금과 조기 퇴직 패키지로 보호받았으며, 이는 앞서 언급한 바와 같이 복지국가에 추가적인 부담을 주었다. 이러한 상황은 경로 의존성을 만들어 내어 연금에 대한 사회 보호 지출이 여전히 높고 정치적으로 중요한 문제로 남아, 국가 자원을 청년정책, 사회 투자, 교육개혁, 고품질 제품으로 업그레이드 또는 역동적 서비스로 전환하는 것이 어려워졌다. 그러나 다국적 기업에서 상대적으로 더 나은 임금을 받는 일자리가 노동자들로 하여금 자신의 숙련에 투자하게 만들면서, 국가의 낮은 교육 투자로 인한 부정적 효과를 상쇄시키는 사교육 시장이 형성되었다.

금융시장은 외국인 투자자들에 의해 지배되었으며, 주로 단기적인 이익을 추구하는 데 집중했다. 이는 기업들이 가격경쟁력을 유지하기 위해 인력을 감축하고 고용 보호를 약화시키라는 압박을 가중시켰다. 동시에, 금융 부문은 민간 보험을 통한 위험 분산 도구를 시장에서 제공함으로써, 국가가 사회 보호 제공을 확대해야 하는 압박을 줄였다.

발트 3국의 FDI 기반 역동적 서비스 수출주도 성장전략

발트 3국(에스토니아, 라트비아, 리투아니아)은 외국 자본에 의존하는 다른 형태의 포스트 사회주의 자본주의 체제를 구축했다. 이들의 전략은 금융, 통신, 부동산과 같은 고부가가치 서비스 부문에 외국 자본을 유치하기 위해 급속한 자유화와 거시경제 안정화를 기반으로 하는 것이었다. 이 전략은 가격경쟁력과 품질경쟁력 모두에 의존하며, 고부가가치 서비스 수출뿐만 아니라 통신, 금융, 소매업의 국내 소비도 중요한 요소로 포함된다.

볼레와 그레스코비츠(Bohle and Greskovits, 2012)에 따르면, 사회주의 체제 붕괴 직후 발트 3국은 거시경제 안정, 극단적 개방성, 서비스 부문의 급진적인 자유화 의제를 추진했으며, 이로 인해 은행, 물류 서비스, 부동산 부문에 FDI가 대거 유입되었다. 이들 국가는 소련으로부터 독립과 동시에 국가 건설 의제를 추진했기 때문에, 탈산업화는 정치적으로도 중요한 의미를 가졌다.

이는 전환 초기에 발트 산업을 지배했던 러시아계 자본과 노동의 입지를 약화시키는 데 기여했다(Avlijaš, 출간 예정). 이들 국가는 또한 자국 통화의 빠른 도입과 통화 독립을 추구했다.

이는 국제적 신용도와 정당성을 확보하기 위한 시도였다(Bohle and Greskovits, 2012: 105). 서비스 자유화와 함께, 발트 3국은 공공 조달을 활용하여 국제경쟁력을 갖춘 ICT 및 지식 중심 성장 의제를 추진했다(Avlijaš, 2020; Lumiste et al., 2008; Runnel et al., 2009). 낮은 고용 보호 수준과 노동력의 점증적 유연화는 노동자들이 특수 숙련이 아닌, 기업 및 산업 간에 쉽게 이전 가능한 일반 숙련에 투자하도록 장려했다. 이러한 국가주도의 역동적 서비스 경제 개발은 고등교육의 확장을 필요로 했다. 교육의 확장과 개혁, 그리고 교육과 공공 서비스의 디지털화는 발트 성장모델의 필수 요소로 인식되었으며, 1995년에서 2015년 사이에 이 국가들은 EU에서 교육 지출이 가장 높은 국가 중 하나였다(Avlijaš, 2020). 이러한 경제발전 접근법은 특히 에스토니아에서 두드러지게 나타났으며, 이 지역에서 인적 자본 중심의 사회 투자 정책이 수립되는 결과를 낳았다.

발트 3국은 초기 전환기 불황과 거시경제 안정을 엄격히 준수한 결과, 비셰그라드 국가들만큼이나 재정적으로 제약을 받았기 때문에, 공공자원을 현금 보상에서 미래지향적 사회 투자 정책으로 재편했다. 이는 높은 수준의 노동 유연성과 높은 고용률, 상대적으로 높은 교육 수준이 사회 보호에 대한 수요를 감소시켰기 때문에 가능한 선택이었다. 또한, 낮은 소유 집중도를 가진 외국 소유의 금융 부문이 민간 보험을 통한 위험 분산을 위한 시장 기반 도구를 제공하면서, 국가의 사회 보호 제공 확대에 대한 압박을 줄였다. 또한, 상당한 규모의 러시아어를 사용하는 소수민족, 즉 전환의 '패배자'들이 효과적으로 소외되면서, 개혁을 둘러싼 정치적 갈등이 민족 갈등으로 전환된 정치적 맥락도 이러한 경로를 지지했다(Bohle and Greskovits, 2012; Avlijaš, 출간 예정). 따라서 발트 3국이 사회 투자 의제를 추진하면서, 전환의 패배자들에게 보상하기 위한 현금 급여에 대한 사회 지출을 크게 줄일 수 있었고, 이는 이들 국가를 '사회적 맥락에서 분리된disembedded' 신자유주의 국가로 특징짓게 만들었다(Bohle and Greskovits, 2012).[1]

2008년 금융위기에 대한 동유럽의 대응

2008년 금융위기는 동유럽 국가들의 GDP에 매우 부정적인 영향을 미쳤으며, 일부 국가에서는 GDP가 20%까지 감소했다. 이는 이들 국가가 국제금융시장에 크게 노출되어 있었기 때문이다. 발트 3국은 급격한 긴축 조치를 취했으며, 이는 인구 중에서 비특권 계층에게는 심각한 타격을 주었지만, 외부 평가절하를 피하고 중산층과 외국 기업의 이익을 보호할 수 있었다. 예를 들어 2008년 위기의 가장 큰 타격을 받은 국가 중 하나인 에스토니아는 외부 평가절하를 피했는데, 이는 부채를 가진 중산층과 국제은행들에 부담을 줄 수 있었기 때문이다. 대신, 정부는 공공 및 민간 부문에서의 대규모 임금 삭감, 해고, 복지 프로그램의 추가 축소와 같은 강력한 긴축 조치를 취했으며, 이러한 조치는 저숙련 노동자와 복지 의존 계층에게 불균형적으로 큰 타격을 주었다. 긴축 프로그램은 1년 내에 효과를 발휘하여 에스토니아가 2011년에 유로존에 가입할 수 있게 했고, 이를 통해 가계와 은행들은 더 유리한 조건에서 부채를 재구조화할 수 있었다(Bohle, 2013).

반면 비셰그라드 국가들은 정치적 포퓰리즘과 경제정책의 혼합을 통해 국가 경제의 독립을 회복하고, 동시에 제조업에 대한 FDI 보조금을 조용히 지속하는 한편, 연금 수혜자와 중산층 가정을 위한 사회적 보상 정책을 활발히 추진했다(Bohle and Greskovits, 2018). 헝가리의 예를 들어 설명하면, 볼레(Bohle, 2013)는 새로 선출된 헝가리 총리 빅토르 오르반이 금융 서비스에 대한 세금을 도입하고 은행이 아닌 고객에게 비용을 전가하는 것을 막으며, 주택 압류를 제한하고 많은 채무자들의 부채 부담을 재협상하며 일련의 반금

1 '사회적 맥락에서 분리된' 신자유주의 국가란 경제적 자유화를 추구하면서도 사회적 맥락에서 전통적인 사회적 보호나 규제에서 벗어난 국가를 의미한다. 즉, 국가가 경제적 자유화에 집중하면서도 사회적 보호를 덜 강조하거나 소홀히 하는 특성을 지적한 것이다. -역자주.

융, 반자본지향적인 조치를 취함으로써 국가의 금융 독립을 회복하기 위해 노력했다고 이야기한다. 그러나 그의 정부는 제조업에 대한 FDI를 계속 지원했다(Bohle and Regan, 출간 예정). 이를 통해 대규모 주택 압류와 모기지 위기를 피할 수 있었지만, 그 대가로 헝가리 정부의 국제적 평판이 손상되었다.

이러한 경향은 두 지역 중 어느 쪽도 2008년 위기 이후 지배적인 성장전략에서 급격한 전환을 이루지 않았음을 의미한다. 오히려 비셰그라드 국가들은 금융과 기타 역동적 서비스의 FDI 주도 개발에 대한 정부 지원을 줄이고, 사회적 보상의 복지 의제를 강화하며, FDI 주도의 산업 업그레이드에 더욱 집중했다. 반면 발트 3국은 역동적 서비스와 금융화를 지향하는 경제활동에 대한 지원을 강화하고, 이러한 개혁으로 인해 손해를 본 사람들에 대한 사회적 보상보다는 인적 자본 투자에 대한 약속을 더욱 확고히 했다.

4) 영국에서의 금융화와 복지의 상품화

영국은 신흥국의 제조업 경쟁이 증가함에 따라 금융 서비스를 새로운 국가 성장 엔진으로 전환하고, 자원 채굴 및 제조업 부문을 신속히 폐쇄함으로써 선진 경제국들 중에서 앞서 나갔다. 1979년부터 1997년까지의 보수당 정권(대처와 메이저 총리 시기)은 영국 경제의 대규모 민영화, 연금제도의 부분적 민영화(신자유주의 정부는 더 광범위한 민영화를 원했으나 정치적으로 실현불가능했다. Pierson, 1994 참조), 사회주택의 광범위한 민영화와 주택시장의 규제를 완화한 것으로 유명했다. 영국 복지국가의 잔여적 성격은 점점 더 자유화되고 보수당 시대가 끝난 후에도 계속 강화되었으며, 이후의 노동당 정부들 역시 복지국가의 비용을 줄이고 효율성을 높이는 데 중점을 두었다. 사회복지 제공에서의 시장 메커니즘은 지속적으로 확대되었고(특히 의료와 연금 분야에서), 복지정책의 선별성은 증가했으며, 노동시장의 유연성 증대와 함께 워크페어workfare 조치의 촉진이 가속화되었다(Palier and Hay, 2017). 이러한 복지국가 축소 경향은 2010년 집권한 보수당 정부의 긴축 중심 정책을 따라 글로벌 경제 위기 이후 더욱 가속화되었다. 1980년대 이후 영국 복지국가 개혁의 전반적인 추세는 축소로 향해 있었지만, 2010년대에 들어서 정부가 금융화 주도 성장전략이 저소득층의 소비 능력에 미치는 부정적 영향을 완화하기 위해 소득세 공제나 기초연금과 같은 수단을 통해 복지지출의 재조정을 시도하는 모습도 관찰되었다.

복지의 민영화

1980년대 이후 채택된 복지정책 개혁 중 중요한 영역 중 하나는 연금의 민영화이다. 보수당 정부는 1980년대에 기초 및 보충적 공적연금 시스템을 완전히 민영화하지는 못했다(Pierson, 1994). 대신에 보수당 정부는 기초연금 수준을 물가에 연동시키고, 보충적 공적연금의 보장 대체율을 낮추었으며, 보충적 공적연금을 가지고 있는 사람들에게 공적 제도에서 벗어나도록 권장했고, 그렇게 할 경우 상당히 매력적인 세금 혜택을 받을 수 있도록 하여 민간 연금 기금의 확장을 촉진했다(Bonoli and Palier, 2000). 그 결과, 영국은 금융화 성장전략을 추구하거나 역동적 서비스 수출 성장전략을 추구한 다른 국가들과 함께 OECD에서 민간 연금 기금 및 혜택이 가장 높은 국가 중 하나로 꼽힌다(부록의 그림 12A.2 참고).

대처 정부는 또한 1980년대 중산층의 신용 접근성을 완화하고, 공공주택을 민간 임차인에게 매각하는 전국적인 '주택 구매 권리Right to Buy, RTB' 정책을 도입함으로써 새로운 주택 소유자 계층을 창출했다. RTB 정책은 1980년부터 2000년대 중반까지 영국에서 단일 정책으로는 가장 큰 규모의 민영화 사례였다(Disney and Luo, 2017). 이 정책은 특히 저소득층과 중산층에게 혜택을 주었는데, 이들은 저렴한 가격에 주택을 구매하고 이후 급등한 집값의 이익을 보았다. 은퇴 제도의 시장화가 점점 더 진행됨에 따라, 주택은 은퇴를 위한 추가적인 저축 수단으로 자리잡았다.

주택의 민영화는 영국 주택금융시장의 규제 완화와 함께 이루어졌으며, 주택담보대출 시장에 더 큰 경쟁을 불러왔다. 이는 주택담보대출의 공급을 늘리고 가격을 낮추어, 영국 중산층 사이에서 주택 소유에 대한 수요를 증가시켰고, 국가의 성장모델을 강화했다. 라이젠비클러(Reisenbichler, 이 책 10장)에 따르면, 주택시장은 영국에서 통화정책의 중요한 전달 경로로 작용했는데, 낮은 주택담보대출 금리가 주택 수요와 집값을 높여 은행 대출과 가계 소비를 자극했기 때문이다. 확장된 주택시장은 금융상품의 혁신에도 기여했으며, 이는 신용 등급이 낮은 저소득층 가구가 주택담보대출에 더 쉽게 접근할 수 있게 했다. 1990년대 금융 서비스 분야에서 등장한 '임대용 주택담보대출Buy-to-let mortgage'은 이러한 혁신적인 금융상품 중 하나였다.

고숙련 서비스 직종과 저숙련 서비스 직종 간의 상당한 임금 격차는 (고등) 교육에 대한 수요를 증가시켰다. 개인의 인적 자본에 대한 투자는 중요성이 커졌는데, 이는 분권화된 임금협상으로 인해 임금 상승에 대한 집단적 지렛대를 적용할 수 없는 금융 서비스 분야에서 고임금 직업에 접근할 가능성을 높여주었기 때문이다. 이와 동시에 저소득층을 대상으로 한 워크페어workfare 조치가 도입되었다. 실업급여 수준의 지속적인 감소와 함께 수급자들에게 노동시장으로 돌아가라는 압박이 커졌다. 대처와 메이저 시기 동안 복지국가 개혁에서 가장 큰 피해를 본 사람들은 실업자들이었다(Bonoli and Palier, 1998).

표적화된 사회 투자와 교육의 금융화: 신노동당 시기

블레어 정부(1997~2007)는 이전 신자유주의 정부들의 민영화 및 금융화 추세를 멈추지 않았다. 대신, 이를 교정하는 조치를 도입했고, 사회 투자라는 새로운 요소를 추가했다. 즉, 1997년 이후 블레어의 '제3의 길'은 영국을 위한 고도로 금융화되고 역동적 서비스를 중심으로 하는 성장모델을 계속해서 추진하면서, 그 수익의 일부를 사회 지출과 사회 투자에 할애했다. 테일러-구비 외(Taylor-Gooby et al., 2017)에 따르면, 신노동당은 '사회 투자를 통한 신중한 국가 제공의 확대'를 시작했다(p.51). 여기에는 저성장 지역에 대한 교육 투자, 보조금이 지원되는 보육, 1998년 도입된 최저임금, 저소득층을 위한 선별적 복지 및 선별적 세액공제의 확대가 포함되었다.

금융화에 의해 촉진된 경제성장의 불평등한 소득 및 부의 효과가 국내수요의 약화를 통해 성장을 저해하지 않도록 하기 위해, 근로소득세 공제와 저소득층의 소비를 지원하는 다양한 노력이 시도되었다. 또한, 공공 사회서비스의 확장은 소득 하위 20% 계층의 소득을 증대시키는 데 기여했다. 블레어Blair와 이후 브라운Brown 정부는 저소득층의 소비 능력을 높이기 위해 근로소득세 공제를 정기적으로 확대하고 증액했다.

블레어는 인적 자본에 대한 투자의 필요성을 매우 분명히 했으며, 이는 새로운 역동적이고 금융 서비스 중심인 경제에서 성공하는 데 필수적이라고 여겼다. 그러나 그 목적을 달성하기 위한 수단은 계속해서 시장에 기반한 접근법이었다. 따라서 블레어 시대는 정부가 고등교육 시스템의 시장화와 금융화를 촉진한 시기였다. 50년간 대학에 대한 정부의 직접 자금 지원과 국가 유지 보조금을 통한 학생 지원이 이루어진 이후, 1998년에 학비가 인상되었다. 이후 정부들은 국가 자금의 지원을 더욱 축소하고, 학비 상한선을 인상하며, 학생 수와 외국인 학생에 대한 학비 제한을 철폐했다(Vina and Hale, 2016). 교육에 대한 국가 자금 지원이 축소되는 상황에서 교육 수요가 증가하면서, 특히 교육 대출을 통해 교육의 시장화와 금융화가 촉진되었다. 따라서 고등교육의 확대에 대한 이러한 접근은, 민간업체가 진입했지만 여전히 국가가 재원을 책임지는 북유럽 국가들의 접근과는 다르다.

신노동당은 주택 구매 권리RTB 정책을 폐지하지는 않았지만, 새로운 사회주택은 건설되지 않았으며, 그 결과 매우 긴 대기 목록이 생겨났다. 2010년대에 영국의 주택 건설 수준은 1920년대 이후 평시 기준으로 최저 수준이었으며, 영국에서 주택을 소유할 가능성은 20년 동안 절반 이상 줄어들었다(Bennett, 2017). RTB 정책의 혜택은 가격이 높고 규제되지 않은 임대 시장에 의해 더욱 강화되었다. 이는 대처 시대에 주택을 구입한 노년층에 비해 젊은 세대에게 불리한 상황을 만들었다. 누진적이지 않은 토지세는 주택시장에서의 불평등을 더욱 강화하고, 대처 시대에 저렴한 주택을 얻은 세대에게 자산 축적의 기회를 제공했다. 1995년에서 2016년 사이, 젊은 성인이 거주하는 지역의 평균 주택 가격과 그의 연간 순 가족 소득 간의 비율은 4에서 8로 두 배가 되었다(Cribb et al., 2018). 결과적으로 주택의 가격 부담 문제는 시간이 지남에 따라 점점 심각해졌다.

새로운 사회주택이 건설되지 않으면서 주택담보대출 시장이 활성화되었고, 이는 일부 급여 상승과 맞물리면서 새로운 주택 대부분을 민간이 시장 가격으로 구매했다. 요약하자면, 정부는 초기에는 사회주택 재고의 민영화를 통해 주택 소유를 장려했지만, 사회주택 건설은 중단되었고, 시장 가격의 주택에 대한 수요가 증가했다. 이는 점점 증가하는 급여와 주택 구매를 위한 주택담보대출과 같은 금융상품에 대한 접근성 증가에 의해 더욱 촉진되었다. 게다가 영국은 주택을 거주지보다는 투자와 자산 축적 수단으로 간주하는 주택의 금융화가 증가하고 있다.

2008년 위기 이후 공공 지출 축소와 민간 복지의 확산

2000년대 후반 신노동당 정책은 보수적으로 전환되었으며, 정부가 2007년 이후 생활비 상승에 맞춰 선별적 복지 혜택을 조정하지 못하면서 2000년대 초반부터 시작된 사회적 포용성이 부분적으로 낮아졌다(Taylor-Gooby et al., 2017: 53). 2010년 금융위기 이후 집권한 보수당은 예산 균형을 맞추고 복지 접근을 줄이며 노동시장에 참여하지 않는 사람들을 활성화하려는 긴축 중심의 정치 플랫폼을 내세웠다. 2010년 이후 여러 복지 삭감 및 동결 조치가 도입되었다. 정부는 부가가치세를 인상했는데, 이는 소득의 대부분을 소비하는 빈곤층에 가장 큰 영향을 미쳤다. 또한, 소득세 과세 기준을 높여 실업자와 자녀가 없는 저임금 노동자들에게 가장 큰 타격을 주었다. 주당 15시간의 보육 지원은 유지되었지만, 2010년에서 2015년 사이에 전체 보육 비용이 급등했다. 또한 긴축 조치에는 주로 사회서비스를 제공하는 지방 의회의 예산을 대폭 삭감하는 조치도 포함되었다(Taylor-Gooby et al., 2017: 56). 따라서 블레어 이후 사회 지출이 크게 축소되었으며, 이는 대처 시대의 보수당 정책이 지속되고 가속화된 것으로 볼 수 있다. 이러한 정책들은 2008년 경제 위기 이후 시행된 것이기 때문에, 영국처럼 고도로 유연한 노동시장은 최근 몇 년 동안 제로 시간 계약(보장된 근로 시간이 없는 계약)과 같은 가장 불안정한 고용 형태가 급증했다. 영국 국가통계청UK Office for National Statistics의[2] 데이터에 따르면, 제로 시간 계약은 2015년에 210만 건으로 정점을 찍은 후 다소 감소했다.

주택 문제에 있어서는, 2008년 위기 이후 영국 정부의 조치가 주택시장에 대한 금융위기의 충격과 불황의 영향을 완화시켰다. 위기 이후 주택 소유자를 지원하기 위해 2013년에 도입된 155억 파운드 규모의 공공계획은 주택이 금융 서비스 중심의 영국 경제에서 점점 더 중요한 역할을 하고 있음을 보여주는 것이다(Jenkins, 2013).

보수당 정부는 국내수요를 자극하기 위해 저소득층의 소비 능력을 유지할 방법도 모색했지만, 가능한 한 저렴하게 이를 달성하고자 했다. 정부는 공공 재정에서 임금 보조금으로 도입된 근로세액공제에 국가가 너무 많은 비용을 지출한다고 주장했다. 따라서 2016년에 세액공제의 자격 기준을 강화하고 소득세 과세 기준을 높였으며, 25세 이상의 사람들을 대상으로 전국 생활임금을 도입했다. 이 생활임금은 전국 최저임금보다 높았다. 또한, 고용주가 제로 시간 계약에 (노동자가 특정 고용주와의 계약 기간 동안 다른 고용주와 일하지 못하도록 제한하는-역자) 배타적인 고용 조항을 포함시키는 것을 금지했는데, 이는 2009~2017년 기간 동안 영국의 단위 노동비용 증가가 1997~2007년 기간보다 상당히 적었던 이유를 설명할 수 있다(그림 12A.1 참고).

캐머런 정부(2010~2016)는 또한 연금제도에 몇 가지 변화를 시도했다. 은퇴 연령을 높이고 직원들이 은퇴 이후에도 일하도록 장려하는 법률 조항과 함께, 고용주가 후원하는 민간 연금제도에서 은퇴 저축 요건을 강화했다. 2012년에는 모든 임금 노동자가 연금에 자동 가입하는 제도가 도입되었으며, 이는 개인연금을 가진 사람들의 수를 늘리기 위한 것이었다. 2016년에 단일

....

2 https://www.ons.gov.uk/ (last accessed May 9, 2019).

급여의 국가 연금이 도입되었으며, 이는 기초연금basic public pension과 보충적 공적연금을 통합하여 향후 단일 급여의 국가 기초연금a flat rate basic state pension으로 전환하는 것을 목표로 하고 있다. 이러한 변화가 완전히 시행되기까지는 수십 년이 걸릴 것이며, 현재 피고용인은 이미 자격을 충족한 국가 제도로부터 계속 혜택을 받을 것이다. 연금제도의 이러한 변화는 은퇴와 관련된 부담의 더 큰 부분을 고용주와 민간 연금 제공업체에 전가시켰다. 은퇴자의 소득은 점점 더 민간 연금에 의존하게 되었으며, 1977년에는 은퇴 가구의 평균 소득 중 44.5%가 민간 연금 및 연금 보험에서 나왔지만, 2017년에는 이 비율이 82.1%에 달했다(Office for National Statistics, 2018: 15).

보편적이지 않은 보충적 연금에 대한 수급권 때문에 1990년대와 2000년대 초반에 노인빈곤이 증가해(Ebbinghaus, 2019), 정부는 기초연금의 수준을 높이고 유지하는 데 주력했다. 블레어 정부는 공적연금을 물가 대신 소득에 연동시키기로 결정했으며, 이는 브라운 정부에 의해 강화되었고(공적연금을 연간 최소 2.5% 인상 보장하는 '트리플 락' 메커니즘 도입), 보수당 정부도 이 정책을 유지했다. 이는 은퇴자들의 소득을 높여 그들의 소비 능력과 정치적 지지를 확보했지만 동시에 노동하는 연령대에 대한 혜택은 삭감되었다.

금융위기 이후의 시기에는 고등교육에 대한 공공 지출이 추가로 삭감되었으며, 그 결과 고등교육 부문에서 전례 없는 수준의 금융화가 발생했다. 대학들이 학자금을 확보하기 위해 금융시장에서 채권을 발행한 것이다. 실제로 2010년에서 2016년 사이에 영국 대학에 대한 정부 보조금은 연간 80억 파운드에서 40억 파운드로 줄었으며, 2005년에서 2015년 사이에 학비 수입은 세 배로 증가했다(Vina and Hale, 2016). 다시 말해, 정부 지원이 약화되면서 대학들은 학생 유치를 위한 경쟁에 몰리고 있으며, 비교적 안전한 투자처로 간주되기 때문에 국제 자본시장의 관심을 받고 있다. 헤일(Hale, 2018)이 『파이낸셜 타임스the Financial Times』에 쓴 것처럼, 영국 대학들은 '미국 연금 및 보험 자금이 장기 프로젝트를 찾는 데 인기 있는 투자 대상'이다. 로이즈Lloyds는 2016년 이후 영국 대학들이 자본시장에서 30억 파운드 이상을 차입했으며,

그 중 약 절반이 (일반 대중이 아닌 소수의 투자자에게 증권을 비공개로 발행하는 방식인-역자) 사모 방식private placement으로 이루어졌다고 추정하고 있다.

5) 남유럽에서의 임금 주도 성장과 사회적 보호주의의 운명: 공공 부채에서 '경쟁적 빈곤화'로

프랑스와 이탈리아는 일부 수출 부문(프랑스의 '챔피언' 기업들 및 북부 이탈리아 기업들)이 있음에도 불구하고, 전형적인 포드주의Fordism 임금 수요-주도 성장체제의 명확한 사례이다. (프랑스에 대해서는 Boyer, 1979; 이탈리아에 대해서는 Baccaro and Pontusson, 2016 참조). 1980년대 이후, 이 국가들은 포드주의 성장모델에 갇혀서 성장을 이루지도, 새로운 모델로 전환하지도 못했다. 높은 수준의 사회복지급여(실업 수당 및 관대한 노령 연금)를 보장하는 이들의 '소비 기반 복지 시스템'(Beramendi et al., 2015)은 국내수요주도 성장체제를 유지하는 데 핵심적이었다. 이탈리아는 1990년대 이후 '영구적 침체'의 사례로 꼽혔으며(Baccaro and Pontusson, 이 책 3장), 프랑스는 계속해서 수출주도 경제로 전환하는 데 실패했다(Culpepper et al., 2006). 2008년 이전에는 유로존 가입으로 인해 비교적 낮은 금리로 공공 부채-주도 성장이 가능했으나, 그 이후로 이 두 나라는 경쟁적이고 저비용의 긴축 전략을 추구하면서도 저성장, 추가적인 탈산업화, 새로운 고숙련 역동적 서비스 개발의 어려움, 대규모 실업(특히 청년 실업), 낮은 노동시장 참여율에 시달리고 있다. 다른 남유럽 국가들(그리스, 스페인, 포르투갈)도 1980년대 EU 가입과 2008년 위기 이전의 유로화 덕분에 큰 혜택을 보았다. 그러나 2010년 이후, 이들 모든 국가는 EU가 더 이상 국내수요, 임금 및 복지주도 성장체제를 운영할 수 없도록 강제하면서 그들 또한 '경쟁적 빈곤화 전략'을 추구하게 되었다. 이는 이 절의 마지막에서 소개할 내용이다.

이탈리아: 영구적 침체와 복지국가 개혁의 불가능성

이탈리아 경제는 낮은 연구개발R&D 지출, 기술적·조직적 퇴보, 그리고 국내 제품 시장에서의 약한 경쟁으로 특징지어져 왔다(Capussela, 2018). 이탈리아의 높은 공공 부채는 새로운 기술과 R&D에 대한 투자를 어렵게 만들었다. 이탈리아 기업들은 다른 유럽 경제들에 비해 성장속도가 느리고 혁신성이 부족했으며, 1980년대 후반 이후 평균 규모와 생산성도 감소했다. 이러한 경제적 제약 요인들은 이탈리아 맥락에서 새로운 것은 아니지만, 최근 등장한 글로벌 도전 과제들로 인해 그 중요성이 더욱 커졌다(Capussela, 2018).

이탈리아는 1990년대 중반 유로화의 도입을 준비하면서 경쟁력을 높이기 위해 여러 차례 개혁을 시도했지만 실패했다(Hassel, 2006). 1994년부터 2007년까지 순수출이 경제성장에 기여한 바는 오히려 부정적이었고, 수출에서 ICT와 서비스의 비중도 감소했다. 임금 비중의 감소는 1990년대와 2000년대 초반 내내 지속되었다(Baccaro and Pontusson, 2016). 이탈리아의 수출품은 가격에 민감하기 때문에 이러한 산업들은 세계 시장에서 중요한 성과를 거두지 못했다. 바카로와 폰투손(Baccaro and Pontusson, 2016)에 따르면, 이는 이탈리아가 노동집약적 제조업에 특화된 것과 이러한 산업에서의 글로벌 경쟁이 심화된 것뿐만 아니라, 유로존 가입으로 인해 이탈리아 수출업체들이 가격경쟁력을 더 상실했기 때문이다. 동시에, 유로 도입 이후 가계 소비의 성장은 신용의 상당한 확대로 지원되었으나, 이는 낮은 수준에서 시작되었다(Baccaro and Pontusson, 2016).

이러한 저성장, 때로는 마이너스 성장이 지속되는 상황에서, 이탈리아는 공공 부채를 관리하면서도 점점 더 부족해지는 자원으로 국내수요를 촉진해야 하는 악순환에 갇혀 있다. 처음에는 EMU에 의해, 그리고 금융위기 이후에는 ECB에 의해 외부로부터 재정 긴축이 강제되면서(Sacchi, 2016), 정치적 갈등은 이러한 외부의 재정 감축 압력과 이에 대한 국내의 저항을 중심으로 전개되어 왔다. 이탈리아 국민은 국제적 경쟁 압력 때문에 빈곤을 감수해야 한다는 것을 받아들이려 하지 않았고, 이탈리아 정부도 국내 소비를 억제하라는 요구를 수용하지 않았다.

이 때문에 어느 쪽의 개혁도 강하게 추진하지 못해서, 이탈리아는 일부 보육정책에서 약간의 개선이 이루어진 것을 제외하면 새로운 사회적 위험이나 사회 투자를 위한 사회 지출의 전환을 이루지 못했다(Kazepov and Ranci, 2017). GDP 대비 노령 및 유족 연금 지출은 유럽에서 그리스에 이어 두 번째로 높은 수준이며,[3] 가족정책, 교육, 적극적 노동시장 정책에 대한 지출은 다른 EU 국가들보다 훨씬 낮다. 여성 노동력 참여를 촉진하고 보육에 대한 접근성을 확대하려는 최근의 노력 중 일부는 특히 민간 보육서비스 제공업체의 확대를 통해 이루어졌지만, 이러한 민영화의 증가가 서비스 품질의 저하로 이어져 부분적으로 실패했다고 할 수 있다(Kazepov and Ranci, 2017).

복지개혁의 교착 상태

국제경쟁력을 높이기 위해 재정 지출을 축소해야 한다는 압력과 이에 저항하는 힘이 동시에 작용하는 이러한 맥락에서, 연금, 노동시장, 교육정책 분야에서는 도입되었다가 폐기된 수많은 복지국가 개혁 사례가 있다. 이탈리아는 이미 1990년대에 마스트리히트 기준의 재정 압박을 받으며 연금제도를 개혁하고, 스웨덴과 유사한 가상 계좌 제도를 도입하려 했다. 그러나 이러한 개혁은 매우 길게 설정된 단계적 도입 계획으로 인해 지연되었다(Ronchi and Vesan, 출간 예정). 그러나 2008년 금융위기 이후, 특히 2011년의 포르네로 연금 개혁과 함께 확정 기여형 연금으로의 전환이 가속화되었고, 조기 연금의 폐지와 함께 은퇴 연령도 추가로 상승했다(Agostini and Natali, 2016).

노동시장의 규제 완화를 목표로 한 포괄적인 노동시장 개혁은 1997년에 중도좌파 정부에 의해, 2003년에는 중도우파 정부에 의해 채택되었으며(Ronchi and Vesan, 출간 예정), 2012년에도 다시 포르네로 노동시장 개혁이 도

....

3 2015년 기준으로 이탈리아는 16.5%, 그리스는 17.8%, 프랑스는 15%였으며, EU 평균은 12.8%였다. Eurostat data. https://ec.europa.eu/eurostat/statistics-explained/index.php/Social_protection_ statistics_-_pension_expenditure_and_pension_beneficiaries (last accessed May 6, 2019).

입되었다. 이들 개혁의 목표는 상시 고용자들이 누리는 고용 보장을 약화시키고(즉, 유연성을 증가시키며) 새로운 유형의 노동 계약(정당한 이유 없는 단기 계약, 해고가 용이한 상시 계약 등)을 도입하여 실업과 노동시장의 이중화를 줄이는 것이었다. 또한 정부는 2008~2009년 경제적 충격 이후 단축근무제를 확대하는 등 단기 정책을 통해 실업 증가로부터 국민을 보호하려고 개입하기도 했다(Vesan and Pavolini, 2018). 그러나 실업 증가를 막기 위한 노력보다 실업급여와 고용 보호의 삭감이 더 크게 이루어졌다(Guillén and Pavolini, 2015). 이러한 개혁의 표면적인 의도에도 불구하고, 노동시장은 점점 더 이중화되고 있으며, 특히 연령대별로는 나이 든 노동자들이 여전히 더 보호된 계약의 혜택을 누리는 반면, 젊은이들은 점점 더 단기 계약에 노출되어 있다.

투자보다는 소비

교육정책에 관해서 이탈리아는 대부분의 EU 국가보다 고등교육 이수율이 낮다. 2000년대 내내 교육정책은 축소되었으며, 이는 일반적인 유럽의 추세와는 뚜렷한 대조를 이룬다. 대부분의 삭감은 2008년에서 2010년 사이 중도우파 베를루스코니 정부하에서 채택된 교육개혁으로 인한 것이며, 이는 초중등교육과 대학교육 모두에 대한 지출을 삭감했다(Ronchi and Vesan, 출간 예정). 이탈리아의 교육에 대한 저투자는 숙련된 노동에 대한 수요가 낮고, 혁신 및 R&D에 거의 투자하지 않는 경제 및 노동시장의 구조를 반영한다(Kazepov and Ranci, 2017). 이탈리아는 숙련된 노동에 대한 수요가 증가하는 대부분의 선진국과는 반대로 가고 있어 지식경제에 대비하지 못했다. 게다가 고숙련 인력조차도 일자리를 찾기 어려우며, 그들의 숙련에 대한 경제적 보상도 매우 낮다. 이는 개인과 국가 모두가 인적 자본에 투자할 유인을 더욱 감소시켰다(Kazepov and Ranci, 2017).

이탈리아가 새로운 성장 원천을 찾기 위한 근본적인 전환을 이루었다는 증거는 없다. 오히려, 복지 확장을 위한 제한된 자원 대부분은 '단기 고용 인센티브, 세액공제, 그리고 어느 정도 소비 지향적 혜택(실업급여와 이후 새로운 최저 소득 제도)에 사용되었으며, 이는 이탈리아 복지 시스템에서 배제되었던 젊은 노동시장 진입자들과 빈곤층에게 소득 지원을 확대하는 데 사용되었다'(Ronchi and Vesan, 출간 예정: 10). 이는 모두 가계 소비를 통해 국내수요를 유지하려는 정부 노력의 일환이었다.

7년간의 침체 이후, 이탈리아는 2014년에 EU 규칙의 유예나 유연한 해석에 의존한 재정 정책을 통해 유로존 평균의 절반 수준인 저성장으로 되돌아갔다(Capussela, 2018: 2). 이 긴 불황 이후에도 평균 실질 가처분소득은 여전히 1995년 수준보다 몇 포인트 낮다(Capussela, 2018: 2). 최근 이탈리아의 정치 상황(급진적, 반EU, 반이민 정당의 집권)은 다른 성장체제로의 전환 없이 내수주도 성장에 의존하는 국가에 긴축, 복지 삭감, 임금 억제를 강요하는 것이 얼마나 위험한지를 잘 보여 준다. 이 책에서 존스턴Johnston은 이러한 맥락에서 임금 억제의 부정적 결과를 보여 주고, 2샤프Scharpf는 이러한 전략의 정치적 위험을 분석했다. 글을 쓰는 시점에서 '포퓰리스트 연합' 정부(2018~2019)의 정책들은 기본소득 제도(5성 운동이 추진한 기본 소득) 도입과 연금 재평가와 같은 소득 유지 및 보상적 복지로 기울어져 있었다.

프랑스: 수출주도 성장 경제로의 전환에 실패

프랑스는 수출주도 성장체제로 전환하려는 시도가 실패한 흥미로운 사례로, 국내수요주도 성장체제의 (제도적 및 정치적) 유산이 전환을 제약했다. 전환점은 1980년대에 시작되었고, 1990년대에는 복지 축소를 시도하면서 더욱 강화되었으며, 궁극적으로는 기업의 노동비용을 낮추기 위한 일련의 정책들로 절정에 이르렀다. 노동비용 절감은 여전히 프랑스 경제정책의 핵심이다. 정부는 내부 디플레이션을 통해 기업의 외부 경쟁력을 강화하려 하지만, 상대적으로 높은 최저임금과 관대한 사회적 혜택으로 뒷받침되는 국내 소비를 약화시키지 않으려고 한다. 따라서 프랑스의 수출 능력을 강화하기 위한 성장전략 대부분은 비용 절감에 기반을 두고 있으며, 이는 실제로 복지제도의 이중화를 활용하는 저비용 전략이다.

국내수요를 약화시키지 않으면서 수출주도 성장 경제로 전환하려는 시도

1974년과 1981년 두 차례에 걸친 케인스주의적 경기 부양 계획의 실패로 큰 충격을 받은 프랑스 정부는 경제성장전략을 외부 '경쟁력'을 촉진하는 방향으로 전환했다. 1982년, 사회주의 정부는 복지 혜택의 동결을 포함한 '긴축 정책'을 채택했으며(Palier, 2005), 1983년에는 강한 통화정책을 도입했다(Culpepper et al., 2006). 1980년대는 조기 퇴직 연금제도와 관대한 실업급여, 그리고 아웃소싱과 해외 이전을 통해 완화된 산업 구조조정의 시기였다(Palier and Thelen, 2010). 제조업 노동력의 규모를 줄이는 것은 생산성과 경쟁력을 높이기 위한 조치였다. 이러한 보상 조치들은 매우 비용이 많이 들었으며, 이는 사회보장 기여금 인상과 예산 적자를 늘리는 것으로 충당되었다. 그러나 유로화 도입이 임박하면서 적자와 인플레이션에 제한이 가해졌다. 그 이후로 프랑스 정부는 이중 딜레마에 빠지게 된다. 한편으로는 독일처럼 내부 평가절하를 통해 제조업 부문을 구제하려 노력하면서도, 다른 한편으로는 임금억제 또는 동결과 복지 혜택 삭감이 경제성장을 저해하고 실업을 증가시킨다는 사실도 알고 있다. 이는 프랑스 경제가 주로 국내 소비에 의해 움직이기 때문이다.

실제로 프랑스의 성장체제는 수출보다는 국내 소비에 훨씬 더 의존하고 있으며, 이는 거의 상시적인 경상수지 적자와[4] GDP에서 수출이 차지하는 낮은 비율로 나타난다(2018년 GDP의 약 30%, Hassel and Palier, 이 책 1장 참조). 가계 소비는 특히 최저임금을 통한 비교적 관대한 임금정책에 의해 유지되고 있다. 그러나 1980년대 후반 이후, 많은 경제학자와 고용주 대표들은 노동비용에 대해 불만을 제기하며 정부가 비임금 노동비용을 낮추도록 압박해 왔다(Palier, 2005, ch.7; Carbonnier et al., 2016). 순임금억제가 성장을 저해하고 사회적 불안을 야기할 위험이 있기 때문에, 프랑스 정부의 경제 전략은 점진적

....

4 예외는 독일 통일로 인한 1990년대인데, 이 시기에는 독일의 국내수요 증가가 프랑스의 경상수지를 개선시켰다.

이고 부분적인 복지 축소와 고용주의 사회보장 기여금 면제를 통해 비임금 노동비용을 줄이는 데 초점을 맞추게 되었다.

임금정책의 양면성

프랑스에서는 1960년대 이후로 공공과 민간 부문, 노출된 산업과 보호된 산업 모두에서 임금이 지속적으로 상승했다. 정규직 남성 노동자의 중위 순임금(총임금에서 사회보장 기여금을 뺀 금액)은 1976년부터 2010년까지 공공 및 민간 기업에서 실질적으로 약 15% 증가했다. 1980년대 중반부터 2007년까지 개인과 가계의 가처분소득은 각각 30%와 23% 증가했다(Askenazy and Palier, 2018). 2008년 이후에는 프랑스의 임금 상승이 생산성 증가를 초과하기도 했다(Askenazy et al., 2013).

회프너와 루터(Höpner and Lutter, 2018), 그리고 샤프(Scharpf, 이 책 5장)의 분석에 따르면, 프랑스는 (다른 남유럽 국가들과 마찬가지로) 임금억제를 위한 임금 조정 능력이 취약하다. 반대로, 프랑스의 산업 관계는 모든 부문에서 임금 상승을 초래했으며, 특히 노동조합이 국가 연합체로 조직되어 있고 공공부문에서 강력한 영향력을 행사하기 때문이다. 민간 부문의 임금 상승은 정치적으로 강한 지지를 받는 비교적 높은 최저임금에 의해 뒷받침된다. 이를 개혁하려는 시도는 강력한 사회적 저항을 불러일으켰다.[5] 프랑스에서 최저임금은 불평등 증가를 제한하는 가장 효과적인 도구로 인식되고 있으며, 실제로 그 역할을 해 왔다(OECD, 2015). 최저임금은 평균 및 중위 순임금보다 빠르게 상승하는 경향이 있다(Askenazy and Palier, 2018). 따라서 이는 특히 저소득층 사이에서 소비를 증가시키고 임금 불평등을 완화하기 위한 도구로 사용된다.

....

5 최저임금을 개혁하려는 시도는 항상 거리에서 강력한 반발에 부딪혔으며, 특히 1994년에는 정부가 청년을 대상으로 한 (더 낮은) 최저임금을 도입하려고 했을 때, 그리고 2006년에는 '첫 고용 계약Contrat Première embauche'을 통해 노동시장에 처음 진입하는 사람들을 최저임금보다 낮은 수준에서 고용할 수 있도록 하려 했을 때가 그랬다. 이 두 시도는 대규모 시위로 인해 모두 철회되었다.

그러나 프랑스 정부는 최저임금 인상을 인플레이션과 연계하지 않고, 전통적으로 소비를 촉진하기 위해 시행되었던 '추가 인상coup de pouce'을 제한하려고 노력해 왔다. 마지막 대규모 추가 인상은 1981년에 있었으며, 최저임금이 10% 인상되었다. 그러나 새로운 대통령과 총리가 취임할 때마다 소규모의 '정치적' 추가 인상이 있었다(1995, 1997, 1998, 2001, 2012년). 공공 부문에서는 임금 변동에 강하게 반발했다. 공무원 임금 계산에 사용되는 '포인트 시스템point d'indice de la function publique'은 인플레이션을 거의 따라가지 못했고 몇 년 동안 동결되기도 했다. 그러나 실질적으로는 공공 부문 임금이 직급과 연령에 따른 경력 발전과 관련된 '정상적인' 승급을 통해 증가해 왔다.

한편, 이 기간 동안 세금 인상이 임금 소득의 구매력을 약화시켰다. 전체 세금은 1960년 GDP의 30%에서 2017년 45%로 증가했다(Askenazy and Palier, 2018). 전체 세금의 절반 이상(55%)이 사회보험 시스템으로 가며, 나머지 30%는 국가 예산으로, 약 15%는 지방 정부로 간다. 프랑스에서 소득세는 상대적으로 낮고(가계의 절반 미만이 이를 납부하며, 소득세는 정기적으로 인하되었다), 사회보장 기여금(직원 부담)은 지속적으로 증가했으며, 지방세(사회 지원 자금을 조달하는)와 담배, 알코올, 청량음료(의료 자금으로 지정된) 및 가스와 경유에 대한 소비세도 더 많이 증가했다. 2018년 말 가스와 경유에 대한 세금 인상은 '노란 조끼gilets jaunes' 운동을 촉발했다.

노동시장과 복지개혁

프랑스는 1990년대부터 많은 노동시장과 복지개혁을 실행했으며(예: Palier, 2000, 2005, 2010; Hassenteufel and Palier, 2016 참조), 이는 복지 시스템의 전체 비용을 줄이는 동시에 핵심 노동자들을 보호하고 노동시장의 주변부에 있는 사람들을 활성화하기 위한 것이었다(Palier and Thelen, 2010). 궁극적으로 이러한 개혁은 노동시장과 복지 시스템의 이중화를 초래했다(Palier and Thelen, 2010; Seeleib-Kaiser et al., 2012).

독일과 마찬가지로, 프랑스는 1970년대 후반과 1980년대에 보험 기반의 복지 급여를 활용해 포드주의 시대의 종말에 대한 첫 번째 대응을 했다. 이는 노동력을 줄이고 관대한 실업 수당과 조기 퇴직 정책(1982년에 퇴직 연령을 60세로 낮추는 것 포함)을 통해 산업 구조 조정을 실행하는 것이었다. 이 목표는 산업을 구제하기 위해 일부 노동력을 줄이는 것을 포함했다. 그러나 1990년대 초, EU의 맥락에서 새로운 제약이 제도화되었다. 1990년대 동안 모든 복지개혁은 유로 도입과 프랑스의 경쟁력을 방어하기 위해 이루어졌다(Palier, 2005, 2010). 목표는 복지 시스템을 해체하는 것이 아니라 개혁을 통해 구제하는 것이었다. 개혁의 논리는 항상 동일했다. 비스마르크식 기여 메커니즘을 강화하여(동일한 사회보험 혜택을 받기 위해 더 많은 사회보장 기여금을 더 오랫동안 지불해야 한다) 개혁의 부담이 실업자나 비정규직보다 정규직 노동자들에게 덜 가해지도록 하는 것이었다. 외부자에게는 자산소득 조사 기반 급여, 근로소득세 공제, 실업보험의 활성화 정책으로 구성된 상이한 프랑스 복지국가가 발전해 왔다(Palier, 2010).

그러나 이러한 축소 노력이 사회 지출의 성장을 멈추게 하지는 못했으며, 단지 그 증가율을 줄이는 데 그쳤다. 1990년대, 2000년대, 2010년대를 거치며 수많은 개혁이 이루어졌음에도 불구하고 OECD SOCX 데이터에 따르면,[6] 공공 사회 지출은 1990년 GDP의 24.3%에서 2014년 32.2%로 정점을 찍었고, 2018년에는 31.2%로 소폭 감소했다. 1990년대 이후 프랑스는 세계에서 가장 비싼 복지국가를 유지해 왔으며, 특히 노령연금(프랑스는 세계에서 가장 관대한 연금제도를 가지고 있다),[7] 건강관리,[8] 실업보험의 지출이 특히 높다. 프랑스의 복지 시스템은 주로 사회적 소비 지향적이다.

....

6 https://stats.oecd.org/Index.aspx?datasetcode=SOCX AGG (last accessed February 24, 2020).

7 연금 수급자의 생활 수준은 계속해서 높아져, 2013년에는 소비 단위당 월소득이 2,049유로에 달했다. 이는 근로 연령 인구의 생활 수준(2,062유로)과 거의 같고, 전체 인구의 생활 수준(1,946유로)과 특히 18세에서 24세 사이의 청년층의 생활 수준(1,671유로)보다 높다(COR, 2015). 이후로도 연금 수급자의 생활 수준은 노동 연령 인구의 생활 수준을 상회하고 있다.

8 1990년 GDP의 8%였던 건강 관련 지출이 2014년에는 11.5%로 증가했으며, 그 이후로는 이 수준을 유지하고 있다.

그러나 노동시장 정책의 변화로 인해 모든 노동자가 관대한 복지 시스템의 혜택을 받을 수 있는 것은 아니다. 비정규직 고용을 증가시키는 정책들은 보호된 서비스 부문에서 저임금 일자리를 늘리는 것을 목표로 했으며, 이는 제조업 및 고숙련 서비스에 저렴한 아웃소싱 기회를 제공하고, 경제 상황에 따라 노동력 규모를 조정할 수 있게 하며(단기 계약의 증가를 통해), 비교적 저렴한 국내 서비스 환경을 제공했다. 1990년대 이후, 노동법의 연이은 변화가 있었으며, 2018년에 채택된 '마크롱Macron 법령'을 포함해 비정규직의 사용을 용이하게 했다(Palier and Thelen, 2010; Askenazy and Palier, 2018). 2010년대 말에는 단기 계약과[9] 비정규 고용이 크게 증가하여 노동 인구의 3분의 1 이상이 정규직 근로계약을 맺지 못하는 상황이 나타났다.

프랑스는 저임금 일자리의 발전을 허용하고 실제로 이를 장려하는 시스템을 마련했으며, 이들 노동자의 순 시간당 임금을 다른 노동자들과 비슷한 수준으로 유지하고 있다. 이는 거의 모든 부문에 최저임금을 적용하고(몇 가지 예외를 제외하고), 대부분의 노동자를 대상으로 하는 산업 협약의 임금 체계, 근로소득세 공제Prime d'activité, 근로시간이 매우 적은 노동자들을 위한 특정 사회적 혜택을 통해 이루어진다(Askenazy and Palier, 2018).

이러한 복지 및 노동시장 개혁은 독일의 사례와 유사하며, 실제로 독일의 예에서 영감을 받은 것이지만, 프랑스는 독일과는 다른 네 가지 주요 차이점이 있다. 이 차이점들은 프랑스 국내 소비를 보호하는 정치적 우선순위와 관련이 있다. 첫째, 프랑스는 독일과 달리 복지지출이 감소하지 않았으며, 1990년대와 2000년대 동안 임금이 증가했다. 둘째, 개혁은 독일(특히 슈뢰더 시기)만큼 급격하지 않았으며, 사회 지출의 증가율을 줄이는 데 기여했을 뿐 실제로 지출을 줄이지는 않았다. 셋째, 프랑스에서는 일반적인 최저임금과 특정 보조금 덕분에 비정규직 증가가 독일처럼 노동 빈곤의 급격한 증가로 이어지

9 2015년 이후 매 분기 최소 400만 명이 한 달 미만의 단기 계약으로 고용되고 있다. 그중 약 절반은 일주일 미만의 계약으로 고용되고 있다(Askenazy and Palier, 2018).

지 않았다. 넷째, 프랑스 정부는 사회보장 기여금 면제를 보완하고 저임금 일자리 창출을 지원하기 위해 독일보다 훨씬 더 많은 돈을 지출하고 있다.

노동비용을 낮추면서 소비 능력 유지

비용이 많이 드는 소비 중심의 프랑스 복지 시스템의 부담을 기업에 전가하지 않기 위해, 1990년대 초반부터 모든 정부는 간접적으로 노동비용을 낮추기 위해 지속적으로 개입해 왔다. 이는 특히 저임금 노동자에 대한 사회보장 기여금을 줄이기 위한 것이었다(면제 이전에, 사회보장 기여금은 기업의 노동비용의 60%를 차지한다). 보수 정부와 사회주의 정부 모두 이 전략을 추구해 왔다(Askenazy, 2011; Carbonnier et al., 2016). 초기에는 저숙련 일자리에 종사하는 사람들을 고용하는 기업들이 부담해야 하는 최저임금에 대한 노동비용을 보상하는 것이 목표였다. 시간이 지나면서, 사회보장 기여금 면제는 점차 더 높은 임금 수준까지 확대되었으며, 2013년에 도입된 CICE(기업에 대해 급여의 일정 비율로 계산되는 세액공제, 연간 200억 유로 규모)는 최저임금의 2.5배에 해당하는 모든 임금에 적용되었다. 이 조치는 2019년에 마크롱 대통령에 의해 고용주의 사회보장 기여금의 영구적인 감면으로 제도화되었으며, 이 조치의 이름 자체가 프랑스의 성장전략을 잘 나타내고 있다. 즉, 노동비용을 줄여 기업의 경쟁력을 높이고 일자리 창출을 촉진하겠다는 것이다.

이러한 사회보장 기여금 면제와 세액공제 혜택은 프랑스 기업들뿐만 아니라, 가사, 청소, 육아, 노인 돌봄과 같은 가사 일을 위해 누군가를 고용하는 가계에도 적용된다. 프랑스는 이러한 분야에서 많은 일자리(약 123만 개, Carbonnier and Morel, 2018 참조)를 창출했지만, 이들 대부분은 질이 낮은 일자리로 평가된다. 다양한 비효율적 세액공제가 이러한 질 낮은 일자리를 지원하고 있으며, 이는 프랑스의 투자 능력을 더욱 약화시키고 있다.

노동비용을 낮추기 위한 이 전략은 공공 재정에 매우 큰 부담을 초래한다. 정부예산에서 사회보장 기여금 면제를 보충해야 하기 때문이다(다른 세금으로 재정 지원). 연간 약 500억 유로에 달하는 이 세금 및 사회보장 기여금 면제 전략은 강력한 성장이나 질 좋은 일자리 창출을 촉발하지 않으면서 공공 적자와 부채를 증가시키고 있다. 그럼에도 불구하고, 이는 정부가 기업의 경쟁력을 높이기 위해 사용하는 주요 경제 도구로 계속 남아 있다. 따라서 프랑스의 경제 전략은 다른 무엇보다도 저비용 전략이라고 할 수 있다.

저비용 전략

정부가 제조업 부문의 경쟁력을 지원하려는 목표(최근에는 '프렌치 테크 French Tech'도 포함)에도 불구하고, 이러한 역량을 긍정적으로 향상시킬 수 있는 제도적 변화는 거의 이루어지지 않았다. 프랑스는 효율적인 도제 및 직업 훈련 시스템을 개발하지 못했다. 또한, 고품질 제조업을 창출할 수 있는 기업 거버넌스의 공동 의사결정 조직이나, 제조업 수출주도 전략에 필수적인 임금 조정 시스템도 개발하지 못했다.

역동적 서비스 부문에 있어, 프랑스는 일부 부문(은행업, 럭셔리 산업)에서 양질의 일자리를 창출할 수 있지만, 포용적인 사회 투자 전략을 추구하는 데 필요한 기본적인 제도가 부족하다. 3세 미만 아동의 공식적인 보육 시설 이용률은 이제 독일보다 훨씬 낮다(Collombet et al., 2017). 1990년대 후반부터 '대학의 민주화'를 추진하려는 의지가 있었음에도 불구하고, 프랑스는 여전히 모두에게 높은 일반 숙련을 제공하는 효율적인 대학 시스템을 갖추지 못했다. 대학 시스템은 여전히 강한 엘리트주의적 성격을 띠고 있으며(Chevalier, 이 책 11장 참조), 문해력과 수리력의 분포는 OECD 국가 중에서 가장 불평등한 수준에 속하며, 남유럽 국가들과 비슷한 수준이다(성인 역량에 대한 국제 평가 프로그램 PIAAC 데이터 기준).

프랑스의 사례는 임금주도 전략과 제조업 수출주도 전략의 비호환성을 잘 보여 준다. 프랑스의 정책은 충분한 양질의 일자리나 강력한 성장을 창출하는 데 도움을 주지 못하므로, 프랑스는 공공 부채를 통해 공공 보조금을 받는 저비용 전략을 계속해서 자금을 조달하고 있다. 그 결과 프랑스는 저성장, 저고용, 저숙련, 높은 공공 지출, 높은 공공 적자 및 부채의 악순환에 빠져 있으며, 점차 남유럽 이웃 국가들에 가까워지고 있다. 그러나 프랑스는 부채 위기를 피할 수 있었고, 따라서 EU가 포르투갈과 그리스에 강요한 가혹한 '경쟁적 빈곤화' 전략, 그리고 스페인과 이탈리아에 부분적으로 적용된 전략을 피할 수 있었다.

6) 유럽연합이 강요한 '경쟁적 빈곤화' 전략

이 장에서 다룬 독일과 프랑스의 사례가 보여 주듯이, 임금과 사회 급여에 기반한 국내수요주도 성장체제는 제조업 수출주도 성장체제와 양립할 수 없다. 샤프Scharpf가 이 책에서 설명한 바와 같이(또한 Hassel, 2014; Hall, 2014; Höpner and Lutter, 2018; Iversen and Soskice, 2018; Johnston and Regan, 2016 참조), 이 두 성장체제 간의 차이가 유로존 위기를 설명하는 핵심 요소다. 위기 이전에 남유럽 국가들은 낮거나 심지어 음수인 실질금리와 유로존 전체의 신용등급 덕분에, 부채를 통해 국내수요를 충당할 수 있었다(포르투갈과 스페인에서는 주로 민간 부채, 이탈리아, 프랑스, 그리스에서는 주로 공공 부채). 그러나 인플레이션, 임금 상승, 신용 거품의 형성은 북유럽 국가들에 비해 경쟁력을 악화시켰고, 위기가 발생했을 때 그들은 이를 해결할 자체적인 수단(즉, 평가절하 능력)을 갖고 있지 않았다. 동시에, 북유럽 유로존 국가들은 정반대 방향으로 성장하는 것처럼 보였다. 이들은 유로화 도입 초기 몇 년 동안 저인플레이션과 임금 정체를 조직화했으며, 그 결과 남유럽보다 낮은 성장을 기록했다. 또한 이들은 노동시장과 연금 시스템의 주요 구조 개혁을 단행했으며, 2000년부터 2007년까지 공공 지출을 억제하거나 심지어 감소시키는 데 성공했다. 이로 인해 북유럽 국가들은 남유럽 국가들에 비해 경쟁 우위를 강화할 수 있었다. 유로화가 도입된 후에는 이 우위를 상쇄할 수 있는 환율 조정 메커니즘이 존재하지 않았다. 처음에는 핵심 국가와 주변 국가 간의 경제적·사회적 수렴(더 높은 성장을 기록한 주변 국가들이 중심부를 따라잡는 것처럼 보였다)이 이루어지는 것처럼 보였으나, 실제로는 북유럽 국가들의 경쟁력이 증가하고 남유럽 국가들의 경쟁력이 감소하는 결과를 낳았다. 대부분의 북유럽 국가들은 위기에서 비교적 빠르게 회복했으며(이미 2010년에), 그후 유럽 차원에서 자신들의 관점을 강요할 수 있는 정치적 위치에 서게 되었다.

수출주도 성장체제로서의 새로운 유로 체제

2010년부터 유로존의 거버넌스가 변화하기 시작했다. 여러 결정들이 유로존 내에서 더 강압적인 환경을 조성했다. 여기에는 '식스팩'(2011년), 재정협약(2012년), '투팩'(2013년)의 채택이 포함된다. 이로 인해 국가 예산, 그리고 복지정책 개혁의 세부 사항들이 EU의 강력한 개입 가능성하에 철저한 검토의 대상이 되었다(de la Porte and Heins, 2016: 18-19).

'식스팩'은 각 EU 경제의 변화를 상세히 모니터링하는 것을 목표로 하는 '거시경제 불균형 절차MIP'를 도입했다. MIP의 14개 '핵심 지표'는 유럽연합 집행위원회가 추구하는 성장전략의 유형을 보여 주며,[10] 여기에는 균형 예산, 낮은 실업률(청년과 장기 실업 포함), 높은 노동시장 참여율 등이 포함된다. MIP는 또한 명목 노동비용의 변화, 민간 부문 부채, 주택 가격 동향, 금융 부문 부채, 경상수지, 실질 실효환율 등의 변화를 관찰한다. 이 모든 지표들은 주로 제조업 수출주도 성장체제의 '정상적인' 상황을 반영하는데, 이는 낮은 공공 적자와 부채, 제한된 노동비용 증가, 그리고 잠재적으로 긍정적인 경상수지를 의미한다. 실제로 MIP는 민간 부채, 주택 가격 상승, 금융화, 임금 상승, 공공 적자를 통해 나타나는 국내수요 기반 성장체제의 수단들을 억압하고 있다. 비록 집행위원회가 2013년에 '사회 투자 패키지'를 채택했지만, MIP와 같은 수준에서 이와 관련된 지표들을 적극적으로 모니터링하는 징후는 거의 보이지 않는다.

샤프Scharpf가 이 책에서 설명하듯이, 유로존 내에서 이러한 경제 통제 정

....

10 https://ec.europa.eu/infb/business-economy-euro/economic-and-fiscal-policy-coordination/eu-economic-governance-monitoring-prevention-correction/macroeconomic-imbalance-procedure/scoreboard_en

책을 시행하는 목적은 국내수요주도 성장체제들을 제조업 수출주도 성장체제와 호환 가능하게 만드는 '강제적 수렴' 과정을 추진하는 것이다. "주된 초점은 국제경쟁력을 개선하기 위해 단위 노동비용을 줄이는 데 있으며, 이를 통해 수출주도 경제성장을 달성하는 것이다." 그러나 그 목표는 남유럽 국가들이 스스로 수출주도 성장 국가가 되도록 돕는 것이 아니라, 이들이 국내 지향적 부문과 국내수요주도 성장을 선호하는 이전의 관행을 포기하게 만드는 것이다. 남유럽 국가들은 경쟁력을 갖추기 위해 충분히 저렴해져야 한다고 기대되며, 이는 저렴한 제품을 해외에 판매하고, 관광으로 외국인을 유치하고, 산업활동을 발전시키기 위해 외국인 직접투자를 유치하는 것을 의미한다. 이는 오랜 기간의 쇠퇴와 빈곤화를 수반하기 때문에 이를 '경쟁적 빈곤화' 전략이라고 부르는 것이다. 이는 단순히 가난해져서 경쟁력을 갖추는 것을 기다리는 수동적인 전략이 아니라, 국내수요주도 성장체제와 관련된 제도와 관행을 파괴하기 위한 적극적인 복지국가 개혁 의제를 전제로 한다.

경쟁적 빈곤화 전략을 구현하기 위한 복지 축소와 구조 개혁

국제경쟁력을 개선하기 위한 단위 노동비용의 감소는 경쟁적 빈곤화 전략의 핵심이다. 이는 공공 지출의 즉각적인 삭감과 함께, 미래에 단위 노동비용이 증가할 위험을 피하기 위한 구조적 개혁을 포함한다(Scharpf, 이 책 5장). 2010년 이후 남유럽에서는 EU 기관들의 압박 아래 이러한 개혁이 여러 차례 이루어졌다. 모든 EU 국가에 적용된 한 가지 방법은 과도한 재정 적자 시정 제도Excessive Deficit Procedure, EDP였다. 다른, 더 엄격하고 강제적인 방법은 트로이카(유럽연합 집행위원회, 유럽중앙은행, 국제통화기금)와 구제 금융이 필요한 채무국들(그리스, 포르투갈, 스페인 일부, 키프로스, 헝가리, 아일랜드, 라트비아, 루마니아) 간의 양해각서MOU를 통한 것이었다. 이탈리아도 몬티 정부하에서 이러한 구조적 조치 중 일부를 암묵적인 조건 속에서 시행했다(Sacchi, 2016).

2011년 중반 기준으로, 24개 EU 회원국이 EDP의 대상이 되었다. 모든 국가가 예산 적자, 인플레이션, 공공 지출을 통제해야 했지만, 이를 달성하기 위해 시행된 정책들은 남유럽 국가들에 훨씬 더 큰 영향을 미쳤다. 첫째, 이들 국가의 적자와 부채가 훨씬 더 높았기 때문에 더 가혹한 조정 계획을 실행해야 했다. 둘째, 국내수요주도 성장체제에 긴축 조치를 시행하는 것은 이미 임금억제와 균형 예산이 전략을 실행하고 있는 수출주도 성장체제에 적용하는 것보다 훨씬 더 가혹한 영향을 미쳤다.

2010년 이후 유럽연합 정부들이 채택한 조치는 주로 세 가지 유형이었다. 공무원 임금 동결(그리고 MOU 국가들에서의 인력 감축), 민영화(특히 MOU 국가들에서), 그리고 사회정책 개혁이다. 여러 국가들이 실업자들을 활성화하기 위해 실업급여를 줄였다(포르투갈, 루마니아, 덴마크, 아일랜드, 영국, 스페인, 그리스). 또한 몇몇 국가들은 실업수당 청구권을 제한하고(스페인과 영국), 고용 제안을 거부할 권리를 축소했으며, 특히 무기한 계약을 맺은 노동자들에게 영향을 미치는 노동시장 유연성을 증가시키는 조치도 채택했다(스페인, 이탈리아, 포르투갈, 덴마크). 일부 정부는 공공보건 지출 비율도 줄였으며, 이러한 조치는 그리스, 아일랜드, 포르투갈이 MOU 내에서 지원을 받기 위한 조건으로 부과되었다. 예산 통합 계획에는 연금/퇴직 개혁도 포함되었다. 스페인과 그리스의 개혁은 MOU에서 명시된 새로운 연금 공식 계산 방식을 도입해 비용 절감을 목표로 했다. 남유럽(그리고 영국과 덴마크)에서는 교육과 가족정책 지출(예: 보육)에 대한 삭감도 이루어졌다(Palier et al., 2018).[11]

대부분의 북유럽 및 동유럽 국가에서는 이러한 삭감의 영향이 제한적이었지만, 남유럽 국가들은 이러한 예산 조치와 구조 개혁으로 인해 다방면에서 고통을 겪었다. 그리스는 2008년에서 2016년 사이 GDP의 4분의 1을 잃었고, 스페인은 같은 기간 동안 성장하지 못했으며, 이탈리아는 거의 성장하지 못했고, 포르투갈은 3.39%에 그쳤다(Scharpf, 이 책 5장). 더욱이, 다른 국가들이 빠르게 자신들의 성장전략에 투자할 수 있는 능력을 회복한 반면, 남유

....

11 남유럽 복지 시스템 개혁에 관한 주요 결정들에 대한 개요는 기옌과 파볼리니(Guillen and Pavolini, 2015, 전체 특별호)를 참조하고, 이탈리아와 스페인에 대해서는 파볼리니 외(Pavolini et al., 2016)를, 포르투갈과 그리스에 대해서는 테오도로풀루(Theodoropoulou, 2016)를 참조하라.

럽 국가들은 국내수요를 통해 성장과 일자리를 촉진할 수 있는 능력을 상실했으며, 다른 전략에 투자할 수 있는 수단도 갖추지 못했다. 북유럽과 남유럽 간에는 건강, 교육, 가족정책(예: 보육) 및 (숙련 향상을 위한) 적극적인 노동시장 정책과 같은 미래지향적인 사회 투자 지출에서 점점 더 큰 격차가 발생하고 있다(Palier et al., 2018). 그 결과, 남유럽 국가들에서는 높은 청년 실업률, 일자리, 교육 또는 훈련에 참여하지 않는 니트족NEETs의 높은 비율, 그리고 잘 교육받은 젊은이들이 이 나라들을 떠나는 현상이 나타나고 있다(Lafleur and Stanek, 2018).

4. 결론: 선진 자본주의 국가에서 성장과 복지개혁의 정치

이 장에서는 유럽 국가들에서 지배적인 성장전략이 어떻게 복지국가 개혁과 상호작용하며 이를 형성했는지를 설명했다. 복지국가와 성장전략 간의 연관성을 분석함으로써, 우리는 왜 복지국가 개혁이 이루어졌는지와 그 개혁이 이루어졌던 시기 및 내용을 이해할 수 있다. 집필진은 복지국가 개혁의 모든 경로를 완벽히 설명하려는 것은 아니지만, 복지국가 개혁이 정치적으로 비용이 많이 드는 상황인데도 왜 발생하는지를 설명해 기존 복지국가 문헌을 확장했다.

우리는 이제 1980년대 이후 자본주의 성장체제가 걸어온 여정을 되짚는 끝자락에 있다. 복지 자본주의의 전후 시대는 브레튼우즈 체제의 해체와 1970년대 중반의 오일쇼크로 끝이 났다. 그 이후로 선진 산업 국가들은 지속적인 경제구조 조정의 과정을 거쳐 왔다. 다른 비교정치경제 연구(Crouch and Streeck, 1997; Hall and Soskice, 2001; Beramendi et al., 2015)와 마찬가지로, 집필진은 공통의 도전에도 불구하고 정책 대응과 개혁 경로가 여전히 다양하게 나타났음을 보여 준다.

이 책을 통해 우리는 이러한 변화의 경로가 왜 국가마다 다르게 나타나는

지, 그리고 어떤 메커니즘과 동인들이 그것을 형성했는지를 이해하는 데 한 걸음 나아갔다. 이러한 질문에 답하기 위해, 일부 저자들은 유권자 구성의 변화와 그들의 정책 선호도를 포함한 선거 과정을 강조하며(Beramendi et al., 2015), 다른 이들은 생산자 연합이나 사회 블록 및 제도적 유산에 초점을 맞춘다(Baccaro and Pontusson, 2019). 일부 저자들은 여기에서 일종의 역할 분담이 존재한다고 주장한다. 즉, 선거 정치가 복지국가 개혁에서 비롯된 재분배 문제와 같은 매우 중요한 이슈('요란한loud 정치')를 다루는 반면, 기업과 생산자집단은 경제정책 문제와 같은 덜 중요한 이슈('조용한 정치')를 다룬다는 것이다(Culpepper, 2010). 우리는 복지개혁과 성장 정책 간의 강한 연결성을 강조하며, 이 두 정치적 세계를 분리할 수 없다고 주장한다. 이들이 어떻게 상호작용하는지를 더 잘 이해할 필요가 있다. 홀(Hall, 이 책 2장)과 마찬가지로, 우리는 두 과정이 동시에 작동한다고 주장하며, 아래에서 설명하듯이 번갈아 가며 작동한다고도 설명한다.

현재의 논쟁에 우리는 정부의 행동과 성장전략의 중요성을 더했다. 정부의 정책 결정은 유권자(정당을 통해)나 지배적인 사회 블록의 요구를 자동으로 따르는 블랙박스에서 이루어지지 않는다. 실제로 정부는 한편으로는 유권자의 요구와 다른 한편으로는 생산자집단의 선호 사이에서 압박을 받는다(그림 12.3 참고). 이러한 요구는 때때로 서로 반대 방향으로 작용할 수 있지만, 동시에 자본주의 경제의 진화를 형성하는 데 있어서 정부에 중요한 역할을 부여한다.

이 책에서 보여 주듯이, 정부의 성장전략은 성장체제가 어떻게 진화하는지를 이해하는 데 핵심적이다. 집필진은 이 장을 마무리하며 이러한 전략의 정치적 측면에 초점을 맞추고, 생산자집단과 선거 정치가 이러한 전략을 형성하는 데 어떻게 중요한 역할을 하는지를 보여 주는 모델을 제안한다.

먼저, 성장전략과 나아가 복지국가 개혁에서 생산자집단이 가지는 핵심 역할을 강조하고자 한다. 그러나 이러한 개혁이 촉발할 수 있는 정치적 피드백(때로는 반발)을 강조함으로써, 이러한 과정에서 더 요란한 선거 정치가 개

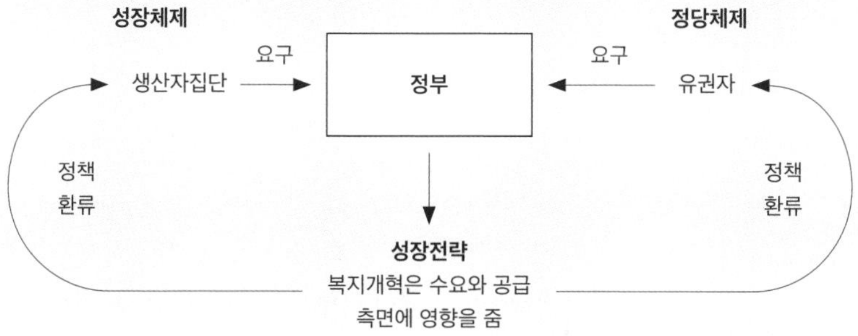

그림 12.3 성장과 복지개혁의 정치

입될 수 있음을 시사한다.

1) 성장전략과 복지개혁을 형성하는 데 기존 체제와 생산자집단의 중요성

정부의 성과는 국가의 경제성장과 일자리 창출에 따라 평가된다. 경제 투표에 관한 문헌에서 설득력 있게 제시된 바와 같이, 좋은 경제성과는 현직 정치인의 선거 승리에 기여한다. 루이스-벡과 스테그마이어(Lewis-Beck and Stegmaier, 2015)가 검토한 문헌에 따르면, 정부는 고용과 소득 성장과 같은 산출물 측면에서 경제 성과에 대해 책임을 진다. 이베르센과 소스키스(Iversen and Soskice, 2019: 164)는 유권자들, 특히 중산층이 자신들이 선출한 정부가 번영에 초점을 맞추기를 기대하고 이를 보장하며, 정부가 효율적인 성장전략을 추구하도록 촉구한다고 주장한다(집필진이 사용하는 용어이고 이베르센과 소스키스가 사용했던 용어는 아니다).

경제투표는 선거에서 승리하는데 주요 예측 요소이기 때문에 정책 입안자들에게 계속해서 지침이 된다. 그러나 각 정부는 그 목적을 달성하기 위해 다른 길을 선택한다. 적절한 정책은 상황에 따라 다르며 보편적이지 않다. 이 책에 기고한 마틴Martin과 텔렌Thelen은 각각 성장과 고용을 촉진하기 위한 가장 적합한 전략을 찾을 때 정부가 국내 생산자집단의 이익을 고려한다는 점을 보여 준다. 가장 영향력이 큰 생산자집단은 대개 경제에서 가장 생산적이거나 가장 관련성 높은 부문의 기업과 조직된 이익 단체들이다. 제조업 기반 경제, 예를 들어 독일에서는 공학, 자동차 산업, 제약 산업의 기업 및 노동계에 해당한다. 금융이 지배적인 경제에서는 주로 주요 금융 중심지, 예를 들어 영국에서는 시티 런던에 위치해 있다. 프랑스에서는 자동차 산업, 럭셔리 그룹, 슈퍼마켓Carrefour과 같은 프랑스 기반 다국적 기업의 이익을 대변한다. 남유럽에서는, '가장 영향력이 큰 생산자집단'과 가장 가까운 비즈니스 커뮤니티는 국영 기업이나 국가가 보호하는 기업일 수 있다.

경제성장 정책은 재계business community의 이해와 강력한 정치력에 직면해 있다. 고용, 혁신, 생산성은 대부분 공공 연구 및 혁신 정책과의 상호작용 속에서 민간 기업이 수행한다. 따라서 재계는 자신들에게 영향을 미치는 정책이 어떻게 시행되는지에 깊은 이해관계로 얽혀 있다. 재계와 국가의 이익은 상호 의존적이지만, 재계 엘리트들은 일반 대중의 이익보다는 자신의 경제적 이익을 추구한다(Culpepper, 2010; Hacker and Pierson, 2010; Skocpol and Hertel-Fernandez, 2016; Amable et al., 2019). 일반적으로, 생산자집단은 언론의 눈을 피해서 조용히 정치적 영향력을 행사한다(Culpepper, 2010).

이 책에 기고한 마틴Martin은 성장체제에 따라 재계 이해관계가 다양함을 강조한다. 또한, 재계 이해관계의 조직화가 사회적 및 기타 정책과 관련된 정책 과정을 어떻게 중재하고 형성하는지 보여 준다. 매크로 수준의 협의 등을 포함한 조정의 정도와 재계가 정부에 일관된 선호를 전달할 수 있는 능력은 정책 결과에 중요한 영향을 미친다. 재계가 노동조합 및 기타 시민 사회 행위자들과 동맹을 맺는 능력은 정책 문제의 프레이밍에 영향을 미친다. 이 책에 기고한 텔렌Thelen은 성장전략을 형성하는 데 있어 생산자집단이 중요한 역할을 한다는 것을 보여 주었다.

지배적인 부문의 비즈니스 그룹은 정부(및 언론)에 특권적인 접근을 할 가능성이 있지만, 집필진은 그들이 항상 우위를 점한다고 가정하지는 않는다. 실제로, 재계의 이해관계와 정부의 우선순위가 일치하지 않을 수도 있다. 그러나 집필진은 정부 정책이 지배적인 재계의 요구와 경제 및 복지 구조 조정에 대처하는 전략을 고려할 것이라고 기대한다.

물론 생산체제와 그들의 대표(생산자집단) 외에도 다른 중요한 요인이 많다. 선거 규칙, 정치 제도, 정치 정당, 외부 사건, 그리고 이념과 가치가 정책입안자들이 성장체제와 반드시 일치하지 않는 성장전략을 채택하게 할 수 있다. 그러나 중장기적으로는 생산체제가 정치적 구성 및 제도와 관계없이 성장전략에 영향을 미치는 중요한 역할을 할 것으로 가정한다. 프랑스의 사례는 기존 성장체제의 유산이 국가가 다른 체제로 전환하는 능력에 얼마나 큰 영향을 미치는지를 보여 준다.

지배적인 부문의 선호는 정책 입안자들에게 경제 및 사회정책의 우선순위를 알려주며, 이를 통해 기존 성장체제를 보호하고, 구조 조정하고, 되살리는 데 중점을 두게 한다(Iversen and Soskice, 2018 참고). 이미 스웬슨(Swenson, 2002)과 마레스(Mares, 2003)에 의해 입증되었고, 이 책에서 마틴Martin이 확인한 바와 같이, 이러한 선호는 항상 복지 축소와 자유화를 선호하지는 않는다. 예를 들어, 어떤 맥락에서는 사회 보호가 숙련에 대한 투자에 대한 보험으로 작용할 수 있으며, 이는 재계가 지지할 수 있다. 다른 맥락에서는 재계가 인력의 일반 숙련을 개발하기 위해 고등교육에 대한 공공 투자를 선호할 수도 있다. 이 책에서 마틴Martin은 복지개혁에 대한 재계 선호의 변동이 지배적인 재계의 유형에 따라 다름을 보여 준다. 어떤 경우에는 주요 산업의 노동자들이 재계 선호를 지지할 수도 있으며, 이는 일반적으로 경제 전문화 과정에서 양측 모두가 혜택을 보기 때문이다. 이러한 계급 간 연합은 부문별(또는 국가별) 특징이며, 경제에서 지배적인 부문에 주로 집중되어 있다.

그러나 특정 복지 및 성장체제의 맥락 내에서도, 생산자집단의 이익에 부합하는 성장을 촉진하기 위한 사회정책 대응이 정치적 논쟁을 촉발할 수 있다. 2003년 독일의 슈뢰더 정부가 저성장과 높은 실업률에 대응하여 친기업적인 노동시장 및 복지개혁을 도입했을 때가 대표적이다. 분석가들은 개혁이 성장과 고용에 미친 실제 효과에 대해 여전히 논쟁하고 있지만, 노동시장 활성화는 유보 임금을 낮추고 임금억제를 초래했으며, 이는 수출 지향적 성장전략을 강화하고 서비스 부문에서 일자리 창출에 기여했다.[12] 그러나 이러한 개혁은 저임금 일자리와 근로빈곤층의 증가에도 기여했다. 결국, 슈뢰더의 사회민주당 정부는 이 개혁에 대한 보상을 받지 못했고, 그 선택으로 인해 여론 조사에서 크게 패했다. 이 사례는 성장전략이 지배적인 생산자집단의 이익이나 선거적 이유(성장 촉진 및 실업률 감소)를 위해 채택될 수 있음을 보여준다. 동시에, 어떤 개혁을 선택할 것인가도 명확하지 않으며, 기존 정부가 자국이 선택한 성장전략을 추진하는 과정에서 복지개혁을 단행한다고 해서 반드시 정치적 이익을 얻는다고 볼 수도 없다.

성장전략을 실행함으로써 정치적 반발이 발생한 더 명확한 예는 남유럽에서 찾을 수 있는데, 이곳에서는 유권자의 동의 없이 성장과 EMU의 이름으로 실행된 개혁이 선거에서 불만을 초래했다. 정부가 중요한 유권자 계층의 희생을 대가로 생산자집단의 편을 들 경우, 선거에서 처벌을 받거나 강력한 반발에 직면할 수 있다. 따라서 정부는 생산자집단과 유권자 양측에서 압박을 받고 있다. 양측의 요구가 겹칠 수도 있고(예: 주요 산업 보호 요구), 충돌할 수도 있다. 다음 절에서는 정부가 국가의 성장체제를 조정할 때 유권자에게 어떻게 대응할 수 있는지에 초점을 맞춘다.

2) 선거 도전

홀(Hall, 이 책 2장)은 선거 정치에서 가장 중요한 특징이 정치적 균열 구조라고 지적한다. 균열 구조는 선거 정치에서 가장 두드러진 이슈와 이에 따라 사회 집단들이 정렬되는 방식을 말한다. "이 균열의 구조는 특정한 사회집단

12 다양한 평가에 대해서는 크레브스와 셰펠(Krebs and Scheffel, 2013), 더스트만 외(Dustmann et al., 2014), 그리고 보핑거(Bofinger, 2017)를 참조하라.

의 규모와 사회경제적 지위에 대한 변화에 반응하여 진화하게 되지만, 이들 사회집단은 경제발전에 의해 연쇄적으로 영향을 받으며 또한 정당에 대한 지지도의 변화에 어떻게 반응할지에 의해서도 영향을 받는 존재이다”(Hall, 이 책 2장).

홀Hall은 여성 고용의 증가를 새로운 정치적 균열의 핵심으로 분석한다. 노동시장에서 여성의 위치는 특히 가족 친화적 정책과 보육 기회에 의해 결정된다. 1980년대에 시작된 자유화 시대의 성장전략은 여성 고용을 장려했으며, 이에 따라 일하는 여성들이 더 나은 보육 시설을 요구하기 시작했다(Hall, 이 책 2장). 모건(Morgan, 2013)은 1990년대 후반부터 독일, 네덜란드, 영국에서 중요한 가족정책 개혁이 도입된 이유가 정당 지도자들이 새로운 지지층을 필요로 했고, 이를 위해 여성 유권자들을 끌어들이기 위해 당 구조를 여성화했기 때문이라는 것을 보여 준다. 정당 내에서 일하는 여성들은 이러한 개혁을 구상하거나 이를 위해 로비하는 데 중요한 역할을 했다. 비슷한 선거 역학이 없었던 오스트리아와 이탈리아에서는 이러한 개혁이 더디게 이루어졌다. 보다 일반적인 측면에서 베라멘디 외(Beramendi et al., 2015)가 입증한 바와 같이, ‘투자적’ 정책은 서비스 부문 노동자, 특히 여성들이 요구한다. 반면 저숙련 제조업 노동자들은 ‘소비적’ 사회정책을 선호한다(Beramendi et al., 2015). 정당들은 이러한 새로운 균열을 중심으로 재구성되어, 유권자들의 표를 얻기 위한 선택지를 제시한다.

이러한 새로운 균열은 성장전략에 어떻게 영향을 미칠까? 투자적 사회정책 대 소비적 사회정책의 정책적 균열은 이 장에서 식별된 다섯 가지 성장전략과 복지국가 개혁 유형을 부분적으로 반영한다. 역동적 서비스가 선호될 때는 사회 투자가 전면에 나서고, 제조업 부문이 핵심일 때는 소비를 촉진하는 보호적 사회정책이 우세하게 나타난다.

금융화와 매우 유연한 노동시장의 맥락에서, 개인이 일반 숙련에 투자하도록 허용하거나 이를 장려하는 정책이 선호될 가능성이 크다. 금융화는 사회지출을 낮추고 신용 접근성을 높이는 투자정책에 더 기울어지며, 이는 유아교육을 포함한 사교육을 위한 자금을 마련하는 데 필요한 신용에 접근할 수 있도록 한다. 시장 메커니즘을 통해 자신들의 인적 자본에 투자하는 사람들은 낮은 사회 지출과 신용 및 선택권에 대한 쉬운 접근을 선호할 가능성이 크다(다양한 사적 선택지를 통해). 이러한 정책들은 상류 중산층 유권자들을 끌어들이기 위해 신노동당이 유지한 전형적인 신자유주의 제안과 일치한다. 북유럽 국가들에서는 역동적 서비스 전략이 교육과 공교육 지출에 대한 투자적 정책과 직접적으로 관련이 있다. 이 전략은 교육받은 중산층의 지지를 받을 가능성이 매우 크다. 북유럽 국가들에서는 대인 서비스 직업에 종사하는 교육받은 사람들이 전체 노동 인구의 약 4분의 1을 차지하며, 이는 상당한 유권자 비율을 차지하지만, 남유럽 국가들에서는 이 그룹이 10%에도 미치지 못한다(Beramendi et al., 2015).

제조업 수출주도 전략은 임금억제와 노동비용 절감을 추구하면서도, 노동시장 내 내부자를 보호하는 데 중점을 둔다. 이 전략은 소비적 정책과 더 관련이 있는데, 소비적 정책은 노동비용 절감에 기여하지 않고, 오히려 사회적 기여금과 노동 과세(노동 웨지wedge)를 증가시켜 반대 효과를 낼 수 있다. 이러한 이유로 이중화가 발생하며, 가장 보호받는 노동자들만이 공적 및 사적 '소비적' 사회보험에 접근할 수 있게 된다. 제조업 부문의 핵심 노동자들은 임금 억제와 내부 유연성 증대에 대한 대가로 고용보호를 약속받는다. 외부자는 보호 수준이 낮은 저임금 서비스 직종에 종사하는 경우가 많다(Emmenegger et al., 2012). 제조업 노동의 질을 유지하면서 임금억제를 이루기 위해 노동시장 내부자 보호, 제조업 노조와의 긴밀한 협력, 그리고 추가 교육 기관과의 연계를 통한 숙련 향상이 중요하다. 카제포프와 란치(Kazepov and Ranci, 2017)는 이탈리아에서 투자적 정책에 대한 정치적 또는 경제적 관심이 없다는 것을 설득력 있게 입증했으며, 이는 다른 남유럽 국가로도 일반화할 수 있다.

전반적으로 새로운(교육받은) 중산층과 기존의 중산층(제조업 및 서비스 부문의 일상적 직종)이 선거 균열에서 일부 중첩되며, 이는 다양한 성장전략에서 자주 사용되는 정책과도 관련이 있다(Beramendi et al., 2015). 이러한 중첩은 특히 공교육에 대한 투자를 중점으로 하는 역동적 서비스 수출 전략에서 쉽게 감지된다. 여기에서는 서비스 부문 고용증대가 사회 및 교육 서비스에 대한 수요를 강화하고, 이에 지식경제에 대한 추가적인 투자를 촉진하는 긍정적 피드백 과정이 나타난다. 반면, 기존의 중산층이 주로 활동하는 제조업 수출주도 전략은 소비적 사회정책과 사회보호주의에 중점을 두며, 이는 자주 자기 강화적 경향을 보인다(때로는 남유럽에서처럼 고갈 지점에 이를 때까지).

선거 균열은 성장전략을 강화할 수 있지만, 자동으로 그렇게 되는 것은 아니다. 북유럽 국가들에서는 성장전략과 복지정책이 선거 균열로 인해 방해받지 않았으며, 이는 생산자집단과 다른 유권자 집단의 선호가 일치하기 때문이다. 그러나 선거 균열은 상호 상쇄되거나 서로 충돌하여 정부의 개혁 추진을 저지할 수 있다. 이탈리아에서는 몬티(Monti, 2011-13)와 렌치(Renzi, 2014-16) 기술관료 정부가 생산자집단과 대부분의 유권자들의 이익에 반하는 사회 투자를 촉진하려고 했을 때 이러한 현상이 발생했다(Kazepov and Ranci, 2017).

집필진이 주목하는 주요 선거 차원은 성장전략과 그에 수반되는 복지개혁이 야기할 수 있는 정치적 피드백 효과에 있다. 이러한 피드백 효과는 선거 균열을 강화하거나 새로운 균열을 만들 수 있다. 성장전략의 이름으로 복지 시스템에 가해진 변화는 대규모 유권자 집단을 이전보다 덜 보호하게 만들었으며, 그 결과 이들을 불안정한 직업으로 내몰았다. 노동시장의 불안정성과 사회적 보호의 감소는 다시 더 많은 사회적 보호를 요구하게 만들었다. 예를 들어, 노동시장의 규제 완화가 저임금 부문의 확대를 초래하고 유권자들의 비판을 받은 후, 독일의 노조는 법정 최저임금제 도입을 추진했다. 또한, 영국에서의 영국 독립당United Kingdom Independence Party, UKIP의 출현과 브렉시트Brexit, 그리고 남유럽 및 동유럽에서의 포퓰리즘 운동은 이전에 실행된 성장전략에 대한 대응으로 해석될 수 있다.

따라서 성장의 정치에서 생산자집단의 선호와 선거 균열이라는 두 가지 측면을 인식하는 것이 정부 정책에 대한 유권자들의 소외감을 증가시키는 이유를 이해하는 데 도움이 될 수 있다. 1990년대와 2000년대 초반에 영국의 토니 블레어Tony Blair, 네덜란드의 윔 콕Wim Kok, 독일의 게르하르트 슈뢰더Gerhard Schröder가 이끌던 중도좌파 정부의 많은 정책들은 '좋은' 복지개혁 정책이 중산층에 도움이 되고 성장과 일자리를 창출할 것이라는 믿음에 기반했다. 이러한 정책들은 노동시장의 자유화, 활성화, 사회 투자 등을 포함했으며, 종종 복지 삭감과 실업자에게 조건부로 급여를 지급하는 장치를 동반했다. 유권자들 중 더 불안정한 위치에 있는 사람들은 이러한 변화를 '좋은' 것으로 여기지 않았다.

3) 정치적 중요성: 경로 의존적 개혁과 경로 이탈적 개혁 궤적의 결정 요인

복지개혁의 또 다른 중요한 측면은 사회정책의 중요성과 가시성이다. 유권자 대다수가 사회정책에 의존하고 있으며, 복지개혁의 경로 의존적 발전의 중요성은 기업의 지배 구조 개혁이나 금융시장 규제와 같은 재계가 관심을 가지는 많은 정책과 대조된다. 컬페퍼(Culpepper, 2010)가 설득력 있게 주장한 바와 같이, 비즈니스의 영향력은 정책 분야에 따라 다르게 나타난다. 재계는 미디어의 주목을 거의 받지 않고 비공식적인 환경에서 결정되는 경제정책 문제와 관련해서 특히 강력한 영향을 발휘한다. 문제의 중요성이 높아지고 이를 관장하는 제도적 영역이 공식화될수록, 비즈니스가 다른 행위자들과 연합을 구축해야 할 가능성도 커진다. 재계는 문제의 중요성을 낮추고 논의가 이루어지는 장소도 공식적인 장소에서 비공식적인 장소로 전환하려는 유혹을 받을 수 있지만, 시민사회나 정당과 같은 다른 행위자들은 그 반대의 행동을 취할 것이다. 이러한 다른 행위자들에게는 해당 문제가 중요하며 공식적인 정책 절차에 의해 통제된다고 보는 것이 정책 싸움에서 유리하기 때문이다. 따라서 정치적 전장은 문제의 중요성을 어떻게 설정하고, 그 문제를 둘러싼 논쟁의 장소를 어떻게 정의하느냐에 따라 달라진다.

성장전략을 추구할 때 정책 결정의 역동성을 독일의 연금 개혁 사례를 통해 설명할 수 있다(Naczyk and Hassel, 2019 참조). 슈뢰더 정부는 리스터 연금 개혁Riester pension reform을 시행하기 전에 독일 연금 기금 시장을 개방하여 민간 연금 메커니즘을 강화하고 독일의 자본시장을 강화함으로써 금융화financialization를 성장전략으로 유도할 계획을 세웠다. 정부는 수익을 보장하지 않는 민간 연금을 위한 확정 기여형defined-contribution 계획을 마련하는 법안을 준비했다. 이러한 계획은 독일 경제의 금융주도 성장 경로에 기여할 수 있었을 것이다. 그러나 정부가 이러한 계획을 기존 공공 연금 삭감과 연계하려 하자, 주요 반대 세력인 보험 산업과 일부 조직된 노동 부문이 반대하면서 계획은 실패했다(Naczyk and Hassel, 2019).

나치크와 하셀(Naczyk and Hassel, 2019)은 연금 개혁이 순수한 확정 기여형 계획의 도입을 공공 연금 삭감과 별개로 유지하는 한, 연금 개혁은 기술적인 문제로 남아 있다고 주장한다. '조용한 정치' 환경에서는 연금 개혁에 대한 반대가 공공 연금 삭감과 같은 중요한 문제에 비해 동원되기 어려워진다. 독일의 사례처럼 확정 기여형 계획이 삭감과 결합되어 제시되었을 때, 연금 개혁 패키지는 훨씬 더 정치화된다. 순수한 확정 기여형 계획의 변동성이 큰 포트폴리오가 실제 연금 지급에 위협을 가할 수 있다는 주장이 공공 논의에서 제기되었다. 연금 삭감의 가시성과 위협은 정치인들에게 강력한 압력을 가해 안전하고 충분한 연금을 보장하도록 강요했다(Naczyk and Hassel, 2019).

즉, 복지개혁에 의존하는 성장전략은 기업 정책이 결정되는 거의 보이지 않는 영역이 아니라, 높은 주목도와 논쟁이 있는 복지개혁 정치의 영역에 위치해 있다. 복지국가의 강한 지속성은 기존의 복지 및 성장체제와 일치하는 전략을 촉진하며, 새로운 길을 여는 개혁은 정치적으로 실행하고 유지하기가 매우 어렵다. 따라서 집필진은 오래된 복지 및 성장체제의 맥락에서, 정책 과정의 역학이 조용한 기업 규제의 정치와 시끄러운 복지개혁의 정치(그리고 변화하는 유권자의 사회정책 선호도) 사이에 위치하며, 정부가 효과적으로 성장전략을 추구할 수 있는 능력을 크게 좌우한다고 주장한다. 정부는 조용한 정치와 시끄러운 정치 사이에서 중재할 수밖에 없으며, 정책은 필연적으로 생산자집단과 유권자로부터의 반응과 피드백을 촉발하게 될 것이다.

이 장에서 국가 성장전략을 분석하면서 다양한 성장전략에서 기후 변화 문제를 거의 다루지 못했다는 점을 지적하고자 한다. 대부분의 정부는 성장을 추구하는 과정에서 환경 문제를 무시하거나 성장에 반하는 요소로 간주하는 경향이 있다. 그러나 지구 온난화와 기후 변화의 맥락에서 전통적인 성장 패턴에 점점 더 의문이 제기될 것이며, 녹색 성장전략이 필요해질 가능성이 크다. 기후 위기는 정부가 배출량을 통제하거나 기후 변화의 영향에 대처하기 위해 방향을 바꿀 것을 강제할 것이다. 기후 변화는 모든 정부(그리고 그들이 통치하는 사람들)에게 큰 비용을 초래할 것이므로, 성장전략은 최소한 교통 및 에너지 시스템과 관련해 조정되어야 한다. 여기서 우리는 새롭고 잠재적으로 매우 시끄러운 정치적 역학이 등장할 것으로 예상한다.

부록

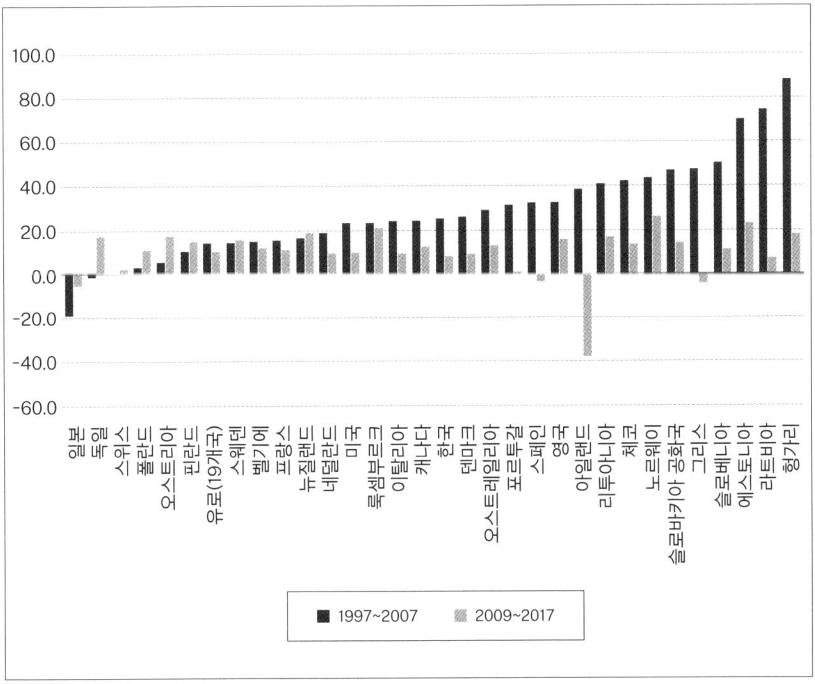

그림 12A.1 OECD 주요국의 단위당 노동비용의 변화

출처: OECD Dataset: Unit labor costs and labor productivity(employment-based), total economy; quarterly change. Data extracted on September 5, 2018, 07:12 UTC(GMT) from https://stats.oecd.org/

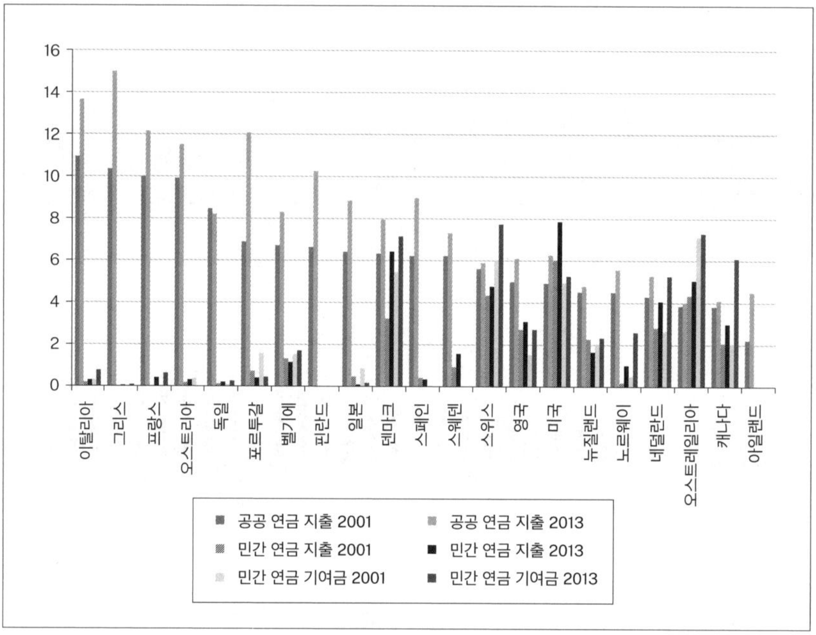

그림 12A.2 공공/민간 연금 지출 및 민간 연금 계획에 대한 기여금의 GDP 대비 비율, 2001년과 2013년

주: Data for private benefits in France(2001), Greece(2001), and Ireland(2001 and 2013) are missing: data for private contributions in France(2001), Ireland(2001 and 2013), Spain(2001 and 2013), and Sweden(2001 and 2013) are missing. For Sweden's private benefits, data were retrieved from https://data.oecd.orf/ (2005 benefits for 2001).

출처: Hassel et al.(2019). OECD SOCX; OECD Global Pension Statistics.

참고문헌

Agostini, C. and Natali, D. 2016. "Italian Welfare Reforms: Missed Opportunities for a Paradigmatic Change?" In *Challenges to European Welfare Systems*, edited by K. Schubert, P. de Villota, and J. Kuhlmann. Basel: Springer International Publishing, 395-418.

Amable, B., Regan, A., Avdagic, S., Baccaro, L., Pontusson, J. and Van der Zwan, N. 2019. "New approaches to political economy." *Socio-Economic Review* 17(2): 433-59. https://doi.org/10.1093/ser/mwz002

Anderson, K.M. 2019. "Financialisation meets collectivisation: occupational pensions in Denmark, the Netherlands and Sweden." *Journal of European Public Policy* 26(4): 617-36. DOI: 10.1080/13501763.2019.1574309

Andersen, J. G., Schoyen, M.A., and Hvinden, B. 2017. "Changing Scandinavian Welfare States: Which Way Forward?" In *After Austerity: Welfare State Transformation in Europe after the Great Recession*, edited by P. Taylor-Gooby, B. Leruth, and H. Chung. Oxford: Oxford University Press, 89-114.

Askenazy, P. 2011. *Les Décennies aveugles. Emploi et croissance (1970-2010)*. Paris: Le Seuil, 140-2.

Askenazy, P., Diallo, R., Bonnand, G., Castel, R., Etienne, M., Palier, B., and Rivière, F. 2013. Face à la précarisation de l'emploi, construire des droits pour tous. Policy Note for Terra Nova.

Askenazy, P. and Palier, B. 2018. "Rising Precariousness Supported by the Welfare State." In *Inequality and Inclusive Growth in Rich Countries: Shared Challenges and Contrasting Fortunes*, edited by B. Nola. Oxford: Oxford University Press, 129-52.

Avlijaš, S. 2020. "Beyond neoliberalism? Revisiting the Welfare State in the Baltic States." *Europe-Asia Studies* 72(4): 614-43. https://doi.org/10.1080/09668136.2019.1709622

Avlijaš, S. Forthcoming. "Explaining the contrasting trajectories of Baltic and Visegrad countries." In *The World Politics of Social Investment (Volume II): The Politics of Varying Social Investment Strategies*, edited by J.L. Garritzmann, S. Häusermann, and B. Palier. Oxford: Oxford University Press.

Baccaro, L. and Pontusson, J. 2016. "Rethinking Comparative Political Economy The Growth Model Perspective." *Politics & Society* 44(2): 175-207. https://doi.org/10.1177/0032329216638053

Baccaro, L. and Pontusson, J. 2019. "Social Blocs and Growth Models: An Analytical Framework with Germany and Sweden as Illustrative Cases." In Unequal Democracies. Working Paper No. 7.

Bennett, O. 2017. "House Building Under The Tories Drops To Lowest Level Since The 1920s." *Huffington Post U.K. Edition*, May 9, 2017.

Beramendi, P., Häusermann, S., Kitschelt, H. and Kriesi, H. (eds.). 2015. *The Politics of Advanced Capitalism*. Cambridge, UK; New York: Cambridge University Press.

Blomqvist, P. 2004. "The choice revolution: Privatization of Swedish welfare services in the 1990s." *Social Policy Administration* 38(2): 139-55.

Bofinger, P. 2017. "Hartz IV: The Solution to the Unemployment Problems in the Eurozone?" *Intereconomics* 52: 353-57. DOI: 10.1007/s10272-017-0703-6

Bohle, D. 2013. "Post-socialist housing meets transnational finance: Foreign banks, mortgage lending, and the privatization of welfare in Hungary and Estonia." *Review of International Political Economy* 21(4): 913-48.

Bohle, D. and Greskovits, B. 2012. *Capitalist Diversity on Europe's Periphery*. Ithaca, NY: Cornell University Press.

Bohle, D. and Greskovits, B. 2018. "Politicising embedded neoliberalism: Continuity and change in Hungary's development model." *West European Politics* 42(5): 1069-93.

Bohle, D. and Regan, A. Forthcoming. "Business Power, Quiet Politics and State Elites. Explaining the Continuity of Foreign Direct Investment (FDI) Growth Models." Forthcoming in Politics and Society.

Bonoli, G. 2005. "The politics of the new social policies: providing coverage against new social risks in mature welfare states." *Policy & Politics* 33(3): 431-49.

Bonoli, G. and Palier, B. 1998. "Changing the politics of social programmes: innovative change in British and French welfare reforms." *Journal of European Social Policy* 8(4): 317-30.

Bonoli, G. and Palier, B. 2000. "From the cradle to... where? Current pension policy trends in Western Europe." *Yearbook of European Administrative History* 12: 153-74.

Bonoli, G. and Palier, B. 2007. "When past reforms open new opportunities: Comparing old-age insurance reforms in Bismarckian welfare systems." *Social Policy & Administration* 41(6): 555-73.

Boyer, R. 1979. "Crise Actuelle (la): une mise en perspective historique. Quelques réflexions à partir d'une analyse du capitalisme Français en longue période." *Critiques de l'Économie Politique*, nouvelle série 7-8: 3-113.

Boyer, R. 2000. "Is a Finance-led growth regime a viable alternative to Fordism? A preliminary analysis." *Economy and Society* 29(1): 111-45. https://doi.org/10.1080/030851400360587

Capussela, A. L. 2018. *The Political Economy of Italy's Decline*. Oxford: Oxford University Press. http://www.oxfordscholarship.com/view/10.1093/oso/9780198796992.001.0001/oso-9780198796992-chapter-1

Carbonnier, C., Palier, B., and Zemmour. M. 2016. "Tax cuts or social investment? Evaluating the opportunity cost of French employment strategy." *Cambridge Journal of Economics* 40(6): 1687-705.

Carbonnier, C. and Morel, N. 2018. *Le retour des domestiques*. Paris: Le Seuil.

Cerami, A. 2010. "The politics of social security reforms in the Czech Republic, Hungary, Poland and Slovakia." In *A Long Goodbye to Bismarck?*, edited by B. Palier. Amsterdam: Amsterdam University Press, 233-53.

Collombet, C., Maigne, G., and Palier, B. 2017. Places en crèche: pourquoi l'Allemagne fait-elle mieux que la France depuis dix ans? Note de France Stratégie No. 56.

COR. 2015. Évolutions et perspectives des retraites en France. Rapport annuel du COR 2015. Paris: Conseil d'Orientation des Retraites. https://www.cor-retraites.fr/sites/default/files/2019-06/doc-3031.pdf

Cribb, J, Hood, A., and Hoyle, J. 2018. "The decline of homeownership among young adults." Institute for Fiscal Studies Briefing note BN224 (February 16). https://www.ifs.org.uk/publications/10505

Crouch, C. and Streeck, W. (eds.). 1997. *Political Economy of Modern Capitalism. Mapping Convergence and Diversity*. London: Sage.

Culpepper, P. D. 2010. *Quiet Politics and Business Power: Corporate control in Europe and Japan*. Cambridge: Cambridge University Press.

Culpepper, P., Hall, P., and Palier, B. (eds.). 2006. *Changing France: The politics that markets make*. London: Palgrave Macmillan.

de la Porte, C. and Heins, E. 2016. "A new era of European integration? Governance of labour market and social policy since the sovereign debt crisis." In *The Sovereign Debt Crisis, the EU and Welfare State Reform*, edited by C. De La Porte and E. Heins. London: Palgrave Macmillan, 15-41.

Destatis. 2019. Vorausberechneter Bevölkerungsstand. https://www-genesis.destatis.de/genesis/online?sequenz=tabelleErgebnis&selectionname=12421-0001

Disney, R. and Luo, G. 2017. "The right to buy public housing in Britain: A welfare analysis." *Journal of Housing Economics* 35: 51-68. https://doi.org/10.1016/j.jhe.2017.01.005

Dixon, A. D. and Sorsa, V. P. 2009. "Institutional change and the financialisation of pensions in Europe." *Competition & Change* 13(4): 347-67.

Dølvik, J. E. Forthcoming. *Welfare as a Productive Factor: Nordic approaches to growth and social policy reform*. Unpublished manuscript.

Dustmann, C., Fitzenberger, B., Schönberg, U. and SpitzOener, A. 2014. "From Sick Man of Europe to Economic Superstar: Germany's Resurgent Economy." *Economy Journal of Economic Perspectives* 28(1): 167-88.

Ebbinghaus, B. 2011. *The Varieties of Pension Governance: Pension Privatization in Europe*. Oxford: Oxford University Press.

Ebbinghaus, B. 2015. "The privatization and marketization of pensions in Europe: a double transformation facing the crisis." *European Policy Analysis* 1(1): 56-73.

Ebbinghaus, B. 2019. "Multipillarisation remodelled: the role of interest organizations in British and German pension reforms." *Journal of European Public Policy* 26(4): 521-39. DOI: 10.1080/13501763.2019.1574875

Eichhorst, W. and Hassel, A. 2018. "Are There Austerity-Related Policy Changes in Germany?" In *Labour Market Reforms in the Era of Pervasive Austerity: A European Perspective*, edited by S. Theodoropoulou. Bristol: Policy Press.

Emmenegger, P., Häusermann, S., Palier, B., and Seeleib-Kaiser, M. (eds.). 2012. *The Age of Dualization: The changing face of inequality in deindustrializing societies*. Oxford; New York: Oxford University Press.

Engelen, E. 2003. "The logic of funding European pension restructuring and the dangers of financialisation." *Environment and Planning A* 35(8): 1357-72.

Erixon, L. 2011. "Under the Influence of Traumatic Events, New Ideas, Economic Experts and the ICT Revolution: The Economic Policy and Macroeconomic Performance of Sweden in the 1990s and 2000s." In *The Nordic Varieties of Capitalism (Comparative Social Research, Vol. 28)*, edited by L. Mjøset. Bingley: Emerald Group Publishing Limited, 265-330.

Esping-Andersen, G. 1999. *Social Foundations of Postindustrial Economies*. Oxford: Oxford University Press.

Feldmann, M. 2006. "Emerging Varieties of Capitalism in Transition Countries: Industrial Relations and Wage Bargaining in Estonia and Slovenia." *Comparative Political Studies*, 39(7): 829-54. https://doi.org/10.1177/0010414006288261

Gingrich, J. and S. Häusermann. 2015. "The decline of the working-class vote, the reconfiguration of the welfare support coalition and consequences for the welfare state." *Journal of European Social Policy* 25(1): 50-75.

Guillén, A. M. and Pavolini, E. 2015. "Welfare states under strain in Southern Europe." Special issue, *European Journal of Social Security* 17(2): 147-57.

Hacker, J. S. 2006. *The Great Risk Shift: The New Economic Insecurity and the Decline of the American Dream*. Oxford, New York: Oxford University Press.

Hacker, J. S. and Pierson, P. 2010. "Winner-Take-All Politics: Public Policy, Political Organization, and the Precipitous Rise of Top Incomes in the United States." *Politics &*

Society 38(2): 152-204.

Hale, T. 2018. "Universities and the allure of capital markets." *The Financial Times*. http://ftalphaville.ft.com/2018/03/06/2199103/universities-and-the-allure-of-capitalmarkets/ (last accessed August 31, 2018).

Hall, P. A. 2014. "Varieties of Capitalism and the Euro Crisis." *West European Politics* 37: 1223-43.

Hall, P. A. and Soskice, D. (eds.). 2001. *Varieties of Capitalism: The Institutional Foundations of Comparative Advantage*. Oxford, New York: Oxford University Press.

Hassel, A. 2003. *Wage Setting, Social Pacts and the Euro. A New Role for the State*. Amsterdam: Amsterdam University Press.

Hassel, A. 2006. *Wage setting, social pacts and the euro*. Amsterdam: Amsterdam University Press.

Hassel, A. 2014. "The Paradox of Liberalization—Understanding Dualism and the Recovery of the German Political Economy." *British Journal of Industrial Relations* 52(1): 57-81. https://doi.org/10.1111/j.1467-8543.2012.00913.x

Hassel, A., Wiss, T. and Naczyk, M. 2019. "The political economy of pension financialisation: public policy responses to the crisis." *Journal of European Public Policy* 26(4): 483-500.

Hassenteufel, P. and B. Palier. 2016. "Still the sound of silence? Towards a new phase in the Europeanization of welfare state policies in France." In *The Sovereign Debt Crisis, the EU and Welfare State Reform*, edited by C. de la Porte and E. Heins. London: Palgrave Macmillan, 181-205.

Hemerijck, A. 2013. *Changing Welfare States*. Oxford: Oxford University Press.

Hood, C. and Dixon, R. 2015. *A Government that Worked Better and Cost Less? Evaluating Three Decades of Reform and Change in UK Central Government*. Oxford, New York: Oxford University Press.

Höpner, M. 2019. The German undervaluation regime under Bretton Woods: How Germany became the nightmare of the world economy. MPIfG Working Paper.

Höpner, M. and Lutter, M. 2018. "The diversity of wage regimes: Why the Eurozone is too heterogeneous for the Euro." *European Political Science Review* 10(1): 71-96.

Höpner, M. and Spielau, A. 2015. Diskretionäre Wechselkursregime, Erfahrungen aus dem Europäischen Währungssystem, 1979-1998. MPIfG Discussion Paper 15/11.

Ibsen, C. and Knudsen, J.S. 2019. Growth Strategies and Welfare Reforms in Denmark. Paper presented at the 2019 SASE Conference, New York City.

Iversen, T. and Soskice, D. 2009. "Distribution and Redistribution: The Shadow of the Nineteenth Century." *World Politics* 61(3): 438-86. https://doi.org/10.1017/S004388710900015X

Iversen, T. and Soskice, D. 2018. "A Structural-Institutional Explanation of the Eurozone crisis." In *Welfare Democracies and Party Politics: Explaining Electoral Dynamics in Times of Changing Welfare Capitalism*, edited by P. Manow, B. Palier, and H. Schwander. Oxford, New York: Oxford University Press

Iversen, T. and Soskice, D. 2019. *Democracy and Prosperity Reinventing Capitalism through a Turbulent Century*. Princeton: Princeton University Press.

Jansson, P. 2013. How Do We Stop the Trend in Household Debt? Work on several fronts, Speech by Mr Per Jansson, Deputy Governor of the Sveriges Riksbank, at the SvD Bank Summit, Stockholm, December 3, 2013. https://www.bis.org/review/r131203h.pdf (last accessed May 15, 2019).

Jenkins, P. 2013. "Fannie and Freddie no model for UK housing." *The Financial Times* https://www.ft.com/content/3b6e50f6-9545-11e2-a4fa-00144feabdc0 (last accessed February 13, 2020).

Johnston, A. and A. Regan. 2016. "European monetary integration and the incompatibility of national varieties of capitalism." *JCMS: Journal of Common Market Studies* 54(2): 318-36.

Kazepov, Y. and Ranci, C. 2017. "Is every country fit for social investment? Italy as an adverse case." *Journal of European Social Policy* 27(1): 90-104.

Krebs, T. and Scheffel, M. 2013. Macroeconomic Evaluation of Labor Market Reform in Germany. IMF Working Paper No.13/42. https://www.imf.org/en/Publications/WP/Issues/2016/12/31/Macroeconomic-Evaluation-of-Labor-Market-Reform-in-Germany-40318

Korpi, W. and J. Palme. 2003. "New Politics and Class Politics in the Context of Austerity and Globalization: Welfare State Regress in 18 Countries, 1975-95." *The American Political Science Review* 97(3): 425-46. https://doi.org/10.1017/S0003055403000789

Lafleur, J. M. and Stanek, M. 2018. "Southern European Migration Towards Northern Europe." *IEMed Mediterranean Yearbook 2018*, 325-28.

Langley, P. 2008. *The Everyday Life of Global Finance: Saving and Borrowing in Anglo-America*. Oxford, New York: Oxford University Press.

Lewis-Beck, M. S. and Stegmaier, M. 2015. "Economic Evaluations and Electoral Consequences." In *International Encyclopedia of the Social and Behavioral Sciences*, 2nd edition, vol. 7, edited by J. D. Wright. Oxford: Elsevier, 26-32.

Lumiste, R., Pefferly, R., and A. Purju, A. 2008. *Estonia's Economic Development: Trends, Practices, and Sources. A Case Study*. Washington, DC: World Bank Commission on Growth and Development. https://documents.worldbank.org/en/publication/documents-reports/documentdetail/280881468025510249/estoniaseconomic-development-trends-practices-and-sources.

Mares, I. 2003. *The Politics of Social Risk. Business and Welfare State Development*.

Cambridge: Cambridge University Press.

Molina, O. and Rhodes, M. 2007. "The Political Economy of Adjustment in Mixed Market Economies: A Study of Spain and Italy." In *Beyond Varieties of Capitalism: Conflict, Contradictions, and Complementarities in the European Economy*, edited by B. Hancké, M. Rhodes, and M. Thatcher. Oxford: Oxford University Press.

Morel, N. 2015. "Servants for the knowledge-based economy? The political economy of domestic services in Europe." *Social Politics: International Studies in Gender, State & Society* 22(2): 170-92.

Morel, N., Palier, B., and Palme, J. (eds.). 2012. *Towards a Social Investment Welfare State? Ideas, Policies and Challenges*. Bristol: Policy Press.

Morgan, K. J. 2013. "Path Shifting of the Welfare State: Electoral Competition and the Expansion of Work-Family Policies in Western Europe." *World Politics* 65(01): 73-115.

Naczyk, M. and Hassel, A. 2019. "Insuring individuals... and politicians: Financial services providers, stock market risk and the politics of private pension guarantees in Germany." *Journal of European Public Policy* 26(4): 579-98.

Nölke, A. and Vliegenthart, A. 2009. "Enlarging the Varieties of Capitalism: The Emergence of Dependent Market Economies in East Central Europe." *World Politics* 61(4): 670. https://doi.org/10.1017/S0043887109990098

OECD Family Database. n.d. FP3.2 http://www.oecd.org/social/family/database.htm

OECD iLibrary. n.d. https://www.oecd-ilibrary.org/education/population-withtertiary-education/indicator/english_0b8f90e9-en?parentId=http%3A%2F%2Finstance.metastore.ingenta.com%2Fcontent%2Fthematicgrouping%2F025421e5-en

OECD Publishing. 2015. *In It Together: Why less inequality benefits all*. OECD Publishing.

Office for National Statistics. 2018. "Household disposable income and inequality in the UK: financial year ending 2017." Statistical bulletin, January 10, p. 7.

Palier, B. 2000. "'Defrosting' the French welfare state." *West European Politics* 23(2): 113-36.

Palier, B. 2005. *Gouverner la sécurité sociale: les réformes du système français de protection sociale depuis 1945*. Paris: Presses universitaires de France.

Palier, B. 2010. "The Dualizations of the French Welfare System." In *A Long Goodbye to Bismarck*, edited by B. Palier. Amsterdam: Amsterdam University Press, 73-99.

Palier, B. and Hay, C. 2017. "The Reconfiguration of the Welfare State in Europe: Paying its Way in an Age of Austerity." In *Reconfiguring European States in Crisis*, edited by D. King and P. Le Galès. Oxford: Oxford University Press.

Palier, B., Rovny, A.E. and Rovny, J. 2018. "European Disunion? Social and Economic Divergence in Europe, and their Political Consequences." In *Welfare Democracies and Party Politics: Explaining Electoral Dynamics in Times of Changing Welfare Capitalism*, edited by P. Manow, B. Palier, and H. Schwander. Oxford: Oxford University Press, 281-97.

Palier, B. and Thelen, K. 2010. "Institutionalizing Dualism: Complementarities and Change in France and Germany." *Politics & Society* 38(1): 119-48.

Pavolini, E., León, M. Guillén, A.M., and Ascoli, U. 2016. "From Austerity to Permanent Strain? The European Union and Welfare State Reform in Italy and Spain." In *The Sovereign Debt Crisis, the EU and Welfare State Reform*, edited by C. de La Porte and E. Heins. London: Palgrave Macmillan, 131-57.

Pierson, P. 1994. *Dismantling the Welfare State? Reagan, Thatcher and the politics of retrenchment.* Cambridge: Cambridge University Press.

Ragnitz, J. 2009. East Germany today: Successes and Failures. CESifo DICE Report 4/2009.

Regan, A. 2012. "The political economy of social pacts in the EMU: Irish liberal market corporatism in crisis." *New Political Economy* 17(4): 465-91.

Regan, A. and Brazys, S. 2018. "Celtic phoenix or leprechaun economics? The politics of an FDI-led growth model in Europe." *New Political Economy* 23(2): 223-38.

Ronchi, S. and Vesan, P. Forthcoming. "Reforming without investing: explaining nonsocial investment strategies in Italy." In *The World Politics of Social Investment (Volume II): The Politics of Varying Social Investment Strategies*, edited by J. L. Garritzmann, S. Häusermann, and B. Palier. Oxford: Oxford University Press.

Runnel, P., Pruulmann-Vengerfeldt, P., and Reinsalu, K. 2009. "The Estonian Tiger Leap from Post-Communism to the Information Society: From Policy to Practice." *Journal of Baltic Studies* 40(1): 29-51. https://doi.org/10.1080/01629770902722245

Sacchi, S. 2016. "Conditionality by Other Means: European Union Involvement in Italy's Structural Reforms in the Sovereign Debt Crisis." In *The Sovereign Debt Crisis, the EU and Welfare State Reform*, edited by C. de la Porte and E. Heins. London: Palgrave Macmillan, 159-79.

Scharpf, F.W. 1991. *Crisis and Choice in European Social Democracy (Cornell Studies in Political Economy)*. Ithaca, New York: Cornell University Press.

Schulze Buschoff, K. and Hassel, A. 2018. "Beschäftigungsrekorde bei zunehmender Ungleichheit auf dem Arbeitsmarkt. Arbeitsmarktentwicklung und -politik in der dritten Regierung Merkel (2013 bis 2017)." In *Zwischen Stillstand, Politikwandel und Krisenmanagement*, edited by R. Zohlnhöfer and T. Saalfeld. Berlin: Springer, 397-14.

Seeleib-Kaiser, M., Saunders, A., and Naczyk, M.P. 2012. "Shifting the public-private mix." In *The Age of Dualization: The changing face of inequality in deindustrializing societies*, edited by Emmenegger et al. Oxford: Oxford University Press, 151-75.

Skocpol, T. and A. Hertel-Fernandez. 2016. "The Koch Network and Republican Party Extremism." *Perspectives on Politics* 14(3): 681-99.

Swenson, P.A. 2002. *Capitalists against Markets. The Making of Labor Markets and Welfare States in the United States and Sweden*. Oxford: Oxford University Press.

Szebehely, M. and G. Meagher. 2018. "Nordic eldercare-weak universalism becoming weaker?" *Journal of European Social Policy* 28(3): 294-8.

Szelenyi, I. 2011. "Post-Communist Welfare Pathways: Theorizing Social Policy Transformations in Central and Eastern Europe." *Contemporary Sociology* 40(1): 19-20.

Taylor-Gooby, P., Leruth, B., and Chung, H. 2017. "Where Next for the UK Welfare State?" In *After Austerity: Welfare State Transformation in Europe after the Great Recession*, edited by P. Taylor-Gooby, B. Leruth, and H. Chung. Oxford: Oxford University Press.

Terner Center. 2017. *Housing in Sweden: An Overview*. Terner Center for Housing Innovation, University of California Berkeley, November. http://ternercenter.berkeley.edu/uploads/Swedish_Housing_System_Memo.pdf (last accessed May 9, 2019).

Theodoropoulou, S. 2016. "National Social and Labour Market Policy Reforms in the Shadow of EU Bailout Conditionality: The Cases of Greece and Portugal." In *The Sovereign Debt Crisis, the EU and Welfare State Reform*, edited by C. De La Porte and E. Heins. London: Palgrave Macmillan, 95-130.

Vanhuysse, P. 2009. "Power, Order and the Politics of Social Policy in Central and Eastern Europe." In *Post-Communist Welfare Pathways: Theorizing Social Policy Transformations in Central and Eastern Europe*, edited by P. Vanhuysse and A. Cerami. Basingstoke and New York: Palgrave Macmillan, 53-70.

Vesan, P. and Pavolini, P. 2018. "The Italian Labour Market Policy Reforms and the Economic Crisis: Toward the End of the Italian Exceptionalism?" In *Austerity Strategies and Welfare State in Europe*, edited by S. Theodoropoulou. Bruxelles: ETUI.

Viebrock, E. and Clasen, J. 2009. "Flexicurity and welfare reform: A review." *Socio-Economic Review* 7(2): 305-31.

Viña, G. and Hale, T. 2016. "University challenge: the race for money, students and status." *The Financial Times*, June 23, 2016. https://www.ft.com/content/c662168a-38c5-11e6-a780-b48ed7b6126f (last accessed August 31, 2018).

찾아보기

인명

ㄱㄴㄷ

ABC

원저자 소개

소냐 아블리야시Sonja Avlijaš

베오그라드대학교 경제학부의 정치경제학자이자 마리 스클로도프스카-퀴리Marie Sklodowska-Curie 펠로우이다. 또한 파리 시앙스포Sciences Po의 공공정책 다학제 평가연구소LIEPP의 연구위원이자, 스탠퍼드대학교의 2020년 웨인 부치니치Wayne Vuchinich 펠로우를 역임하였다. 아블리야시는 2016년부터 2018년까지 LIEPP – 시앙스포에서 박사후 연구원post-doctoral fellow으로 활동하였으며, 런던정경대London School of Economics and Political Science, LSE에서 박사학위를 받았다. 그녀의 연구는 동유럽의 탈사회주의 전환 경험이 세계화 시대 자본주의 정치경제의 진화를 이해하는 데 어떤 통찰을 제공할 수 있는지를 탐구한다.

루치오 바카로Lucio Baccaro

쾰른 소재 막스플랑크 사회연구소Max Planck Institute for the Study of Societies 소장이다. 그의 연구는 노동시장과 성장모델의 정치경제, 그리고 최근에는 거시경제 정책의 정치적 측면에 초점을 맞추고 있다. 주요 저서로는 *Trajectories of Neoliberal Transformation*(크리스 하월Chris Howell과 공저, 2017, 케임브리지대학교 출판부)이 있다.

톰 슈발리에Tom Chevalier

프랑스 국립과학연구센터CNRS 소속 정치학자이며, 아렌Arenes 연구소에서 활동 중이다. 그는 청년세대를 비교정치경제학적 관점에서 연구하며, 특히 유럽 복지국가들이 성인기로의 이행을 어떻게 구조화하는지를 사회보장, 교육, 적극적 노동시장 정책의 관점에서 분석해 왔다. 또한 청년 빈곤과 청년의 정치적 태도에 관한 연구도 수행하고 있다.

피터 A. 홀Peter A. Hall

하버드대학교 민다 드 군츠부르크 유럽연구센터Minda de Gunzburg Center for European Studies의 크루프 재단Krupp Foundation 석좌교수이다. 주요 편저로는 *Social Resilience in the Neoliberal Era*(미셸 라몽M. Lamont과 공편, 2013), *Successful Societies*(미셸 라몽과 공편, 2010), *Changing France*(P. 컬페퍼 및 브뤼노 팔리에와 공편, 2007), *Varieties of Capitalism*(데이비드 소스키스D. Soskice와 공편, 2001), *The Political Power of Economic Ideas*(1989), *Governing the Economy*(1986)가 있으며, 유럽의 비교정치경제, 정치, 공공정책에 관한 100편 이상의 논문을 발표하였다.

안케 하셀Anke Hassel

베를린 허티 스쿨Hertie School의 공공정책 교수이다. 2016년부터 2019년까지 한스 뵈클러 재단Hans Böckler Foundation 산하 경제사회연구소WSI의 과학 책임자Scientific Director를 역임하였다. 그녀의 주요 연구 분야는 노동시장 규제, 사회적 협력, 선진 산업국의 비교정치경제이다. 독일 연방정부의 경제 및 노동정책 관련 위원회에서 전문가로 활동한 바 있으며, 최근에는 *Journal of European Public Policy*에 토비아스 비스Tobias Wiß와 함께 공동 편집한 특집호 "연금의 금융화 정치경제: 위기에 대한 공공정책의 대응The Political Economy of Pension Financialisation: Public Policy Responses to the Crisis"을 출간하였다. 또한 *British Journal of Industrial Relations*, *European Journal of Industrial Relations*, *Journal of European Public Policy*, *Governance*, *German Politics* 등 주요 학술지에 다수의 논문을 게재하였다.

앨리슨 존스턴Alison Johnston

오리건주립대학교Oregon State University의 정치학 및 공공정책 부교수이다. 그녀의 최근 저서 *From Convergence to Crisis: Labor Markets and the Instability of the Euro*(코넬대학교 출판부)은 임금 결정 제도가 유럽 통화 통합과 어떻게 상호작용하며 각국을 채무 위기에 노출시키는지를 분석했다. 현재 그녀의 연구는 주택 및 국가 신용등급의 정치경제에 초점을 맞추고 있다. 최근에는 *West European Politics*에서 폴렛 쿠르저Paulette Kurzer와 함께 주택정치에 관한 특집호를, *New Political Economy*에서는 에이단 리건Aidan Regan과 함께 유럽연합 내 자본주의 다양성의 양립 가능성에 관한 특집호를 공동 편집하였다. 그녀의 연구는 *Comparative Political Studies*, *Comparative Politics*, *Politics & Society*, *Journal of European Public Policy*, *Journal of Common Market Studies* 등 여러 학술지에 게재되었다.

캐시 조 마틴Cathie Jo Martin

보스턴대학교Boston University 정치학 교수이며, 미국정치학회APSA 비교정치학 분과의 전 회장 및 유럽연구위원회Council for European Studies의 전 의장을 역임하였다. 현재 집필 중인 책에서는 영국과 덴마크 문학의 대규모 코퍼스를 머신러닝 기법으로 분석하여 교육개혁의 심층적인 문화적 뿌리를 탐구하고 있다. 듀에인 스웽크Duane Swank와 공저한 *The Political Construction of Business Interests*(케임브리지대학교 출판부, 2012)는 미국정치학회 정치 및 역사 부문 도서상을 수상하였다. 다수의 저서를 집필하였으며, *American Political Science Review*, *World Politics*, *British Journal of Political Science*, *Comparative Political Studies*, *Socio-Economic Review*, *Governance*, *Business History Review*, *Regulation and Governance*, *Politics and Society*, *Polity* 등 다양한 저널에 많은 논문을 발표하였다. 또한 래드클리프 고등연구소Radcliffe Institute for Advanced Study, 러셀 세이지 재단Russell Sage Foundation, 미국국립인문재단National Endowment for the Humanities, 저먼 마샬 펀드German Marshall Fund, 코펜하겐대학교University of Copenhagen에서 펠로우십을 수행한 바 있다.

브뤼노 팔리에 Bruno Palier

프랑스 국립과학연구원CNRS 소속이며, 시앙스포Sciences Po 유럽연구 및 비교정치센터Centre d'études européennes et de politique comparée 연구책임자이다. 사회과학 훈련을 받았으며, 정치학 박사학위를 받았다. 그의 연구는 복지국가 개혁의 비교정치경제에 중점을 두고 있다. 2014년부터 2020년까지 시앙스포의 공공정책 다학제 평가연구소LIEPP 소장을 역임하였으며, 2007년부터 2011년까지는 유럽의 우수 연구 네트워크 RECWOWE(Work and Welfare의 조화, 19개국 30개 연구기관 및 190명의 연구자 참여)의 과학 코디네이터를 맡았다. 프랑스와 유럽의 복지개혁에 관하여 다수의 논문을 발표하였으며, 최근 출간한 책으로는 필립 마노우Philip Manow, 한나 슈완더Hanna Schwander와 공동 편집한 *Welfare Democracies and Party Politics*(옥스퍼드대학교 출판부)가 있다.

게오르그 피코 Georg Picot

베르겐대학교University of Bergen 비교정치학 교수이다. 그의 연구 분야는 비교정치경제, 복지국가 비교연구, 노동시장 정책이다. 밀라노대학교University of Milan에서 정치학 박사학위를 받았으며, 하이델베르크대학교, 옥스퍼드대학교, 맨체스터대학교에서 연구 및 교육 활동을 수행하였다. 그의 논문은 *British Journal of Political Science*, *Comparative Political Studies*, *Journal of European Public Policy*, *Journal of European Social Policy*, *Socio-Economic Review* 등 주요 학술지에 게재되었다. 저서로는 *Politics of Segmentation: Party Competition and Social Protection*(라우틀리지, 2012)이 있으며, 최근에는 저임금 고용 및 임금 규제의 정치에 관한 프로젝트로 노르웨이연구위원회Research Council of Norway로부터 '젊은 연구인재Young Research Talents' 보조금을 수여받았다.

요나스 폰투손 Jonas Pontusson

제네바대학교University of Geneva 비교정치학 교수이다. 그는 현재 두 가지 연구 프로젝트를 수행 중이다. 하나는 성장모델의 정치에 관한 것이고, 다른 하나는 자유민주주의에서의 정치적 불평등에 관한 것이다. 후자의 연구는 유럽연구위원회European Research Council의 5년간의 어드밴스드 그랜트Advanced Grant의 지원을 받고 있다.

알렉산더 라이젠비클러 Alexander Reisenbichler

토론토대학교University of Toronto 정치학 조교수이며, 서유럽과 미국의 주택, 노동, 금융시장 정치에 중점을 둔 비교정치경제를 전문으로 연구하고 있다. 그의 논문은 *Politics & Society*, *Review of International Political Economy*, *West European Politics*, *Foreign Affairs* 등 다양한 학술지에 실렸다.

프리츠 W. 샤프 Fritz W. Scharpf

막스플랑크 사회연구소Max Planck Institute for the Study of Societies의 명예 소장Emeritus Director이다. 그의 주요 연구 분야는 정부 조직의 문제와 의사결정 과정, 인플레이션과 실업의 정치경제, 복지국가의 비교정치경제이다. 2000년에는 정치학 분야의 권위 있는 요한 스퀴테 상Johan Skytte Prize을 수상하였다.

캐슬린 텔렌 Kathleen Thelen

매사추세츠공과대학교MIT의 포드 정치학 교수Ford Professor of Political Science이자 독일 쾰른 소재 막스플랑크 사회연구소의 상임 외부 구성원이다. 그녀의 주요 저서로는 *Varieties of Liberalization and the New Politics of Social Solidarity*(케임브리지대학교 출판부, 2014), *Advances in Comparative Historical Analysis*(제임스 머호니James Mahoney와 공편, 2015)이 있다. 최근에는 제이컵 해커Jacob Hacker, 알렉산더 헤르텔-페르난데즈Alexander Hertel-Fernandez, 폴 피어슨Paul Pierson과 함께 미국 정치경제를 비교 관점에서 조망하는 책을 공동 편집하였다.

앤 렌 Anne Wren

정치경제학자로, 탈산업화의 정치적·분배적 영향, 세계화 및 서비스 기반 사회의 정치경제에 관해 광범위한 연구를 수행해 왔다. 2006년부터 2011년까지는 더블린 트리니티칼리지Trinity College Dublin에서 유럽연합의 지원을 받은 마리 퀴리 우수연구팀Marie Curie Excellence Team을 이끌며 "경제 변화에 대한 정치적 대응: 탈산업화, 세계화, 서비스 부문 발전"이라는 프로젝트를 수행하였다. 해당 주제와 관련한 주요 저작으로는 *The Political Economy of the Service Transition*(편저, 옥스퍼드대학교 출판부, 2013), 「고용, 평등, 예산제약: 서비스경제의 삼중과제」(*World Politics*, 1998), 「합의의 종말? 노동시장 변화와 복지 축소의 정치」(*Socio-Economic Review*, 2014년 4월) 등이 있다.

역자 소개

윤홍식

인하대학교 사회복지학과 교수이며 복지국가재구조화연구센터장을 맡고 있다. 복지국가를 정치, 경제, 복지의 통합적 관점에서 살펴보는 것에 중점을 두고 있다. 한국사회정책학회장, 비판복지학회장, 참여연대 사회복지위원장 등으로 활동했다. 주요 저서로 『한국 복지국가의 기원과 궤적(1~3)』(2019), 『이상한 성공』(2021), 『왜 불평등이 문제일까?』(2024)가 있고, 편저, 공편저 및 공저로는 『성공한 나라 불안한 시민』(2022), 『성공의 덫에 빠진 대한민국』(2022), 『우리는 복지국가로 간다』(2020), 『안보개발국가를 넘어 평화복지국가로』(2016), 『평화복지국가』(2013), 『우리는 한배를 타고 있다』(2012)를 비롯해 40여 권과 다수의 논문을 썼다.

이태수

학문을 통한 사회 변혁을 꿈꾸며 연세대학교에서 경제학 학사·석사·박사학위를 받아 경제학자가 된 이후, 사회정책 분야에서 활발히 연구하고 현실참여활동을 해 왔다. 꽃동네대학교(현 가톨릭꽃동네대학교) 사회복지학과에서 22년 동안 교수로 봉직하였고 한국보건사회연구원장직을 퇴임한 뒤 현재는 인하대학교 사회복지학과 초빙교수로 후학을 키우고 있다. 복지국가와 복지제도, 불평등, 경제와 복지의 선순환 등 폭넓은 주제를 연구해 왔다. 저서로는 『우리는 어떻게 서로를 돌볼 수 있는가』(2025, 공저), 『성공한 나라 불안한 시민』(2021, 공저), 『사회복지사를 위한 경제학』(2014), 『왜 복지국가인가』(2011) 등 다수가 있으며 수많은 연구논문이 있다.

이창곤

중앙일간지에서 오랜 기간 기자로 활동하며 보건복지와 노동 등 사회정책 분야에 깊은 관심을 쏟았다. 영국 버밍엄대학교에서 사회정책 박사학위를 취득하였으며, 현재 중앙대학교 사회복지대학원에서 겸임교수로 재직 중이다. 복지국가, 복지정치, 정책 결정 과정의 변화에 주목하며, 최근에는 생태위기 시대에 걸맞은 새로운 복지국가의 비전을 탐색하고 있다. 지은 책으로 『복지국가를 만든 사람들』(2014), 『성공한 나라 불안한 시민』(2022, 공저), 『복지의 문법』(2022, 공저) 등 10여 권이 있다.

신진욱

독일 베를린자유대학교에서 사회학 박사학위를 취득하였으며, 2005년부터 중앙대학교 사회학과 교수로 재직하고 있다. 민주주의, 시민사회와 사회운동, 국가폭력, 사회불평등 문제에 특별한 관심을 갖고 연구해 왔다. 최근 저서로 『그런 세대는 없다: 불평등 시대의 세대와 정치 이야기』(2022), 『광장 이후: 혐오, 양극화, 세대론을 넘어』(2025, 공저), 『김대중 시대의 민주주의와 인권』(2024, 공저), 『한국 정치 리부트』(2023, 공저) 등이 있다.

김진석

대학에서 물리학을 공부하고 이후 사회문제에 대한 이해를 위해 사회복지학을 전공하여, 미국 University of Texas at Austin에서 사회복지학으로 박사학위를 취득하였다. University of South Carolina의 조교수를 역임한 후, 현재 서울여자대학교 사회복지학과 교수로 재직 중이다. 돌봄 및 사회서비스 정책, 비교복지국가 연구를 수행하고 있으며, 최근 기후위기와 디지털 전환시대 복지국가 고쳐쓰기를 고민하고 있다. 저서로 『우리는 어떻게 서로를 돌볼 수 있는가 (2025), 『성공한 나라 불안한 시민』(2022) 등이 있다.

남기철

인간의 삶의 질을 증진하기 위한 실천과 정책에 관심을 가지고 사회복지학을 공부하였다. 서울대학교에서 사회복지학 전공으로 박사학위를 받았고 동덕여자대학교에서 교수로 재직하고 있다. 주요 연구 분야는 노숙 문제와 주거빈곤이며 지역사회복지 체계와 사회서비스에도 관심을 가지고 있다. 주요 저서로 『노숙인과 사회복지실천』(2007), 『노숙인복지론』(2009), 『우리는 어떻게 서로를 돌볼 수 있는가』(2025, 공저), 『자립을 위한 집』(2023, 공저), 『성공한 나라 불안한 시민』(2022, 공저) 등이 있다.

홍영준

대한민국 고유의 복지국가상을 연구하고 사회운동으로서 실천하고 있다. 미국 University of Kansas에서 사회복지 박사학위를 취득한 후 상명대학교에서 가족복지학과 교수로 재직 중이다. IFSW(International Federation of Social Workers)의 UN위원회에 선출되어 활동 중이며, 서울시복지재단 대표이사 및 비판과 대안을 위한 사회복지학회장을 역임하였다. 주요 연구 분야는 사회복지 내 거시실천 영역이다.